陈嘉庚文集

文 牍

主 编：许金顶　陈毅明
副主编：谢慧英　陈永升

海峡出版发行集团 | 福建教育出版社

陈嘉庚文集·文牍

顾　问：汪毅夫　陈立人

总策划：李清彪　张　侃

主　编：许金顶　陈毅明

副主编：谢慧英　陈永升

编辑组成员（按姓氏笔画排序）：

刘晓斌　刘爱原　刘葵波　李立新　余　娜　陈福昌

林翠茹　郑振容　郑福清　董立功　谢晓燕　廖永健

编辑说明

陈嘉庚（1874—1961）是著名的爱国华侨领袖、企业家、教育事业家、慈善家、社会活动家。他一生苦心创办实业，支持国家建设，兴办各类学校，以其高尚品德和民族气节享誉海内外，被毛泽东主席赞誉为"华侨旗帜、民族光辉"。2020年4月17日，中央电视台中文国际频道播出纪录片《国家荣光·华侨旗帜陈嘉庚》，充分体现出弘扬"爱国爱乡、无私奉献"之嘉庚精神的时代诉求。

陈嘉庚亲历了中华民族的解放，对民族复兴充满期盼，生前所撰回忆录及大量书信、言论、通告等各类文字是时代的直接见证，系统整理编辑出版《陈嘉庚文集》，对于弘扬嘉庚精神、推动爱国主义教育，助力"一带一路"倡议的推进，实现中华民族伟大复兴具有重大意义。其社会价值有三：一是缅怀陈嘉庚光辉而伟大的一生。陈嘉庚少年赴南洋随父经商，兴业致富后，克服困难倾资办学，促进家乡教育发展。抗战时期，亲力亲为，动员南洋华侨倾力支援祖国抗战。新中国成立后回国参政议政，历任中央人民政府委员、华侨事务委员会委员、中国侨联主席等职，曾当选全国政协副主席、全国人大常委会委员，八旬高龄仍积极投身新中国的建设事业，直至逝世。《陈嘉庚文集》有助于后人全方位了解这位爱国华侨的人生历程，感受嘉庚精神的实质内涵。二是弘扬嘉庚精神。"忠公、诚毅、勤俭、创新"是对陈嘉庚高洁品格和卓越行为最好的概括。《陈嘉庚文集》再现陈嘉庚一生为国为民、无私奉献的情操，"诚以待人，毅以处事"的人生信念，鼓励后人在新时代弘扬嘉庚精神，开拓进取，再创辉煌。三是拓宽嘉庚精神研究领域，深化侨史研究。《陈嘉庚文集》力求全面搜集整理陈嘉庚生前著述、书信、言论、电函及通启等系统文献，可适时拓展陈嘉庚爱国思想、教育思想及国民天职观等层面的研究，又为后续系统搜集整理侨史资料、深化侨史和侨文化研究奠定基础，以期创建以人为本的本土侨史研究的理论方法。

有鉴于此，编辑出版《陈嘉庚文集》是学界多年来的期盼。早在1984年福建省委就曾报请中央宣传部批准成立"陈嘉庚文集编纂委员会"，由廖承志同志任主任，廖承志同志去世后改由叶飞同志任主任，由省侨办黄猷同志任办公室主任。由于人事变迁，原编委会未能有效开展相关作业，主管部门亦未有明确的指示，直至1993年才明确指定陈毅明具体承担这项工作。1994年10月《陈嘉庚文集》（征求意见稿）编辑成册，约100万字，涉及书信、言论、通告等内容，基本上反映出陈嘉庚一生主要的建言与重大的活动。只可惜未能正式出版，终成一大憾事。

2020年2月，由集美大学、华侨大学、厦门大学、福建教育出版社牵头，集美校委会、华侨博物院、中国华侨历史博物馆、陈嘉庚纪念馆为协作单位，组建文集编辑工作组，由华侨大学教授、集美大学讲座教授许金顶和华侨博物院原副院长陈毅明担任主编，以《陈嘉庚文集》（征求意见稿）为依托，重启《陈嘉庚文集》编辑工作。2020年6月，编辑工作组在福建教育出版社通过《陈嘉庚文集》出版可行性论证，达成编辑出版合作协议。2021年12月《陈嘉庚文集》入列"十四五"国家重点出版物出版规划。

编辑工作组在《陈嘉庚文集》（征求意见稿）基础上，重新制定详细的编辑大纲，将文献资料分著述、书信、言论和文牍四部分辑录。其中著述篇包含《南侨回忆录》《我国"行"的问题》《民俗非论集》《东北观感集》《新中国观感集》等陈嘉庚各个时期正式发表出版的作品；书信篇含陈嘉庚与亲朋、合作及工作伙伴往来书信；言论篇含陈嘉庚在各种场合的公开演讲及各类报刊发表的涉及公共事务的言论等；文牍篇含陈嘉庚署名的各类启事、公告、电文及公函等。文集共约300万字。

《陈嘉庚文集》除著述部分外，其余相关资料分散在各个公藏机构，搜集整理等编辑工作任务繁重。20世纪80年代，集美校委会资料室陈少斌同志帮助查阅"校董档案""陈嘉庚先生交存文件"等资料，厦门大学南洋研究所陈声贵同志抄录自抗战时期《陈嘉庚》剪报集的部分资料；1991年，陈嘉庚侄子陈共存先生带来崔贵强先生提供的部分1937年至1941年新加坡《南洋商报》剪报缩印资料，这些均成为编辑《陈嘉庚文集》的主要资料之一。前辈先贤有关陈嘉庚书信、言论的整理成果，也为我们提供了诸多便利。例如：沈仲仁编《陈嘉庚救国言论集》，华美图书公司1941年6月版；陈嘉庚著《陈嘉庚言论集》，新加坡星洲南侨印刷社1949年10月版；陈嘉庚先生纪念册编辑委员会编《陈嘉庚先生纪念册》，中华全国归国华侨联合会1961年10月版；集美校委会资料室编《陈嘉庚先生交存文件》；杨进发编著《战前的陈嘉庚言论史料与分析》，新加坡南洋学会1980年10月版；原主编许云樵、编修蔡史君《新马华人抗日史料1937—1945》，原出版人庄惠泉，新加坡文史出版私人有限公司1984年10月版；林鹤龄依据集美校董会档案整理的"陈嘉庚书信"，1989年；王炳增、陈毅明、林鹤龄编《陈嘉庚教育文集》，福建教育出版社1989年7月版；《陈嘉庚言论集》（内部资料），新加坡怡和轩俱乐部、新加坡陈嘉庚基金、中国厦门集美陈嘉庚研究会联合整理，2004年10月；朱立文编《陈嘉庚言论新集》，厦门大学出版社2013年4月版等。此外，工作组得到中央档案馆、上海图书馆、云南档案馆、中国第二历史档案馆及广东省档案馆等机构的支持，并充分利用现代网络技术、资料文库，如从"中国近代文献数据总库""大成故纸堆数据库"挖掘一批资料，极大地丰富了文集内容。

文集编辑过程中获得各界的热心支持与帮助，值此文稿付印之际，衷心感谢郑成功纪念馆原副馆长张宗洽和厦门双十中学林时挺老师协助《陈嘉庚文集》（征求意见稿）的校注；感谢陈共存先生，陈永定子女陈亚彬、陈亚伟的鼓励与帮助；感谢华侨大学和集美大学郑婉芳、刘昭吟、黄秋琳、苏哲、郭晏君、赵一桐、卢晓雯、张欣茹、李欣园、郑张琳等师生在资料搜集和整理过程中的辛勤付出。因篇幅所限，对于其他热心帮助文集编辑工作的机构和人士在此恕不一一列出。

由于时间、水平等因素影响，《陈嘉庚文集》难免存在错落，如战后南侨总会通告等仍有遗漏，尤其是书信的搜集整理工作仍存在较大的拓展空间，均希望各界有心人批评指正，并协力挖掘新资料，为后续编辑《陈嘉庚全集》提供助益。

谨以此文集纪念陈嘉庚先生150周年诞辰，让我们继承嘉庚遗志，弘扬嘉庚精神，共同为国家富强、民族复兴做出自己的贡献。

（许金顶，华侨大学教授，集美大学讲座教授，厦门大学历史学博士，从事区域社会史、华侨华人史研究。陈毅明，新加坡归侨，曾任华侨博物院副院长，主持院务，现为该院名誉院长。）

凡 例

一、文集依据内容分为著述、书信、言论及文牍四类，分别辑录成册，原则上各册内容均依据年月顺序辑录，书信依据通信对象及时间整理辑录。

二、各类启事、公告、电文、公函等公文属性明显的视为文牍，其中与宋子文的往来电文因与其往来通信上下文联系紧密，故视为书信辑录。

三、公开发表的文章、演讲词、电文、通告等，如未辑录原文题引则依据新闻报道编写题注，说明背景，且原无标题者由编者依据内容加以拟定。

四、文字原则上尊重原著及著者使用习惯，明显错别字且需要注明的，均加［］附其后，同一篇内重复不赘，如大红泡［袍］；行文中如有漏字，以<>加以补充；漫漶不清者以□标记。

五、使用方言、外来语、生僻难懂的加脚注释意以疏通文义，已成习惯用语者不注。译名沿用原文。

六、人物、事件、地名、机构等酌情加脚注说明。文中所涉人物，需加以注释者原则上在文中首次出现处加注，后文不赘，部分人物依据主要辞书等整理成"人物注释"附列于卷后，供读者参阅；事件仅注明其主要内容，必要时略述与文中有关的前因后果、影响和意义；机构简注其性质、宗旨与任务。

七、数字、序码、民国年号，概遵原文不予更动。

目 录

实行筹办南洋华侨中学之通告（1918年6月8日） …………………………… 1

致集美学校诸生书——兴学动机（1918年） …………………………… 4

在籍创设集美学校函托旅京华侨学会主任聘请教员书（1919年5月2日） …… 5

筹办福建厦门大学校附设高等师范学校通告（1919年7月） …………………… 9

致厦门大学筹备员书（1920年10月） …………………………… 10

告厦大筹备员（1921年7月3日） …………………………… 11

厦门发行市政奖券之反响（1921年10月） …………………………… 13

集美小学记（碑文）（1921年12月） …………………………… 16

筹办南洋商报喜志（1923年3月17日） …………………………… 17

与林义顺联电陈炯明请从集美退兵（1923年11月11日） …………………… 19

给厦门大学学生的复电暨给厦大教员会电文（1924年6月1日） ………… 20

辟诬（1924年6月16日） …………………………… 21

呈萨省长请准拨旧学院为福州图书馆馆址文（1926年4月） ………………… 24

厦门集美学潮电学生上课候解决（1926年12月13日） …………………… 26

致电吴稚晖、蔡元培请确示收款机关（1928年6月20日） …………………… 27

陈嘉庚公司申请两种专利补呈文（1928年9—10月） …………………… 28

倡设中华会馆改造中华总商会刍议（1929年2月4日） …………………… 29

为日本突然毁弃济南惨案解决条款致中国外长电文（1929年2月11日） …… 31

南洋华侨禁烟之急进陈嘉庚等发起组织国联代表咨询委员会（1929年10月2日） …………………………… 32

1

福建会馆为闽南国术南游表演宣言（1929年10月22日） …………… 34
陈嘉庚公司分行章程（1929年） …………………………………………… 36
请华侨社团一致电促请张学良辅中央削乱逆（1930年3月24日） …… 77
致电秦望山诸君（1930年6月11日、14日、26日） ………………… 79
吁请国府帮助厦门大学与集美学校电文（1930年7月） ………………… 81
拟办漳浦煤矿致函张贞（1931年） ………………………………………… 82
特字列捌号公函日本侵占我东三省能否引起外国参加大战之预论（1932年7月
　24日） ……………………………………………………………………… 84
福建同安安溪自治试验区工作计划大纲（陈嘉庚　丁超五等　1933年） … 87
禁绝烟赌布告（1935年2月1日） ………………………………………… 92
商请厦大改为国立往来函件（1936年5—6月） ………………………… 93
新加坡华侨购机寿蒋委员会第五次会议纪录（1936年9月19日） ……… 100
西安事变电陕请保蒋氏安全（1936年12月15日） ……………………… 104
致电蒋介石贺"脱险"（1936年12月26日） …………………………… 105
主张废长袍马褂（1937年2月2日） ……………………………………… 106
复兴集美学校守则十二条（1937年6月14日） ………………………… 107
厦大胶园移归集美学校与集美学校现况之报告（1937年8月1日） …… 108
致电国府行政院——汇赈款五十万放赈（1937年8月30日） ………… 111
马来亚各区华侨筹赈祖国难民会联合通讯处通告第一号（1937年10月17日）
　……………………………………………………………………………… 112
马来亚各区华侨筹赈祖国难民会联合通讯处通告第二号（1937年10月18日）
　……………………………………………………………………………… 114
马来亚各区华侨筹赈祖国难民会联合通讯处通告第三号（1937年10月25日）
　……………………………………………………………………………… 115
马来亚各区华侨筹赈祖国难民会联合通讯处通告第四号（1937年11月7日）
　……………………………………………………………………………… 116
马来亚各区华侨筹赈祖国难民会联合通讯处通告第六号（1937年11月21日）
　……………………………………………………………………………… 117
马来亚各区华侨筹赈祖国难民会联合通讯处再敬告侨胞最后胜利恃耐苦持久抗

战（1937年12月23日） ·· 118
致救国公债劝募总会函摘抄（1937年12月31日） ························ 122
马来亚各区华侨筹赈祖国难民会为义捐不换公债事通告（1938年2月4日）
 ·· 123
马来亚各区华侨筹赈祖国难民会联合通讯处第十二号通告（1938年2月26日）
 ·· 125
马来亚各区华侨筹赈祖国难民会联合通讯处通告第十三号（1938年2月28日）
 ·· 127
马来亚各区华侨筹赈祖国难民委员会联合通讯处通告第十四号（1938年3月3日）
 ·· 128
新加坡福建会馆改善丧仪委员会宣言（1938年3月14日） ··············· 129
马来亚各区华侨筹赈祖国难民会联合通讯处第十五号通告（1938年3月14日）
 ·· 132
马来亚各区华侨筹赈祖国难民会联合通讯处第十六号通告（1938年3月19日）
 ·· 133
新加坡华侨筹赈祖国难民大会委员会启事（1938年4月7日） ············ 135
马来亚各区华侨筹赈祖国难民会联合通讯处第十七号通告（1938年4月7日）
 ·· 136
马来亚各区华侨筹赈祖国难民会联合通讯处第十八号通告（1938年4月11日）
 ·· 138
马来亚各区华侨筹赈祖国难民会联合通讯处第十九号通告（1938年4月15日）
 ·· 140
马来亚各区华侨筹赈祖国难民会联合通讯处第二十号通告（1938年4月19日）
 ·· 141
马来亚新加坡华侨筹赈祖国难民大会委员会扩大推行常月捐宣言（1938年5月3日） ··· 143
致马来亚各埠福建会馆征求联合筹赈书（1938年5月19日） ············ 145
答郑奕定书（1938年5月23日） ·· 147
马来亚各区华侨筹赈祖国难民会联合通讯处第二十二号通告（1938年5月25

日）……149
促梅来马献艺筹赈（1938年5月25日）……151
马来亚各区华侨筹赈祖国难民会联合通讯处第二十三号通告（1938年5月28日）……153
梅兰芳允南来献艺筹赈陈嘉庚电复康镜波（1938年5月29日）……154
致马来亚各地筹赈会信（1938年6月9日）……155
马来亚各区华侨筹赈祖国难民会联合通讯处第二十五号通告（1938年6月15日）……156
提请开放马来亚容纳在香港难民事陈嘉庚主速起响应（1938年6月16日）……159
致函各埠闽侨团体询对寄存赈济难民款项应如何处置（1938年6月22日）……160
与国民参政会秘书处之复电（1938年6月28日）……161
呈汤姆斯总督请准中国难民入境（1938年6月29日）……162
电汉口秘书处请蒋总裁领导抗战到底（1938年7月4日）……165
电蒋表示敬意（1938年7月7日）……166
响应参议员献金（1938年7月9日）……167
致函华侨商号请报效名贵商品以惠灾黎（1938年7月14日）……168
新加坡华侨筹赈祖国难民大会委员会敬告爱国侨胞书（1938年7月17日）……169
致函各筹赈会请函告所购公债额（1938年7月20日）……171
复孔祥熙院长电（1938年7月31日）……172
关于召开各属华侨领袖大会的意见（1938年8月25日）……173
马来亚华侨筹赈祖国难民会联合通讯处第二十七号通告（1938年9月13日）……177
南洋各属华侨筹赈祖国难民会代表大会宣言（1938年10月16日）……178
电汪精卫请拒绝与日言和（1938年10月22日）……181
南洋华侨筹赈祖国难民总会通告第一号（1938年10月24日）……182
南洋华侨关心粤战及和平谣传电蒋汪询问（1938年10月25日）……185

向国民参政会第二次会议的提案（1938年10月25日） …… 186
复电汪精卫（1938年10月25日） …… 187
关于和谈与抗战到底问题再忠告汪精卫（1938年10月26日） …… 188
致电蒋介石促实践庐山宣告（1938年10月27日） …… 189
关于查照参考南洋各属华侨筹赈祖国难民会代表大会宣言的函（1938年10月30日） …… 190
各埠筹赈会办法提要（1938年10月） …… 191
南洋华侨筹赈祖国难民总会通告第二号（1938年11月1日） …… 195
马来亚新加坡华侨筹赈祖国难民大会委员会通告第三号（1938年11月1日） …… 196
马来亚新加坡华侨筹赈祖国难民大会委员会通告第四号（1938年11月1日） …… 197
致银行请认购闽建设公债书（1938年11月9日） …… 198
为劝募闽建设公债致各埠闽侨团体书（其一）（1938年11月16日） …… 199
福建会馆办理福建省建设公债劝募通启（1938年11月16日） …… 201
为劝募闽建设公债致各埠闽侨团体书（其二）（1938年11月19日） …… 202
新加坡华侨筹赈祖国难民大会委员会办事处改订办公时间通告（1938年11月26日） …… 203
南洋华侨筹赈祖国难民总会通告第三号（1938年11月28日） …… 204
南洋华侨筹赈祖国难民总会给泛美大会函电（1938年11月29日） …… 205
南侨总会组织经过（1938年11月） …… 206
马来亚新加坡华侨筹赈祖国难民大会委员会通告第五号（1938年12月4日） …… 208
马来亚新加坡华侨筹赈祖国难民大会委员会通告第六号（1938年12月10日） …… 209
致各地侨贤代办水产航海学校招生手续函文（1938年12月14日） …… 211
福建会馆有关南洋华侨水产航海学校招生通告（1938年12月19日） …… 213
复鼓浪屿国际救济会函（1938年12月21日） …… 216
致电蒋介石请通缉汪归案（1938年12月31日） …… 218

5

南洋华侨筹赈祖国难民总会通告第四号（1939年1月6日） ·············· 219
新嘉坡华侨筹赈祖国难民大会委员会通告（1939年1月13日） ·········· 220
新嘉坡华侨筹赈祖国难民大会委员会第二次元月份汇款布告（1939年1月19日）
 ·· 221
新嘉坡华侨筹赈祖国难民大会委员会通告第十一号（1939年1月28日）
 ·· 222
新嘉坡华侨筹赈祖国难民大会委员会通告第十二号（1939年2月1日）
 ·· 223
新嘉坡华侨筹赈祖国难民大会委员会通告第十三号（1939年2月3日）
 ·· 224
新嘉坡华侨筹赈祖国难民大会委员会通告第十四号（1939年2月3日）
 ·· 226
南洋华侨筹赈祖国难民总会第六号通告（1939年2月7日） ············· 227
南洋华侨筹赈祖国难民总会致函各地属会发动征募机工回国服务（1939年2月7日） ·· 228
新嘉坡华侨筹赈祖国难民大会委员会特别通告（1939年2月25日） ······ 229
新嘉坡华侨筹赈祖国难民大会委员会通告（1939年2月27日） ·········· 230
南洋华侨筹赈祖国难民总会通告第七号（1939年2月27日） ············· 231
在新加坡各区筹赈会联席会议上申述劝募赈款方法（1939年3月5日）
 ·· 232
南洋华侨筹赈祖国难民总会通告第八号（1939年3月7日） ············· 234
电告机工分批返国（1939年3月10日） ···································· 235
南洋华侨筹赈祖国难民总会通告第九号（1939年3月12日） ············· 236
为印籍王亚龙、马来籍马亚生参加机工服务团致西南运输总经理处函（1939年3月12日） ·· 237
南洋华侨筹赈祖国难民总会通告第十号（1939年3月17日） ············· 239
南洋华侨筹赈祖国难民总会通告第十一号（1939年3月23日） ·········· 240
新加坡华侨筹赈祖国难民大会委员会三月廿九日黄花岗纪念日卖花事谨告各团体及卖花队员（1939年3月24日） ······································· 242

南洋华侨筹赈祖国难民总会通告第十二号（1939年3月30日） ………… 243
关于未向荷印募机工缘由之解释（1939年3月31日） ………… 245
《民族呼声》序（1939年3月） ………… 246
致函各区筹赈会述机工取道仰越费用（1939年4月4日） ………… 248
关于筹赈会注册问题函复雪华筹赈会（1939年4月8日） ………… 250
电请国民政府严惩汪逆精卫（1939年4月13日） ………… 252
南洋华侨筹赈祖国难民总会通告第十三号（1939年4月18日） ………… 253
新加坡华侨筹赈祖国难民大会委员会通告（1939年4月24日） ………… 255
南洋华侨筹赈祖国难民总会通告第十四号（1939年4月25日） ………… 256
新加坡华侨筹赈祖国难民大会委员会通告第十九号（1939年4月25日） …… 258
南洋华侨筹赈祖国难民总会通告第十五号（1939年4月27日） ………… 259
为昆明千余机工苦寒请速备寒衣电（1939年4月28日） ………… 260
有关招募闽侨青年返闽训练制队函复李良荣（1939年5月21日） ………… 261
致函南侨总会各常委（1939年5月25日） ………… 263
南洋华侨筹赈祖国难民总会通告第十六号（1939年5月25日） ………… 264
新加坡华侨筹赈祖国难民大会委员会特别通告（1939年5月26日） ………… 265
南洋华侨筹赈祖国难民总会通告第十七号（1939年5月30日） ………… 267
为机工苦寒无衣以致潜逃事致陈质平函（1939年6月3日） ………… 269
南洋华侨筹赈祖国难民总会通告第十八号（1939年6月14日） ………… 270
新加坡华侨筹赈祖国难民大会委员会通告第廿二号（1939年6月22日） …… 272
南洋华侨筹赈祖国难民总会通告第十九号（1939年6月24日） ………… 273
南侨总会致越南南圻华侨救国总会书（1939年7月7日） ………… 275
电王部长再表示拥护抗战到底决心（1939年7月12日） ………… 277
陈嘉庚等发电拥护政府拒和谈话（1939年7月18日） ………… 278
新加坡华侨筹赈祖国难民大会委员会特别传单（1939年7月24日） ………… 279
为表示坚决反对英日妥协电致英京（1939年7月24日） ………… 280
新加坡华侨筹赈祖国难民大会委员会通告第二十五号（1939年7月25日） … 281

南洋华侨筹赈祖国难民总会通告第二十号（1939年7月27日） …………… 282
致电谢李顿勋爵敦促英政府废除英日商约（1939年8月3日） …………… 285
致英领表谢意（1939年8月3日） ……………………………………………… 286
为派刘牡丹考察滇缅公路致陈质平函（1939年8月7日） ………………… 288
为复兴集美学校募捐启事（1939年8月9日） ……………………………… 289
复兴集美学校募捐启事二（1939年8月15日） …………………………… 293
南洋华侨筹赈祖国难民总会通告第廿一号（1939年8月28日） ………… 294
南洋华侨筹赈祖国难民总会通告第廿二号（1939年9月10日） ………… 298
南洋华侨筹赈祖国难民总会通告第廿三号（1939年9月15日） ………… 301
致陈质平函请发送刘牡丹视察滇缅公路报告书（1939年9月27日） …… 303
新加坡华侨筹赈祖国难民大会委员会特别通告（1939年10月6日） …… 307
南洋华侨筹赈祖国难民总会通告第廿四号（1939年10月9日） ………… 308
南洋华侨筹赈祖国难民总会通告第廿五号（1939年10月24日） ………… 310
南洋华侨筹赈祖国难民总会通告第廿六号（1939年10月31日） ………… 312
致函蒋宋美龄建议改善华侨机工待遇事（1939年11月1日） …………… 316
南侨总会倡组"南洋各属华侨筹赈会回国慰劳团"通启（1939年12月4日）
……………………………………………………………………………… 318
致电蒋介石请示组织回国慰劳团（1939年12月6日） …………………… 321
请附设汇兑处以方便侨工致陈质平函（1939年12月7日） ……………… 322
请查实机工黄根是否病故函（1939年12月17日） ……………………… 323
南洋华侨筹赈祖国难民总会通告第廿七号（1939年12月17日） ………… 324
南洋华侨筹赈祖国难民总会通告第廿八号（1939年12月17日） ………… 328
关注机工苦寒电"抄"（1939年） …………………………………………… 331
南洋华侨筹赈祖国难民总会通告第廿九号（1940年1月19日） ………… 332
福建会馆建校计划（1940年1月19日） …………………………………… 333
南洋华侨筹赈祖国难民总会主席陈嘉庚致国民政府中央广播事业管理处处长函
（1940年1月28日） ……………………………………………………… 335
南洋华侨筹赈祖国难民总会通告第三十一号（1940年2月12日） ……… 337
南洋华侨筹赈祖国难民总会通告第三十二号（1940年2月15日） ……… 338

电蒋贺捷（1940年2月19日） ……… 340
南洋华侨筹赈祖国难民总会就推动劝募滇缅公路亟需卡车所发的公函与通告第三十三号（1940年3月9日、10日） ……… 341
参观重庆工合社后的感想（1940年4月7日） ……… 343
为英日天津谈判问题致英国朝野名流电函（1940年8月2日、3日） ……… 346
峨嵋寄书报告西北行观感（1940年8月5日） ……… 348
为改革闽政致电陈仪（1940年10—11月） ……… 351
致电陈仪（1940年11月9日） ……… 353
致电蒋介石指陈仪闽政弊端（1940年11—12月） ……… 354
致电国民政府林主席（1940年11月23日） ……… 358
为闽民请命加给食盐陈嘉庚与财政部来往电（1940年12月3日） ……… 359
视察滇缅路结果致蒋介石电（1940年12月15日） ……… 360
有关侨工居留证事函（1941年1月6日） ……… 361
南侨筹赈总会召集第一次会员大会通启（1941年1月24日） ……… 362
为改善闽政促进闽人团结召集南洋闽侨大会通启（1941年1月31日） … 364
关于在闽粤创设师范学校提案（参政会二届会议提案）（1941年2月1日） ……… 366
主张团结息争通电（1941年2月5日） ……… 368
对团结问题提出意见（1941年2月6日） ……… 370
陈嘉庚启事（1941年2月19日） ……… 372
关于南侨大会出席代表问题（1941年2月24日） ……… 373
南侨大会代表事与蔡普如往来公函（1941年2月28日） ……… 375
关于福建食盐问题答张绣文先生函（1941年3月12日） ……… 377
筹办南洋华侨师范学校缘起（1941年3月21日） ……… 380
揭发闽省银行滥发钞票致南洋商报函（1941年3月21日） ……… 383
与朱家骅来往电（1941年3月26日） ……… 385
为创办南洋华侨师范学校致各帮侨领书（1941年3月28日） ……… 386
南侨总会会员大会宣言（1941年3月31日） ……… 389
关于滇缅公路改铺柏油事与中央来往电（1941年3月） ……… 392

南洋各属闽侨代表大会宣言（1941年4月4日）	396
致电林森蒋介石陈述华侨两大会经过（1941年4月6日）	400
关于义捐汇额增加事致各属筹赈会函（1941年4月7日）	401
为筹办南洋华侨师校事宜会议通知（1941年4月14日）	403
为南师募经费（1941年4月20日）	405
通电全国请裁撤公沽局（1941年4月22日）	407
复槟城商业俱乐部函（1941年4月25日）	409
乞迅派大军收复福州致林蒋（1941年4月25日）	410
致电林森蒋介石反对蒋鼎文代陈仪（1941年4月26日）	411
为福建米荒事与林森主席来往函电（1941年4月15、22、29日）	412
与国民政府就派员考察闽政往来电文（1941年4月20日、5月7日）	416
揭露破坏南师阴谋启事（1941年5月16日）	418
电贺大公报荣获美大学奖章（1941年5月21日）	420
为同安教育事致福建参议会书（1941年5月29日）	421
痛斥福州群奸公开信（1941年5月31日）	423
复新加坡三十一侨团联名函重申改善政治主张（1941年6月7日）	425
大湖之捷电贺闽抗战将士（1941年6月18日）	428
抗战四周年致电中枢致敬（1941年7月7日）	429
抗战与运输：论滇缅公路（1941年7月）	430
南侨总会发动救济英难民运动周致函马来亚各属会（1941年8月13日）	438
南洋华侨筹赈祖国难民总会通告第四十二号（1941年8月14日）	440
星华筹赈会致函各帮筹备大规模援英（1941年8月16日）	442
致函邀各侨领参加献旗（1941年8月30日）	445
致电英首相及伦敦市长向丘吉尔致敬同时慰问伦敦市民（1941年9月3日）	446
通电期勉闽省新主席（1941年9月9日）	448
对济案筹赈发表重要声明并公布筹赈收支项目（1941年9月19日）	450
向参政会提案（1941年10月）	454

告侨胞书（1941年12月16日） ········· 455
陈厥祥、陈嘉庚关于申请注册集友银行股份有限公司给福建省建设厅的呈（1943年10月8日） ········· 458
集友银行股份有限公司关于设东兴、柳州、泉州三办事处给财政部的呈（1943年12月27日） ········· 464
集友银行续招股本启事及续招股本章程（1944年1月30日） ········· 468
集友银行总行关于报送设立登记事项、各股东已缴股款清册、董监姓名住址清册等给福建省建设厅的呈（1944年3月13日） ········· 470
集友银行股份有限公司关于设立福州办事处呈及财政部批（1944年3月13日—4月11日） ········· 473
集友银行总行关于派员验资并发给证明书给福建省建设厅的呈（1944年7月15日） ········· 478
集友银行总行关于报送各项登记书表并费款的呈及福建省建设厅批（1944年8月19日—9月23日） ········· 480
集友银行总行民国三十二年度业务报告（1944年） ········· 484
一九四四年在印尼峇株（1945年4月） ········· 487
南侨总会通告第一号（1945年9月） ········· 495
南侨总会通告第二号（1945年） ········· 497
南侨总会通告第三号（1945年） ········· 498
南侨总会通告第四号（1945年） ········· 499
关于组织华侨回国卫生参观团赴各省观光视察一案给云南省参议会的函（1945年12月1日） ········· 500
南侨总会通告第五号（1945年12月14日） ········· 502
南洋华侨筹赈祖国难民总会通告第七号（1946年1月6日） ········· 503
南洋华侨筹赈祖国难民总会通告第八号（1946年2月21日） ········· 504
《住屋与卫生》附启（1946年2月） ········· 506
集友银行股份有限公司关于补正声请设立登记等给福建省建设厅的呈（1946年5月29日） ········· 507
为讨论筹款助机工南回办法事（1946年6月） ········· 509

新加坡华侨筹赈祖国难民总会通告第十一号（1946年6月26日） ……… 514
促办南侨机工复员信函（1946年8月21日） …………………………… 515
致电美总统等劝告停止援蒋（1946年9月7日） ……………………… 517
南洋华侨筹赈祖国难民总会通告第十三号（1946年9月25日） ……… 519
道谢启事（1946年10月） ………………………………………………… 521
谢却校友募捐复兴基金函（1946年11月2日） ………………………… 522
辞谢行总协修集美校舍（1946年11月25日） …………………………… 523
新加坡南洋华侨筹赈祖国难民总会通告第十四号（1946年11月26日）
　………………………………………………………………………… 524
新加坡南洋华侨筹赈祖国难民总会通告第十五号（1946年11月27日）
　………………………………………………………………………… 526
致电美两议员赞同国际调解中国内战（1946年12月21日） …………… 527
组织南洋华侨回国卫生观察团通启（1946年） ………………………… 529
《大战与南侨》序（1947年1月） ………………………………………… 531
荷兰商人华侨巨港冲突事前并未通知　陈嘉庚氏致电印度尼西亚领袖（1947年
　1月14日） …………………………………………………………… 540
通电国内同胞支持学生要求驱逐美军的爱国运动（1947年1月） ……… 541
为荷兰惨杀华侨并夺船劫货封锁贸易事（1947年2月14日） ………… 542
向泛亚洲会议提案订结亚洲公约促进亚洲文化（1947年4月20日） …… 546
电参政会响应学生运动（1947年5月28日） …………………………… 549
新加坡华侨各界代表大会决议及宣言（1947年5月31日） …………… 550
南洋华侨筹赈祖国难民总会通告第十五号（1947年6月9日） ………… 552
通电慰问全国各大学学生（1947年6月） ……………………………… 554
新岁献辞（1948年1月1日） …………………………………………… 555
抗议白思华报告书（致英国陆军部备忘录）（1948年3月12日） ……… 559
《南侨正论集》弁言（1948年4月） ……………………………………… 563
南洋华侨筹赈祖国难民总会通告第十六号（1948年5月1日） ………… 566
电悼冯玉祥将军（1948年9月15日） …………………………………… 568
徐州大会战与全局决定性（1948年11月1日） ………………………… 569

12

《住屋与卫生》第四版序言（1949年1月1日） …… 571
与毛泽东主席往来电文（1949年1月、2月、4月） …… 573
与朱绍良等来往电（1949年3月9—14日） …… 575
《陈嘉庚言论集》自序（1949年5月1日） …… 577
南洋闽侨总会快邮代电促请闽人迎接解放（1949年5月） …… 579
电贺福建人民政府成立（1949年8月31日） …… 580
谈新中国作官不能滥用私人勤劳工作节俭成风（1949年10月22日） …… 581
电闽人民政府张主席祝贺厦门解放（1949年10月22日） …… 583
南洋华侨筹赈祖国难民总会通告第十八号（1950年2月20日） …… 584
为扩充集美水产商船专科暨水航高级职校学额培植多数海事人才，告各中等学校同学书（1950年4月25日） …… 585
要求制裁美机挑衅 陈嘉庚致电安理会（1950年8月30日） …… 588
寄函爪哇《生活报》报告国内情况（1950年11月21日） …… 589
为注意卫生事告集美各校员工生（1952年6月24日） …… 590
劝告集岑郭社亲栽培子女妥筹善后书（1952年7月8日） …… 592
集美解放纪念碑题词征文启（1952年） …… 596
建造集美纪念碑工程概况（1952年） …… 597
厦大建筑部简则（1953年12月15日） …… 599
《陈嘉庚先生对集美侨生讲话笔录》前言（1954年3月） …… 600
本社学生助学金补充办法通告（1954年7月30日） …… 602
致电中央华侨事务会（1954年11月30日） …… 603
致新加坡香港基金（1955年2月20日） …… 604
介绍集美中学（1955年9月） …… 606
伟大祖国的伟大建设（1955年12月26日） …… 608
为大连海运学院办理不善致函上海市政府查询原上海航海学院情况（1956年1月9日） …… 614
电国务院商业部请查纠水产学校毕业生所学非所用（1956年4月5日） …… 616
告华侨学生书（1956年9月7日） …… 617
倡办华侨博物院缘起（1956年9月20日） …… 620

致中国人民政治协商会议全国委员会函（1956年9月24日）………… 622

故乡（集美学村）之建设（1956—1957年间）………………………… 623

为节约米粮提高人民健康，请政府贯彻执行九二米方案及推行熟谷米案（1957年7月）……………………………………………………………… 625

致中央华侨事务会函（1957年9月11日）………………………………… 627

致中央华侨事务委员会：为侨属子女特设补习学校的需要（1957年9月16日）………………………………………………………………… 628

致中央华侨事务会函（1957年10月14日）……………………………… 632

为侨属子女特设补习学校的重要（1957年10月）……………………… 633

致叶飞请废乡村私厕电文（1958年1月4日）…………………………… 635

遗嘱（1958年6月28日）………………………………………………… 636

鹰厦铁路已通车，其终点站厦门临海有三处码头（嵩屿、厦门、集美），请政府及早计划分别筹建案（1958年7月）……………………… 639

为集美学校跃进措施启事（1958年8月2日）…………………………… 640

祝贺新加坡人民行动党竞选胜利——致李光耀函（1959年7月9日）… 641

关于更改作息时间致集美校委会电（1960年5月）…………………… 642

华侨爱国精神永存（1960年6月）……………………………………… 643

陈氏店规 ………………………………………………………………… 646

遗教二十则 ……………………………………………………………… 647

临终遗嘱（有关教育部分）（1961年）………………………………… 649

附录一 全国政协副主席全国侨联主席陈嘉庚先生逝世 周恩来、朱德等四十三人组成治丧委员会（1961年8月12日）……………………… 651

附录二 中华全国归国华侨联合会关于接受陈嘉庚主席的爱国遗嘱 号召华侨为解放台湾而斗争的决议（1961年8月14日）…………………… 653

附录三 人物注释 ……………………………………………………… 655

实行筹办南洋华侨中学之通告

(1918年6月8日)

南洋华侨中学不容不办，不容不亟办，而尤不容不合办。有心教育者类能言之，固无俟同人之赘述矣。顾近年来筹办之声既旋起而旋息，而筹办之旨复若即而若离，其故抑又何哉？以无责任心、无团结力之有以维持于其际也。虽然，其所以致此者，盖有二原因在焉。其一则以巨大之经费难筹也。南洋各埠小学向由各该埠绅商自行捐资兴办，而当年维持费时有缺乏之虞。自欧战延长，商场极形凋敝，盖以捐输日出，侨力愈觉难支。以南洋中学之规模，必集有英荷各属多数金钱共谋伟大之建设，其本既足，扩充不难。若仅恃有限之微资，虚张声势，因陋就简，希图侥幸成功，则阻碍前途关系至为重大。其二则及格之生徒难集也。南洋各埠小学林立，且成绩较优者固多，而成绩未著者亦复不少；各校自为风气，则学生之程度不齐；英荷各阻道途，而闽粤之感情难洽。以南洋中学之规模，必得有英荷各属多数英才共施普及。教育人材既聚，进步有期。若仅以一二部份不及格之生徒滥充缺额，冒昧一试，徒博虚名，则贻误青年，关系尤非浅鲜之二说也。其对于南洋华侨中学前途，固有无限牢骚，无穷希望，期欲以极稳健之设施以收其最美满之效果，必不容冒昧尝试，侥幸图功矣。□是河清难俟，人寿几何，□等言论，究待何时而始成为事实？

夫南洋之应设华侨中学也，已十年于兹矣。当前清光绪末年，南京倡办暨南学堂，特招南洋华侨子弟回国就学，其时肄业中学者已在百人以上，自开办迄解散前后三四年间为数更富。有者以南洋之所阻，经费之浩繁，人地之生疏，风俗之奢霏［靡］，无父兄督责，又乏亲故招呼，种种困难，不胜枚举，而华侨子弟所不能不作归计者，以南洋无中学也。然□犹就有力归国者言之，若夫无力之家，其对于子弟中途废学与回国就学之两端难处情形，就一易地以思，其痛苦又当何若乎！倘南洋设有华侨中学，俾英荷各埠、闽粤各帮无论贫富之子弟概得就近肄业，则一切困难均可扫除净尽矣。

文牍

新加坡为南洋孔道，英荷各埠航路交通，贸易往来，呼应尤捷，所有父兄伯叔亲戚朋友，商务关系，耳目最周，经费既无浩繁，寄托亦有人抚任，较诸回国就学与中途废学者，利害得失之相去，何待明言？兹若出其责任心、团结力以号召英荷各埠闽粤各帮之小学校董与殷商富绅，及各界热诚教育之士，悉心筹备，惨淡经营，合设一南洋华侨中学于新加坡，吾知经费之裕，生徒之多，诚可操券以待矣。然而空言筹办究不若实力进行之较易昭信也，虚构规模究不若实培基础之较易成功也。际本坡人士屡问筹办中学之声，果能预筹的〔得〕款数万金，足资设备费及两年维持费者，然后一声高唱，山谷必能齐鸣，共济同舟，风潮无虞倾撼。一俟部署就绪，再行提议筹捐用备一切扩张之举。大局既定，众志自坚，各埠捐输不难陆续鸠集，此经费难筹之感可以解矣。

各埠小学向之所以分别府县各自筹办者，以闽粤各属方言不同，初学生徒殊难普遍教授国语，此固不得已通融办理，并非有畛域之分也。若南洋华侨中学乃英荷各埠、闽粤各帮全体小学合组之制造人材之唯一大机关也，既无方言之汾〔混〕淆，自无省界之区别，一炉陶铸团结必坚。以英荷各埠小学约计之，除女生外，不下三百余校，每校平均招生二人，已达六七百人以上，届时且患人满，尚何有缺额之虞。此生徒难招之惑可以解矣。

同人等自维绵薄，既不敢冒昧尝试，更不敢侥幸图功，适因陈嘉庚募捐同志三万余元，合同德书报社①介绍国风幻境外埠演剧捐助万余元，不下五万元的款，财政既略有把握，庶务则较易措施。爰合同人剀切通告，订期阳历六月十五号，阴历五月初七日下午二时假座本坡中华总商会召集特别大会，遍请同侨莅场集议，实行开办，期在必成。凡我英荷各埠闽粤同胞，须知南洋华侨中学与我海外侨胞之成败存亡大有较密切最重要之关系，岂忍放弃天职？且偷安袖手旁观，互相推诿乎？呜呼！时机之急逼，未有甚于今日也，同侨之希望未有甚于此时也。同人等披肝沥胆，开诚布公，笔秃嘶言尽于此，愿我海外同侨

---

① 新加坡同德书报社，是新加坡华人团体，1911年8月8日由张永福、林义顺、陈楚楠等发起成立，其宗旨为"开通民智，推倒满清"。抨击吴湘支持袁世凯政权，通电声讨张勋复辟，1918年起创立夜校（用英语讲授），并举办华人集体婚礼等。历任社长为蔡辉生、王吉士、林邦彦、陈炎华、陈醒吾等。

其实图之。

中华民国七年六月八日

南洋华侨中学筹办人：小学校总理道南陈嘉庚等十六校总理公布

录自新加坡《南洋华侨中学创校六十周年纪念特刊》1979年，第189页。

致集美学校诸生书——兴学动机

(1918 年)

教育不振则实业不兴，国民之生计日绌，……言念及此，良可悲已。吾国今处列强肘腋之下，成败存亡千钧一发，自非急起力追，难逃天演之淘汰。鄙人所以奔走海外，茹苦含辛数十年，身家性命之利害得失，举不足撄吾念虑，独于兴学一事，不惜牺牲金钱竭殚心力而为之，唯日孜孜无敢逸豫者，正为此耳。诸生青年志学，大都爱国男儿，尚其慎体鄙人兴学之意，志同道合，声应气求，上以谋国家之福利，下以造桑梓之庥祯，懿欤休哉，有厚望焉。

原载《陈嘉庚先生纪念册》中华全国归国华侨联合会 1961 年，第 255 页；录自王增炳、陈毅明、林鹤龄《陈嘉庚教育文集》，福建教育出版社 1989 年 7 月版，第 160 页。

在籍创设集美学校函托旅京华侨学会主任聘请教员书

(1919年5月2日)

君陆①仁兄先生阁下：

久违芝光，时深葵系，缅怀矩范，莫名神驰。比维文祉懋畅，百凡增绥，如祝为颂。弟以庸材，久客南邦，虽不自负爱国，然桑梓关怀，殊难自已。故自光复后，回梓创办集美两等小学校，规模略备，又复南来。寒暑历更，再商之舍弟敬贤②，回梓续办师范学校兼中学校。弟盖见夫本省下游十县并无良师范以制造良教师，恐贻将来学风之坏，是以不揣绵薄，期于数年之内，堪产出师资以千名计。开校之始，先招二十余县之学生二百名有奇，倘办有成效，按年添招二三百名，则千名之数实可预期。此弟续办师中学校筹划之初旨也。

惟弟素非学界中人，且出洋日久，内地情形尤不深悉，关于延师一道，未谙徒何门径。因就本坡道南小学校教员，询其履历，知系上海第二师范学校毕业，即请其函托该校校长贾季英③先生代为特物色，以科学渖通品格适宜者为敝校校长，并由校长组织全班教员，前来担任以免分聘。束脩不较多少，但求一体称职，以期实施良好之教授，庶免负办学之虚名。嗣由贾先生介绍该校学监王君④担任校长，并由王君组织教师十多人前来，应客岁春季开校。讵料教授不数月，诸多缺点，不独教师为然，即王君亦颇失校长之资格，言之痛心。不得已舍弟敬贤，乘夏亲到江苏，聘请侯君鸿鉴⑤来任校长，教员亦由侯君组织，应秋季始业。历兹数月，侯校长尚差强人意，惟诸位教员则仍大半未能称

---

① 萨君陆（生卒年不详），福建闽侯人，旅京华侨学会的创始人。
② 陈敬贤（1889—1936），福建集美人，陈嘉庚胞弟、创业和办学的助手。
③ 贾季英，即贾丰臻（1880—？），上海浦东人，教育家、宋学研究家，时任江苏省立第二师范校长。
④ 王绩（生卒年不详），字丕嘉，江苏人，集美师范学校首任校长，任期1918年2月至1918年7月。
⑤ 侯鸿鉴（1872—1961），江苏无锡人，教育家，曾任集美学校校长。

文　牍

职。侯校长复以私务繁多，不能长离梓里，屡欲荐人自代。似此办学之难，诚非始料所及。鄙意南洋华侨素负爱国之虚名，未尝施一实际，不自度量。窃欲先树模范，以为接踵者倡，庶有实际之可言。兹若办理无状，成绩莫睹，对国家则失国民份子之天职，对侨众则阻继起之热心。无限忧怀，实难言喻。

兹者舍弟业已南来，弟拟月间回梓，甚思所以维持而整顿之。侯校长一经退职，诸教员想必连带告退，势必须另聘校长。若教员再由一手组织，诚恐一误再误，更动一人，竟致更动全体，甚为非计。抑尚有诮弟等为门外汉，不识教员之优劣，从事更动而已者。然弟之意则以为既有心办学，务以实事求是为宗旨，不尚形式。若徒博办学之美名，究竟内容如何不求深考，如本省下游学校，则亦何必多此一举且。鄙意更不敢怀过分之希望，欲得美满最优之教员、校长，而亦不欲冒聘有名无实者以之充任，致时有更动之事。惟求得合格能通达中等教育者已足发启。

今关于聘请校长连带教员一节，鉴于前车之失，拟出下策，就本乡之教员中择一资格稍优者以充校长，其余教员除国文、地理、修身、英文、算术等免更动外，其他各科教席悬缺者约十数人，拟分函故友代为引荐。素谂先生为学界泰斗，名城住处，济济多士，用敢亟恳鼎力代为物色。如能就敝校悬缺各席全数荐引前来担任更妙，否则无论所长何科，有若干位，其履历详情如何，请即赐示来知，俾得延聘。劳神之处，感且不朽。复函请交厦门洪本部源裕号弟收便妥。专此拜托，敬请崇安，诸希亮照不备。

陈嘉庚字
八年五月二日

附：本会①主任复陈嘉庚先生书

嘉庚先生大鉴：

---

① 即旅京华侨学会，1918 年 11 月 24 日由萨君陆发起创立，该会为归国旅京南洋华侨所组织，会址设在北京东单二三条太平红楼 2 号，以联络感情、交换智识、促进教育、提倡实业为宗旨。会长萨君陆，会员 68 人，下设补习学校、俱乐部、编辑所，编辑出版《旅京华侨学会会报》，后经蔡元培改名《旅京华侨学会杂志》（即《侨学杂志》）。（参见蔡鸿源、徐友春《民国会社党派大辞典》，黄山书社 2012 年 8 月，第 377 页。）

读大札谨悉种切。我公创办师校，代国家造就人才，如此事业在末世已不可多得，况独力支撑，急公好义，见诸实际，办事诸人而不我助，言之慨然。曩岁令郎在都时谈及此事，君陆无知，窃以为师校适当教员，必以高师毕业生为最适当。当时曾托北京高师学校教务主任邓君①代为物色，不料所荐吴君，以厦地乱耗食言而不我就。君陆初以为我公既有此热心，自应就个人见解所及，举以相告，乃吴君中途爽约，致君陆失信于人。扪心自问，不免自笑此举为多事也。今者我公不以前失信为君陆罪而又以聘请教员之事相委，兹谨就教员难得之普通弊点言之于下：

（一）有政治野心者其目的在摄取政权，必不能完其教员之责任。

（二）不以教育为己任而仅以糊口为主义者，则精神在教授上亦不能相贯注。

（三）资格不及者，则教授原理不明白不获实际上之裨益。

（四）有资格矣而无相当之经验恐亦未必谓为适当。以上四因，故发生种种恶果，而谓出资办学之人能不灰心得乎？虽然补救之法，第一在选择之慎重，能得一如蔡元培先生，舍身教育以长吾校，万事毕矣；第二用年功加俸方法，以励教员之永久的热诚，但所见如是，事实上能否办到，则殊未可必也。得信数日踌躇莫决，适北京高师学校管理员李君贻燕②函示，该校本年毕业生计有五人（福州人），兹已函请到寓一谈，俟商议妥适，再行奉闻。谨先布覆，余容后宣。

弟君陆上 八年六月一日

附：本会主任为代聘教员事覆陈嘉庚先生书

嘉庚先生大鉴：

昨上一械，计已登鉴。吾兄关怀梓桑教育，钦佩奚极。至于以实事求是为办学宗旨，尤足以矫积弊。侯校长既欲辞职，而各教员或至连带而他去，此固为事实上之所必然。承嘱聘请教员一事，因去年吴某违约，本不敢稍参末议。

---

① 邓萃英（1885—1972），福建闽侯人，曾任厦门大学校长，时任北京高师学校教务主任。

② 李贻燕（1889—1952），福建福州人，时任北京高师图书馆馆长。

继思吾兄谆嘱既殷，而部视学林君锡光①抵京，亦谈及吾兄之热诚不已，在北京高等师范学校觅得两人，以副尊嘱，谅不至再方台命耳。

查本届北京高师毕业福建同乡共有五人，一系博物科，四系体育科。兹拟聘博物毕业生陈君椿及体育毕业生吴君肇歧②，以备采择。现已与该校主任李翼庭先生（亦系同乡），约定陈吴二君，品学俱见优良，且有李君为之担保，当可尽职。二君科学于博物、体育运动专门外，即教育学一门亦可担任，月薪若干，聘约如何，希即电覆。至于其他之历史科、理化科，本届高师亦有相当毕业人员，不外皆系外省者，然北京高师为有名学校，所产学生当较他处为良，如何请兄酌示。又贵校所需何科，人员确数若干，并每人薪水若干，统希快函复及。吾兄能到京一游，直接向教育当局商议尤妥。吾兄既费此巨金，倘来京参观一切（目前纵有风潮然亦无妨），公私两有裨益，如何希即电复。即请公安。

弟萨君陆上
八年六月五日

附：本会主任以林视学对于集美学校之意见转达陈嘉庚先生

嘉庚先生大鉴：

前上两械，计已达览。昨教育部林视学芷馨先生谈及，我公独力创办学校，输款至三十万元之多，累年以教职员去就问题牵动教务，致不进步，殊为可惜。甚望我公得闲来京一游，妥商办法。未审我公肯成行否。再林视学致弟一函，内陈两则，一则请贵校将组织情形呈部立案，后再由部核奖，一则请我公注意校长之选择，盖校长得人则百事具举。原函奉呈，专此。即请道安。

弟萨君陆敬上
八年六月二十八日

录自《侨学杂志》1919年第1卷第1期，上海图书馆。

---

① 林锡光（1882—?），福建长乐人，时任教育部视学。
② 陈椿（1886—1999），福州人，1919年毕业于北京高等师范学校博物科，毕业后任集美学校教员。吴肇歧（生卒年不详），字振西，福建闽侯人。1919年毕业于北京高等师范学校体育专科，任集美中学体育教员兼体育科主任，后任福州第一中学体育主任。

筹办福建厦门大学校附设高等师范学校通告

(1919年7月)

专制之积弊未除，共和之建设未备，国民之教育未遍，地方之实业未兴。此四者欲望其各臻完善，非有高等教育专门学识，不足以躐等而达。吾闽僻处海隅，地瘠民贫，莘莘学子，难造高深者，良以远方留学，则费重维艰，省内兴办，而政府难期。长此以往，吾民岂有自由幸福之日耶？且门户洞开，强邻环伺，存亡绝续迫于眉睫，吾人若复袖手旁观，放弃责任，后患奚堪设想！鄙人久客南洋，志怀祖国，希图报效，已非一日。不揣冒昧拟倡办大学校并附设高等师范于厦门，行装甫卸，躬亲遍勘各处地点，以演武场为最适宜。惟该地为政府公产，爰敬征求众意，具请本省行政长官，准给该地为校址，以便实行。谨订本月十三日（即旧历六月十六日星期日）下午三点钟假座浮屿陈氏宗祠开特别大会，报告筹办详情（另有译述国语）。事关教育前途，尺[①]我同胞爱国士女，希届时惠临指教，幸勿吝玉为荷。此布。

福建私立集美学校校主陈嘉庚谨启

原载《集美学校校友会杂志》第 1 期第 225 页；录自王增炳、陈毅明、林鹤龄《陈嘉庚教育文集》，福建教育出版社 1989 年 7 月版，第 169 页。

---

① 函告之意。

致厦门大学筹备员书

(1920 年 10 月)

敬启者：世治日昌，端赖学术。非多专精人士，无以追轶足而挽狂澜。嘉庚经商南溟，历有年所；目之所触，惕然神惊。此厦门大学之设所以敢于提倡也。然而兹事体大，无通儒硕彦，相〔襄〕助为理，不能树贞固之基，而收美满之效。素仰先生陶冶群伦，凤奏敷绩。厦大之事，尤荷赞同，敢请为筹备委员会委员，共施鼎力，锡以鸿猷。嘉庚但当竭其区区，不惮劳费，率以听命云尔。肃以敬请道绥。

原载《申报》1920 年 10 月 6 日；录自王增炳、陈毅明、林鹤龄《陈嘉庚教育文集》，福建教育出版社 1989 年 7 月版，第 181 页。

告厦大筹备员

(1921年7月3日)

厦大董事陈嘉庚致筹备员函云：阅报悉邓君复致函诸筹备员，为受鄙人侮辱。故长篇累牍，多无稽设词，信口雌黄。冒教育之美名，阻商人之同志，甚至毁骂不顾，自污其口。鄙人不事效尤，及逐段指斥，以告诸君。仅将其自命为君子态度及筹备员当时无此规定两问题，请诸君谈判曲直，以明真相而辨是非。

渠云辞职后，不敢偶发一词，方以为君子态度应尔也。然其到沪数天，沪报遍登其致筹备员书。与本人关系表面上似不肯支厦大一文钱，含愠将月俸二千五百元投还之厦大图书馆，以鸣其慷慨义愤，或者为升官钓誉地步，而不计利己损人及厦大前途之影响。窃此等私人要函，沪中筹备员诸君，皆诚挚名士，品格高尚。鄙人深信必无投稿报馆之理由，而有所偏袒，了无疑义，则假冒诸筹备员任投稿者谁耶？

夫此鬼蜮伎俩，略有人格之商人，尚不屑为，而乃出高级政教育君子态度之手。鸣呼，莫怪今日我国之现象也。鄙人是以不能已于言，否则安忍为厦大较此区区之项哉。故亦致诸筹备员书，并投稿报馆，以明真相，及为厦大前途计。若云文笔粗陋，鄙人无学，甘任其咎，盖不欲假笔他人，增彼狐疑。若云侮辱，则当知必先侮人而后人侮之。夫既取其财，复投稿报馆登载，以利己损人。然损个人之事小，损厦大之事大。譬如夺其物而复施以鞭挞，人谁能堪。至云筹备员纪录尚存可考，绝对的无此规定。然所有纪录，概为邓君收去，何从考的。虽然，事仅数月，筹备员诸君，多能记忆，况逐条讨论精细，决无遗漏此必有之条件。故沪中筹备员诸君复鄙人函，绝无异议，足为明证。

邓君复云，良心上法律上，均可负责任。鄙人深赞成是说，但国政纷纷，恐法律无灵，良心无形，言之匪艰，行之维艰，彼此争执，贻笑中外，绝非鄙人所愿闻。邓君如尚不休，请将争执问题，烦沪上诸筹备员裁定是非。若沪报之稿，确系得谁筹备员之手，及讨论时果漏规定，故应得优先月俸兼川费多次者，乃鄙人之过，愿以个人名义，代厦大登报，向邓君道歉，失董事之格。否则仍请追还，并戒其缄口自修，更涤心肠，觉悟真理，为国家社会将来之柱石，所厚望焉。

附：筹备员郭秉文、李登辉、黄炎培、余日章、胡敦复[①]**十年六月一日复函**

嘉庚先生台鉴：

同人等接到手书，述邓君芝园辞职情形。学校成立伊始，有此波折，殊为可惜。已将来书寄交邓君，请其答复。现所亟欲知者，无任问题，如何解决。秉文等猥承委托，责任所在，甚为惶悚。倘承将最近状况及处理办法赐示通知，至所企盼。今日同人集商结果，专此函询，敬请道安，盼复。

录自《民国日报》1921年7月3日第10版，中国近代文献数据总库。

---

① 郭秉文（1880—1969），祖籍南京，生于上海，教育家，时任世界教育会副主席；李登辉（1872—1947），祖籍福建同安（今厦门），生于爪哇岛，教育家，时任复旦大学校长；黄炎培（1878—1965），江苏川沙人（今属上海），中国近现代爱国主义者和民主主义教育家，时任江苏义务教育促成会会长；余日章（1882—1936），湖北蒲圻（今赤壁）人，中国最早红十字会组织的创立者，时任中华基督教青年会全国协会总干事；胡敦复（1886—1978），江苏无锡人，数学教育家，中国数学会早期组织者。

厦门发行市政奖券之反响

(1921年10月)

厦门市政，本极不良，近官厅联合绅商各界，组织市政会，以谋改良。兹因经费浩繁，无从筹措，乃发行市政奖券，以为生财之道。厦人士以奖券具有赌博性质，首由厦门大学校董陈嘉庚，致函市政会，陈请取销［消］，并致书该会主任周醒南①，加以警告。该会及周主任均置不复，陈氏乃遍发传单，痛陈市政奖券十害，其所持理由，极为充分，兹特纪之如下：

今日之奖券，与彩票性质同，乃赌博之转胎，借改良市政名义，而公然开赌，则人民惩前毖后，将疑公益为丛恶之具，而阻碍新政前途，一也。赌类百类，流弊无穷，而奖券尤甚。奖券既可开赌，何类不可开赌。市政会既可开赌，则凡社会个人，何不可开赌，涓涓不塞，将成江河，二也。际兹民穷财尽，烟也，捐也，剥夺百出，无孔不入，赌之未敢开捐者，因其祸烈，易为众怨所归，若市政会作俑以启之，厦门将成澳门第二，三也。厦门事权复杂，籍民横行，官不敢问，法定机关，既可开赌，若辈无业游民，更有所借口，势必更形活动，贻害地方，四也。漳州因借市政而开奖券，今已公然设场开赌，且收赌捐矣。周君醒南，与有力焉，内厦如何，可以想见。漳民之罹毒，日甚一日，吾厦人何可明知故犯，五也。广州赌捐，由百万而至千万，当桂人把持政柄之日，视异省为鱼肉，贻害之惨，莫可胜言。粤人费尽许多心血，生命财产，始得驱除。今日当局，虽无桂人之力，而有桂人之心，诸君复受其利用，何异明知陷阱所在，而故蹈之，其愚孰甚，六也。贵会诸君，语其名誉，非社会之领袖，即华侨之巨商，论其家财，由数十百万而达千万，力量伟大，果有心改良市政，费此区区之款，何殊九牛之一毛，安忍听其作俑，而自误桑梓，七也。贵会大发广告云，在厦开奖，绝无弊端，弟意若诸君亲手经理，则可言其无弊端，否则

---

① 周醒南（1885—1963），广东惠阳人，时任厦门市政会主任。

安能保受委托人之手段如何。前清时吾厦曾开办一次矣，每届开奖以前，男女若狂，工商失业，盗贼丛生，幸仅数日，弊端一露，大动公愤，董其事者，逃走星散，或死异域，诸君岂忘之哉，八也。买券者，幸而得意料所不及之巨金，亦徒供其任意挥霍，于社会为有害，于个人为无益，徒足长人侥幸之心，而酿奢侈之习，集社会有用之金钱，为不可知之转移，而用于一二人之手，其事固有百弊，而无一利，九也。厦门为通商口岸，中外人属耳目焉，以社会有名人物，而开赌，未免大失国体，况今日一新潮流，要在以改良社会，为改良政府为先导，社会不良，诸君负地方之重望，其忍为之乎，十也。

此项传单发出后，市政会曾在厦门道署开董事员会，公同讨论，旋又在市政会续行会议，众人各持一说，故两次会议，均无结果，陈嘉庚关于此事，又通电北京大总统及新加坡泗水小吕宋各总商会云，厦门市政会，将开彩票，必启赌捐，贻害全闽，乞电闽督电禁云云。又电督军省长两署，厦门市政会将开彩票，赌风一启，籍民益肆，治安民生，大有关碍，乞速电禁云云。厦大校长林文庆①，前受市政会聘充名誉会董，现林以该会发行奖券，奖励赌博，羞于桧伍，特函请市政会将名誉会董取消，以示反对。惟市政工程主任周醒南，以陈所发传单，有关彼之名誉，致函声辩，限令更正，原函谓接阅传单，透快淋漓，毋任钦佩，惟第五条第六条责备鄙人，不胜诧异。鄙人到厦三阅月，只办理工程事务，对于会内财政问题，全不干预。此次开办彩票，会内有议案可稽，至漳州抽收赌规一节，尤为不明事实，似此凭空捏造，实于鄙人名誉有关，务须于三日内予以相当之更正，否则以法律对待云云。

陈嘉庚复函，亦极强硬，略谓：

弟之涉及先生者，其理由有四：（一）新加坡报纸揭载，先生在闽事略尤详，待必要时，检出作据。（二）漳州市乃友人见告，亦可作证。（三）在市政会不支持薪俸，别求权利。（四）前日呈函责问劝诫不蒙开复，故视为默认，先生如果清白无瑕，对于上言理由，系弟误闻，然先生处嫌疑地位，及不剖明下示之过，致弟不能谅解，有干尊范，实深抱歉。兹先生来函否认，弟乐与为善

---

① 林文庆（1869—1957），祖籍福建海澄（今海沧），新加坡教育家、社会改革家、企业家，曾任厦门大学校长。

而更正之,所云凭空捏造,则绝对不敢受。至要请法律之事,弟意毋宁讲天良,较为简单,是否有当,请从钧便。

周得此复函后,作何解决,尚无表示,惟各界对于陈嘉庚极表示同情,市政会所发奖券,过问者殊见寥寥,陈氏对于此举,非达到目的,决不能罢手,结果如何,请拭目俟之。

录自《时报》1921年10月5日第5版,中国近代文献数据总库。

集美小学记（碑文）

(1921年12月)

余侨商星洲，慨祖国之陵夷，悯故乡之哄斗，以为改进国家社会，舍教育莫为功。

中华民国元年归里，筹办小学。翌年二月，假集美祠堂为临时校舍，行开幕式。数月，填社西鱼池为校址。迄仲秋，新舍落成，乃移居焉。五年以来，增筑师中校舍于西北隅，彼此逼处，既碍观瞻，又妨管理，乃思有以移之。遂相地于寨内社，明季郑成功筑垒以抗清师者也。今城圮而南门完好，颇足表示我汉族独立之精神，敬保存之，以示后生①纪念。全寨周不逾数亩，据闽南大陆南端，临海小岗特起，与鹭屿高崎相犄角，洵一形胜地也。居民数家亦陈姓，开基逾六百年，近更式微，爰购为校址，筑新式校舍，永为集美小学之业。并建百尺钟楼，以为入境标志。

大中华民国十年冬十二月奠基　陈嘉庚撰

原载《集美学校二十周年纪念刊》1933年，第52页；录自王增炳、陈毅明、林鹤龄《陈嘉庚教育文集》，福建教育出版社1989年7月版，第184页。

---

① 此处为后代子孙之意。

筹办南洋商报喜志

(1923年3月17日)

华侨中之陈嘉庚先生，兴教育办实业，全世界人皆知之佩之，诚华侨中之明星与先觉也。今先生兴办有益事业之勇气，迄未少懈，乃又欲在新加坡办《南洋商报》一所。专从商报二字上着眼，其见解诚超人一等，将来出版之后，当可与厦门大学树胶厂等，同为华侨模范之事业也。兹先将其通告介绍代刊于左。

欲求社会进德，人类文明，非振兴教育不为力，而尤非振兴实业不为功。有实业而无教育，人才何自出，有教育而无实业，经济何自来，是教育与实业大有连带存亡互相消长之关系，而不可须臾离者明矣。吾国教育现在幼稚而实业尚未萌芽，以故高等游民乃吾国之特产，良可慨也。敝行东陈嘉庚先生，蒿目时艰，伤心世变，因竭其半生才力精神以从事于实业教育，自强不息，积极进行。然挟其旷观世界之眼光，似犹以一向所惨淡经营，仍区狭义，尚未能广事吹，力谋普及为憾者。爰就本坡创设报社，命名曰南洋商报，完全以提倡实业、发展教育、促进商人常识、普及侨胞利益，为唯一主旨，与一切政治党派断绝关系。盖以南洋幅员之大，华侨人数之多，商务往来中外交通之便利，欲求不涉政党范围，实益同侨商学之华字报而不可多得也。本报之设，特救此弊，于实利吾侨商学外，而尤注重橡胶与其他各种土产，以引起同侨企业之观念，并直接特约吕打专电祖国特电，务期消息灵通，事实确切，以副本主人实事求是之职志。现时正在筹办期间，预计新历五月中旬当能出版，凡我邦人君子，其以本主人之职志为职志乎？则所有广告新闻，应请早日惠顾，以赞厥成。嗟磋。实业界之明星破晓，侨商前路可卜光辉，教育界之福星当空，侨学前途实深利赖。特此告白，幸乞垂青。

民国十二年三月十七日　新嘉坡南洋商报筹办处陈谦益行经理披露

海鸣（编者）谨按：吾读南洋商报通告至"欲求不涉政党范围，实益同侨商学之南洋华字报而不可多得"一语，吾不禁大有所感。盖此意吾存之久矣，故吾旬刊即在"不涉政党范围实益同侨商学"二语上注意，只以人微言轻而能力又至绵薄，出版两年无效可述。今得陈先生亦有见及此，而毅然为商报之创设，吾刊不自揣量，窃欲为陈先生作前驱也。

录自《侨务》1923年第75期永志通信，上海图书馆。

与林义顺[①]联电陈炯明请从集美退兵

(1923年11月11日)

竞存[②]先生鉴：

集美学校因贵军久驻，阻碍教育，乞迅电贵军长移驻集美界外，以维商学。中华商会叩

林义顺　陈嘉庚
十二年十一月十一日

录自王增炳、陈毅明、林鹤龄《陈嘉庚教育文集》，福建教育出版社1989年7月版，第188页。

[①] 林义顺（1879—1936），祖籍广东澄海，新加坡出生，民主革命活动家、爱国侨领，时任华侨银行主席。

[②] 即陈炯明（1878—1933），广东海丰人，时任粤军总司令。

给厦门大学学生的复电暨给厦大教员会电文[1]

(1924年6月1日)

一、给厦门大学学生的复电

厦门大学学生全体均悉：

余信任校长，无殊集美学校校长，前车可鉴，诸君明白。

陈嘉庚六月一日

原载《申报》1924年6月8日十版《厦大学潮续志》

二、给厦大教员会电文

任免教员权在校长，余不干涉。

陈嘉庚

原载《申报》1924年6月5日四版"国内要电"；录自王增炳、陈毅明、林鹤龄《陈嘉庚教育文集》，福建教育出版社1989年7月版，第194页。

---

[1] 1924年，厦门大学校庆三周年时，校长林文庆演讲称"读孔孟之书，保存国粹"，遭到国民党媒体集体炮轰，厦大学生会于4月22日召开大会，以全体学生名义函请林文庆退位，教师中的国民党员也力主驱逐林文庆，汪精卫、吴稚晖、叶楚伧等亦施加压力，但陈嘉庚力挺林文庆，5月26日辞退几名主谋者，30日学生罢课，宣布校长罪状，要求撤换校长。后经军警介入，学潮终得平息。6月1日，300多名师生到上海另办大夏大学（即将"厦大"颠倒过来），厦大注册学生仅剩277人。

辟　诬

(1924年6月16日)

报馆为神圣不可侵犯之唯一舆论机关，负有维持教育，启发民智，改良社会，监护国家最重大之等责者也。严谨真确，正大光明，方不失新闻报纸之价值，而为中外所钦仰。乃有捏造黑白，无中生有之特电，以夸灵敏，而欺社会，损人名誉，阻碍教育。如新加坡叻报馆及新国民日报者，殊令人太息痛恨，而不能已于言也。

此次厦门大学校长林文庆，因辞退数教员，致有一部份学生罢课要挟。此等越规侵权，嚣张成习之学生，动生风潮，原属司空见惯。在热心教育之报馆，虽得此激烈消息，而以该校前途之关系，正宜出之审慎，以保尊严而杜利用。兹不唯不能如是，且无中生有，以厦门学生会来电换作上海特电，复于原电内任意加增，力图破坏。至学生会来电，但云"本日林文庆使工人五百名殴打学生，内有三人被掳去，伤势极危"等语。乃该两报，各自武断，一则加以"各界颇愤林之蛮横，厦大风潮不可收拾"，一则加以"金钱雇苦力流氓，将学生痛殴，有三人失落，殆已死矣。请主持公论，求各界援手"云云。鄙人为厦大永久董事，风潮发生后，早已接到校长教员学生来电报告，与两报之特电大相径庭，立派代表前赴调查原电稿，真情毕露。自认略有增加，情愿更正。

呜呼！该两报之所谓特电，乃不得之负责之访员，而得诸风马牛不相及，无稽"学生会"三字名义，且代为画龙添足，任意增加激语。似此损人名誉，破坏教育，捣乱社会，贻害国家，如天良何？如人格何？此种报馆，若在国内被人利用，捏造是非，犹可说也。若本坡法治清明（查报律凡登载毁人名誉报馆，当直接受利用科罚），乃竟有此幸灾乐祸违律之报馆，其没辱国体，为何如耶。

南洋数百万华侨中，而能通西洋物质之科学，兼具中国文化之精神者，当首推林文庆博士。林博士在南洋之事业，如数十万元之家产，与任数大公司之主席（华商、华侨两银行，联东、华侨两保险，东方炭矿、联合火锯），按年酬金以万数，姑不必论，但言其才德资望，而能于数百万华侨仅占一席，叻屿呷三州府①华侨义务代议士，独膺继任，十有七年，牺牲自己利益，又重且巨。稍明社会事者，对于林君之为人，莫不深致感激。厦大甫经成立，乃竟以鄙人数电之恳请，毅然捐弃其偌大之事业，嘱托于人，牺牲其主席之酬金，让而不顾，舍身回国，从事清苦，力任艰巨。一则为厦大关系祖国教育精神，人材消长，一则希冀华侨资本家，将来感悟，归办事业。其爱国真诚，兴学热念，尤为数百万华侨之杰出。当前年英政府议设学校注册律时，乃有营业失败，负债莫赎之厦人，恐报穷债犯，由是狡谋百出，巧借学校注册事，登报毁谤林君，以激怒英政府下逐客令，递解出境，以遂其避债沽名，一举两得之奸计，欺罔内地社会。此次厦大风潮，亦与有力，稍知前事者，无难见其肺肝焉。

厦大甫办三年，教员六七十人，难免无程度参差，品流庞杂之患，且多属欧美日留学生，意见分歧，遂分党派，而一般无气节者，甚至巴结学生以固地位。林校长为整顿校风起见，拟乘暑假期间尽行淘汰。由是彼辈乃利用学生出头反对，学生复利用报馆从中煽动，冀得推倒林校长，则彼辈地位自能保全。是以有一部分学生罢课要挟，又利用报馆为之推波助澜，则一部分变为全部分，小风潮变为大风潮，势固然也。当发生之初，教员学生来电云，林校长无故辞退数教员，故罢课要求。呜呼，为教员者，当具有充分气节，合则留不合则去，庶免恋栈之讥，况更倚赖学生，鼓动风潮者乎。

嗟乎，教育巨子，蔡君子民②之逍遥欧洲，吴君稚辉［晖］③之遁迹海上，夫复何言。然今日厦大地位，固与国内他大学不同，任彼辈如何动摇，当局者自有辨明主持，总不能稍移方寸，

---

① 叻即石叻坡（今新加坡），战前华侨对新加坡的通称；屿即槟榔屿（今马来西亚槟城）；呷即马六呷（今马来西亚马六甲）。叻屿呷是海峡殖民地的福建话音译，俗称"三州府"。三州府是1826年由新加坡与槟榔屿、马六甲协议结成同盟共同组成的一个联邦，初设政府于槟榔屿，1827年移驻新加坡，至1860年皆受东印度公司节制，1867年直属英政府，首任总督为亨利·圣乔治（Henry St George）。

② 即蔡元培（1868—1940），浙江绍兴人，教育家，时任中央研究院院长。

③ 吴稚晖（1865—1953），江苏武进人，国民党内著名右派人物，是蒋介石的主要支持者之一，时任国民革命军总政治部主任。

以坠其奸计。爰以告关心厦大者。

　　此布。

中华民国十三年六月十六日

新加坡厦门大学永久董事陈嘉庚启

录自新加坡《南洋商报》1924年6月17日。

呈萨省长①请准拨旧学院为福州图书馆馆址文

(1926 年 4 月)

呈为捐资筹设福建图书馆，请准拟旧学院为馆址以便建筑事。窃查欧美各国图书馆事业之发达极盛一时，广及千间，插架万卷，虽古之石渠天禄，无以尚之。诚以图书馆为文化之源泉，其嘉惠士林，较诸胶庠讲授，收效尤宏也。

自兹以来，我国公私图书馆逐渐设立，北京为人文荟萃之区，教育部直辖及各大学之图书馆搜罗宏富，部署整饬，闳籍珍本，触目琳琅，足以发扬国光，浚沦民智矣。而各省之所储者，则瞠乎其后，或卷轴寥落，四部之要籍未全，或畛域攸分，五洲之名著多缺，其或旁搜远绍，蔚为巨观，而庋藏之室，管理之法，扩充之计划，亦未能尽合乎现代图书馆之法则也。

庚漫游海徼，睹琅嬛而惊其伙颐，眷怀乡邦，忆坟典而伤其零落，愿斥贸迁之赀，举充营建之费，甄综古今，网罗中外，庶几足供承学子之探讨，而促文明之进步也。惟事属创始，不可不权其缓急先后，沪厦为通商之大埠，冠盖云集，黉序栉比，亟宜有完备之图书馆认应时势之需求，已分别筹备矣。而福州为吾闽之省会，左海声华，洋溢南服，怀铅握椠之彦，嗜奇竺古之士，其愿得新旧图籍以资研索者，实繁有徒，此福州图书馆所以尤为当务之急也。

庚曾函请敝集美学校校长叶渊②一再晋省相度馆址，并征求绅商学者之意见，而乞其赞助，冀得早观厥成。渥荷列宪嘉许，各界巨人长德亦力为提携，对于馆址公同讨论，以为欲求交通之便利，且为城台适中之地点者，实以旧学院衙署为最宜。经由叶校长出为接洽，已得省垣绅士赞同，并将该馆定名为福建图书馆。兹按建筑费十五万元，购书费及设备五万元，基金十万元，共约卅万元，概由庚捐出，随划汇应用。至于建筑之计划，已派工程师从事测绘，总

---

① 萨镇冰（1859—1952），祖籍山西代县，出生于福建福州，中国近代著名海军将领，时任福建省省长。

② 叶渊（1889—1952），又名采真，福建安溪人，时任集美学校校长。

以宏敞坚固为主；且须垫高地基，借防水患，夙仰省长注重地方文化，乐为提倡，所有捐资筹设福建图书馆缘由，理合沥情，呈请钧长俯赐核准，将省垣旧学院衙署拨充馆址，并咨陈内务部教育部存案，借便建筑而利进行，实感公便；谨呈福建省长萨。

福建私立集美学校厦门大学设立人陈嘉庚

录自《集美周刊》1926年第133期，上海图书馆。

厦门集美学潮电学生上课候解决

(1926 年 12 月 13 日)

十五日厦门通信：集美学校罢课风潮之前因后果，经详前函，校长叶渊赴新加坡谒校主陈嘉庚后，陈于日前电集美全体学生云：

"教育党化，当然迎合潮流，切宜静候新政府颁示校章，及余认可，然后行之未迟。奈何嚣张罢课，自误误人，若过激动，致爱莫助。电到切上课是感，谁或性急，不能少安，请转学他校，舍弟养病免候解决"云云。

因学生有请陈弟敬贤出任解决之议，故有电末一语，同时该校教职员开临时会议，提出六条件：一、取消罢课时各种组织（如罢课委员会及纠察队等）；二、应守学校规则；三、停止一切要求，静候校主解决；四、向被辱各教职员通函道歉；五、应自动撤销各种书报，及骂人文字；六、不得以强力压迫同学。如同学一概承诺，当可立复原状，学生对陈电及教职员条件均未容纳仍继续罢课。十三日并组演讲队至厦门市内宣传，厦门学生联合会，及厦大各学校组援助集美学生委员会，援助集美倒叶运动甚力，学校当局至是，乃宣布于本日（十五）提前放假。

录自《申报》1926 年 12 月 20 日第 8 版，中国近代文献数据总库。

致电吴稚晖、蔡元培请确示收款机关

(1928年6月20日)

【南京二十日上海中央电】新加坡山东惨案筹赈会陈嘉庚致吴稚辉［晖］、蔡元培一电，文曰：

（衔略）弟等受全侨委托，协理财务，电汇财务部五次共六十万元矣。内七日二十万，九日十万，迄今未蒙电覆。捐赀虽微，责任非轻。乃国府措施使人罔从，前电问国府款交何方，据覆交本府。介公①则电新国民报转本会，命交中央财委会。协公②又电复命交谭主席③。政出多门，惶骇实甚。否则彷徨歧路，必阻捐筹。事关侨胞爱国热心，盼鼎力公决迅示。

录自《中央日报》1928年6月21日第5版，中国近代文献数据总库。

---

① 即蒋介石。
② 即李烈钧（1882—1946），字协和，江西武宁人，中国近代民主革命家，时任南京国民政府常务委员。
③ 谭延闿（1880—1930），祖籍湖南茶陵，生于浙江杭州，民国时期著名政治家，时任南京国民政府主席。

陈嘉庚公司申请两种专利补呈文

(1928年9—10月)[①]

呈为请求专利事，窃嘉庚于九月十八日奉到钧部批示，兹遵补呈各件，惟该二种出品说明书及样品前已呈送全国注册局，谅已转呈钧部察核矣。该两种专利，嘉庚请求期以十五年，倘所呈缴之专利费不足，祈示批知，即行补缴。所呈各件，伏乞核准，实为德便。谨呈工商部长孔。

附 工商部批文（国民政府工商部批工字第三二八号）
具呈人陈嘉庚公司
呈一件为遵批补呈文件请审核准予专利由
呈及附件均悉，已连同前呈各件发交奖励工业品审查委员会审查，仰即照此批。

中华民国十七年十一月二日
工商部长孔祥熙[②]

录自《工商公报》1928年第1卷第7期，上海图书馆。

---

① 呈文时间待考，应在1929年9月至10月间。
② 孔祥熙（1880—1967），祖籍山东曲阜，生于山西太谷，时任工商部长。

倡设中华会馆改造中华总商会刍议

(1929年2月4日)

鄙人以吾侨为一大团体，足以领导全侨，进行一切兴革事业。回溯民国十数年来，侨界地位，绝无进展。由此之故，今当祖国革命成功，建设伊始，百事维新。海外华侨，亦宜乘时奋起，作有组织有秩序之大团结。一方面严守当地法律，表现华族之文明，一方面创设公共事业，增进侨界之福利。而初步着手，应从"倡设中华会馆改造中华总商会"始。爰述管见，分为八则如下：

（一）商会本届选举，闽帮之新董事，照原订十三名选出，其中选者，几乎完全签辞，虽有承认，亦极少数，乃缴征诸候补员，而候补员亦多有不承认者。现方罗掘票数寡少诸人，冀以勉强成数。然截至今日，尚未达到半数。即潮帮签认，亦尚未备。此种现象，诚自有总商会以来所未尝见。似此，设可勉强签足抵额，而将来会务，能否发达，至为可虑。各人于此，觉责任所在，殊不容放弃矣。

（二）总商会常年规定阴历十二月十五日，开新董事会复选正副总理及各职员。兹者过期多日，不惟职员不能选出，而初选名额，尚缺乏几半，是此次选举之效力如何，当为众所共喻。其应存在与否，更无俟赘言矣。

（三）总商会创办迄今二十余年，尚无正式章程。现所有者，仅为初办时之试办章程，久为大众不满。况现下制度，对于旧式之董事制，亦与采用委员制之国民政府，精神上显有抵触。其应速开大会，改革研究，更不容缓。

（四）均属中华民国国民，而总商会分别省界府界，议董名额，亦以地域分等差，甚至总理有闽粤两省之轮流，不惟选不择才，且地方主义、封建色彩，浓厚至极，更觉不妥。

（五）本坡我华侨各业各界社会会馆林立，而无一总会机关，以司枢纽，遂致数十万华侨，难免有一盘散沙之弊，失大团结之力，滋为可惜。兹宜联络各界全体华侨，创设一中华会馆于最遍宜之市区，其关系我侨地位之进展，实非浅少。

（六）公共图书馆、体育场、游泳池，足以开化智识，健全身体，又足以供给公共娱乐，杜绝不正当之游玩，其有益于青年，至为重大。此数者急于兴办，而以附于中华会馆为最宜。

（七）总商会会址，为本坡最适中之地，其面积至数万方尺之多，大半久置空闲无用，若拆卸重建新式楼屋，则大礼堂、结婚室、图书馆、总商会、中华会馆、体育场、游泳池，莫不可以次而创立其间，诚一举而数善备焉。

（八）查总商会试办章程，并无规定会友请开大会之人数，是则不拘会友多少，便可请开大会，征集众意，重订章程，再行选举，以备改革建设上列各条所呈事项，爰集会友若干人，签名函请总商会，择日传单登报召集大会。

原载新加坡《南洋商报》1929年2月4日；录自杨进发《战前的陈嘉庚言论史料与分析》，新加坡南洋学会1980年10月版，第76—77页。

为日本突然毁弃济南惨案解决条款致中国外长电文[①]

(1929年2月11日)

王外长[②]先生鉴：日兵未退，先许言和，让步已极。乃日本无厌反覆，损失不赔，事关国体，万万不可迁就。况民气初盛，抵制正剧，乘兹国货振兴，愈迟愈效，利害关头，欲速不达，务希毅力坚持，铭感不尽。

陈嘉庚叩尤

录自新加坡《南洋商报》1929年2月11日。

[①] 济南惨案又称"五三"惨案。1928年2月，蒋、桂、冯、阎联军进攻东北奉系，日本侵略者为阻止英、美势力向北发展，借口保护日本侨民，于5月3日悍然进攻山东济南，由于蒋介石妥协退让下达不抵抗命令，1万余名中国军民遭到屠杀，甚至中国政府山东特派交涉人员蔡公时也被残忍杀害。1928年6月，国民革命军绕道北伐，奉系退守关外，面对全国人民的反日怒潮和美、英等国基于自身在华利益所施加的压力，日本政府被迫与国民党当局谈判济南惨案的责任和赔偿问题。1929年2月7日双方初步拟定《解决济案大纲》，明确日方无条件撤兵，实地查实确定对等赔偿办法及日方另行就蔡公时被害道歉等问题，但随后日方在正式谈判时却对赔偿问题提出异议，不肯承认。延至3月28日双方才签订协定，日军撤出济南。（参见 www.varjob.com《抗日烈士蔡公时与"济南惨案"始末》。）

[②] 王正廷（1882—1961），浙江奉化人，社会活动家，有"中国奥运之父"之称，时任外交部长。

南洋华侨禁烟之急进陈嘉庚等发起组织国联代表咨询委员会

(1929年10月2日)

国际联盟①行政会，于本年三月第五十四届会议议决，派遣委员，赴远东调查禁烟情形，于八月二十八日，由日内瓦起程。该行政会所派之委员，即瑞士驻阿根廷公使尼士达连，比利时经济政治会长智拉德捷克，前经驻箭里劳公使夏礼沙博士三人，国际联盟会之鸦片贩运及社会问题部之瑞士人连波格为秘书。此委员团，可于十月十九日到新加坡，此后或至吉隆坡及北婆罗洲一行。此项调查，于禁烟前途，极有关系，兹据新加坡消息，该处华侨陈嘉庚等，发起华侨筹备国际代表禁烟代表咨询委员会，拜通知各界，兹照录如下：

鸦片流毒，甚于洪水猛兽，而受害最深且烈者，尤莫我国民若也。十余年来，禁烟运动，奔走呼号，虽任在不乏其人，顾禹甸茫茫烟氛犹炽，群生梦梦，饮耽自甘。国受其病，种受其弱，长此不除，覆亡何待，幸有我国统一以后，国民政府立即严令禁种，一年以来，风行草偃，根株净绝，毅力之表现，成绩之昭彰，大可告无罪于世界矣。曩者，南洋群岛禁烟废弛，此万国禁烟大会最近所以注意远东之烟祸，并特派各国许多代表，分赴各地调查，冀作最后之解决也。

日前本坡华人参事局开会，同人忝列末席，承主席兀敏先生云：此次派来南洋群岛之三国代表凡三人，皆与鸦片无关之国家，将于本年十月间，亲临本殖民地从事调查。且以此举，关系我华侨之消长甚大，乃商由同人等负责出

---

① 国际联盟（League of Nations，1920年1月10日—1946年4月18日），简称"国联"，第一次世界大战后建立的国际组织，1920年1月10日随《凡尔赛和约》生效而宣告成立，先后有63个国家加入。主要机构为大会、行政院和秘书处，附设国际法庭、国际劳工局两个独立机构和委任统治、裁军等众多专门委员会，总部设在日内瓦。行政院亦称理事会，由英、法、日、意4名常任理事国和4名非常任理事国（每年更换一次，后增至11名）组成。国联的主要宗旨为维护和平、裁减军备和实施委任统治、和平解决国际争端。1946年4月18日宣告解散，所有财产和档案均移交联合国。

组委员会，广集群彦，共抒伟略，按实际情形，订妥善方案，以备三代表抵坡时之咨询。并约至迟八月内预将所议纲要送交彼处（兀敏先生）云。同人窃念本坡倡议禁烟，为时已久，只因空言无实，难收速效。今逢此会，千载一时，摧陷廓清，机不可失。原订本月十二日八时假座怡和轩俱乐部，开侨界团体大会，公决进行方法，届时敦请惠临（团体代表定一人），指示嘉猷为幸。顺附禁烟管见六条，借以待教云：（一）本殖民地鸦片应否禁绝。（二）如不能绝能否遗害中国。（三）如当禁绝在本殖民地有无效力，及能否发生何种连带关系。（四）要达到完全禁绝目的应若干时期。（五）万国禁烟大会三代表此来之目的何在，吾人应如何研究，以达到彼此共同之意见及效力之努力。（六）吾侨各界应筹划完善之方案，以备三代表咨询，庶免临时无措。

录自《中央日报》1929年10月2日第4版，中国近代文献数据总库。

福建会馆①为闽南国术南游表演宣言②

(1929年10月22日)

  技击一道，为我国国术之精华，幽奥深邃。学者每穷毕生精力，犹未能得其真秘，无他，易晓而难精耳。况在昔有南派北派之分，内家外家之别，博大浩瀚，肄习弥艰，其能穷源溯流，以集国术之大备者，殊不数数觏也。若夫说部飞行之技，湖海奇侠之谈，偶触耳目，未尝不使人眉飞色舞，心旷神怡，顾欲一见诸事实，接之身手，几何不类谈狐说鬼，空幻如海市蜃楼也哉！独我闽南永邑③，代有传人，矫矫雄风于今未替。殆亦崇山峻岭之间，深林错石之地，醇俗未泯，灵气独钟，盖非偶然之故欤？

  去岁北伐告成，统一完局，国民政府，奠都南京，百废图举，乃有第一次召试国术之大典，明令颁行，群雄毕至。是举也，毋亦鉴于东邻三岛，维新而后，力倡其武士道、大和魂，斥酣嬉萎弱之气，成矫健敏捷之风，而一跃为世界大强国之故也乎。况我中华，千年国脉，一线垂危，东方病夫，积讥待雪。

---

  ① 此处的福建会馆指新加坡闽籍华人社团，始建年代不详，目前最早记录为1860年，早期会馆设于天福宫（福建漳泉人建立的神庙）。1929年前该馆为少数人所控制，并不代表全体福建人的利益，1929年至1949年陈嘉庚任主席期间，在兴办教育、完善组织、发展产业、增加收入、改革劣俗与丧仪、推动文化事业等方面都取得较大进展。在领导抗战期间的筹赈抗战救国运动中，陈嘉庚成为闽侨和南洋华侨的领袖，会馆也逐渐脱离帮派狭隘性，成为团结新加坡全体闽侨、团结马来联邦各闽侨会馆甚至是团结全南洋华侨华人的核心组织。

  ② 中央国术馆永春分馆创办于1928年11月，简称"永春国术馆"，接受当时的中央国术馆指导，有关人员由中央国术馆颁发任命书。首任馆长为林宝山。1929年春陈嘉庚热情邀请永春国术馆前往南洋巡回表演，初拟名"中央国术馆永春国术南游团"，后经陈嘉庚定名为"中央国术馆闽南国术南游团"，简称"闽南国术团"，特制有团旗、团徽。1929年8月为弘扬国粹，以潘世讽为主任的南游团一行20人出访新马。1929年11月1日，闽南国术团在新加坡举行首演。11月17日，陈嘉庚携福建会馆执监委员二十余人在怡和轩设宴招待之，并留影纪念。

  ③ 即福建省永春县。

保固有之精髓，茁未来之光荣，正大有赖乎全国上下，相与观摩，一德一心，共同提携也哉！

赛之日，有组织闽南国术团，款段入都，临场应试者，即永春技击界前辈七十余龄老叟潘世晃〔讽〕也。赛之时，有龙钟老叟，伛偻登台，及一试身手，则天骄如翻海之龙，猛鸷若盘空之隼，惊动全场观众者，亦潘翁世晃也！今者潘氏以禀承主试张之江先生之雅命，作普遍之宣传，领导该团二十多士，鼓浪南征，群英济济，庋止本岛。同人以此间闽侨，渴欲一瞻其雄义，睹其绝技久矣。况该团尚有潘王李谢诸君，久称一邦之杰，赴试咸膺隽选，深为中央所推崇，为闽南增美誉。则欢迎接待，固属桑情梓谊之所宜，热烈赞襄，尤为国民天职之当尽。爰由本会商准于十一月一、二、三日一连三宵登台表演。会场假座小坡陈嘉庚公司制造厂新楼，略收券资，以充经费。仁看绝技惊传，空巷挟万人而出，更愿群情感奋，习武则全国齐兴。斯岂独国术之光荣，抑亦吾侨之盛举。谨叙缘起，普丐同情。

中华民国十八年十月二十二日

录自新加坡《南洋商报》1929年10月23日。

陈嘉庚公司分行章程

(1929年)

序

章程之设订，在训练办事人员，使其共同遵守。则思想集中，步趋一致，实收指臂相使之效，宏建事业发展之功。本公司自昔固有章程之草订矣，惟多略而不备。兹特重新厘订，较前更觉详要。爰于付印之日，略抒数言为同事诸君告焉。

本公司及制造厂虽名曰陈嘉庚公司，而占股最多，则为厦门大学与集美学校两校。约其数量，有十之八。盖厦集两校，经费浩大，必有基金为盾，校业方有强健之基。而经济充实，教育乃无中辍之虑。两校命运之亨屯，系于本公司营业之隆替。教育实业，相需之殷，有如此者。况制造工厂，为实业之根源，民生之利器。世界各国，奖励实业，莫不全力倾注。在其国内，一方讲求制造，抵抗外货之侵入；一方锐意推销，吸收国外之利益，制造推销，兼行并进，胜利自可握诸掌中。否则一动一止，此弛彼张，凡百事业，皆当失败，况正在肉搏之经济战争哉。我国海禁开后，长牙利爪，万方竞进，茫茫赤县，沦为他人商战之场，事可痛心，孰逾于此。然推其致此之由，良以我国教育不兴，实业不振，阶其厉耳。凡我国民，如愿自致国家于强盛之域，则于斯二者，万万不能不加之意也审矣。惟然，则厦集二校之发达，本公司营业之胜利，其责尤全系于同事诸君。诸君苟奋勉所事，精勤厥职，直接兴教育实业，间接福吾群吾国矣。庚十年心力，悉役于斯，耿耿寸衷，旦夕惕励，窃愿与诸君共勉，以尽国民一份之天职焉。

中华民国十八年　月　日
陈嘉庚识于星洲

陈嘉庚公司分行章程目次

第一章　　总则 ··· (39)
第二章　　职权 ··· (41)
　　　　　（甲）经理及协理 ··· (41)
　　　　　（乙）财政与书记 ··· (42)
第三章　　服务细则 ·· (43)
第四章　　营业 ··· (45)
第五章　　货物 ··· (47)
　第一节　　定货要则 ·· (47)
　第二节　　存货要则 ·· (48)
　第三节　　点查存货要则 ··· (49)
　第四节　　领货时应注意之点 ··· (50)
　第五节　　开箱点货之手续 ·· (50)
　第六节　　货品保护法 ··· (51)
　第七节　　运货车兑货办法 ·· (52)
第六章　　账务 ··· (54)
　第一节　　开支及什费 ··· (54)
　第二节　　存项汇款要则 ··· (55)
　第三节　　放账办法 ·· (56)
　第四节　　收账办法 ·· (57)
　第五节　　分行互相来往货项要则 ··································· (58)

  第六节 成本会计及存货估值之方法……………………………（61）
  第七节 结册撮要…………………………………………………（63）
第七章 报告……………………………………………………………（63）
第八章 薪金及红利……………………………………………………（64）
第九章 视察员服务规则………………………………………………（65）
第十章 推销员服务规则………………………………………………（68）
第十一章 广告……………………………………………………………（69）
第十二章 保险……………………………………………………………（70）
第十三章 罚则……………………………………………………………（72）
第十四章 附则……………………………………………………………（73）

第一章　总则

第一条　本公司以挽回利权，推销出品，发展营业，流通经济，利益民生为目的，特设各处分行。

第二条　分行除遵照另定各种函单，及临时规定外均应遵守本章程。

第三条　分行为实现第一条所订之目的，设经理一人，财政一人，书记一人，有必要之地方，或多设协理一人，皆以处置分行重要之事务，其他店员、练习生、工人等，无定额，以视分行之情形而定。

第四条　分行经理、协理、财政、书记等，其职权另订之。

第五条　分行经理、协理、财政、书记四职，均由总行委任，其余职员、练习生均由经理选任，开具履历、年龄、籍贯、品行及介绍人、保证人等，呈报总行注册。

第六条　分行经理、职员、练习生，所有保证书，除经理、协理、财政、书记存总行外，其余则存分行。

第七条　分行经理、协理、财政受总行特别委托，得为总行代表人，但须持有总行正式函件，或律师委任状为凭。

第八条　分行经理、财政两员，因有对外交接之关系，故凡与分行交易之商家，逢有庆吊事项，对方仅知会私人，而不及公司者，其应酬之费，可从公开出，但每人每次，不得过二元以上，非必要者，务要节省。

第九条　分行无论何人，应守下列禁例：

（甲）不准以分行名义，代人作保，暨拖欠债项；

（乙）不准兼营他业；

（丙）不准侵欠公款；

（丁）不准放货项于兄弟、亲戚；

（戊）不准在行内外赌博，及违禁之事；

（己）对于有嫖赌之公馆，及俱乐部等，不可加入，非有重要事务，与人交涉，并不可涉足。

第十条　经理、财政、书记，遇有交替，应立具交替报告书，新旧人皆须签押呈报总行，经理交替时，须另具存货簿，银钱往来簿，及交易各账簿，职员练习生保证书，及各种章程，历次通告，及其他重要契据等，附记入簿，签押交送新经理接收。

第十一条　社会上发生之事件，如公益慈善等，分行经理及重要职员，如欲加入服务，须以不妨碍办公之时间方可，惟含有政治关系之事，本行一概拒绝加入。

第十二条　分行职员等，总行得酌量情形，调至总行及他分行，并得以总行职员练习生，派往分行，充任职务。

第十三条　分行认为必须添聘交际员，或顾问调查员时，应先将被聘人履历、薪水，呈报总行核准，方得延聘。

第十四条　分行每年之支出，分营业费、事务费两种，应于年首之一个月前（即先一年之十一月）造具预算书，呈报总行核准。

第十五条　分行遇有房屋装修，添置器物，及购买店屋建筑等临时特别支出，非先呈报总行核准许可，不得迳自行之。

第十六条　分行存货，家私装修，以及自置房屋或货栈，均应估值，就地向妥实保险公司投保火险，此项保险单及收据等件，应寄呈总行代为收存（保险手续详见本章程第十二章）。

（甲）存货，照资本及所欠总行货款保足之；

（乙）家私装修，照实数保足之；

（丙）自建房屋，照原建筑费保足之。

第十七条　分行图章，由总行颁发，特约经理处招牌，由总行制发或该分行自制，然须先绘样式一份，呈报总行核准。

第十八条　分行无论何种簿据，及有关系信件，均应保存十年。

第十九条　分行凡订立特约经理处，及与人设立合同，或奉请官厅事件，非先呈报总行核准，不得迳自行之。

第二十条　分行不收外来存款，亦不得侵过银行钱庄银项，如有特别情形，经总行之字据许可者，则不在此限。

第二十一条　分行例假，阴历元旦日，休业一天，阳历元旦、国庆日、国耻日，视就地情形由经理酌定之。

第二十二条　分行经理、协理、财政，因事请假，或因公赴外，应先呈报总行核准，其川资若干，如应由分行开支，亦须呈明总行。

第二十三条　分行职员，因公赴外，或调查或收账等，须据实开支，或由经理酌定相当额数为准。

第二十四条　分行职员、练习生，薪水之增减，应由经理于每半年，造具办事成绩表，呈报总行核准办理。

第二十五条　分行全体职员练习生，每年初，填具另式同人检查册，呈报总行备查。

第二十六条　总行另设视察员，常川往来各分行，视察一切事务，视察员服务规则另定之。

第二十七条　视察员，或总行特派员，到分行时，出示总行正式函件为凭，分行应供给膳宿，其他费用，不得开支。若要支取银项，须凭总行函件为准。

第二十八条　分行经理、财政、书记等，得陈述意见于总行，其他职员，得转由经理陈述意见。

第二章　职权

（甲）经理及协理

第一条　分行经理，受总行命令，并对总行负责，主持分行对内对外之全部事务。

第二条　分行经理，负监督财政责任。

第三条　分行发电、通信，及一切营业契据，非由经理签押，不生效力，凡要寄发以上各项文件时，并须按数编号，留存底稿。

第四条　经理有管辖分行职员、店员、练习生、工人之全权，如认有不称职者，得随时辞退，呈报总行备案，惟协理、财政、书记三职，须声请总行核办，经理不得迳行处置。

第五条　经理对于交易上之外，有特殊支出之事件者，须先与总行磋商，方得进行，如该款仅在十元以内者，不在此限，对于社会教育慈善事业之题捐，亦同此例。

第六条　协理职在辅助经理，其主持事务，及应负责任，与经理同，其权力则略次于经理。

第七条　如该分行未有设协理，则以财政员兼行其职权。

第八条　分行所有账簿，及来往各函件、单据，经理须置在账房公共处，不得私贮独览。

(乙) 财政与书记

第九条　分行财政员，受总行命令，及对总行负责，管理分行财政，并存货栈（所有内外栈存货均须负责）。

第十条　分行财政员，受经理之相当监督，同时，对于经理处置店务，有建议权，对总行有直接报告权。

第十一条　分行图章、柜匙，及重要单据、银行支票簿等，由财政员掌管，如无总行命令，不得私交他人。

第十二条　柜内逐星期存款，各类若干，须列明备经理考查，然后经理、财政，均签押寄交总行。

第十三条　银行款项进支，及对总行公务上之报告，财政员有副签押权。

第十四条　柜内款项，财政员不得私借与人，或浮借同伴，款项收至百元以外，须即存入银行，不得留存柜内。

第十五条　存在银行如在千元以上，当汇交总行所指定之收银处。

第十六条　财政员对于买入或卖出货品，如有知其错误者，须即与经理人讨论解决方法，或去函与总行磋商。

第十七条　财政员对所出之款，务要单据分明，有所把握，勿随便口头相信，以致自误。

第十八条　财政员当知本行素持以现款交易为宗旨，对于货未交，先支款，及并非采货而为特殊之支出者，要特别注意，详知底蕴。

第十九条　财政员所有出入款，或由经理经手之出入款，如有疑问地方，务须修函报告总行。

第二十条　书记员直受总行任命，办理分行文书及账务，其办事须受经理、协理等指挥。

第二十一条　书记员有辅助经理、协理之责任，关于店务，有对经理建议权，对总行有直接报告权。

第二十二条　书记员对经理财政所记之货项，如有怀疑，可提出询问，方可下笔，不得误会与己无关。

第二十三条　书记员对于逐日各账务，要日日抄清，不得延搁。

第三十四条　书记员对于月结册，逐月不得延过十日寄出。

第三章　服务细则

第一条　分行职员，定每日上午八点即须到办事室，下午如事务完毕，须八点方可出店，如不能完者，须候到锁门之时方可（至所订时间，如与地方不合，亦可变通办理，但须呈报总行）。

第二条　经理在营业时间，非因公事不得外出，如个人有要事外出者，须通知财政员暂时代为管理，店内并设一黑版［板］，凡经理及各店员因事出门，约几点钟可回，用粉笔记在版上。

第三条　经理对逐日进出之银项，与各种重要单据，须不时查察，是否符合。

第四条　凡未经训练之店员，初次犯规，经理切勿严词责备，宜以和婉态度，恳切指导，俾知所感，乐于任事，若屡戒不改，度其人难于教导者，当即开除，以儆效尤。

第五条　担负在店外做事之职员，如所办之事已完，外间已无他事，勿得故意逗留，须立即回店，至于要调查有关系事，不在此例。

第六条　各职员既担任本店职务，当尽职本店，不可再兼任他店之职。

第七条　各职员对于店中电讯函件及所到各种消息，非得经理许可，不得向外人宣泄。

第八条　各职员现日经手出入货物之各种单据码只簿，经理须令人查覆，签名于上。

第九条　每夜闭门后，集诸职员、店员共同清算兑款，设未能齐到，至少要二人共同清算，并签名簿内。

第十条　清算兑款，能否与兑账符合，凡有涨失，须登记于簿条及日清簿。

第十一条　各职员因办公须开各项什费，须逐日列明，逐条开出，不得合拢为一大条，以致糊混。

第十二条　本公司店内设一记事簿，以经理、财政负责记录，店内发生之事如下：

（1）职员有失职事，或错误事者；

（2）职员与职员一切争执事件；

（3）职员间不论对内对外，发生关于钱财事件；

（4）职员报告事件；

（5）店内一切账目不完事件；

（6）本店与外人如款项交涉事；

（7）本店与他人来往账事；

（8）本店或职员有与政府交涉事；

（9）本地方有突然发生与本店有关之事件；

（10）政府变更法律；

（11）特别开支；

（12）货物出入；

（13）职员进退；

（14）关于厂内事件。

第十三条　在办公时间内，有因私事出店者，须通知经理，倘经理不在，应当记入记事簿。

第十四条　各职员所担负职务，如即日可理清楚，切不可积搁至明日。

第十五条　各职员于驻在地，非有住家（如有妻子或其父母兄弟之家等）应住在本公司之宿所。

第十六条　在办公时间内，不论有事无事之职员，概不得阅看书报，以免妨碍店务。

第十七条　店前排列各物，每七日翻换一次，并着店员扫拭窗户橱柜，务使清洁，以新观感。

第十八条　店员于顾客稀少，事务略暇之时，不可闲坐谈笑，宜注意整理各胶品之清洁，及以毛扫勤拭镜橱客座，或由经理委定几人工作，几人招待顾客，庶不致互相推诿。

第十九条　在办公时间内，不得昼寝，及为各种无益之游戏，如围棋、行直①等事。

第二十条　在办公时间内，不可喧哗戏谑，以及轻薄举动。

第二十一条　无顾客时，店员切不可互相倚立门前，以致时有青年妇女，或乡村顾客临门，望而却步。

第二十二条　无顾客时，诸职员切不可坐在顾客试鞋椅上，或坐于门首，应坐在连柜前，或办公处面前，或店前较旁边之处。

第二十三条　服务时间，精神贵有专注，如他人正在服务，自己偶得闲暇时，切不可围绕其旁，发言兜笑。

第二十四条　各职员、店员，宜以互相敬爱为心，职务虽有高下，人格原是平等，凡侮慢倾轧种种恶德，皆宜屏除。

第四章　营业

第一条　分行营业时间，由经理就当地情形酌定，呈报总行。

第二条　经理负一切关于营业上事务之责任。

第三条　分行应在本埠外埠派员或委托妥友黏贴招纸，及其他推广事务，其费用由分行认付。

第四条　分行批发成宗为贩客折扣，可参照该地情形，如逢他厂出品竞争剧烈者，由分行自定加扣，呈报总行，或因汇水升降关系亦然。

第五条　门市零售定价不二，以昭信用。

第六条　门市交易，一律大洋交易，小洋照市贴水，该地方币制情形，应随时呈报总行备查。

---

①　闽南民间一种棋类游戏。

第七条　凡贩客或零售，如因货办不合，或大小不适用，若无污点或退色者，切宜换之，不可因退账困难，借口拒绝不换，致损前途营业声誉。

第八条　本行以现款交易为宗旨，非得经理人许可，店员不得擅自赊人货品。

第九条　门市零售各物，均须开单存底，及注明何人经手。

第十条　经理对本公司新出货品，应注意设法推销。

第十一条　经理或专委一人，逐间招徕采办本公司新出货品，如不肯，则作寄售之法，订每逢月终往查一次，计兑出若干项，再宽以两三礼拜，然后还银，设一两次往招不成须多次招之。

第十二条　如新出货品，买客有用不久，致自然破坏者，准其来换新货，可以此例通知各代售店。

第十三条　若新出货品，有现银交易之顾客，要求特别减价者，本分行当酌量减少售之，因新唛①货当求推销为先，勿求急利，设其损些，亦无妨碍。

第十四条　经理应时查本分行内存货是否充足完备，以供顾客之需求。

第十五条　市上他人有兑与我同样之货品者，宜常查其销路并价格及货品耐用与否，告知总行。

第十六条　各职员对经手出入之货物，均须注意其安全，及患燥湿朽蠹之责任。

第十七条　各职员对于经手收入之货，如货办之好丑对否，数量之多寡合否，均须负相当之责任。

第十八条　各职员兑出之货品，当依本分行所定之价，勿得自由加减，如视为有加减之必要者，须与经理磋商为是。

第十九条　装配货物与买客，经理须亲身监视。

第二十条　买货手要采货之先，须先与经理讨论。

第二十一条　新出货品，如接到样本，须陈列玻璃橱内，预先鼓吹，在〔再〕初次试销，切知按算，勿冒然多办。

第二十二条　新开设之分行，买客购去之货，尚未知能达销路与否，本分

---

① 英语 mark 的闽南语音译，指品牌标记。

行勿以一时批发误为好销,而竟发电多办,须候调查买客该货果能推销,方可派单按定。

第二十三条　各货品须注意先到者先售,不可在店员随意取兑,以至先后颠倒,久积变坏。

第二十四条　凡存积不通销之货,须极力设法推销,以免物质变态,一面函报总行,共筹方法。

第二十五条　凡有加存过多货品,切应暂时停止定办,并将加存之货品品名、号头、件数抄列一表,悬在本分行办公处,经理须时加查察。

第二十六条　凡通销货品,应留意招徕,使销途与日俱进,万勿以其能销而不在［再］从事继续鼓吹。

第二十七条　经理应时常在店前监督店员招徕顾客。

第二十八条　经理对新来店员,应负指导之责。

第二十九条　经理指导店员,应注意下列事件:

(一) 辨别货物,认识货名;

(二) 熟记货价;

(三) 明了货物用途;

(四) 确知货质之优点。

第三十条　店员之如何贩卖,如何招徕,经理应时时视察,善为招徕顾客者,应奖励之,傲慢顾客者,切惩戒之,功过分明,俾知奋勉。

第三十一条　店员衣履须整洁(切戒踝足拖鞋与穿汗衣等),顾客入门,应即向前招待,词令要谦谨,容色要和善。

第三十二条　妇女临门采购货物,如见有一店员招待,其他店员不可向前环集而观,此种举动有失礼貌,切严戒之。

第五章　货物

第一节　定货要则

第一条　凡派定各货,须由经理先将存货详细查明,并按销额,而后酌定派办，列明订货单，经理签号盖印，寄交总行。

第二条　分行应设缺货簿，将应定之货，由经理随时登记，随时检阅，如定单已经发交总行，即在该货名下注一记号，以资辨别。

第三条　定单发出后，另备存底一本，如某帮之货已到，即在该存底注明已到字样，以便检查。

第四条　定单须列帮数，并将收到第几帮本单列明，以便参考（粘鞋、缝鞋、胶杂品可列同一帮数，饼干、饴糖、药品、雪文①、黄梨各须另编帮数）。

第五条　定单分粘鞋、缝鞋、胶杂品、饼干、糖饴、药品、雪文、黄梨、化妆品、毡帽十类，列单时，须分别另列。

第六条　列单需用复写纸，货名、号数各写清楚，不可疏忽，封寄时须将副张其一其二一齐寄出。

第七条　定货不论多少，应用定单，不得仅写在函上。

第八条　定货如用电报，同时应列寄定单，并注明此单抵今日电定之额，以免重复。

第九条　定单如曾注明某日可付字样，而因该货确系急需，不能待至某日者，可再列寄催货单，并详述其事由。

第十条　催发货物，须另开催货单，并注明为第几帮所定，其定单系于某月日发出，及附注已收到第几帮本单字样，倘以电催，亦须电明定单帮数。

第十一条　定单发出后，如遇特别事故，欲将某帮之定货取消，来电须列明订单帮数。

第十二条　顾客临时订购大宗货物，分行无货可应付时，应将顾客姓名、住址并订购货名数目，列入缺货簿，一面速向总行催货。

第十三条　如有缺欠之货品，经理应知按算列单定办应市，对于存货，经理人应亲自查检，何货欠缺，较有把握，切勿使什工或新店员查检报告。

第二节　存货要则

第一条　凡售出之货，须将先到者发行，不可任意不顾。

---

① 闽南外来语，即肥皂。

第二条　各货须按销路而定，不得存积过多，预计运货在十日内可到者，约备一个月销数，在二〈十〉日内可到者，则备两个月销数。

第三条　凡阴历年终之内，各货较可畅销，各分行有多积者，当知按算，发脱以后，再来添办货品，亦须留神按额告办，至每年分四季，何季多销，何季少销，尤当按谱预防。

第四条　各分行凡有积存难销之货，须列单报告总行，俾总行可设法转寄他分行，以免久积变坏。

第五条　凡寄存代售处之货，须时时考查有无售去，如寄至二个月以上尚未售去者，则须讨返，免久积生弊。

第六条　各分行应设"存货日积表"，凡何货将完，当办何货充足，俾得一览便知。

第三节　点查存货要则

第一条　点查存货（以下略称点货）时期，分普通期、特别期，普通期即每月终点查存货一次，特别期如遇经理易人交卸期间，点查存货一次。

第二条　点货时，须将栈房橱架，及店口橱架排列位处，编列号数，用纸片（如小名片大）黏贴其上，点时须就排列位处，及所编号数，列点货单上。

第三条　点货之前一日，在栈房橱架上货品，宜排列次序，至点货之日，日间先点查栈房存货（如经理在栈房监督，财政及一店员应在店前售货），晚间点店口及店中货品，然无须闭门，当点货时，如顾客欲购买货物，不可拒却，以免妨碍营业。

第四条　点货时，由一人过点，一人覆点，经理、财政应负监督之责，书记亦应在场，点货完毕，点货单交书记结核，若与归原账所存差数太多，书记宜报告经理，须就该货所点之位处，再覆点一遍，如再无着，当考究其致失之原因，速函报告总行。

第五条　点货单，须有点货人，覆点人，及经理、财政、书记签号，方为合格，若特别期，新旧经理，皆须签号于该单，至寄结册时，一齐呈报备查。

第六条　点货单上所列之货品件数，不可只列总数，盖货品点数，如合为一条，是就账记存，抑有过点，难以分别，如白平等在店口点一百双，而栈房点一千零五十双,若点货单有照第二条办法,分为两纸,一望而知有过点,反之,点货单仅列白平等一千一百五十双,实难明其有无过点。

第七条　普通期逐月所点涨失之数,可暂登货品涨失集为来往账,而照过各货集帐内,俟年终,将逐月涨失额数,列为一单,寄呈总行,候总行查阅函覆,然后可开出账。

第八条　逐月点货,如有涨失,须注明存货清册各货品之涨失栏内。

第九条　特别期,如点货完毕,书记应就点货日止,与归原账核算,其涨失额数,另列一单,新旧经理,皆须签号,而后寄呈总行,同时并将特别期点货单寄来,如特别期点货完毕,核算失数最多,切应再覆点一次,果系失额,速来电报告,如各鞋失若干双,等候总行覆电办法。

第十条　点货完毕,如某货存数太多,经理派定时,切知注意,若不通销货品,亦应时常报告,或设法发售。

第十一条　普通期点货,须移动各种胶品一次。

第四节　领货时应注意之点

第一条　本箱两端之铁皮及铁钉,曾否脱出或改移。

第二条　箱外四周之木板,及两头木抽,有无受过钳凿伤痕。

第三条　领货员于起货时,倘遇有上述两项,或其他可疑之点,可将俄字审视,苟无被其批破,俄字如有盖舱口未回之印者(华船用汉文之印,洋船则用英文之印),可视其舱口簿有无注明,可报告该船之管事人,会同舱口书记,即时将该箱开验,倘该箱之货,与装货单有所差失,当知报告经理,向该船局(或轮船公司代理人)交涉要求赔偿。

第四条　凡转运之货物,亦依以上办法,倘领后再运在大舥,或寄在货仓,迨至再转配轮时(如大舥上或货仓上)有发现箱皮破损,箱中货物无饱满,应向其交涉,如箱有裂痕,而铁皮依然封固,可将箱再加钉固,而后转寄。

第五条　领货员须派妥当店员(或有专责之人)往领,不可随便派一工人往领,盖领货时,遇有发生事故,非认真之领货员,不知向其交涉。

第五节　开箱点货之手续

第一条　货运入店时,于未开点之前,经理须先将各箱外皮四周,详细察验，倘有可疑之点，对于该箱开验，当注意详察该箱所装各货之位置，有否空地，或移动，然后将该箱各货逐层搬出（逐层搬出时，当逐层细查），与箱内装货单核对，若有涨失，当再覆查一次，再将该装货单，与装货表核对，两表符合，然后将所涨失之额，批明于装货单寄叨。至该箱开验，有现上述诸疑点，应另函详细报告总行，俾知考究。

第二条　货物领至店时，如地方宽大，固可同时开点，若地方狭小，可一箱先开，再开他箱，以免混乱。

第三条　装货表，每箱之号数所列各项，皆有界线，如第一箱之货下划一界线，再列第二箱，余类推。

第四条　货至店时，如经理无暇过验，可派一诚实店员过验。

第五条　装货表每箱之货数，及货名件数，须详细，不可相混。

第六节　货品保护法

第一条　各车轮外胎，宜放置竖式，不可放置倒式，恐底下受上压力，易于僵坏，最好作木架放置竖式。

第二条　各车轮内胎，胶质尤多，若久贮纸盒中而无翻动，亦易僵坏，故每月须从盒中取起翻动一二次，并照此保护法，通知买客。

第三条　各种胶粘鞋，每月亦要移动一二次，凡事务稍暇，经理应集合各店员分部翻阅，或委定何人，依法工作。

第四条　雨衣如自身之衣服，须每星期启阅一次，以防虫霉等弊，其盒内须放置药粉或臭丸①以保护之。

第五条　毡帽之保护法，与雨衣同，但须时常于日光处晒曝之。

第六条　皮鞋工作，含有湿气，易于生菇②，每月亦要开视一二次，有上述之弊时，切早修整妥善。

第七条　各缝线鞋有粉糊关系，若多雨时，最易发生污点，每月亦要开视预防。

---

① 闽南语，即樟脑丸。
② 闽南语，发霉。

第八条　各种胶品，最忌日光晒照，因能损害胶质，凡有日光之处，不可放置胶品，其他保护法，亦须时时注意，与前几条所言相同。

第九条　饼干、糖果，宜置架上，不宜放在地面，及近水湿之处，尤须切防蚂蚁侵入。

第十条　各种药品，最怕透风反润，固亦须贮放干燥地方。

第十一条　雪文不通空气，容易发生水分，但置于通风处，又易消蚀，故以放在干燥地方及风日不易吹晒之处为佳。

第十二条　店内栈内各货品，经理须时常视察，并指示各店员整理秩序，月终点货时，方不致差错。

第七节　运货车兑货办法

（甲）运货车兑货，其主旨有下列数端：

（一）补助本分行推销之不及；

（二）引起观众之注意；

（三）辅助广告之效力；

（四）招徕新交易商店及顾客；

（五）利便顾客之需求。

（乙）运货车推销员必备之条件：

（一）手腕敏捷；

（二）善词劝诱；

（三）做事勤慎。

（丙）运货车推销员性质分两种：

（一）推销员领薪金者；

（二）推销员抽甘仙[①]。

（子）推销员领薪金者之办法：

第一条　本分行应设一本运货车进货簿（复写式，一张交推销员为据，一张存底），每次推销员取货若干，经理财政推销员三人均须签名于簿上。

[①] 甘仙（巴仙），南洋华侨商业习语，英语 percent 的闽南语音译，抽甘仙即抽成。

第二条　本分行应设一本运货车兑货簿（复写式）给与推销员，货品如有兑出，推销员应将所兑货名、号数、件数、银数，详细抄列簿内（一张与顾客为凭，一张存底备查）。

第三条　推销员兑货完毕返分行后，应将本日所兑银数，并兑货簿，交分行财政，而分行经理应将所交还银数，与兑货簿查对，是否符合，簿内所列号头页数，是否照次序编列不紊。

第四条　推销员兑货时，须签名于兑货簿上。

第五条　分行应设一本运货车什费簿，每日该运货车，如有开出之杂费，应详细抄列簿内，以备书记入账，而经理每日亦应查阅一次，其所开之数，是否合宜。

第六条　分行经理，每星期应将运货车内所存货品，全数查检，其原收出存，是否符合，切不可于每月始查检一次。

第七条　推销员领薪金者，应择诚实可靠者为合格，以之任事，始能完全负责。

第八条　推销员虽领薪金，亦可另给少可甘仙，以为勤劳之劝，若经理认为必需者，可来函商总行同意，便可施行。

第九条　运货车须逐月结得失一次，报告总行。

（丑）推销员抽甘仙者之办法：

第一条　推销员既议欲抽甘仙，即不得再向本行支领薪金。

第二条　推销员应有妥当人担保负责。

第三条　推销员于每月中能兑出若干银数，则本行应给与若干甘仙，以酬其劳。

第四条　推销员不得向本行预支及浮借银项等事。

第五条　分行经理，每星期须将运货车内所存货品，查检一次，其所存额，是否符合。

第六条　推销员向本行接洽就绪后，自经手发兑日起，不得兼营他业。

第七条　推销员若欲解约，须将一切手续清理明白，及货款交完本行清楚为宜。

第八条　推销员有违背本行条约时，担保人应负责任，本行如有损失，由担保人赔偿。

第九条　进出货品手续，与领薪金者同。

（丁）运货车推销员，对本公司货品销售情形，应时常报告本分行经理。

（戊）经理每月份须汇集推销员报告填表，寄呈总行。

（己）运货车推销员，出发推销之路线，及推销计划，应与经理讨论，或由经理指定。

（庚）运货车推销员所应推销之地点，约如下列四项：

（一）吧刹　热闹市场，住家之处；

（二）市镇　村落；

（三）甘光　（近在路线能到之处）；

（四）外埠　（约在路线廿卅英里远）。

第六章　账务

第一节　开支及什费

第一条　分行无论何项付款，均应开具支单，非有经理签字盖章，不得照付。

第二条　分行一切开支，均应力从俭省。

第三条　凡无关分行之用款，及挪借等事，无论何人，不得开单支款，遇有此项行为，财政应予拒绝。

第四条　分行自用物品在购置支款时，须由经理签字。

第五条　分行日常所开各种费用，须分类归集，以详细为要。

第六条　凡有大宗款项之支出，不论为建设，为消耗，如在一百元以上者，须得总行之同意，方可开支。

第七条　关于告白费①之办法如下：

---

① 　即广告费。

（甲）分行所登营业广告费，共有几处报馆，需费若干，应先报告总行同意，逐月所还报费，可过总行出账；

（乙）分行如有登短期必要之告白，及印刷件，均属少可费者，可就分行开出。

第二节　存项汇款要则

第一条　每星期柜内存款，财政员如过点完毕，经理须再覆查，其银数与银清簿是否符合，苟有差错，切报告总行，详述缘由。

第二条　柜内存款如上百元（或盾）应寄存该地银行为活期存款（如无银行可寄在稳固之钞庄），经理切须时常负责遵行。

第三条　分行柜内存款，及寄放银行存款，如上一千元者，应速汇交总行，以资周转，不得借故延缓。

第四条　每星期一，须将星期日柜内存款，及银行存款，合计其总数，报告总行，例如存银行壹千壹百元，柜内五百元，合计壹千六百元，中已汇交总行壹千元，则电报可云"汇某银行壹千元，存银六百元"，如所存尚不足壹千元之数，未曾汇交总行，则云"存银〇百元"便可。

第五条　每星期存银报告，及出入款报告表，经理、财政须共同签号盖印，至迟星期三（不论有无船期）须一齐付邮，不得延滞。

第六条　汇款来叻，有两种办法如下：

（一）电汇，电汇可通之处最好由银行电汇，较为妥当，盖电汇与票汇（现票）汇水相差有限，其交款迅捷而且便利；

（二）票汇，电汇不通之处，如有银行可向汇现票（即现期汇票）或支票（即所谓哩籍），该票须由邮局挂号寄交总行，其信封面，写英汉文，交总行经理收。

第七条　无论电汇票汇，皆须汇交本公司之名目，如向银行汇现票或支票，其票上原注明之携票人 Bearer 应割死（此条最关紧要乃将该字英文用笔划去）改为 Order（译音乌拉），可依此办法，其式如下：

如银行无盖此印者，本分行可刻一橡皮印，已〔以〕备不时之需。

（附注）现票或支票，如仅书 Bearer，可以转让他人，如该票中途遗失，被人拾得，该由〔票〕号签号盖章于票背，便可至银行兑取现银，候他日察觉，欲与交涉，恐不生效力矣，此层切须注意。

第八条　每星期经理与财政员，将一周间来往银项之银清簿、日清簿，并其他有关于银款之账务，须与书记员共同详查一次。

第九条　每逢汇款来叻时，汇水若干，须注明于每星期出入款报告表上。

第十条　每星期一电报存银，如超过可汇之数，并无汇下，须将其理由附电内通知（如欲还饷费可电明 OME 作 OEJ 别项用途另详）（OIV 关税），俾免去电询问，多耗电费。

（附注）有数处分行，乃汇现票，其星期一报存银超过可汇之数，而并不汇下，追候至有船期始汇，以后切勿如是，星期一如至可汇之数，切往银行向汇其报存银之电，并报汇，但银行名须报明。

第十一条　银行电汇，必有收据，财政员于汇款后，须将该收据交与经理签号，收贮柜内，以备查考。

第十二条　寄存银行之入望簿（即入银簿）经理每天须细阅一次，并签号于存根上。

第三节　放账办法

第一条　本公司定章，无论何埠，只许人（代理），而不许人（总代理），盖（总代理）一埠只限一家，而（代理）则无定数。

第二条　凡属发售本公司之制造品，不论现款或期账，皆称之曰代理。

第三条　本公司素以现款交易为主，倘欲代理本公司货品，有商改为期账者，如属稳固商号，或有殷实商店担保，可先按放账数百元，苟无明底蕴，而营业尚见发达，只可先按放百数十元。

第四条　期账之限定一个月期，或两个月期，本公司可视该号之妥当与否而定。

第五条　附近之埠，该地方如热闹可以推销本公司之货品者，可往调查，并将详细情形，函达总行，倘该地之商店有欲代理者，可依第三条办法而行。

第六条　凡期账代理至期到而不还款者，可即往催讨，如再延久仍不清还，本分行可暂停止付货，待后观局进行。

第七条　凡代理本公司货品，如销售无几，货物积存，致账期延岩［宕］，可速向代理人询明情形，果无销路，可将货品取回，账款收清，免被倒去。

第八条　总行寄下商店调查录，每一个月该分行须报告一次，如初次交易期账，须先将其店号、地址、店主人姓名、营业年数、所营何业，按放银数若干，一一函告总行。

第九条　凡代理本公司货品之商号，或大宗顾客，本分行可照本厂扣与本分行之甘仙，给与之，以广招徕。

第十条　若放账一字号上一千元者，须将其人可放之状况，来书报告，若要上二千元者，须先来书报告，待总行同意覆可，方可放足。

第十一条　凡外埠商号有请求分行放期账者，该分行须先函询附近分行，有无放该号期账，若未曾放者，方可许放，庶免彼此争放之弊，致欠数太多，被其拖累。

第十二条　各售车轮之店，如查不甚稳妥之家，亦可放数十元，或成百元，设被倒去无妨，惟勿放过多。

第十三条　货品赊出，如无抵押品者，放出之款不得过（酌衷）百元，如有相当抵押品者，得放出至　　元。

第十四条　凡各交易货品之商号，必须经过详细调查，确系殷实可靠，并详知其主人或股东之履历，然后可以赊之。

第四节　收账办法

第一条　收账单须经理签号，并盖本分行之图章（此图章交财政收贮铁柜内）方为合法，如经理及财政无遵此办法，将来发生弊端，经理及财政，应负其咎。

第二条　收账人欲往本埠或外埠收账，所带往之收账单有几张，须列一小册子，将每单之日期、欠户、银数列明，签"单收"两字，俟收回时，所收银数，立即交与财政，由财政签"银收"，而所未收之单，亦须一并交回，财政应将小册子签"单收回"，以明交接手续。

第三条　账期之到期与否，责成经理检查，一经到期，在埠收账人，须立即往收，在外埠如到期尚不寄还，可先函往催，苟无答覆，则须停止再付货物，至到期过一个月，仍无寄还者，可报告总行，及设法或派人往收。

第四条　收账人对于欠户营业上之变迁，如有所闻，宜报告经理及财政，苟账期已到多日而延宕未还，亦应将宽缓理由，详细报告，以便设法催讨。

第五条　收账单宜编列号数，以便检查。

第六条　每月终，经理须着书记列名欠户之对账单，直接由邮寄往各欠户所在地，其对账单，应盖"如有差错，请速指示"，印在结欠共码之上端。

第七条　本分行就原有之收账单，再增设一种收银单，该单书明收到收账单列某号之银数若干，须经经理签号，并盖图章，临收时，由收账人贴印花签号于其上面。

第八条　收账单及收银单，由书记开列，经理过对。

第九条　所未收之收账单及收银单簿，交财政收存，但每星期点柜时，经理应将该未收之收账单及收银单簿，查核一次。

第五节　分行互相来往货项要则

第一条　各分行互相来往货项，规定分作二项：

（甲）分行互相来往款项　分行互相来往款项，只限于华属，华属暂分作五大区，香港为西区，广东、广西、云南三省分行属之；厦门为南区，福建全省分行属之；上海为东区，江苏、浙江、江西、安徽、山东五省分行属之；汉口为中区，湖南、湖北、河南、西川、陕西、贵州六省分行属之；天津为北区，北平、山西、东三省分行属之。此五区所属之分行存款，如按可汇之数，须照规定汇往该区分行，候总行每月份寄汇票相抵。但厦门集通[①]，得自立汇票，

[①] "集通"是陈嘉庚设在厦门开元路的"集通银号"，专司集美、厦大经济汇兑，也叫"集通行"。

向其他分行支款（如向香港、汕头、上海、广州等处支款，不论多寡，须用汇票，每月份或存或欠由叻过账）。

（乙）分行向分行办货　华属各分行向上海、香港办货，如申式鞋袜类，得直接向办，惟英属、荷属如欲向办，须先将定单寄交总行，候鉴定后，由叻寄往。

（丙）分行代分行还运费　有数处分行，须由转运者，其关税及运费应由代转运之分行代纳，但所还关税及运费若干，逐期船须列单通知寄往之分行登账，每月列对账单两份，及通知单一纸，寄往该分行，其列单及过账与本节（二）（三）条同，兹将上述三项用图以明之：

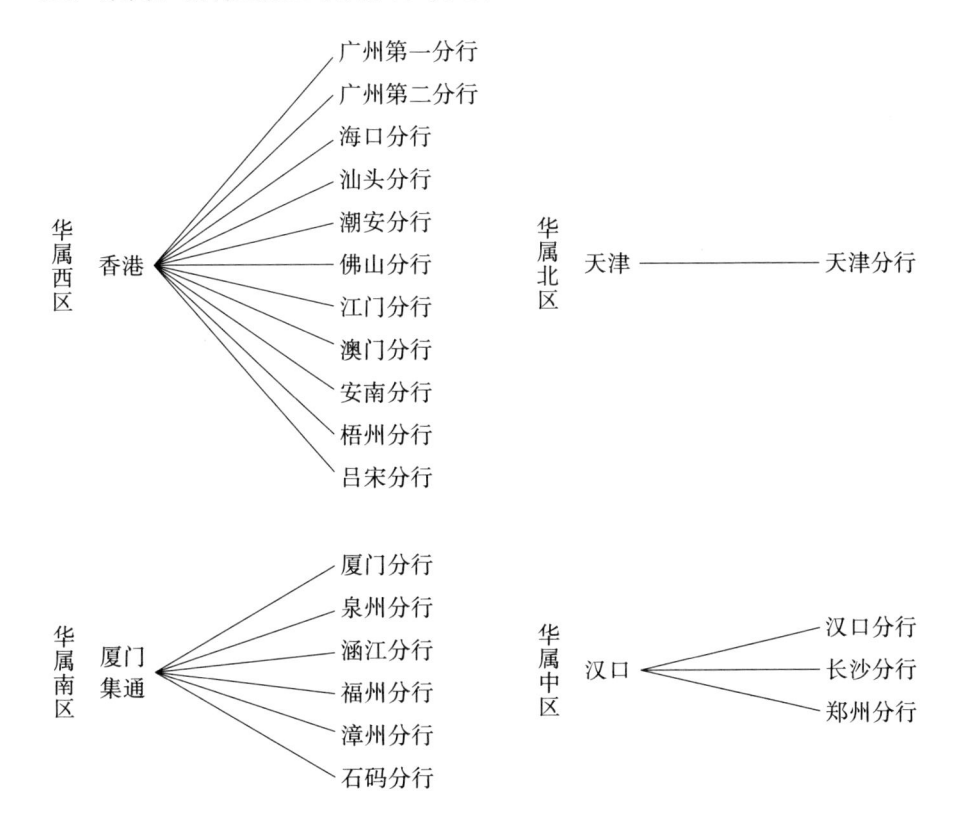

华属西区　香港 → 广州第一分行
　　　　　　　　　广州第二分行
　　　　　　　　　海口分行
　　　　　　　　　汕头分行
　　　　　　　　　潮安分行
　　　　　　　　　佛山分行
　　　　　　　　　江门分行
　　　　　　　　　澳门分行
　　　　　　　　　安南分行
　　　　　　　　　梧州分行
　　　　　　　　　吕宋分行

华属北区　天津 —— 天津分行

华属南区　厦门集通 → 厦门分行
　　　　　　　　　　　泉州分行
　　　　　　　　　　　涵江分行
　　　　　　　　　　　福州分行
　　　　　　　　　　　漳州分行
　　　　　　　　　　　石码分行

华属中区　汉口 → 汉口分行
　　　　　　　　　长沙分行
　　　　　　　　　郑州分行

文牍

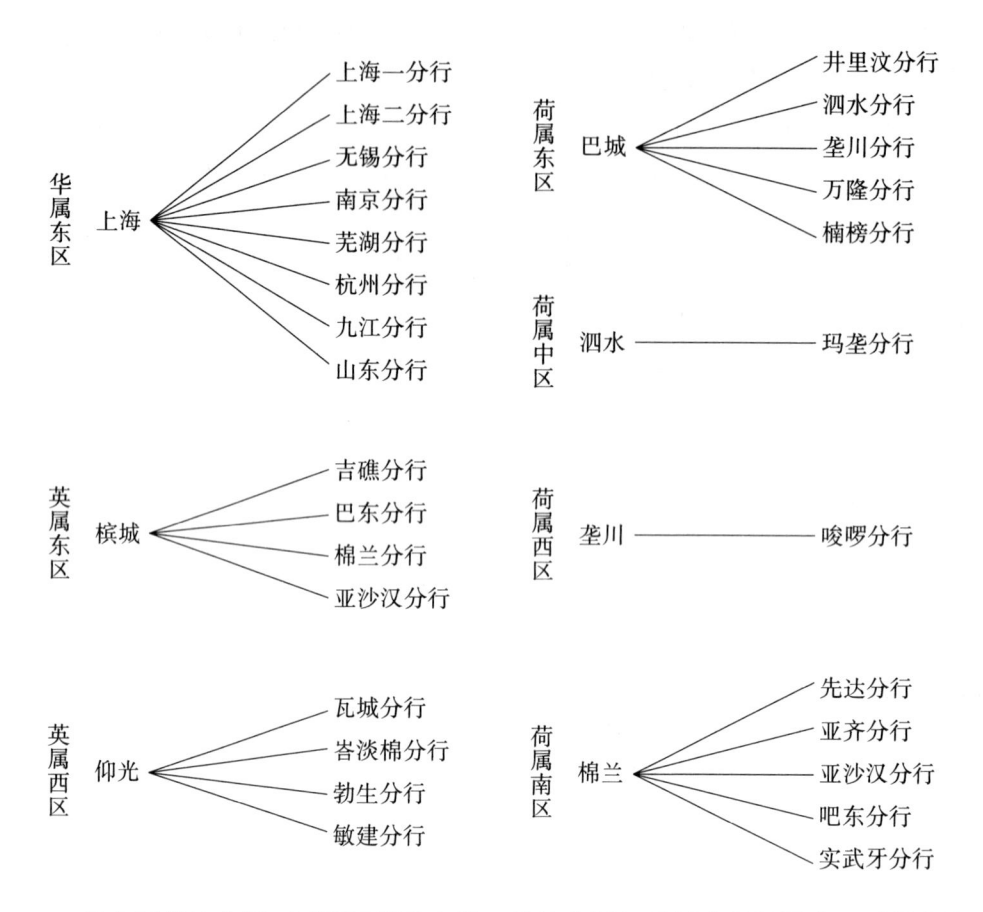

区域	总汇	分行
华属东区	上海	上海一分行 / 上海二分行 / 无锡分行 / 南京分行 / 芜湖分行 / 杭州分行 / 九江分行 / 山东分行
荷属东区	巴城	井里汶分行 / 泗水分行 / 垄川分行 / 万隆分行 / 楠榜分行
荷属中区	泗水	玛垄分行
英属东区	槟城	吉礁分行 / 巴东分行 / 棉兰分行 / 亚沙汉分行
荷属西区	垄川	唆啰分行
英属西区	仰光	瓦城分行 / 峇淡棉分行 / 勃生分行 / 敏建分行
荷属南区	棉兰	先达分行 / 亚齐分行 / 亚沙汉分行 / 吧东分行 / 实武牙分行

除上列各地分行，可以互相往来外，其他分行如无征求总行同意，不得来往账，唯上海多有新式时髦之出品，或者中国分行及吕宋分行有向办者，则可之。

第二条 每月份由各属每区总汇之分行，列对账单两份，及对账通知单一纸，寄往所属各分行，该各分行如对符合，须将对账单一份，签封及盖印（由经理并书记两人签号并盖分行图章）寄交总行备考，又一份保存，另将对账通知单寄返该区总汇之分行。例如华属西区总汇之香港分行，应列对账单两份及通知单一纸，寄与所属之各分行，余类推。

第三条 除用总行汇票抵账之分行，可长作来往账外（如厦门集通之与福州、漳州，香港之与广州、海口、江门、佛山、澳门，上海之与第二行、南京、杭州、无锡、芜湖等），其余每月份所存或欠之数，须由总行过账。

第四条　每区所属之分行，如互相往来依分区表所列之次序，由右一位顺序列下，譬如海口分行与广州分行来往，由广州列往，佛山与海口来往，由海口列往，澳门与佛山来往，由佛山列往，余类推，其列单及过账，与（二）（三）条同。

第五条　每月份各属每区总汇之分行，须列一份总单，将各分行来往长短账项，逐一列明，寄呈总行。

第六条　各分行既得总区分行列去对账单两份，至迟于五日内立即寄一份来叻，交总行存底，若因账中差错，务须急切核对，速行会清，至迟于七天内尚未能会清者，须将理由详录，报告总行。

第六节　成本会计及存货估值之方法

第一条　成本会计之方法：

（甲）费随本加计算法　每帮进货，可就运费、饷费、起货费，匀摊在各货之中，不必设立箱袋、驳力、傤资、饷费等集，似此计算，虽无不合，但手续殊繁，且每帮之货，如欲登记，须多延时日。

（乙）费作来往计算法　每帮进货，可依原本置去，而各货费集，照为过账，候至月终，以一个月中所兑各货若干件，而匀开各货费（包括箱袋、驳力、傤资、饷费等），按所开之数，开各货费去账，而所存额，仍为来往，照此算，如货物种类简单，且系大宗，应以此法为宜，如种类繁多之货品，欲仿此法而求计算之精密甚难。

（丙）费开出账计算法　每帮进货，就原价为置本，而各货费集悉数开去，若此计算，殊觉简单，但采此法对于售价如知加入各货费，及每月估存货之价格有加入各货费，则于成本计算，当无错误。

以上三项计算法，殊途同归，但忽略店中开销一层，惟求成本会计之方法，以下列三项为精确：

（一）原本　就本厂定价扣实，谓之原本；

（二）进本　就原本加入运费（包括木箱、驳力、保险、傤资等）、汇水、关税及起货费，谓之进本；

（三）总成本　进本加入店中开销（即行佣，如经常费等）即为总成本。

品名	号码	件数	原本		进本				总成本		售价净利	
			原价	七五折实	朷运费木箱、驳力、保险、儎资	汇水一二五申	关税	起货费	行佣	总共	价	九折实
平等	三一	一双	一元一角半	八角六占	五占	二角三占	八占	二占	五占	一元二角九占	一元五角	一元三角半	六占

就此表以观，行佣（即店中开销）如不在成本项下并计，售价虽有利益，不能谓之准确，但欲就开销而加入，以何为标准，似不能不将某月中计所兑货物若干件，而以店费开销百分之几为率，如粘鞋计兑三千双，而一月间店费计四百五十元，则以百分之一五计算，每双应加一角五占在总成本内。

如上所述，对于新开设之分行，或货物销售无几，而店费开销又多之分行，欲似此法加入，成本殊形昂贵，并恐阻碍销途，经理人可观察之，应否酌加行佣，或此时未可加入，得就地观情形而裁夺。凡各分行之经理人，对于成本会计，须特别留意，照上列表式，将各货品合列一总表，精密计算，时加考查。至每月份之成本，及兑价报告，尤应照格填入，俾总行明了一切。

第二条 存货估值之方法

存货估值之方法，各有不同，有就厂家之定价者，有另加运费者（包括关税一切），有复加起货费者，有再加店中开销者，有依厂家实价者（即由定价减去折扣），有照售价者（即按平日卖价而定存货之价值）。上述各种计算法，不无畸重畸轻之弊，欲使其勿失平均，惟有就实价（本厂定价除去折扣）加入运费（包括箱袋、驳力、保险、儎资）、汇水、关税、起货费为适当。又存货难依本厂实价，但有时本厂改订价格，或加折扣，则于是月份之估存，不能不随之增减。

（附注） 各分行每月份存货之估价，大都以实价而不加入运费及起货费，以致结册中，时有货费多开，而结亏甚巨，虽是月份货物多到而多开费，于以加亏，然下月份货物兑后，其利收加无有差异，但表面上观之，其所亏甚多不能予人无疑，自是以后，各分行如存货估价，切以实价加入运费、汇水、饷费并起货费为宜（各货估存之价均须照此法一一加入各费）。

第七节　结册撮要

第一条　结册时，书记员须将说明细阅，并照定式填结，以趋一致。

第二条　结册附有存货清册、欠户表、饷费报告表、成本及兑价报告表，书记员应照说明之填法填列，不可疏忽。

第三条　结册内盘之开费，其货费、店费，须划分清楚，货费先列，再列店费，每种计银若干，亦应载明。

第四条　书记员每星期须将副日清抄寄一次，不得间断，经理并须负督促之责。

第五条　每月份之结册，至迟下月中旬，须寄到总行，不得延滞。

第六条　每月份之欠户表，经理应查核，倘本月份无还款而再付货，或还款少而付货多者，经理须将其理由注明于该表之下端。

第七条　每月份须点货一次，涨失若干，可注明于存货清册涨失栏内，若失数过多，经理应过查核，并将原因详明在清册末。

第八条　结册录就，书记员宜交经理过对，经理对后，须签号于结册纸之末页。

第九条　结册完毕，其点货单正张，须寄呈总行备考。

第十条　每月份之结册，如无盈利尚须亏本者，经理应推究其原因，并设法补救，万勿以结册完毕，便算了事。

第七章　报告

（甲）定期报告

第一条　星期存银报告表，及出入款报告表，须两日内寄呈总行。

第二条　旬日兑货报告表，及旬日店口兑款表，须过旬五日内寄呈总行。

第三条　每星期杂费报告，须三日内寄交总行。

第四条　副日清每星期亦须抄寄一次。

第五条　每月份营业及管理报告书，过月十日内，须同结册一齐寄交总行。

第六条　全月查覆公函，接到后五日内寄。

第七条　点货单须十日内寄。

第八条　逐月存货报告表，须过月十日内寄。

第九条　对账通知单，接到后五日内寄。

第十条　查存不通销货品报告，每三个月报告一次。

第十一条　每月份运货车兑货报告，过月五日内寄（指有设置运货车分行而言）。

第十二条　每月终核查货底一次，有无涨失，分别注明于存货清册，报告总行。

第十三条　每月终核结得失一次，至迟过月十号内寄交总行。

第十四条　每月终须将货品调查表，及运输费调查表，择要报告。

第十五条　每年阳历年终，造具另式总结册，连同盘货簿，于次年一月底前，寄呈总行审核。

（乙）随时报告

第十六条　本厂所有之货品，如发现缺点等情，须随时函告总行。

第十七条　新出货品如有破坏来换者，约用若干久，及将破坏处剪寄总行，报告详情，俾本厂可以研究改良。

第十八条　其他关于分行临时发生重要事件，亦须随时报告。

第八章　薪金及红利

第一条　分行职员薪金，由总行规定标准，按照分行事务烦多，与职员勤劳加升，但经理、财政、书记薪金，由总行决定。

第二条　分行职员薪金标准如左：

（一）经理

甲种由七十元至壹百元；

乙种由五十元至六十九元；

丙种由三十元至四十九元。

（二）财政

甲种由五十元至八十元；

乙种由三十五元至四十九元；

丙种由二十元至三十四元。

（三）书记店员

甲种由四十元至六十元；

乙种由三十元至三十九元；

丙种由二十元至二十九元。

（四）练习生

由十元，至十九元（练习期限，由经理考查练习生办事成绩酌定）。

第三条　凡新换经理、财政、书记，薪金若干，亦须由总行主裁，如总行未曾通知，须来函询问，待覆方可入账，其他职员，由经理主张。

第四条　各分行情形不同，而各地生活程度高低，亦因此相异，凡经理、财政、书记、店员，调换他行，不得取在前行较高之薪金为例，而自行支领。

第五条　分行职员薪金，定于阳历每月终发给，平时不得预支，以重公款。

第六条　红利无限，待年终结账后，由总行酌衷奖给。

第七条　分行辞退之职员，或职员自行告退者，均不得派给红利。

第九章　视察员服务规则

第一条　点查存银　视察员无论至何处，抵步之第一日，宜通知财政员，先清算柜内存银，以后视察员应将该星期银清覆算，并点查其存银与银清所存，有无符合，由财政员先列存银表，一候复点完毕，视察员签对，该存银表由视察员寄呈总行。

第二条　稽核银数　凡与银行来往单据，及汇票存根，视察员须核对，并签号于背面，若收银单所有收到款项，亦须对银清有无照登，各欠户账期之拖欠，亦须切嘱经理设法催收，并将情形报告总行。余如每月之结册，视察员亦应细阅，若费多而利少，尤须与该分行经理，商量开源节流。

第三条　营业状况　视察员至该地后，对于分行营业状况，及该埠商情若何，宜切实调查，报告总行。

第四条　店友勤怠　视察员初到是地，各职员自必照常办事，然欲确知职员之行为，应从旁考查，如店内秩序整肃，货物整洁与否，职员本身衣履是否整齐，招待顾客是否周到等。

第五条　查察点货　总行规定，每月份各分行须将存货点查一次，所存之额，经理、财政、书记三人，均要签押，寄来总行，然实行者有之，而未实行者亦有之。若点货仅就点货单正张列明付下，而该货物有无确实存数，难以查核，视察员须询经理人，每月有无点存，并询书记点存之数，与账目有否差额过巨，同时并询店员对该货之点存，与他货有相混淆否，如失数过多，切须在〔再〕行查察一次，并报告总行照总行规定。凡月终点货，该主货是谁伴所点，须要签押存据，然后由书记核算，合共总数，并经理、财政均签号。

第六条　同途概况　同途之营业概况，欲调查确实，殊难，视察员就所闻并向各代理人探询，或能知其大概。譬如某货某厂，每月进口若干，销数多少，其价格与吾所兑，相差几何，代理家有几处，该厂扣予代理家甘仙若干，账期须几个月，就调查所得，报告总行。

第七条　布置适宜　分行之布置，如店口窗橱陈列与装饰，及店内橱架陈列有无适宜，视察员须向经理道明，若不合宜，尤须纠正。

第八条　成本会计　总行曾规定有成本会计，及存货估值之方法，但未知各分行有无实行，视察员须切实考查，如未实行或经理人不甚明了者，须详为指导。

第九条　审查售价　售价过高，货物销流不广，如过廉又有关于营业损失，最要在乎中庸，如本厂所订价格折实，分行计入运费、关税、起货费、汇水之总成本，其售价可以此为标准，不可再加，视察员对于分行之售价，不可不加以审查。

第十条　指导推销　推销之法最多，若贩卖员之善招徕顾客，或派员外出推销，及用广告推销法，难以尽述。总之，视其地方情形，而施以推销之手腕，视察员到该地方观分行有无推销，如经理不知推销，视察员须指导之。再如地方情形不同，视察员当审查该分行应否专设推销员，往附近各较小市镇推销，或现金交易，或放账等责任。

第十一条　考查存货　存货额太多，不特有碍周转，而且货物积久变坏，受莫大损失，视察员考查存货，如过每月额销数倍，切嘱经理人设法招售。

第十二条　考查职员　各分行经理、财政、书记三职，由总行调用，或由视察员荐用，但须先征总行同意，问有职员如书记等，因总行急切未派，而经理自行委用，且至店员亦全用其亲戚，甚非所宜。视察员到处，如觉有此项事发现，认为不妥者，须报告总行。

第十三条　查核月费　分行每月间，店费所开若干，有否合式，视察员宜知查核，其货费项下，每月所开多少，有无实在，各职员每月支款，有否过额太多，并一概查明，报告总行。

第十四条　列明旅费　视察员每月抄，须将是月份所开旅费若干，逐条列一单寄呈总行过账，如有向分行支款，须有总行凭证，并立一收据交该分行，并来函报告。

第十五条　轮流视察　视察员每逢月尾，必到一分行，公同点查存货，例如该员所任视察，计有八处，则一月一视，八月便完，依次轮流，周而复始。

第十六条　注意调查　视察员所经各城市，须并调查该处对于本公司货品，有无通销，及他家通销情形如何，汇报总行。

第十七条　停留时间　视察员每到一分行，除月尾点货外，不可停留过久，至多三四天，即宜转往他处。

附　视察员及创办新分行

1　不得开支与人应酬费，设有不得已亦当报告总行承认，方为有效；

2　舟车来往，至多以二等位为限；

3　如不得已，须寄宿旅馆，每日房金至多以二元为限；

4　伙食每天至多以一元至一元半为限；

5　有分行之埠，则住食均在分行，不得复开旅食费；

6　除应用什费外，概须以俭省樽节为尚；

7　本公司章程，须随带身边，暇时阅看，俾对分行改革，方有把握。

第十章　推销员服务规则

第一条　欠户状况　凡与本分行交易现款或期账之顾客，及代理或代兑之商号，统称之曰欠户，对于诸欠户之妥当与否，推销员宜时常探询，如有所闻，应报告经理。

第二条　欠户推销　代理或代兑之商号，有无尽力推销，推销员应时常考查，如属代理，须鼓舞其精神能力善事推销，若系代兑，必须示以推销方法，倘代兑者不照办理，即将情形报告经理，取消其代兑权，并将货物收返。

第三条　续定货品　欠户之续定货品，向由该号列定单至本分行定办，然有委任推销员之处，应时常查询欠户，欲续定货品与否，如有新出货品，尤宜向欠户陈述，请其试销。

第四条　调查销途　该埠对本公司之货品，推销情形若何，推销员应时常调查，并报告经理。

第五条　欠户销况　各欠户推销本公司货品进步或退步，推销员宜时时考查，报告经理。

第六条　辨别货品　对于货品之优劣，推销员应知辨别，如本公司之货品发现有何缺点，须将其情形报告经理，并函告总行。

第七条　同业货品　同业货品物质如何，推销员亦须时时考查，如有所知，应报告总行。

第八条　同业销途　同业出品之货物，推销情形若何，推销员应时常考查，报告经理，而谋改进方法。

第九条　同业状况　对于同业进步之原因若何，推销员应探其究竟，报告经理。

第十条　考查账期　推销员经手所放之期账，一经到期，应督促收账人往收，若逾期不付款，速与经理设法催收。

第十一条　新立欠户　凡新交易之欠户，若欲商榷期账，推销员应先将该欠户之营业状况，及妥当与否，向经理陈述，得其同意，依其限额而后放之。

第十二条　给予折扣　凡给予顾客之折扣，向有定章，但欠户如欲要求优异，推销员须考查其销额之多少，向经理陈述，得其同意，然后加给。

第十三条　推销新品　凡本公司新出品之货物，当其接到总行消息时，推销员须查察销路，及至该货品寄到之日，尤宜注意尽力推销。

第十四条　依期报告　推销员除时常报告经理外，每月份须缮造一份推销状况报告书，寄呈总行。

第十一章　广告

第一条　广告暂分为四大类，共十三项，将来如有增加，再行补入。

（甲）新闻类　报纸广告，单张印刷品属之；

（乙）街招类　五彩街招、五彩油画、铁法郎街招、样本册、月份牌、代理招牌等属之；

（丙）货车标贴类　运货汽车及汽车标贴，人力发售车标贴属之；

（丁）电影类　幻灯片、制造工程活动片属之。

第二条　新闻类第一项之报纸广告，由总行发稿交分行刊登当地之日报三日刊周刊旬刊等，其广告之地位及费用，由分行与报馆接洽。

第三条　总行逐期所发登报之广告稿，须先到先登，不可扰乱次序，惟有下列三层关系者，不在此例：

（甲）有临时特别发寄之稿，急于鼓吹，曾嘱到即刊不可延缓者；

（乙）该分行对于所寄之稿，觉其未有鼓吹之必要者；

（丙）该稿与该地情形不合，须由该分行就地改作他稿者。

第四条　广告稿，每星期以换登二次为限，若因报馆不肯，至少亦当更换一次，比较重要货品，如熟绉底鞋、运动鞋、上中庄鞋、及药品，尤宜常登。

第五条　每次所换登之广告，须将第一天报稿，剪寄总行广告部存查，分行亦宜自存一份，逐期粘贴于空簿上。

第六条　总行广告部办事处，设本厂内。

第七条　寄回报稿，如因失落，经广告部函查，须即补寄。

第八条　各分行关于当地畅销之出品，或应先行鼓吹者，可自作稿登报，但要遵守"爱国"、"实用"、"推销"、"不毁人扬己"、"不夸谬杜撰"五项态度。

第九条　新闻类第二项之单张印刷品，由总行印便，寄交分行散发，若因地方文字关系，须在当地翻印者亦可。

第十条　总行所寄之各种街招，每帮收到时，务须于几天内发贴完了，切不可存留行内，作无益废物。

第十一条　各种街招，不可专注意多贴埠内，而于外埠更宜多贴。

第十二条　僻处乡村市镇之粘贴五彩街招，不可随便贴于低处，致为儿童撕去，须力思妥善办法，或贴高些，或托该处商店，代为保护，或请求其同意，贴于其店前。

第十三条　贴五彩街招在大市场热闹处，可连贴五六张相排，因贴多张，人较注意，若小市镇及乡村，亦可连贴二张三张，不必拘限一张。

第十四条　如较远之处，本分行不能派人往贴街招者，可寄若干张，托友人或代理店，恳为代贴（第四期以后五彩街招，其末处印有　　埠　　街　　号代理，若托外埠代理店代贴，可用笔添写，或函告其自写，盖有代理人加入之关系，彼定较为鼎力也）。

第十五条　街招类中如五彩油画以下各项，其办法另订之。

第十六条　运货车标贴，及电影两类之广告办法，亦另订之。

第十二章　保险

甲　水险

水险分水渍、平安两种（水渍曰一号，平安曰二号），凡保水渍，如在输船上受潮湿，保险公司亦须赔偿，若保平安，设非轮船沉没，货物全失，保险公司当不照赔，然在轮船收货时，如风浪大临，致被风打落海，如向该轮船伙长给一字据，保险公司亦能照偿。欲向保时，须书记配寄船名、寄往地点、唛头、货名、件数、投保银额于保险单。如保水渍，将平安两字划去，保平安，则将水渍两字划去。投保之后，保险公司有给一认保单，须知保存以防交涉之需。

寄往分行之货，乃本厂自保，其本单上，均无列保险公司名，但所加保费，乃平安的。分行如寄货物与外埠客号，切知投保并加其保费，以防止意外损失。

乙　火险

第一条　按保银额欲投保火险时，可将家器存数，及存货银数各若干，按额向稳固之保险公司投保。譬如家器集计置三千八百五十元，各货集计存二万六千二百元，则投保时，可保各货三万元，家器四千元，共保三万四千元。宁可加保，不可少保，盖加保些少，所费无几，若减保万一不幸，火患发生，货物被毁半数或几分之几，保险公司就所保银额，与货物家器总共数价值估价，若价值共数，加于保额，所加若干，乃系自保，当负平均赔偿之责。譬如所保货物家器三万，倘火患尽被毁，则保险公司当然照三万元如数赔足，若所毁之数七千元，如被保险公司查悉，所有货物家器，应值三万四千元，有逾保险四千元，此四千元乃投保者自保，如是保险公司所保之三万元，得三十分，投保者之四千元，得四分，所毁之七千元，应作三十四分开，每分得二百零五元八角七占，保险公司只许赔偿六千一百七十六元一角，投保者应亏八百二十三元四角八占，余类推。

第二条　慎于投保　保险公司资本雄厚者有之，而不稳固者亦有之，欲投保时，应斟酌探询，且保险公司之章程，亦应明悉，如保险过巨，须分投两三保险公司。但已向一公司投保后，欲再向他公司加保者，必须经前保之公司许可，标明保单，且应加保公司言明，将前保公司所保银额，批明单上，以免来日纠葛。

第三条　详细报明　投保时，应将下列四点，详细报明该保险公司：

（一）构造　设屋之构造，如几层高，墙壁是砖，或木，或砂厘［砾］，屋顶是瓦，或砂厘薄板，楼板是木，或三合土的，地板是石，或三合土的，柱是砖，或木的；

（二）位置　所在之地址，如街名及门牌号数（英汉文地址须填明）；

（三）设用　该屋为办事所，兼宿舍，或作栈房；

（四）保险银额及所保物　保险若干，及所保之货物名，如保险数应分家器保数，货物保数。

第四条　增加保额　货物如有增加，其保额应随之而加，但视其增加额多少而定，若增加一二千元，可不必增加，苟上三千元者，须知增加。

第五条　更易地址　如迁移他处之地址，其街名、门牌号（英汉文地址）应通知保险公司，并取保投单与之注明，至该屋之构造，有无异同，亦须报明该保险公司。

第六条　保存单据　凡保险单均附有收银据，此单据须知保存于铁柜，以防交涉之需。

第七条　时查保期　保期将满，宜将保险银额，再按算一次，苟无增减，可再继续向保，照保险公司章程，将至一星期前，必发通知书，如接到时，切知按算续保。

（附注）　本公司在星洲附设保险部，专代各行栈，向保险公司投保火险，其保险区域，限于马来半岛，及荷属本埠，一切手续，与他公司同。凡欲向此间投保者，应将该屋构造图，并位置（英汉文详细地址）、设用及所保货名（如树胶及制造品须照列明）及保险银额，详细列明，寄交总行，以便向保。其保险单及收银据，概存本公司保险部。如迁移住址，及保额增减，或保险期满，欲再续保者，须专函寄交本公司保险部。倘遭火患，切立即急电报明总行，以便转报保险公司。若内地之分行，无保险公司可投保者，应购灭火机一二枝[支]，以防发火时，可易扑灭（灭火机如内地无处可买，可函告总行代购寄下）。

第十三章　罚则

第一条　经理、协理奉职不谨，管理不周，推销不力者，罚。

第二条　经理、协理，私营他业，私放外账，私人不法社会，私卖公司器物者，罚。

第三条　经理、协理，擅权越职，藐视章程，违抗总行命令者，罚。

第四条　经理、协理，滥用威权，苛待同事者，罚。

第五条　经理，对于存货，平时不督促职员整理保护，任其破乱后退回制造厂者，罚（但为时髦所阻，及货品欠佳退回者，不在此例）。

第六条　新换经理接替时，如查有存货破乱，隐秘不报者，罚。

第七条　财政员银钱出入糊涂，账目记载混乱者，罚。

第八条　财政有管理内外存货栈之责，如发现存货缺少，或破坏不报者，罚。其余罚则，与上条经理协理一例。

第九条　书记延抗账务工作，各种报告，不照定章履行者，罚。其余罚则，亦同前例。

第十条　各店员工人，作事懒惰，不守规则，不听上级职员指挥者，罚。

第十一条　罚则约分二等，随事之轻重，分别执行，轻则记过，重则立时撤职。

（甲）记过；

（乙）撤职。

第十二条　记过三次以上者，撤职。

第十三条　店员工人犯过，由经理执行惩罚，经理、协理、财政、书记犯过，由总行执行惩罚。

第十四章　附则

第一条　本章程不得给本分行以外之人阅看。

第二条　新职员初入分行服务时，经理应示以章程，令其熟览，旧职员已曾阅过者，经理亦当告其凡两三月，必披览一次。

第三条　本章程如有未妥善处，得由总行随时修改之。

附录：《陈嘉庚公司分行章程》眉头警语

战士以干戈卫国，商人以国货救国。店员不推销国货，犹如战士遇敌不奋勇。

外国人之富强，多借中国人之金钱。人身之康健在精血，国家之富强在实业。

我退一寸，人进一尺。不兴国货，利权丧失。商战之店员，强于兵战之军士。

训练兵战在主将，训练商战在经理。

能自爱方能爱人，能爱家方能爱国。

爱国队中无有道德败坏之人。不尊重自己之人格，何能爱自己的国家。

借爱国猎高名，其名不永。借爱国图私利，其利易崩。

惟有真骨性方能爱国，惟有真事业方能救国。

厦集二校之经费，取给于本公司。本公司之营业，托力于全部店员。直接为本公司之店员，间接为厦集二校之董事。

为学校董事有筹措经费之责，为本公司店员有发展营业之责。为本公司多谋一分利益，即为国家多培一个人才。

不为教育奋斗非国民，不为本公司奋斗非店员。本公司是一社会之缩影，服务于本公司即服务于社会。

热心为社会服务，未有不热心为本公司服务。尊重本公司之职守，即为图谋社会之公益。

受人委托，即当替人尽力。受本公司委托，即当替本公司尽职。视人委托之事一若自己之事，办本公司之事亦若办自己之事。

不能尽职于公司，又何能尽职于自己。公司遥远耳目难及，不负委托惟在尽职。

命令出于公司，努力在求自己。在公司能为好店员，在社会便为好公民。

公司之规章，同于国家之法律。法律济道德之穷，规章作办事之镜。

好国民守法律，好店员守规章。法规为公共而设，非为一人而设。

人类有服从法规之精神，即有创造事业之能力。日日思无过，不如日日能改过。

规章新订人人宜阅，不阅规章，规章虚设。待人勿欺诈，欺诈必取败。对客勿怠慢，怠慢必招尤。

以术愚人，利在一时。及被揭破，害归自己。顾客遗物，还之惟谨。非议勿取，人格可敬。

隐语讥人，有伤口德。于人无损，于我何益。与同业竞争，要用优美之精神与诚恳之态度。

货品损坏，买后退还。如系原有，换之勿缓。肯努力多推销，未见利利不少。

谦恭和气，客必争趋。恶词厉色，人视畏途。货物不合，听人换取。我无损失，人必欢喜。

视公司货物，要如自己货物。待入门顾客，要如自己亲戚。货真价实，免费口舌。货假价贱，招人不悦。

招待乡人要诚实。招待妇女要温和。

货物即黄金，废弃货物于暗隅，犹若浪掷黄金于道路。检查货物，不任损失。公司之利益亦即个人之利益。

不查货底，存货莫明。暗里牺牲，其害非轻。新货卸卖，旧货弃置。如此营业，安所求利。

多卖一份旧货，胜卖二份新货。旧货如本，新货如利。本不取回，利何由至。

店费开支，逐日统计。方知盈亏，方知利弊。得从何处得，失从何处失。要明其底蕴，全仗统计力。

天文家靠望远镜以窥天时，商业家靠算盘以计赢利。非公而出，荒废店务。习惯养成，自绝前路。

一人不在店，一货减销路。利权暗中失，不可计其数。为官守印，为贩守秤，为店员守柜面。

嬉游足以败身，勤劳方能进德。人而无恒，终身无成。

好多便不精，好博便不纯。欲念愈多，痛苦愈大。在职怨职，无职思职。蹉跎到老，必无一得。

见兔猎兔，见鹿弃兔。鹿既难得，兔亦走路。业如不专，艺必不精。

智识生于勤奋，昏愚出于懒惰。懒惰是立身之贼，勤奋是建业之基。

有坚强之精神，而后有伟大之事业。临事畏缩，丈夫之辱。

欲成大事，先作小事。不以小事而生忽心，不以大事而生畏念。

甘由苦中得来，逸由劳中得来。动作迟慢，事事输人，商战场中必为败兵。

欲闲未真闲，心里大艰难。再觅正事做，精神自然安。金玉非宝，节俭是宝。

有钱须思无钱日，莫待无时思悔迟。待人要敬，自奉要约。

财有限而用无穷，当量入以为出。当省而不省，必致当用而不用。

交友多，好出游。不误家，必误身。无是非之心非人也，无责任之心亦非人也。

作事敷衍是不负责任之表现。无事要找事做，不要等事做。有事要赶紧做，不要慢慢做。

无事找事做，其人必可爱。有事推人做，其人必自害。事事让人出头，终身无出头地。样样让人去做，终身无自做时。

此章程原版由吴理贵于 1981 年 6 月捐赠给中华总商会陈嘉庚奖学金信托委员会，后由委员会翻印。

请华侨社团一致电促请张学良辅中央削乱逆

(1930 年 3 月 24 日)

【中央社】新加坡前山东惨祸筹赈会会长陈嘉庚等,于上月二十四日致电东北边防司令长官张学良,请其辨别是非,辅蒋主席削平乱逆,同时并致函华侨重要社团,请为一致电促,兹将该项函电,采志如后:

致张学良原电
辽宁张汉卿司令官钧鉴:

阎逆①悍然倡叛,确为一己权欲,非在公诚改良政治,司马之心,路人皆见。附逆祸国,同为乱贼,身败名裂,遗臭万年。虽其部曲,亦当反正。矧我公功高党国,怀握珠玑,顺逆是非,宁逃藻鉴,使阎逆而达变知时,始终效顺,并美蒋公,旷世又谁,乃自投绝境,步已败诸逆之后尘,作汪精卫之自弃,微论其投降纳叛,蠹贼盈庭,人各异趣,绝无主义,势所必败,即使幸胜,亦必内争蜂起,国乱益纷。东省亦在其卧榻之旁,于公必无所益,况中央威信久张,基础巩固,名正言顺,饷足兵精,胜负之数,原不待交绥而决。伏乞迅定大计,拥护中央,辅翼蒋公,削平乱逆,则阎之所以败,即公之所以成,辛宪英之知义,马伏波之辨贼,愿公察焉。千钧一发,临电神驰,乞复。

前新加坡山东惨祸筹赈会叩敬

致华侨社团函

迳启者,此次阎逆倡叛之初,本会即电劝东省张学良拥护中央,遏止乱萌,同时函请各埠华侨重要社团,一致劝促。函电去后,义声四应,爱国热情,足增感奋。日来各报电载阎逆冥顽不省,愈肆猖狂,招纳北方群孽,阴谋组织政府,大部逆军,纷然南犯,战云磅礴,叛迹益彰。本会以变乱既难遏止,则征

---

① 指阎锡山(1883—1960),山西五台人,晋系军阀首领,时任第三集团军总司令。

讨自应大张，环顾时局转移之重心，仍视东北向背为枢纽，特于敬日再电张氏，请其辨明顺逆，助蒋戡乱。伏望各埠侨界社团，再接再厉，加电请求，用以激发忠诚，鼓励士气。时局紧张，较前尤甚，万恳贵社团速行为要。

新加坡前山东惨祸筹赈会会长陈嘉庚

录自《中央日报》1930年4月13日第3版，大成故纸堆数据库。

致电秦望山诸君

(1930年6月11日、14日、26日)

秦望山①暨许治丧处诸君鉴：

许公②遇害，闽南如失长城，庚无任悲悼！真凶未获，应悬重赏。叶君嫌疑拘禁，集校教职员二百余人，暑假期迫，进退无人主持，请准保候讯，以维教育，盼覆！

陈嘉庚真

陈校主再致秦望山君电　六月十四日到

秦望山乡亲鉴：

复电悉，叶君无辜，中外咸知，而许家强欲张冠李戴，别有用意，冀达目的，岂为世乱不讲天道乎？叶君一寒介士，安同路无丝毫股权，虽终身监禁，何济事实？惟集校主持无人，初办二年，四易校长，幸遇叶君，故庚得尽天职。公亦闽南一份子，何忍坐视不救，令集校消灭乎？万勿推诿，至感！

陈嘉庚元

陈校主致本校各校长主任教职员电　六月廿六日到

集美秘书处暨各校长主任教职员钧鉴：

校董诬禁，余百方电请，未获实效，至憾！彼辈不顾公理，因私害公，冀陷叶破集为快。我等对叶君，务希悉力营救，以维人道。对校务，亦当力负责任，坚决维持。谨此互励，放假何日？覆。

陈嘉庚

---

① 秦望山（1896—1970），福建泉州人，民主革命人士。
② 即许卓然（1885—1930），福建晋江人，革命家，厦门《江声报》创办人。

附本校各校长主任向陈校主总辞职电　六月十三日发

新加坡陈嘉庚校主鉴：

　　叶校董绝无构成嫌疑之证据，法院之准保，又不从速侦查宣判，人权失障，办学何益？乞准辞职！

　　　　　集美中学、水产、商业、农林、女中、幼稚、师范男女小学各校长；秘书处、总务处、会计处、科学馆、图书馆、医院、教育推广部各主任叩。元

录自《集美周刊》1930年第247期，上海图书馆。

吁请国府帮助厦门大学与集美学校电文

(1930年7月)

本坡陈君嘉庚,前曾呈请国民政府减免入口税,经国府批示不准一节,其情曾见前报。兹悉陈君除派林文庆、叶渊进京吁请外,并电请国府以厦门大学、集美学校两校为题,请政府助以年费,减免入口税,以免厂货亏损,影响二校,同归于尽。其词恳切,亦可窥见近来土产落价所受影响之一斑。其电文中有云:

三年来树胶事业失败,损失至巨,致令厦、集两校不但乏力扩充,甚至年费将难维持,盖土产既经绝望,所恃者橡皮制造厂入息而已。自关税加〈重〉,银价降落,厂货运销国内,已难获利,近复加日本货到处竞争,亏损〈愈〉甚,影响所及,两校必同归于尽。爰请厦、集两校校长林文庆、叶渊进京,吁请设法维持两校命运,或按年助费,或减免入口税,俾得与日货竞争,以期于教育实业有〈所〉裨益。①

录自新加坡《星洲日报》1930年7月14日。

---

① 据报载:国民政府对此电经研究,对减免入口税一节答复为"不准"。

拟办漳浦煤矿致函张贞

(1931年)

闽省矿物如安溪有铁矿,龙岩、漳浦有煤矿,均以交通不便,未能开取。近陈嘉庚欲集资本,进行采矿。拟先采取漳浦南泰武山之煤矿,特函向建设厅长许显时及驻漳第四十九师师长张贞请予以特权[①],并派厦门大学校长林文庆与该当局就近接洽。其致张贞函略云:

庚久闻漳浦县南泰武山近处及他区蕴有煤矿,爰托厦大校长林文庆博士,向钧长商请准予立案。特许下列数事:(一)察探时须开消矿师、机司、工人薪金及油料等费,大约每月千余元至二千元,按八个月至十个月探竣,须费二万余元以上。(二)请批准给予漳浦县辖采矿权一年,由批准之日起,在六个月内如无实行察探,则准许权取消。(三)察探期内如有成绩当立刻创设公司,招股开办,资本至少备华银一百万元,由许探期终算起,在年内实行开办。(四)地皮若民众所有者,由本公司估还相当价值,向业主承购。(五)地皮若为政府公地,则请政府优待,准免地价,或仅征收每年普通地税。(六)煤炭出口请免征税(按马来半岛规例在本岛内用者免税,若运往别国则有)。(七)本煤炭公司逐年如有得利,请政府免抽营业税。(八)政府允准在漳浦辖内不再许别家开采煤矿权。(九)本公司所有得利,按每年至少抽二成(即每百元二十)为厦门大学并集美学校经费。(十)察探时,或开办时,政府须派警察或军兵保护,所有驻守军额费用,愿由本公司供给。按所拟条件,如有认为不甚适合,请与林君相酌,务期使此天产利源,不至永埋地下。如荷赞成,将来利益大半仍归教育机关。

张贞接函后,已为转函咨请建设厅,即由建设厅长许显时直接函覆陈嘉庚,

[①] 许显时(1896—1986),福建闽清人,时任福建省政府委员兼建设厅厅长;张贞(1884—1963),福建诏安人,时任第四十九师师长。

其复函原文如下。

接读台函,借念执事热心矿业,谋发地利,至深钦佩。所云漳浦辖内南泰武山附近蕴有煤矿,拟欲聘请技师先行勘测,本厅极所欢迎。唯海澄县辖内之南泰武镇坑堡流会社内面积有一百八十万三千三百六十方公尺,与古社内有面积一百三十万八千九百六十二方公尺,已准华兴矿务公司领作采矿区域有案。如有一部跨达漳浦辖内者,该区应行除外。来函所列各项,除第一项勘测经费,应由执事自行筹措外,其余各项,自应极力赞助,以资提倡。唯第五项之矿区矿产两税,事关国家定例,未便转行请免。若出口营业两税,将来果能实行,呈请探矿或采矿时,自当专案请部减免,或可邀准。执事如系即日从事,即希备具正式公文,叙明试采日期,以及详细计划,俾便饬属保护。兹检送矿业法二本,并请察收参考。此复。

录自《工商半月报》1931年第3卷第5期,第110—110页,大成故纸堆数据库。

特字列捌号公函日本侵占我东三省能否引起外国参加大战之预论

(1932年7月24日)

一、日本已占上海，何以无条件退去，莫非迫于国联之威势。

二、日本首相犬养毅①被陆军武人刺死，莫非愤其外交软弱失败之致。

三、现下斋藤②首相，乃军阀出身，其信用武力，吞占野心，更无疑义。

四、国联调查团工作将竣，本年九月日内瓦将开国际大会。国联如不破产，其决议案必限定日期，着日寇退出东省。否则，决行第十六条经济绝交。

五、日本宣布退出国联，不肯接受决议案。

六、美国在檀香山之舰队出发，来保菲律宾。

七、苏俄忙调大兵东进。

八、列强宣布与日本绝交经济，我国亦加入。

九、日本下动员令，战舰封锁我国海口，列强船只不许通行。

十、日本进兵入关，将攻我天津、青岛、上海及长江要地。

十一、列强向日本宣战，我国亦加入。

十二、日本战舰攻菲律宾。

十三、现我国最患者为□□内乱。若□□未除，而加以外寇侵入，许时纷乱惨况，何可言喻。希望□□早除，俾国军可以悉力抵抑外侮。届时最剧烈之战场，当在河北、山东、江苏沿海及铁路等区域，至于长江要区，亦恐被波及。而经过地方之糜烂，或较江湾、闸北为尤甚乎？

十四、至于闽粤二省，能否危险，当视英国有无加入战团及菲律宾能否保

---

① 犬养毅（1855—1932），日本第29任首相。"九一八事变"后想用中国东北形式上的主权同中国换取东北经济利益的实际支配权。1932年5月15日，被海军少壮军人为主的法西斯政变者闯入官邸枪杀身亡，终结日本战前的政党内阁历史。

② 斋藤实（1858—1936），日本海军大将，第30任首相，因主张遵守华盛顿海军条约，被激进派认为是保守势力，在日本"二二六事件"中被害。

守为重轻。如菲岛能守安全，英国参加战争，则日寇决不敢轻视广属，而闽省虽近台湾，度未必敢任意横行。

十五、审兹时势，战祸当然不远，其关系本公司在华分行至为重大，各经理万万不可忽视，致后悔无及。如上海以北分行，此去对于放帐一项务须格外慎重，凡较远之帐，切勿多放，至在近之客，要放切须详考十分殷实，方可酌情开放。其他不甚可靠者，尤当及早收来，至嘱勿误。

十六、战事若开，在我国内诸分行，则害多利少，而尤以上海以北为甚。盖等处海权属之日寇，欧美船只既不能通行，诸分行所存货底，虽略可居奇，第恐或生意外危险，若幸而避免，亦须坐待日寇败退（恐非数月之间）。那时不特恢复旧观，更有进展之希望。

十七、至于闽粤二省分行，其交通当不至如北洋之严重。设有困难，或属暂时之事，诸分行营业略可维持得去。可惜粤汉路未能通车，否则，可补救多少。

十八、战事如果发生，本厂实有利害关系。如祖国方面既如上述，害多利少。若南洋及他处则甚有隆好希望，盖同业竞争最剧烈首推日货。查客年日鞋出口至三千四百万双，脚车①内外胎各一百余万条，若一旦日货告绝，其影响于同业实非浅少。

十九、战事若不能免，则本厂识有极佳之机会，然应如何先期筹备，勿待临渴方事掘井，筹备如何，则添设厂机，布置工程，教练工手，至速须经年之久，方能粗备，若战事已开，不但百物腾贵，购小亦必困难。

二十、无如银根奇紧，有怀莫展，不得已勉强刻苦稍事扩充，于今已半年有奇，大约年终方克告竣，虽未能畅所欲为，尤胜于坐失时机，聊作补牢之益。

二十一、鞋类出口，数年前首推美国及加拿大，年在三千多万双。迨两三年来，被日本侵夺，一落千丈，虽欧洲诸国，亦蒙其打击，而作壁上观。设若日货绝迹，欧美虽可复兴，然其工费较高，当然须让我一筹也。

二十二、祖国方面，如上海、广州胶厂数十家，仅能制造鞋业而已，其程

---

① 闽南语，即自行车，俗称"脚踏车"。

度尚浅，未能向外发展，若战事一开，出入口在在[①]困难，安有活动之理，且车胎杂品，原非他出品之物，更无问题。

二十三、近日电传英各处代表会集加拿大，开关税会议，对于殖民地与其所辖各境，或能通过互惠利益。换言之，则或变行保护税之条件。此亦本厂注意之希望。

二十四、上言所论各条，希各分行经理勿为余好事妄谈，而作无关痛痒之弃置，抑笑杞人之忧天。凡华北等省分行经理，希千万注意，作有备无患。至华南分行，虽不如华北严重，亦当细心见机。其他南洋等处经理，愿并注意及之。

念乙〔廿一〕年七月二十四日〔1932年7月24日〕

该公函写在"陈嘉庚有限公司制造厂总发行"八开大信笺上，见于集美校委会校主档案，散页，未编号。

---

① 处处。

福建同安安溪自治试验区工作计划大纲

(陈嘉庚　丁超五[①]等　1933年)

中国土地之大，逾于欧洲全洲，即一省之广，亦往往于二三小国之和。际兹建造新国之伟大事业过程中，百废未兴，万端待举；惟是限于人才，拙于经费，普遍设施，实难收效。近顷国人，颇鉴于徒作大言壮语之无补，曷若脚踏实地，从小做起，地方自治试验区之举办，即本斯意。在国内举办而略著成绩者，有河北之定县、山东之邹平县、广西之桂林县、广东之中山县；正将举办者有江苏之江宁县、湖北之阳平县。福建地处沿海，与西方文化接触甚早，兹有侨胞陈嘉庚中委丁超五等发起以同安、安溪两县为自治试验区，其旨甚佳，而办法则有待详密之研究，爰介绍之，以供一般关心闽政者之参与探讨焉。

一、**意旨**

甲、带领一班暂愿为地方服务之优秀份子到乡村工作。

乙、实地努力下层工作实现三民主义。

丙、利用华侨资本开发地方。

丁、冀为全省自治模范，借便推行各处。

二、**区域**

指定同安、安溪两县为福建自治试验区，其理由如下：

甲、地利甚厚可资开发。

1. 有铁、煤、铅、金等矿。
2. 有竹、木、石灰、茶叶等出产。
3. 有瀑布可作水电。

乙、有多数富有资产之华侨愿为赞助。

丙、有集美学校、厦门大学之人才可资调用，土地、人工、资本三要素皆

---

① 丁超五（1884—1967），福建邵武人，曾奉命考察南洋侨务，时任立法院委员。

备，所缺者政权耳。

三、推动机关

组织同溪自治促进会，集合社会上热心自治人士共同努力。

四、工作要项

子、人口调查，三个月完成。

丑、自治机关，区公所、村公所等组织，六个月内完成。

寅、土地丈量，二年内完成。

卯、连环保甲之民团制度，八个月内完成。

辰、五百方里山地之造林及种植，三年内完成。

巳、乡道县道之筑造，已有相当基础，应继续修筑，二年内完成。

午、试验区实业银行，六个月组织成立。

未、各种合作社，信用合作社、消费合作社、生产合作社，县区内六个月成立，乡镇内一年成立。

申、教育，一年内添设三十个中心小学，二百所成人及妇女补习学校，三年内普及教育。

酉、矿务，矿务公司及小规模之铁工厂十八个月内成立，轻便铁路及运煤汽船之敷设建造于二年半内完成。

戌、实业，渔业公司、洋灰厂、罐头公司、造酒公司、水电公司及其他一切生利事业可于三年内络续兴办。

亥、卫生，两年内建设平民医院八所。

五、经费来源

甲、华侨资助。

乙、富户捐助（或募集自治公债）。

丙、就地筹划。

丁、政府补助。

六、请求要点

甲、准予推选同安安溪县长，任期二年。

乙、试验区县长之职权与普通县长同，惟于一切建设事业之设立及经费之筹划许以便宜行事。

丙、对于社会组织及风俗制度准予自由试验。

发起人：叶玉堆①、郑健峰、洪绅、丁超五、林启成②、林旭如、陈嘉庚、刘治国③、李质文、许冀公④、官光厚⑤、陈君毅⑥、陈丙丁⑦、叶采真、叶道渊⑧

福建同安安溪自治试验区工作要项预算案

（一）本预算案，系根据工作计划大纲，按其实际之需要，加以预算。

（二）预算总数为一百三十万元，然银行、合作社、矿务实业诸项，可以通融者甚多，故筹足一百万元，即可敷用。

甲、自治费十万元

项目	工作	需款数	工作说明
子	人口调查费	一〇,〇〇〇元	用调查员八十人，三个月内，每人各给夫马费一百元，计八千元，加纸张什费等二千元。
丑	自治机关成立费	四,〇〇〇元	调查后，选举及开办所费无多，四千元即可敷用，余由各区乡自筹。
寅	土地丈量费	五〇,〇〇〇元	分作四队，每队每月五百元，二十四个月，共四万八千元，笔墨等费二千元，合计如上数，至测量仪器，本地已有，无须添置。

---

① 叶玉堆（1894—?），福建同安人，新加坡侨商。

② 林启成（生卒年不详），福建安溪人，曾任厦门安溪公会会长、厦门安溪同乡会副会长。倡议筹建安溪至同安公路，成立安溪民办汽车股份有限公司，招募股款，1928年3月1日安溪至同安公路开工，至6月间完成龙门至科坂段，购入2吨车1辆举行通车典礼。

③ 刘治国（1878—1942），福建安溪人，马来亚侨商。

④ 许冀公（生卒年不详），1895年台湾民主国时期的领袖之一，上海华侨联合会创会会长。

⑤ 官光厚（1875—1936），福建安溪人，马来亚侨商。

⑥ 陈君毅（生卒年不详），永春士绅陈庆南次子。

⑦ 陈丙丁（1888—1950），福建安溪人，爪哇侨领，曾任福建椰城会馆会长。

⑧ 叶道渊（1891—1969），福建安溪人，曾任集美高级农林学校校长。

续表

项目	工作	需款数	工作说明
卯	民团组织费	二〇,〇〇〇元	此费仅组织训练之用,枪械就地征发;无须购买,服装及供给由各乡负担。
亥	医院设置费	一六,〇〇〇元	此款为补助各区医院设置费,每院二千元,余由地方设法。

乙、生产股份一百二十万元

项目	工作	股银数	说明
辰	林垦合作社	六〇,〇〇〇元	一、指定栽种杉、竹、桐油、茶油、茶叶五项。二、须农民八人联保借款,按种植面积定借款数目。三、定林垦条例,强迫种植。
午	实业银行	二〇〇,〇〇〇元	本机关为运用各种事业之中心,其股本暂定此最小数目,实际可以超过,而资本筹集至易,游资吸集,为数至巨。
未	各种合作社	四〇,〇〇〇元	此为银行分设之机关,股本不用多,要在可以通融。
酉	矿务公司股本额	五〇〇,〇〇〇元	此项股本之数目,经采矿之技师,详为计划,厦沪各报亦略为披露,其定额即如上。
戌	各实业公司股本	四〇〇,〇〇〇元	先办渔业公司,购拖网渔船三艘,及罐头公司、造酒公司,获利甚易,水电公司及洋灰厂,须测勘后,方能定股本数目。

丙、道路及教育两项费用可就地筹划如下:

1. 同安县道,大体完成,安溪县由已著有成绩之安溪汽车公司,继续兴办。

2. 各乡道,可征发本乡民工修筑,经费亦归各乡负担,县政府及自治会,只为插定路线,由建设局指导监工便可。

3. 教育经费,只将米盐从包商手中,取归教育经费管理处办理,以包商所得之利,充作教育费,合以屠宰田赋等附加税,及汽车路一成之盈利,与原有之公私学款,便可敷用。

丁、筹款方法

1. 发行实验区自治公债一百万元，抽一成十万元为自治费。

2. 自治公债，以各项生产机关之财产，及两县全部公产为抵押，其利息以各机关盈利充之。

3. 各生产机关，即以自治公债持有人为股东，得享有公司上所规定之一切股东权利。

4. 自治公债须定有各项奖励办法，如立碑、刻石，及以购公债人之姓名为医院、道路、渔轮之名称等类。

5. 募公债之方法，宜内地分里，南洋分埠，各按额数进行募集，只有超过，不至减少，盖实轻而易举也。安溪汽车公司两年之内，就安溪一县之海内外人士，募得现金七十万元，以完成安溪汽车公路，即其明证。

（一）安溪十八里，按大里一万四千元，中里一万二千元，小里一万元，共二十万元。

（二）同安九里，按大里二万四千元，中里二万二千元，小里二万元，共二十万元。

（三）厦门上海等地十万元。

（四）南洋各埠：新加坡十万元，雪兰莪属五万元，槟榔屿及其附近五万元，缅甸属五万元，安南属五万元，暹罗属五万元，巨港占碑五万元，三宝垄五万元，泗水五万元，吧城五万元，菲列［律］宾五万元，其他各埠十万元。

戊、附注

本计划及预算案，系发起人中十数人之私拟，未经全体同意，合并声明。

录自《新闻前锋》1933年弟卷第三期，第57—58页，上海图书馆。

禁绝烟赌布告[①]

（1935年2月1日）

　　本集美社数年来鸦片赌博之盛，为自来所未有。当前年余在乡时，染鸦片者不过一百四十多人，而赌博则逢演戏或大日子始有之。近者闻染鸦片之人多至三四百，而赌博则日以为常。此种伤风败俗害人害己，其惨祸之烈，误人之甚，至堪痛恨。余虽远居南洋，未尝不痛心，桑梓之祸害，而思有以消灭解除之。兹幸□□已平，政府极力整顿政治，爰自前月函电南昌、南京、福州等处，请官严禁。现闻政府经派兵驻本社中，限期禁绝，请叔侄等务各自改悔，勿一误再误，致干法律，家破身亡，悔之莫及。廿四年二月一日寄自新加坡。

　　录自《集美周刊》[②] 第17卷第一期（1935年），1985年8月4日（重刊合订本）。

---

　　① 清末民初，集美社烟赌恶习相传，至1930年代甚为盛行。陈嘉庚有鉴于此，1919年回乡期间曾与村民立约禁止，虽经警告各角家长，但仍未见效，遂于1935年1月电请政府派兵禁绝。此布告原标题为《陈嘉庚布告》，于官府派兵一连进驻限期取缔时所发。

　　② 《集美周刊》由集美学校主办，1921年10月1日创刊。抗战期间既是向集美师生宣传抗日活动的主要阵地，也是报道集美各校师生具体宣传抗日重要活动的媒介。至1950年7月，共出版815期。

商请厦大改为国立往来函件

(1936年5—6月)

本报昨日上海电讯,对厦门大学收归国立一节述称,厦门大学校主陈嘉庚氏暨校长林文庆博士,年来以校务极端发达,校中之设备与维持费,支用日益浩大,且其校务行政等等问题,根本之解决,非将厦大改为国立不为力。自去岁以来,陈林两氏,屡向政府表示,愿将厦大改为国立,国民政府教育部,业已采纳二氏之意见,该校将于本月起实行改为国立。其实施方案,内容有云,政府为崇德报功,不忘贤劳,奖励来兹计,决定具体方法,纪念校主陈嘉庚氏过去对厦大精神与物质之牺牲,在厦大设立纪念陈嘉庚氏之奖学金额多名,又设立纪念陈氏讲座多席,并与陈嘉庚氏与林文庆博士,为大学评议会之终身会员,并有权委任其后继者,政府无论以何种理由处置厦大校产时,须商得评议会之同意云云。查厦大收归国立一节,民廿五年五月十七日至今,创办人陈嘉庚先生与政府当局,函电互商,辗转多时,至去月(六月),乃告成议,自七月一日起,厦门大学即改为国立,至本坡热心侨胞为厦大捐购柔佛胶园,该捐款人等主张拨归集美学校,闻既成议。

查厦大原有教育学、文学、商学、法学、理学五院,年来因经费关系,合教育学及文学二院为文学院,合商学及法学二院为法商学院。今收归国立,厦大经费,国府民廿六年度预算案列廿九万元,则每学期十七万元,较前十二万元(月二万元)已多五万元,此五万元将为设备费,抑将恢复归并缩减之学院,未有明示。兹录陈氏与政府互商厦大收归国立函电如后,以明一切。

陈嘉庚致闽主席[①]**函**(民廿五年五月十七日陈氏致福建省政府及南京教育部

---

① 即陈仪(1883—1950),浙江绍兴人,时任福建省政府主席。

长王世杰①函）

主席先生鉴：

昨阅报悉，先生此回南巡，驾临敝集美校，训导及调查校中状况。又接厦大教师来函，称先生亦临厦大，视察后留的意思，视厦大办理缺点，症结在于主持负责等人，同时并带念着弟创办之难，又以政府无权柄改善厦大，只有弟个人可负此责云云。以上情形，弟均未接厦大集美校长报告何项，未悉先生对于厦大视察，是否有此情形。窃弟自创办厦大后，来洋已十有四年之久，为俗务纠缠，无福可得回梓视察厦集二校，虽梦寐思乡，寝食不忘，迄成泡影，而念虑之切，尤以厦大为最，兹谨详列如下：

一、弟创办集美校，属在敝里，原无打算向人募捐款项，唯按自己力量干办为限。至创办厦大者，则自初计划，便居属提倡之责（宣言中已有言明），按自己三年内，先捐一百多万元，作开办费，许时规模略具，便可向南侨募捐巨款。不图同志乏人，事与愿违，致厦大不能发展。又不幸弟自十年以来，在洋事业如江河日下，千余万元资产荡尽无遗，迨至昨年敝公司收盘后，对厦大经费乏力维持，不得不请求政府帮助，免至停闭关门，然后并作后图也。

二、弟久留南洋，不能回梓之原因，如前者营业不景，诸务纠缠，而后者公司收盘，所有灰烬微业，不得不重行整理，冀可维持集美各校之存在及多少补助厦大经费，乃两年来树胶限制出产，原料不充，致各厂乏利。大约新年后，限制放多，则厂方利益较有把握。在此飘摇未定之间，若邀然回梓，未免误及前途，是以未便动身也。

三、民国二十年集美学校为经济困难，不得已征收学费，致学生日减。又近来农村破产，侨客亦乏赀寄家，贫穷子弟，多乏力升学，至为可惜。以集美校舍，可容客生二千多名，若本学期中等学生，不上六百名。际兹政府励精图治，注意教育及消除文盲，在在需要中等人才，而集美校徒有此规模，弗克帮忙造就，弟诚感惭莫名。仅由秋季起，逐月增费式千五百元，凡各师范、农、水生，概免收学费，中学生亦减收学费，大约可增收贫生数百名。

---

① 王世杰（1891—1981），湖北崇阳人，时任教育部部长。

四、厦大经费,先生早已明白,现最关要者,就是整理内部,重新组织。政府既以权非所属,不愿干预等等,而职责在弟身上,弟又因事务所缠,弗克言归,长此以往,关系非轻。据校中一部份人来函称:"同事中具有全副精神,肯为厦大负责任劳,实有其人,唯有听候弟之指派云云。"鄙意如校中确有相当人物,能和衷共济,团结为怀,则较之向外物色,差胜一筹,未悉先生以为何如?或云,弟平素主张应用闽南人,究实不无误会。盖弟初何尝如此主张,弟因集美创办,二年四易校长,厦大甫办数月两易校长,其受过经验与教训,迄今思之,尤为寒心。厦大担任校长,其行为如何,郑厅长与何公敢[①]二君知之最稔,若凭良心上言,必能为弟辩白也。

五、[②] 至厦大现下经费,大半倚靠政府之补助,至林君客年来洋募捐,未收者约十左万元,须拖至偌久,方能收楚,尚未确知。以区区二十多万元之捐款,竟延宕数年之久,设此后重行募捐,不但希望困难,而杯水车薪,何裨事实。所可痛者,弟既虎头蛇尾,为义不终,抱歉无涯,而侨民殷富虽多,重义者少,咸以教育事业,推之政府,以为政府当完全负责,而不知国民天职所在,捐款教育与爱国最关紧要。欧美可以免言,只说东洋日本,有名大学,扶助国家关系不少,如早稻田大学、庆应大学,岂非私立为私人财产牺牲者乎。

六、厦大为福建全省最高独一无二之学府,设立于厦门地方,论省界不免稍偏于南区,若合浙江、广东沿海区域而言,则堪称为最中心地位,况研究海洋生物,已经全国各大学考虑公认,推全国沿海最相当之地点。又若大而言之,合南洋祖国,则更为中心之中心矣。以厦大如此重要乃限于经济不能发展,弟千思万想,别无他策,唯有请政府收办。弟愿无条件将厦大产业奉送,不拘省立或国立均可,所有董权一概取消。如何之处,千祈示覆。

再者,弟亦致同样之函与南京教育部长王先生,幸祈妥为斟酌为荷。

王教育部长复陈嘉庚函

惠书昨经节要电复。厦大问题,本部迭与闽省府往返电商,对于大函所举

---

① 郑贞文(1891—1969),福建长乐人,化学家、编译家、教育家,时任福建省教育厅厅长;何公敢(1889—1977),福建闽侯人,时任福建省财政厅厅长。
② 原文未见第"五"序号,此处编者依据前后文义加示。

办法，原拟中央二十五年度通过预算后决定，中央现所通过之预算，虽于厦大补助费微有增益，然收为国立则仍难到。闽省库素称支绌，改为省办，亦有困难。厦大由政府派员接办一节，自应暂从缓议，部、省补助费当仍照给也。专此奉复，并颂台祺。

王世杰复启
民国廿五年六月①十八日

闽省主席覆函

嘉庚先生大鉴：

先后接读五月十七日及二十日惠书，业于皓日电复，计达议至。先生关怀祖国教育，以独资创办大学，规模既极宏大，设备尤为完全，此种公尔忘私之精神，久为中外人士所钦佩，故厦门大学不应仅以维持现状满足，尤使之日臻发达，以为国家作育人才之学府，以副先生艰难缔造之苦心。来书所述整理厦大办法各项，经再四思维，以为欲彻底谋厦大之改进，自以由政府接办为适宜，惟厦大如果由政府接办，事先应为种种之准备，非一蹴可及。故在厦大未归政府接办之前，本年度仍旧维持，以免影响学业。总之，政府对于厦大，无论为国家教育计，为先生个人事业计，实希望其能彻底改进焉。至省府按月补助费，当照旧维持，惟本省全部预算，以九折发给，此项补助费，亦应照统案办理。再者，省政府对于本年度全省师范教育，决定集中一校办理，私人设立师范学校，查与法令不合，前此对集美师范之认可，系暂时变通办法，依照廿五年度整理教育方案，集美师范自来年起，应停止招生，以便逐渐结束，而符通案。合并附及，专此奉复。敬颂台绥。

弟陈仪
廿五年六月廿六日

致林文庆电

又陈嘉庚先生与厦大校长林文庆及教育部长王世杰来往电，可能使读者获悉厦大改国立经过，特集录于左：

五月十日接林文庆由厦门来电：速电，往南京，意见。林文庆

---

① 依据此函及前后函电内容，应为五月，下同。

五月十一日发厦门交林文庆去电：请代表往京，若关国有事，条件如何，须来电商酌，待进止。

五月廿六日接林文庆由南京来电：教部即拟国立，废校董会，褒奖创办人，若私立，停止补助，今后由兄筹费，速电复。南京，宥。庆

五月廿七日发南京交林文庆去电：南京，国民政府，教部，转林文庆君：宥电悉，赞成国立，褒奖不敢当，但祈教部，注意扩展，一视国大同仁，庚无任感激。感。陈嘉庚

五月廿八日接林文庆由南京来电：电悉，若教部能继续补助，磋商维持私立，兄赞成否？速电复。南京，中央饭店。

五月廿八日发南京交林文庆去电：南京，中央饭店，林文庆君，教部如决收国立，俾厦大有扩展希望，请同意赞成，勿计较私立，如或不然，仍许补助，私立亦可。庚

六月四日接南京教育部来电：
译转陈嘉庚先生鉴：
　　本部尊重先生独力创办大学功绩，并采纳去岁来函意见，特于本年编列厦大改归国办预算，呈经中央核准，并拟定纪念先生办法，大要如下：（一）设置嘉庚奖学金若干名，及嘉庚讲座教席，其费用均按年列入厦大经费预算内。（二）设置厦大咨询委员会，为永久机关，先生暨林文庆先生为终身当然委员，并将自推继任委员，以议定前项讲座与奖学金之分配，对于校务，并得向学校建议，日后政府如以任何原因，处分原有产业须征求该委员会之同意。此项办法，前经面告林校长先行电达，顷闻先生复函赞成国立，并谦辞褒奖，高风至为感佩。惟纪念办法，原为政府彰扬有功，激励他人之举，自不为无用，特再郑重电达。如先生赞成后为国立，暨以上纪念办法，本部当力求该校之充实与

原议发展也。敬请电复为盼。王世杰叩。江

六月五日复南京教育部去电：
南京国民政府王部长鉴：

江电悉，厦大改国立，承示扩展盛意，及纪念办法，庚全部接受。自问为义不终，累及政府，乃蒙褒奖，感惭莫名。而两年来维持之功，谨并于此致谢。至政府月助庚教费五千元，原分厦集各半，今后可否全数补助集美。庚营业已转机，当尽瘁发展集美各科及农林水产，以尽天职，而补前愆。如何盼复。陈嘉庚叩。微

寝日王部长致陈嘉庚电：
陈嘉庚先生鉴：

微电悉，厦大改为国立，承赞同至佩慰。集美补助费，中央预算仍照旧案列支三万元，暂不克更改，但水产已由部另补助，其数额后发当相机增之，希亮察。王世杰。寝

寝日复王部长电：
南京教育部部长鉴：

厦大已许国立，此后一切政权由部主张，庚决不干预，请勿客气。因情感勉受推荐，贻误教育，至感。庚叩。寝

录自新加坡《南洋商报》1937年7月5日

附　国民政府教育部关于表彰厦大创办人陈嘉庚、陈敬贤、林文庆的训令

中华民国二十七年八月二十四日

令国立厦门大学

案奉　行政院二十七年七月七日汉字第三〇三〇号训令内开

"兹准国民政府文官处渝字第一七九五号公函开：'迳启者，奉国民政府二十七年六月二十八日令开"国立厦门大学前由陈嘉庚、陈敬贤、林文庆捐资创

建，林文庆并亲任校长，十余年来同心协力，惨淡经营，用能成就多材，规模大备。乃自抗战军兴，暴敌恣意摧残我国教育文化机关，该校竟为炸毁。政府于迅筹恢复之余，轸念陈嘉庚等艰辛创业，愿力宏毅，嘉惠士林，足资矜式，特予明令褒扬，以彰殊绩而励来兹。此令。"等因，除由府公布外，相应录令函达查照，并转行知照为荷。'等由，合行令仰知照。"等因，奉此，合行令仰知照，并转行知照。

此令。

部长陈立夫①

录自厦门大学校史编委会《厦大校史资料》第二辑（1937—1949），厦门大学出版社1988年7月版，第8—9页。

---

① 陈立夫（1900—2001），浙江吴兴人，时任教育部部长。

新加坡华侨购机寿蒋委员会第五次会议纪录[①]

(1936 年 9 月 19 日)

新加坡华侨购机庆祝蒋院长寿辰委员会第五次会议纪录
时间：民国廿五年九月十九日（星期六）下午四时
地点：假座中华总商会
出席者：陈嘉庚、李振殿、李俊承、颜世芳、周献瑞[②]（下略）
议程：
一、报告前期议案
二、代表报告往雪兰莪开大会经过
三、总会开费□
四、汇款
五、筹备新世界游艺会
六、临时动议
主席陈嘉庚，纪录庄丕唐
第一议程
主席命纪录宣读前期议案，众无异议通过。
第二议程
主席报告本会代表出席十三日雪兰莪大会，略谓：

[①] 1936 年 9 月 19 日下午，新加坡华侨购机庆祝蒋介石寿辰委员会第五次会议在中华总商会召开，此为会议记录。陈嘉庚在会上简要介绍了 9 月 13 日赴雪兰莪参加购机寿蒋总会大会的经过。

[②] 李振殿（1874—1965），福建厦门人、新加坡爱国侨领，曾任新加坡同德书报社社长；李俊承（1888—1966），福建永春人，新加坡侨领，曾任新加坡中华总商会会长；颜世芳（1887—1956），福建同安人，新加坡侨领，曾任同安会馆主席；周献瑞（1887—1964），祖籍福建南安，生于厦门，南洋同盟会元老，新加坡华侨树胶公会创办人之一。

马来亚大会虽其中有雪兰莪闽侨会因推举出席代表问题,与雪区华侨会略有争执,后经调停便得和平解决,其余各事可称完满。种种情形,各报经有详载,恕不多言,如诸位有甚质问,请即提出,本席当据所知奉告。至于本区捐款,现只有三十一万,但本席在大会报告,有三十五万元,不敷尚三万余元。

第三议程

主席言:

马来亚总会设在新加坡,所应开费,在本席所按只在三几百元,故当大会宣布,如开在三百元以内,可由新嘉坡负担,在三百元以外,则议决由各区分担。但按此三百元之项,应否可由本会开支,抑向各委员另捐,诸位讨论。

陈委员延谦①提议,本会所负担总会开费三百元,可向各委员另捐。

李委员光前和议,决议通过(按此三百元并由李委员光前认捐二百元,陈委员延谦认捐一百元,为数已足,因此免向其他委员劝募)。

第四议程

主席言:

本会现在华侨银行,有叻银九万余元,可否于最近期间,先汇交国内,以为各埠先导,请诸位讨论。

林委员文田②提议,在下星期一、三,先电汇国币廿万元,颜委员世芳和议,决议通过。

第五议程

主席言:

本会按捐国币三十五万,现尚欠三万余元,则此次新世界游艺会,应如何力求成绩,请诸位加以研究。

陈委员延谦发言,此事则甚望林君德金③之鼎力赞助。林德金君表示其爱

---

① 陈延谦(1881—1943),福建同安人,爱国侨领,曾任新加坡同盟分会会长。
② 林文田(1873—1943),祖籍广东台山。经营泰生当、泰和当、泰安当及泰来当,参与新加坡华侨筹赈祖国难民总会、南侨总会、广帮筹赈会、中华总商会、广东会馆、养正学校、南洋华侨中学、保良局、华人参事局等机构事务。(参见林美玲《林文田:战前新加坡华社领袖》。)
③ 林德金(?—1938),新加坡华商,经营林和昌公司、欢乐园游艺厂(老世界)、新世界、大世界、快乐世界等企业。

国态度甚为诚恳，且愿设法使跳舞厅及西洋拳术比赛等等，收入尽归游艺会。

主席言：

林君如此热心，实令吾欣慰。但游艺场内事务甚多，应另举一总务负责办理。

李委员光前提议，推举林德金君为新世界游艺场内总务，陈委员延谦和议，决议通过，林君当场接受。

主席言：

新世界游艺场内，蒙林德金君担任总务，实庆得人，现当决定游艺会日期，以资推行。

侯委员西反①提议，在十月十六、十七、十八三晚。陈委员辉煌②和议，决议通过。

第六议程

主席言：

现在临时动议，诸位有甚意见，请即提出讨论。

陈委员延谦发言，略谓前回大世界游艺会，其中佩带襟章职员，闻有二千余名。

本席意见此回新世界游艺，关于分给职员襟章，应稍加限制，可否交与本会总务股正副主任三人核派。

林委员允许和议。决议通过。

林委员文田提议，新世界游艺会，本会委员襟章可略收费。

本席提议委员襟章每枚一元。

高委员敦厚③和议，决议通过。

汤委员祥潘④提议，新世界游艺会场内总务，已举定林德金君。

---

① 侯西反（1883—1944），福建南安人，新加坡华侨社会活动家，时任亚洲保险公司副经理。
② 陈辉煌，曾任陈嘉庚公司下属印刷厂印刷部经理。
③ 高敦厚（生卒年不详），新加坡华商，1939年作为新加坡居士林董事参与创办中华佛教救恤会。
④ 汤祥潘（生卒年不详），名宗瀚，福建永春人。少时南渡新加坡从商，经营航海业，后与人合资创立泉成号，购置树胶园二百余亩。曾任星洲鼎新学校、永春会馆、南洋女学校、南洋工商补习学校及南洋华侨中学董事。

本席提议应再举一副总务,帮助林君。并推举邱继显①君担任。

李委员光前和议,决议通过。

录自新加坡《南洋商报(星期刊)》1936年9月20日。

---

① 邱继显(1887—1966),福建海澄(今海沧)人,南洋同盟会早期会员。1910年从业股票经纪,1921年创办股票行继显公司,后与大华公司合组为大华继显。热心捐助厦门公益医疗及南洋大学办学,曾任股票经纪行公会主席、山东惨祸筹赈会财政员、怡和轩俱乐部董事。

西安事变电陕请保蒋氏安全[1]

（1936年12月15日）

西安张汉卿先生伟鉴：

贵部哗变，蒋院长身失自由，消息传来，侨情惶惑。以为张先生与蒋公交谊至深，且共患难，今遽出此，当非本意，尚望尽力设法，迅释蒋公，推诚合作，以复国仇，毋为摇及国本之事，而启纷乱割裂之机。国家幸甚！民族幸甚！临电不胜迫切之至，盼覆。

新加坡福建会馆主席陈嘉庚叩

原载新加坡《南洋商报》1936年12月15日；录自杨进发《战前的陈嘉庚言论史料与分析》，新加坡南洋学会1980年10月版，第127—128页。

---

[1] 1936年12月12日"西安事变"爆发，南京政府即驰电南洋各地侨领敦促表态，张永福、萧吉珊、李振殿也以个人名义从国内致电陈嘉庚"报告一切"。陈嘉庚深感情况危重，遂致电张学良请释蒋"以复国仇"。

致电蒋介石贺"脱险"

(1936年12月26日)

南京蒋院长钧鉴：

公遇险，国家同遇险；公脱险，国族同脱险。为公庆，为国族庆，专此驰贺，不胜欢欣鼓舞之至。

录自《陈嘉庚与南洋华人论文集》，马来西亚陈嘉庚基金工委会，2013年，第27页。

主张废长袍马褂

（1937年2月2日）

电请内部妥定服制

新加坡侨商陈嘉庚，顷电内政部，请妥定服制，主张废除以马褂为礼服。原电略谓长衣马褂，乃清服遗制，时宜既失，早应废除，今仍尊为礼服，实足影响民族心理，阻碍民族复兴，外表之衣服，足以转移内在之精神，虽于小端，未可忽视，万望设法妥定合于俭约宜于国货之服制，俾气象一新，国族幸甚等语。十八年国府公布之服制条例，亟宜改订。闻内政部已拟就修正草案正审核中。

录自《中央日报》1937年2月2日第4版，中国近代文献数据总库。

复兴集美学校守则十二条

(1937年6月14日)

一、余在洋之景况，陈校董先生知之最稔。希望同学诸君，征已往，鉴将来，以复兴民族之苦干精神来复兴集美学校。

二、集美应重新整顿，凡修理校舍道路沟渠油灰等项，以及添置仪器，改良电火，增置图书等等，经托陈校董逐暂〔渐〕进行矣。

三、教职员薪俸"宜平"，比上不足，比下有余。

四、工作时间"宜苦干"，加负些钟点，稍尽些义务。

五、人员少，工作多，乃复兴之基本。

六、各校役丁，除非不得已外，不宜多用。

七、校内轻件工作，教员应负责指导学生勤劳，俾养成自动性。

八、师生切应力求俭朴，注重国货。

九、闻城市中有恶习惯之跳舞或赌博，切宜禁戒，违者开除。

十、全校管理，务求严格，以整风化。

十一、卫生应如何研究，作有组织之准备。

十二、过去之非譬如前日死；今后觉悟可如今日生。

原载《集美周刊》第22卷第1期，1937年；录自王增炳、陈毅明、林鹤龄《陈嘉庚教育文集》，福建教育出版社1989年7月版，第240页。

厦大胶园移归集美学校与集美学校现况之报告[①]

(1937年8月1日)

厦大既改国立,此后所需经费,政府自能负责。由今秋起,全年国府供费二十九万元,省府六万元,合计三十五万元。先增设土木工科,其余按年扩展,当渐可观。前月曾因谋置基金,购胶园三百八十八英亩于柔佛,价值十六万余元。现诸捐款人多赞成将该园移归集美学校,本意虽变,目的固无殊也。兹简举国立各大学经费之比较及集美学校现下概况与计划,以为关心教育者告:

(一)本年教育部规定国立各大学经费如下:

中山大学一,九三六,〇〇〇元;中央大学一,七二〇,〇〇〇元;北平大学一,四三七,〇〇〇元;清华大学一,二〇〇,〇〇〇元;武汉大学九九七,〇〇〇元;北京大学九四〇,〇〇〇元;浙江大学七八九,〇九五元;上海同济大学七五四,〇〇〇元;四川大学七〇三,九七六元;暨南大学六三〇,六六四元;山东大学五五二,八〇〇元;湖南大学五三六,〇〇〇元;厦门大学三五〇,〇〇〇元;

视此,厦大经费与其他国立大学相差甚巨,此后政府必能按年增加,了无疑义也。

(二)厦大购置之胶园,面积为三八八英亩,价值为一四五,〇〇〇元,加甘申[②]及过名费六,〇〇〇元,除草费二,〇〇〇元,建设费六,〇〇〇元,合计一六七,〇〇〇元。捐款人陈文确[③]五〇,〇〇〇元,李光前五〇,〇〇〇元,陈延谦一〇,〇〇〇元,李俊承五,〇〇〇元,厦大结束后存款四五,〇〇〇元,合计一六〇,〇〇〇元。对除外尚不敷七,〇〇〇余元。

---

① 本篇为一份张贴文告,由新加坡罗敏申律《新国民日报》承印。文中数目明显有误,因资料缺乏未能查对,仅照录。

② 即酬金。

③ 陈文确(1886—1966),福建集美人,爱国侨领、企业家,曾任新加坡同安会馆主席。

（三）集美学校本年度逐月预算费：师中三,六〇〇元,水产一,七五〇元,商业一,三〇〇元,农林二,〇〇〇元,公共机关二,〇八〇元,特别费八〇〇元,设备费一,五〇〇元,合计一四,〇〇〇元。收入款数：国府二,五〇〇元,省府一,二〇〇元,南益有限公司一,一五〇元,陈文确五〇〇元,栖鸿阁屋租一〇〇元,校产八〇〇元,学生费五〇〇元,陈嘉庚七,三五〇元,合计一四,〇〇〇元。

上学期存款一〇,〇〇〇余元,因暑假大修校舍,并添置仪器图书校具等,已开支略尽。

（四）集美学校明年度逐月预算费：师中四,五〇〇元,农林二,五〇〇元,水产二,〇〇〇元,商业一,五五〇元,工业七五〇元,小学一,〇〇〇元,公共机关二,二〇〇元,特别费九〇〇元,设备费五,六〇〇元,合计二一,〇〇〇元。收入款数：国府二,五〇〇元,省府一,二〇〇元,南益有限公司一,一五〇元,陈文确五〇〇元,栖鸿阁屋租一〇〇元,校产八〇〇元,学生费六〇〇元,胶园入息四,〇〇〇元,陈嘉庚一〇,一五〇元,合计二一,〇〇〇元。

上述设备费,将质量兼顾,务求完善,卫生问题尤能格外注意。

（五）年来中央政府励精图治,不遗余力。教育方面亦周密计划,扩充经费,严格统制,提高程度。凡稍留心国事者,类能知之。反视华侨教育,既无统制机关,复缺充足经费,偏颇简陋,光怪陆离,而董其事者又多门外汉,私务阻之,私见囿之,盲人瞎马,危险孰甚,常见小学校附设初中,教师不计其能力,校董不计其设备,但求学校之虚名,不顾学生之实益。相习成风,目为进步,而社会中亦罕闻有人加以非议。长是以往,程度愈降而愈低,现象愈趋而愈劣,侨教前途,将不堪问矣！负教育责者,亟应妥谋补救,未可以为无关大旨而置度外也。然则欲使子弟升学,必宜慎加选择。附近倘无良好中等学校,何妨舍近以就远！与其就近而往耗光阴,曷若就远而可资深造之为得乎？

（六）集美学校之创办,除师范、水产、农林三部外,其他如中学,如商业,皆因有鉴于上述情形而设,且不收学宿费,俾闽南贫生及南侨子弟较有升学之机会,不幸数年前校中经济困难,免费办法,无法继续,影响至大,抱憾实多。兹决由今秋起,再免学宿费,马来亚各埠学生来领介绍函者,已达百五十名,荷属、暹罗、西贡、缅甸等处直接往学者料亦不少。至于招生,向无畛域之限，故邻者如潮、梅、温州诸地，皆有人就学。而于南侨学生尤为便利，盖距离校园的任何省市为近，往返旅费最称合算也。

（七）集美与厦门仅隔一水，电船①五十分钟可到，每两小时即有一船来往。若循陆由高崎过海，则电船不上二十分钟，集美大陆汽车路可达全国各省，水陆交通之便利，可以想见。

（八）集美背山面海，后有三山，前有三岛，去北十华里许，有二千多尺之高山三座，天马山居中，大帽、美人居左右，相连如笔架形（学校农林部在美人山下，占地四千余亩）。其东西南三面，尽为海水所环。地势南向，金门岛、厦门岛、鼓浪屿，皆在望中。沿海有山岗，则郑成功故垒在，垣虽坏，而南门犹完好无恙，亦历史上有价值之纪念物也。校中各楼舍及道路，佳木成荫，盛夏不暑，虽未若庐山之凉爽，或不亚于北戴河之清幽，而海洋空气则为斯二地所无。风景美丽，盖余事耳。

（九）集美学校之设备，固难遽称为完善，然视国内其他著名中等学校尚无逊色。有图书馆，有美术馆，有理化室，有标本室，有音乐室。学子而果有心研求，参考之资料，试验之工具，亦几乎无大缺矣。至管教方面，务求严格，师生生活，打成一片，崇尚俭朴，拒绝烟赌，厦市虽近，不得随意而去，浮奢之习，未由沾染也。

吾人久居异域，或心随境变，乐不思蜀，或迹为事阻，徒切乡思。自身如此，何况后辈？集美学校所以特别欢迎华侨子弟之就学，盖亦有感于是而谋挽回其祖国观念也。

中华民国廿六年八月一日　陈嘉庚启
新加坡罗敏申律新国民日报承印

录自王增炳、陈毅明、林鹤龄《陈嘉庚教育文集》，福建教育出版社1989年7月版，第241—243页。

---

①　即汽轮。

致电国府行政院——汇赈款五十万放赈

(1937年8月30日)

南京行政院秘书长勋鉴：

皓电计达，兹由中国银行汇上义款国币五十万，收授电复。余续汇，本会电报挂号××××××××，察照。

新加坡华侨筹赈祖国难民大会委员会主席陈嘉庚叩

录自新加坡《南洋商报》1937年8月30日。

马来亚各区华侨筹赈祖国难民会
联合通讯处①通告第一号

(1937年10月17日)

本主任自接上海总会②宋会长③来函后，便拟积极进行。嗣因居留政府法律问题，及其他手续未备，深恐欲速不达，故暂时稍缓。诚以此事欲收宏效，须依照下列步骤，逐一做去。（一）征求居留政府同意；（二）向各华人银行疏通典押办法；（三）觅热心家先购巨数做模范；（四）召开侨民大会或社团大会，集思广益，极力鼓吹。

现第一条经蒙坡督请求英京当局，准由马来亚各区筹赈会委员，组织自由公债劝募分会名义，负责劝募。致第二第三两条，亦在进行中，望可早日达到目的。上述三条完全就绪时，当可立即进行第四条。兹再列举数事，为全马各区筹赈会及全体侨胞告。

（一）各区筹赈会诸委员，可组织自由公债劝募分会，所有委员名单，可直接寄交上海总会，或托本主任代转，以便由总会发给委员聘书。

（二）凡成宗自由公债券，请向各华人银行定购，如该区或该埠未有华人银行，可函嘱本主任代购。

（三）各区由本月起，每月月终请将向各银行定购公债券之款数，汇报本通

---

① 1937年8月15日，新加坡118个侨团联合成立马来亚新加坡华侨筹赈祖国伤兵难民大会委员会，推举陈嘉庚为主席，随后马来亚各区相继成立筹赈会机构。10月10日，新马华侨设立马来亚各区会通讯处作为公开合法的筹赈工作总机关，举陈嘉庚为主任，通讯处设在怡和轩俱乐部。

② 1937年8月17日，为解决财政困难问题，国民政府电告全国拟发行公债，8月24日上海成立救国公债劝募总会，宋子文担任会长，副会长为陈立夫。国民党国防最高委员会于8月30日制定《总动员计划大纲》，提出"发行救国公债，奖励国内人民及海外侨胞尽力购买，指充军费"。财政部呈奉国民政府核准，于1937年9月1日开始公开发行"救国公债"。

③ 即宋子文（1894—1971），海南文昌人，时任中国银行董事会主任。

讯处，以便电达上海总会存案。

（四）五元、十元、五十元、一百元，四种公债券，须现券交易，方得便利，而收宏效。各区请自估量，每种可预定若干元，并速函知本办事处，以便电寄。

主任陈加［嘉］庚　民国廿六年十月十七日（洲）

录自新加坡《南洋商报》1937年10月19日。

马来亚各区华侨筹赈祖国难民会联合通讯处通告第二号

(1937年10月18日)

本日接槟城筹赈会主席刘君玉水致新加坡筹赈会函称:"敝会于前日奉到此间华民政务司来函,通知注册。查筹赈会乃属暂时性质,未知贵会有无注册,如有之,祈赐简章,以便参考"云云。按新加坡筹赈会系八月十五日举行侨民大会时所产生,迄今未有注册。惟未举行侨民大会之前,曾先请示华民政务司,得其许可耳。又如去月底本通讯处主任,接上海自由公债劝募总会宋会长来函,委办劝募公债事,亦立向华民政务司请示。华司以兹事体大,且与法律有关,乃转征坡督意见。旋经呈请英京当局覆可,准由筹赈会委员负责劝募,唯须别立名义。现新加坡方面已定名为"马来亚新加坡中国自由公债劝募委员会分会"。居留政府除用口头允许我进行外,别无何项注册手续。谅首府[①]既加是深表同情,其他各区当不致有何限制也。特此通告。

民国廿六年十月十八日(星)

录自新加坡《南洋商报》1937年10月20日。

[①] 1826年,英属东印度公司在马来亚殖民地中将新加坡、马六甲、槟城设为海峡殖民地,首府初设于槟城,1932年迁往新加坡。

马来亚各区华侨筹赈祖国难民会联合通讯处通告第三号

(1937年10月25日)

昨接南京行政院魏秘书长来电略开"侨胞汇款,汇票上每漏写汇款人姓名住址,及汇款日期,至往返查询,颇费手续。请转告嗣后务须详加填注。"等因。按各银行汇票格式,捐款人或未能逐一详填,今后凡属票汇,应请汇款人逐次另函详细叙明。倘系电函,汇款人为节省电费,未自迳电收款当局,或电中未及详细叙明致行政院核收款项时,发生困难。□望各区会查照前电,详加填注。

特此通告。

中华民国廿六年十月二十五日(星)　主任陈嘉庚

录自新加坡《南洋商报》1937年10月27日。

马来亚各区华侨筹赈祖国难民会联合通讯处通告第四号

(1937年11月7日)

本主任昨接上海自由公债劝募总会宋会长来电,促吾马侨胞筹募二千万债款,于本年底以前汇沪。除函知各分会外,特再登报通告,望各区分支会,按其应募额数,速募速汇,双方并进。勿延于募,又延于汇,致误事机,尤盼各负责委员加紧推行是幸。此布。

主任陈嘉庚
中华民国廿六年十一月七日(新)

录自新加坡《南洋商报》1937年11月7日。

马来亚各区华侨筹赈祖国难民会联合通讯处通告第六号

(1937年11月21日)

顷准新加坡中国银行函转宋会长签（十七）日电开，"淞沪战线内移，为便利稳妥起见，指定香港中国银行为国外汇善赈款项□□接收机关，嗣后赈款汇款概汇交香港中国银行代收，慎勿□沪。函电亦由香港该行收转财部等由，准此，我马来亚各区会嗣后赈款，函请一律汇交香港中国银行"，电亦可由香港中国银行收转。此布。

中华民国廿六年十一月廿一日（洋）

主任陈嘉庚

录自新加坡《南洋商报》1937年11月21日。

马来亚各区华侨筹赈祖国难民会联合通讯处再敬告侨胞最后胜利恃耐苦持久抗战

(1937年12月23日)

持久抗战,最后胜利属我。果然耶?抑慰心之词耶?欲解答此疑问,应内审自力,外察国际情势。

言自力。我积弱百年,似不足与强敌较。惟我之土地至大,人民至多,资源至丰;敌图一举而吞我灭我,实势所不能。此意本人于客秋及今年八月十五日两次新加坡侨民大会皆反复详陈,前日发表敬告侨胞一文,亦再申论之。顾或以平、津、京、沪等重要都市之失为虑,甚且惶惶惴惴,目为有关国家存亡。不思我乃以农立国,工业尚未发达,国家生命线在于农村,不在于都市,所有都市尽属外货倾销场,我之民脂民膏即由此而流出。换言之,盖我之疮口也。今敌占我都市,是占各国之商场,敌毁我都市,是毁各国之权益,而亦自掘坟墓,皆无损于我,不利于敌也。我能不屈服,不妥协,艰苦奋斗,矢志靡它,三年焉,五载焉,无稍反顾则屡战而作战之线屡长,屡战而应战之士屡多,屡战而供战之费屡继。彼蕞尔三岛,人力有时而竭,物力有时而尽,颠覆挫败,事在意中。最后胜利属我,岂渺茫之境,可望而不可即耶?

言国际情势。则最后胜利属我,更有把握。兹请约略分析之。

列强中吾人首宜注意者为英。英在我国投资,数量远过日本,实执东亚商务之牛耳。迄今百年,基础牢固,上海、天津、广州租界之特权,海关税、盐税、铁路典主之巨利,获益视其他殖民地无逊色。所属香港、马来亚、缅甸、印度,地理上皆与我密切联系。[①] 他如澳洲、纽西兰、加拿大,虽距离较远,亦不出太平洋范围,与我相依,无殊唇齿。使日本果能亡我,则英之太平洋属地与利益,将来必随我而俱亡。可以断言,以英领域之广,经济之裕,军力之

---

① 英国在香港实行的是殖民统治,并不等于香港就是殖民地。殖民地的概念不适用于香港。

强，人才之众，冠绝寰宇，一怒诚足以惧诸侯，惟素尚和平，所求者在保持固有权益，非万不得已不轻举妄动，然亦非可任人侮辱，致丧失尊严者也。自驻华大使许阁森氏遭击以后，英之受日侮辱事件，屡见不一，迄未有强硬表示，中外人士咸病其孱弱，实则时机未熟，无足深怪。以吾人度之，英之不即采取断然行动者，不外三点：（一）欲先以外交手腕稳定政局；（二）加紧完成远东军备；（三）待谋与美切实合作。三者解决之日，即英可发动之时。近则数月，远亦不逾一年，盖犹箭在弦上也。

美国在太平洋与中日关系，较之在大西洋与欧洲关系，其深切何止倍蓰。当欧战起时，世界原无所谓九国公约、非战公约存在，美亦以中立国自居，初无参战之意，迨后商船被检查以至被击沉，生出种种纠纷，卒乃不能不放弃中立地位而毅然参战。其时亲德派岂不极力反对，集众示威，且恫言破坏军工厂，以难政府，然大计终不为阻。盖美与英同文同种，共休戚之念较深。德撕毁比利时条约，扰乱世界和平，与富有正义感之美人尤不相容，故美虽欲不参战，不可得也。今中日战争与欧战比较，美之不能置身事外，更为明显，英既被迫而须参加，美之起而与英合作自无疑义。国际各种条约，美多居领袖地位，日本撕毁条约，扰乱和平，其狂态野心，视欧战时德国远过之无不及，标榜正义公理之美国，焉能于此独予曲谅？而将来之中国大市场以及太平洋一切利益线，在在与美有切身关系，美又岂愿拱手以让人乎？然则，美虽有少数亲日派仍如前此亲德派之反对参战，而大计宜终不为阻也。

法国久与英俄善，其殖民地安南亦同受日威胁，则有所行动，必与英俄一致。此次日占上海，法租界不许日寇侵入，即可觇其态度之强硬，而战舰陆续东来，尤可察其深心之所存也。

苏俄与日，犹法与德，原属世仇。俄自与日争满洲失败后，由美总统调处于朴兹茅斯①地方，签订朴兹茅斯条约承认满洲为中国领土，彼此不得侵占。迨九一八事变，日撕毁条约，欺负苏俄，且在满境力扩军备，威胁西伯利亚，欲逐苏俄于东亚之外，苏俄遂亦积极整顿西伯利亚防务以为答复。数年来苏俄

---

① 即朴次茅斯。1905年9月5日，日俄双方在美国朴次茅斯经25天的谈判，签订《朴次茅斯条约》，正式结束了在中国土地上进行的长达一年半的日俄战争。

锐意建设，其所成就几于令人不可思议，无论政治军事，皆远驾日本之上，而地土之广大，原料之丰富，轻重工业之勃兴，尤非日本所能望其项背。彼其产物，除自供自给外，将来大部份当再另求出路，我国即其最广大最理想之市场，然由波罗的海轮运以达我国，则时久费重，决难与欧美诸国竞争，陆运则舍西伯利亚铁路及中东铁路无他。然则，苏俄岂忍坐视满洲长受日本控制，而闭塞其交通之门径耶？故为维持条约上之尊严，为解除地理上之威胁，为扫荡商务上之障碍，苏俄皆不能不与日一战，而战机之逼，即在眼前耳。

由上以观，英美法苏，必将于最近之将来，群起制日，我之抗战愈坚决，英美法苏之态度亦必因而愈坚决；我之抗战愈持久，英美法苏之态度亦必愈趋而愈鲜明。日虽强暴，能应付四方八面之敌，而幸免于颠覆挫败之运耶？最后胜利属我，岂真渺茫之境，可望而不可即耶？或曰：英美法苏之嫉视日，日非不知；英美法苏与我联合力量之大，日非不稔。何以日敢肆意轰炸英美战舰，自为怨府，而加速招致各强之进攻乎？得非无心之误决耶？是又不然，日之出此，正其预定计划耳。盖日深知目前英美精神尚未一致，准备尚未完足，步骤尚未整齐，先发制人，不难于短时间内扫荡东亚方面英美之少数舰队，并乘便夺取香港、菲律宾，以为根据地，而挟此优势，以造成太平洋之霸权。日武人此种行动亦出于万不得已之冒险，盖恐稍纵即逝，英美一旦合作，势必立为所败也。

夫今之亡人国者，不特夺其政权，毁其文化，奴其百姓，甚且以鸦片、马非〔吗啡〕、红丸等毒药，弱其种类以致于绝灭。则我倘不幸而亡于日，欲求仅为奴隶牛马，而得尚延民族生命，又乌可得耶？反之，使最后胜利属我，则今日而后，我民族国家经此绝大刺激与锻炼，团结日以坚，基础〈日〉以固，物质精神日以进，科学文化日已〔以〕昌明，民生幸福，又乌可限量耶？虽然，一般情势足以决定最后胜利之属我，而欲使情势日转日佳，尤贵我全体国民不断努力。我而馁，我而怠，我而听天任命，则一般情势必且日转日恶而决定最后失败之属我。彼英法美苏俱非我同盟，亦非自身先蒙祸，万无我不先尽力而彼肯轻于协助之理。我能耐苦忍痛，勇往直前，则博国际之同情必深，他日助我国制日者，又岂徒英美法苏而已哉！

吾侨明达，此义当早深悉，尚望不断以金钱贡献祖国，无论自由公债或逐月捐、特别捐，皆踊跃认担，坚持到底。信如是也，吾人将不忧不疑而相与大呼曰：最后胜利属我！最后胜利属我！幸共勉之！

中华民国廿六年十二月廿三日（南）

主任陈嘉庚

录自新加坡《南洋商报》1937年12月24日。

致救国公债劝募总会函摘抄

(1937 年 12 月 31 日)

陈嘉庚函顷代马来亚、丁加奴等埠华侨筹赈会由新加坡中行汇交港中行汇票八纸，计国币八万七千四百六十二元一角二分，附呈致该行函原稿，详列捐资人地址、银数，请收妥后分别掣据寄会。

录自"宋子文与陈嘉庚为在新、马募集救国捐款事往来电函（1937 年 12 月—1939 年 7 月）"，《民国档案》2006 年第 3 期，第 27 页。

马来亚各区华侨筹赈祖国难民会为义捐不换公债事通告

(1938年2月4日)

一月三十日,宋会长来电,嘱庚对义捐不换公债事,再通知全马自由公债各劝募分会,俾其遵办等情。窃宋会长突来此电,其中不无原因,或系吾侨有人函向总会或向宋会长要求义捐须给公债,故不得不重申前事耳。兹除电覆宋会长外,谨再详陈义捐不能换领公债之理由如下:

(一)自芦沟桥战事发生,我全马侨胞,莫不义愤填胸,愿无条件捐款贡献祖国,无论有无参加侨民大会,皆一致赞成义捐办法,毫无希图取偿之念。及后政府举行自由公债,而有捐款可换公债之规定,经各区筹赈会代表在吉隆坡开会讨论,佥认吾侨义捐决不能换取公债,主要原因盖恐违背侨民大会之初衷也。

(二)各埠义捐之款,殷实家捐成宗者,款额虽较多,人数则较少,若劳动界之零星捐输者,款额虽较少,人数则较多至几十倍。每人所出往往不值一张最低价之债票,以热诚与辛苦言,则彼此绝无轩轾。他如捐献货物、卖物报效、舟车运资报效、游艺报效等等,莫非集众人之财归于一人或一社团名义,亦有物价不值一角而售得一元以上者,诸如此类情形,何能发给公债?倘少数捐成宗之殷实家,可享公债利益,其他劳动大众,以及卖物助赈之人,则不可享,于情理上岂得谓平耶?

(三)马来亚分十二区,各设筹赈会以为统筹统汇机关,然各区中,每有人私用社团或个人名义将赈款直接寄交政府,不肯交与区会,此其用意所在,固不待言而喻。夫国家遇难,敌势方张,非国民切实团结,断难获最后胜利,此意经蒋委员再三训示,稍有爱国心者,类能明白。筹赈会既为各该区侨众所组织,自应推诚合作,以利进行,乃意有无视公共机关即自行其是之人,则其失团结心可知。兹若以筹会统汇之款为义捐,不接受公债,而社团或个人之私汇者,则可接受公债,则此后尚有何法可谋团结,可谋组织,而免散沙之讥乎?

故无论是否由筹赈会统筹统汇，凡吾侨捐款，皆不应换领公债也。

（四）有人提议，各区义捐尽可换取公债，但勿由个人接受，应用筹赈会名义或另立机关名目，接受并保管是项巨额公债票，作为公债金，得他再谋祖国之公益善举，或办理何项事业云云。兹姑免论它何人保管及作何事业是否稳妥，即如各区内以社团或个人名义私寄赈款而得接受公债者，其所得债票当然视为己有，安肯送交公共机关保管，以为日后公益事业之备耶！如是得失不均，亦属不可行。

察上四点，欲使公平无论，免生纠纷，惟有义捐一律不换公债为至妥。今日国内同胞处境之惨，想象不能得其万一，将士捐躯，江山焦土，难免流离，朝不保夕，少者受军训，老者服工役，妇女则练习救死扶伤之技术，又须同认国防捐，同购公债票，种种负担，不一而足。大义所在，绝无怨言。以视海外安居乐业之侨胞，无异地狱之与天堂，我侨胞涓滴之献，实无丝毫影响于身家，乃尚有一部份人视拔一毛，如割一股，斤斤于私益之计较，抑何可悲可痛耶！

中华民国廿七年二月四日
主任陈嘉庚

录自新加坡《南洋商报（星期刊）》1938年2月6日。

马来亚各区华侨筹赈祖国难民会联合通讯处第十二号通告

(1938年2月26日)

七号接蒋委员长号日(二月二十日)武昌来电,对我全马各区领袖倡导侨胞认担月捐,甘为抗战后盾,深致嘉许,并促继续努力。该电原文经抄转各区,各报亦采录发表,谅均□及矣。按此事或系萧委员吉珊①返汉后向蒋公报告,故电文内所闻诸人,多为各区公债劝募分会主任也。目下祖国抗敌军事,战线日长,费用日大,欲求最后胜利,端赖金钱源源接济。吾侨安居海外,而宜本其良心,尽其天职,踊跃捐输,共献助力。兹将去年国庆日在吉隆坡开全马筹赈研究会,通过由本年元月起,义捐概作月捐情形,及进行方法详陈于次。

(一)开会时各区代表报告特捐筹款,合计全马至去年十二月广帮等一千万元有奇,此条经依期做到,可云告一段落矣。另公决由本年元月起所有特捐概作月捐,各区代表全以承认,唯每月款数若干,当时未能预定,谓须待本年元月实行后方有把握,即可发表转告。

(二)本月初,本处经请各区当局将认担月捐实额惠示,现所知者,新加坡约十五万元至二十万元,槟城刘玉水②君报告约八万元,森美兰黄益堂③君报告约四万元,马六甲筹赈会来函报告约四万元,其他各区迄未答覆,尚望早日赐闻为幸。

(三)月捐既公决由本年元月开始,则各区自应就本年元月所汇者报告,万勿与去年特捐之额合算,方能示明为该月份之月捐,若与去年特捐相混,则安知该区月捐确数为若干乎。似此不特有违研究会议案,且新旧错杂,大阻进行。

---

① 萧吉珊(1893—1956),广东潮阳人,出身泰国华侨世家,时任国民政府侨务委员。
② 刘玉水(1893—1972),福建惠安人,爱国华侨,时任槟城筹赈会主席。
③ 黄益堂(1859—1942),广东番禺人。早年留学日本,后任清驻日本公使参赞,戊戌政变后逃亡马来亚,经营橡胶园和开采锡矿。积极支持孙中山领导的民主革命、加入同盟会。抗战时期,捐款支援抗战及救济难民,先后组织8批华侨技工回国参加建设。

希望各区会主席秘书深加注意，务求□效，勿涉顾名扬面也。

（四）特别捐经已过去，无何问题，自由公债不日亦将结束，今后吾侨之职责，既推致力月捐，大家宜共兢兢焉，多谋善法，以期有进无退。月捐范围甚广，如日薪、月薪、货物、演戏、游艺、卖花、水陆运输等等义款，皆可归纳于是。各区领袖如肯自强不息，再接再厉，专心致志，以经以行，断不难左右逢源，齐头并进，而设专员负责收款，亦至切可者也。

（五）月捐来源，既如上述而欲克收宏效，端赖征求与宣传二项工作。宣传之力以新闻报为最广大最普及，凡乏报馆之区，尽可将稿件付来本处转交此间各报登载，或另印散张分发，俾各区侨胞能由比较而竞争，由鼓励而兴奋，则已认月捐者不致不交，不认捐者可因观感而续认，收款汇款之手续，亦庶能敏捷。若此项宣传工作不肯注意，任其寂寞消沉，自生自灭，安能坚持到底，有良好成绩之可期耶？

（六）各区月捐如已认有定数，其每月可作一次或两次汇缴若干款项，应早日具文向行政院报案。如此则会内各委员必时时关切，平日注意催缴，且能周思密虑，广开新源，譬犹负债于人，期□到时，必须设法备还，责无旁贷，推诿乏词，当然不至松懈退缩，否则，延宕等于画饼，观望终必误事。深望各区领袖比以当斯旨，将所认月捐数额，呈报行政院。现孔院长已派叶□□参事□□□□司□□等二君为驻港专员，主办国外债款事宜，文件寄香港中国银行转交可也。

以上所述各节，祈各区领袖暨全体侨胞共鉴之。

主任陈嘉庚
中华民国廿七年二月廿六日（□南）

录自新加坡《南洋商报》1938年2月26日。

马来亚各区华侨筹赈祖国难民会联合通讯处通告第十三号

(1938年2月28日)

本主任本月二十一日接广西李、白总副司令①、黄省主席巧日（十八日）来电及香港广西银行经理与张君兆棠②来函，称该省健儿数十万众，出发前线抗敌，因近春时多雨，缺乏雨具，艰苦之状，不可形容，非速设法购备，必至削弱抗战力量，特吁请吾侨捐助雨衣三十万件，胶鞋二十万双等情。按此次暴日侵略，残无人道，凡我黄裔，莫不敌忾同仇。而广西省地方之贫，人口之少，赴前线杀敌者，男女总计竟达三十万众，几占我各前线人数四分之一，无论质量与既立功绩，皆远非他省所能及，岂不大可感佩耶？自抗战发动以来，我全马十二区侨胞各组织筹赈祖国难民会，公决所有捐款，概缴交行政院，以归统一而便支配。故凡省当局之自行要求者，皆不便加以接受，无论特别捐或月捐义款，皆不应随便支取。此事各区赈振会委员早已洞悉，料能一本初衷，切实负责，俾月捐不致退缩而失信于中央也。然关于李、白总副司令此番来电吁请捐助雨具一节，情形特殊，与前此他省当局所要求者有别。新加坡区会鉴念及此，不忍推却，又不便调拨月捐义捐致违前议，爰变通办理，另向热心家捐筹。除雨衣南洋不能制造外，先认购胶鞋五万双，每双包运费到吾港叻币三角五分。其大小分配，以三十九号至四十号者居六成，三十七、八号及四十一、二号者居四成。拟赶就近日运去，惟缺额尚多，谨征求我全马各区侨胞，共起协助，如表同情，愿报效若干双，请速惠示。当代定采装寄也。此布。

中华民国廿七年二月廿八日（本南）

主任　陈嘉庚

录自新加坡《南洋商报》1938年3月1日。

---

① 即李宗仁、白崇禧。李宗仁（1891—1969），广西桂林人，时任第五战区司令长官；白崇禧（1893—1966），广西桂林人，时任军事委员会参谋本部副参谋总长兼军训部部长。

② 张兆棠（1892—？），广东新会人，时任香港广西银行副经理。

马来亚各区华侨筹赈祖国难民委员会
联合通讯处通告第十四号

(1938年3月3日)

　　本主任近日屡接行政院孔院长、宋会长函电，于吾侨自中日开战以来所汇义捐及所寄函件政府未能逐一给据答复原因，详为解释。盖战事暴发，万机待理，对内手续，难免欠周，而沪京失守，更多阻碍。然汇款多从中国及华侨两大银行经过，虽手续上或有疏忽，而信用上固绝无问题。近经由财部命令香港中国银行负责采收海外汇款，并派沈庆圻①、陶昌善②二君专职收发文件事宜，则此后对于吾侨汇款来往手续必能敏捷应付而渐臻妥善也。曾闻某二三区会负责人言于我政府经收机关收款手续数点，如收据迟迟未到，及收据中盖印而不签押等，颇表不满。关于收据迟到一节，上已述及。至盖印而不签押，乃我国内通例，不足多怪。总言之，汇缴款项决不致差误，如前年购机寿蒋时全马汇款百余万元，经收机关对单据函件等手续，亦多延宕，不能使吾侨满意。当时政府不失正常状态，犹且如此。后经航空协会报告，全马各区所汇之款为一百三十余万元固毫无差误也。新加坡筹赈会去年由中国及华侨银行经汇义捐三百万余元，各收据多已寄来，尚有最后二次四十万元收条未接。至元月份月捐两次一十万元收据，昨日亦经寄到矣。兹特将情敬为吾侨布，望勿发生误会阻碍捐款进行，或借口推诿而且放弃天职，幸甚！

中华民国廿七年三月三日（南本）
主任陈嘉庚

录自新加坡《南洋商报》1938年3月3日。

---

① 沈庆圻（生卒年不详），时任国民政府财政部参事。
② 陶昌善（1879—1950），浙江嘉兴人，时任财政部公债司司长。

新加坡福建会馆改善丧仪委员会宣言[①]

(1938年3月14日)

什么叫做风俗呢？风俗就是社会上一种流行的标准行为：不论是公共的，私人的，大家公认为都可以这样做，那便成为风俗。

风俗必须是合于情理的，合于礼法的。如果于人情上说不去，道理上说不通，礼节上无根据，法律上无规定，那种风俗我们便不可效尤，便应该设法改良，应该彻底地改良！

改良风俗的责任，有时属于政府，有时属于社会，有时则在于个人，这要看事体的情形而决定。明白些说：凡是朝着好的方面走的，人人皆可以做。伯夷柳下惠之风，可使贪夫廉，懦夫立，可见得移风易俗，不一定要靠政府，靠社会——不过政府与社会所负的责任，比较个人更重，而且是无可规避的。

本会馆这回绝不犹豫地出来提倡改良丧仪，并不是偶然的冲动，确实是经过久远的观察，虚心的期待，希望有比较本会馆有责任的机关，更有力量的团体努力负担去做，本会馆谨当附骥赞同。可是迟之又久，希望成空，所以本会馆便不能不负起责任来提倡了。将来有无成效，全视侨社之进化程度如何，本会馆当然是无法可以断预的。

我华侨的丧仪，何以需要改良呢？我们因见十数年来在丧仪上的种种举动，违背礼法，不合人情，日甚一日。他们但知一己虚荣之铺张，而不知不合理之举动，虽荣亦辱！非仅辱及先人，辱及社会，甚至辱及全体民族！我们觉得这是一个极严重的事件，大家应该猛然觉悟，努力改革。就我们平时所见，列举数端：

（一）古人说的"人死以入土为安"这句话，用科学的眼光看，是合于卫生

[①] 改良丧仪运动是陈嘉庚1929—1949年主持福建会馆期间主要成绩之一。1936年福建会馆倡导推动丧仪改良，主张丧仪从简，反对铺张浪费，改进民众的卫生观念，经多年宣传践行，终使全马来亚华侨得以移风易俗。

的。照旧俗的见解，是"魂归于墓"，"入土为安"，原是一句最有道理的话（世界诸文明国规定须于二十四点钟内殡葬）。乃我侨时下习尚，人死以后，为着要留待亲朋戚友，传扬铺张，往往停柩多日（有至十余天者），丧家于惨哭哀痛之余，还须分神酬应，劳神伤财，有损无益。此应改良者一。

（二）刊发讣音，古礼本是丧家具名，乃我华侨社会，每由亲友代讣，其用意无非拉拢名流，夸耀门风，此项风气实为国内所无，而为华侨独有之怪现象。此应改良者二。

（三）停柩期内，亲友临吊，丧家多于夜晚设备酒食，而一般吊客，畅谈欢饮，如居喜筵，甚且流连终夜，聚众赌博，名为守丧消谴[遣]，意则难免金钱输赢，丧家变为赌场，哀吊反为宴乐。此应改良者三。

（四）带丧出殡，应以严肃悲哀为原则，而我侨习俗，则排设仪仗，鼓乐喧天，踵事增华，招摇过市，所有联轴，除一部分出于亲友的致送而外，概以临时租用的为多，男丧则什么"典范犹存"，女丧则什么"玉楼赴召"，甚且"乐在其中"，"钟鼓乐之"，颠倒错乱，使人目不忍睹。还有的袭取故事，装饰戏剧，呼召优伶，抬迎彩阁，那更是富厚的人家，视为不可缺少的点缀。这种不合情理的胡闹，长排在外国人的眼前，是不是我华族的奇耻大辱？此应改良者四。

（五）致礼助赙，原是戚友间所应尽的情谊，时下习俗，偏事虚文，不求实际，所赠的礼物，多属于彩旗鼓乐，舞狮弄龙之类，在丧家一无实惠，在戚友则徒耗金钱。此应改良者五。

（六）至于其余琐碎的举动，如以人力拖行灵柩，坟亭设备饮食，纸糊金山银屋，种种不合理事件，更是举不胜举。此应改良者六。

上所列的比较大端，本会馆认为应该先行改良，尚有其他，或为眼前所做不到的事，则取缓进。所望吾侨团体，社会名流，互助劝戒，切实推行，以维国体，而敦风化，谨此宣言。

附录本会馆暂定改良丧仪规约十二条如下：

一、停柩在家，除欲移柩回国，或不得已之特殊关系外，最好于三日内出殡，至多勿留至七天。

二、出殡之期，可由丧家刊发讣告，毋须由亲友戚朋，连名登报，代为传扬。

三、停柩在家时，不拘日夜，接待亲友，勿设宴饮及赌博。

四、出殡时，勿抬迎联轴，或其他旗帜。

五、出殡时，勿装彩阁，及何项戏剧故事。

六、出殡时，至多哀乐一队，如能免设更佳。

七、出殡时，勿用人力拖行丧车。

八、出殡时间，应规定在上午九时，或下午三时。

九、丧家勿在冢山上设备各种饮食。

十、戚友致吊，可就赙金、花圈、送殡三者，斟酌选择行之。

十一、不可焚烧灵厝及金银山等，以虚靡金钱。

十二、葬后招魂，毋须设备彩旗锣鼓纸轿等项。

中华民国廿七年三月十四日

录自新加坡《南洋商报》1938年3月14日。

马来亚各区华侨筹赈祖国难民会
联合通讯处第十五号通告

(1938年3月14日)

本处前日为接徐州李、白①总副司令及香港广西银行张经理兆棠函电特发第十三号通告，吁请各埠同侨，捐购雨具赠送第五路军并提及新加坡区会已另倡特别捐，先认助胶鞋五万双，约值叻币一万七千五百元，除半数由星装寄外，余则汇现款托广西银行代购，然因匆急从事，捐款多未交来，而李总司令等催寄甚切，盖以春雨方滋，雨具早一日准备充足，则健儿可早一日出发杀敌，故星会不待捐款收完，先由存款机关拨汇应付。近再接香港张君来函，称雨衣在港采制每件港币二元四角，胶鞋每双六角，计全套三元。因特更列数事为各区同侨告。

（一）新加坡区捐册已发多日，切望同侨火速认捐惠交，倘于抵还前日借垫之款外尚有剩余，当立再续汇采购，若已认捐而款未交齐者，亦请将款先行报告，不可稽延。

（二）据报章所载及接私人来函，全马各区领袖对此多表同情，并依照新加坡区办法，进行特别捐有日矣，惟未闻垫汇款项交香港广西银行采购，似此诚恐缓不济急，兹请各区先按额设法垫汇，至切至盼。

（三）各区会如乏机关可代垫汇现款，亦希赐函或电告本主任，言明认捐款数及拟汇时日，则本主任便当电达香港预先定制，或请广西银行代垫，以免延误也。

中华民国廿七年三月十四日
主任陈嘉庚

录自新加坡《南洋商报》1938年3月16日。

① 即李宗仁、白崇禧。

马来亚各区华侨筹赈祖国难民会联合通讯处第十六号通告

(1938 年 3 月 19 日)

自国民政府奠都南京以后,财部曾发行公债多次,由中央、中国等银行办理,订期抽签还本,按年结算付息,信用昭著,绝不延误,凡侨胞略关心国事者类能知之。然逐次劝募范围仅限国内,各省县民众酌情分担,无可避免,海外侨胞未尝与焉。夫我侨胞固素以爱国自许而亦以革命之母自夸者,诚能追维中央政府缔造之艰难,顾念祖国同胞负担之繁重,则于安居乐业之余,宜皆感发激励,日图有以自效,庶乎无忝国民一份子,而免过去光荣之丧坠也。客秋卢桥事起,暴寇蔑视英、俄、法、美诸强,谋一举而亡我,中央政府鉴国族危机已至,乃毅然发动全面抗战,将以长期奋斗,求取最后胜利。然欲达此目的,非全国总动员不为功,故蒋委员长恳切昭示吾人曰:"全国同胞乎,无南北,无老幼,以铁的纪律,一致随政府之后面前进。"所谓"随政府之后面前进"者,岂徒手奋呼即已尽其能事?盖亦有力出力,有钱出钱之义云尔。吾侨在外,他力既无所尽,则于财物之贡献,理宜特别踊跃,方能稍尽责职于万一,乃观此回自由公债之劝销,财部责我马华认担二千万元,以我马华人口及财力言,此区区之数,初非过分要求,使在国内政府权力可及之地,虽十倍其额,非难办到。今推行之日已久,结束之期已届,交款与认额相较,仍相差远甚,抑何怪也!二千万元不能如愿以偿则亦已矣,而各区领袖共同认为可能办到之一千五百万元(即以去年底各区特别捐成绩为标准,各各加半数核算)又何如者?事关整个抗战前途,谨再提出数点为各区侨胞告,幸共鉴而相勉之。

一、劝募二字云者,盖合劝勉与募集而言,其非可不劳而获,意固明甚。问尝默察,各区募债成绩不佳之原因,其一则劝而不募,又其一则募而不劝。所谓劝而不募,即空口宣传,忽略实际,既松懈于推销债券,又不力于鸠收债款;所谓募而不劝,即徒求目的,不知手段,愿认购者接纳,不认购者放弃。由于前者,工作虚而裨益小;由于后者,范围狭而收效微。有此二因,欲求良好成绩，何异炊沙作饭。今后切望各区当局尽全力负全责，于最短时间内设法挽救之，幸甚。

二、抗战以来，"有力出力，有钱出钱"一语，殆成我举国上下之口头禅矣。吾侨能出钱者固多，不能出钱者亦复不少。然则不能出钱，便当出力。出力之道维何，效命疆场既非人人所能如愿，计惟有奔走募款之役为最重要切实耳。各区之中诚能有数千数百热心人士负起责任，或劝或募或收，分工合作，终始无懈，则无论公债、月捐，何患成绩之不美满？据各经收机关报告，各区认担债款，多未交至半数。似此情形，势不能不展期结束，所望尽此两月内，大家奋发精神，加紧努力，俾已认担者得以全数收清，扪心自问，方可无愧也。

三、我国战费，除向友邦借助外，每月尚须支出六千余万元。吾侨汇寄家庭之款，统计月约一千余万元，而直接以公债、义捐汇寄政府者，平均月约数百万元，合共二千左右万元，可抵战费三分之一。为力之宏，观此可喻。万万不宜妄自菲薄，以为个人涓滴之献，无足轻重。蒋委员长鉴念及此，深致关怀，曾于一月真（十一）日来电查询吾马公债成绩，本处接后立即登报发函公布，谅各区侨胞当能忆及，尚乞注意为幸。

中华民国廿七年三月十九日（南）
主任陈嘉庚

录自新加坡《南洋商报》1938年3月21日。

新加坡华侨筹赈祖国难民大会委员会启事

(1938年4月7日)

本会自去年八月成立以来,原拟至年终将特别捐及常月捐收支账目,暂作结束,编印首期征信录,至本年元月起作为常月捐,亦按作六个月印征信录一次,作次回征信录。兹因捐款人名额甚多,手续至繁,致首期征信录未易出版。爰于本年二月终,先将收支总账目印送各社团,此后仍再继续每月印送各社团一次。诸君如欲查阅,请来本会取领。

再者,本会所有收入捐款,概汇交各报逐目登载,嗣因报馆拖延(原因经前次登报布告),故特商之南洋商报,总汇新报两家专版登载,现已登完。至所收若干款数,每次均总结银数,至为清楚,而汇出款项,亦逐次登报布告。兹复按月印送总收支一次,故对出版征信录之迟缓,各界当可鉴谅矣。

中华民国廿七年四月七日(洋)

录自新加坡《南洋商报》1938年4月8日

马来亚各区华侨筹赈祖国难民会联合通讯处第十七号通告

(1938年4月7日)

去年八月十三日沪战发生，越二日新加坡同侨各团体即假中华总商会开侨民大会，并产生新加坡华侨筹赈祖国难民大会委员会。在未开会之前，华民政务司①佐顿先生，特邀本主任面谈开会事，而郑重表示其意见，此次中日战争，情态严重，本坡侨民复杂，一切举动，须极审慎，华侨与日侨之间，尤宜留心。组会筹款赈济难民原属慈善性质，亦人类应有义务，本司固甚赞成，惟欲求良好成绩，而免影响当地社会治安，必须履行下列三条件：

（一）一埠之中只得设一机关。

（二）所有捐款须统筹统汇。

（三）捐款汇缴中国何机关，待总督电南京许大使②查询。（按后得许大使覆称统交行政院。）

本人当即将情在侨民大会宣布，各报亦有详细记载，惟当时吉隆坡各区筹赈联合研究会尚未举行，联合通讯处尚未产生，遂无通告各区会耳。

自新加坡筹赈会成立以后，募筹虽分邦进行，交款则归一总机关，中间亦有不顾大局自行其是者，然为数极少，不曾发生阻碍。至于祖国方面闻风而来者，或发函电，或派专员，不一而足。本主任概以当地政府之示意及侨民大会统筹统汇之决议为词，加以谢绝。对于各方专员，皆不开会欢迎，亦不设酒应酬，诚以国难期间，无益之费不如节储以济难民之为愈也。然或有未能鉴谅者，

---

① 1876年，英国为获取廉价劳动力，进一步开发马来半岛，在新加坡设立华民政务司，引入华人协助处理涉及华人相关事务，如早期在新加坡和槟榔屿开设"猪仔"馆拐贩华工等。首任长官为威廉·必麒麟（William Pickering，1877年到任）。（参见麟剑《华夏源流史》）。

② 许阁森（Hughe Montgomery Knatchbull-Hugessen，1886—1971），英国爵士，外交官、作家。曾任英国驻爱沙尼亚、拉脱维亚和立陶宛公使，1936—1939年任英国驻华大使。

概责我不赞助，复怪我不招待，悠悠之口，夫何言哉！例如组织救伤队事，本主任早接汉口卫生署刘署长①来函，谓凡练习三数月之救援队员，均不可往，因国内无需此等资格之救伤员也。本主任曾即据情通函各区会，各报亦采录发表。吾侨若肯注意，何至发生中华救伤队之纠纷，间有本处认为义不容辞责无旁贷者，即不敢置诸度外。如第五路军李、白总副司令劝募雨具之吁请，则另举特别捐以应之。

念抗战之期，不可预限，祖国待助于吾侨之事正多，倘不时刻审慎，难免再有中华救伤队之骗局，驯至贻误正常之筹赈前途，尤属可虑。责任所在，不敢缄默。谨此布闻，诸维垂察。

主任陈嘉庚
中华民国廿七年四月七日

录自新加坡《南洋商报》1938年4月8日。

---

① 刘瑞恒（1890—1961），原籍天津，中国创伤医学奠基人及近代公共卫生事业创建者，时任南京国民政府卫生署长。

马来亚各区华侨筹赈祖国难民会联合通讯处第十八号通告

(1938年4月11日)

经济为国家命脉，常时已然，非常时关系尤大。我政府有鉴及此，特于前年实行统一币制，尽收民间金银硬币，贮藏国库，换发纸币，通行全国。然对外贸易，汇水升降仍操外人之手。为稳定外汇起见，我政府又将金条、银元若干万万元，运存英美等国银行为基金，规定汇率，以每国币一元值英金一仙令二便士又八分三为标准，申叻币五十一元余为国币一百元，至今多时不变动矣。即偶有变，其升降之差亦极细微。中日战事发生以后，我政府鉴于马来亚侨胞热烈筹赈，爰在中国、华侨两银行负责接收赈款，优待汇价，规定国币一百元折叻币五十元零五角，而该两行纯属义务性质，仅为我政府代劳而已。我政府所收吾侨义款及债款，即由该两银行直接汇往英京购买金镑，安存英美银行，备采原料、药品及军火之需，非汇交祖国当局也。近者，日寇窃据华北，扰乱金融，我政府乃更宣布统制外汇，以败奸谋。于是商家汇款不得自由。汇水遂暂时起较大之变动，究实则我政府前此每国币一百元折合叻币五十一元余之规定，绝无影响也。吾侨未明此故，以为公债、义捐汇水亦可降减，辄驰函询问本主任。本主任均据上情答复外，复电香港宋子文先生处查询，兹将来往电文附后并略说明。

(一)三月二十九日去电。宋子文兄鉴：近汇水变动，公债收款如何申算，至义捐汇价可否依汇水升降，请分别电示。

三月三十日接复电。陈嘉庚先生：艳电悉，正与财部洽商，容再电达。宋子文。

四月三日再电。宋子文兄鉴：汇价有疑被中行得利，专待电复续汇。中行果无利，请电持前价理由，庚可登报解释此事，陈嘉庚汇。

四月九日再接复电。陈嘉庚先生：汇电敬悉，汇价系按照法价五零五拨财部，中行并无从得利之事，此后债款义捐仍请按法价照汇，至盼，弟宋子文，佳。

（二）国币一百元折叻币伍十元零五角，中国、华侨两银行原依此汇价将吾侨义捐债款一律汇往英京购金镑，贮存外国备用，非汇返祖国也。

（三）中国、华侨两银行系代我政府义务收汇，设因汇价变动而得利益，仍归我政府所有，非经收机关可得而私也。

（四）吾侨输财报国，既点滴归公，则汇水升降自无问题，若认义捐则将所捐款数付汇可矣。若购公债则我政府原限去年底汇缴清楚。今有一部分侨胞逾期未汇，视先汇者已属落后，奚可更于汇水上图占便宜，而生前后不均之弊也。以上各点，希吾侨垂察而注意之，万勿计较小节目，放弃大责任，致失爱国之诚而辜政府之望，幸甚幸甚。

主任陈嘉庚
中华民国廿七年四月十一日

录自新加坡《南洋商报》1938年4月16日。

马来亚各区华侨筹赈祖国难民会
联合通讯处第十九号通告

(1938年4月15日)

　　昨得香港广西银行经理张君兆棠来函,问第五路军吁请海外侨胞捐助雨具二十万套,现认捐者已达十五万套,尚缺五万套,大约旧金山等处可负责大半,其余则有待吾马侨胞之团结努力,若吾马侨胞能再捐出港币五万元,此事便可完满结束云云,嘱为转知全马各区当局。本处经即抄录原函,发表报端,并分派各区会,谅早收到矣。按二十万套雨具,约值港币六十万元,吾马各区捐认者仅十三万元,若增募五万元,亦不过十八万元而已,尚未及三分之一。查已认未汇者,尚可二万余元,今果增募式万余元,凑足十八万元,便不致辜负桂当局之殷望矣。此二万余元,各区如照前此认捐之额加筹二成,则绰有余裕。深望□力进行,务尽本月底汇交清楚为荷。

主任陈嘉庚启
民国廿七年四月十五日(南)

录自新加坡《南洋商报》1938年4月16日。

马来亚各区华侨筹赈祖国难民会联合通讯处第二十号通告

(1938年4月19日)

自去年"八一三"中日战事爆发，新加坡同侨立即请准居留政府，召开侨民大会，谋以金钱救济祖国难民，并由坡督与南京英大使馆电商，提示须以统筹统汇为原则，而款则缴交我行政院。此外所特别昭告者，即不得强人认捐一事而已。然自筹赈会成立以来，固绝未有强人认捐之事，我侨胞之慷慨解囊，踊跃输将者，盖皆怀于大义，发于良心，为爱国之情所驱使耳。至捐款之办法及期限，当时不曾规定，亦不能规定。唯随战事之发展而持续其进行。战事一日不止，难民一日不安，则救死扶伤之责任一日不可卸。不观夫欧洲战结束至今，垂二十年，而西人罂花节①筹赈工作，仍按年举行，不稍间断。

吾国目前难民之数，视欧战有过之无不及，祸患复方兴未艾，为国民者职责之重，自不待言矣。吾马各区筹赈会，原分特别捐与常月捐两种，任侨胞自由选择认捐。劝募工作至去冬已告一段落，今阅时四月，战区扩大，难民增加，前此所认月捐，为数无多，捧撮土以塞孟津，何能济事？故新加坡筹赈会有扩大推行常月捐之议。

乃有鄙吝之夫，或敌人驱使之汉奸，多方破坏，捏造捐则，投稿西报，请立论抨击，并具文呈当地政府，请下令禁止种种阴谋，不一而足。然当地政府未遽置信，惟向本主任详询月捐起缘及简则，经即涣然冰释，深表同情。第奸

---

① 红色罂粟花被看作是"缅怀之花"，1918年11月11日，第一次世界大战结束，曾参与战时救护的英国妇女莫亦娜·麦克尔受加拿大军医约翰·麦克雷战地诗篇《在佛兰德斯战场》中的诗句"在佛兰德斯战场，罂粟花随风飘荡"感动，佩戴野罂粟花并将卖花所得救助伤残军人及战争遗孤、遗孀，逐渐形成了一种群众自发性的纪念募捐活动。随后退役军官梅杰·豪森创立了英国第一个残障军人互助组织和英国老兵红罂花厂，生产纸质红罂花、红罂花圈及其他纪念物，形成佩戴纸质罂粟花哀悼阵亡军人的传统。1921年11月11日11时，第一个"红罂花之日"隆重举行。此后红罂花纪念日成为英国每年一度民众自发追悼大战死亡将士、自动捐助大战伤残遗属的国民纪念日，并在西方有关国家相习至今。

人狡技，层出不穷，或更移施他区，阻我进行，亦未可料。用特将情通告，并附当地政府审查后之月捐简则于下。

主任陈嘉庚启

附　常月捐简则

（一）为便利进行起见，全坡仍分六帮，即福帮、广帮、潮帮、客帮、琼帮、三江帮，各帮募捐员应向其本帮侨胞劝募；

（二）各帮募捐员若干人，由各该帮主任聘任，并督促其进行；

（三）逐月收款事宜，由各该帮主任派员负责，并给回本会收据，该据由主席、主任签押或盖章；

（四）各帮募捐主任，每星期最少须向本会缴款一次，即由本会给该帮一总收据，并登报表扬；

（五）各工厂、公司、行店之常月捐，酌其财力分十三等劝募。优等无限，一等五百元，二等四百元，三等三百元，四等二百元，五等一百五十元，六等一百元，七等七十五元，八等五十元，九等三十元，十等二十元，十一等十元，十二等五元；

（六）此回认担常月捐者，概以叻币核算；

（七）此回认担常月捐者，不拘先后，概由本年五月一日起，暂以六个月为限，如前经认长期者，不在此内；

（八）认担常月捐者，在未满期之前，须按月照数备交；

（九）凡欲认担常月捐者，应先填写本会印给之志愿书，并加签名或盖章，交由各该帮主任转送本会办事处保管；

（十）各帮主任应将逐日经募若干报告本会，并将捐户所填志愿书汇齐交来，本会当为登报表扬；

（十一）各帮常月捐劝募工作，以一个月为限，积极劝募，不得延宕；

（十二）常月捐劝募工作，在本坡工部局辖内之地域，则分帮办理之，在工部局辖外之地域，则分区办理之。

民国廿七年四月十九日（详）

录自新加坡《南洋商报》1938年4月20日。

马来亚新加坡华侨筹赈祖国难民大会委员会扩大推行常月捐宣言

(1938年5月3日)

自抗战入第二期，我以坚壁清野为体，以乘间击瑕为用，人心愈奋而士气愈振，地势愈利而国力愈强，于是益扼吭拊背，反守为攻，遂有连日之捷。敌盖踬决肘见，如落汤之蟹，触藩之羊，手足慌忙，进退维谷矣。然彼虽呈辙乱旗靡之象，犹未届土崩瓦解之期，欲歼余丑，克奏肤功，实有待于我举国上下之继续努力也。

本会成立以来，于去年内募特别捐三百余万元，募公债至本月内四百余万元，又从今年一月起，月募常月捐二十万元。旅星侨胞输诚效忠于宗邦者，抑亦不后人矣。顾大难求纾，大仇未复，一息尚存，终有责任。苟不愿为痴牛蠢豕，坐待刲割，则宜卧薪尝胆，握火抱冰，切先忧后乐之怀，谋暂劳永逸之计。本会所以重有扩大推行常月捐之决议者，职是故耳。

或曰：我纳特别捐矣，今复负担常月捐，视前此徒认常月捐而不纳特别捐者，得无不均？吁！是知其一，不知其二也。夫前认常月捐者，不若此回有十三等之分而以六个月为限也。矧报国之举，发于良心，出于义务，人一己百，犹将乐而不倦，何可妄借口实，斤斤于五雀六燕计较耶？

或曰：商情之恶，至今而极，我方自顾不暇，遑及于国？吁！是尤昧心之言也。前线将士，挥戈浴血，并日而食，其苦于我千万倍也，而曾不稍馁！战区难民，填沟满谷，千里为墟，其惨非我所能想象也。而不曾稍怨！我出则汽车如故也，入则华屋如故也。中等以下人家，耳目口体之奉亦莫不如故也。商情之恶，果已足窘我迫我而陷我于绝境否耶？祖国人口四万万五千万，中央政府发行法币十六万万元，平均每人仅有三元余，折合叻币一元余。马来亚人口四百万，当地政府发行叻币一万万元，平均每人约廿余元，吾侨人口居其半，所拥尤厚。即此一端视之，吾侨与祖国同胞贫富之悬殊，岂不判若九天九渊耶？我而可以推诿，则举国之内何人不可推诿？我而不可输财，则举国之内何人可以输财？

夫正义所在，能力所及，鄙吝之夫，犹且投袂而起，一破悭囊，况我"革命之母"之华侨耶？夫公理所存，人道所关，国际友邦，犹且日以物质精神踊跃助我，况我自身蒙祸之炎黄子孙耶？我不自强，而望人助，我不自强之不息，而望人助之不懈，得非求龟生毛，求兔生角耶？自强之道维何？于抗战之时言之，即有钱继续出钱，有力继续出力是已。然则我海外华侨今日欲更有所贡献于国家，舍扩大推行常月捐外，尚有他耶？

以我侨商情形，大别可分四等：首为大富户，次为小康户，次为普通户，次为贫穷户。大富户雄于赀，虽长期捐纳巨款，仍如泰山失一撮土，不改其大；小康人家枝叶木昌，根本已固，常月捐之出支，亦不至影响大局。普通户财源有限，仅足维持，然月捐分别十余等，可量力认担，大概不至有举鼎绝脰之虞。贫穷户仅堪糊口，则当然可免。然苟有人焉，瓮有余粟，而故作饿相，筹赈之声，充耳不闻，一毛不肯拔，一芥不肯施，是必别具肺肠，全无心肝者矣！是彼已不与我同中国，我亦不必以中国人目之可矣！

虽然，捐款之来，由于众人，而推行之力，在于本会诸委员与干事，今既分帮分区，以利进行，则各帮各区之主任，尤负有重责，亟宜协同社会热心人士沿街挨户，迅速劝募，俾得优良成绩，若因循延宕，敷衍了事，则各负责人殊难辞其咎！国命所系，吾人应以大义相责勉，不宜以客气相包涵也。

报载中央政府于本年二月份所发法币较一月份增加一千九百五十万元，而一月份所发亦较去年为多，此盖吾储存英美之现金日富，有以使然，亦即侨款内汇之明证也。审是，吾人当更奋发自励，勉力充实国库，以为长期抗战之支柱，不宜妄自菲薄，而放弃国民之天职也。

语曰："行百里者止九十里。"诗曰："靡不有初，鲜克有终。"愿吾侨同心同德，坚持到底，毋为诗人所笑而受止于九十里之讥，幸甚！①

中华民国廿七年五月三日

录自新加坡《南洋商报》1938年5月4日。

---

① 宣言原稿后附有《常月捐简则》，与上文马来亚各区华侨筹赈祖国难民会联合通讯处第二十号通告附件一致，故此处不再录入。

致马来亚各埠福建会馆征求联合筹赈书

(1938年5月19日)

迳启者，十五日付上一函，内夹本会馆订十七晚召开会议，讨论救济厦门难民传单一纸，想早收到矣。该议案第六条拟联络全马各区闽侨社团，如福建会馆或其他机关，集议组织统一机关筹赈本省难民。经是晚会议，全体表决赞成。兹将议决各案，另列一纸附闻（按该议决案经发表于前日本报），至联络各区组织统一机关事，待征求各区同意后，当即订期开会，顺便略述管见数点如下，幸并鉴载之。

（一）月来华北华中敌人不利，外失国际地位，内失国民同情，乃欺我闽海易侵，入寇肆扰，冀以华南小胜，眩惑国际视听，骗取国民同情，而苟延其喘息，实则闽边一时得失，绝无影响整个战局。惟被扰区域，难民众多，筹款救济，责在海外同侨。马来亚华侨不下百万人，今桑梓遇祸，自不容袖手，然鉴于前此购机寿蒋会及此回中日战后之筹赈会，及公债劝募分会，全马各区皆相联络，虽未能一致实践各议案，要亦远胜于泛而无统，其裨益筹赈前途非浅鲜也。

（二）敌既在有计划之侵略，而吾闽海岸线之长复为全国冠。将来战区扩大似属势所必然。战区果扩大，难民必然众多，筹赈之工作，亦必随之而久且重。吾闽地瘠民贫，省会福州，商埠厦门，平昔尚无规模完备之正常慈善机关，丁兹抗战时期，组织尤非容易，深恐设立者众，人自为政，鱼目混珠，真伪莫辨，致有限之金钱，资无益之挥霍，又或吾侨筹赈机关多处设立，汇款既不归一，难免支配失宜，亦至切要也。

（三）联合组织之办法，不外约期召集马来亚各区闽侨会馆、社团各派代表若干人，齐集吉隆坡福建会馆开会，研究目的在求行动一致，即使成绩优良已也。

贵会对此问题如何主张，即乞赐复为盼。赞成与否请于七天内回示。此致各埠福建会馆。

赞成与否请于七天内回示。

新加坡福建会馆主席陈嘉庚

廿七年五月十九日

马来亚各区闽侨筹赈省内难民联合会议议程

一、推举临时主席。

二、应否组织全马闽侨统一汇款机关，以便应付省内各救济机关之请求。

三、如不组织统一汇款机关，则各区闽侨所筹之款，应如何设法支配汇寄。

四、各区闽侨□组织统筹统汇机关，如有某区不能办到，应如何设法补救。

五、各区代表，如赞成组织全马统一汇款机关，其名称应如何规定。

六、各区代表如赞成组织统一汇款机关，则附列简则各条应请逐一讨论以利推行。

七、本联合会如得成立以后，委员会议应在何处举行。

八、临时动议。

马来亚各区闽侨筹赈难民联合会简则

（一）公举主席一人。

（二）公举委员若干人。

（三）财政负责人应由办事处所在区内，福建会馆财政员兼任。

（四）公举查账员若干人。

（五）办事处应设在所举主席旅居之区域内。

（六）各区会每星期捐款若干元，须报告本会主席。

（七）各区会存款如经本会主席，催促缴送，至迟二天内当如数汇交本会。

（八）省内救济机关如来函，或电请寄款者，在本会未承认该机关以前，应由主席函知各委员，得多数同意方可答应。

（九）本联合会委员概为义务职。

（十）本联合会应将逐月收支在报上公布。

（十一）本联合会每次汇款交何救济机关，应早函知各区会。

（十二）本联合会简则如有未备之处，经多数委员同意，可增补之。

上列简则十二条凡各区会，认为未备，欲再补充者，希即详示俾使增订。

录自新加坡《南洋商报》1938年5月20日。

答郑奕定书[①]

(1938年5月23日)

本坡福建会馆复霹雳公会函

顷准五月二十一日台函备悉,关于吾闽侨胞付寄家信汇款,不久便可交通,请勿介意。否则中国银行,必能在漳泉设法也,谨以奉慰。此复

霹雳福建公会郑会长奕定

主席陈嘉庚启
廿七年五月二十三日

附:郑君来函一

新加坡福建会馆主席陈嘉庚先生大鉴:

厦岛失陷敌手后,海外与闽省内地各县失却联络,信局停收银信,汇兑便告中断。吾闽本地瘠民贫,一无所出,农产尚不足供本省消费,专赖外地输入及海外汇款接济。敌寇侵入厦地,难民奔入内地者日多,待赈尤急。故沟通海外与闽省内地汇兑一事,遂成刻不容缓之举。敝会除急电福州省政府及呈请吉隆坡施领事迅为设法外,特再函请台端代为设法沟通以利汇兑,是所切盼。专此敬颂

公安

会长郑奕定
廿七年五月廿一日

[①] 霹雳福建公会会长郑奕定为请设法恢复闽省内地汇兑事,曾先后致函福建会馆主席陈嘉庚,此为双方往来函件。郑奕定(生卒年不详),字正安,福建永春人,马来亚霹雳侨领。13岁时赴马来亚怡保,后与友人在和丰坡合创广承隆经营洋货,成为富商。热心资助中文学校,曾任和丰兴中学校总理、南侨总会候补常委。(参见南洋民史纂修馆编辑部,《南洋名人集传》第二集下册,1928年4月,第108—109页。)

郑君来函二

新加坡福建会馆主席陈嘉庚先生大鉴：

敬复者，本月十九日大函及附件，俱已奉悉。对于建议定期召开马来亚各区闽侨筹赈省内难民联合会，以资统筹而利救济一案，敝会同人，极表赞同。业于第六次职员会上，提出通过参加矣。为此相应函请查照，尚希于择定开会日期后惠示，俾便推选代表前往出席为荷。并此顺颂

公安

会长郑奕定启
二十七年五月二十一日

录自新加坡《南洋商报》1938年5月24日。

马来亚各区华侨筹赈祖国难民会联合通讯处第二十二号通告[①]

(1938年5月25日)

新加坡东方实业有限公司经理陈振传[②]君，原籍福建思明，故陈祯祥[③]先生哲嗣也。君生长海外，而乡邦观念之深，无异我来自祖国者。中日事起，君于义捐、公债各慨缴国币五千元。昨复过本主任晤谈，称愿将所购债券全数转赠中央政府作何项慈善公益费用，其仁心热肠，弥可佩矣。又前日本主任曾收到麻坡谭我言君一函，内夹华侨银行公债收据一张五元，及购广东会馆经手公债收据二张各二十元，亦皆愿赠中央政府者。该函中曰："在此抗战期间，出钱出力乃国民天职，而低价公债券印花费之损失太巨，心殊不忍"云云。本主任深感其诚，第念中央政府本有创立接受民众献赠债券机关，乃据情先复，并告以不日当为设想。今适陈君亦以是项问题来商，遂拟具如下意见，即将各方献赠政府之公债收据转入中国银行存账，专备日后救济残废伤兵之需。陈君极表赞同，立付下公债收据五千元，嘱代办理，兹附办法数条于次：

（一）组织"马来亚华侨救济祖国残废伤兵义金委员会"。

（二）聘请各埠华侨闻人为委员会委员，待接收债款较有成数时正式成立（按二万元至五万元）。

（三）凡献赠公债收据，不拘多少，概转入中国银行存账，志明交"救济中国残废伤兵义金委员会"，并给回收单为据。

（四）凡献赠公债收据，请寄交给通讯处主任转入银行，并示明献债人

[①] 1938年5月25日，陈嘉庚以马来亚各区筹赈祖国难民会联合通讯处主任名义发布通告，宣布组织马来亚华侨救济祖国残废伤兵义金委员会，作为接受华侨捐献公债券的机关。

[②] 陈振传（1908—2005），祖籍福建同安，新加坡出生，时任东方实业有限公司经理。

[③] 陈祯祥（1874—1922），福建厦门人。早年南渡新加坡谋生，1912年出任华商银行董事，1917年与陈若锦等代表欧籍人以外各族人士向殖民当局提呈千人请愿书，要求政府根据个人入息征收战争税。1919年任华侨银行创行董事，曾受封太平局绅。

住址。

（五）如有慈善家愿赠其他有价证券或现金更应欢迎。

（六）每星期经收若干，当逐一将其芳名及款数登报表扬。

以上所列，持其大要，细则待委员会成立后续订之，尚望爱国侨胞，当仁不让，共襄盛举，俾祖国政府得免无形损失，而残疲伤兵亦可同沾厚惠，抗战前途，实利赖焉。

附启者：各埠侨胞如愿赠送会债券收据而直接寄交本处不便者，请就近交贵区分支会主事人代为汇集寄，较为简便。又第三条所收公债券寄存中国银行保存一节，此为暂时性质，待委员会开会时决议长期寄存何处银行或者以香港中国银行为宜。

中华民国廿七年五月廿五日
主任陈嘉庚

录自新加坡《南洋商报》1938年5月27日。

促梅①来马献艺筹赈

(1938年5月25日)

中国银行宋主席子文　广西银行张经理兆棠：

寒（十四日）电托康镜波君②代商请梅兰芳君来马表演，迄今尚乏头绪。闻有营业家多方钻营，鹿死谁手未知。然梅君义侠世界，多知此回义举，乃最高一切，津贴全班费多少无妨，星地卫生为东亚冠，暑期最高八十余度，请帮助康君斡旋，无任企祷。

陈嘉庚有（二十五日）

附：香港康镜波给陈嘉庚的函电

嘉庚叔台尊鉴：

敬肃者，接寒（十四日）电奉委商请梅兰芳君赴星演剧并筹赈一事，当经如命进行接洽，昨晤梅君代表姚玉芙③君，据称此次来港剧员等全班计共一百四十余人，若原班赴马，恐人数太多，费用浩繁，且该剧员因有一部分从未到过南方，现甫抵港，则患水土不服，若赴南洋当更不便，拟俟在港演完后，重行挑选，并征求剧员同意，始商赴星条件等语。又港星影片界亦有拟请梅君赴星演剧之议，闻在接洽中。俚恐为彼等捷足先得，故经向彼等晓以大义，着其

---

① 即梅兰芳（1894—1961），祖籍江苏泰州，北京出生，中国京剧表演艺术大师，"梅派"京剧创始人。

② 康镜波（生卒年不详），毕业于集美学校商科，曾任《叻报》附刊《工商周刊》编辑、香港华侨银行经理、福建商会救济难民委员会主席、香港东华三院总理、福建省政府侨务顾问等职。抗战期间，陈嘉庚和南侨总会将棉衣、毛毯等物品通过两个渠道汇寄至中国，其中之一是由康镜波在香港代办寄至安南，然后经由昆明西南运输处发放。

③ 姚玉芙（1896—1966），原名冰，别号冷苙龛主人，江苏吴县（今苏州）人，京剧青衣。师事陈德霖，为梅兰芳长期合作的好搭档，多次与梅兰芳出国演出，曾任富连成顾问。

暂缓进行矣。知关锦注，先此奉达，异日接洽，结果若何，当再电闻，谨此即请台安。

> 晚侄康镜波顿
> 廿七年五月十九日

录自新加坡《南洋商报》1938年5月28日。

马来亚各区华侨筹赈祖国难民会联合通讯处第二十三号通告

(1938年5月28日)

自本通讯处发出第二十二号通告,倡组"马来亚华侨救济祖国残废伤兵义金委员会",数日间各界同侨闻风兴起者,大不乏人,现所收债据已达数万元,将来集足百万元或超百万元以上,亦意中事耳。关于委员会之组织及各埠献赠债据办法,谨再列举数条于下:

(一)委员会之组织,目的在接收债券并保管此项巨额义金与将来用途之支配。

(二)委员会委员名额之分配,以各区所购公债数量为标准,凡购债满五十万元之区域,得举委员一人,多购则递增,间有区域较小,购债不满五十万元者,亦可举一人。

(三)委员会委员定为三十名,新加坡九名,雪兰莪四名,霹雳四名,柔佛三名,槟城三名,马六甲一名,森美兰一名,彭亨一名,丁加奴一名,吉兰丹一名,吉礁一名,玻璃市一名。

(四)上列各条,待各区同意后,即订期假吉隆坡中华大会堂开会,未开会前对于议程及其他应行准备手续,仍须预先征求各区同意。

(五)各埠侨胞献赠债据,如直接寄交本通讯处,殊多不便,最好由各该区分支会代为接收,然后每星期或每二三日汇集列单,成宗寄来。

附告:所拟各条,如贵区会认为未妥,应加修改,即请函知,是否赞成,请于本年六月十日前回复。

主任陈嘉庚
中华民国廿七年五月廿八日(实)

录自新加坡《南洋商报》1938年5月30日。

梅兰芳允南来献艺筹赈陈嘉庚电复康镜波

(1938 年 5 月 29 日)

电香港华侨银行康镜波兄鉴：

俭电悉。梅君南来川资请代垫。

陈嘉庚艳（二十九日）

附：康镜波原电

星嘉坡华侨筹赈会嘉庚叔鉴：

梅君昨晤波，对南游极赞成，惟目下班底须遣散，彼拟先自南渡晤叔，然后重组班底，南营业家决拒绝，请免介。叔致宋、张电经知悉。

镜波俭（二十八日）

录自新加坡《南洋商报》1938 年 5 月 30 日。

致马来亚各地筹赈会信

(1938年6月9日)

新嘉坡华侨筹赈会扩大月捐运动事简易行，极获同侨同情，担任月捐者自百万富翁，以致出卖劳动之苦力群，莫不踊跃认捐，故成绩极优。单以五月份星洲侨胞月捐而论，已较过去加增，如以全马各区侨胞各□认担月捐，相信每月可汇回国内之义款为数当不少。蒋委员长及宋子文先生亦以海外月捐，可增加长期抗战力量，特电陈嘉庚先生转请马来亚各地侨团，努力促进，借收实效。陈先生获告后，□致函各区筹赈会。兹将原函照录于后。

顷奉蒋委员长、宋子文先生联电内开，新加坡华侨筹赈会，陈嘉庚先生鉴：

海外月捐，增加长期抗战力量，所关至巨，各侨胞爱护祖国，夙具热忱，尚祈登高一呼，积极倡导，转请马来亚各地侨团，努力促进，借收实效，除分电各埠筹赈分会负责人外，特电洽照。蒋中正、宋子文齐（八日），汉口九日十三点三十分发。等因合□录附原文函请查照为荷。

此致××区筹赈会

马来亚各区华侨筹赈祖国难民会联合通讯处主任陈嘉庚

廿七年六月九日

录自新加坡《南洋商报》1938年6月10日。

马来亚各区华侨筹赈祖国难民会
联合通讯处第二十五号通告

(1938年6月15日)

前日蒋总裁、宋会长自汉口来电云：海外月捐，增加长期抗战力量，所关至巨，各侨胞爱护祖国，夙具热忱，尚祈登高一呼，积极倡导，转请马来亚各地侨团，努力促进，借收实效，除分电各埠筹赈负责人外，特电洽照。蒋中正、宋子文齐（八日）。

该电原文经印送各区会，并发表报端，兹谨提出数点，为全马侨胞告。

（一）我最高领袖视海外侨胞之输财，其重要与前线将士效命无异，故嘱望至为殷切。抗战以来，前线将士挥戈浴血，奋不顾身，提高我国军人地位，博取世界列邦同情。即法西斯主义国家，在独裁者权威之下，其民众亦深表敬佩，而知侵略者终必失效也。海外侨胞，富于资财，据专家估计，至少在五十万万元左右，平昔对祖国公益善举，亦皆负大责，尽大力，享大名。今敌势如此猖獗，国难如此严重，我侨胞宜更若何警惕自励，一德一心，以尽国民之天职，而报最高领袖之殷望耶。

（二）去年国庆日，全马各区筹赈会代表在吉隆坡开研究会，议决统筹统汇，以祖国行政院为唯一收款机关。是项议决案，不但表示吾侨精诚团结，拥护中央，而亦居留政府所授意。反是，则不但违背研究会决议案，亦且失信于居留政府，失信于全体侨胞三方面。深望各区会当局对此再加注意，勿因他种关系，或借口区局部之救济，而转移视线，分开精神，举棋不定，致失初旨，贻误筹赈前途。根本重要，务望我筹赈会负责诸君，时加注意为幸。

（三）厦门失陷，难民避居鼓浪屿，辄电吁请救济，海外闽侨，闻讯争先汇款，我政府亦拨赈十万元之多。本主任窃疑或小题大作，盖厦门多数来自内地，今避居鼓浪屿，数日间即可疏散，而复还内地，留者，必无多。至新加坡福建会馆所以提议邀请全马各埠闽侨社团代表集吉隆坡开会者，目的乃在研究将来闽省战区扩大时，对于救济难民事宜之通盘计划耳。究竟能否办到，目前尚无把握，所以迟迟未便举行。而在鼓难民实数若干，需款若干，亦未获确息。又闽省战区亦未必若何扩大，假定各区闽侨代表开会后能成立统筹机关，则募款范围亦仅限于闽侨，决不随便提取筹赈会分文，以昭公允而守信约。月前新加坡区捐助第五路军雨具，及救济失业铁矿工友之十多万元，皆出于万不得已之义务，另行捐筹，亦未尝动用筹赈会分文也。

（四）华南区域至广，海岸至长，暴敌果欲入寇肆扰，则难民之众，救济机关之多，必为难应付。试问吾侨将如何支配赈款，方能得各帮满意，而免生纠纷？姑勿论组织救济全华南机关，即就福建一省而言，亦不易举措。盖一宣布，则纷至沓来，省内收款机关颇复杂，真伪难辨，尤属可虑。若将赈款悉数汇交省政府办理，则何如统交中央支配为愈，如此回行政院对厦门难民即拨赈十万元之多，他如华北、华中战区难民，移往川陕滇诸省者不下千万人，非中央政府负责设法，又安能圆满周到，而根本解决耶？日前行政院发一通令，略谓此后各机关团体，向海外募捐，应先呈经该院核准，不得擅自派员南来，以免侨胞感觉纷扰，影响义捐公债之募集，而生其他弊端。视此可见中央政府顾虑之周密，而吾侨更宜知所谨慎矣。

（五）暴寇违背国际公约，屠炸平民，兽性一发，不可复遏。如闽省沿海渔民被杀者不在千人之下，城市乡村被炸死伤者，更难以数计。文化机关如厦大、集美两校损失之巨，不减于南开、中山、岭南诸大学。第距离租界及外侨居住区较远，耳目不闻见，电讯失宣传，故寡有知者。然我国今日之抗战，在求取最后胜利。而欲求取最后胜利，当团结一致，拥护中央，为坚决不移之宗旨。至于救济桑梓难民，中央自有根本办法，吾侨纵能兼筹并顾支配得宜，亦属暂时末事，唯不断筹款统汇中央，以增厚抗战力量，方为要图。望吾侨认清此义，勿舍本逐末，幸甚。

（六）徐州失守，汉口感受威胁，我军人数倍敌而力不能阻其前进，则于所谓最后胜利，根据何在？吾侨不免有怀疑者，是亦莫怪。夫敌武器完备，训练精熟，数十年前即以第一等强国见称于世，所成为问题者，原料缺乏，工业幼稚，财力不如英美之富，人力不如我国之多。然我国士兵训练欠精熟，武器不完备，人力虽多，一时尚难制敌。姑就机关枪一项而言，敌每千人配定五十门，每门可当步枪至少五十支，五十门可当步枪二千五百支，我则每千人不上二十门，相差三十多门，无异少敌步枪千余二千支。他如飞机、大炮、坦克车等，数量更远不如敌，故初期抗战，万难取胜，唯有不惜重大牺牲，以激发士气。二期抗战，则有胜有败，此盖各式武器渐加补充，知少时间□□完备耳。

（七）机关部队之完成，第一条件为金钱，第二条件为人力，金钱须由侨胞捐输及友邦借助，购置各种机械，三数月即可运到。至训练人才使能运用精熟，则非一年或七八个月不为功。据可靠消息，敌军入寇不下一百六十万人，除死伤四十余万外，尚有一百二十万人，而其前线机械化部队至少六十万人。我国目前正在训练之机械化部队，计百万人以上，此后按月卒业者日多，第三期抗战自可予敌严重打击，第四期虽未必歼灭敌寇，而我之优胜地位可以显露无遗。故欲把握最后胜利，宜加紧完成机械化部队，欲完成机械化部队，宜加紧筹募金钱。蒋宋二公所以屡屡电促吾侨各地筹赈会当局努力扩大推行常月捐者，其中主要原因盖即在此，尚希我筹赈会负责人抱定信念，努力领导，共负艰巨，幸甚。

主任陈嘉庚
中华民国廿七年六月十五日

录自新加坡《南洋商报》1938年6月15日。

提请开放马来亚容纳在香港难民事①
陈嘉庚主速起响应

(1938年6月16日)

迳启者，日前海峡殖民地②立法会议议员斯密士先生，提出请求当地政府开放马来亚联邦，容纳我避难香港各省同胞前来一节，具见友邦人士，为人道立场，同情我无辜黎庶惨遭兽性轰炸，颠沛流离，力疾呼吁，曾[呈]荷居留政府当局准予考虑。缘事关法律问题，尚须请示，及其他手续也。吾痛感切肤安居海外之同侨，民胞物与，岂容忽视！爰于先致上一电（原文录后），如荷察及，乐予赞成，尚望一致主张，速起响应，并将台衔"英文姓氏"电知，以便交托律师缮具请愿书，好将贵处原电，作为赞成凭证。方兹中英邦交亲睦，合群促进，或可冀其准如所请，民命国力，弥深利赖，专肃致意，端候佳音，曷胜翘企。此致各区筹赈会。

主席陈嘉庚
廿七、六、十六

附录电文：

近日星议院开会，槟议员提请开放马来亚，俾香港难民南来，政府允予考虑。窃此事我全马筹赈会宜速响应赞成，贵会如同意，请电示英文姓名参加人字请愿。

陈嘉庚铣（十六日）

录自新加坡《南洋商报》1938年6月17日。

---

① 1938年6月16日，陈嘉庚就斯密士提请开放容纳香港难民一事，通电槟城、马六甲、雪兰莪、吡叻、柔佛、彭亨、丁加奴、吉兰丹及玻璃市各属华侨筹赈会，征询是否将拥护具呈人之请愿，各地均表示拥护。

② 海峡殖民地，是英国在1826—1946年间对位于马来半岛的新加坡、槟城和马六甲三个重要港口和马来群岛各殖民地的管理建制，因最初由三个港口组成，故当地华人称为三洲府。

致函各埠闽侨团体询对寄存赈济难民款项应如何处置

(1938年6月22日)

案查各坡闽侨团体付到款项托本会馆寄赈厦门避鼓难民一节，本会馆鉴于鼓中外闻人合组之救济会得承政府及各地同胞汇款接济，闻尚可余存二十余万元，应付现局绰有余裕。为此□昨本会馆联席会议公决暂不捐筹救济厦门避难鼓屿同胞的款，倘欲扩大规模预作未雨，以备救济全省之阙，然现际我闽战区未有扩大，似不宜过事张皇，是故集会吉隆坡一案亦暂保留。厦门而外罹难最烈，以同安沿海各乡村，惨遭兽性轰炸，人命虽无大伤害，而居民流离失所，至为苦痛。该地系同安县属，幸本坡同安会馆①经筹有巨款，且已设法救济，本会馆暂可毋再筹措。

总上缘由，关于各地侨团前日汇托的款是否欲暂保存，抑完璧归赵，均待寄款团体明示主张。昨柔佛区岑株巴辖救难会寄存叻币二千零二十元，已遵函示照为寄返矣。如何办理立候福音，不胜企盼。此致

各坡福建会馆及闽侨团体

主席陈嘉庚
廿七、六、廿二

录自新加坡《南洋商报》1938年6月23日。

---

① 新加坡同安会馆，1931年由陈延谦、林金殿、蒋骥甫、洪镜湖、颜世芳等发起成立，宗旨是联络感情，团结互助，共谋福利，服务社会。1994年5月21日，筹办第一届世界同安联谊会，1995年出版会刊《同讯》。

与国民参政会秘书处之复电

(1938年6月28日)

国民参政会秘书先生鉴：

有电悉，庚因故未能赴会①，甚歉。谨提一管见，请转交大会参考，际兹抗战建国，同时并进，凡应兴革之事，当以绝大决心行之，长衣为满清遗服，造成民族文弱风气，有弊无利。今欲申化全国，振我尚武精神，亟宜明令废除，虽似末节，所关则大也。敬贺大会开幕，并祝抗战胜利。

陈嘉庚叩俭（廿八日）

附：国民参政会致陈嘉庚电

新加坡中华总领事馆转陈嘉庚先生鉴：

国民参政会第一届会期，定为七月七日起至七月十七日止，并定自七月一日至七月五日止，在汉口本处报到。台端补选为参政员，即祈早日命驾，何日抵汉，并请电复为荷。

汉口怡和街三号国民参政会秘书处有。

（廿五日发，六月廿六日收到）

录自新加坡《南洋商报》1938年6月29日。

---

① 新加坡华侨"七七"抗战周年纪念大会议定在快乐世界运动场举行，陈嘉庚被推选为主席，因此无法参加第一次国民参政会。

呈汤姆斯总督请准中国难民入境

(1938年6月29日)

海峡殖民地立法会议槟城议员斯密士医生,最近在当地举行之立法会议中提议开禁马来亚,借使积聚香港之我国难民得以疏散南来。斯密士氏此以人道立场,仗义执言,极获我侨感佩。马来亚华侨领袖陈嘉庚氏,以是项建议,造福难民,良非浅鲜,并即分电各区筹赈会,征询联合请愿意见,一时义声所布,赞同纷纷。经过各情,已详前报。顷□是项请愿书,业于昨日由陈氏签呈总督汤姆斯爵士,内对申请开禁理由,抒述甚详。兹录全文如下,为关心其事之同侨告。

海峡殖民地总督兼以马来亚各邦钦差大臣汤姆斯爵士[1]阁下:

呈为请求开放马来亚准许中国难民入境事,具呈人新加坡华侨筹赈会主席陈嘉庚,曾于一九三八年六月十六日,通电槟城、马六甲、雪兰莪、吡叻、柔佛、彭亨、丁加奴、吉兰丹及玻璃市各属华侨筹赈会,询以是否将拥护具呈人之请愿,而在是日及一九三八年六月廿五日之间,各属筹赈会主席或代表均各复电,表示拥护,所发电报及复电电文,一并奉呈钧览,具呈人深祈上述之事,将获阁下最慎重之考虑。

忆一九三八年三月三十日,海峡殖民地政府代理总督斯摩尔[史梅尔]氏[2],发表宣布称,自一九三八年五月□日起,任何轮船公司,或任何轮船之租借人或船主,在任何一月内,不得运进任何国籍廿五名以上之外侨搭客案,

---

① 珊顿·汤姆斯(Shenton Whitelegge Thomas,1879—1962),英国爵士,毕业于剑桥大学,海峡殖民地第二十五任也即最后一任总督(1934.11.9—1946.3.31),太平洋战争爆发后为日军俘虏。珊顿道是新加坡中央商业区的一条主要道路,因其而命名。

② 亚历山大·史梅尔爵士(Sir Alexander Small,生卒年不详),第二十五任新加坡辅政司(1935—1940),1939年12月曾引用《拘逐条例》指控新加坡侨领侯西反为反英嫌疑和涉嫌与非法团体从事危害治安活动,将其递解离境且终身不准入境。

同时亦规定如下之轮船公司,如鸭家轮船公司、安南轮船有限公司、中暹轮船公司、太古轮船有限公司、和丰轮船公司及奎卑音轮船公司,可自一九三八年五月一日起,依照如下之数额,运载外侨进入殖民地:

男性:鸭家轮船公司一百名

　　　渣甸轮船公司七十五名

　　　太古轮船公司三十名

　　　中暹轮船公司三十名

　　　太古轮船公司一百五十五名

　　　和丰轮船公司六十名

　　　奎卑音轮船公司八十名

女性:鸭家轮船公司一百名

　　　法属安南轮船公司七十五名

　　　中暹轮船公司三十名

　　　太古轮船公司一百五十五名

　　　和丰轮船公司六十名

　　　奎卑音轮船公司八十名

该公布且规定:直接由荷属东印度或暹罗任何港埠进入殖民地之任何外侨,凡可向移民厅厅长,证明乃居留于荷印或暹罗,而非借取荷印或暹罗港口之名,以避免限制而入口者,则可免受该项公布之限制。在此项公布之下,"外侨"之意义,非包括经过之外侨搭客,或在由任何公报宣布之外侨条例第一节下受豁免限制之外侨在内。

窃谓马来亚华侨,大多数在中国皆有家眷及其他亲戚,渠等均按期汇款予居留中国之家眷及亲戚,故如彼等之家眷及亲戚准以前来殖民地,则此项汇返之款,可不必耗用于马来亚以外之地,而用于马来亚,于是对于马来亚,可得有利。又因日本飞机对中国人民施以残忍之轰炸,惨状空前,无以复加。华侨居留于祖国之家眷及亲戚,遂亟欲来马,以保安全,并得与丈夫会聚。香港为较马来亚为小且较不富庶之殖民地,对于数十万难民,均予容纳。矧若辈难民,如当地政府准许入口,而进入马来亚者,则其数目,谅亦不至于较已进入香港之难民为多。香港与中国,仅一衣带水之隔,因此难民入口,遂较容易,而中国及马来亚之间，重瀛遥隔，距离不下一千四百英里，纵不加限制，准许难民入口，其数目料亦将不致使马来亚感受困难也。

大体而言，难民可分如下三类：

（一）进入殖民地时，有法谋生之所有男女；

（二）无谋生之道，而仍可前来马来亚之所有男女；

（三）如上所述彼等之家眷及亲戚。

关于第一类之难民，具呈人以为若准许彼等入口，对于马来亚，将系一项资产，而非负担，渠等须随带而来之财产及文化，足以增加马来亚之资产及繁荣，殆无疑义。

关于第二类，鉴于距离遥远，其他困难较多，具呈人以为可得入口者，不致有巨大之数目。

关于第三类，具呈人深祈丈夫或父居留于此之妇孺，得以不受限制而入口。鉴于本地大多数华侨，对于马来亚之发展，已有贡献，且此后亦将贡献不少，彼等应受阁下仁慈之待遇。大不列颠素来对于救济妇孺之呼声，有崇高之传统及威信，每有必要，未尝置之不顾，今对此呼声，谅亦不致充耳不闻也。

鉴于以上所述事实，具呈人认为此项问题，应加重行考虑，用敢披沥上陈，尚祈阁下大发慈悲：

（一）增加由中国来马之男子入口限额。

（二）完全取消妇孺之入口限制，准许彼等进入马来亚。

（三）或由阁下予以任何其他适当之救济。

无任盼祷，不胜迫切待命之至。

星嘉坡华侨筹赈会主席陈嘉庚谨呈

录自新加坡《南洋商报》1938年6月30日。

电汉口秘书处请蒋总裁领导抗战到底[①]

（1938年7月4日）

国民参政会秘书处先生鉴：

俭电计达，庚拟请大会通电拥护蒋总裁领导抗战到底，不特还我近年失地，即台湾亦决收复，否则当为无限期奋斗，以止敌人和平妥协之谣，此意乞代提请公决。

陈嘉庚叩支（四日）

录自新加坡《南洋商报》1938年7月5日。

---

① 临近抗战一周年纪念日，陈嘉庚多次致电国民参政会秘书处表达华侨拥护抗战到底之决心。1938年7月7日，新加坡华侨在快乐世界运动场举行"七七"抗战周年纪念大会，陈嘉庚再次以纪念大会主席名义致电秘书处请蒋总裁领导抗战到底并表敬意。

电蒋表示敬意

(1938年7月7日)

汉口　蒋总裁钧鉴：

公领导抗战，瞬阅周年，本大仁大勇之精神，为不骄不馁之奋斗，宵旰宣劳，坚苦卓绝，勋辉在望，感念何如。兹经本大会议决，谨以至诚遥致深切敬意，并誓随公后，以与暴敌周旋到底，直捣黄龙，期抗战之必胜，重兴华夏，视建国之必成。临电神驰，伏惟垂察。

新加坡华侨七七抗战周年纪念大会主席陈嘉庚叩　阳七晋

录自新加坡《南洋商报》1938年7月8日。

响应参议员献金①

（1938年7月9日）

汉口参政会秘书先生鉴：

庚献国币一万元，容日由中国银行汇呈，乞转知。

陈嘉庚叩佳（九日）

录自新加坡《南洋商报》1938年7月9日。

---

① 1938年7月6日，国民参政会在汉口举行开幕礼，提倡参政员全体献金电讯南传，陈嘉庚迅即致电响应。

致函华侨商号请报效名贵商品以惠灾黎

(1938年7月14日)

星嘉坡华侨筹赈会主席陈嘉庚，昨致函各商号，请于新世界第二次筹赈游艺会举行时，报效名贵珍品，□便□场售卖，使灾黎可以沾惠。兹将陈氏原函照录于下：

迳启者，本会第十二次委员会议公决，订期八月五、六、七，一连三晚，举行新世界第二次游艺会，时间瞬届，回忆既往成绩，迭蒙吾侨各热心家惠助多珍，殊深感佩，用特再函奉达，仍望怀爱国赤诚，继续努力，对斯义举，多多贡献名贵珍品，岂独沾惠蒙难同胞，抑且足以表现吾侨坚毅卓绝之精神也。如荷报效何种品物，即请来示，俾便登报表扬为祷。此致

主席陈嘉庚

二十六〔七〕年七月十五日①

录自新加坡《南洋商报》1938年7月15日。

---

① 从新闻背景观，该函落款时间为民国二十六年有误，应为民国二十七年。

新加坡华侨筹赈祖国难民大会 委员会敬告爱国侨胞书

(1938年7月17日)

二月十二日下午二时，星嘉坡辅政司斯摩先生①，召集我侨领如议政局员、工部局员、华人参事局员、总商会会长、本会主席等三十余人，在政府议事厅宣布称，中日战争，事态严重，本坡为中立国殖民地，侨民复杂，华侨与日侨尤众，故去年七月廿四日，政府即在公报上通令居留此中立国殖民地之各国侨民，不得采取任何足以扰乱和平干犯法律之行动，致妨碍地方治安，如敢故违，政府必严加惩办。此项通令各国侨民自应切实遵守，无待重行告戒，乃本年元月九日，及六月廿六日，本坡华侨发生两次非法游行②，并与警察冲突，由是影响他埠，槟城前日亦闹出不幸事件，政府对此行为不胜遗憾。今日欲郑重向华侨领袖诸君一言者，即此后有同样事件发生，不论直接参加非法行动，或匿居幕后主使之人，政府皆将严厉对付，不稍宽贷，希望所有华侨领袖不拘侨生或来自中国者，运用彼等力量，设法根绝华侨非法行动，并劝告全体华侨束身自爱云云。

以上斯摩先生所言，具见居留政府维持治安之苦心，以及爱护吾侨之至意，对吾侨过去错误一再原谅，其所以召集我侨领袖重申前令者，盖出于万不得已。

---

① 新加坡辅政司（Colonial Secretary, Singapore），沿自1867年创置的海峡殖民地辅政司（Colonial Secretary, Straits Settlements），是殖民地内地位最高的文官之一，地位仅次于海峡殖民地总督和后续的新加坡总督。1946年至1955年改称新加坡辅政司，1955年改名新加坡布政司，1959年新加坡自治后被裁撤。斯摩即亚历山大·史梅尔爵士。

② 1938年1月9日，英殖民当局发表政厅公告和警视总监布告，公开阐明将对抵制日货和示威活动加以暴力镇压，引发新加坡华侨不满，商界游行抗议；1938年6月26日，新加坡华侨举行反对日寇轰炸广州的群众大会，会后"抗援会"号召群众包围日本领馆，英警出面干涉，拘捕多人。（参见崔丕、姚玉民译《日本对南洋华侨调查资料选编》1925—1945年第1辑，第226页；张闻天主编《红藏：进步期刊总汇1915—1949》"解放"第7册，湘潭大学出版社2014年6月版，第311页。）

文牍

鄙人忝居本会主席职责，为筹赈前途计，为爱国侨胞工作计，谨提出管见数点，愿与同侨共勉之。

一、据辅政司宣称，我侨结队游行，除丧喜事外，其余皆属非法，至游行时随意挥扬国旗尤属不当，盖国旗为国家之代表，至尊至贵，必于庄严隆重之场面中出现方合，否则，先自轻视，何尊贵之有。

二、我国对日抗战，欧美友邦无不深表同情，有识之士欲鼓励其政府民众积极助我，与侵略者断绝经济关系，故有结队示威之举，不久以前，英京反日示威大游行，即其一例。然吾侨旅居本坡，未可遽尔仿效，盖本坡为中立国殖民地，吾侨为交战国国民，与在其中立国本土之英民处境不同，使吾侨在中立国殖民地可以自由结队示威游行，则日侨亦何独不可，且英民之示威游行，均有爵士议员领导，又无法令加以拘束，吾侨不计及此，徒受情感冲动，安得不取咎耶？

三、凡作事当先审利害，不可轻举妄动，今明知居留政府有其不容触犯之禁例，乃偏欲冒无谓之险，以为可一可再，可再可屡，不知放大眼光，顾及将来，□经□事，不特救国活动被阻，即筹赈工作亦有波及之虑，可不深长思之乎？

四、前日槟城不幸事件之发生，影响筹赈及其他救国工作不小，而外侨素日同情我者，亦多有非议，万望本坡同侨以槟城之事为殷鉴，以免重蹈覆辙。

五、新嘉坡为欧亚交通孔道，达官贵客，名人硕士之行经此地者，如过江之鲫，吾侨社团往往假总商会或其他机关，为欢迎欢送之举，人数之众，动辄千百，不但浪费可贵之物质精神，且易发生游行示威之作俑，深愿今后负责领导开会之社团，慎重从事，否则，倘有意外，该社团不能辞其咎矣。

六、辅政司宣称，此后匿居幕后主持非法行动或参加非法行动当场逃脱之人，以及有关系领袖，不论其人作何事业居何地位，政府决一律查究，不再宽容，谨为我同侨重复言之，诸惟珍重是幸。

主席陈嘉庚
中华民国廿七年七月十七日

录自新加坡《南洋商报（星期刊）》1938年7月17日。

致函各筹赈会请函告所购公债额

(1938年7月20日)

迳启者，去岁我政府发行自由公债，全马各区曾于国庆日，在吉隆坡开研究会，通过积极进行劝募，其意莫非赶速遵依政府规定三个月内完成劝募工作，结束各项手续。本主任职责所在，自十一月起，至本年三月止，经发通告及函请各区负责人，将每月所交经收机关，及直接汇交香港中国银行者，详列数目函报，俾本处按月发报我政府及各区会，并催促劝募交款结束。乃各区会殊不为意，绝少列报，致实数若干未由详悉，逐月列报，系从经收机关中国、华侨两银行得来而已。兹据槟城区财政员李君五香①面述，该区连直接汇香者，统计有一百一十万元，较之两银行列报相差大半；又如吉礁区，据前函报已募近三十万元，而两银行仅一十万左右而已。至于彭亨亦然，依两银行报告，全马不止一千一百二十万元而已。乃者，稽延已久，各区结果决不能逾过本月份，本主任不□□□后函请贵区会尽此月内，将所交两经收银行，及直接汇香港者详查列下，以便作全马自由公债总结束之报告，为荷。

此致
各区筹赈会

主任陈嘉庚
廿七年七月二十日

录自新加坡《南洋商报》1938年7月21日。

---

① 李五香（1903—1967），福建南安人，时任槟城区筹赈会财政员。

复孔祥熙院长电[①]

（1938年7月31日）

孔院长鉴：

世电悉。菲荷各属前曾对庚表示，集星组织机关，意在请求中央援闽及研究筹款，庚因有关军政，故未接受，非环境问题，若各属埠能集会团结，研究加强筹款，庚万分欢迎也。

陈嘉庚叩世（三十一日）

附：孔院长三十一日来电电文

陈嘉庚先生：

庄西言[②]建议，在星组织华侨领导机关，此项组织，有无必要，环境能否许可，如何组织始有成效，盼核复电谕。

孔院长世（三十一日）汉院

录自新加坡《南洋商报》1938年8月1日。

[①] 为统一南洋各地华侨救亡组织，支援祖国抗战，菲律宾侨领李清泉和巴城侨领庄西言建议由陈嘉庚出面组织华侨抗日救亡总机关，国民政府行政院同意并指令各地领事馆和国民党党部支持。此即1938年7月31日时任国民政府行政院长孔祥熙给陈嘉庚的电文及嘉庚先生的复电。（参见陈碧笙、陈毅明编《陈嘉庚年谱》，福建人民出版社1986年3月版，第94页。）

[②] 庄西言（1885—1965），福建南靖人，爱国侨领，时任巴达维亚（今雅加达）中华总商会会长。

关于召开各属华侨领袖大会的意见[①]

（1938年8月25日）

关于庄西言君之上述建议，事关团结救亡，孔院长已表赞同于前，本人亦认际斯抗战持续之秋，集南洋各属同侨之力量，求统一赈难救亡行动之宏效，实属当前之急务，犹忆本年五月间菲律宾侨领李清泉[②]君亦曾持此主张，询及本人意见，时因涉及军政问题，故未尽予赞同。兹者庄西言君又复重申前议，惟集会目的，则仅在研究筹赈购债汇寄家信及国货问题，而组织领导机关之动机，亦基于斯。本人于此，深愿本此原则，体庄、李二君之意，以同一之意志，共襄伟举。至于大会之开幕时间，经订十月十日上午十时，开会秩序，除开幕仪式而外，拟分组织与议程两项。

组织方面：

包含是否组织大会总机关，公举职委员，或特别委员，以便距离途远者得由主席迳函商酌；此外，如总会办事地点费用，亦俱列此决定。

议程方面：

本人意见，此中之主要纲领，计分：

一、请各埠代表报告捐筹及购买公债之数目；

二、今后筹款进行之方法；

三、今后筹款及公债之推进问题；

四、救济闽粤汇款、询查家信等等之统一办法；

五、宣传之有效方法，包含报纸印刷文字、口头、演说团及演剧等等；

六、鼓励节约助赈，如：甲、婚丧等事宜如何极力设法节省助赈，乙、祭敬神鬼费用应设法移作助赈，丙、宴席娱乐事项，应俭约设法助赈等等；

[①] 本文是关于号召南洋各属侨胞推选代表于1938年10月10日赴新加坡参加华侨领袖大会，讨论组织最高救亡领导机关的意见和通告。

[②] 李清泉（1888—1940），福建晋江人，爱国侨领，时任菲律宾华侨抗敌委员会主席。

七、派人回国及赠送伤车、药品；

八、献赠公债券救济伤兵难民。

上述仅本人之意见，将来各埠再有提出议案，当为一一列入讨论俾集思广益，而广收效云。

为组华侨最高救亡领导机关的通启
（南洋各属华侨筹赈祖国难民总会代表大会通启）

巴城庄西言君前向孔院长建议：南洋各属侨胞应推派代表集新加坡开会，组织最高救亡领导机关，使筹赈购债汇款及其他救亡工作得收统一行动之效，而加速进展。菲律宾李清泉君亦持此主张，二君先后以函电询庚，惟间涉军政问题，故庚未尽赞同。日者，庄君重提此议于孔院长，孔院长乃电征庚意，并承高总领事①过访面商，庚即以集会目的如在研究筹赈购债汇寄家信及国货问题，当甚赞成为答。现此事拟进行，至谓领导机关，乃集思广益，组织最高机关为之领导，而非少数人或个人之领导，各埠侨胞自应明白此义，服从政府指导，而体庄、李二君之意，俾斯会得告成功也。

南洋各属包括香港、菲律宾、爪哇、苏门答腊、婆罗洲、安南、暹罗、缅甸、马来亚等地，以地理位置言，新加坡实居中心，以华侨人口言，马来亚亦居多数，庄、李二君所以主张召集各属代表会议，组织最高救亡领导机关于新加坡者，盖即以此。

八百万华侨献六千万元

自芦沟桥战事发生，我南洋八百万侨胞，奔走筹款，不遗余力，而时至今日，义捐公债成绩，合计不过国币六千余万元，平均每人负担七八元而已，视敌国国民"七七"一日献金四千余万元，相去霄壤，能不惭愧。以吾侨财力与敌国侨较，盖有过之无不及，而国家遭遇痛苦，又十百倍之，乃物质上为助于祖国抗战者若是其微，则中间显有许多亟待改变之缺点，此我南洋各属侨胞不

---

① 高凌百（1900—?），江苏江阴人，1922年天津北洋大学毕业，历任国民革命军司令部机要秘书、军委会主任秘书、国民政府和国民党中央党部秘书长、蒋介石私人秘书、驻新加坡总领事等职。

能不集会研究者一。

敌自一九〇五年战胜俄后，跃为一等国，欧洲大战又假以达富强之机会，于是黩武穷兵，蓄志侵略，积极谋我，垂数十年。"七七"变起，敌图以迅雷不及掩耳之手段夺我华北，我最高领袖蒋委员长鉴于最后关头已至，毅然发动全国长期抗战。一年余来，愈战而我之人力愈强，愈战而我之物力愈充，最后胜利属我，已为理势所必至，列邦所共许矣。然最后胜利云云，究非短时间所能幸致，而宜以长期抗战争取之，此欧美军事专家所以有"时间乃日本之敌人，中国之友"之论也。是则今后敌我兵连祸结，历三年五载而不休，或亦意料中事，而欲支持我之长期抗战，并保证最后胜利之属我，则军事上之机械部队，尤当加紧整顿，国防建设，尤当充分完成，凡此种种，皆有待于后方国民之协助。华侨安居海外，独免流离转徙之苦，天职所在，更不容辞，此我南洋各属侨胞不能不集会研究者二。

月汇家款约千余万

南洋侨胞逐月内汇寄之家款，总计不下千余万元，间接增厚国家经济力甚大。数月前敌陷厦门，扰及潮汕，闽粤海疆，受制益甚。而各该地原有银行或缩或停，一部分民信局则乘机取利，抬高手续费，于是吾侨寄汇信款，顿感困难。幸中国银行负起责任，遍设办事处于闽粤内地各城市、乡村以谋补救。款无论多寡，地无论远近，路无论通塞，皆乐于收汇，而汇水又甚低廉。近月来我侨胞远处乡国之父母昆弟姊妹，得如涸鲋获苏于勺水者，泰半恃此。然中国银行仅设分行于新加坡，其他南洋各属尚付阙如，则除新加坡及其附近各埠外，他处侨胞寄汇信款之困难，仍不解决。是项困难不及早解决，直接固足以影响吾侨故家之经济，而内汇锐减，间亦是以影响祖国抗战之前途。倘新加坡成立一相当机关以通南洋各属侨胞声气，而金融亦设法由此流转，使僻远侨胞同感交通之便利，则于国于家，皆有大益，此南洋各属侨胞不能不集会研究者三。

抗战军兴，我政府速集巨大人力开辟西北、西南交通线，铁路、公路，双管齐下，冀使内部脉络相连而远达邻境，以解除军人沿途之威胁，及今战区因难民内移者达数千万人，而丰富资源亦得赖以开发，奠建国之基于风雨飘摇之日，启复兴之运于山河破碎之时，操心弥苦而抱志弥坚，努力愈大而收效愈著。将来寇氛一扫，转贫弱为富强，特俯仰间事耳。吾侨爱国，素不后人，则于建国复兴之大业，何可袖手旁观，而不速图自救耶。此我南洋各属侨胞不能不集会研究者四。

综上四端，实有召集南洋各属华侨代表会议，组织最高领导机关之必要。孔院长所以深致关怀者，盖亦同感。现各大埠由孔院长或领事直接通令准备，其他政令难及之区则委庚代为传知，并订本国庆日为开会日期。凡已成立正式筹赈机关之大埠应请从速举定代表以便来会，而该埠辖内之各小埠分会或支会皆属之，不必另派代表。例如马来亚分十二区，每区有一筹赈会，大会仅承认各区筹赈会推派出席之代表，其余各该区内诸小埠之筹赈会或支会如另有代表，则大会不能接受。此外若干不相统属之小埠或偏远孤僻之区，应请迅速组织机关以与大会直接联络。除修函奉达外，特别另文刊登各埠报纸，如函有未达，仍希自动示悉，并举代表依期参加。至大会议程及其他有关文件，经交托各驻地领事代发，请就近询取，或函索即寄。

陈嘉庚谨启
民国廿七、八、廿五
通讯处：怡和轩俱乐部

录自《南洋各属华侨筹赈祖国难民代表大会专刊》1938年11月。

马来亚华侨筹赈祖国难民会联合通讯处第二十七号通告

(1938年9月13日)

南洋各属侨领集星开会,为期不远。马来亚既设立本联合通讯处,则关于调查工作,本处应即进行。各区会自去年八月起至去年底止之特别捐,本年元月起至八月止之常月捐,计汇款若干,交行政院,又截至本年八月止已交公债款若干,皆逐一开示,以便提出大会报告。现各区会未列报者尚有多处,前月本处曾寄发截至本年八月止之义捐公债统计表,其间恐难免有多少出入。兹者各属代表大会开幕日,我全马各区应再核实统计,以免有虚浮差失之误。唯各区情形不同,仍以书面详细开示为宜。例如,新加坡至去年十二月止,计由筹赈会汇交行政院三百万零六千三百四十七元七角二分,本年元月起至八月止汇当月捐十九次二百二十万元,合计五百二十万零六千三百四十七元七角二分。另汇抵献金拾七万七千元,汇香港买雨具港币六万余元,由其他机关付汇者约四十余万元,补助铁矿工友叻银六万余元,统计约捐国币五百九十余万元,内中由他埠寄来者四十左万元,以上为新加坡区实况报告之概要。各区会如有类是情形,或其他捐收款项,均请于本月二十日以前详细列示报告,范围仍算至本年八月为止。本处当自汇齐送交大会参考,若得预先整理寄交荷、法、菲、暹各属以供各该埠会仿效属为更好。

谨此通告。

民国廿七年九月十三日(南)

主任陈嘉庚

录自新加坡《南洋商报》1938年9月14日。

南洋各属华侨筹赈祖国难民会代表大会宣言

(1938 年 10 月 16 日)

　　南洋各属华侨筹赈祖国难民会代表大会，建议于荷属华侨庄西言，经中国国民政府行政院孔院长同意而召集。大会目的在谋组织领导机关，增筹赈款，推销公债，以救济中国抗战中之难民，并协助政府完成建国大业，军政问题，概不讨论。各属参加者有香港、菲律宾、爪哇、苏门答腊、西里伯思、婆罗洲、安南、暹罗、缅甸、马来亚等地代表，凡四十五团体，百六十八人。此华侨史上之空前盛会，蒙新嘉坡居留政府赞许，得于本年十月十日开幕，大会同人谨先掬致恳挚之谢忱。

　　中国立国五千年，夙以和平正义昭天下，不幸邻邦日本，军阀专横，妄图吞并中国，以为征服世界之准备。民国四年二十一条件之提出，十七年济南惨案之发生，特荦荦大端，世所共闻者。其他无理压迫，非法要求，擢发罄竹，难以具举。二十年"九一八"，日本更挟其坚甲利兵，攫夺中国东三省，继以占据热河。翌年"一•二八"，又不惜启衅于淞沪。中国自念加入国际联盟，且为九国公约、非战公约之签字国，懔于盟约之尊严，惕于和平之神圣，不得已负重忍辱，制愤抑悲，勉循外交途径，以求合理解决，而冀日本之觉悟，乃侵略者野心未戢，变本加厉，转鹰瞵为虎瞰，舍蚕食而鲸吞。去岁卢沟桥炮声，盖世界和平与国际盟约之丧钟，中华民族与人类公理生死存亡之警号也。中国政府鉴于最后关头已至，毅然发动全面全民长期抗战，将以争取领土主权之独立完整，将以争取国家民族之平等自由。故中国之抗战，实为御侮而战，实为自卫而战，实为维护国际盟约而战，实为保障世界和平而战。中国国民政府乃中国国内外四万万七千万同胞共同信赖之唯一政府；中国最高领袖蒋委员长乃中国国内外四万万七千万同胞共同拥戴之唯一领袖。国民政府之主张，即中国全国国民之主张，蒋委员长之意志，即中国全国国民之意志。大会同人，集议伊始，用首次决议通电拥护国民政府及蒋委员长抗战到底。

同人于此，愿更揭橥数义，为我南洋八百万侨胞告：

其一，抗战十五阅月，敌财消耗百万万元，敌兵伤亡七十万众。我之物质损失虽巨，敌之物质损失亦巨。我之国土，虽涂满黄帝子孙之血，亦涂满三岛丑夷之血。惟我有无限之资源足以支持，我有无穷之人力足为后盾，忍万屈以求一伸，拼千输以博一赢，艰苦奋斗，义无反顾，否极之后，终有泰来。敌则资源有限，人力易穷，踵决肘见，百象不安，时间愈延长，危机愈逼近，墓由自掘，祸由自取，行见鼠窜而败，鱼烂而亡。故当前领土之沦敌，无关大局，最后胜利之属我，绝对可期。此种理势，吾人必须认识，此种信念，吾人必须坚抱！

其二，华侨素有"革命之母"之令誉，爱国精神，见重寰宇。"七七"以来，输财纾难，统计不下一万万元，南洋方面占十之八。此在道德的义务上，可谓已尽；而在国民的天职上，究有未完。盖国家之大患一日不能除，则国民之大责一日不能卸；前方之炮火一日不得止，则后方之刍粟一日不得停。吾人今后宜更各尽所能，各竭所有，自策自鞭，自励自勉，踊跃慷慨，贡献于国家，使国家得借吾人血汗一洗百年之奇耻，得借吾人物力一报九世之深仇，而吾人之生存与幸福，亦庶几有恃而无恐。大会开幕之日，我国府林主席[①]之训词曰："急难轻财，护兹祖国"；我最高领袖蒋委员长之训词曰："财力增厚，即战力增强"。林、蒋二公，语重心长，凡我侨胞宜皆铭诸肺腑，奉为金玉。而各代表所报告，今后常月捐义款，总计每月约近四百万元，尤当分别依其自定标准，努力求其实践。

其三，南洋各属华侨，山海修阻，云天遥隔，声气欠沟通，感情失联络。常时犹病其不可，非常时更何能集中力量，效劳国家？大会同人有鉴于此，爰议决组织"南洋华侨筹赈祖国难民总会"于英属新嘉坡，期使筹赈购债之效率得以增强，抗战建国之功业有所补助。是项组织实现，不特各属筹款机关可密切联系而冶于一炉，即全南洋八百万侨胞亦可精诚团结而化为一体。吾人既共成之，既共有之，则吾人必须养之育之，予之以生命，赋之以灵魂，俾能发挥活力，为国家用。敢假借此组织以遂个人之私图者，固为吾人所不许；敢破坏

[①] 即林森（1868—1943），福建闽侯人，时任国民政府主席。

文牍

此组织以快个人之私意者，亦为吾人所不容。

其四，吾国丰于矿藏，啬于产品，故建设难以进步，贸易难以发达。今欲一面抗战，一面建国，借自力之更生，谋自强之不息，则开发矿藏，推销产品，实不容缓。惟政府专力御侮，未遑兼顾，海外侨胞，应速分负其责。南洋华侨筹赈祖国难民总会之设立，于此亦将加以注意，务使国产品深为侨胞所认识，永为侨胞所乐用，以振我工商业，而厚我经济力。更拟组织公司，开发祖国富源，维持难民生计。凡此加强战时经济机构，奠定战后复兴基础，皆属至急至要之图，为我国内外同胞所当尽心尽力以求之者。

其五，南洋各属当地政府，平昔爱护华侨，不存歧视。此次吾国发动抗战，各属侨胞，本慈悲之怀，为救济之举，当地政府皆能深表同情，予以协助。凡我侨胞自应致其敬佩与感谢。然各属环境不同，法律不同，我侨胞宜各顺适环境，遵守法律，屏叫嚣而尚沉着，崇理智而制感情，步伐必求其齐，路径必取其正，使各方获好印象，而利我进行。吾人须知：吾人之敌只有一个，敌以外皆吾人之友。吾人应以左手挥拳以击敌，应以右手伸掌以握友，然后足以孤敌困敌，然后足以加速博取最后之胜利。

以上五端，为吾人之态度，亦为吾人之方针。本此态度，循此方针，以求达目的，则在乎大会全体代表与南洋全体侨胞之共同努力。大会同人谨乘休会之时，更郑重致意曰：惟精诚始足以言团结，惟团结始足以言力量。精诚充，则团结未有不固；团结固，则力量未有不宏。愿我八百万侨胞自今日起，充大精诚，固大团结，宏大力量，以为我政府后盾，则抗战断无不胜，建国断无不成。鞠躬陈词，幸相与勉之！

中华民国廿七年十月十六日

录自云南省档案馆（全宗号-目录-案卷号-卷内顺序号 1006-005-01358-034）。

电汪精卫请拒绝与日言和[①]

(1938年10月22日)

南侨华侨筹赈祖国难民总会主席陈嘉庚先生,昨因鉴于各报所载外电,传汪精卫氏对路透社记者发表和平谈话,在举国决心抗战到底的紧要关头,实觉诧异,特于昨急电询汪氏,兹特将该电原文采录如下:

精卫先生勋鉴:

敌暂时得意,终必失败。路透社电传先生谈和平条件,侨众难免误会,无抗战到底决心。实则和平绝不可能,何若严加拒绝,较为振奋人心也。

南洋华侨筹赈祖国难民总会主席陈嘉庚叩养

录自新加坡《南洋商报》1938年10月23日。

[①] 1937年上海和南京相继沦陷,时任国民党副总裁汪精卫辞去国防最高会议副主席职务,醉心求和投降卖国活动。陈嘉庚从路透社电讯得知此情,于1938年10月22日致电汪查询,从汪复电中确认汪主和属实,遂于10月25日、26日连去两电严加驳斥。

南洋华侨筹赈祖国难民总会通告第一号[①]

（1938年10月24日）

暴敌扰粤，广州告陷，在时间上，可谓意外，在情势上，实在意中。吾侨切于爱国爱乡，难免骤受刺激，然不可因而丧失意志，更不可因而动摇胜利可期失地可复之信念。盖抗战初发，我最高领袖即已立定三大策略曰"焦土抗战"，曰"全面抗战"，曰"长期抗战"，以对付暴敌。此三大策略果能坚持到底，则暴敌虽有世界一等军备，亦终必失败。兹谨为我全南洋侨胞陈之。

一、焦土抗战。所谓焦土抗战者，将不惜糜烂若干领土，使敌于偿付重大代价之后，纵有寸进，终无所得。敌虽有飞机大炮之轰炸，使我田园庐舍悉化灰烬，然不足以惧我屈我；敌虽肆其劫掠屠杀之手段，施其恫吓离间之伎俩，然不足以阻我挠我。反之我之团结日以坚，我之力量日以大；宁为玉碎，不为瓦全；宁成仁而死，不忍辱而生；宁以焦土抗敌，不以净土资敌。我虽失败于一时，敌必失败于最后。此种策略，实出敌意料之外，而足以碎敌之迷梦也。

二、全面抗战。所谓全面抗战者，将精诚团结，举国动员，使处处抗战，人人抗战，不致示敌以弱点，予敌以个别击破。目前敌虽占我沿海边地、繁华城市、铁路交通线，然每省被占之地，至多无逾十分之一，其余全在我国手中。我政府更派员组织游击队，而民间壮丁队又从而附益之。无论城市乡村，郊原山野，皆有其踪迹，神出鬼没，夜袭昼狙，毙敌日以千百计。如华北之山西、河北、山东等省，虽被占最久，被祸最甚，然国土十分之九在我统制下；平津近郊，屡受我游击队威胁。仅此数省，敌须经常留兵二十万左右，犹且防不胜防，疲于奔命。故此后无论敌能陷我若干省，我之游击队、壮丁队亦必随之增加，以陷敌于四面楚歌之境。试问敌有若干兵力可分驻许多省，而逐月伤亡盈

[①] 该文陈嘉庚写于1938年10月20日，发表于《南洋商报》1938年10月25日，27日作为南侨总会第一号通告发布。

万，更将如何补充？由是以观，可知敌多占我一省之地，则多损彼一臂之力。此人力财力有限之小国，而欲妄图吞并地广人众决心全面抗战之大国，其最后胜败之数，盖不待卜而知矣。

三、长期抗战。所谓长期抗战者，将养我之兵，耗敌之力，坚持到底，义无反顾，使敌速战速决之野心，悉成画饼，而逐渐暴露其先天不足之病征，自召［招］政治经济之总崩溃。民二十年敌占东四省，易如反掌，遂得陇望蜀，拟于客年再吞华北。敌初按六星期至三个月即可得手，迨我蒋委员长发动长期抗战后，其狂妄计划遂完全失败。抗战以来，十六阅月，敌于华北尚不能占一全省，况华中、华南、华西之区域较华北广大十数倍，而能尽为吞没乎？稍有常识之人，当能明白此理，而了然于泥脚之敌终不能久立矣。然敌固自知其久战必败，故狡图速战速决。当南京被陷时，敌即请求友邦与我商谈和平条件，为我最高领袖所拒绝。占徐州后，复施此策而无效，最后乃谋急夺广州、汉口，以胁我采择和平之一途。观此即知所谓和平计划，即敌之逃死计划，绝非蒋委员长三大策略所能容。故无论何城何镇失守，皆我抗战中难尽逃避之过程，于我抗战前途，实不发生恶劣影响。吾侨唯有信仰领袖，拥护政府，尽后方出钱出力之责职，以与战事相终始，则最后胜利属我，期在不远耳。

抑更有言者，敌占我东四省，已阅七年，费款三十万万元，死亡士兵十余万众，至今仍时时受我义勇军攻击，不能安居乐业。我东四省人口不过我国民十五分之一，自沦丧以后，无我政府机关为之领导，军械又甚缺乏，财物又甚枯竭，而民心依然未死，民气依然甚盛，相率振臂揭竿，冒万险以与强仇抵抗，使其损失与时俱增，而无法解免。今我战区各省，人民众多，组织周密，供给领导日臻完善，抵抗力量视东四省加十余倍，岂容入寇之敌一日得安寝食耶？

我国地势，河北、山东诸省多平原，乏高山深谷可以藏守，尚能遍组游击队，到处活跃，其余诸省，高山深谷，所在皆有，尽为游击队绝佳战地，进可以杀敌，退可以保身，敌之机械部队，更无所施其技，长此与敌周旋，终必使敌日增消失而趋枯竭也。

我国地大物博人众，居世界第一位，特科学未昌明，实业未发达，故宝藏于地，不能富强。今抗战建国兼筹并顾，自力更生，自强不息，则最后胜利之日，即民族复兴之时矣。美国独立战争，初期失败，名城尽失，要地多丧，余众不过万人，而卒以华盛顿之坚苦沉毅，百折不挠，长期抗战至七年之久，而博最后成功。今日我国抗战情势，将较当时美国实远胜之无不及，则最后成功之希望，必更容易实现，断无疑义。一时之胜败，一地之得失，岂足转移我同胞之心乎？愿相与共勉淬励，以加速民族解放之日之来临，幸甚。

此布。

主席陈嘉庚
中华民国廿七年十月廿七日

录自新加坡《南洋商报（晚版）》1938年10月25日。

南洋华侨关心粤战及和平谣传电蒋汪询问

(1938年10月25日)

【星加坡空邮】南洋华侨筹赈祖国难民总会正主席陈嘉庚,因鉴于广州失守,侨情愤慨,而各报所载和平消息,在此举国一致决心抗战到底之紧要关键,实觉诧异,特于昨(廿五)午急电蒋总裁及汪副总裁询问,电蒋原文如次:

"蒋总裁勋鉴:×犯广州,不旋踵失此革命策源地,侨情彷徨万分,究竟如何,乞电示。(下略)"

录自《大公报》(香港)1938年11月4日第5版,中国近代文献数据总库。

向国民参政会第二次会议的提案[①]

(1938年10月25日)

重庆参政会议长、秘书〈长〉公鉴：

东电悉，庚因事未能赴会，甚歉。兹有提案三宗，乞代征求参政员足数同意，并提请公决：（一）日寇未退出我国土之前，凡公务员对任何人谈和平条件，概以汉奸国贼论。（二）大中学校在抗战期间，禁放暑假。（三）长衫马褂限期废除，以振我民族雄武精神。

陈嘉庚叩有（二十五）

录自新加坡《南洋商报》1938年10月26日。

[①] 第二次国民参政会议于1938年10月28日在重庆召开，陈嘉庚因南侨总会刚成立，不能出席，估计到参政会议长汪精卫会封锁自己的言论，遂于10月25日，以参政员的身份去电向国民参政会提出三个议案，其中第一个议案获大多数赞成得以通过，并于11月2日《中央日报》公布"在日寇未退出国土前，公务员不得言和案"。

复电汪精卫

(1938年10月25日)

精卫先生勋鉴：

漾电敬悉，比京会议、国联大会诸代表居在客位，任何时可以发表和平意见，但无论诚伪虚实，均不致影响我抗战力量，动摇我抗战决心。若先生居重要主位，则绝对不同，一言兴邦，一言丧邦，关系至大。倘或失误，不特南侨无可谅解，恐举国上下皆不能谅解。昨日路透电谣传和平将实现，蒋公将下野，世界视听为之淆乱，可不警惧耶？万望接纳老友忠告，严杜妥协之门，公私幸甚。

南侨筹赈总会主席陈嘉庚叩有（廿五日）

附：汪精卫复电

南洋华侨筹赈祖国难民总会主席陈嘉庚先生大鉴：

养电诵悉，深感先生主持正义，爱护友谊之盛意。中国为抵抗侵略而战，故对外向无拒绝和平之表示，去岁比京会议主张调停，中国接受，而日本拒绝，国际遂决定日本为祸首，而援助中国；今岁国联大会援引第十七条，主张以和平方法解决纠纷，中国接受而日本拒绝，国联遂决定对日本实行第十六条之经济制裁。凡此皆证明日本为戎首，中国为抵抗侵略，故能博世界之同意与援助，盖抵抗侵略与不拒绝和平，并非矛盾，实乃一贯。和平条件，如无害于中国之独立生存，何必拒绝，否则中国自无接受之理。中国之立场如此，决心如此，光明正大绝无丝毫屈服之意，侨胞误会，尚祈开示为荷。

汪兆铭漾（廿三日）

录自新加坡《南洋商报》1938年10月26日。

关于和谈与抗战到底问题再忠告汪精卫

(1938年10月26日)

精卫先生勋鉴：

有电计达，顷接国内可靠消息，先生主和甚力，事虽绝不能成，难免发生摩擦，淆乱视听。今日国难愈深，民气愈盛，宁为玉碎，不为瓦全，继续抗战，终必胜利，中途妥协，实等自杀，孰利孰害，彰彰明甚。若言和平，试问谁肯服从，势必各省分裂，无法统摄，不第和平莫得实现，而外侮内乱，将更不堪设想，坐享渔利，唯有敌人。呜呼！秦桧阴谋，张昭降计，岂不各有理由，其如事实何哉？先生长参政会，犹记通过拥护最高领袖抗战到底之议决案否？[①]倘态度骤变，信用何在？二次之会，又何必开？海外全侨除汉奸外，不但无人同意中途和平谈判，益且闻讯痛极而怒，料国内群情亦必如是。今万乞俯顺众意，宣布拥护抗战到底，拒绝中途妥协，以保令誉，而免后悔，不胜迫切待命之至。

南洋华侨筹赈总会主席陈嘉庚叩宥（廿六日）

录自新加坡《南洋商报》1938年10月27日。

[①] 1938年7月6日，国民参政会第一届一次会议在武汉召开，通过了一系列有利于团结抗战和民主进步的提案，参政会一时成为准中央民意机构。会议期间，由中共代表所提《拥护国民政府实施抗战建国纲领案》获全体参政员一致通过，而身为参政会议长的汪精卫却对抗战失去信心，会后连续对路透社等国际媒体发表投降谈话，制造投降论调。因此，国民参政会迁往重庆后即于10月28日召开第一届二次会议，中共代表等提出《拥护蒋委员长和国民政府，加紧民族团结，坚持持久战，争取最后胜利案》，痛斥汉奸亲日派妥协投降言行，重申蒋委员长为抗战建国的民族领袖，国民政府为领导抗战建国的最高行政机构，大会最后通过了《拥护蒋委员长决议案》，不久后汪精卫公开投敌。(参见韩继伟《抗战时期国民参政会在多党合作中的地位与作用》，《重庆社会主义学院学报》2015年第4期。)

致电蒋介石促实践庐山宣告①

(1938年10月27日)

军事委员会蒋委员长钧鉴：

汪先生谬谈和平，公必不被误，万乞坚决实践庐山宣言，贯彻焦土、全面、长期抗战三大策略，宁为玉碎，不为瓦全，以博最后胜利。国内外同胞咸抱此旨，拥护我公，若中途妥协，即等自杀。秦桧张昭，无世不有，幸公明察之。谨布区区。

南洋华侨筹赈会主席陈嘉庚叩感（廿七日）

附：汪副总裁昨再电复陈嘉庚先生，对于和平谈话，有所解释，请辨止谣言云云，兹将其来电原文照录如左：

南洋华侨筹赈祖国难民总会陈嘉庚先生惠鉴：

有电敬悉，侵略国破坏和平，被侵略国保障和平，抵抗侵略，国内之团结，国际之协助，全恃此为立脚点，此为中央一贯之方针，无论何时，均有阐明之必要。当此危急存亡之际，谣言繁兴，尤赖明识辨正之也。

汪兆铭宥（廿六日）

录自新加坡《南洋商报》1938年10月28日。

---

① 1937年7月17日，蒋介石发表著名的庐山讲话，声明抗战到底，1938年7月22日，汪精卫公开向中外记者发表谈话，表示"中国"愿意接受各国的和平调停与日本的和平条件。随后武汉、广州相继沦陷，日本采取"攻心"策略，表示欢迎蒋介石放弃国共合作政策，参加日本的"东亚新秩序"建设。国民党内和舆论界对汪逆的卖国求和及日寇攻心策略活动，竟极少揭露。陈嘉庚从路透社电讯中了解此情，即两度致电汪逆查询，确认汪逆主和属实，遂致电蒋介石促实践庐山声明。

关于查照参考南洋各属华侨筹赈祖国
难民会代表大会宣言的函

(1938 年 10 月 30 日)

龙省主席①勋鉴：

  敬肃者，本会国庆日在新嘉坡开南洋各属代表大会，远承关注，颁赐贺电，代表同人咸深感奋。经组织总机关于新嘉坡，谨函致谢并奉大会宣言一份，借供参考，尚祈时惠箴规，俾资楷模，至所感荷，专此。

  顺颂

公祺

南洋华侨筹赈祖国难民总会
主席陈嘉庚
中华民国廿七年十月三十日

附：南洋各属华侨筹赈祖国难民会代表大会宣言。②

录自云南省档案馆（全宗号-目录-案卷号-卷内顺序号 1006-005-01358-034）。

---

① 龙云（1884—1962），彝族，云南恩安（今昭通）人，时任云南省主席。
② 该宣言前文已收录，此处略。

各埠筹赈会办法提要

(1938年10月)

谨依据代表大会决议"总会应行订定各种筹捐赈款办法之细则,及其方式,通告各属会尽量采用"一案,特草拟本文筹赈办法举要,都为十二种类,以供各属会参考,而采用之,在此十二种类之外,各属会如有更切实有效办法,亦得举报本总会分达各处。

(一)特别捐

(甲)每若干月相机出捐一次,视地方景况而决定之。

(乙)逢大纪念日,可倡行献金运动。

(丙)采用国内新发生某种灾难名义,即同时进行特捐,——例如黄河水灾等类。

(丁)国内有何种倡捐,在时间上急需者,——例如劝募寒衣等类。

(二)常月捐

(甲)各行店公司应捐认者。

(乙)各店员伙伴应捐认者。

(丙)自由职业应捐认者。

(丁)劳动界应捐认者。

按此项常月捐在都市而外,并应推行及山内、乡村,以求普遍,办法应雇员催收,如各地方有热心家负责催收更妙。

(三)货物助赈捐

(甲)出产品或入口货。

(乙)如与环境有关者,应设法避免干涉。

(丙)此项货物助赈捐,如办理得妥时,实惠而不费最可持久。

(四)纪念日劝捐

(甲)一月一日开国纪念,及旧历正月初一、二等日(约阳历二月间),可借此年节劝侨胞节省各费助赈。

（乙）三月十二日总理逝世及三月二十九日黄花岗烈士纪念择一举行。

（丙）五月九日国耻纪念日。

（丁）七月七日卢沟桥惨案纪念日。

（戊）八月十三日抗战纪念日。

（己）九月十八日暴敌入寇东三省纪念日。

（庚）十月十日国庆纪念日。

（辛）十月三十一日蒋委员长寿辰纪念日。

（壬）十一月十二日总理诞辰纪念日。

（癸）十二月二十五日云南起义纪念日。

按每逢纪念日劝捐办法，或口头劝募，或演剧，或卖纪念品，或卖花，均可随时地而决定，其中惟卖花较为简便，若距离月余或二个月举行一次，虽颇麻烦，然以国难严重关头，出力出钱，固应勉为其难，爱国侨胞，当能原谅，而乐表同情，若逢一月之间，有两纪念日者，可以就地变通，观局打算，总求加强筹赈成绩是也。

（五）卖花卖物捐

（甲）每逢纪念日组织卖花队出发向各行店及个人劝售。

（乙）要以广大队伍普济劝售，求成绩之伟大。

（丙）卖花而外或兼售别种纪念品物，如蒋委员长像章等类。

蒋委员长像章铜质每个大宗六占余，镀银约近一角，镀金约近二角，如需要可代介绍购办。

（六）游艺、演剧、球赛捐等

（甲）此数种之中，各有不同且多属娱乐性质，虽每月多举几次亦属无妨。

（乙）场内卖票，多出游客自由购买，若场外买票，则须用工作鼓励，方有成效。

（丙）场内货物，多用征求义务捐助者。

（丁）场内卖物，亦有当场鼓励顾客加价之效率。

（七）舟车小贩之助赈捐

（甲）舟车小贩等应经若干时日，请报效一次，须察情形而定，但应派员鼓励，方能有效。

（乙）每次给以救济箱，收来若干，应为之表扬，俾互相观感。

（丙）报效之日应大书特书，挂布表扬，俾买者更不计值，而多捐助。

（八）迎神拜香演戏捐

（甲）迎神等虽近于迷信，然习惯难除，便宜利用，有此机会宜劝诸当事人节约开费，移款助赈，此举甚有效果。

（乙）旧历七月孟兰胜会（俗称普度），此项习俗，耗费更巨，若能设法利用，鼓励其节资移赈，收入定必不少。

（丙）各社神诞香火热闹，人山人海，彼等虽为迷信诚心而来，倘乘机组队，卖花卖物，亦可收巨效。

（九）设救济箱于公共场所

（甲）制木柜高约二尺余，大约尺余方，柜后面墙枋高出约十寸，绘一伤兵或写标语，以引致观感。

（乙）该木柜安置于公共出入场所，或任何大机关门户口，托其所内人员兼管。

（丙）该木柜应加封锁，按若干时日，由筹赈会派员会同所内人员公开核算，得若干赈款即给收据，并表扬之。

（十）宣传有效方法

（甲）多设阅报室及壁报，任人观阅。

（乙）另拟白话文告，隔若干时日，印发一次。

（丙）利用世俗各种纪念日，作演讲会，会场或借戏台一半小时便足。

（丁）通俗演讲，意在感化文盲，切勿多用文言，宜用乡土浅白之语句，能令男男女女家喻户晓者为要。

（戊）通俗演讲，每人不过半点钟，讲时应简短及能感动者为合，并多招演讲人员，每次集会，至多一点余钟，至二点为限。

（己）注意在市区外各山芭村落演讲，俾能普及出钱。

（十一）各处应多设筹赈会分支会

（甲）各埠市区之外，所占地区更广大，应派员向各内地乡村鼓励，组织分支会。（语云：十室之邑，必有忠信，无论何处，吾侨定必有热心家，可负其地

方之职责）

（乙）分支会若有成立则其常月捐或何项特捐，定有多少可以增加收入，在组织初期，应宜派员指导。

（丙）乡村内地如多设分支会，则必互相观感，互相竞进，盖不甘后人，不甘受不爱国之恶名，此乃我民族之特性，但期各埠会领袖，尽力设法领导为要。

（十二）各埠会常月捐应求有进无退

（甲）各埠会对此次大会报告之常月捐额数，此后当求增加，不可减少。

（乙）要达到所期之目的，势必用心用力，勤事工作，然救国筹赈，责无旁贷，所望负责筹赈会领袖，与同事人员之努力。

（丙）本节所谓各埠会常月捐乃包含各埠会逐月收入一切捐款而言，非仅指各类捐款中之一类常月捐而已。

原载《南洋各属华侨筹赈祖国难民代表大会专刊》1938年11月；录自李志业、黄银英主编《华侨与侨务史料选编（1）》，广东人民出版社1991年4月版，第550—554页。

南洋华侨筹赈祖国难民总会通告第二号

(1938年11月1日)

本年双十节日代表大会第六次会议,曾讨论关于"如何妥定汇款购债办法及鼓励侨胞寄信款回家"一案,经决议各埠逐月义捐及购债款数,应报告总会,以便按期统计,转呈中央存案。兹订由本年十一月起,请各埠会将每月汇款若干交何机关详细开示为荷。

民国廿七年十一月一日(南)

录自新加坡《南洋商报》1938年11月1日。

马来亚新加坡华侨筹赈祖国难民大会委员会通告第三号

(1938年11月1日)

本会自今年五月一日进行征求各界侨胞认担常月捐,先以半年为期计至本年十月终止已届完满。

然祖国持久抗战,必贯彻三大政策,誓达最后胜利。目下敌虽愈深入,其将遭遇我坚强之抗战亦必愈烈,以是我后方侨胞所当继续努力筹赈,竭诚报国,责任更重,而延长认担常月捐尤义无反顾也。

日前本会开第十七次委员会议经公决"请各认捐人继续负担六个月(即由十一月份起至新年四月份止),能增加者应再增加,未认捐者应再认捐"等由在案。兹特通告各侨胞,凡以前已立有志愿书者应再继续六个月,不必另立志愿书,如未认捐者尤盼奋起速认。至各热心家如愿自动加捐者,请函知本会,以便按名登记并当刊报表扬,□□义风无任企幸。

此布。

民国廿七年十一月一日(商)

录自新加坡《南洋商报》1938年11月1日。

马来亚新加坡华侨筹赈祖国难民大会委员会通告第四号

(1938年11月1日)

十一月十二日为先总理孙中山先生诞辰纪念,国内外同胞及各社团学校每于是日举行集会,以纪念其生平伟大事迹。惟际兹抗战严重时期,与其循例纪念,孰若乘时努力筹款表现忠诚,较有实益。故本会第十次会议议决于是日请各界捐纪念花及戒指助赈,俾侨胞更能普遍追念先总理之伟大,复可加强筹赈力量也。

兹谨约举数端,希各侨团学校注意及之是幸。

(一)各侨团学校凡欲负责售纪念花戒指者,请于十一月六日以前来函报名并注明详细住址。

(二)出发人数若干,计组若干队,领箱若干个,纪念品若干(自备或来领),均请详细写明。

(三)古铜戒指尚存万余颗,可领多少兼售。

(四)准定十二日方可出发,因十一日为欧战和平纪念日,外籍人士均于是日售罄花,以救济欧战伤亡士兵遗属,切当遵守为要。

民国廿七年十一月一日(四)

录自新加坡《南洋商报》1938年11月1日。

致银行请认购闽建设公债书

(1938年11月9日)

  迳启者，月前我闽省府陈主席，特派张财政厅长果为[①]南来劝销省建设公债，抵星业已多天。查该公债总数，原定八百万元，自年初即经中央政府批准发行在案，其用途除救济沿海失业渔民及受敌寇侵扰害者外，余大部分即为训练新兵之军费。目下经常在加紧训练中者达十余万名，限六个月卒业。而每月训练完毕，交中央支配到各战区效命者约万人，余则留以巩固省防。惟是项军费浩大，月须增加四五十万元，本省赤贫，素乏大宗产品，税收不丰，凡我闽侨，多能知之。以是如欲就省内竭力筹措，实亦势所难行，为此，不得不向海外闽侨劝销协助，用资弥补。仅按先募债额国币二百万元，便可供应一年之需。按马来亚募一百万元，其他各属合按一百万元，惟马来亚额数，本坡即至少当认三四十万元，而此三四十万元中，我闽侨所属之银行尤宜担认巨款，方易速收效果。用特专函奉达，敢请贵行慨认　万元正。事关救乡救国，务希格外酌衷，俯允接受，以尽天职，而慰侨望。况敌寇既侵扰广州，眈眈虎视，未遽肆虐闽省，我闽侨如不乘此时亟助政府加强防御，使敌知难而退，盖曲突徙薪，防范未然，实胜于焦头烂额者多矣。古今事例，至堪警惕，万一如广州之失守，损失何止十万倍，孰利孰害，明若观火。吾闽侨殷富者颇不少，岂能袖手作壁上观，而徒责省府设防之不备，盖巧妇难作无米之炊，咎属伊谁？且救桑梓，责无旁贷，国民天职，急起直追，惟先生图之耳。掬诚布达，统祈察照，并盼赐教，无任感荷。

  此致

万兴利银行　大华银行　华侨银行

主席陈嘉庚
廿七年十一月九日

录自新加坡《南洋商报》1938年11月9日。

---

 ①　张果为（1901—?），安徽宿松人，时任福建省财政厅厅长。

为劝募闽建设公债致各埠闽侨团体书（其一）

(1938年11月16日)

迳启者，我福建省政府近为训练士兵，巩固省防，及供应中央前线配置作战之用，通常在训练中者有十余万人，已派出交中央调遣者，亦已达十万人，因此支出暴增，收入不敷供应，特呈准中央发行廿七年福建省建设公债八百万元。无如吾闽本属贫瘠之省，频年丧乱，间阎久空，盖以抗战军兴，倭寇肆扰，金厦沦陷，难民流离，滨海渔民复罹失业，救济犹虞不给，安能承销公债。因是省府仅先向中央、中国各银行借出三百万元，距离定额尚远。兹次特派财政厅长张果为航海南来，亲向吾侨劝募，按额四百万元。当张厅长甫抵星洲陈述此意时，鄙人即觉侨胞过去荷负各种义捐已甚繁重，公债接受数应减轻，时适菲律宾出席南侨大会代表尚未回去，谈商之下，拟接受一百万元，由菲律宾、安南、缅甸及荷属各埠分摊其半，而马来亚亦受其半。菲律宾方面，据该代表云，当地福建救济公会，原有存款二十余万元，可再凑足至三十万元以上，如是则其他各属分负数十万元，以成一百万元之数似已不难。至我马来亚一百万元之分配，鄙见暂为拟定如下：

新加坡三十五万元，柔佛一十五万元，吉隆坡一十万元，霹雳一十万元，槟城一十万元，马六甲六万元，森美兰四万元，彭亨三万五千元，巴生坡三万元，吉礁三万元，吉兰丹二万元，丁加奴一万五千元，总计一百零三万元。

以上所按乃属最低限度，而以各地必能做到者言之，幸而各地侨胞激励精诚，奋发宏愿，则超越此数，更加欣佩。其或有一二地不能按额募足者，当亦有别地逾过原额者，挹此注彼，似亦无难足数也。每一区内如辖小埠甚多，应请召集各小埠团体，或闽侨领袖，共同集议分配数目，自行劝募。此次所发省公债票面银数原定五种，即五元、十元、五十元、一百元、一千元。鄙意债额无多，而汇水极廉，可由一百票额募起，在五十元以下者勿募，以省手续，期能于本年底结束。汇率每百元暂定叻币三十元为标准。其有大宗之购户，要求自汇，可听其便。汇款手续，各埠可由中国、华侨两银行择一汇交国内中央银行，然后中央银行自能照转福建省银行。以上所陈，或未详尽，事关抗建，深望从速积极进行，无任殷企，顺盼惠复为荷。

　　此致

新加坡福建会馆执行委员会主席陈嘉庚
廿七年十一月十六日

录自新加坡《南洋商报》1938年11月16日。

福建会馆办理福建省建设公债劝募通启

(1938 年 11 月 16 日)

  福建省政府为筹办紧要设施及建设事业，特发行廿七年福建省建设公债，定额国币八百万元，利率定为周年六厘，还本期限定为十三年，由民国廿九年十月一日起算，至民国四十二年九月三十日全数还清。在此期中，每年三月三十一日及九月三十日，各抽签还本一次，并指定以福建省普通营业税及屠宰税各一部分之收入为还本息之基金，所有办法，概见详陈于发行条例。查此次公债之发行，业经由中央政府批准，并由省特设福建省省债劝募委员会负责办理，年息优厚，基金充实，推行劝募，原自不难。顾以抗战军兴，吾闽滨海叠遭倭寇蹂躏，贫穷之区，重经烽火，精华荡尽，渣滓仅存，国内同胞负担无力，爰有另向南洋劝募二百万元之议。兹次省府特派财政厅张果为厅长，航海南来，征途下役即为此故。本会馆因念抗战全面紧张，吾侨固宜尽力，而家乡一隅之紧要建设，事亦未容偏废。盖全面抗战之要旨，在中枢要负统筹全局之责任，在地方应效分途兼顾之驱驰，庶足以造成处处抵抗时时抵抗人人抵抗之功。吾侨幸居海外，财力较优，救国救乡，责无旁贷，省债劝募，理宜承销，乃于七日召集本会馆执监委员，并邀请本坡闽侨各会馆，推派代表举行联席会议，集议结果公决接受本坡劝募之任务。即席推举专员，划分大小坡为四区，分途负责进行劝募。用特发此通告，尚望吾侨各界殷实暨热心士女同励精诚，踊跃认购。须知赞助家乡需要之建设，亦即襄成抗战建国之大业，如能有严定范围之步趋，自无疑统筹统汇之原则。谨此通告，诸祈努力。

民国廿七年十一月十六日（南）

录自新加坡《南洋商报》1938 年 11 月 18 日。

为劝募闽建设公债致各埠闽侨团体书（其二）

（1938 年 11 月 19 日）

迳启者，我福建省政府，近为巩固国防增强抗战，特举办士兵之训练，查通常在训练中者有十余万人，派交中央前线配置者，亦已有十余万人，因此支出暴增，收入不敷供应，特呈准中央发行廿七年福建省建设公债八百万元。无如吾闽本属贫瘠，盖以频年丧乱，闾阎久空，抗战军兴，金厦沦降，沿海被扰，难民救济犹虞不给，推销公债自更困难。因是省府仅先向中央、中国各银行借出三百万元，距离原额尚远。兹次特派财政厅长张果为南来，亲向吾侨劝募，按马来亚一属一百万元，按菲律宾三十万元（菲律宾出席南侨筹赈大会代表王泉笙、陈三多①二君，曾表示该属有便款可以应付），安南一十五万元，缅甸二十万元，荷属各埠三十四万元（荷属因环境关系，故不便多按），各属总共为一百万元。马来亚所按之额，现已积极劝募，大约可以达到。而所按各属分认之数，深望踊跃进行，以求速致。兹谨奉函通知，请就所按贵属××万元从速进行劝募，倘能溢出限额更加欣佩。至此次省债票面银数原定五元、十元、五十元、一百元、一千元五种，敝属马来亚以债额无多，而汇水极廉，拟自一百元票额募起，以下者不募。汇率每百元定叻币三十元，大宗购户如要求自汇，可听其便。汇款手续，由中国、华侨两银行择一汇交国内中央银行，然后由中央银行转交福建省银行。上述各项，仅供参考，事关抗建，务盼努力，并希赐覆为荷。

此致

主席陈嘉庚
中华民国廿七年十一月十九日

录自新加坡《南洋商报》1938 年 11 月 20 日。

---

① 王泉笙（1886—1956），福建惠安人，时任南侨总会常委；陈三多（1871—1954），福建泉州人，时任南侨总会常委。

新加坡华侨筹赈祖国难民大会委员会
办事处改订办公时间通告

(1938年11月26日)

　　本会办事处工作时间原订每日由中午十一时起至晚间九时止，□以适应工作上之便利，订自十二月一日起改由上午九时起至晚间七时止，此后各界对赈务上之接洽均以此时间为准。则倘有特别紧急事务之磋商则不任此限，唯接收捐款一部分之工作则由上午九时至晚间八时半为止，比其他工作时间延长一时半。谨此通告，即希公众照行为荷。

中华民国廿七年十一月廿六日（商）

录自新加坡《南洋商报》1938年11月26日。

南洋华侨筹赈祖国难民总会通告第三号

(1938 年 11 月 28 日)

关于马来亚义捐汇率事，十二月一日起国币壹百元折收叻币三十一元。

本总会以对国内汇水时有涨落，马来亚义捐汇率应重行规定以资划一。日前曾函香港宋子文先生请示办法，顷据覆称"现在除马来亚区外，其他各地均已改为按照市价汇率收汇，故鄙意为一劳永逸计，倘得台端领导设法一律改为按照市价汇率以较妥全"等语，宋先生意见本总会自应接受。兹已决定自十二月一日起，马来亚义捐汇率以按照市价为原则，至收入方面规定国币每一百元折算叻币三十一元。嗣后汇水如有较多之升降，当即再行改定。谨此通告，仰马来亚各区会一体遵行为荷。

中华民国廿七年十一月廿八日（南）

录自新加坡《南洋商报》1938 年 11 月 29 日。

南洋华侨筹赈祖国难民总会给泛美大会函电

(1938年11月29日)

秘鲁来马[利马]城泛美大会①主席伟鉴：

兹值贵大会行将开幕，远东八百万华侨，谨代表中国三千万难民，向贵会敬申贺意。中国三千万难民，由战争之恐怖及残虐，与夫饥饿、疾病及自然界之风、水、火之灾，遭遇空前痛苦，此种事实，经激起各世界人士之广大同情。敝会为设法解决其痛苦起见，今特向贵大会呼吁，请进行大规模之救济工作，并予以任何可能之援助，不论钱财或其他事物，交国民政府行政院，由香港中国银行代转。

南洋华侨筹赈祖国难民总会

录自新加坡《南洋商报》1938年11月30日。

---

① 泛美会议又称"美洲国家组织会议"，是美国和拉丁美洲国家组成的区域性国际会议。1890年4月14日，首届会议在美国首都华盛顿召开，第八次泛美会议于1938年在秘鲁首都利马召开，通过利马宣言宣称"对任何一个美洲共和国的和平、安全和领土完整的任何威胁，都将是所有美洲国家关切的事"。

南侨总会组织经过

(1938年11月)

本年五月中旬,寇陷厦门,难民逃鼓浪屿。鼓浪屿中西各界即组国际救济会,电请南洋各地华侨筹款协助。而福州救济会陈肇英、陈培锟、林知渊②等君亦来电要求华侨电请中央派兵援闽,并筹汇赈款。当时庚曾覆电云:"华侨不便过问中央军政,请自行设法;至救济事,待必需时当即进行。"旋接菲律宾李清泉君函电,倡议召集各埠侨领在香港或新加坡开会,讨论救济华南事宜。巴城庄西言君亦来函表示此意,而集议地点则主张新加坡为适中。庚对李庄二君之征询,概用函覆:同意集议研究加强筹款,而不同意牵涉军事政治。至以新加坡为集会地点一问题,庚鉴于马来亚情形之复杂,及过去召开联合会之经验,深感诸多困难,未敢接受。此函覆后,即未有再通消息。

事隔两月,至七月三十日,忽接孔院长自汉口来电,云:陈嘉庚先生,庄西言建议,在星组织华侨领导机关。此项组织,有无必要,环境能否许可?如何组织,始有成效?盼核覆,电渝。孔祥熙世。庚即电覆如下:重庆孔院长鉴:来电悉。菲荷各属,前曾对庚建议,集星组织机关,意在请求中央援闽,及研究筹款成绩。然关于军事,庚不赞同,若筹款则可,环境无问题。如以国府命令电各属埠,集星组织机关,研究有益筹款,庚甚欢迎,并可资以激励督促。如赞成,乞电示奉行。陈嘉庚叩世。

来往两电而外,又复沉寂。约廿日,高总领事过访,称接孔院长电,委查召集各属侨领来星开会事。庚乃将经过情形一一详告。数日后高总领事再接孔

---

① 该文后以"南洋各属华侨筹赈祖国难民会代表大会专刊弁言"收入陈嘉庚《南侨回忆录》南洋印刷社1946年3月三版,第48—50页。

② 陈肇英(1888—1977),浙江浦江人,时任国民政府军事委员会委员;陈培锟(1877—1964),福州人,时任福建省府顾问;林知渊(1890—1969),福建闽侯人,时任福建省政府委员。

院长电，通告各驻地领事，传知南洋各属侨领来新加坡开会，其范围包括菲律宾、香港、安南、暹罗、缅甸、苏门答腊、爪哇、望加锡、婆罗洲、马来亚等。于是庚丞居新加坡筹赈会主席，分属东道，乃负责筹备一切，并定双十节日为开会日期。虽为时仅余卅多日，惟南洋各地侨胞均早已闻讯，有意奉行我政府命令者，选派代表参加，自不至如何逼促也。

大会之期即届，最先到者为菲律宾代表，其他各埠代表亦相继贲临，至为踊跃。暹罗因环境关系，未便公然多派代表，然暹京、暹南、暹北，亦均有人出席。香港华侨财力，以粤侨为最，不意粤侨出席者竟无一人。苏门答腊多埠参加，独首府棉兰与其近属，乃反放弃，查系前时各设机关，未有联络，迨大会前夕，方组总机关，故不及举派代表。其他数处来函，称因事未便派代表，惟愿拥护大会一切决议案，并愿加入总会为会员。至于上述暹罗一地，因环境所限，爱国侨胞不能充分显示其精神，然此后抗战前途愈呈光明时，则该地环境自能随机转变。以该地侨胞之众，将来筹款成绩当不至逊于马来亚。他如香港粤侨，去国最近，观感最切，富庶又为华侨冠，今后亦必能多所贡献。另有若干地方组织欠完善或事阻未克参加者，尤希速谋改进，加入总会，以通声气而收宏效。此次出席代表，计四十五埠，凡一百六十八人，实南洋华侨史上所未有，亦云盛矣。

大会既告闭幕，此一次南洋华侨大团结之空前盛举，已成为历史上不磨之纪载，会中重要文件，兹已编成报告专书，爰将经过情形，摘述梗概，以弁简端。

民国廿七年十一月

录自新加坡《南洋商报》1941年3月30日。

马来亚新加坡华侨筹赈祖国难民大会委员会通告第五号

（1938年12月4日）

本会以前推行常月捐之办法，其在本坡市区内者，系用公邦部劝募，以各帮熟知内情，劝募较易尽力，自免轻重不匀之失也。近本市区内尚有多处地方，未经各帮劝募，致使热心侨众，出钱无路，独感向隅。凡此情形，本会安能熟视无睹，置而弗顾？兹特规定将下列各地，划出帮辖，而另置区分会，负责推行，并已派定本会委员侯西反，分赴各区，协助组织，尚望推诚合作，扩大功能。尤望该区域内侨胞，已认常月捐者，量力加进，未认者，速即向区分会报认，以尽国民天职。所有以前经各帮会劝募者，此后为求工作统一，应即概归区分会办理。此布。

各区分会所辖地域：一、丹戎巴葛洛内、新廖光、实叻门；二、芳林巴杀、欧南律；三、竹脚、吉宁岗律；四、钮顿、东陵全区域；五、火城、芽笼一带；六、梧槽港以西全部；七、梧槽大伯公及双林寺一带。

中华民国廿七年十二月四日（实洋）

录自新加坡《南洋商报》1938年12月4日。

马来亚新加坡华侨筹赈祖国难民大会委员会通告第六号

(1938年12月10日)

民国廿七年十二月，星马两地的筹赈会，为了改善卖花的办法，以配合云南起义纪念日的卖花义举，乃联合发出"马来亚星加坡华侨筹赈祖国难民大会委员会通告第六号"。其内容如下：

本年十二月廿五日，为我祖国云南起义纪念日，经本会第十八次议决，由是次纪念日起，改善卖花办法在案，所有改善办法，业经报端发表。兹以云南起义纪念日行将迫近，各种卖花队之组织，领花手续之接洽，应宜早日准备，以免临期张皇，爰特通告各条如下，望各帮会各团体，依据此次规定，照行办理为荷：

1. 各帮组织特别队，先期出发，向各店行公司殷实侨商劝购四种花，即名誉花无定价，一等花每朵十五元，二等花十元，三等花五元。其办法业由本月十五日起至廿三日止，先行登记，待至廿日至廿三日，则将花及证书送去，回时收款回来。该商店可将证书挂贴在其店前，以免廿五日普通售花队再入店劝售。

2. 普通花则定廿五日由各队照本会所定地限，出发劝售。

3. 各帮领四种花之证书，每种定若干，请于本月二十日以前来函告知，当照送交。

4. 各帮普通花劝售队，拟定何街界劝售，请编定表格，于本月二十日前，来函告知。

5. 市区内除已编在各帮者以外，凡要组队劝售普通花者，本会经议决，以会馆、社团、学校三种团体为标准，请于本月十五日前来函报名，至于队数箱数或要兼售像章、金戒指若干，须并说明。

6. 蒋委员长像章现有三种，镀金、镀银及古铜，戒指亦已镀金。兹定售价，金像章六角，银章三角，古铜章二角，金戒指二角。

7. 领取赈箱及普通花像章、戒指等，定本月廿二日至廿四日止。

8. 市区外，学校社团仍请努力组队，在市区外劝售，本会原无代为分界，唯如函报告，当为登报表扬。

录自新加坡《南洋商报（星期刊）》1938年12月10日

致各地侨贤代办水产航海学校招生手续函文[①]

(1938年12月14日)

新加坡福建会馆主办之"新加坡南洋华侨水产航海学校",筹设经过,俱经详见本报,兹悉该校主席陈嘉庚氏,为招收各地学生,经于昨日正式发函邀请各地侨贤代办招生手续,招生简章亦经全部公布,原文分志于下。

迳启者,敝会馆为适应时势需求,特创办"新加坡华侨水产航海学校",先设捞鱼、航海两科,使学生毕业后,在职业上有实际之出路。学制分新旧两班,各四十名。新制三年毕业,旧制五年毕业。拟分向英荷属各地招收华侨子弟来学。荷属专收新制生,以其远地就学须年龄较长者;英属则新旧制兼收。兹特寄奉招生广告一份,报名单×份,招生简章×本,敬托代办招生事宜。所有托办各项手续,兹谨陈明如下:

一、请转托贵坡著名华校主持新生考试事务。

二、请代登贵埠华字报招生广告,并请当地医生在考试时检验应考生体格。(报馆及医生如能义务免赞费固妙,否则请代还,然后由敝处寄奉)

三、报名及考试日期,请由尊处决定,但报名至迟勿过十二月尾,考试勿过来年元月十日,因开学日定二月初旬。

四、试题容改日寄奉。

五、考试完毕,试卷请封寄敝会馆,转与水产航海学校检阅,合格者揭晓时,另行函告。

谨祈俯赐照办,实纫公谊。函到并希惠复为荷,此致。

主席陈嘉庚
廿七年十二月十四日

[①] 原函后附有水产航海学校招生简章,因与后文福建会馆有关南洋华侨水产航海学校招生通告主体内容一致,故此处未收录招生简章。

附告

按此函所托之代办招生者，马来亚为：马六甲何复仁君，吉隆尊孔学校①，怡保郑奕定君，槟城钟灵中学②，荷属吧城庄西言君，棉兰邱毅衡君、邱贞君二位，泗水方步云君。

录自新加坡《南洋商报》1938年11月16、17日。

---

① 前身为1906年创办的吉隆坡尊孔学堂，1926年增设初中改为尊孔学校，1935年再办高中，成为六年制完全中学，1962年因马来亚教育改制分为尊孔国民型中学和尊孔独立中学。

② 槟城钟灵中学，前身为钟灵学校，创建于1917年2月，由槟城阅书报社陈新政、邱明昶、徐洋溢等人创办，首任校长吴亚农。1923年改制为钟灵中学，1935年试办高中，日据时期被迫停办。1945年12月复办，至今发展成为槟州名校。

福建会馆有关南洋华侨水产航海学校招生通告

(1938年12月19日)

本校由新加坡福建会馆主办,以适应社会实际需要先设"捞鱼""航海"两科,开办旧制一班四十名,五年毕业,新制一班四十名,三年毕业。荷属专收新制生,以其远道来学须年龄较长者,英属则新旧制兼收。凡我华侨子弟有志向学者请各就所指定之报名处,依据手续前往报名、投考,考后录取再行通告。所有招生简章条列如下,借备参照,此布。

新加坡南洋华侨水产航海学校招生简章

(一)宗旨:本校专教授水产及航海之学理技术,期以造就水产及航海之职业人才,开拓祖国及南洋之海利为宗旨。

(二)学额:旧制(五年制)及新制(三年制),一年上期新生各四十名(录取生数未达四十名者不开班)。

(三)投考资格

甲、须品性端正,身体健全而无眼疾者。

乙、有甲项资格,年龄在十二岁以上十七岁以下,高小毕业或具有同等学力,经本校入学试验及格者得入旧制一年级。

丙、有甲项资格年龄在十五岁以上二十岁以下,初中毕业或具有同等学力,经本校入学试验及格者得入新制一年级。

(四)投考手续

甲、投考生须缴验高小毕业证书或初中毕业证书及操行成绩表,并缴交最近半身二寸相片二张(相片后注明姓名年龄及籍贯)、报名费一元(录取与否报名费概不退还)。

乙、投考生须将报名单填写清楚,连上述证件、相片及报名费,于报名时缴交或由邮局挂号寄交报名处。

丙、投考生须按期应试并须随带应用文具。

（五）试验科目

旧制为国文、英文、算术、常识测验、体格检查、口试，新制加试代数、平面几何。

（六）报名日期及地点

甲、日期（详后附告）。

乙、地点（详后附告）。

（七）试验日期及地点

甲、日期（详后附告）。

乙、地点（详后附告）。

（八）入学手续

录取生于入学时须亲填志愿书、保证书（外埠新生须有该埠殷实人士或商店保证）及履历书。

（九）缴费及注册

甲、开学前各生依照规定时间缴纳各费方得准予上课。

乙、学生中途退学时，不论何等情由，所缴各费概不发还。

（十）附则

甲、本校为提倡企业起见，凡渔业界及航海界子弟来学者尤所欢迎。

乙、本校学生照各国渔航界之惯例以能接受严格训练绝对服从者为合格，宗旨不同者幸勿来校。

丙、本校为培养专门人才而设，如志愿未坚半途辍学者幸勿来学。

本学期学生缴费表：

费用类别	学费	图书费	书籍费	体育费	实验费	实习费	赔偿费	宿费	膳费	总额（元）
通学生	12	1	6	1	1	1	5	/	/	27
寄宿生	12	1	6	1	1	1	5	10	30	67

（一）新生入学时所缴赔偿费于毕业时有余发还，不足照补，复学生亦须照缴。

（二）书籍费不足照补，有余发还。

（三）制服自备二套至三套，式样由校规定。另备白分衫（挂领短袖）三件，黑革鞋、白胶鞋各一双，黑袜若干双。寄宿生须另备白线毯（约长市尺六尺三寸，宽四尺六寸）二条，毛毯一条，圆顶蚊帐一件。行李限衣箱、手提箱各一，不得过多。

（四）本校开办伊始，宿舍尚未全备，寄宿生倘能就本坡亲友自行设法寄宿之处，当较便利；如必须寄宿本校者，须于报名时预先声明，以便提前预备。

（五）入学各费每学期作一次交清。

附告

（甲）英属马来亚报名处及日期。

新加坡：（一）怡和轩俱乐部。（二）道南学校书记室。（三）日期自十二月十九日（星期一）起至十二月二十七日止。

马六甲：何复仁先生（日期由彼处定）；吉隆坡：尊孔中学校（同上）；霹雳：郑奕定先生（同上）；槟城：钟灵中学校（同上）。

（乙）荷属报名处及日期

吧城：庄西言先生（日期由彼处定）；棉兰：邱毅衡先生、邱贞先生（同上）；泗水：方步云先生（同上）。

（丙）试验地点及日期另日通告。

民国廿七年十二月十九日

录自新加坡《南洋商报》1938年12月19日。

复鼓浪屿国际救济会函

(1938年12月21日)

迳复者：

顷接大函，借悉贵会救济桑梓避鼓难民之梗概，良慰渴怀。承示举办教育难童学校，在长期抗战中，遭灾而流离失学之儿童，比比皆是，实应注意亟加设法救济也。本会馆深表赞同。兹谨遵命将前各方热心侨胞汇存赈款计叻银五千八百另一元三角八占，扫数由华侨银行汇上，附呈该银行汇票列六—六六三号一纸，内国币一万四千零二十元零九角二占，至希察收，掣给收据，并盼赐复是幸。

此致
鼓浪屿国际救济会锡荣、朝焕二先生

主席 陈嘉庚
一九三八年十二月廿一日

附：鼓浪屿国际救济会致陈嘉庚函

马来亚新加坡华侨筹赈祖国难民大会转福建会馆陈嘉庚先生大鉴：

久违雅教，想念时殷，敬维兴居胜常为祝。厦门失陷后，弟等与本屿中外人士组织国际救济会，以事救济，曾致电呼援，先后接奉来电两函，对于救济设施，诸多指教，敝会同人，均甚感激，曾于五月三十日提会报告，经交庶务沨复，谅因彼时人少事多，竟未办理。乃荷来函查询，敝会同人抱歉甚深，幸乞原宥。所有敝会救济经过截至本年八月底止，刊有征信录与报告书，详载无遗；征信录、报告书合刊十八份，将由万福士轮詹医士亲身送达，即乞察阅，便明梗概并烦将此刊物转寄各华字报馆刊载报端，以告星埠关心桑梓及爱护敝会之同侨，得以明了。至此间现在留所难民尚有一万四千余人，皆不愿回厦，均须长期给养，而粮食、服用、医药等费，按现在所存捐款，尚可继续维持。

近创办一难童学校，入学儿童二千余名，顺序上课，惟经费缺乏，进行颇感棘手，希望贵会所存叻币五千余元，可否拨为设立难童学校之用，俾得顺利进行。同人智力浅薄，并祈垂赐指导，借免愆尤，是所切祷。专复，祗颂时绥。

鼓浪屿国际救济会副主任丁赐荣
经济股洪朝焕
一九三八年十一月廿八日

原载新加坡《南洋商报》1938年12月22日；录自厦门市政协文史资料委员会、厦门市档案局编《陈嘉庚与福建抗战》，鹭江出版社1993年9月版，第2—3页。

致电蒋介石请通缉汪归案[①]

(1938 年 12 月 31 日)

蒋委员长钧鉴：

汪精卫甘冒不韪，公然赞同日寇亡国条件，稽其行迹，不仅为总理之叛徒，抑且为中华民族之国贼。我公庐山宣言，抗战到底，全国拥护，已成抗日铁案，中途妥协，等于灭亡。汪固深知此义，最近参政会决议，公务员中途言和，即为汉奸国贼。汪身居议长，岂竟充耳弗闻，乃敢弃职离都，背党叛国，殆谓南京傀儡，已首席高悬，非彼莫属耶。此而不诛，何以励众，更何以根绝效尤？敬乞我公宣布其罪，通缉归案，以正国法，而定人心。八百万华侨拥护抗战到底。

南洋华侨筹赈祖国难民总会主席陈嘉庚叩世（三十一日）

附：蒋介石复电

转陈嘉庚先生：

世电悉，中央已有处置，业经宣布，计当阅及。吾人必从抗战胜利争取国家主权领土之完整，此为已定国策，决无变更。希转达侨胞，一致淬励，努力赞助为盼。

中正　支（四日）侍秘　渝印

原载新加坡《南洋商报》1939 年 1 月 1 日；录自《申报》1939 年 1 月 17 日第 9 版，中国近代文献数据总库。

[①] 1938 年年底，因见报载汪精卫所发狂谬汉奸宣言，陈嘉庚于 12 月 31 日特急电蒋介石，请其宣布汪逆罪状并通缉归案，以正国法。

南洋华侨筹赈祖国难民总会通告第四号

(1939年1月6日)

为通告征募寒衣事,顷接准驻新加坡总领事馆二十七年十二月卅一日函开,顷奉外交部电开全国征募寒衣运动委员会总会征募计划,前经国民政府核准,应予协助并转知各侨胞踊跃应募等因。奉此查祖国自经暴敛侵凌,难民流离颠沛,值此严冬,御寒尤属急务,奉电前因相应转达等由准此。查劝募寒衣诚为急不容缓之举,各地侨胞自劝募应业已辄有所闻,准函前由合再发此通告。尚希各地继续努力,广为募劝,毋任祷盼。

此布。

民国廿八年元月六日(洋)

录自新加坡《南洋商报号外》1939年1月6日。

新嘉坡华侨筹赈祖国难民大会委员会通告

(1939年1月13日)

武汉合唱团在新世界演唱票已在大小坡设代售处三所。

大坡：谦益公司——怒十拿律十七号。

小坡：（一）神农药房——小坡大马路；（二）谦益公司——梧槽律五十一号。

本会主办之武汉合唱团，兹订本月十五日起至二十一日止，在新世界日光戏院□唱，所有入场券，除分发各社团及派员特行推销外，兹特在大小坡分设代售处三所，以利便侨胞之零购。（一）为大坡谦益公司，（二）为小坡神农药房，（三）为小坡谦益公司。自即日起发售，凡我侨胞，可即前往零购。

此布。

中华民国廿八年元月十三日

录自新加坡《南洋商报》1939年1月17日。

新嘉坡华侨筹赈祖国难民大会委员会
第二次元月份汇款布告

(1939年1月19日)

　　本会本月十八日由中国银行汇回二十八年第二次常月捐义款国币一十万元，交香港中国银行转缴行政院核收，连前第一次合共国币三十万元正。

　　此布。

中华民国廿八年元月十九日（芝）

录自新加坡《南洋商报（晚版）》1939年1月19日。

新嘉坡华侨筹赈祖国难民大会委员会通告第十一号

(1939年1月28日)

本会筹募捐款概取自动性质，各地分会组织亦由各地热心家自动倡导，外传出于本会强劝全非事实，侨胞切勿误信。

本会自开办筹赈以来，专取自动捐输，绝不以强劝。凡个人行店、公司社团，与及各区分会之组织等，概由该街市区域之公司行店，或社团中之爱国慈善侨胞，自动提倡，筹捐助赈。间或有来函接洽，或请求派员参加会议，都任其组织已告成立之时。证诸本会去年十二月十三日所发第七号通告云，"本坡市区外，自南侨大会后，对捐资救国，非常热烈，各处无论乡村市镇，都有爱国热心家出而提倡组织筹赈分支各会"等语，益可知本会对市区内外，各项筹赈组织，皆出当地有声望之热心家自动倡导，彰彰明甚。近查敌寇注目南洋，破坏吾侨筹赈，尤其本坡，利用汉奸，诈种种污蔑吾侨之恶意宣传，无所不用其极。日来复造谣言，谓本会在市区外，各分会之组织，都由本会派员强迫而成者，言出无稽，意图破坏，其为敌寇汉奸□吻，灼然如见。爰特发此通告，申明本会已往一切筹赈办法，悉采取自动性质，绝不强劝，以严杜恶意宣传，无所施逞。爱国侨胞，不受欺蒙，尚希一体知照，是幸。

此布。

中华民国廿八年元月二十八日

录自新加坡《南洋商报》1939年2月1日。

新嘉坡华侨筹赈祖国难民大会委员会通告第十二号

(1939年2月1日)

本会一年余来历次主办之大世界、新世界、快乐世界游艺会,所有发出之入场券,每位本会委员负责劝售一百元,每一社团负责劝售五十元,原应于每一场务结束,将款缴会以□手续。乃至今日久,且已续办多次游艺迄未缴清,延宕赈款,殊觉不当。虽经本会派员催收,仍复不能即时交出,用特发此通告,深望各委员及各社团速即备交,勿任收捐员一次二次徒劳往返,旷时废事,是所至盼。

此布。

中华民国廿八年元月三十一日(洋)

录自新加坡《南洋商报》1939年2月1日。

新嘉坡华侨筹赈祖国难民大会委员会通告第十三号

(1939年2月3日)

关于春节卖花日期及一切办法,又各社团此后卖花卖物各项筹捐,应由本会规定日期借资一致,不得自由行动以杜纷杂事。

本会于元月七日第二十次委员会议,议决,"在本届春节日(旧历新年)举办卖花卖物,以筹赈款。至普通花劝卖日期,在春节中应以何日为宜,即由主席召集各帮主任商定之",□于元月廿四日由主席召集各帮主任会议,决议各条办法照录如下:

一、普通花劝卖日期,市区内订二月廿二日(旧历元月初四日),市区外由各分会于十九日至廿三日四日中择定之。

二、市区内劝卖普通花队数,仍照前次分配,记广帮一百五十队,潮帮七十五队,琼帮五十队,福帮七十五队,本会直辖一百五十队,各帮队伍区域界线分配表,请于二月十五日以前报告本会。

三、凡由本会直辖之队伍,请于二月十日以前函报所组队数若干,要领花及箱若干,该□□住址何处,并以有注册之社团学校为标准。

四、特别花(即名誉、一等、二等、三等四种)及证书仍依照去年云南起义纪念日所行办法,照额分送,可免各帮派员劝购,惟前次未购之店户,可重新报领,以免向隅。

五、各帮应送交各行店特别花及证书等,请于二月十五日来会领取,十八日以前送交并即收回款项。

六、特别花另有一种以绸缎绒三项原料制成者,亦分四类,系本会此次特约厦门新来之制花名手所制,花朵较纸质者小,鲜妍艳丽,见之夺目,更缀两小带,可书购者芳名,新春来时,插在襟前,作爱国之表征,示吉祥之喜兆,何乐如之。凡欲新购,或以前已购特别花者,此次如欲采用此特制小朵之襟花(简称特别襟花),请先声明,当照派送(属于广帮者通知海天游艺会,潮帮通知潮州八邑会馆，琼帮通知琼州会馆，客帮通知林师万①先生，三江帮通知杨惺华②先生，福帮通知福建会馆，以上各帮均请于二月十日以前一齐汇报本会）。

上列各条乃关于春节卖花之办法，谨祈注意。又同时决议：

一、此后各社团或热心卖花卖物助赈，须遵守本会规定之日期，及其程序，或先取得本会之准许，方可举办，切勿不经本会知情，自由行动，致妨碍社会之秩序。

二、过去有"化装求赈"者，其热诚至可钦敬，惟群众观瞻多认未合，今后应即停止此项动作。

综上决议各案合行通告侨众周知。

此布。

中华民国廿八年二月三日（洋）

录自新加坡《南洋商报》1939年2月7日。

---

① 林师万（1886—1953），广东大埔人，新加坡华侨富商，曾任新加坡华侨筹赈会客帮分会主任。

② 杨惺华（生卒年不详），曾任新加坡三江会馆会长，创立三江公学。

新嘉坡华侨筹赈祖国难民大会委员会通告第十四号

(1939年2月3日)

本会逐日收入之义捐及月捐除当场发给收据外,并登广告于本坡华字报□征大信,此项广告向系分登于《南洋商报》《星中日报》两家,使捐款人按日查阅得知其捐款交付有无着落。惟因报馆之版位有限,本会收捐之条目浩繁,截至现在报馆所刊载者月捐仅至去年□月中旬,义捐至十月中旬而已,无法赶登,有劳捐款人悬盼,本会亦诚认为缺憾。兹因《星中日报》缩减篇幅,不能继续接登,本会经将平昔刊载于《星中日报》□份转与《总汇新报》承受,逐日刊载,□版逢星期□则加多一版,自二月三日(本日)起开始发表,此后必加速收款时间之接近,以免捐款人久待未见。尚希各界注意查阅是荷。

此布。

中华民国廿八年二月三日(洋)

录自新加坡《南洋商报》1939年2月7日。

南洋华侨筹赈祖国难民总会第六号通告

(1939年2月7日)

为通告事。本总会顷接祖国电委征募汽车之修机员及司机人员回国服务（修机者按数十人），凡吾侨具此两项技能之一，志愿回国以尽其国民天职者，可向各处华侨筹赈会，或分支各会接洽，并注意下列各条方可。

（一）熟悉驾驶技术，有当地政府准证，粗识文字，体魄健全，无不良嗜好（尤其不嗜酒者），年龄在四十以下二十以上者。

（二）薪金每月国币三十元，均由下船之日算起，如驾驶及修机兼长者，可以酌加，须在工作时审其技术而定。

（三）国内服务之地，约在云南昆明，或广西龙州等处，概由安南入口，旅费则由各地筹赈会发给。

（四）凡应征者，须有该地妥人或商店介绍，知其确具有爱国志愿者方合。

（五）本会经函达各地筹赈会负责征募，各筹赈会如经征取考验合格者，计有若干人数，须即列报本会，至应募者前往安南路程，如能由所在地筹赈会办妥手续，直接出发，固妙，否则可由本会设法办理。

事关祖国复兴大业，迫切需要，望各地侨领侨胞，深切注意办理是要。
此布。

中华民国廿八年二月七日

录自新加坡《南洋商报》1939年2月8日。

南洋华侨筹赈祖国难民总会致函
各地属会发动征募机工回国服务

(1939年2月7日)

迳启者：兹接奉我国政府电令，在海外征募汽车驾驶员五百名，修理人员五十名，以应需要。本会为此不得不分函各地筹赈会，极力设法，多方罗致。除在报端发表通知外，谨附致此项通告一份，希按照内开各条，从速进行办理，并转知贵处分支各会，协同征募，或派人往贵处机器工会、汽车工会等，鼓励应征。但须注意有妥人介绍，勿令汉奸混入为要。至于各应募人前往国内旅费，应请各地筹赈会分别担任，因本总会向未有向外捐筹及何项存款者也。大约每人由星起程六十元叻币便足。又此等驾驶员，在马来亚征募者，现第一批约六十人，可于本月十八日出发，并此告闻，尚希鼎力办理，顺盼见复。

南洋华侨筹赈祖国难民总会
民国廿八年二月七日

录自原主编许云樵、编修蔡史君《新马华人抗日史料1937—1945》，原出版人庄惠泉，新加坡文史出版私人有限公司1984年10月版，第61页。

新嘉坡华侨筹赈祖国难民大会委员会特别通告

(1939 年 2 月 25 日)

本会奉南洋筹赈总会命□本坡办理征募汽车司机及修机人员回国服务事,兹决定三月十一日为第二批遣送之期,爰通告两事如下:

(一)凡志愿投效者可于三月五日以前到本会报名登记及其他应办手续,以便决定人数,接洽船位。

(二)已报名者可于三月七日上午十一时齐集本坡同济医院办理护照,检验技术及其他应办事宜。

愿我热心为国服务之司修机侨胞依据上述规定,历〔厉〕行办理是要。

此布。

中华民国廿八年二月廿五日(洋实)

录自新加坡《南洋商报》1939 年 2 月 25 日。

新嘉坡华侨筹赈祖国难民大会委员会通告

(1939年2月27日)

本会兹订三月五日（星期日）下午一时，假座中华总商会召集各区分会并本会委员开会商讨下列议程，每一分会请派代表四人至六人出席，所派何人希于开会期前函知本会以备查考，尤盼各代表暨本会委员准时出席，以便解决，谨此通告。

议程：

（一）各分会报告（甲）当月捐由何月期始举办，每月可得若干；（乙）特别捐每月可得若干（此系包括神诞、卖花、买物及其他种种在内）；（丙）每分会逐月经费若干，如何筹应；（丁）每分会所□区城内华侨人口约若干。

（二）通过区分会简则（前日发出之草稿如有修改请于三月三日以前送回本会以便集合重印）。

（三）临时动议。

中华民国廿八年二月廿七日（五）

录自新加坡《南洋商报》1939年2月27日。

南洋华侨筹赈祖国难民总会通告第七号

(1939年2月27日)

本总会奉祖国电令，广征汽车司机修机人员回国服务。办理以来，第一批八十名（峇株巴辖遣送四十八，新加坡三十二）经于本月十八日遣送，第二批新加坡遣送一百名，亦将于三月十一日继续遣送。本总会深推办理此事，关系国家需要至为重大，凡我侨胞应宜全力赴之，以共建救亡之神圣责任，尤望马来亚各区筹赈会，能把握其领导侨胞出钱出力之任务，以最速时间厉行征募遣送回国。

诚以我国抗战自转入现在之第二期，国际运输，以西南为最扼要，滇缅滇越两路，在此期抗战，不负如人身之于血脉，生死胜负所关匪轻，机工人才，即血脉之输送者，其重要何如，不难推见。

吾侨爱国救亡，只在出钱出力，是□口号几于人人能言，家家共喻，惟当审度机宜，并行不悖，固不能偏执一隅，谓钱已出，力可以免，或力已尽钱可以省，甚至曲引境地不宜，法规未订□，以置身事外，一若国家需要□情漠然，绝无关涉者，如此则诚□□，惟在抗战紧急关头，为国民者，但问是否有钱可以捐输，有力可以投效，有之则竭诚贡献以抢赴祖国之危亡，尽其国民之天职可矣，遑可计其他哉。

所以此次征募机工回国，峇株巴辖及新加坡两埠，业已尽力举行，槟城霹雳两区，亦正积极推进，尚望全马各区会踊跃征募，以赴事□，祖国前方堪忧催促，事不宜迟，用特此通告，俾速进行办理。

此布。

民国廿八年二月廿七日（六）

录自新加坡《南洋商报》1939年2月27日。

在新加坡各区筹赈会联席会议上申述劝募赈款方法

(1939年3月5日)

一、自民二十六年抗战军兴，本坡侨众，即于八月十五日假此总商会内开全侨大会，组织星华筹赈大会（即本会），委员规定三十一名，系依照总商会各帮名额分配选出，福帮十四名，潮帮九名，广帮四名，客帮二名，琼帮一名，三江帮一名，概由各帮自行推选，任期并无限定。开办以来，从未改组，亦未更动，盖不论何帮，如要改组，或更动，乃属该帮内部之事，与大会绝无关系。此为本会自侨民大会以来，组织之大概情形，谨报告与各分会同事，使明白本会组织之原则。

二、本会成立之后，在最初数月中，对市区内特别捐、常月捐、救国公债，及其他等等工作，颇觉烦忙，未暇推广捐务于市区外。然亦有少数热心家自动负责出为劝募，惟成效未甚显著。迨至南侨大会开后，本会承认常月捐，每月四十万元，于是积极组织市区内外各分会，盖若无组织多处多分会，普及捐筹，决不能达到四十万元之目的。自大会至今，马来亚及其他各属，对南侨大会中所承认常月捐，不但照额汇交，尚且增加不少。新加坡居马来亚首府，南大总会亦设立在此，当然不宜落后，所以积极组织各区分会，现已成立三十二分会矣。

三、各分会对会员开会事，每月大约亦须举行一次，如有必需，亦可临时召集。其目的在于筹款之增加，然须不致近于强迫，不致发生事端。总言之，能以善言雅意劝诱，不必勉强。如逢冷血之人，更勿勉求为是。又如通俗演讲，一分会之中，应分几处演讲，就分会中组织之，不必逐次待本会派员参加。至通俗演讲词之内容，最要在能使听讲之人，人人能晓，而且人人能行。凡关于文言字句，以及高深故事，可不必讲，譬如说抗战高于一切，最高领袖，抗战到底，最后胜利，及欧美地名、人物、历史等，不识字者多数不能了解，既不了解，当然不能鼓起热情注意，演讲效用便完全丧失。最好宜用浅白土话，较为有效。故通俗演讲无论市区乡村要收实效者，当以浅白土话为宜，愈浅白愈妙。

四、马来亚原分十二区，自来对于祖国慈善筹赈事业，各自为政，绝未有团结联络，集会研究。各处筹捐多少，一向无从得知，亦且无从比较，甚至各区有无一致举办，亦无从统计。追前年马来亚各区购机会在吉隆坡开联合会，方有统一组织，成绩优异，故"七七"抗战而后，再集吉隆坡开会，成一联合通讯处，亦著相当效益。旧年国庆日，祖国政府命令传集全南洋侨领来本坡开大会，其成绩更已显然可见。单举马来亚而言，南大未开会前，常月捐不上一百万元，开会时，各区承认常月捐至一百三十三万元，开会后，各区加强筹捐，自十一月起至元月止，共三个月，每月平均有一百九十万元，增加半数之多。究其原因，既非大资本家慷慨多捐，又非各行商店踊跃报效，实乃各界普及捐筹，而尤以劳动界收效更宏。有此成绩，端由各地总会分支会诸委员精诚努力而来。今日兄弟希望各分会负责人，认本天在此开会而后，此去捐募之成绩，亦如旧年国庆日南侨大会各代表开会后所表现之成绩，每分会人口若干人，每人平均捐出若干，逐月有统计、有比较，造成表格，寄送各分会。愿在座诸君多多努力。

录自新加坡《南洋商报》1939年3月6日。

南洋华侨筹赈祖国难民总会通告第八号

(1939年3月7日)

  本总会主办征募汽车驶修机工回国服务事，第一期名额，自通告发出后，各地爱国机工，踊跃投效，修机百名，业已募足，驶车名额，亦将满数。惟祖国方面，以滇缅路线悠长，车辆众多，货物运输，云屯山积。兹拟第二期续募驶车员三百五十名，修机员五十名，共四百名，用特通告马华各地筹赈会，暨各侨团，协同努力，继续征募，各地爱国机工热烈应征。

  我马来亚华侨，历次效忠祖国，所得荣誉，多属出钱，至于出力，应以此次机工回国投效最为显著。西南国际公路，在最近两月之间，输入罗厘车①达三千余辆，需用修驶人才，不言可喻。马来亚闽粤两省侨胞，对此项技术经验，已早在国内声誉噪驰，故函电频来，催促劝募，深望趁此良机，更以显出侨胞出力之令誉，则出钱出力，兼而并进，侨胞之光荣，亦国家之光荣。又滇缅公路，对机工待遇，极为完善，即如卫生一项，每隔数十英里，便有设备周全之医院一所，以资健康保障，即此一端，可概其余。尚盼各地，积极进行是要。

  此布。

中华民国廿八年三月七日（洋实）

录自新加坡《南洋商报》1939年3月7日。

---

① 罗厘车（Luo li car），是英文 lorry 的音译，原词意指货车、卡车。

电告机工分批返国

(1939年3月10日)

南侨筹赈总会主席陈嘉庚先生，本日接昆明宋子良①先生电，以奉蒋委员长命办理后方物资供应，请代向海外征募机工回国服务等情，谨将原电录登报端借供公览："新加坡分处转陈嘉庚先生赐鉴：弟奉委座命办理后方物资供应。一年以来，稍具规模。值兹战区西移，交通端赖公路，汽车司机需用浩繁，国内罗致者尚不敷用。查英属侨胞数逾二百万，驾驶人员愿返祖国效劳者，定不乏人。素仰先生领袖侨胞，关怀祖国，敢请予以协助。除饬星洲分处陈处长质平②随手趋候外，特电奉恳，敬祈赐复，毋任公感。弟宋子良滇梗。"又此次机工回国服务，第一批八十名，已于前月十八日出发，第二批二百二十名则订本月十三日出发，第三批二百多名则将于廿七日出发，此情经由南侨筹赈总会主席陈嘉庚先生，电告昆明西南联运公司③宋子良氏，兹将该电录志如下：
宋子良先生鉴：

梗电悉。驶修员二百二十名，元日（十三日）起程，第三批二百多名，感日（廿七日）起程。余续募，共可一千名。

陈嘉庚叩蒸（十日）

录自新加坡《南洋商报（晚版）》1938年3月10日。

---

① 宋子良（1899—1987），海南文昌人，上海出生，宋庆龄之弟，时任西南运输公司经理。
② 陈质平（1906—1984），海南文昌人，时任西南运输处星洲分处处长。
③ 应为1938年9月迁到昆明的西南运输公司。

南洋华侨筹赈祖国难民总会通告第九号

(1939 年 3 月 12 日)

本总会自奉命办理征募汽车驶修人员回国服务，前后□经发出第六第七第八各号通告，当为我全马侨胞一体知悉。查我海外华侨人数虽多，或因环境阻碍，行动未尽自由，或因散处各方，交通诸咸不便，惟马来亚侨胞众多，环境交通，均□便利。念抗战后方责任之重大，当必有爱国健儿乐为祖国效命，以成时势之英雄者。本总会□□前途□□，除第一批八十名，已于前月十八日出发，兹订第二批二百二十名，本月十三日出发，又第三批约二百余名，亦将于本月廿七日出发。马属各埠，凡欲赴行出发者，务须在每一船期提前五天来星，办理出口手续，同时须在所在地，预领居留证，以为他日前来之便，但勿候待至星□□，因恐人多手续烦，办理未周，反误行程，谨此通告。

中华民国廿八年三月十二日（洋实）

录自新加坡《南洋商报》1939 年 3 月 13 日。

为印籍王亚龙、马来籍马亚生参加机工服务团致西南运输总经理处函

(1939年3月12日)

迳启者：此次机工回国服务员计有二百零八名，其中有印籍王亚龙一名、马来籍马亚生一名，均由太平埠筹赈会转派前来。查两位外籍人均能操中国语言，又能粗识中国文字，因其从幼即与当地华侨一地生长，对中国抗战亦表同情，故此次志愿参加华侨青年回国服务。经由该地筹赈机关详细调查，除同情中国抗战外，并无其他企图，如不许以前往，未免使之失望。又修械领队王文松君，每月薪为国币一百元，其余每名月薪五十元，经前次接洽时当面应许。除请西南运输公司代转一函外，特再修函奉达。谨希查照是荷。

此致
昆明西南运输处

南洋华侨筹赈祖国难民总会主席陈嘉庚
廿八年三月十二日

附：新加坡分处处长陈质平为录用印籍机工王亚能［龙］事呈总经理处函
(1939年3月28日)

顷接筹赈总会陈主席嘉庚来函开："本会此次派遣第三批机工计五百九十四名，业经于本日上午趁［乘］轮赴越转昆，内中有印籍王亚能一名系第二批机工，因手续关系故延至此次始行参加，敢请贵公司迅即航邮呈报昆明运输处"等由；准此，查第三批机工回国事宜已于昨日备文交机工带呈钧处在案。查该印籍司机投效，业经婉谢，此次该会又再派送，实难坚拒，拟请钧处准予录用，理合呈请，鉴核示遵。

谨呈
总经理处

星加坡分处处长陈质平（公出）

　　　　　　　　　　　　　　　总务科科长夏日校代行
　　　　　　　　　　　　　　　中华民国廿八年三月二十八日

　　录自陈嘉庚纪念馆、云南省档案馆、厦门市华侨历史学会编《南侨机工档案史料选编：云南省档案馆馆藏部分》，中国华侨出版社2009年8月版，第10、12页。

南洋华侨筹赈祖国难民总会通告第十号

(1939年3月17日)

南洋华侨筹赈祖国难民总会为资送机工回国切戒形式铺张事,特发出第十号通告,兹将该通告内容照录于下:

查此次征募汽车驶修机工回国服务,虽属国家需要,事异寻常,征募机关及应募人员,固宜同具热情,方克有济。第就事件本身之性质论之,凡应募者,亦可视为平常职业上之转移,与执戈前线,固自有别也。征募机关,对于技术上之考验,体格上之检查,与及各项手续上应办之□外,其他如热烈欢送、列队游行,甚或赠旗赞誉登报传扬,种种形式上之铺张,殊为不必要之举,精神鼓励,原不□此。本总会兹承有关方面,婉告戒止,务盼各埠征募机关,共体此意,实事求是为幸。

此布。

中华民国廿八年三月十七日

录自新加坡《南洋商报》1939年3月18日。

南洋华侨筹赈祖国难民总会通告第十一号

(1939年3月23日)

近日马来亚各区筹赈会，多有接奉当地政府函告颁示筹赈会条例七条，须即遵行，并依照社团律例呈请注册，以取合法地位等情，来函征询本总会主席意见。查星华筹赈会则尚未接到是项文告，故在事前亦未曾向当地政府探问本案之缘由。昨二十日本总会主席往晤华民政务司佐顿先生，并蒙其邀出副华民政务司齐扶先生，会同解释各条法意，谈商结果约如下述：

一、七条文中如第一条，凡直接或间接恫吓捐款，以及第二条出入口货捐，第六条设立鉴定物产商品来源等事，查马来亚各处筹赈会，自来守法明义，对此三项，一向未有关涉；至于第七条由政府派员查账事，此更绝无问题。盖筹赈会账目，原属公共性质，贤明长官，关注及此，吾人十分同情。计上列第一、第二、第六、第七，四条，筹赈会将宜遵守，可无疑义。

二、第三条，筹赈会不得有组织在公共街道，或公共地点作筹款之举，如知其情，亦不得接受在公共街道或公共地点所筹得之款。惟事前若得到副注册官书面批准，则不在此例。此条两位长官更有详细解释。

甲、因卖花或卖物事，各街界如分配不均，或绝无分配，甚至有一街之中，队数众多，难免对于行人交通，诸多不便。

乙、在公共地方，卖花卖物筹赈事，须先向政府当局领取许可字。此例即在英京亦早已规定，所以知是者，为恐妨碍公共地方之秩序也。

丙、政府对本条规例，严切注意，若各处筹赈会，在办理时，能约束妥善，分配适宜，而热心服务队员能明理守法，不强人所难，不干犯交通，则政府当然乐许，反是定必禁绝之，吾侨切宜留意。

三、第四、第五两条，不得沿门劝捐及沿门售剧券等，此条法意之限制，乃着重于"沿门"两字，非完全禁止筹赈会不得劝捐，不得售券。所限于沿门者，即不得挨门沿户，比行逐铺至全街一律捐筹，更不得无论识与不识，概要强其负担之谓也。若舍此而外，凡出街劝捐以及售入场券等项，如向所识所亲，以及自动乐意接受，绝无勉强者，则政府固绝无限制也。

上举各条，用以普告全马筹赈会当局暨全马侨胞，俾知立法本意，借释疑虑。

此布。

中华民国廿八年三月廿三日（本南）

录自新加坡《南洋商报》1939年3月25日。

新加坡华侨筹赈祖国难民大会委员会三月廿九日黄花岗纪念日卖花事谨告各团体及卖花队员

（1939年3月24日）

（一）本会以前举办卖花助赈，免向当地政府出字，可以自由出售，今已不可。每次举办时，本会须先向政府讨准人情据为据，然后方可登报出售。

（二）政府规定，凡卖花队员，不得强迫人买花，不得阻碍交通，不得与人生事，如犯上述等项，则下次不再给准卖花字。

（三）各帮负责机关，暨各学校社团，为爱国助赈起见，在后方负责出力任务，此种精神，至为可敬。然须审慎从事，对于派遣卖花队员，必须妥慎选择，取其性情温和，言词婉善者为合。在队员出发之前，各机关团体应集队殷殷劝告，为筹赈前途着想，不可越轨生事。

（四）队员对私人劝卖时，如逢其人襟前插有南三朵花者，倘非自愿接受，切勿再劝。又如其人不愿意购买，虽未曾插花亦勿勉强，并切戒以嚣言加人。

（五）卖花时日，以政府给准字之时日为限，无论市区内外，不得或先或后擅自出售，倘或有违而发生事故，该社团机关当负全责。

（六）各队街界，经由本会编定，切宜依界劝卖，若不守界线，致发生事端，亦由该社团机关负全责。

（七）上列各条，市区内外，须一律遵守。

（八）此文应分送各卖花队员，每队至少一张，嘱其善守勿误（本会另有铅字印单张者）。

中华民国廿八年三月二十四日（本南）

录自新加坡《南洋商报》1939年3月25日。

南洋华侨筹赈祖国难民总会通告第十二号[①]

(1939年3月30日)

关于英属马来亚各区筹赈会，须向当地政府注册事，本总会在数月以前，经接华民政务司函告，当时所以未曾转知全马各区会者，以欲待星华筹赈会注册手续备妥后，全盘露布，以资各区考证，一致采行，省费手续耳。直至前日，知当地政府复有七项筹赈条例之颁布，各区会来函查询究竟，本总会主席遂于二十日谒见华民政务司。谈商结果，已于廿二日发出第十一号通告，想各区筹赈会及我侨胞，疑虑所在，概已明了。

按中日战争，眼前未易结束，筹赈会存在，为期尚遥，当地政府，饬令注册，吾侨宜当乐行。星华筹赈会，前已托林泉和[②]律师，向政府接洽，迟日当有结果。至于七条筹赈条例，乃由行政院立法会议通过，吾人应于此中求其便利，不可于法外另生枝节。兹以前第十一号所言，容有未尽，而日来各区会或觉条例严酷，因而忧怀疑虑，靡所适从，或因未明注册手续，踌躇瞻顾，莫知所可。本总会爰再申明，借祛疑虑，幸共鉴之。

一、马来亚各区筹赈会向当地政府注册事，当要奉行，惟每区用区会名义注册便足，其他分支会则免，盖全区统由区会负责也。

二、各区会如因注册手续，尚未备竣，当地政府，已来催促，可要求展缓，至新加坡筹赈会办妥，然后仿行之。盖全马行动，要当一律，以利办事上之程序。

三、政府所颁七项条例，第一条直接或间接强迫或恫吓捐款，第二条出入口货捐，第六条设立鉴定物产商品来源，此三者，自来为法律上所不许。各区筹赈会，一向明白此义，谨戒避免。吾人对此，不作新条例观亦可。

---

① 1939年3月30日，南侨总会发布第十二号通告，再解释筹赈条例，并希望各区筹赈会勿误会自囿前途。

② 林泉和（1904—1968），祖籍福建厦门，生于新加坡，律师。

四、第七条由政府注册官派员查账事，此为各社团注册习例，非为筹赈会专设之条文，毋庸详释。

五、第三条，在公共场所卖花卖物，须先得注册官批准（俗谓讨人情字）。此条经详前次通告，但各区筹赈会负责人，苟能小心办理，作有秩序之行动，而不发生任何事端。当地政府当然甚表同情，卖花卖物，仍可照常举办。

六、第四条、第五条，不得沿门捐筹售券，全条例中，最引人疑虑者即此两条。盖大都认为筹赈会此后不得再派员出门劝捐及劝售剧券，究实相差甚远。政府之所谓"沿门"二字者，系指挨门沿户，不论识与不识，硬捐硬卖，情同强迫之谓，绝非禁止筹赈会不得向商店住宅募捐售券也。

此次政府颁布新条例七项，骤闻之，单就第四、第五两条，几使筹赈会要将全部工作停止，此后无法进行。迨本总会主席会晤华民政务司后，始知绝对不然。除通告解释外，再将经过事实言之。如沿门强迫之举，不但各区筹赈会自来无此行动，亦绝无此意向。间或难免有一二不善言词之人员，未能深切体会筹赈会之本旨，偏又遇一毛不拔者，或汉奸败类故意寻衅者，致费口舌，然亦事出偶然，极为少数。筹赈会开办二十余阅月，类于此者绝小，此极无谓之小事，当然不致牵涉大局。然要知各繁盛城市，均有一种企图破坏筹赈者，因恐筹赈会向他劝捐，乃于事前投文西报，呈函政府，故作危词，冀图蒙蔽。又有一种汉奸，袭用此技，亦已数见不鲜。政府如一根究事实，则又茫然无据。

总而言之，对于沿门强迫之事，本总会深知各区筹赈会绝无此意，亦绝不致有此举。夫如是，所谓新条例之限制捐筹者，复何碍焉？愿全马各区筹赈会暨分支会，切勿误会，自囿前途，更期遵守法律，奋勇迈进是幸。

此布。

中华民国廿八年三月三十日

录自新加坡《南洋商报（晚版）》1939年3月31日。

关于未向荷印募机工缘由之解释

(1939年3月31日)

我国驻荷属泗水领事馆,昨来函询问南侨筹赈总会,荷属机工是否可以径自返国,不必取道星洲,南侨总会主席陈嘉庚氏,当即复函告以不向荷属征募缘由。

敬复者,顷奉本月廿八日大函,借悉一是。本会此次征募驶修机工回国,在此一千余名,原拟就马来亚方面征募便足,却未征及荷属,其原因为侨胞由国内来荷属居留者较英属为难。荷属入口费重,而英属则无,所以非到不得已时,未便向荷属征募。乃荷印侨团及热心青年,未明此义,不独事前未有先函来询可否前往,而且随便任意派送机工前来。费用不足,犹在其次,最不合者,中文不识,华语不通,个人虽属热心,其如回国后工作发生困难何?故无论如何,必待有本总会登报通告指明征募荷属华侨,详列条件考验及格者,方可前来,不然徒劳往返,于事毫无裨益。以上所有实情,务请贵领事馆再予通告侨众,申释一切,曷胜盼祷,谨此布复,即希鉴谅为荷。

此致
驻泗水领事馆

南侨筹赈总会主席陈嘉庚
廿八年三月三十一日

附:驻泗水领事馆致陈嘉庚电

接奉本月廿三日尊电,嘱通告侨众司机勿来等由,究竟是否报名额数已满,抑或是否可以径自返国,不必取道星洲,未蒙示知。除遵嘱通告侨众外,相应函请查照示复为荷。

此致
南洋华侨筹赈总会主席陈嘉庚先生

廿八年二月廿八日

录自新加坡《南洋商报》1939年4月1日。

《民族呼声》① 序

(1939年3月)

　　武汉合唱团男女团员二十八人，由团长夏之秋②先生领导，自去年十二月来星洲，以歌曲戏剧演讲之新姿态，作海外救亡之宣传。举凡敌寇之如何凶暴，同胞之如何惨苦，我军之如何英勇伟烈，与夫我国抗战最后胜利之断然可期，皆莫不在其一歌一曲，一啼一笑，一言一动之间，充分表达，淋漓尽致，以故声容所至，感动全侨，遥应祖国前方抗战之精神，默增海外华侨救国之力量，劳绩至伟，卓然不磨。

　　该团昔在祖国，组织于何时何地，余概未之前闻。余之知有该团，乃自去年十一月杪始。斯时，该团副团长黄椒衍③先生，率其同伴数人，由香港来见。言次，出许世英④先生及香港华侨银行经理康君镜波介绍函，备述该团出洋使命，而余要肩负东道之责。余默念：此时以正当之歌剧艺术，来海外宣传，配合筹赈运动，相辅相成，确属必需。余忝为星华筹赈大会与南洋华侨等赈总会主席，苟置而不受，将谁焉可？乃毅然诺之。议定，黄君立电香港，全团南渡。十二月十八日之夜，星华筹赈会以东道之谊，假座大世界太平洋戏院开会欢迎，并请试行唱演。是夕各侨团领袖，中外新闻记者暨筹赈会职员等，到者逾千人。全团登台，气象严肃，歌声入耳，闻所未闻，但觉耳际有如万马奔腾，怒潮汹涌；剧艺出场，见所未见，恍如置身故国烽火之区，目击同胞流离之惨；表演寇军兽行，使人忿恨填膺，比将暴敌歼除，又使人痛快鼓掌。盖其激荡爱国之热情，纯出一片自然之真性，与寻常歌戏，绝不相悖。余由是乃决意扩大其工

---

① 《民族呼声》系1938—1939年武汉合唱团在新马巡回表演期间所编撰的歌集，由南侨总会印行，陈嘉庚作序，内含《歌八百壮士》《思乡曲》等著名抗战歌曲。

② 夏之秋（1912—1993），湖北孝感人，小号演奏家、音乐教育家，时任武汉合唱团团长。

③ 黄椒衍（生卒年不详），沪江大学毕业，时任武汉合唱团副团长。

④ 许世英（1873—1964），安徽至德（今东至）人，时任国民政府赈济委员会委员长。

作范围，冀将此救亡呼声，普遍深入于海外八百万华侨各阶层上下。自十二月廿四日起，迄兹三月，先后在大世界、新世界、快乐世界、天福宫暨外籍之首都戏院、政府之域〔维〕多利亚戏院各场演唱，凡六七十次；又在市区外各乡村筹赈分会，演讲歌唱，亦各有若干时日。我华侨之万人空巷，倾听歌声，空前盛况，固无论矣；本坡政界闻人、各国驻领、西报记者，临场参观，亦莫不同声赞美。泰晤士报记者，特著论评，誉之为新中国之歌乐，谓其艺术造诣之深，直可并驾欧美。其引致友邦人士之倾倒，有如是者！然此亦即我中华民族之光荣也。

马来亚各地侨团，闻风倾慕，纷致聘函。余以全马区域辽广，侨胞众多，不论大城小市，如每处少作勾留，则巡回演唱，亦须经年。虽现尚未出发，而路途编配，应有全部计划，俾得按部就班，循序以进。余之意计，乃以由近而远为编配原则，即自新加坡起，经柔佛，斜出马六甲，转森美兰，然后或彭亨，或雪兰莪，再进霹雳，以抵槟城。此外如玻璃市、吉礁、登嘉楼、吉兰丹各属，均得就其行程之便利而先后之。凡此筹划，余悉已致函全马各会，附调查表格，请其填报。一俟报告集齐，自可作该团全部行程之编定。余闻之：为人谋者，必忠必信，窃以该团属望之殷勤，而重念同为国家，且居东道，故不能不尽其责，而慎为之计也。

此次该团奔波海外，高歌救亡，不徒于宣传工作，卓著成效；即于文化启发，教育熏陶，亦多辅翼。观于民众学习歌唱之殷勤，教师求取歌谱之迫切，真诚涌露，感发尤深。夏团长浸浴于群众热情鼓舞之中，欣然将其歌谱，编订成集，付托南侨筹赈总会刊行，要余作序。余于文学既乏素养，歌曲更非夙嗜，原拟辞谢，转念该团此来，与余关系亦颇亲切，乌得默无一言！爰撮事实经过而叙之。

夫语言宣传有所尽，而文字宣传则无穷。武汉合唱团只廿八人耳，亦只廿八人之歌声耳，乃初到星洲，歌声一出，即哄动全南洋。今更加以歌集编行，文字传布，人人习之，人人能作武汉合唱团之歌声，人人亦愿为武汉合唱团之团员，全南洋八百万华侨口中，人人皆有此救亡歌唱在。精诚所至，山岳可摧，行见出钱出力，更足惊天动地，又岂仅收功于文化教育已哉。抗战必胜，建国必成，亦将于斯焉见之。

中华民国廿八年三月陈嘉庚序于新加坡

录自新加坡《南洋商报（晚版）》1939年4月8日。

致函各区筹赈会述机工取道仰越费用

(1939年4月4日)

迳启者,昨晚槟城筹赈会来电话,询司机到仰之后,由仰往滇之费若干,是否由该司机带去。鄙人当复以不可,凡机工服务团,可如此间办法组织之。

(一)举队长正副各一,财政主任正副各一,文书主任正副各一,宣传主任正副各一,其他干事若干,全队每人备叻银五元,下船时交财政(财政再寄船主)。凡未到滇之途中,所有费用就此开支,迨到地时,余存若干则散发各机工收去。

(二)由仰光入滇之费,据仰光西南运输公司经理陈君来函,每人要三十盾,以为仰光至腊戌火车税十五盾,再至滇以及途中零费等亦按十五盾。此条鄙人按至多补他廿盾,其理由按由仰入口,与安南入口,各地筹赈会所负责承担者相同额数,详列其由如下:

甲、由星到安南火船费十二元八角,再至河内火车税十四元,河内再至滇五元五角,共三十二元三角,其他零费约二三元,合计三十五元。

乙、由星至仰船费十九元二角,如再加此项补助二十盾,折合叻银十三元,共三十二元二角,约省二三元。

(三)由安南入口,系星及西贡河内旅行社包办,照单核算,所有各费及中途伙食客栈等等,均由该社代理,至昆明止,一切支款未有经过运输公司之手。至由仰光入口则不同,既非旅行社代办,且全数机工未必人人到昆明,可按至滇缅交界之处便足,故以二十盾补贴之。

(四)每人补助由仰入滇费二十盾,此次除应寄交仰西南运输公司经理外,本总会当另行报告昆明总运输处宋子良先生,并将此次经办一切机工由安南、仰光等地入口各费,造报行政院及军事委员会备案。

(五)此次补助费每名二十盾,应请槟、霹雳、吉礁各区筹赈会,自行决定,要将该款各自直接汇交仰光西南运输公司,抑或托本总会代汇,希于本月九日以前电复，俾可于船到仰之时汇交。上述各情，统希查照办理见复是荷。
　　此致
某某筹赈会

星华筹赈总会主席陈嘉庚
廿八年四月四日

录自新加坡《南洋商报》1939年4月5日。

关于筹赈会注册问题函复雪华筹赈会

(1939年4月8日)

迳复者，接贵会四月五日来函内开：关于筹赈会注册问题，本会曾于三月廿五日开委员大会，议决请求当地政府豁免注册在案，惟昨阅报纸登载总会三月卅日通告，借悉总会对于注册事，虽数月前接华民政务司函告，但欲待星华筹赈会注册手续备妥后，全盘露布，以资各区考证，一致采行，并谓当地政府饬令注册，吾侨宜当乐行等语。本会以注册问题，关系重大，有缜密讨论之必要，用特函请早日召开马来亚各区筹赈会联席会议，从长考虑。如何之处，盼即赐复等情。具见贵会对本案之关切，良堪佩慰。事关全马赈务，本总会亦曾深思熟虑，以求妥善办法。兹据函陈前情，爰将所见条答如下：

一、本总会数月前亦接华民政务司来函，嘱往注册。本总会复以在坡常务委员，仅有数人，余均散居外埠，似无注册必要，经蒙华民政务司复函同意，故本总会自身对于注册问题绝无关系。

二、同时华民政务司函嘱本总会，通函马来亚各区赶办注册。本总会对此尚未答复，亦未函告各区会。一则以各地华署迟早自有直接通告，毋须多此一举，时日稍延，无妨于事；二则以注册手续，星华筹赈会托林泉和律师办理，而政府所订注册条款如何，当时尚未有端绪，可以转告各区会也。

三、本总会在三月三十日所发第十二号通告，有当地政府饬令注册，吾侨宜当乐行一语，就大体上言，政府法令所示，自有必要之根据。中如仍许吾人有筹赈工作上之便利，则表示乐行，固吾侨对当地政府所应有之良善态度也。本总会之意如此，至事实上各区乐行与否，各区尽可提出其正确之主张，与具体之意见。

四、星华筹赈会托林律师办理，迄今数月，尚未有政府关于注册手续上条款之宣示。此事之所以挨延，及应否挨延之故，事实上各区会当法多数了解。在星华筹赈会则以政府法令，决当乐从，唯以事非迫切，稍宽无妨也。且注册条款，必待林律师与政府主管机关商妥，方可将具体情形提付委员会议解决。

五、贵会来函提议由本会召集马来亚各区联席会议，从长考虑，此意良是。但凡一会议于提出正面议题之外，同时似应并行提供解决议题之具体意见，或其充分材料，则此会召集方免流于空洞。未悉贵区会对于注册问题，是否已订有具体方案，抑或对于注册手续，是否经有准备。若未者，窃恐各区联席会议一行召集，彼此均无准备，众议纷纭，莫衷一是，将要如何解决。

六、贵会如拟有具体方案，或完备手续，而以急行召集各区开会为是者，请将所拟具体方案或手续详细开寄，本总会当将贵会主张，传知各区，订期开会，以便公同研讨，择善而行。以贵会关怀本案之切，诸君处事之贤，想必有成竹在胸，可资本案之完善解决也。跂予望之，谨布区区，诸维察照见复是幸。此致，雪兰莪华侨筹赈会会长李。右函并转马来亚各区华侨筹赈会公鉴。

南侨筹赈总会主席陈嘉庚
二十八年四月八日

录自新加坡《南洋商报》1939年4月9日。

电请国民政府严惩汪逆精卫[①]

(1939年4月13日)

国民政府并转中央党部军事委员会国民参政会钧鉴：

汪精卫叛国求和，罪情重大，实古来奸贼所未有。丁兹抗战救亡，胜负未决，暴君狡计，利在以华制华，汪与党羽，暗中通敌，因中央宽假，得脱身离境，乃复发出艳电，冀摇人心。全国上下，莫不痛恨，咸谓中央必能严令通缉，以正典刑。不意仅革党籍，未及国法，而汪又竟无悔过意，非但不肯出洋，敛迹思过，尚广布爪牙，巧肆簧舌，外则加紧勾结敌人，内则阴图颠覆政府，此而不诛，何以励众。若曰汪有前功，卖国便可无罪，汪为党之副总裁，应特别包涵，抑中央宽大为怀，欲留余地，然此于法于理，皆属失当。盖汪逆不忠总理，出卖民族，则为党之罪人，国之奸贼，过去任何高功，亦不容诛。现汪虽逃外境，以避国法，而中央为正内外视听，国法仍不可不行。至所谓宽大为怀，亦须待抗战胜利之后。今日前方将士浴血挥戈，后方民众卧薪尝胆，战区受难同胞无虑数千万，蒋委座复锐意推动精神总动员，岂独容汪贼与其党羽逍遥法外，实南洋八百万侨众所莫解。谨布区区，尚祈对汪等严加惩处，不胜迫切待命之至。

南洋华侨筹赈祖国难民总会主席陈嘉庚叩元（十三日）

录自新加坡《南洋商报》1939年4月26日。

[①] 1938年11月20日，汪精卫集团与日方签订《日华协议记录》，拟定叛国投敌计划；12月19日，汪精卫、周佛海等叛逃越南河内；22日，日本首相近卫文麿发表第三次对华政策声明；29日，汪在河内发电响应（即艳电），宣称愿以近卫声明"善邻友好、共同防共、经济提携"三原则进行谈判，公开投敌，并劝蒋赞同与日合作。1939年1月，国民党对此叛国罪行仅开除汪的党籍了事，陈嘉庚遂于4月13日致电国民政府请以国法严惩汪逆。

南洋华侨筹赈祖国难民总会通告第十三号

(1939 年 4 月 18 日)

蒋委员长说:"必须资源有持久之力量,始克获最后胜利。"

宋子文先生说:"值兹战事正殷,端赖后方源源接济。"

白副总参谋长[①]说:"敌势虽疲,野心未戢。尚望侨胞再接再厉,出钱出力。"

本总会在最近一周间,连接国内蒋委员长、宋子文先生、白副总参谋长来电三通,鼓励侨胞加强捐输,源源接济,共博最后胜利。今合将蒋、宋、白诸公原电披露如次,以告海外全体侨胞。

(一)蒋委员长电

南洋华侨筹赈祖国难民总会陈嘉庚兄:

溯自抗战军兴,已历廿一月,海外侨胞节衣缩食,踊跃捐输,先事购买救国公债,继则月捐义捐,其爱国热忱,殊堪嘉尚。现在第二期抗战方殷,必须资源有持久之力量,始克获最后胜利,仍冀各侨团振发以前之精神,继续努力源源汇寄,俾裕军用,并希转知各属侨团查照为荷。

蒋中正五日

(二)宋子文先生电

南洋华侨筹赈祖国难民总会陈嘉庚兄:

查海外侨胞,除购买救国公债外,其义捐月捐,亦殊踊跃,热心毅力,至堪敬佩。业将各地一年余捐输情形陈报蒋委员长,奉电深为嘉慰,经由委座五日电达,计荷鉴察。值兹战事正殷,端赖后方源源接济,还祈继续努力,历久不懈,裨益于抗战前途,殊匪浅鲜,特电奉达,即希查照,并转知各属侨团为荷。

宋子文歌

---

① 即白崇禧。

（三）白副总参谋长电

南洋华侨筹赈祖国难民总会陈嘉庚先生并转诸侨胞公鉴：

二十七年十月三十日函暨大会宣言均奉悉。抗战以来，我侨胞踊跃输将，不特被难同胞身受其赐，抗战力量，亦于焉增强。现敌势虽疲，而野心未戢，正赖国内军民，海外侨胞，同心勠力，驱除强寇，求得民族国家之自由平等。诚如宣言所云，国家之大患一日不能除，则国民之职责一日不能已，前方之炮火一日不得止，则后方之刍粟一日不得停。尚望再接再厉，本出钱出力之旨，为抗战建国之助，临电无任神驰。

白崇禧桂行政三陷（三十）印

本总会于接读上电之后，深觉蒋、宋、白诸公，在此抗战方殷，万机丛脞，乃忽关情华侨，发出此电，殷殷致意，不先不后，异地同时，其重要性之所在，吾侨实宜深思详察，不应忽视，更不应淡忘。查自抗战军兴，海外吾侨，对祖国战区难民之筹赈工作，风起云涌，海啸山呼，热烈情形，前未曾有。富商巨贾，既不吝金钱，小贩劳工，亦尽出血汗。蒋委员长有言，地无分东西南北，人无分男女老幼，全面抗战，应宜人人努力。海外华侨，在过去对国家对民族，确已尽其最大责任，惟人事不常，时境有变，最后之胜利，必落在最后努力者之手中。百里行程，半于九十；一着之差，立败全局。故吾侨胞必须坚持不懈，无论人事如何变动，时境如何困难，要当排除瞻顾，勇往直前，出钱出力，能多固好，即少亦佳，务期普遍永久，以与祖国持久抗战，步步联系，息息相关，遥相呼应。尤望各属筹赈会当局，仰体蒋、宋、白诸公来电嘉勉之至意，不因环境险阻而惊心，不以筹募艰难而馁气，领导侨胞，奋斗到底。

此布。

中华民国廿八年四月十八日（洋实）

录自新加坡《南洋商报》1939年4月20日。

新加坡华侨筹赈祖国难民大会委员会通告

(1939年4月24日)

本会馆兹订五月一日上午十时遵照蒋委员长宣示,假座快乐世界体育馆,召开侨团大会,举行国民精神总动员宣誓。凡吾侨有注册社团,如同乡会(会馆)、宗族会、职业团体、文艺团体、青年团体、俱乐部、学校、报馆,以及普通社团等之董事、委员、教师、记者,及筹赈总会所有职员,均可到场参加宣誓。凡参加团体,每单位人数若干名,或在开会时要演讲者,统请于本月廿八日(星期五)以前,函知本会,以便布置一切。

此布。

民国廿八年四月廿四日(五本)

录自新加坡《南洋商报》1939年4月25日。

南洋华侨筹赈祖国难民总会通告第十四号

(1939年4月25日)

我国自敌人入寇，封锁各沿海区域，占据长江及各处铁路，我政府预灼机先，早于各省内地极力开辟交通公路，以利抗战运输，并在西北、西南，开辟公路网及国际公路，前后竣工者达数万公里，需用货运汽车数万辆，驶车员修机员数万人。在此短促期间，国内此项技术人才，除原来工作者外，一时征召莫及。昆明西南运输处主任宋子良先生乃委托本总会征募，两月之间，应募而归者一千三百八十余名，机工爱国热情，殊足使人感奋。本总会后接昆明宋主任来电续征几百名，本总会窃念我国领地之广大，全面抗战，水运既被敌把持，铁路又多被破坏，而此后我国之运兵机械化部队日多，敌之后方，复将为我变为前方，则运输交通，供应接济，端赖车辆。驶车员应取久年经验，修机更不限汽车一物。由此而观，此后驶修技术，必甚需要，源源来征，势属可能。为免临事张皇，应宜早为准备，用将各节，谨告如下：

（一）南洋华侨，不拘何属，凡有驶修技术且热心爱国自愿回国服务者，请向各区筹赈会或慈善会报名，以待征召。报名后可由各区会汇集报送总会登记存案，俾需用时，依次传告，立即出发。

（二）各处筹赈会或慈善会，对于机工报名，须详查其人是否合格，如语言但知番语，华语完全不通者切不可接受。机工报名之后，宜照旧保持原有职业，不可辞却，待本总部传知回国日期，然后辞却未迟。

（三）由安南入口，每人船费十二元，火车税十九元五角，其他二三元，星洲预备衣服毡毯及途中零用等，约十余元，共叻银五十元。到地待命，除衣食宿及医药由政府供给外，驶车员辛［薪］金至少国币三十元，修机员五十元，工作能力强者，亦可加升。

（四）祖国被敌寇侵略，吾侨出钱出力，乃尽天职。蒋委员长云："不抵抗即罪恶"，为国民而不出钱出力，岂非触犯"不抵抗即罪恶"。去年国庆日，南侨代表大会议决,第九次第五节,各筹赈会有遣送技术人才回国服务之责任。仰各属会领袖诸君,注意尽力为要。

此布。

中华民国廿八年四月廿五日(洋)

录自新加坡《南洋商报》1939年4月25日。

新加坡华侨筹赈祖国难民大会委员会通告第十九号

(1939 年 4 月 25 日)

关于五九纪念日卖花事

(一)特别花四种(名誉、一等、二等、三等),仍照历次纪念日之办法,凡以前认买者照送不改,未买者可向各帮募捐委员会或本会馆办事处新认买。

(二)特别花及证书订五月五日来会领收。

(三)普通花队,广帮一百五十队,福帮一百队,潮帮六十队,琼帮四十队,客帮四十队,大会直属编配一百五十队,共计五百四十队。

(四)社团学校愿参会直接编配者,每单位计组几队,要赈箱几只,住址本坡何处,须详细开明,于本月三十日以前来函告知本会,过期无效。

(五)不论市区内外,卖花人员年龄在十五岁以上,如未满十五岁之幼童,不许参加,请各界深切注意遵行。

(六)各帮办事处□于五月三日前,将其队数及街界区域分配表(大小坡分四十九区域),详细开报本会,以便集合总编,切勿延误。

(七)普通花赈箱旗等项,限于五月六、七两日来会馆领。

(八)市区□各区分会□时举办卖花筹赈,其办法由各分会斟酌情形自订之。

中华民国廿八年四月廿五日(十实)

录自新加坡《南洋商报》1939 年 4 月 28 日。

南洋华侨筹赈祖国难民总会通告第十五号[①]

（1939年4月27日）

　　案查本总会成立之初，曾于第一次常务会议，通过敦聘国内名人国民政府林主席、蒋总裁、汪副总裁、孔院长四位，为本会名誉会长在案。以汪氏叛国附敌，罪迹昭然，国人共弃，本总会除迭次电请国府申讨外，并于三月三日发函求各属廿位常务委员意见，将其名誉会长一职取消，去后经得十六位常委复函同意，兹复奉蒋委员长有电，谓："中央关于叛国附敌者，自必酌察情形，加以制裁，然国法未施，已为天下共弃，足以垂炯戒。"意旨深远。吾侨理当敬谨奉行，用特宣布，本总会所聘汪兆铭名誉会长一职，即日取消。
　　此布。

中华民国廿八年四月廿七日（南洋）

录自新加坡《南洋商报》1939年4月28日。

[①] 1938年12月29日，汪精卫曾致电蒋介石和国民党中央执行委员（即"艳电"），劝蒋赞同日本首相近卫关于"满洲国"和"合作"、反共等三项声明。1939年1月，国民党开除汪的党籍，将其艳电公开发表。陈嘉庚知道后于4月13日致电国民党中央党部及国民政府，质问汪逆叛国罪情重大，仅革除党籍，实令南洋八百万侨众莫解，蒋介石曾复电加以搪塞。本文是南洋华侨筹赈祖国难民总会关于取消汪精卫名誉会长职务的通告。（参见陈碧笙、陈毅明编《陈嘉庚年谱》，福建人民出版社1986年3月版，第100页。）

为昆明千余机工苦寒请速备寒衣电

(1939 年 4 月 28 日)

来电机关：陈嘉庚

何处来：星加坡

发电日期：沁

收电日期：二十八年四月二十八日八点三十时到

昆明千余机工苦寒，请电运输处速给御寒衣被并□专医，否则无以励后往。陈嘉庚沁。

录自陈嘉庚纪念馆、云南省档案馆、厦门市华侨历史学会编《南侨机工档案史料选编：云南省档案馆馆藏部分》，中国华侨出版社 2009 年 8 月版，第 193 页。

有关招募闽侨青年返闽训练制队函复李良荣[①]

(1939年5月21日)

福建会馆主席陈嘉庚氏,日前接闽李良荣处长来函,请代招募闽侨学兵返闽训练,以期编成建制部队事,兹陈氏已作函答复,对于海外招生有精确意见之陈述,兹谨将该函发表如后。

良荣处长先生惠鉴:

顷奉五月四日大函,以中央近派执事返闽设处练兵,期其编成建制部队,使本省壮士今后能自成一战斗兵团,免蹈已往零星消耗之覆辙,且可供士兵生活于乡情之中,无语言隔阂之苦,而得精神上之安适,以增强其战斗力量,托代将此事转告吾爱国青年,鼓励其回国参加,此次建军奋斗,望能多得英才,奠下根基,以期不负中央之厚望等由。准此,自应照办。惟闻本坡多处,亦有接同样之公函,至于马来亚各埠是否多处接到,则未之知。以庚浅见,凡举办何事,若无负责人专任中心领导,不但泛而无统,尚恐执咎无人,况川费自备,更生问题。盖有钱子弟,缺少此种志愿,贫穷者志愿虽热,然重洋远阻,无能飞渡。由是庚拟用新加坡福建会馆名义,主持办理,较为妥善。唯不知贵处要招若干学兵,巧日(十八日)电询马来亚应募若干,想已答复在途。兹为执事更加明晰此间南侨大概情况计,特列举数事如下:

一、征募情形。昆明西南运输处主任宋子良,因滇缅公路竣工,需驶车修机人才,来函电托庚代为征募,自本年二月至本月止,前后计已遣送六批,五批由安南入口往昆明,计一千五百余名,一批由仰光入口,计三百余名,合共一千九百余名。英属马来亚侨胞自愿放弃其优良职业,回国服务,用费一切,概由所在地捐筹,每名到昆明约叻币五十余元。

二、南洋侨胞分美属菲律宾,法属安南,暹属暹罗,荷属爪哇、苏门答腊、

[①] 李良荣(1908—1967),福建同安(今集美)人,时任军政部第十三新兵补训处处长。

南婆罗洲、西里伯士，英属马来亚、缅甸等处。菲律宾侨胞不多仅十余万人，安南则亦仅三四十万人，缅甸二十余万人，其余因侨胞不多，及他种原因，对司机难于征募。他如暹罗侨胞二百余万人，荷属百余万人，均因环境关系，艰于征募，虽有私人热诚参加，亦极少数。唯马来亚侨胞二百多万人，当地政府宽容仁厚，所以斯举得畅行无阻，以后如再续征多少当无问题也。

　　三、此次执事招生受训，若属少数在一百数十人之间，可无问题；若无限人额，多多益善，或在一千而至二千，则马来亚能否招足，尚未可知。庚按菲律宾、安南、缅甸，设有可招，人数亦属有限，至于暹罗则更无法可往，因闽侨不多，当地政府亦不许可，荷属限于环境，百余二百人能否达到，亦未可知。此为南洋侨胞闽籍可招入学之大概情形。

　　四、多招侨生。此次吾闽得中央特加眷顾，特派执事设处训练，奠立新军之基础，其关系全省军政前途，至为重大。如来书所云，实关本省今后百年大计，使士兵生活于乡情之中，无语言隔阂之苦。夫如是，则多招侨生回国，使其自身与家庭，同时增高祖国观念、家乡情怀，以构成密切之联系，殊为切要之图。如执事深以为然，则对于南侨子弟特开生面，多多容纳。

　　五、帮助遣往。对南侨招生果能尽量容纳，则庚当注意设法鼓励各属侨领，帮助遣往。唯所限日期，必须放宽，暂勿规定日月，至年龄虽加两三岁，料亦无妨。所谓勿限止截时日者，缘短促时间，决难多招，及其他出口种种关系，故请执事特别放宽日月，而展期至秋季或冬季截止。其次，执事此次致同样函与英荷暹美法各地侨胞，而希望各地有更多学生可应募，故庚以所知者报告一个大概，俾对于马来亚将来所招之生额多少，不致误解。抑更有进者，按此次招收南侨子弟，若仅少数至多二三百名，其中必有原因，究竟为何所限不能扩大，亦请详为列示，或有补救之办法，亦未可知。以上数事，不过举其□□大者，是否有当，还希迅予裁复，以利进行，实为公便。谨此布复。

　　即颂
　　近祺

陈嘉庚
廿八年五月廿一日

录自新加坡《南洋商报》1939年5月22日。

致函南侨总会各常委

(1939年5月25日)

敬启者，此次本总会接受马来亚雪兰莪及森美兰、彭亨、巴生各地筹赈会之提议，及其他各区多数之赞成，代行召集马来亚各区筹赈会联系会议，讨论当地政府饬令办理注册事件。案经订六月四日在吉隆坡中华大会堂开会。查本总会对是项会议，仅居召集地位，所有议决各案，则由马华各区联会负责。相应据情检同星华会林泉和律师所拟注册章程汉文稿一件，附函送请查照是荷。

　　此致
常务委员　先生

主席陈嘉庚
民国廿八年五月廿五日

录自新加坡《南洋商报》1939年5月26日。

南洋华侨筹赈祖国难民总会通告第十六号

(1939年5月25日)

南洋华侨筹赈祖国难民总会为蒋委座电委代募后方勤务部汽车司机二百名，担任战区械弹给养补充输送事宜。请英荷属各会踊跃募应，昨特通告第十六号云：

本总会以前征募各批机工，回国服务，乃承昆明西南运输处主任宋子良先生所委托，系作滇缅公路运输之用，前后六批近二千名，其已抵达昆明者，极受中央重视，社会欢迎。中央海外部、侨务委员会、西南运输处三机关，曾于五月五日举行大规模之慰劳会，赠送"保卫祖国"锦旗，西南联合大学更于六、七两日演剧慰劳。祖国之厚爱侨胞，期望侨胞，情形热烈，于斯可见。兹者本总会主席复于昨天再接函讯，重募汽车司机二百名。查此次征募，乃由中央军事委员会后方勤务部俞飞鹏[①]部长，转奉蒋委座电令，募应战区械弹给养补充输送事宜，待遇与昆明同，任务更为重要。凡英荷各属司机侨胞，有志回国服务者，可速向当地筹赈机关报名，再由该机关转报本总会。至地居僻远各埠，如有合格人才自愿备费参加者，至迟可于六月十五日以前抵星，事前并先函或电报知，亦当予以接纳。祖国抗战正酣，最后胜利求速，热血男儿，驰驱疆场，立功报国，时乎不再。愿我侨胞，共同奋勉。

此布。

中华民国廿八年五月廿五日

录自新加坡《南洋商报》1939年5月26日。

[①] 俞飞鹏（1884—1966），浙江奉化人，时任国民政府中央军事委员会后方勤务部部长兼中缅运输总局局长。

新加坡华侨筹赈祖国难民大会委员会特别通告

(1939年5月26日)

本会兹订于六月十八日（星期日），租用和丰船局之丰平轮船，举办端阳节海上游艺筹赈会，冀以赏心悦目之事，振发先忧后乐之怀，增厚抗战建国之力量，用备名誉券，向吾侨热心殷富劝售。谨抒微诚，聊当吁告。

人生于世，不外求利、求名。今日社会，积资成富者，类皆名利两获，已达人生目的，所积之财，自宜善用，俾以克保令名，无损厥利。其有以小富未足，更求大富，已身虽善，后代怕穷，因之资产虽丰，而欲望犹若未餍，人之恒情，大都类是。此在平时，无可置议，顾当今日国族存亡，间不容发，国而不保，家将乌存。诚宜移转眼光，后顾家而先爱国，以救国而并保家。莫谓中原烽火，未及海外桃源，须知世界风云，不遗任何角落。我国抗战，乃为世界和平之前卫。我战而胜，则远东安全可保，欧洲战祸可避；战而败，腥风血雨大地横吹，安富尊荣，谁能久享？此就本身事业及其荣誉言之。若夫积财以遗子孙，昔人有言，贤而多财，将损其志，愚而多财，必益其过，子孙不论贤愚，遗之皆属有害。试看过去吾侨巨富之家，能有贤子孙以轶两代而不斩其泽者乎？骨血未寒，而阋墙拆产，对簿公庭，已见不胜见。富侨之君不乏贤达，鉴往察来，为国为家，孰得孰失，当必早筹之熟而虑之详。倘能为国捐资，所求仅百之一二。泰山撮土，不失其大；九牛一毛，未见其轻。诸君令名，已足昭垂史帛，千古不朽。更进而言之，大力所献，直接赞助国家复兴，间接维系远东和平，归根结局，仍于无形之中获得己身事业利益之安全保障。诸君平时企业广告，尚斥巨资，独于此为保持身家利益之伟大企业，未必漫无觉察，特事象有隐显之差，时间有远近之别。

抗战迄今，本会对吾侨殷富，只募一次特别捐，其他剧券售花，称情而施，为数固属有限。举例而言，武汉合唱团来星演唱四阅月，所入亦仅三万余元，纯就普通票款收入，未向殷富诸君劝募分文。最近该团一往柔佛全属演唱，竟

文牍

得四十余万元，其中麻坡①一小坡耳，侨胞不过数万人，乃以深得当地资本家之倡导，劝募员之尽职，售券结果，达二十余万元之巨，一鸣惊人，全马来亚资为风范。可见出钱出力，要当慷慨踊跃，虽小埠亦大有可观也。默察祖国抗战大势，胜利之期，决不在远，诸君如在此短短一年半载之间，慨然各捐十万二十万，实于个人资产毫厘无损，而国家民族已受惠甚大。本会深望此次端阳节海上游艺名誉券之劝售，获得诸君伟大同情之回应，视为抗战后第二次之特捐，更认为救国保家之要举。生面别开，不让麻坡富侨专美，义声所树，将使南洋各属响风，遥奠祖国复兴之基，促进世界和平之福。谨此通告，伫盼德音。

民国廿八年五月廿六日（洋）

录自新加坡《南洋商报》1939年5月26日。

---

① 马来西亚柔佛州属县之一（马来语：Muar），当地华侨华人以闽籍、潮州籍为主。

南洋华侨筹赈祖国难民总会通告第十七号

(1939年5月30日)

祖国抗战入于第二时期，胜利之基虽奠，杀敌之果未收。在此期间，乃国家最艰难困苦之时，国际□助，甫正萌芽，汉奸反动，益露凶锋，吾人如不坚定意志，集中全力，以从事艰难奋斗，外无以收友邦同情，内无以戢反动毒□，更恐精神一懈，前功尽弃，时机一纵，胜利愈遥。侨胞救国，要在出钱，一切努力，惟此为大。本总会职责所在，盱衡现局，未便默然，值此胜负千钧一发之际，尤为资本家慷慨报国之时，谨陈数节，用资普告。

（一）抗战第一时期，由卢沟桥七七起至广州武汉失陷止，此期十六阅月。我国虽失地许多，牺牲颇大，而敌寇之兵力与金钱，亦被我消耗不少，尤其时间上之延长，已造成我抗战胜利一部分之基础。俾西北西南之后方有充分设防之机会，以一最乏组织不统一欠军备之弱国，而抵抗世界上海陆空军最完备之强国，大战十六阅月，战事上虽失利，而精神上则愈形团结，政治上愈形统一，为数千年来所未有，此可云为抗战第一时期之效果。

（二）抗战第二时期，自武汉陷落后，我国一方面阻止敌寇之前进，粉碎敌寇之企图，一方面训练机械化部队，更作将来对阵地战之准备，并委派坚强熟练正规军一百多万，分往山东、江苏、河北、安徽、浙江、江西、湖南、湖北、广东、山西、察绥，以及热河、东三省各地，领导游击队任后方抗战之任务，为将来包围敌寇之基础。本期时间比第一期较可提前结束，由今观之料所余日期已无多矣。

（三）抗战第三期开始之后，正我国胜利实现之日，而为日寇已趋没落之时，正规军及机械化部队，可在百万之上，足与日寇作相当之阵地战而有余。此外后方各省正规军百余万人领导游击队亦不下二百余万众，合计四五百万，前后攻击，左右包围，不特足以歼灭华北华中华南诸敌寇，即东三省寇军亦已无容足之地，故第三期为我国抗战结束获得最后胜利之期也。

（四）我国抗战之初，中央军不足六十万人，各省可战之师，实数亦不过五六十万，合计一百一二十万而已。现全国军队概归中央统辖，实际正规军已有二百二十万，游击队有组织者百余万，其他经常在后方训练之正规军、游击队不下百余万。所谓愈战愈强，民心愈奋，军容愈壮也，不宁□赴。关于军械之配备，说较前完善特多，故军费开消〔销〕，□昔增加数倍，数月来欧美友邦□可借款，大都是军火及原料，绝非白银现金，可供我国内之费用。凡我海外侨胞应明白此义，万万不可误会友邦借款，吾人便可卸却仔肩也。

（五）蒋委员长言，后方重于前方，海外侨胞负后方重责，在于尽以捐输金钱，舍此而外，无由报国。抗战既分作三时期，在此中时期之间，正国家艰难困苦之日，盖胜负未分，借款有限，军费扩增，国际公路甫在交通，物产多未运出，经济困难较前百倍，吾侨资本家自抗战第一期特别捐一次而后，即音啣沉寂，几乎似不知有第二期之抗战也者。鄙意过失不在资本家，而在我各处筹赈会当局同仁失于提倡。何以言之，各处筹赈会应依抗战期间而发动，请资本家作第二期之特别捐，纵使未能如首期所收之宏效，然有求必应，热心爱国处处有之。如麻坡侨胞谨数万人，此次借武汉合唱团之演唱，捐至国币二十五万元。新加坡近日举办端阳节游海，一掷巨万，慷慨亦多，将来成绩，必甚可观。

（六）首期抗战特别捐，马来亚四个月每月国币照现下汇水推算可有四百万元（当时叻币约一百二十万余元），今日全马常月捐每月国币□及二百万，此数大都非资本家所捐出，又如我中央政府屡由中国银行、总领事，转达本总会通告各地推销金公债，本总会以市景萧瑟，未便率尔奉行，以欲专收义捐效率告复。兹者深望我英荷法美暹各属筹赈会领袖努力提倡，并深望资本家如前期慷慨多捐，则响应者定卜不少也。

民国廿八年五月卅日（洋）

录自新加坡《南洋商报》1939年5月30日。

为机工苦寒无衣以致潜逃事致陈质平函

(1939年6月3日)

迳启者，兹据敝属马六甲埠华侨筹赈会总务主任吴志渊①君来函，并夹该埠在昆明机工陈瑞木、洪华民二君原函各一件，据称昆明多数机工苦寒无衣，乏资购置，以致潜逃，请代设法等情。鄙意该机工果以无衣御寒，畏缩图通，如无别情，尚可原谅，但正当手续应可商请主管队长转求运输处当局供给或自行借出月薪置备，若只求逃遁，殊非正当。兹法除将情照复吴君转达该机工等外，相应抄录该机工来函原文各一件，附函送达执事，盼即设法妥予安置，以免意志薄弱机工再生潜逃事件，恶化后往机缘，实为至幸。如何之处，并希惠复为荷。

此致
陈质平先生

南洋华侨筹赈祖国难民总会主席陈嘉庚
廿八年六月三日

录自陈嘉庚纪念馆、云南省档案馆、厦门市华侨历史学会编《南侨机工档案史料选编：云南省档案馆馆藏部分》，中国华侨出版社2009年8月版，第200页。

---

① 吴志渊（生卒年不详），时任马六甲埠华侨筹赈会总务主任，曾任泉州开元慈儿院马六甲董事部董事长。

南洋华侨筹赈祖国难民总会通告第十八号

(1939年6月14日)

我国军事委员会直辖西南运输处主任宋子良先生,及副主任龚学遂①先生,欲由仰光回滇,视察滇缅公路,昨日过星,会见本总会主席陈嘉庚先生,详述华侨机工在昆明受训及出发服务情形。谈次,并托本总会续募驶车员五百名,以应所需,而利抗战。兹将宋、龚二氏所谈各节通告如下。

(一)待遇——膳寓两项经运输处训练所长张炎元②君前日告侨胞书有详细报告外,至于衣服乃由政府供给,一律军装,四季寒暑,按时分配,并分别工作及休息两种衣服,出发时服驶车员长衣,休息时改穿便服。膳费每月国币八元,出发时每天补给膳费一元。陈先生询一元未免过厚,宋氏答军委会命令训练要从严,待遇要稍优,此乃一本向来之办法云。

(二)军训——宋氏云华侨机工,政府特予编制,其名称为"华侨义勇队",官长队长,概从华侨中优秀者选拔。与驶车员不同,运输处军事训练之长官,系中央军事委员会所特派,其目的为造成华侨最有秩序之良好队员,故训练管理,取极严格,与地方普通军训不同。举凡不良习惯,如嫖赌饮吹等项,一切禁绝。训练日子虽未久,各机工身体均较前坚强,品性亦日加驯谨,智识亦日有进步。政府视之有如家人兄弟,他日抗战胜利后,或留在国内服务,或重回南洋与家人团聚,务求各得其所,而使侨胞满意。

(三)兴奋——敌寇封禁我海口,断绝我外来军火,将谓我国接济断绝,不难速战速决。岂知我国以一年之间,造成滇缅千里崎岖之国际公路,畅行无阻。现运货汽车三千余辆,需用经验驶车员修机员数千人,海外华侨,有此技术人材,忠诚爱国,争先报效,两三月之间,弃业归去者近二千人,踊跃情形,出乎政府

---

① 龚学遂(1895—1968),江西金溪人,时任西南运输副主任。
② 张炎元(1904—2005),广东梅县人,时任西南运输处训练所所长。

愿望之外。当前大感困难之问题，得咄嗟解决，助益抗战胜利之功不少。不特全国闻风感奋，而前敌将士尤受最大之鼓励，益增其英勇精神，而大收杀敌之功云。

上述各节，为宋、龚二氏谈话之大概。查机工回国，前后六批，计马来亚一千八百八十一名，荷属二十七名，砂捞越十三名，共一千九百二十一名。前日蒋委员长饬后方勤务部募驶车员二百名，昨西南运输处宋主任复面嘱续募驶车员五百名，是此次新募者共为七百名。何日募足，虽难确定，顾探揣前途大势，不特西南运输处所需尚多，即后方勤务部，亦必继续来募。盖全面抗战军事行动，首重运输，前方后方正规军与游击队，在在需要。况各地新路，进步月以千里，司机人才，应有源源供应。海外侨胞，对抗战出力一项，平昔有怀莫达，今兹绝大良机，正热血男儿报国有为之日。吾侨社会领袖，更当共同负责，设法鼓励，资助玉成，不可偏颇于出钱之责，自谓义务未完，不必兼顾。此次所募马来亚机工，船期未届，而报名已满，所以远地如荷属、暹罗、婆罗洲各处，多筹备不及。兹则期间未限情形不同，本总会对船期一事，已规定办法以利远道择期前来之便，更以助成青年爱国之志。规定如下：

（甲）船期——定两星期一批。出发人数，无论多少均可由本月十九日起至八月十一日，计有五期船，可以前往。凡荷、暹、婆等属有志参加荷船者，须先期函告，并请提前五天到星，预备出口手续。

（乙）用费——由星起程至昆明，每名舟车及他费叻银三十五元。此外制服被毡出口字途费十五元，共五十元。各地社会应负责捐助，如有特别困难，要求本总会代垫，所需若干，可于介绍函中叙明，但该驶车员到星时，须经本总会考验技术合格者，方能接受；若川费各处自备者，除当地考验外则免重考。

（丙）负责——马来亚原分十二区，各设有筹赈会，各区华侨人口数目，迭经宣布，各筹赈会对出钱出力，应负全责。故征募机工一事，各区应照人口比例，计其当募人数，务期以加进为鼓励，不可以缩退为敷衍。川费筹备如由公团负责，必无困难，取法何区，均可听便。

所有上述一切情形，特此统行通告，务希一体照办是要。

此布。

中华民国廿八年六月十四日（洋报）

录自新加坡《南洋商报》1939年6月14日。

新加坡华侨筹赈祖国难民大会委员会通告第廿二号

(1939年6月22日)

"七七"抗战建国两周年纪念日,瞬将来临,我中华民族五千年来遭受倭寇暴力紧迫,深仇大恨,刻骨难磨,乃以时机不至,事事隐忍,直至卢沟桥变起,已为我国生死存亡之最后关头,不得不痛予回击。抗战之声,惊天动地,我民族不屈不挠之精神,英勇壮烈之气魄,始由是昭然于世。是此日也,乃我中华民族开始复兴与解放之日,亦我中华民国开始自由独立之日。抗战两年,虽最后胜利,尚未收获,而敌寇崩溃已举世共断。本会深维此日意义之巨大,吾侨应有特别纪念之表征。爰定七月一月为纪念"七七"特别捐劝募月,继续此次端阳节劝募未尽之手续,重请各界普遍捐输,以为抗战建国之助。谨录委员会议规定各节通告如下:

(一)此次劝募应视为抗战以来第一次特别捐,愿商家殷户,慷慨捐献,其有已在端阳节游海购买名誉券者,可免(热心家自愿重助者当然欢迎)。

(二)商店有报效物品,店员捐献工薪者,均乐接受。

(三)"七七"素食天,请侨胞依照去年之例,所节之资,自动捐赈。

(四)捐款概以叻币为本位。

吾侨须知,经济战争,重于军事,后方任务,重于前方。况炮火所及,难民遍地,维持救济,全赖金钱,救国助赈,人人应同具热情,人人应同负责任。尚望踊跃输将,加速胜利之期,快睹复兴之盛。

此布。

中华民国廿八年六月廿二日

录自新加坡《南洋商报》1939年6月24日。

南洋华侨筹赈祖国难民总会通告第十九号[①]

(1939年6月24日)

本总会乃由孔院长命令，召集南洋各属筹赈会代表，组织为南洋华侨筹赈最高领导机关。成立以来，为期八阅月，唯一使命，全在劝勉侨胞，出钱出力，赞助祖国。顾自抗战以来，海外华侨，几于无所着落，不自动组织机关，以尽出钱出力之责任，乃以各属散居，涣而无统，非但各谋其是，声气莫通，即逐月汇捐，亦难统计。我政府深知事实需要，故令组织此总机关，以负对内对外一切领导任务。以言出力，海外侨胞，除为筹赈奔走劝募，向未有其他表现。迨本总会成立而后，适我政府来命征募华侨机工回国服务。此项机工，即为吾侨为国出力之表征。所募总额几多，虽尚未知确数，但本总会已发出通告，希望各处负责机关更加注意，踊跃征募。盖此乃吾海外华侨实践出钱出力之义务，而亦本总会在领导上所应尽之责。兹尤有进者，近日汇水降跌，国币廉值，关系吾侨出钱问题颇大，甚有考虑之必要。诚以捐汇方面，若但知负担国币数额，而不计及金价标准，私人虽有减少坡币之利，国家则已蒙受巨大损失。具有爱国真诚、国民责任者，决不如是。须知海外华侨所有出钱，我国财政部概以金价核算，汇往欧美购买各种原料，绝无一文，汇归祖国，以换作国币用途者。明乎此者，当然不可利用汇水降跌，而图占其便宜也。谨列数点如下，为我侨胞告。

一、我国法币原定以英金为标准，约每星币五十元，申我国币一百元。自抗战以来，因与日寇作经济战，故降低至四成之额，即星币三十元，申国币一百元。由是有数处认捐侨胞纷纷请求依汇水交款，例如马来亚各埠筹赈会。因

[①] 抗战爆发后国民党政府不断扩大法币发行量，致使法币逐年贬值。1939年因汇水变价，叻币一元约可汇国币三元，引起南洋华侨的普遍担心，陈嘉庚于6月24日以新加坡福建会馆主席名义致函南洋各埠福建会馆，请劝促各地闽侨殷富多汇款回国认购省公债，以裕家用，并稳定外汇基金。

此情形，不得已乃规定星币三十一元，申国币一百元。近者汇水再跌，可减星币数元。捐款人虽未再事要求，然或难免有踌躇观望者。夫以国币一百元，降减至星币三十元，实属廉宜已极，我政府损失亦已甚大。吾侨爱国输财，此次断不宜因有少许变动，复萌他志，仍当以星币三十元，申国币一百元为标准，以免祖国政府重受损失。

二、凡认常月捐者，不拘前后，除原认缴纳叻币者外，应一律规定星币三十元，申国币一百元。其他各属币制，虽有不同，亦希仿照星币酌衷办理，务以实际输财救国为前提，不可以便宜形式而敷衍。

三、去年各属代表开会组织本总会时，汇水仍在星币三十元，申国币一百元之候，各处承认常月捐，均以是为标准，迨后逐月汇款，推算国币颇有增加，如马来亚各筹赈会，每月原认国币一百三十三万七千元，而逐月扯汇至一百八十多万元，约增五十余万元，其所增数目固然系各筹赈会加强努力，普及劝募，绝非汇水变动之事。兹者汇水虽已降跌，而逐月各处汇款数目，应宜依数增加，以不失原有金额为度，则汇水虽降，而吾侨输钱反愈奋，外观数量更愈多，有厚望焉。

此布。

民国廿八年六月廿四日（洋）

录自新加坡《南洋商报》1939年6月24日。

南侨总会致越南南圻华侨救国总会书[①]

(1939年7月7日)

敬启者：本会所编全南洋六个月各属汇款统计表（自廿七年十一月至四月）昨经寄出，计承察阅。此表编制，旨在以人口数目比较各属捐汇之寡多，借资激励，区区微意，想荷赞同。查去年十月南侨代表大会，贵属代表报告每月可捐汇二十五万元，按之今兹统计，贵属六个月汇出共数为七十八万三千三百一十八元八角，仅及报认之半；更以四十万人口平均六个月中，每人只一元九角五占八强，再以六个月之分摊，则每人每月只出三角二分七弱。此数殊觉太少，是否逐月所报汇款，尚有未尽之处，固无由知。推本总会自去年十一月起，逐月统计，皆经寄发，如或不实不尽，贵属当知指正。既未有所关白，想或不致遗漏，颇闻贵属筹赈尚极自由，非特无荷属之束缚，即比马来亚亦较便利，且以地域密迩祖国，见闻亲切，侨胞抗战意识，爱国心情，当视别处更为坚强。况贵属侨贤夙昔主持赈务，擘划有方，贤劳卓著，更非其他环境困阻，或敷衍塞责者所能比拟，乃六个月中捐汇成绩，差异如此，未知有何特殊缘因。丁兹第二期抗战之中，战区愈广，难民愈多，一切困难，比前愈甚。蒋委员长有言："自今伊始，必须更哀戚，更坚忍，更踏实，更刻苦，更勇猛奋进……而造成最后之胜利。"海外吾侨，后方责任，万万不可放松。往者已矣，来者可追，尚望贵属各地侨贤，勇往精进，领导侨胞，加紧努力，于第二期六个月之统计，造成光荣优越之伟绩，以作全南洋之风范，有厚望焉。谨此奉达，谨祈察照见复为荷。

[①] 越南南圻华侨救国总会，1938年5月在堤岸成立，是南圻华侨团结抗日救国统一战线组织，简称"救总"，亦是南洋各属华侨抗日救国总会的团体会员之一，下辖35个华侨救国分会。吴敬业为总干事，徐盘石、张长、翟沛林等为理事。1940年6月，因法殖民当局屈从于日本法西斯的威胁，救总连同各分会同时被解散。（参见章绍嗣主编《中国现代社团辞典1919—1949》，湖北人民出版社1994年8月版，第704页。）

此致。

主席陈嘉庚
廿八年七月七日

录自新加坡《南洋商报》1939年7月8日。

电王部长①再表示拥护抗战到底决心

(1939年7月12日)

亮畴部长勋鉴：

报载我公警告列强，勿出任调人，敌不放弃侵略，绝难言和云云，针对时局，言重旨远，曷胜敬佩。欧洲友邦，方萃神欧陆，求减远东牵制，难免牺牲他人，保全自己，慕尼克协定②，可为殷鉴。内奸汪精卫，自寻绝路，政府除一隐忧，全国称快，且一致拥护领袖抗战到底，两年之内，必胜必成，确可征信。在此期间，外来诱词，宜加严拒，以免迟收胜利之功。最后谨掬诚郑重告我政府公务人员，在日寇未退出我国土之前，敢与任何国谈判中日和平条件者，必为八百万华侨所共弃。特电布忱，尚祈察照。

南洋华侨筹赈祖国难民总会主席陈嘉庚叩文（十二日）

录自新加坡《南洋商报》1939年7月13日。

---

① 即王宠惠（1881—1958），字亮畴，祖籍广东东莞，香港出生，民国时期著名法学家、外交家，时任南京政府外交部部长。

② 即慕尼黑协定。

陈嘉庚等发电拥护政府拒和谈话

(1939年7月18日)

【星洲航信】南侨总会发电拥护孔院长对英谈判发表之拒和谈话，原电云：
重庆行政院孔院长钧鉴：

报载我公宣布英国不应接纳日无理要求，日不退出我国土，绝难言和云云。杜渐防微，词严义正，曷胜敬佩！

幕尼克协定①，可为殷鉴。内奸汪精卫，自寻绝路，政府除一隐忧，全国称快，且一致拥护最高领袖，抗战到底，两年之内，必胜必成，确可征信。在此期间，外来诱词，宜加严拒，以免功败垂成。最后谨掬诚郑重告我政府公务人员，在日寇未退出我国土之前，谁与任何国谈判中日和平条件者，必为八百万华侨所共弃。特电布忱，尚祈察照。

南洋华侨筹赈祖国难民总会主席陈嘉庚叩巧（十八日）

录自《大公报》（香港）1939年7月27日第5版，中国近代文献数据总库。

---

① 即慕尼黑协定。

新加坡华侨筹赈祖国难民大会委员会特别传单[①]

(1939年7月24日)

为通告事。兹据各报电讯，此次东京英、日谈判将妥协，不利我国至巨。昨晚当地政府有关方面派员探询吾侨意见，本大会主席经于本日《南洋商报》早版发表谈话，以英国如在谈判中接受对我不利条件，无异助纣为虐，毁灭信义，不但为我四万万五千万之中华民族所不满，即英国治下之印度广大民族亦不满，此乃势所必然。英国为取欢于少数民族之日本而牺牲广大民族之友邦，失去其统治下民众之信仰，夫岂英国之利云云。吾侨对祖国抗战存亡胜负所关，当然不能坐视，兹特定明日（廿五日）下午一时在本坡中华总商会召集全侨社团代表大会，借以征取全体公意，表示反对。尚希望吾侨社团、学校、各业公会一切团体，各派代表二人准时到会。事关国家，万勿放弃职责。除传单外，并登报通告。

此致

主席陈嘉庚启

民国廿八年七月廿四日（二本）

录自新加坡《南洋商报（晚版）》1939年7月24日。

[①] 此特别传单旨在号召各华侨社团召开大会致电英京反对英日谈判妥协行径，分别在《南洋商报》《南洋商报（晚版）》刊发。

为表示坚决反对英日妥协电致英京

(1939年7月24日)

其一，电英重要议员①

鄙人代表八百万华侨强烈反对英国以妥协态度对日，在吾人之意，任何妥协，对于英国在远东之威望与权益将发生极端之不利。

其二，电英新闻界

东京举行之英日谈判，其结果如有对中国不利者，则四万万五千万之中国人民，将感无可描述之失望。在日本侵略与压迫下，中国之抗战，不独为其国家之生存计，亦且为维持整个世界之和平与正义计。英国过去多年来之积极助华，深为每一个中国国民所感激。因此在东京谈判未采取正式决定以前，中国人民热诚希望英国朝野诸公，将中国所渴望者，三复而虑之。

录自新加坡《南洋商报》1939年7月25日。

---

① 致与之议员有伊登（前任外长）、丘吉尔、格林乌德（自由党领袖）、鲁尔乔治（欧战时代首相）、乌麦格（工党领袖）、李顿勋爵等。

新加坡华侨筹赈祖国难民大会委员会通告第二十五号

(1939年7月25日)

为通告事。据报近日新嘉坡市上及马来亚各埠《南洋华侨筹赈概览》单行本刊物一种，各处以其标名类似筹赈机关之刊物，而内容取材，又多为去年南侨代表大会所发表之一切文件，以是咸误会为筹赈会所刊行，纷纷来函，举询真相。兹经查悉该书编者许以谦，由新嘉坡南洋印务公司承印，实属私人营业之产物，与筹赈会绝无丝毫关系。抗战以还，海外侨胞筹赈宣传，同时并重，各地筹赈机关刊物印行，固甚蓬勃，因此难免有少数私人，假托筹赈宣传名义，剪取报章杂志，重行刊印，四出兜售，借以影射图利。甚或事前絮话闻人题词赠相求助印刷费用者，亦所在多有。各地侨胞，凡遇是种刊物，登门求售，切宜严辨，果认其书不无价值，则照价购□固属无妨，倘为意在影射渔利，万勿受其欺愚，是要此布。

民国廿八年七月廿五日（本洋报）

录自新加坡《南洋商报》1939年7月27日。

南洋华侨筹赈祖国难民总会通告第二十号

(1939 年 7 月 27 日)

（一）侨胞家乡沦陷敌手者，愈应加紧捐输，锐图恢复，切莫借口家乡沦陷，灰冷救国救乡之志。

（二）法币汇水变动乃回击敌寇经济战之策略，受损失者乃我国进口货占最多数之敌商货主，与我国财政无关。

（三）华侨汇寄家信及赞助义捐，足以抵偿抗战对外购运军火原料之外汇，聚沙成岸，功力至伟，勿谓杯水车薪，无济于事。

我国抗战两年，愈战愈强。言军队，则比初战增加一倍半；言将官士兵，则汰窳存良，实质日佳；言军火，则加强充实，机械化部队尤众；言经济，则地大物博，年岁丰收，资源浩大；言政治，则团结统一，同仇敌忾，矢忠矢诚，拥护最高领袖；言交通，海口虽失，而大陆新辟国际公路、铁路，可通英法俄等国；言外交，则世界各富强诸国，皆同情我抗战，而愿为我助。凡此皆我在抗战中所得之优势。若论日寇，则愈战愈弱，泥足日陷日深。内则财力渐竭，工业原料日形侵虚，工厂倒闭，工人失业，日增万数，生产锐减，民生困难，盗贼丛生，反战蜂起；外则信用丧失，举债无门，树敌列强，危机紧迫，在我国内重要战地之寇军，山西、湖北、浙江、江西、湖南、广东等处，近十阅月来，大小千百战，不但毫无进展，尚且屡遭失败，强弩末势，举世咸知。乃欲掩饰内部窘状，封锁我不关重要之海口，侵略潮汕、福州，滥炸无抵抗乡村都市，凶蛮狠毒，只足加强我敌忾，绝不能影响我抗战丝毫。海外侨胞，对于家乡遭难，汇水降跌，后方任务，均与祖国抗战息息相关，应保持密切联系。本总会观感所及，特提数点阐明如下：

（一）闽粤沿海及内地，被日寇侵略、惨炸，大都非战争要区，唯侨胞乡籍，在此两省居多，平时汇寄家信，筹赈义款，助力抗战不少，日军痛恨侨胞无计可逞，乃轰炸我侨家乡，以泄其愤。第不知吾民受祸愈烈，则仇恨愈深，助力愈大，拥护抗战到底愈益坚决。只以其间难免有少数意志薄弱份子，认识未清，见义不勇，出钱出力，自昔已不甚关怀，近竟借口家乡沦陷，灰心助赈，甚至身居领袖地位，亦漠不动心。所谓哀莫大于心死，果如此想，则沦陷区可免恢复，父仇可共戴天，甘心亡国，屈膝事仇，不特非炎黄子孙，亦且为家乡列祖列宗不肖之大罪人矣。知耻明义之侨胞，必不出此。深盼社团负责领袖，各界侨胞，慎思详虑，速返迷途，奋发猛进，共成抗战胜利之功，免贻后日追悔莫及之憾。

（二）近世战争胜败，端赖武力与经济，我国对敌寇武力抗战而外，尤须兼作经济战，近如日寇输入我沦陷区工业品，逐月增加，每月至数千万元之多，而以伪币兑换我法币，夺取我外汇，转往欧美采办军火及原料，更当予以裁制。我国自抗战后对经济外汇，财政部已加以全权统制，每星期限定若干千万元为标准，允许各银行接受外汇，可伸可缩，权操财政部。近月以来，见仇货入口骤增，兑换我法币外汇，当然更大，于是每星期将外汇缩减额数，借以回击敌寇。一经宣布，则要外汇诸家，便觉供不应求，既求多供寡，势必互相争卸，汇率因而降跌，在此降跌情势之下，银行乘机操纵，投机分子极端活动，彼等尽可居奇获利，而蒙巨大损失者，为存款货主，货主为谁，大部分日寇耳。准是以观，此种得失，与我财部无关，故我国财政部屡经宣布，对法币政策，维持不变，社会所称为经济战者即此。

（三）我国近来战费增加，每天约需五百多万元，每月约一万万六千万元，其中由外国运入军火及原料约七千万元，由国内供应者，近一万万元。外国运入军械成品，月有六千吨，每吨平均国币（以叻银卅元申一百元）一万元，共六千万元，其他油须及原料一万多吨，每吨国币五百元，计六百万元，合计每月六千六百万元。此条除苏俄一部分免还现金而以货物交换外，尚欠约三千余万至四千万元须用现款交易，此数大约可全部由华侨负担，盖华侨逐月汇寄家信，按可三千多万元（以叻银卅元申国币一百元），义捐赈救六百余万元足以抵额。至在国内供应之一万万元，大部分为军队伙食服装饷款，及后方军械厂工料运输等费。然国内开销虽巨，乃属自家供给流转，汲此注彼，全无外汇损失。抗战之命脉，经济最重要性，在乎以现金向外国购买军火原料，此项任务，端赖我侨胞助力，故我政府重视华侨，称为后方生力军，岂虚语哉？乃吾侨有不明此中关要，妄自菲薄，谓战费浩大，华侨零星捐款等于杯水车薪，无裨事实，而不知集腋成裘，聚沙成岸之功。又如汇寄家信，直接有益家乡，间接有益政府。在此抗战国家危急存亡之秋，我侨胞更当人人明白此义，个个负担此责。对家信月月汇寄，如此汇水便宜，仅寄当时国币数额而多留余款在外消耗，或积存此间不寄，则交出坡币数目减少，结果必降低政府外汇收入，直接间接，误家误国，实非浅小。望各处侨领极力宣传，晓谕侨众负国后方重责，是为至要。

此布。

中华民国廿八年七月廿七日

录自新加坡《南洋商报》1939年7月27日。

致电谢李顿勋爵敦促英政府废除英日商约[①]

(1939年8月3日)

致李顿[②]电

英国贵族院李顿勋爵鉴：

接诵复电，得悉阁下主持正义之态度，华侨不胜雀跃，感激万分。阁下敦促贵国政府，追随美国之后，鄙人尤应祝阁下之成功。

南侨筹赈总会主席陈嘉庚

致薛西尔[③]电

伦敦国际和平运动会主席薛西尔勋爵钧鉴：

复电敬悉，感铭无似。阁下主持正义为世界和平努力，谨祝阁下前途成功。

南侨筹赈总会主席陈嘉庚

录自新加坡《南洋商报》1939年8月3日。

---

① 1939年8月3日，陈嘉庚以南侨总会主席名义航函丘吉尔、艾登、辛克莱、薛西尔、李顿等，表明英国政府支持中国抗击日本侵略者符合英国及全世界的利益。

② 李顿（Lord Lytton，1876—1947），英国伯爵，时任国际联盟派至中国东北调查团团长。

③ 薛西尔（生卒年不详），曾任英国驻国联代表。

致英领表谢意[①]

（1939年8月3日）

敬启者，吾等曾代表侨居南洋之八百万华侨，在七月二十九日致电各位先生关于天津纠纷之英日备忘录者。在同日内，蒋介石将军曾经发表长篇之声明书，表示对英国远东政策之信任，同时并谓对于天津纠纷之和平解决，英国应在不阻碍中国及九国公约条文下订立协约，假如英日二国所订立条件有影响中国，而未取得中国政府同意者，将不发生效力。彼更谓英国可以和日本侵略国联成一起，乃为不可想像之事，同时彼更告诉全世界，谓中国政府，只要具有充分军火储备，及其他军事设备，有可能继续抵抗日本。

吾等华侨完全同意蒋介石将军之意见，对君等有极大之信任心。君等对于英国之远东政策如是关心，经常注意英国不变更其有可能影响英国之尊崇及远东之权益之政策。吾等更欲言者，吾人听到美国已经通知日本停止其一九一一年签订之美日商约及航约，如何欣悦。此种举动乃足为全世界效法。盖以其对侵略国所表现者不特为片面之文字，而是实际上之行动也。

吾人及世界均觉甚为幸运，盖以在此次事件中，英国与中国之利益，可谓相同，中国在今日，虽然似乃为本国向侵略者斗争，惟是究其实乃代表英国及全世界向侵略者进攻也。

对侵略者之行动之打击，不但在片面之文字上，抑且须注意实力方面，除非如是，则吾等一切将是无和平、无公理、无平等、无自由，在于"强权即是公理"原则之下，在短期间内将行见有惊人之事情发生也。最后，吾等极欲对诸君对于中国权益及为和平而完成之伟绩道谢，并望仍然继续此种精神，直至

[①] 陈嘉庚得知英日东京谈判不利中国后，于1939年7月29日电请英国艾登、丘吉尔、诺尔培克、李顿爵士等朝野名流主持公道，得诺尔培克、李顿、薛西尔诸人复电后，又于8月3日以南侨总会主席名义航函丘吉尔等表明支持中国抗战实乃代表英国及全世界的利益。

预料中之成功实现为止。

南侨筹赈大会主席陈嘉庚
八月三日星洲

录自新加坡《南洋商报》1939年8月5日。

为派刘牡丹考察滇缅公路①致陈质平函

(1939年8月7日)

迳启者，本总会数月以来募应祖国机工二千余名，原以责在征募，其他事项全未参与，乃其中有少数意志薄弱，不堪部勤，竟复潜逃南返，以惧社会罪责，反而造谣惑众，浮言所及，难免影响续募。查此辈恶劣份子，有方在受训者，有甫出服务者，遽尔潜逃，系恐以后散遣各地工作效尤更甚。又查滇缅公路开辟未久，长途千里，设备容有未周，海外侨胞关怀祖国，对此抗战国际运输关注更切，为此种种，不能不作实际考查，俾得依据实情公布侨众，以示疑虑而利征召用。特遣派本总会机工征募处主任刘牡丹②由仰回国，沿途考察滇缅公路一切运输设备状况，以至昆明访询运输管理待遇各情，回报本总会，借资考镜相应，据情函请执事于刘君抵谒时，赐予面洽指导为荷。

此致
陈质平先生

主席陈嘉庚
廿八年八月七日

录自陈嘉庚纪念馆、云南省档案馆、厦门市华侨历史学会编《南侨机工档案史料选编：云南省档案馆馆藏部分》，中国华侨出版社2009年8月版，第201页。

---

① 滇缅公路，即中国云南省到缅甸的公路，又称昆瑞公路（昆明至瑞丽）、320国道滇西段、昆畹公路（昆明至畹町）、中美合作公路、抗日公路等。滇缅公路于1938年开始修建，动用民工20万人，工程师200人，公路与缅甸的中央铁路连接，直接贯通缅甸原首都仰光港。滇缅公路原本是为了抢运国民政府在国外购买的和国际援助的战略物资而紧急修建的，后因日军进占越南，滇缅公路成为中国与外部世界联系的唯一的运输通道。这条国际通道在第二次世界大战反法西斯斗争中起到重要的作用。

② 刘牡丹（1902—1983），福建南安人，陈嘉庚战前四大助手之一，时任南侨总会总务主任。

为复兴集美学校募捐启事①

(1939年8月9日)

复兴费用预按国币贰百万元，乘此汇水廉宜，希望南洋各属集美校友及闽南同乡好义之士踊跃捐助。新加坡拟募壹百万元，各属合募壹百万元（汇水坡币一十五元作国币壹百元）。

集美学校，创办于民国二年春。初期只办小学，新生百余名，拟聘合格师范毕业教师数名，竟甚困难。查其原因，乃当时同安全县仅有简易师范毕业者三数名而已，更查闽南数十县，师资缺乏，大都类是。余鉴此可怜现象，乃往省垣，调查省立师范学校之状况，始悉开办十多年，在校学生三百余名，待遇极优，膳宿学费均免，每年新招学生数十名，乃多出私人介绍，闽南学子，格于形势，无可享受。而所收诸生，多无实际服务教育之志愿，但求一纸毕业文凭，猎得荣誉，于愿已足。以福建全省之大，每年师范生毕业，数目之短少如此，志愿之迥异又如彼，则师资之缺乏，固不特闽南为然矣。民国光复而后，省政府虽拟在全省四道②，各设一所师范学校，而多未实行，或行而乏成绩。

余认为欲提高闽南教育文化，须亟办私立师范学校，默念力有可能，当即使其实现。迨民国六年欧战期间，所营商业，颇有利获，于是积极筹办集美师范及各种中学，以欲矫正省立师校招生偏枯之弊。故师范生，限由各县劝学所长招考，取录合格贫生数名，保送来学，免费优待，不减省校。计闽南三十余县，首次所收师范生额达一百余名。由是按年扩充，并设女子师范，及幼稚师

---

① 1938年5月10日，厦门沦陷后，集美校舍损失惨重，1939年8月4日，陈嘉庚撰写《为复兴集美学校募捐启事》，希望南洋各属集美校友及闽南同乡踊跃捐助，共襄盛举。

② 民国初（1914—1927年），经改革，福建仍为省、道、县三级建制，全省计有4道61县，4道即闽海、厦门、汀漳、建安等；1934年废除道制，改为省、县两级制，另设有10个行政督察专员区，分驻长乐、福安、南平、仙游、同安、漳浦、龙岩、长汀、邵武、浦城等地。

范等校，数年之间，毕业学生，在乡村社会服务教育者，十居八九。嗣是而后，闽南师资既日多，出洋执教者尤日众。至于中学、水产、商业、农林各校，固亦随年而进，渐呈蓬勃之观。不幸自民国十六年之后，不景气侵袭，余之商业遭受严重影响，集美学校非但建设停止，而校费亦须逐期缩减。加以历年地方纷乱，阻碍尤多，如叶渊校董，被许案①诬控，在京杭受鞫，校中要员奔走营救，前后纠缠两三年，物质精神牺牲重大。自是十余年间，苦雨凄风，不断打击，只能维持现状而已。

"七七"抗战，全校分移安溪、大田两县②，继续奋斗，冀为抗战胜利后保留复兴之基础。所有重要仪器图书校具，虽可迁移，其他粗重器物，及全部电火机等，仍留校内。厦门失陷，敌寇飞机大炮，时常袭击，损失至巨，将来更必不堪设想。查集美校舍，当年建筑费用二百万元（汇水当时高低扯平汇），兹预计抗战胜利后，全校修理费，及添置设备基金，亦按二百万元，以目前国币汇率之廉宜，拟定计划，进行募捐，以为善后复兴之准备，用陈各节如下：

一、日寇侵略我国，必遭惨败，绝无疑问，时间最迟决不出两年。现下汇水，我国法币每百元仅须叻币十余元，可谓廉宜至极，欲乘兹募捐国币二百万元，则仅叻币三十万元左右。按新加坡可筹募一百万元，其他南洋各属亦按一百万元，将此款寄存中国银行生息，待胜利后陆续支取。此举直接复兴集美学校，间接助益抗战外汇金钱，实为一举两得。凡我集美学生校友，以及闽南侨胞爱乡爱国者，定表同情也。

二、抗战胜利后，工料势必昂贵，按全校修理费七八十万元，电火机及其

---

① 许案即厦门名人许卓然被刺案。1930年5月，同安驻军以保护交通安全为名派许卓然、陈延香找集美学校校长叶渊，要求向叶募建的安同汽车公司商借8000元，叶渊认为不能个人决定，约许、陈二人参加在厦召开的公司董事会以作决定。28日，许卓然不幸在厦被枪击身亡，其家属认定叶是此事主谋，提告法院。6月4日，叶被厦门思明地方法院拘留审讯，7月5日，思明地方法院应原告要求移案杭州高等法院审理。不久，天津破获日本间谍案，凶手谢龙阔（台籍）招认刺杀许卓然，真凶露面，案情大白，12月，高等法院宣判叶无罪释放。

② 1938年，集美学校所属师范、中学、商业、农林和水产航海学校辗转迁往福建内陆的安溪、大田和南安等地，坚持办学长达8年。其中，集美地区内迁中等学校合并成立福建私立集美联合中学，校址就设在安溪文庙。

他校具仪器按二三十万元，自来水设备费一十万元，工业机具一十万元，共一百二十万元，余七八十万元可于厦门建业以作基金收息，永供校费。复兴之后，逐月经费（汇水按叻银五十一元申国币一百元）按万余至二万元，从中集美树胶园每月入息三四千元，李光前、陈文确二君月捐二三千元，政府补助费二三千元，农林树木出产按收一千元，基金利息三四千元，余个人供应四五千元，合计可二万左右元。

三、自抗战以来，吾闽中等学校，十停八九，加以寇机毒炸，城市残破，疮痕满目，胜利后恢复匪易。彼时桑梓青年，海外侨生，求学之众，必如山阴道上应接不暇。以集美学校之规模，若得加紧恢复旧观，当可有相当容纳，但复兴之费，须百万元之巨，若非乘兹汇水非常廉宜，积极下手，时机一过，恐不我待，欲行无措，则更为难。故拟在此数月之内，集腋成裘，以成斯举，国币汇水每百元估以叻币一十五元为标准。

四、据查集美学生在南洋者不下数千人，凡英美荷法暹等属，无处不有，不论资本家、职业界，以学生复兴母校，寻源报本，理所当然。最低限度，职业界每人捐国币一百元，多者数百元千元，平均假定每人二百元，则数十万元之筹集，实无难事。至于殷富者则充其力量，数必更多。又如集美教师、闽南乡亲，慷慨乐输，自动义举，定必大有人在，凡类此者，更表欢迎。

五、集美学校自来招生，不限省界，亦未尝向外募捐。兹因暴寇侵略，惨毒破坏文化机关，为复兴计，不得已向我校友等呼吁，如各埠原有组织校友会者，则由校友会设法鼓励进行，未组织者，亦望私人连络举办。由本年八月起，至十月止，在此三个月内，捐募若干，现交或限期交，均请列明，来函详报此间，以便相机定购汇水。所收款项，不论多少，概购国币寄存中国银行，给回正式收据，登报表扬，以留纪念。

六、此次余发动集美学生及闽南同乡与集美学校有关者，募捐国币二百万元，限三个月结束，究竟实际上募得多少，眼前固无把握，须待到期方知。惟所按新加坡之一百万元，如度过本年冬季，欧战不生，汇水不涨，大半已有把握，至外埠如何，则不能逆料矣。以各地校友之众，或不致有辜此望，至兼筹基金问题，盖认为机会颇好，日寇败退后，政府可收没厦门籍民汉奸之多量产业，若以集美学校名义，请求政府廉价出兑，目的无难做到，为集美学校百年计，树立永远基金，巩固收息，舍此无由。况厦门为重要口岸，交通便利，数省物资，云集转运，十年之后，建国大成，地方发达，市面繁荣，业产腾涨，奚止倍数，入息之巨，无难推知。发展闽南文化，利便侨生求学，福利家乡，事非浅鲜，凡我校友及同乡好义之士，其毋忽焉。

中华民国廿八年八月九日

录自新加坡《南洋商报》1939年8月9日。

复兴集美学校募捐启事二

(1939年8月15日)

鄙人前日发出为复兴集美学校募捐启事,订由本年八月起至十月止,三个月结束。该启事乃专对海外集美学校男女学生及与学生有关系者而发,绝非有意向外界募捐,对外有无需要,拟待届时看成绩如何再行打算。唯闽南乡谊所在,有自动捐助者,当然欣受。近因学生中有未知底细,来函拟向外界募捐,兹特续登启事声明,以免误会。至汇水在我敌经济战期间,升降无常,故规定叻币一十五元,中国币一百元为标准,此后汇水无论升降,对捐款者一律据此核算,转入中国银行生息。待结定汇水时,或结束后,所有涨失,仍归入复兴募捐项目内。凡知寻源报本爱国爱校者,当不在乎汇水之升降,变更其交款之手续,而以法币无常而敷衍塞责,言有增减数目之不便也。

此启。

中华民国廿八年八月十五日(南本)

录自新加坡《南洋商报》1939年8月16日。

南洋华侨筹赈祖国难民总会通告第廿一号[①]

（1939年8月28日）

为通告事。汪贼精卫，妒忌成性，反复无常，只知一己之权欲，不惜民族之牺牲，叛国事仇，罪大恶极，千秋万世，莫可洗雪。查其"七七"以前，暗植党羽，从事政争，蒋委员长正以国家多难之秋，外侮频来之际，海量优容，时予隐忍。抗战而后，京沪失守，汪贼以为时机已到，包藏祸心，力主求和，谋夺领袖地位，目的未达，广州继陷，武汉退出，则更盛倡和平谬论，认贼作父，居然通敌，与近卫大谈妥协条件，又欲一意蛮干，冀遂欲望。本总会主席，早已洞烛奸谋，遂电责其主和妖言行同秦桧，复向国民参政会提案，在敌寇未退出国土以前，有言和者，即以汉奸国贼论，冀可戢其野心。乃汪贼终不觉悟，及见奸谋败露，责言四起，弃职外逃，公然投降日寇，甘作走狗傀儡，妖言惑众，无所不用其极。其流入南洋方面宣传品、报纸杂志、印刷文件，日增月累，不可胜计，更复收买汉奸，到处活动。本总会以其计划既经揭破有人，中外攻击，报纸纪载，无日不有，对其丧心病狂，奴颜婢膝之丑态，未再加以声讨。近接吧城庄副主席西言来函，以汪贼宣传品流入荷属，日多一日，难免妖言惑众，扰乱听闻，请本总会通告侨胞，注意预防等情，亟应照行办理，爰将汪贼妖谬各点列告如下：

[①] 1939年8月28日，汪精卫集团在上海召开所谓的中国国民党第六次全国代表大会，妄图争夺国民党的"正统"地位，会议通过了《整理党务案》《修订中国国民党政纲案》《决定以反共为基本政策案》《根本调整中日关系并尽速恢复邦交案》等议案和宣言，提出了"和平、反共、建国"的纲领，选举伪国民党中央执行委员会，汪精卫自任伪国民党中央主席，并在会后召开"六届一中全会"，成立了汪伪国民党中央党部，为汪伪政权的成立作了准备。会议前后，汪逆派人到南洋搞阴谋活动，陈嘉庚洞察其奸行，针锋相对，于8月28日发布《南侨总会通告第二十一号》，揭发其叛国罪行，提请侨胞毋为妖言所惑。10月，汪逆企图在新加坡组织伪侨务委员会，也因侨胞抵制而破产。（参见陈碧笙、陈毅明编《陈嘉庚年谱》，福建人民出版社1986年3月版，第103页。）

一、力主妥协谋夺政权。以汪贼之机警奸狡，决无不知我国之持久战，日寇必败，乃突变故态，一如深患恐日病然，力主中途和平。其原因所在，不外为领袖欲所昏迷，乘外寇侵略急迫之机，借和平妥协，以谋推翻我蒋委员长，而取其政权以自代，可知绝非政见不同之主和，此点实当明辨。汪贼不恤牺牲国土民族，卑躬屈节，媚事仇敌，以求遂其领袖欲之目的，陷我四万万七千万同胞及世世子子孙孙于万劫不复之惨祸，呜呼，其肉岂足食哉！

二、依附敌寇煽引军人。汪贼及其爪牙，误认如前时军阀内战时代，反叛政府，视为故常，无知民众，失意政客，必多附和，而一般朝秦暮楚，反复无常之党徒，皆可为其同志。故对外则依附敌寇助威，对内则煽引军人附己，不图外寇侵略，与军阀内战不同，兄弟虽阋于墙，然外御其侮，则团结抵抗，不但响应无人，抑且函电交攻，使其一败涂地。汪贼果真聪明，宜即幡然悔悟，勒马悬崖，出洋以作寓公，国人或可留其自新之路，乃竟投降敌寇，愈闹愈凶，腼颜无耻，悍然作贼，一至如是，可胜痛哉！

三、借言防共破坏团结。日寇逞其野心，侵略我国，师出无名，借言防共，冀可欺蒙世界。汪精卫卖国乞和之奸谋，则以抗战造成共产势力，借以刺激国民党，彼此阴险恶毒，同出一气。不知我国西安事变，共党领袖即力主拥护中央，服从三民主义，真诚合作，共赴国难，早为全国敬仰，抗战以来，屡建殊勋，更臻团结，近复宣布拥护蒋公，遵行国策，轰轰烈烈，光明正大，可以质诸天地鬼神而无愧，岂汪贼及少数嫉忌党人所能攻坏耶？

四、鼓煽华侨暴动示威。汪贼宣传品，鼓煽马来亚华侨，对当地暴动示威，谓东京英日谈判，英国如何卖友屈服，大不利于我祖国。并列举各条，无中生有，捏造事证，以惑侨胞，冀与当地政府发生恶感。按英日东京谈判，权操英伦政府，关于我国，如应有所表示，当由我国外交部长执行，吾侨既无直接行使交涉之权，新加坡政府亦何能代负谈判是非之责？吾侨公意所在，仅可由新加坡政府代达耳。然举动应守文明法律，请愿要求，亦当出于合理行动，不宜兴风作浪，轨外生端。况自抗战而后，全马各埠均有筹赈会之组织，新加坡全侨大会所产生之星华筹赈会，对祖国，则积极募捐救济，以尽后方任务，对当地政府，则极力遵守秩序，以消弭意外事端，逢有问题发生，当然要负责领导，为祖国努力。故一闻东京英日谈判有不利我国之风讯，本总会立即遍发函电，劝促英国朝野名流，主持正义，反对妥协，南洋各属会亦一致同情，纷纷响应，本坡星华筹赈会，则同时召集侨团大会，发电呼吁。以上过去各情，除非汉奸，殆未有不乐示同意者，新加坡总督在立法院宣布，深赞华侨之爱国守法，良由于此。凡我南洋各地侨胞，应明白理义，勿为无益之举，勿为汉奸利用，则幸甚矣。

五、诬蔑筹赈破坏抵制。汪贼宣传品，对海外华侨踊跃筹赈，抵制日货，亦极力破坏，非谓血汗资财，被人中饱，用途不报，账目不明，则谓伤兵乏医，难民无救，任其呻吟沟壑，饥死郊野，硬指谓捐款落空，以惑众听。彼辈岂知各属各埠筹赈或慈善机关主持侨领，均为埠中闻人，侨众信服，出入款项，报纸宣扬，结册征信，尽可任人查阅。至于收款机关，非行政院财政部，则红十字会，总收若干，按期编布，条目分明。至于医治伤兵，救济难民，抗战之初，筹备未周，虽无缺略，年余以来补偏革敝，尽力规划，已臻完善。唯夏令秋初，防疫卫生一项，因地广人众，未遽普遍而已，各地慈善家正在向外呼吁，广图救济，汉奸之群，何得借是以诬蔑一切耶？

六、无稽之言败露无遗。汪贼宣传品，对于国币汇水降跌，则谓为我国财政枯竭，无力维持法币，以及另出一种新币，以代旧法币，并谓孔行政院长将去职，宋子文先生任财政，种种无稽之言，极其破坏能事。然事实胜于雄辩，不终朝则已败露无遗。惟汇水降落，乃回击敌寇之经济战，本总会第二十号通告，业已剀切申明，法币地位之健全稳固，我蒋委员长近日亦曾宣示，谓我国资源浩大，法币基金充裕维持，与汇水升降，绝无关系云云。海外侨胞，值此大好时机，倘能预先投资祖国，不久之将来，日寇崩溃，国家锐图建设，各业繁兴，我华侨联翩回国，不难立成巨富矣。彼辈汉奸谣言，又何足以摇惑我侨爱国之信念哉！

综上各点，就其荦荦大端言之，从委溯源，如汇水跌价，既与国家法币无丝毫影响，华侨募捐救济，则出纳分明，有条不紊，非仅报载表册征信于一时，更有簿记印收存查于永久。至于英日妥洽一事，我侨胞终定深察，绝无越轨行为，尤取得当道之赞美。国共合作问题，共产党真诚坦白，尽有战功事实，可以证明。汪贼日暮途穷，既无悔心，又无远识，误认国内袍泽，海外华侨，可以受其催眠，而不知国民智识日进，程度日高，是非既明，从违自判，乃利用其汉奸爪牙，捕风捉影，广事宣传，冀可行诈售欺，得侥幸于一逞，而遂其领袖欲望，亦徒见心劳日拙矣。汪贼卖国求荣，早为天下共弃，我侨捐资救难，不达最后胜利不止，当不为妖言所迷惑也。辨奸讨逆，亦为天职，输财救国，勿止中途，有厚望焉。

  此布。

中华民国廿八年八月二十八日

录自新加坡《南洋商报》1939年8月29日。

南洋华侨筹赈祖国难民总会通告第廿二号

(1939年9月10日)

本总会前接雪兰莪华侨筹赈会八月廿二日函报,以该会曾寄华侨银行汇票三张,国币共七千元,交香港中国银行转行政院收。该票被港中行退回,嘱将该汇票向该银行交涉,改以坡币汇去等由,并饬别区有无同样事故,请订划一办法。本总会经于八月廿四日据情电询宋子文先生,旋承于俭日(廿八日)电复,谓捐款概收原币,前经财部规定通告有案,仍祈转饬查照通行云云。本总会除转函各区会知照外,并于报章发表,借便周知在案。又关于开会尊崇领袖仪式,孔院长复电,亦经改订,为此应行续发通告,详述缘由如下:

一、规定坡币经过情形。自"七七"事变后,海外侨胞,荷负后方爱国救济任务,自动踊跃捐输,斯时汇水由我国财政部规定,照英金一先令二便士余申国币一元。以此推算,马来亚即每坡币五十元零五角,申国币一百元,筹赈会收入加五角,定五十一元为国币一百元。其他各属亦以是顺次,依此进行,绝无变动。至廿七年春间,因汇水降跌,财政部复规定马来亚坡币三十八元五角,申国币一百元,筹赈会收入,则加一元五角,定四十元为国币一百元。秋间汇水再降,财政部复规定马来亚坡币三十元零五角申国币一百元,而筹赈会收入只加五角,定三十一元为国币一百元。嗣是而后,汇水虽时有升降,而相差无多。去年十一月,本总会奉财政部令,此后汇款免再规定坡币,可依时价汇来。迄本年上半年,汇水变动极微,凡诸票汇捐款,财政部不论收到之迟早,即日期稍长,而汇价均无任何涨落。以上为我政府财政部对赈款坡币规定之经过情形,大概如是。

二、凡票汇者切宜注明。本年交秋以来,汇水巨变,凡诸捐户,用票汇单据寄往香港者,中国银行概非在香支款,乃将原票汇集转来星洲,向原汇银行过账,因此一票往来,有迟至三十余天者。若票面无写明坡币银数,但写国币若干,依照时价估值,则坡币比较相差原额甚巨。海外侨胞输财,在捐出之时，名为国币，而事实上则坡币兑付。我政府乃将坡币汇往欧美，购买原料，绝非收归国内，转换现金。故我侨胞应知己所捐出，实是坡币，而此项坡币，即所以资我政府外汇之运用，此后凡票汇者，切宜注明坡币，不可有忽视。

　　三、坡币卅元以为汇率。当筹赈初时，认长期常月捐之爱国侨胞，例如月认国币一千元者，折缴坡币五百一十元，此乃权宜办法。以论事实，诚应以坡币为本位，无论汇水如何变动，认捐者对于坡币缴纳，既无增减之纷歧，而我政府亦免受汇水之损失。乃有一部分捐户，不此之图，见汇水降落，则取巧自汇，或竟拖延不变，只争私人便宜，不顾国家损失，且不顾引起效尤，类此情形，殊为可慨。然坡币申国币，每百元自五十一元降至四十元，复降至三十一元，再降至现下三十元，兹若再降，则爱国认捐之款，将已不及半数，问心何以能安。若为经济困难，虽停止不交，抑为减交，均无不可，否则，当本爱国之精诚，义勇之初衷，再接再厉，并遵行本总会所规定，凡认国币者皆以坡币三十元为汇率，谨守勿替。

　　四、全体起立改为肃坐。本总会通告第五号（本年元月九日发）凡集会尊崇我国领袖仪式，第一次闻孙总理、林主席、蒋委员长之名，全体当起立，第二次则免，南洋侨胞，多已奉行。前日报载，经中央改为肃坐，此后可免起立。本总会爰于八月廿五日电询孔院长，承于艳日（廿九日）复电证实。此后集会，第一次闻我领袖名，当改为肃坐致敬，此亦望我侨胞遵行。

　　上述两事，特此通告，俾众周知。

　　此布。

中华民国廿八年九月十日

附：宋子文电

陈嘉庚先生：

　　捐款概收原币，前经财政部规定通告有案，仍祈转饬查照遵行。至雪兰莪曾失寄吉隆坡华侨银行汇票，查系国币，与该总行商定委托经收办法不符，故寄还该会，请与该行商洽，改交坡币，以符部令，并非拒收。敬希台洽。

弟宋子文俭（八月廿八日）

附：孔祥熙电

陈嘉庚先生：

有电悉，尊崇仪式，起立已改为肃座［坐］。

孔祥熙艳（八月廿九日）

录自新加坡《南洋商报》1939年9月12日。

南洋华侨筹赈祖国难民总会通告第廿三号[①]

(1939年9月15日)

自前次欧洲大战结束后,世界各国,惩于战祸之惨烈,为保持永远和平,在欧洲设立国际联盟会,以仲裁一切纷争,消弭未来隐患。在东亚方面,更由美国召集华府会议,签订九国公约,尊重我中国主权,以维护东亚之和平。凡此作为,皆所以谋弭兵罢战,造人类太平之幸福也。不幸东亚贼寇,包藏祸心,乘世界不景之秋,突启"九一八"侵略之祸,由是德意退出国联,扩充军备,步武侵略,假防共面具,肆吞并野心。"七七"事变敌寇预计三月可以亡我,而今次德侵波兰,亦妄想英、法中途妥协。日寇迷梦业遭打破,德国野心,又岂得逞?夫以英、法富强,远胜德国,光明义战,举世拥护,彼背约毁信,必为天道不容,祸首毒心,定遭公理屏弃,古今中外,历史不爽,最后胜利,属于英、法,毫无疑问。德国若非败亡,亦必变成共产,东西日、德两国戎首,势必相继崩溃,狼狈无依,此理绝有可信者。南洋群岛,居世界重心,物产丰饶,人口达一万万,华侨将及十分之一,对于经济工商业实占有重要地位。今兹欧亚两洲大战,物产损失之大,人类遭祸之惨,当为有史以来所未有。默察南洋各地,虽在战云弥漫之中,实则有惊无险,似危而安,世外桃源,乐业安居,无量幸福,诚属天幸,此为吾人不可不知者。尤以英属马来亚华侨,对眼前时局,更有密切关系,本总会爰特列举数点,通告如下:

(一)德日轴心已断。日寇前联络德、意借防共轴心侵略我国,复威胁英法殖民地,故安南与马来亚不得不极力设防,以保安全。迨英法对德开战,殖民地设防,更形严紧周密。顾形式上虽颇紧张,而实际上则可安然无恙,盖自俄

[①] 1939年9月3日,英德宣战,陈嘉庚召开筹赈委员会会议,通过拥护英国对德宣战决议,并以南侨总会主席名义于9月15日在报上刊登通告,号召全马来亚及其他英属华侨一致拥护英国政府,对德敌忾同仇。(参见陈碧笙、陈毅明编《陈嘉庚年谱》,福建人民出版社1986年3月版,第104页。)

德协定告成，德日轴心已断，意国又守中立，日寇四顾迷茫，已成孤立之情势，自身早陷我国泥淖，坟墓愈掘愈深，陆军已无余力可侵略英法殖民地，海空军更不敢冒昧问鼎，假如不自重，一经启衅，日寇在太平洋海面交通断绝，结果必更速其死。故近来改变凶脸，讨好英法，不复为德国所利用以威胁英法殖民地者，其故在此。

（二）南洋不致战祸。日寇既不敢助德以牵制英法，意大利又守中立，不参加欧洲战争，则地中海航路，便可照常通行。以是而观，南洋土产，决不致滞销，舶来物品，亦可源源接济。英荷出产重要之胶锡，必将更形活动，马来亚工人既免受失业，工资且得有相当增加，市肆益有恢复繁荣希望。居此世界重心区域，得以避免东西洋大战惨祸，凡属居民，应当如何感激天幸，而戒谨守慎，以克享此世外桃源，安居乐业之幸福耶。

（三）推诚拥护英国。马来亚为英国殖民地，英对德之战争，亦即马来亚整个与德国之战争。凡居马来亚群岛之人，不论任何种族，均当随英国仇视之目标，认定德国为敌人，而推诚拥护英国之义战。我华人在马来亚群岛，占最多之数目字，推诚拥护英国，比别种人尤当关切。何以言之？中日战争，我侨胞既视日寇为仇人，而英国乃为我国之亲善友邦，过去赞助我国抗战之伟大事迹，在我祖国人民，尚知感激，与英国极表同情，何况身居殖民地之侨胞，不尤宜倍加注意乎？爱护英国，爱护殖民地之对德国抗战，宜与爱护我祖国之对日寇抗战无殊。盖其拥护世界公理正义，与我之抵抗武力侵略，抱信义光明之宗旨，以奋斗求和平，固异途而同归也。故凡劝募义捐，救济英国伤兵，及为当地维持治安，保守秩序，与尊重当地政府命令，凡有所需要于吾人者，皆当竭诚努力，以尽侨民之职责，万不可误信汉奸造谣，发生越轨行动，致于咎戾，贻我侨界之羞，则幸甚矣。

此布。

中华民国廿八年九月十五日

录自新加坡《南洋商报》1939年9月16日。

致陈质平函请发送刘牡丹视察滇缅公路报告书

(1939年9月27日)

迳启者，兹寄上本会代表刘牡丹视察滇缅公路建议书九份，请烦台端代为发送贵路各处长及各站长各一份，借供浏览。相应函请查照施行为荷。

此致

西南运输公司陈质平先生

　　计附建议书九份。

主席陈嘉庚
廿八年九月廿七日

附：南侨总会关于改进滇缅公路设备及机工待遇的建议书（1939年9月24日）

本总会在本年春初承昆明西南运输总处托募机工回国服务，数月之间，先后遣发约三千人。近迭承各方报告当局对运输设备及机工待遇未尽完善诸待改进，本总会以该路运输关于抗战者大，而回国机工原多海外热血青年，激于爱国大义，弃职业，舍妻子，不辞为国牺牲，安忍令其颠连无告，因特派机工征募处主任刘牡丹前往实地视察。该员由仰光入口以抵昆明，费时一月，沿途考察，深觉该路办理状况确有改进必要，经在昆明西南运输总处向吴副主任琢之①，张训练组长炎元面促改进意见，并以书面留交，已承吴张二君表示全部接受，照行办理。该员回报经过，情形如此，合将所提改进各点，由本总会正式建议于运输当局，冀能督促所属，切实改进。此建议乃分为"运输设备""机工待遇"两部分，谨为列述如次：

---

① 吴琢之（1926—1967），江苏太仓人，南京江南汽车公司创始人，时任西南运输处副主任。著有《公路运输管理》等。

甲、运输设备部分

（一）应加派司机

滇缅全路计长九百七十四公里，各段设站分司接运，每站距离有长至二百零七公里者，全路段高山峻岭，崎岖难行，路面新辟，敷设未固，且属边鄙之地，气候恶劣，山岚瘴气，易生疾病。查现每架卡车只用司机一人，如有不测，则全车弃置道左，无人过问，危险孰甚。建议每车应加派司机一人，逢途中发生意外，得以互相照应。

（二）应发给修车器具

查各卡车于购入时均附有修车器具一副，因当局恐被机工遗失，全数截收不发，故车行无随修器具，半途抛锚，无法前进，且在路面狭窄之处，更阻后至之车，终日坐困荒野以待救济车来临，而救济车又未经常巡视，失时废车，莫此为甚。建议当着令车务稽查组于各车派出时发给全副修具。此项修具万万不可与车分离，返站则照额收回，未出之前更宜检验车身机件有无健全。如是则中途自免机件损坏之虞，且有随修随行之便。

（三）应派救济车经常川走巡视

现例救济车都停放站中，必于获得出事报告后始行派出，但中途出事之车传递报告极不容易，有枯候数日忍冻受寒方得援应者，此于机工体魄健康大有妨害，且一车损坏后车拥塞，减少运输数量，所关尤非细微。建议各站救济车应经常川行巡视，如遇出事汽车，俾便亟行修复。

（四）应派养车工役

查各站对于卡车概未雇用洗涤工役，全路千余架新车驶用仅三数阅月，车身车翼即已剥落不堪，望之如久年陈废之物。建议各站须另雇养车工役数人，每车临站，应经常洗涤擦净，借以保护车身之新鲜，容貌免受耗损。

（五）其他

此为如各站冗杂人员宜加裁汰，全线七天路程而往往中途停顿，经月始达，晚间卡车不入宿站机件易致损坏，各点皆宜设法改良。又华侨机工队之队长队附各职应统行选拔华侨充任，俾其言语相通，气质相近，情感融洽，工作便利。此乃求其臂指相使之效，非欲使其另成一部落也。

乙、机工待遇部分

（一）衣

查由南洋募回之全路机工，除第一批八十名及其后各批修机二百余名，曾各发给工作衣一套外，自第一批以下所有司机二千余名，至今概未发给，且已发给者亦仅工作衣一套而已。滇缅公路虽在夏季亦寒风刺骨，冷不可当，致病机工查已在百分之九十以上，未病者亦面黄肌瘦，憔悴不堪，状甚可怜。建议凡在昆明训练所中者，每人应发给制服两套，出差服务者加发工作衣及御寒卫生衣或棉衣等类，俾不至［致］寒冻为度。

（二）食

滇缅路龙陵以西一带全属不毛之地，人烟稀少，食物缺乏。机工到站觅食维艰，其他各站因居民对机工之异视，高提物价，购买亦甚不便。建议应由各站设立合作社，以司膳食供应。例如由甲站出发若干机工将至乙站，则乙站须于事前准备膳食，机工抵时给值就食自免迁延时间，许多不便。该路如芒市、保山等站，原有合作社者，设备未周，亦宜改善。

（三）宿

查各站机工宿舍设床板者殊少，更无床席，大都睡卧地下，藉草为茵，土气潮湿，溅恶刺鼻，跳蚤木虱遍地皆是，机工昼时长途驰驱，工作疲劳，晚间宜得适当之休息乃因宿舍不洁，未敢入寝，相车外就卡车中露宿，中宵风雨感冒致病，身体健康无法□卫。建议每站宿舍应加设床帐、床板，另置专役以司宿舍打扫而除蚤虱之患。

（四）医药

查各站虽设有诊疗所或阅诊处、医院等，惟药料奇缺，大有有医无药之概，机工不论何病，经常只有金鸡纳霜一药或竟全无者。万病一药，何以能济。建议各诊疗所或医院等应即多方购备药物以资治疗之便。

（五）教育与训练

查各站多因陋就简，绝无书报置备。南洋回去机工多为热情青年，对国家抗战深切注意，自到各站服务，因无书报阅读，莫从获知抗战情形及国家大势，因之深感苦闷，工作之余难免趋入歧途，如酗酒打架赌博及其他不当消遣时有所闻。在昆明训练所中所施军事训练及惩戒，采用旧式笞刑各办法，华侨机工生长海外，习俗殊歧，尤觉痛苦。彼等回国，祈意全欲以驾驶技术贡献祖国，未尝预计及此，乃一身入国门所有遭遇与其理想全非遂，不禁发此兴叹。意志薄弱者乃潜逃矣。建议各站应设置阅报室，逐日由昆明递送报章杂志或各站张贴临时壁报，遇有重要新闻则用播音机传递。至昆明训练所，应减少军训形式，注重精神教育，主管长官采用人格感化，不宜偏重威。令形使如是，则机工生活行动可减免越轨，军事训练自更易收实效。

（六）机工通讯问题

机工之家属戚友多在南洋，其回国后情形如何，当为彼等家属戚友所关注。查有许多机工对南洋家属来往通讯恒四五阅月，尚未递到，其在南洋家属稍丰赡者，寄往昆明的银信，昆明机工亦绝无接到，更有数位机工与本总会刘代表向有交谊，连寄几次挂号信刘代表亦始终未接。似此内外隔绝，音响沉寂，必非无因。建议应由各站设立递信箱，分集国内昆明与仰光、腊戌三地转寄。而主管长对机工信件亦不宜有所偏忽，致有中途遗失之弊。

以上各节均为刘代表在实地视察时认为目前亟应改进者。邦政府以短促时间，开辟此高山峻岭长途崎岖之公路，欧美列邦莫不群致赞叹，称为伟绩。窃以为公路之实际精神全在于运输，运输之效率则在乎主管人员有无办事精神与实际经验，若管理失职，虽有老练机工亦将无法效命，甚至寒病伤生，如置于死地。然现际华侨机工都已闻风股栗，无人敢往。若不切实及早补救，则此路军运必大阻碍。盖此峻险之路，殊非国内新训学员可胜驾驶之任也。事关抗战运输，深盼主管当局迅即予以实行改进。本总会以荷负统筹海外赈务，而回国机工又为受托征募，职责所关，难以缄默，率直陈词，罔避回讳，唯贤者谅之。

中华民国廿八年九月廿四日

录自陈嘉庚纪念馆、云南省档案馆、厦门市华侨历史学会编《南侨机工档案史料选编：云南省档案馆馆藏部分》，中国华侨出版社2009年8月版，第206—209页。

新加坡华侨筹赈祖国难民大会委员会特别通告

(1939年10月6日)

为通告事。本会主办国庆日卖花筹赈,业经请准当地政府,可在案,所有各社团参加卖花队伍,亦经编配公布,自可照行办理,以裕赈收。兹闻各社团中将有组歌咏队与化装劝赈者,此举殊属未合,为此通告国庆日可依据本会编配出发卖花。至歌咏化装及其他举动,未经本会许可者,概当禁止,仰各知照。此布。

中华民国廿八年十月六日(四)

录自新加坡《南洋商报》1939年10月9日。

南洋华侨筹赈祖国难民总会通告第廿四号

(1939年10月9日)

为通告事。案准蒋委员长夫人宋美龄女士敬电（九月廿四日）内开"南侨筹赈总会陈嘉庚主席勋鉴：请通告华侨团体暨侨胞，敝妇女慰劳会发起捐募冬季大衣三十万件、铺棉背心二十万件分给前方将士，冬季大衣每件国币十五元，棉背心二元。全国妇女慰劳会人员现在赶制衣服，恳请侨胞捐款购采材料等品，侨胞屡赐惠泽，将士莫不感奋。蒋宋美龄敬（廿四日）"等由，查前方将士为国奋斗，天寒无衣，理宜援助，惟以格于行政院前令，凡国内有何捐募，须经院核准之规定，及南侨代表大会统筹统汇之决议案，未便遽行接办，当经据情电复，请由院核准电知，自可照办，并请示交款机关。去后旬日未复，嗣是各埠侨团发动寒衣劝募，报章已屡有转载，而本总会迄未将此事发表者，乃为上述缘故。迨至昨十月五日始接获蒋夫人卅日复电，谓经院核准，盼即日进行，可将款汇交重庆妇女慰劳总会等由。准此，本总会合为照办，惟再查原电委募冬季大衣三十万件，棉背心二十万件，核诸海外一向捐募汇款情形，似不必细加分别，应以综合捐筹为便，故略按原拟价目，统行规定劝募大棉衣三十万件，每件估价叻币三元，英属以外，各属虽币制各有不同，亦可依照叻币自行规定，将款直汇重庆妇女慰劳总会核收。所有各属应行劝募总额，兹经本总会统为分配如下：

英属马来亚十二万件，英属婆罗洲二万件，英属缅甸一万件，荷属六万件，菲律宾属四万件，安南一万件，泰属（暹罗）二万件，香港二万件，计三十万件，除英、荷属各埠更重分配细目而外，其他各属辖内各埠应由各属领导机关自行分配，以合于总额为度。值此严冬候届，将士无衣，忍冻受寒，辛勤为国，实堪轸念。海外侨胞，应即仰体蒋夫人恻隐之心，而为慷慨之助。且蒋夫人此次向海外侨胞劝募寒衣，实与救济难童有别，盖救济难童时间无限，多多少少，尽可随时陆续寄汇，至若寒衣劝募，诚为应时急需，霜雪降临，时刻难耐，挥戈浴血，寒冻奚堪。吾侨安居乐业，应不忘后方之任务，不论团体个人，男校女校，宜当埋加努力。抗战两年有余，蒋夫人向我南侨呼吁劝募寒衣仅此一次，其重要可知，切莫漫不经意，以致成绩微弱，使其失望。为此合行通告，冀我各属各埠筹赈团体热心侨胞，踊跃响应，实所厚望。

此布。

中华民国廿八年十月九日（洋）

录自新加坡《南洋商报》1939年10月9日。

南洋华侨筹赈祖国难民总会通告第廿五号

(1939年10月24日)

南洋华侨筹赈祖国难民总会昨发通告，请各筹赈机关，征募寒衣，应从速捐汇，其原文如下：

为通告事。查寒衣劝募，自蒋夫人来电，至今逾月，各属筹赈机关暨我热心爱国侨胞，自应急行募应。据新嘉坡区发表该区应募三万件，经多方面设法运动，业有把握，且已汇出星币四万余元，约抵全额之半数。本总会以其他各属各埠，关于此项劝募，虽报纸西爪东鳞，时有纪载，备见踊跃，惟正式报告未来详情无从获悉。而国内严冬已届时令，天气所关，未可视同普通募捐，得以随意展延，故甚望各属各埠能急切办理，限时竣事，爰举各项通告如次：

（一）蒋夫人电募大棉衣三十万件，棉背心二十万件，计五十万件。本总会为因海外系以捐款代衣，不妨删繁就简，且为利便分配计，故将两项衣价合并估计统称为寒衣三十万件。每件按星币三元，侨胞担任捐款，而重庆妇女慰劳总会则担任购料缝制。倘海外捐款，未能速应，则重庆便无法急切购办，巧妇难作无米之炊，理所固然。况现际银行电汇停止，须用汇票，如各地票寄空邮尚可较快，否则长寄耽缓，往往二十余日犹难投到。设或已捐未收，或待劝募结束汇集而汇，则旷时延日，则更告缓不济急矣。故各地劝募应即设法速捐速汇，迅赴事机，以裨实用。

（二）尽本月终各地募收之款，请尽数由中国银行汇去，未收及拟续募确有把握者，可预按数目，先从银行商取信用或他机关存款捐汇，候收抵还。本总会当于月底，查询中国银行，经汇总数会同电告重庆妇女慰劳总会领款购制。

（三）英荷缅三属筹赈机关，请于十一月十五以前酌核劝募成绩总额，及已汇未汇确数，或按可续募约数，统行函报本总会，俾得汇合统计电知重庆妇女慰劳总会，以资把握。此外如菲越港各属，则希直接报知。

上举各端为事务上所应通知者，切盼注意办理。关于此次劝募寒衣运动，在意义上亦有应为我侨胞再行申述者。自抗战军兴以还，我国配置前线军士数逾百万，作后方者亦数百万，而蒋夫人电向妇女募寒衣两项合计五十万件，兵多衣少，分配难周。侨胞中或有欲知其缘故者，同时或以为军士服装，政府当有完全供备，何以反要赖蒋夫人之另行征募者。查抗战军需，在军事委员会与财政部当有全盘设计，自无须吾人置虑，此可于年来战局征之益信。盖日寇挟其犀锐武器而竟愈战愈败，士气衰弱，我则愈战愈强，士气旺盛，虽云同仇敌忾由于作战精神之坚强，而新兵训练日多，器械补充日备，固亦显著之事实也。

第二我非富强有素之国家，政府因时制宜，量入为出，自不能如欧美列邦资源富足得以尽情措施，故当择其首要而应其最急。例如战时军粮军械应居第一，衣服医药则在其次，士兵薪俸当在最末。凡此数者，虽有等差，然亦必统筹兼顾。惟因战地扩大，士兵加多，临时应需，每或超出预算，则势必举行临时征募，以足其数。此即蒋夫人函电交驰，以呼吁于海外侨胞予乐助之缘由也。值此天寒时迫，朔风怒号；坚冰凝积，前方将士呵冻挥戈，苦战卫国，我后方民众输财解衣，原为国民天职，时难再缓，事不宜迟。深望踊跃捐应，实所厚幸。

此布。

中华民国廿八年十月廿四日

录自新加坡《南洋商报》1939年10月25日。

南洋华侨筹赈祖国难民总会通告第廿六号

（1939年10月31日）

为通告事。案奉财政部十月六日港二八发第一一七〇〇号函开：查英属马来亚各区华侨捐款，向系汇交香港中国银行经收，兹为调拨便利起见，经部与中国银行商定，此后马来亚各地捐款，应请各区侨团，迳以坡币交新加坡中国银行，列收香港中国银行户账，并会同拟定暂行办法六条，由捐款人与经收银行查照办理。除将办法六条函知中国银行转函新加坡中国银行照办外，相应照录该办法，函请贵会查照，希即迳与新加坡中国银行洽办，并请转知各区侨团一体照办为荷等因，计附办法六条：

一、本部为调拨便利起见，兹规定凡英属马来亚各地侨胞捐款，应概交新加坡中国银行集中经收，星中行收到此项捐款，列收香港中国银行账，并报告港中行转报本部。

二、英属马来亚各地侨团解缴捐款，应就近交星中行洽收，如离星较远各地侨团，可开具坡币支票（cheque），或向当地银行换取本票（cashier order）或星加付款之坡币汇票（draft），备函说明用途寄交星中行洽收，一面由捐款人径报本部驻港办事处查核。前项支票、本票、汇票应一律以"星加坡中国银行"为抬头人（英文写法 Pay To Bank of China Singapore or Order），不必再加入财政部行政院或其他机关个人名称，以免因背书关系，转辗寄递，稽延时日。

三、英属马来亚捐款，应一律以坡币为本位，不必再折算国币，星中行概以坡币记账，惟为各地捐款考成便利起见，特由本部规定比价，暂定坡币十五元折合国币一百元，将来发给收据，及刊入征信录。除列入坡币原额外，并载入折合国币数目，如将来国币价格有剧烈变动时，得由本部将比价另行规定，以资公允。

四、星中行收到捐款后，应即制给临时收据，交捐款人收执（此项临时收据将来不必缴还），并将捐户名称，交款时期，及原币数目，按月列表报告香港中国银行，港中行即照填财政部正式捐款收据，寄回星中行转发捐款人，一面通知本部驻港办事处。

五、星中行所收原币，够购英金二万磅时，即购成英金，交伦敦中国银行列收港中行账，并将原币及购成英金数目，连同折合率，电告港中行转报本部查核，听候调拨。

六、捐款人如欲汇寄国内慈善机关捐款，应遵照"统一缴解捐款献金办法"① 之规定，悉照上述第二条办法，交星中行统收，并具函说明用途，本部即可依照汇款人意旨，将捐款转拨指定之机关洽收。其正式收据，仍由港中行依照委托经办办法，分别名目，出具本部捐款正式收据，以资一律。

到会，奉此，本总会曾以新闻体例，先在各报发表，兹将慎重为我各属侨胞告之。查我国对日抗战，直接因在于抵抗侵略，保全领土，间接亦为维护国际条约，保障世界和平，故对于英、法、荷诸国远东殖民地之安全秩序，亦有重大关系。且中英国交，久著亲善，信守条约，历来无间。在马来亚华侨，占居民半数之多，百年来爱护居留政府，开发农工商各种事业，竭力经营，蔚成南洋最繁荣之地，遵法令，慎业务，屡为坡督及友邦人士所奖誉，此诚吾人所共见共信者也。不幸"七七"变起，我侨胞痛祖国之颠危，哀滔天之惨祸，于是各处华侨，请求当地政府许可，组织筹赈机关，捐汇义款救济伤兵、难民，历时两载有余，众力所集，亦颇可观。顾汇款虽有指定机关（我国行政院），而数目则无限定，迨前月欧战发生，居留政府始有统制外汇之举，除英京外，凡叻币五百元以上，须先呈准，方可汇出。但全马来亚赈筹汇款，不论多少，仍得如旧便利，免先行呈请者，盖以新加坡中国银行受托于我政府，所收之款，概汇英京故耳。前日市上传闻，当地财政司有限定马来亚赈款每月坡币五十万元之说，此事并未征实，缘财政司系欲知华侨赈款，现时每月概数若干，譬如以前之月约五十万元者则以该概数为标准（或多或少均同比例），嘱中国银行每月终报告存案。然马来亚逐月究竟所汇赈款若干，殊难知其额数，以新加坡言

---

① 为了最大限度获得经济动员的控制权和支配权，国防最高委员会1939年7月制定了《统一缴解捐款献金办法》，1941年12月公布《统一捐款献金收支处理办法》，1942年5月公布《统一捐募运动办法》，限制各民众团体在民众经济动员中的作用。

之，如妇女会汇付重庆难童保育会，及其他机关代为收汇，与一二社团自汇，并各省县侨团如潮琼各帮所汇救乡等项，其数多寡，无从周知，大约外埠亦有同样情事。凡未经各地筹赈会手续者，自无由确明其数耳。至若马来亚各区会之报告，由去年十一月至本年八月，平均计算每月约近六十万元，此乃各区筹赈会列报之数目，而经本总会统计者，惟目前赈款，除各区会间有由当地其他银行汇出外，大概均由中国银行代汇。再过一两月，当即统计全马逐月共汇若干，问财政司陈报一种标准额数。缘奉前因，合函将我国财政部所定经收办法，及此间收汇情形，通告我南洋各属全侨一体周知，遵照办理，以归一律，是为至盼。

此布。

中华民国廿八年十月三十一日（洋实）

附录一：精字第四号公函

迳启者，溯自抗战军兴，我政府即指定中国银行为海外义款集中收汇之机关，凡英、荷各属派出之义款，概由新加坡中国银行汇集，以原币折算英金，转汇英伦，为我政府外汇采购原料之用。各地银行票汇香港，亦由港将原票寄回新加坡中国银行收领，故华侨义捐中之所谓国币者，仅为一种虚美之名而已，我政府所收实益，乃各坡原币折算之金额，而非国币也。凡此情由，经本总会迭发通告及报章新闻，述之甚详，当早为侨胞所共喻。近自欧战发生，当地政府统制外汇，倘要仍汇国币或他种币往香港者，则汇义捐亦殊多不便，惟以叻币交叻中国银行转汇英京（即义捐）仍可照常无阻，以其汇往英京，原为英国范围，不若他处之受有限制。由是观之，吾侨今后汇寄爱国赈捐，以叻币为本位，源源汇出，绝无妨碍，惟须由中国银行经汇，始有此种便利耳。日来辄承各地筹赈机关，函询此后汇款手续情形，爰特作此函告借资解答，并希各区会将情转达所属各分会，俾免歧趋。倘外埠直汇叻中国银行有所不便，可将款寄本总会代向中国银行购汇，而手续上亦甚快捷。本月廿日星华筹赈会汇叻中行叻币三万二千元，又代外埠汇叻币六千余元事，经节登各报，当承鉴及。相应函达，查照是荷。

此致

马来亚各区筹赈会

主席陈嘉庚
廿八年十月十八日①

附录二：精字第五号公函

迳启者，查自欧战发生，马来亚各处经英政府统制外汇，惟伦敦则不在内，前时凡英、荷等处捐款，多由星中国银行汇集汇交英京，为我政府购买原料之用，与核算国币无关。所谓国币，仅一虚美名称而已，实则均用坡币折算英金，此事经本总会迭发通告在案。兹者凡英、荷或他属捐款，如感自汇不便者，可交叻中国银行转汇，仍可畅行无阻。倘本总会代为购汇，亦甚便利。此后逐月比较表，或用叻币，抑用所购英金，作为统计，均无不可，惟国币本位则宜取消。相应检同本总会致马来亚各区会公函一份，随函送请查照是荷。

此致
南洋各属筹赈会

主席陈嘉庚
廿八年十月廿二日

录自新加坡《南洋商报（晚版）》1939年10月31日。

---

① 精字第四号公函于1939年10月18日发布，登载于新加坡《南洋商报》1939年10月19日。

致函蒋宋美龄建议改善华侨机工待遇事

(1939 年 11 月 1 日)

新嘉坡陈嘉庚先生来函略称：

"前次所以有汇国币五万一千元，恳代制华侨机工棉衣之举，实缘西南运输处当时嘱庚招募机工，原有待遇条件凡衣食住医药等项均由当局供给，故庚依照该条件登报招募诸机工。因爱国情热其舍家弃职应募而往者不少，但南洋地居热带，衣服简单，庚以政府既有充分供给，遂亦未为机工备办寒衣，迨其到昆明数月始闻衣服绝无供给，不得已特派机工征募处主任刘牡丹代表由仰光入口沿途视察，乃知所闻确有事实，并其他未臻完善之处应急改良者，于是具书建议以期改进。兹类上报告书及建议书各乙份，借供溜览。乃接西南运输处来函言词闪烁至为可叹，庚非偏护侨工，第以军运重要，故出于万不得已之忠诚贡献，遂亦忘其避忌，然事实胜于雄辩，三千机工耳目昭昭亦不能一手遮蔽也。今既有呢服在月内可以分发，又在置备棉衣中，则工人御寒有具应无他虑，惟望俯赐转知子良兄时加督察，庶不为下级职员所蒙蔽，而泼多窒碍矣。愚直之言统祈鉴谅"等语。

附：蒋宋美龄就陈嘉庚来函建议改善华侨机工待遇等事致宋子良函

子良贤弟惠鉴：

关于华侨机工冬季服装一案，顷接新嘉坡陈嘉庚先生来函略称"前次所以有汇国币五万一千元，恳代制华侨机工棉衣之举，实缘西南运输处当时嘱庚招募机工，原有待遇条件凡衣食住医药等项均由当局供给，故庚依照该条件登报招募诸机工。因爱国情热其舍家弃职应募而往者不少，但南洋地居热带，衣服简单，庚以政府既有充分供给，遂亦未为机工备办寒衣，迨其到昆明数月始闻衣服绝无供给，不得已特派机工征募处主任刘牡丹代表由仰光入口沿途视察，乃知所闻确有事实，并其他未臻完善之处应急改良者，于是具书建议以期改进。

兹类上报告书及建议书各乙份，借供溜览。乃接西南运输处来函言词闪烁至为可叹，庚非偏护侨工，第以军运重要，故出于万不得已之忠诚贡献，遂亦忘其避忌，然事实胜于雄辩，三千机工耳目昭昭亦不能一手遮蔽也。今既有呢服在月内可以分发，又在置备棉衣中，则工人御寒有具应无他虑，惟望俯赐转知子良兄时加督察，庶不为下级职员所蒙蔽，而泼多窒碍矣。愚直之言统祈鉴谅"等语。查华侨机工舍家弃职回国服务，爱国热情殊可嘉尚，在我自应加以优待抚慰以资鼓励而劝来兹。尚希吾弟对于此事予以彻底调查，力图改善，以坚海外侨胞拥护祖国抗战建国之信念，无任企盼。随函附寄刘主任视察报告及改进待遇建议书各乙份以备参考，专此并询近佳。

蒋宋美龄
民国廿八年十一月十三日

附：刘牡丹视察报告及建议书各乙份

拟交路运组参考，如有应加改善之处，饬属注意办理，一面拟复并将来去函稿抄报。

主任先呈

龚副座核示

叔遐
十一月十八日

交第二科办

原件寄呈

主任抄乙份查存，乙份寄陈处长/十一月二十日

录自陈嘉庚纪念馆、云南省档案馆、厦门市华侨历史学会编《南侨机工档案史料选编：云南省档案馆馆藏部分》，中国华侨出版社2009年8月版，第214页。

南侨总会倡组"南洋各属华侨筹赈会回国慰劳团"通启[①]

(1939年12月4日)

抗战以还,海外侨胞,莫不输诚效忠,在我最高统帅蒋委员长领导感召之下,竞以物质精神,共张声援,卫我中华,而前线士兵及诸国府当轴,或则浴血沙疆,捐躯效命,或则襄赞中枢运筹帷幄,举国上下,交相惕励,同仇敌忾之深,爱国爱家之切,凡此现象,均足为我中华民族复兴之表征。至于祖国各地之政治经济以及文化实业之建设,在人力物力集中之下,锐意经营,进步良多,尤为国际人士所共见。兹者,南侨总会主席陈嘉庚氏,为使海外华侨对诸祖国战况及后方建设,获有更深认识,并以慰劳前线忠勇将士,加强拥护抗战到底之决心起见,特为倡组"南洋各属华侨筹赈会回国慰劳团",征集各属代表,偕返祖国,分别实地视察,公诸同侨,意义重大,不言而喻。关于此事,陈主席昨经发出通启并订参加规章及组织办法,对于将来返国考察范围,莫不详加指定,兹特分别录下,以供参阅。

南洋华侨筹赈祖国难民总会组织"南侨各属华侨筹赈会回国慰劳团"通启,本总会现拟征求各属会选派代表组织"南洋各属华侨筹赈会回国慰劳团",预定明年三月间出发,此举有二要义。

其一,正式代表全南洋各属侨胞向祖国各省区军民敬致热切恳挚之慰劳,并明示全南洋各属侨胞拥护祖国抗战到底之决心。

其二,沿途考察祖国战时各方面实况,并作详确而有系统之报告。

关于第一点,盖以励军心,鼓民气,坚上下之信念,厚内外之感情,且使奸逆闻之,知欲食其肉而寝其皮者,非徒国内中央政府与军民,尚有国外百千万侨胞在,而风声所播,亦不无益于国际对我之视听。

[①] 1939年12月4日,陈嘉庚以南侨总会主席名义在《南洋商报》刊登通告,说明组织南侨回国慰劳团的动机、目的与办法。(参见陈碧笙、陈毅明编《陈嘉庚年谱》,福建人民出版社1986年3月版,第104页。)

关于第二点，考察各地情形，协助建设进行尤为当前急务，盖自"七七"祸变，二十八阅月来，祖国抗战力量，愈增愈强，侨胞爱国情绪，愈涨愈高，然彼此消息之沟通，格于情势，犹有所未至，得诸报纸，则东鳞西爪，缺而不全，得诸传述，则异说纷纭，莫衷一是，遂使少数动摇分子或丧心病狂者，资为口实，造为蛊词，无形中妨碍赈务，而予一般侨胞心理上以不良影响。今若慰劳团组织实现，则祖国战时各省区军事、政治、经济、教育，以及其他各方面情形，吾侨不久自可于该团报告中得一较真确较整个之认识，而免重为蛊词所惑。间有国内缺乏如药物之类，为吾侨力所能致者，吾侨亦可获知而尽量供给；间有政治上、交通上或其他应行兴革之处，吾侨亦可相与检讨、研究而贡献意见于政府。然则各属会诚能慎选代表，而各代表能黾勉从事，则慰劳团此行，裨助抗战建国前途，正非浅鲜。

至如发展建设，振兴实业，固同为抗战建国中之要图，政府殷殷以投资祖国期诸侨胞，侨胞亦何尝不拳拳引为己任。惟此次慰劳团回国，有赀力侨胞参加者，恐未必众，而审度时机，或亦未熟，故本总会不托空言，力求切实，视是项考察为次要，未拟明文列入各团员工作范围。意者，抗战最后胜利之日，侨胞自动回国考察而愿投资实业协助建设者，必争先恐后，踵接肩摩，虽其日去今或尚须一二年，或尚须三五载，不可逆料，要为我所必得，则可断言。然则慰劳团今日先作初步考察，于吾侨将来投资实业，协助建设之进行，又岂无补？

总会极重此举能得各区同情。为慎重起见，慰劳团团员仅限各属选派之代表，其非各属会选派而由相当侨团保荐者，旅费自备，全程行期约六个月，每员旅费按叻币千元，除国外舟车来往须消耗二百左右元外，其余用于国内者，此挹彼注，仍为国家所有，不能目为损失。本总会极望此举能得各区深切同情，踊跃参加，使国内外同胞获一更适当机缘，借以互助激发淬励，从而推进军务、政务及赈务。尤望各被选派代表，引为无上荣幸，矢勤矢勇，必信必忠，努力完成同侨付托之使命。

吾国抗战前，交通便利者，东南滨海诸省，抗战既起，西北、西南积极开辟，悉成国际通道复兴之业，亦得以础其基。而于此之时，国家民族，大苦、大难、大觉、大悟、大团结、大振济、大奋斗、大进步，一切蓬蓬勃勃气象，实亘古所未有，是以欧美人士见者称，闻者慕，联袂观光者，趾相错于途。吾侨生于斯长于斯，祖宗坟墓，田舍园宅，无不在于斯，其闻而慕之之心，自更切于欧美人士，特因组织乏人，孤往未便，遂亦有怀莫达，有志莫申。今本总会负责征求，设法组织，则平时有怀有志者，可以获达获申而无憾矣，幸勿自失。附慰劳团组织大纲、团员须知、慰劳与视察各项于后，请细阅并裁正之。

主席陈嘉庚启
中华民国廿八年十二月四日

录自新加坡《南洋商报》1939年12月5日。

致电蒋介石请示组织回国慰劳团

(1939年12月6日)

中央社重庆十四日电：南洋华侨筹赈祖国难民总会主席陈嘉庚，于去年十二月六日函呈蒋委员长，请示组织回国慰劳团事宜，蒋委员长十三日复电嘉奖，兹录往返函电如次：

呈为呈请事。窃本总会此次发起组织南洋各属华侨筹赈会回国慰劳团，期于明年三月首途出发，其宗旨一以慰劳祖国军民同胞，代致海外侨胞之感慕，二以来实况及其所需俾资宣传，借助筹赈，业经登报及通函发表，令各属筹赈机关选派代表共来参加，兹特送上本总会通启，及组织大纲，团员须知，慰劳与考察等件，统盼察鉴。庚对此举，虽极力促其实现，但各方面能否热烈参加，以及代表人数等项因事，甫发动尚未有切实把握，不知钧会是否赞成，如视无益，请即赐电告，如以为当行，亦乞惠电赞同，以便借示各属鼓励参加，若可再进一步，并望分电各领馆通知各属会踊跃响应，以速实现。至大纲各条文中有未完妥之处，恳予修正，俾便运行，所有呈军事委员会委员长蒋。

主席陈嘉庚
廿八年十二月六日

附：蒋覆电

南洋华侨筹赈祖国难民总会陈主席勋鉴：

七年十二月六日函敬悉，贵会策动侨胞回国慰劳，具见敌忾同仇，关怀祖国，南天遥企，无任嘉慰，已分电外交部转电各领馆各党部力予协助矣，特先电复。

中正十三日印

录自《云南日报》1940年1月15日。

请附设汇兑处以方便侨工致陈质平函

(1939年12月7日)

迳启者，近月以来选据回国华侨机工函称，彼等家属居在南洋群岛，多数须待其寄款维持家费，奈彼等所住地方交通多不便利，莫从寄付，殊感困难，恳求为其设法，俾令各该家属可以为接信项，不致窘迫无依等语。近又接机工温亚强在下关来函叙同前情。查该机工等所述寄款为难，家中待济孔亟，均属实在情事，相应据情转达，务希贵处在于所属机关附设汇兑处所，派人专司其事，以便侨工汇寄款项，而资救济。如何之处，请即查照惠复为盼为荷。

此致
仰光西南运输公司陈质平先生

主席陈嘉庚
廿八年十二月七日

录自陈嘉庚纪念馆、云南省档案馆、厦门市华侨历史学会编《南侨机工档案史料选编：云南省档案馆馆藏部分》，中国华侨出版社2009年8月版，第217页。

请查实机工黄根是否病故函

(1939 年 12 月 17 日)

迳启者,顷据机工黄根之妻携来黄君同事在昆明九月四日发寄函,称黄君经于九月三日在昆患霍乱病故等情,请求本会函托贵处调查是否属实,相应函请查照,希即示处为荷。

此致
昆明西南运输总处

主席陈嘉庚
廿八年十二月十七日

录自陈嘉庚纪念馆、云南省档案馆、厦门市华侨历史学会编《南侨机工档案史料选编:云南省档案馆馆藏部分》,中国华侨出版社 2009 年 8 月版,第 169 页。

南洋华侨筹赈祖国难民总会通告第廿七号[①]

（1939年12月17日）

为通告事。本总会近日倡议组织"南洋各属华侨筹赈会回国慰劳团"，其任务为代表南侨回国慰劳各省军民及考察战时实况，业将所有"通启""组织大纲""团员须知""慰劳与考察"各项文件，分寄各属筹赈会知照，并发表各属华字投纸各在案。查本总会成立至今，历阅年余，凡所以增加筹赈效率，补助抗战大局者，无不尽心竭力以图之，此外则战战兢兢，不敢轻易有所举动，或发表任何意见。今次组织回国慰劳团之倡议，盖认为时机适宜，意义重大，有不容缓者耳。除上述通启，及其他各项文件中举各要点外，与慰劳团任务密切相关者，厥惟医药问题。本总会为欲使侨胞明了此问题之重要性，并吁请侨胞共起加以解决，特不厌求详，分条陈述于下：

（一）国内医药缺乏之一般状况

本年六月间本总会曾接驻新加坡总领事馆转来全国慰劳总会[②]函件，函中具陈祖国伤兵难民，缺乏医药，时疫流行，死亡相继之情形，并附药品单，征

[①] 1939年冬，南侨总会募得寒衣五十万件、金鸡纳霜五千万粒及各种中西药品和救伤绷带等物质救济祖国抗战，但陈嘉庚深感抗战两年多来"未尝举派代表回国慰劳忠勇抗战之将士及遭受痛苦之民众，海外华侨于义实有未尽"，便发起组织南洋华侨回国慰劳视察团，其目的一方面在于鼓舞祖国同胞抗战志气，另一方面又以祖国抗战民气激励侨胞多献义捐，多寄家费，多做贡献。（参见陈碧笙、陈毅明编《陈嘉庚年谱》，福建人民出版社1986年3月版，第104页。）

[②] 全国慰劳总会，抗战初期抗日救亡团体纷纷成立，1938年7月武汉率先发起"七七"献金运动，随后成立了"武汉各界慰劳抗战将士委员会"，为了统筹全国的慰劳运动，配合军事作战的需要，该会更名为"全国慰劳抗战将士委员会总会"，此即全国慰劳总会。该会迁移重庆后由军事委员会政治部改隶国民党中央社会部，逐步规范化和制度化，其主要任务是慰劳前方将士、荣誉军人及抗战军人家属；主要活动有组织慰劳团赴前线慰问，给前线将士寄送信件、慰问袋，发动"出钱劳军"运动，救济、援助抗日军人家属等。1942年9月在重庆创办了《好男儿》月刊。全国慰劳总会战时慰劳运动为抗日战争做出了重要的历史贡献。

求海外侨胞购赠，名色三十余种，数量数百万件，限期七月内寄到。该慰劳总会此种征求，虽遍寄南洋各地，惟办法上颇多未当，势难有何效果，故本总会仍托总领事馆依据下列各点函复。

（子）无总机关负责分配，不易办理。

（丑）慰劳总会主持之人，平昔未为侨胞注意，所列征求办法，亦太空泛。

（寅）南洋药品，除金鸡纳霜外，余多舶来品，征求时如无通盘筹划，适当分配，纵或有效，亦必多寡失宜，鲜裨实际。且侨胞散处数百埠，非有总机关负责配运，则零募散寄，极费手续，而药品经数手之转贩，价亦倍增。总领事馆信去后，八月间虽得复函，但仍无确切办法，事遂搁置。

近日南洋商报载英国医家史坚那氏由港抵星对记者谈话称，彼由直接间接得知我国抗战中前线医药之严重问题，故本人道立场，吁请海外华侨从速募寄医药，使重伤者得以转轻而不死，轻伤者免因延误而转危，一个有作战经验之旧兵，实可抵得数个之新兵，故受伤将士最可珍贵，不应坐令失救。又据服务前线医生报告称，裹扎伤口之绷带，有连续用至数十次或百次者，有因时间关系，未洗净脓血再经消毒，即行重用者，甚至陈旧之绷带，有时亦无从寻觅，此外如止痛药水，硼酸水等，更形缺乏，故遇战区农民以食物递赠战士时，军官恒表示不如医药之有益。蒋夫人此次视察湖南战区回到重庆后发表谈话，亦以缺乏药品为急。以上所举，如全国慰劳总会之征求，英国医家之呼吁，以及蒋夫人谈话之陈述，均足证明前线医药确实缺乏，而请求援助，又咸以海外侨胞为对象。他如非战区之后方各省，亦以卫生设备欠周，致生疫疠，其期待医药亦至殷切。例如戴中委愧生[①]，前月函告视察闽北详情称，疟疾流行，死者日数百计，金鸡纳霜每粒数角，尚无买处。闽省如此，邻疆如粤、赣、湘、桂各地，天气无殊，何能独免？本总会迭闻惨况，痛感切肤，何忍置而不问，爰拟具补救办法，积极进行。

（二）筹设药厂于英属新加坡

本总会为谋协助祖国政府解决战时医药问题，特拟定具体办法如下：

甲、呈请军事委员会设置或指定或与华侨合组一机关，负责办理华侨捐助

---

① 戴愧生（1892—1979），福建南安人，时任南洋劝募救国公债特使。

药品事项，不论接收现金或医药，概用以协助政府救治伤病之军民。

乙、设总办事处于重庆，总药栈于昆明，设分处及分栈于各战区或各省会，以便利供应。

丙、设制药厂于英属新加坡，如绷带、退热药饼、消毒药水、止痛药水及中药治疫特效之各种丹膏、丸散等，凡原料可采购者，均在此厂配合制造。中有几种西药制法原极简单，如退热药饼、止痛药水、消毒药水等，仅用机器配合数种原料即成，并不需繁重之化制工作。买原料自己配制，则成本甚廉，向欧美采购成品，则价值甚贵，故设厂制药之事，手续无多，而节费至巨也。然在国内，人才机器两缺，谋之则不易。新加坡系一自由商港，出入口免税，成本自更低廉，医界人才众多，研究咨询亦不困难，且监制方面或能有人愿尽义务。医生药师之征聘，药品原料之采办，则组一委员会主持之。其他未能制造之药品，可由国内总机关托本总会购买，或直接向欧美采办。

丁、绷带自制，每条成本叻币数占，每月如制数万条，不外数十元而已，退热药粉每磅二元余，可制成药饼一千多片，足供百数十病人之需。其他南洋所产原料，尚有许多。商业上最有厚利者，当推医药，今我前方所需医药，数量如此巨大，除无法自制者外，其余概须设厂自制，以杜漏卮。矧此为救国义务工作，所制之药并非卖品，与营业牟利性质不同，便与一般行商绝无利益冲突。

戊、我国沿海被敌封锁，国际通道，除西北外，安南、仰光两地，实居要冲，新加坡介于两地之间，为交通枢纽，输运廉宜，似此慈善事业，或可得半价优待，出入口又免征税，非但设厂地点最为适合，即向欧美代办成品输入祖国，亦较便利。

（三）希望侨胞努力赞助药厂之创设

国内缺乏医药，吁请接济，无月不有，侨胞并非不知，特因国内未设总机关负责主持，海外遂亦无从响应。今本总会已有整个计划，拟在新加坡设药厂，在国内各地设厂栈，更请政府设立主管机关，则内外上下密切联络，收效当必巨大。惟采购药品及购原料资金，不能不责成我南洋侨胞。夫以我南洋侨胞之资产总量，估计当不下数十万万元，若每月药捐十万八万元，直如太仓一粟，有何为难之处？至于各项资金之劝募，料亦必甚顺利，虽欧战发生以后，各殖民地政府相继限制外汇，但吾侨义捐，多获例外优待，况此药厂之创设，纯属慈善性质，即以前限制吾侨捐筹义款之若干地方，或亦可得特别允许。将来本总会所拟计划，倘能完全实现，非徒祖国抗战期中最感困难之医药问题得以迎刃而解，即抗战胜利以后，一切善后卫生事宜之设施，亦可继续加以协助，为政府分忧，为民众除苦，功德之大，莫逾于此。我侨胞想必人人欢欣鼓舞，乐观厥成也。

上述慰劳与药厂两事，本总会决以全力促其实现，各属筹赈当局，如认为切合时宜，应即推派代表，参加慰劳工作。今本总会在新加坡购机设厂，采办原料，先制普通急需药品，以及绷带等项，双管齐下，分途并进，期于明年三月间，慰劳团出发时，制药厂亦筹备就绪，得将所制药品，源源供应祖国，行见慰劳团行迹所至，药品亦已异道同来，无殊随身携带，而且络绎不绝也。

谨布。

中华民国廿八年十二月十七日（洋）

录自新加坡《南洋商报》1939年12月17日。

南洋华侨筹赈祖国难民总会通告第廿八号

(1939年12月17日)

南洋华侨筹赈祖国难民总会为在星设制药厂事，昨复发出通告，原文如下：
为通告事。本总会在本年六月间，曾接驻新加坡总领事馆转来全国慰劳总会征求药品函件，征募药品三十余种，一类以数量计者，一百三十余万件，一类以重量计者，九十余万磅，总估值约需星币八十万元至一百万元之谱。当时本总会以为若募款代药，则手续上宜呈准行政院，有如此次之劝募寒衣。然寒衣、工料，固为国内所有，裁制尚易，而药品则大不同。查其药产，非但国内所无，即南洋亦多未有。如此则慰劳总会所征，竟然无法办到。惟事关救治伤病，本总会虽未便贸然接受，亦未便率而拒绝，故仍托总领事馆覆函，举询各项要点，期有相当解决。其后虽得覆信，依然未有具体办法。□以国内药物需求已急，海外侨胞亦关切甚殷，本总会势难漠然置之。除发表第廿七号通告详述筹设制药厂计划外，兹复补充数点于下：

国内办药困难

一、采办药品，以路途遥远，有时亦难应急，故同时宜设法自制。例如本年秋间，本总会派代表视察滇缅路，始觉该路有医乏药在昆明西南运输总处提出磋商，承允赶办，继复电告军委会，亦覆已转饬主管机关，迅速妥备。乃事经月余，方接昆明运输总处来电，另寄药品单，托代采办，可见国内办药之难，该药单估值，约应星币一万余元。本总会轸念机工病患，情不能已，乃急电负责采办，但选择普通易购及急要者十多种，按星币五千元，以本坡某药房平昔颇关怀□事，乃托其代办，迄今月余，尚未尽备。以此区区数千元之药品，采寄尚觉不易，况欲大宗应付，安能免失时废事。故宜择其简便，设法自制，以补不及。

自制方得供应

二、全国慰劳总会征求之药品，为扎伤、带布、脱脂棉、药纱布、胶、药布等，多至数十万磅，南洋安有此大宗药□。又如人丹一味，要大包庄[装]三十万包，不特南洋无处可买，欧美亦无之（按人丹系我国出品，日人出者曰仁丹）。举此数种以概其余，故本总会以为我侨不供应则已，要供应必需彻底计划，设厂配制。如制造人丹，机器有便，出品无难，余亦可以类推。凡监制较有经验，成本按较廉宜者，皆可自制，否则，向外国购办，直透由安南仰光入口，抑由新加坡转运，择其便利而行。

更尽后方责任

三、制药办药，辅助祖国伤兵难民之需，此项组织，如扩大言之，海外侨胞，平时捐输巨款，源源接济，即已尽其义务。今如对国内数千万人救济药品之所需，悉力设备，尽量输送，使其供求适合，更尽海外后方责任。倘月需星币多至数十万元，想亦不难应付，如缩小言之，求者需量巨大，而供者或限于资财。本总会亦当斟情形，唯力是视，每月如仅筹得数万元，而于无可增益之间，酌量应付，虽未能供求适合，要亦远胜于以前空雷无雨多矣。

四、着手办法，本总会当向各属会侨胞呼愿，努力捐资，而祖国方面，则由重要机关负责指挥一切，内外上下，密切联络，苟措施得宜，输财者不致落空，而伤病者得获实惠。唯此初办期间，规模未广，设备未周，药品未全，供应未裕，设逐月只需星币二三万元，则星洲方面，尽可筹措，决不轻任何属会劝募。唯各处爱国侨胞，慈善君子，如有闻风响应，自动捐资，指定供助药品费者，请各属会另行登记，将款保存，以待后需。

设厂四川重庆

五、战争期间，军械制造厂，固事所必需，而伤兵难民，亦势所必有。药品之救济，虽似次要，实则当与军械并重。我国自海口各城镇失陷，虽内地军械厂林立，而医药制造厂则尚付缺如，救治伤病，因应付困难，故时时向海外侨胞呼愿。本总会受南洋全侨付托之重，而欲应国内同胞需求之殷，乃不得不在新加坡创设制药厂,初时规模固不妨小,一俟成绩稍著,当进一步更倡设厂于四川重庆。盖四川为我国出产药材区域,质地优良,闻于世界,倘将规模扩大,集中专门人才,化制各种药料,既可以供军民大量之急需,亦可以挽回利权之外溢。海外侨胞,果能放大眼光,捐资成此伟大事业,则不论出于慈善之怀,或国民义务,对抗战建国,匡济已多,不特助益战时而已,抗战胜利以后,更可永为华侨最伟大之慈善机关,想亦为我侨胞所乐赞成也。

　　此布。

廿八年十二月十七日

录自新加坡《南洋商报》1939年12月18日。

关注机工苦寒电"抄"[①]

（1939年）

抄录嘉庚先生电：

西南运输处春初嘱募机工，谓衣食住医政府供足，半年间募应三千人，多有弃优职、妻子，热血赴义者。旋有败坏逃回云苦寒无衣，经派遣刘牡丹入缅，沿途视察。据报当局迄未给一衣，冻病难堪，有僵死者，全路仅修路工六百，路基多坏，似此阻碍运输，消耗人力，祈即饬路以利军运。

录自陈嘉庚纪念馆、云南省档案馆、厦门市华侨历史学会编《南侨机工档案史料选编：云南省档案馆馆藏部分》，中国华侨出版社2009年8月版，第209页。

[①] 此为陈嘉庚致电西南运输处，请其关注华侨机工苦寒无衣之处境。

南洋华侨筹赈祖国难民总会通告第廿九号

(1940年1月19日)

为通告事。案奉财政部文日□开，"马来亚侨捐，规定比价十五元，诸多未便，曾由部函请顷复……兹准中行转据星中行称，贵主席拟照□汇□星沪卖出价……为便，函覆中行转知星行核议，应请贵主席即与该行洽商电覆，以凭办理。财政部文"等因，奉此，当即电覆，文□，"文电奉，□与星中行商妥，由本总会通告，自二月一日起，马来亚义捐，概照市价收汇，将前定比价取消"等语，查十五元比价，系去年十月六日财政部颁布"英属马来亚侨捐营行办法"中第三条所规定，经本总会十月三十日以第廿六号通告，转知各会在案。兹奉电前因，应即通告自二月一日起，将马来亚十五元比价一项办法取消，所有此后各地义捐汇出，仍照原订办法第三条前段，一律以坡币为本位，而财政部考成比价，则依据当日汇率为标准，不再采用十五元之比法。此外尚有一事，并当通告，凡马来亚侨胞捐款，如有用国币本位报捐者，仍以星币三十元作国币一百元，不得改变，合行通告，仰各周知。

此布。

中华民国廿九年元月十九日（洋实）

录自新加坡《南洋商报》1940年1月19日。

福建会馆建校计划

(1940年1月19日)

关于福建会馆所辖三校①，除道南学校而外，爱同、崇福学校，因校地狭隘，容额有限，久有谋地改建之议，华文教育厅亦屡令设法改善。本馆为此，一度拟向政府购买丝丝街旧救火局旷地及左近若干店量，以便改建。然而征询多时，迄未答复，且以近年爱同、崇福两校新生，增加甚多，其他各校，据本人所知，其有拥挤之感者，亦不少数，由是可知全市学龄儿童，时在激增之中也。在此情形之下，倘将该地建为校舍，恐方难广收容。本人认为完善之计当以在本馆所辖之羔丕山建一广大校舍为宜。查羔丕山占地五十英亩，最近新路已通，取道淡申律或武吉智马律，往还均称便利，且屋地既有，所费惟建料工资而已，殊为得宜。本人已偕建设科主任柯进来②君莅地视察，并请邀同教育科各位前往一视，以便商筹办法。依本人之计划，该地建校，可采平房方式，购用白灰，地铺士敏土③，盖取其经济适用也。初期先筑教室五十座，每个教座容纳学生四十名，总数可收学生二千名。以每座建费一千元计之，全部共需五万元，合宿舍及其他应备房屋在内，最多十万元足矣。此项计划，乃专以容置爱同、崇福两校，由于场地广泛，将来仍视情形之需要而逐渐增辟也。至于市区学生，可依各生住址，就近分区，以校车接送之。富者征收车费，贫者酌减或豁免。上项建费，因福建会馆对于教育费，向少捐筹，故而一旦募集，当较易举。

---

① 道南学校，道南小学1906年由在新福建人创建的一所中文学校，初名道南学堂；爱同小学，1912年创立，新加坡福建会馆下属小学之一，爱同源于中国人"博爱""大同"的价值观；崇福学校，前身是1915年福建会馆创办的崇福女校，二战期间停办，1945年复办，1949年开始招收男生，1985年开始招收各族学生。
② 柯进来（1892—1990），福建安溪人，时任福建会馆所辖三校建设科主任。
③ 英文"cement"的音译，即水泥。

近年来全市儿童激增无已,当以吾侨占数最多,由于市况不景,贫寒子弟之失学者,自不少数,是故平民教育之推进,诚属必要。将来如道南、爱同、崇福三校均可集于新建之广大校区,则三校之原址,于征得政府许可时,仍可改为平民学校,专心收容贫寒子弟,予以免费攻读书之便云。

录自新加坡《南洋商报》1940年1月19日。

南洋华侨筹赈祖国难民总会主席陈嘉庚致国民政府中央广播事业管理处处长函[①]

(1940年1月28日)

敬肃者：抗战迄今两年有余，海外华侨追随祖国，致力募捐抵货各种运动，群策群力，亦甚可观。乃以外敌内奸百计破坏愈来愈凶，筹赈当局在长期苦心焦虑迁筹劝募办法而外，复宜时时防遏奸谋，对付反动。以故海外工作之困难，亦有为国内所未尽知者。爰奉其情，借资参证。查自民国廿六年"八一三"发动淞沪英勇抗战，新嘉坡华侨即召集坡中侨民大会，组织华侨筹赈会，庚任主席。同年十月十日英属马来亚各埠华侨筹赈会在吉隆坡开联席会议，组织马来亚联合通讯处，推庚为主任。廿七年秋，行政院令全南洋各属组织海外筹赈最高领导机关，各属举派代表，国庆日在新加坡开会，于是产生南洋华侨筹赈祖国难民总会，又公选庚为主席。庚皆毅然任之，不稍作寻常逊谢之词。非慕高名贪大位，实以国族当此大难，存亡绝续，义在匹夫。古人所谓"披发缨冠犹当赴之"，况在海外安全之地仅为劝导捐资之图，岂宜规避。区区之意，乃在此耳。稽核三年来海外遥与祖国互相呼应之运动，约为下开三端：

甲、筹募义捐（如特捐、常月捐及其他特种名称之各项捐款）。此项劝募曰救济伤兵难民，实则支持祖国抗战，侨胞无不共喻。

乙、推销公债。第一次救国公债之推销颇有成绩，继因土产败市，工商业景况不如前，又以长期担负义捐，故以后如金公债等无可推销。且侨胞捐资救国之手续务求简单，公债以转换需时，储藏领息复太费工夫，在习惯上亦难有长期不断普通永恒之推销。

丙、抵制日货。初期运动风起云涌，终以居留地弗获自由，渐见弛懈。虽爱国志士推行工作不避艰危，然法律取缔极严，而奸商又敢冒险图利，一般受敌豢雇之汉奸更暗中为其包庇，故敌货入口无法根绝。比较"七七"以前，尚

[①] 此件系抄件。

有三四成存在也。

按侨界中百计破坏救亡壁垒者，一为敌人收买之汉奸，一为奸商以贩卖敌货或以敌货为其商品之制造原料，一为汪逆精卫派。三者经济均有来源，势力相当雄厚，潜伏华侨社会中，专以筹赈会为其唯一之攻击对象。或用其自办之报馆以作机关，或另行印发传单以为利器，无日不寻瑕抵隙，吹毛求疵。最近新加坡侯西反君之出境事件，即为彼构陷，盖侯君乃筹赈最努力之人员，夙为彼辈奸人所集矢者。又如本总会此次倡组回国慰劳团，其重要性已为祖国朝野及海外侨胞所公认，乃彼辈蓄谋破坏，无所不用其极。初则谓浪费金钱，毫无意义，大加攻击；继知原则上无可反对，始阳示附和，以掩其奸，而转从选派办法，多方丑诋。彼辈明知侨领不能长期撇开业务而为此慰劳考察之工作，竟倡言须侨领自行；明知被派团员必多为文化界而无资产者，竟倡言须旅费自备。以其自办之数家报馆一文同登，肆意恶骂，必达其侨领不能自行，而能行者旅费又不能自备之破坏阴谋而后快。中央海外部日前有致与驻星领馆党部"策动侨领参加"之电，虽未知因何而发，然大意固甚显明。讵彼辈竟借为口实，谓国内政府有令，非侨领不得参加慰劳团，连日以来又大逞其摇惑侨胞之诡辩。查慰劳团选派办法经本总会订有组织大纲，深信各属筹赈会必能详慎选派。至于团员回国乃重跋涉，考察必须耐劳耐苦，既非寻常游览，又非着重酬酢。平时多数拥有厚资之侨领，如欲参加，固当欢迎，否则何如期之于抗战胜利之后，使之挚资回国匡赞建设之为愈乎？奸人破坏筹赈运动，千方百计层出不穷，上举各端已可概见。因恐海天遥隔，国内未知详情，用具专函，谨祈察照，并乞不吝指针为幸。

此致
中央广播事业管理处处长

南洋华侨筹赈祖国难民总会主席　陈嘉庚

录自中国第二历史档案馆韩森"陈嘉庚组织南洋华侨回国慰问团函"，《历史档案》1983年第4期，第72—73页。

南洋华侨筹赈祖国难民总会通告第三十一号

(1940年2月12日)

为通告事。本总会系南洋各属华侨筹赈会代表大会所组织，而为全南洋华侨筹赈祖国难民之最高领导机关。成立以还，业已年余。两月以前，曾发动南洋各属华侨筹赈会回国慰劳团之组织，现各属举派参加者，马来亚式十四人，其他各属式十余人，按本春三月可以出发。① 此举意义，已详述于组织慰劳团之通启中，兹再约举之。

一、向祖国中央政府及各省区军民，敬致恳挚慰劳。

二、考察祖国战时实况。

关于考察者，如战时之军事、政治、经济、教育，尤其伤兵难民之医药救济状况，各地被寇机轰炸惨状与海口被封锁后内地交通建设如何等，必更为南侨所关注，且与捐资助赈有直接间接之联系，而为海外主持赈务者所不能忽略。通函一发，应声雷动，盖在意义上，人人认为必需，在行动上，人人认为正当也。该团行程，拟六阅月，每员旅费，逐月按星币壹百元，国外船票另计，马来亚代表中有数位自费，余则另筹，绝对不动用赈款。乃有二三华字报，别具作用，散播浮言，肆意挑剔，虽不足以破坏大局，第难免引人误会。合将组织该慰劳团意义登报重申通告，凡我侨胞勿受其惑为幸。

此布。

中华民国廿九年二月十二日（详）

录自新加坡《南洋商报》1940年2月15日。

---

① 华侨慰劳团成立时共有团员五十二名，其中三十余名于1940年2月底到新加坡集合，进行准备工作。

南洋华侨筹赈祖国难民总会通告第三十二号

(1940年2月15日)

为通告事。本总会日前接海外部吴部长①函示，国内各处需用药品，以金鸡纳霜为最要，故于二月三日发出□字第四号公函，二月七日再发第三十号通告，征请荷属慈善会及各侨胞努力协助，作大规模之捐助运动。而在此二、三、四之三个月内，源源购运，以应夏秋疟疾季候之急需。该通告发出后，昨复奉蒋委员长电示，现在需量最大之药品，为金鸡纳霜（原文奎宁丸）、阿司匹林、凡士林三项，嘱侨胞尽量供给，至为盼祷等语。除先将电文发表各报并函寄各属会外，爰再述其要点所在，为我南洋各属侨胞告。查药品之劝募，在南洋可负此任者，以眼前形势论，仅有英、荷、菲三属而已。英属自欧战后，金融外汇，货物出入，均受严密统制，马来亚及北婆罗洲，逐月义捐，且已限定数目。其他用途，虽尚未申请，实则困难兹多，获准不易。为此之故，英属已无法多购药品，除阿司匹林一味外，他如金鸡纳霜及凡士林两味，则不得不倚重荷、菲二属侨胞分负全责矣。蒋委员长、吴部长函电中，虽无明指应募额数，然而需量最大，不言亦知，况自我国海口被敌寇封锁，外国药品，运入困难，不特伤兵难民无以救济，即一般大众，有钱亦都难买。前经得诸函报，金鸡纳霜一粒，法币数角，市上犹无可觅。故我海外侨胞，对此治疟圣药，负责捐助，应以尽量捐购，多多益善为目的，本总会前日文告，约言病患者每人至少以三十粒计，则总数需数千万粒，此因出于一时拟按，兹复奉蒋委员长电示，盼能尽量供给，爰为酌量分配，另缮一单，专请荷属各慈善会，分别劝募，俾资把握。至凡士林一味，则另函请菲律宾侨胞，集款向美国采购，直接配寄。窃观欧洲战局，近又略有变更，和平曙光，隐约可见。美总统数月前表示，欧洲和平，春间或可实现。果成事实，其范围决不限欧洲而已，最低限度，国联第十

---

① 吴铁城（1888—1953），祖籍广东中山，生于江西九江，时任国民政府海外部部长。

六条之制定，九国公约之施行，必有其一。日寇崩溃之期，当在不远。际此海航未通，国内需药之切，有若大旱望霓，渴时一滴，胜于甘露。本总会深望我荷属侨胞，对此次金鸡纳霜之捐献，以最后胜利之预祝品视之，及时捐输，一足当十，大量贡献，速而为妙，勉之勉之。

此布。

附列分配款目单，请荷属各慈善会负责劝募，将款汇交吧城中国银行，以备采购，计开：

苏岛：达板努里四千五百盾，棉兰一万五千盾，萌菇莲八百盾，楠榜五千盾，巨港二万盾，占卑一万盾，令沙一千盾，峇眼亚比五千盾，丁宜一千五百盾，北□峇女二千五百盾，沙璜一千盾，洞葛二千盾，亚沙汉三千盾，老武汉一千五百盾，宝叻批壤二千五百盾，冷吉五百盾，孟加丽一千五百盾，万里洞六百盾，硕□五百盾。

慕娘：坤甸二万盾，邦葛二千五百盾，松柏港一千盾，三发二千盾，文岛一千五百盾，山口羊五千盾，马辰四千盾，喃吧哇一千五百盾。

瓜亚［爪哇］：士里巫眉一千五百盾，吧城五万盾，井里汶三千盾，万隆一万五千盾，任抹一千盾，三吧垄一万五千盾，梭罗四千盾，日惹二千盾，泗水四万盾，茂物五千盾。

西里伯士及其他各岛：西里伯士万鸦姥八千盾，西里伯士望加杀一万五千盾，邦加岛槟港一千五百盾，巽他岛岩哩三千五百盾，廖内岛廖内宜旺一千盾，邦加岛文岛一千盾，其他按一万五千六百盾，合共三十万盾。

中华民国廿九年二月十五日（洋）

录自新加坡《南洋商报》1940年2月15日。

电蒋贺捷

(1940年2月19日)

（重庆十九日电）南洋华侨筹赈祖国难民总会主席陈嘉庚，电呈蒋委员长云：

蒋委员长钧鉴，数月之前，湘鄂西捷，今桂南复奏大功，益证日军已兵衰力竭，我则愈战愈强，钧座神武，将士精忠，海外华侨，闻声感奋，谨电申贺。

录自《中国商报》1940年2月21日第1版，中国近代文献数据总库。

南洋华侨筹赈祖国难民总会就推动劝募滇缅公路亟需卡车所发的公函与通告第三十三号

(1940年3月9日、10日)

【星洲三月十一日讯】南侨筹赈会为筹款购买卡车一百辆事,特分函马来亚及婆罗洲二属筹赈会,请该二地同侨,共同担任,另行筹捐。兹录原函及通告如后:

总会公函

迳启者:本总会近据仰光西南运输公司经理陈质平函略称,比来敌扰桂南,胁迫法越,蒙自附近铁路被炸,影响越境运务婆[颇]巨。嗣后国需运输进口途径,势将偏重缅线。现在腊戍遮放间运输,仅恃暂雇商车往返行驶,实不足以资应付。拟□南侨集资捐购优等二吨卡车一百辆,编组成队,行驶腊戍遮放一段,担任运输,即命名南侨义勇运送队,选拔侨员,担任驾驶。俾人力物力,悉出侨胞厚赐等情到会。当经奉呈行政院电令照准办理在案。查此项二吨型六轮式卡车,由星购运入仰交货,每辆星币一千九百五十元,业由本总会向温兄弟公司购定一百辆,总值星币一十九万五千元。另加□造车斗每辆费约一百余元。两款合计,共为廿二万元。此项购置费,本总会拟由星华筹赈会暂行支付,然后分请马来亚、婆罗洲两属侨胞共同担任,另行筹捐,不支用常月捐义款,亦经星华筹赈会通过接受在案。相应将情函达,并检附通告第三十三号一份,即希查照,迅行推动劝募,并即加强筹捐,不可限额而止。预计前途所需,或将如机工之源源不断,非仅此一百辆而已也。尚祈惠复是荷。此致马来亚、婆罗洲二属筹赈会。

廿九年三月十日

总会通告

为通告事。查自南宁失守,敌机屡炸汉越铁路,目的在遮断我国对国际运输。该路处在是种状况之中,我政府更加强西北西南两条国际公路之抢运。敌计虽毒,终难达其封锁目的,而无如我何也。西南滇缅公路,由缅界至腊戍,至我国界之遮放，因路质及桥梁关系，缅政府仅限二吨货车可以通行。自来此段运输，概系雇用商车代运，近以运量顿增，雇车无可加进，西南运输公司乃驰函本总会，请求侨胞购车助运。本总会经请示行政院电令准许先购二吨货车一百辆赶送运仰备用。查福特六轮一吨车，在仰光交货，包入口税等费，每辆约近二千元，再加造车斗费用，总计二千二百元。经由星华筹赈会从常月捐项内先□支付，以应急需。此项货车系在仰光领取牌照，川行缅境，与英属统制外汇无关。用特敬告我马来亚侨胞，如认为协助此路运输，事诚重要，而行政院命令允宜服从，愿即踊跃负责，特别捐款，不必从逐月义捐项内支出，致减弱外汇，损耗国币。报载缅甸侨胞，亦□购车一百辆，奉献我政府。又如荷属侨胞，此次捐购金鸡纳霜，各处热烈，更有可观。英属马来亚及北婆罗洲两地，爱国输财，素不后人，尤希各处筹赈会自动劝募，以备购用。事如有效，当不止此一百辆二十余万元之数目而已，欲期足用，或须续购。愿我马来亚婆罗洲两属侨胞，深切注意，迅速推动为要。

此布。

中华民国廿九年三月九日

原载《觉民日报》1940年3月23日；录自陈嘉庚纪念馆、云南省档案馆、厦门市华侨历史学会编《南侨机工档案史料选编：云南省档案馆馆藏部分》，中国华侨出版社2009年8月版，第131页。

参观重庆工合社后的感想

(1940年4月7日)

南侨筹赈总会主席陈嘉庚、副主席庄西言先生等,于本年四月七日上午参观渝市毛毯工业合作社后,下午一时,即应李主任吉辰①之请,前来川康区办事处对全体职员谈话,嗣由陈先生用厦门语讲述,李铁民②君翻译,本刊记者笔记。这篇讲词整理后,由记者标定题目,得陈先生的同意,顺交本刊代为发表,以飨读者。

李主任、诸位先生:

刚才听到李主任说,称兄弟为侨胞领袖,并欢迎兄弟来指导工合事业,这实在太客气,华侨虽远居海外,但对祖国的一切事业,异常关怀。说到南侨筹赈总会之设立,是由于孔院长打电报至新加坡,希望一般侨胞,对于祖国的筹赈工作由一个统一的机关来进行,所以我们就遵照孔院长的意思,组织南侨筹赈总会。我们在筹赈总会里担任职务,但并不敢说是南侨的领袖。而对于祖国合作社的发展的情形,我们所听到的,总以为是抗战以前的消费合作社,办理消费品,供给社员消费的一种组织。到了抗战以后,才知道祖国里,已推进工业生产合作社的组织。可是对于工业生产合作社的内容,并不了解,等我们到重庆以后才稍知道一些。

说到农工商方面,兄弟在南洋办理将近卅年。从农的方面说,培植菠萝蜜、树胶园,从工的方面说,创办罐头制造厂、树胶制造厂、制造橡皮车轮等。树胶制造厂,规模比较大,资本有八百万,工人有六千多,所制造的物品,为推

---

① 李吉辰(生卒年不详),1928年6月任国民党北平市党务指导委员会委员,1938年3月任国民党西康省党部筹备委员会委员。抗战胜利后,由美驻华大使高斯推荐,任中美合资中国航空有限公司(1943年成立)总经理。

② 李铁民(1898—1956),福建永春人,爱国侨领,时任南洋华侨回国慰劳团秘书兼陈嘉庚的国语翻译。

销便利计,在南洋群岛与本国各地设立发行所一百余家。兄弟从事此种实业,目的并不专在赚钱,办理工厂,等于办理师范学校一样,在新加坡工厂里所训练出来的人才,大多数备他们回到祖国来,从事祖国的工业的发展。

树胶制造厂,名称虽然如此,而所办的工业并不仅限于树胶,另外还有制皮鞋、制药、制肥皂和制帽等的一部分。不幸得很,这个规模稍宏大的工厂,已在六年前收盘了。收盘的原因最重要的有三点:第一,因为在十年前世界发生经济不景气的现象,物价低落,开支浩大,每年达百万元之多,并且厦门大学及集美学校之经费,均靠树胶厂维持;第二,因为新加坡是自由港,进出口货物均不抽税,以至各国货物多运至该处倾销,市场上发生极大的竞争;第三,由于人事上的不尽职,服务精神缺乏,责任心之不具备,我考察过厂内及各地发行所的职员,计五百余人,能具有责任心及发挥服务精神实际苦干者,十个人中一个都难找。我们知道任何事业,要想成功,经办的人必须要有毅力,要苦干、实干,也就是说发挥服务的精神始可尽其事功。兄弟经办工商业垂数十年,而所得的利益多用之于祖国的教育事业及社会事业。

关于职员不负责,这类事件和毛病,兄弟初以为海外侨胞才有,祖国之内想不至于如此。后来听到上海中国纱厂与日本纱厂的情形,就是同是中国工人,同是在纱厂工作,以同样的原料,而所做出来的货品不一样,价值亦不同。比如中国工人在日本纱厂所纺出的纱,粗细是一律的,重量是有一定的,而在本国纱厂所纺出来的纱,不是重量不够,即是粗细不均,卖起来比不上日本的纱价高。由这点证明,可知我们中国职员对于工人的管理,不及日本人的严格,同时这种不负责的毛病,国内外是一样具有的。

自"九一八"事件发生后,我们在海外的侨胞,听到祖国的政府,鉴于外患日深,民族危殆,对于社会各种教育事业及各种经济建设均竭力推进,并有相当进步,因此使我们极端的兴奋。尤其听到关于组织合作社的消息,说全国已经有一万多个合作社,并由银行向农村贷款,帮助合作社事业的发展,我当时就起了怀疑。国内有这许多合作社,那里能有这许多忠实干练的人才来办理?办理起来究竟是否有弊端,实在不可预料。

在"七七"事变前数月,孔院长经过新加坡参加英皇加冕典礼时,兄弟见到孔院长第一句话就问他"国内近来所办理的合作社情形如何?"孔院长告诉我说:"好的也有,坏的亦不少。"我听到孔院长的话后,仍不了解国内合作社的情形。所谓好的,好到什么程度?坏的,坏到什么程度?这是不清楚的。

这次回到重庆,在嘉陵新村遇到刘(广沛)[①]先生,他谈起中国现在所办的合作社,不尽是消费合作社,而是工业生产合作社,他并把工业生产合作社的组织管理、办理现况及办理目的等告诉我,我这才知道国内现在所推行的合作社的性质与内容并不是我在海外时所理想的那种消费合作社了。

比如今天我们所看到的重庆毛毯合作社,锦里办事认真,工人工作努力,我们虽然仅看过一个工业合作社,假使现在全国所有的一千三百多个工业合作社个个都能像所看过的毛毯合作社办理得这样有条理、有精神,那么我国的工业前途是有很大希望的。工业合作,在抗战建国期中,是国家急需要办理的一种事业,一方面借此增加生产,一方面还可训练工人,所以这种工合事业,经我们实地参观后,使我们心中都发生了一种敬仰。

兄弟在三月二十六日初到重庆时,承蒙党政军各界热烈的欢迎,当时我即诚恳的向他们各位说明,千万不要客气,更不要什么招待。后来各方接受兄弟的意思很多,不过还免不了少许的应酬,例如到渝不久,蒋总裁要兄弟去谈谈,接着冯副委员长[②]也要兄弟去谈谈,当时冯副委员长并问我到渝后有什么感想?我以到渝不久,各方面的情形尚未了解,故未表示意见。有一次总裁又叫兄弟去谈谈,同样问我到重庆后有什么感想?我也就不客气向总裁说:"重庆的马路房屋及新工业等之建设,确有很快的进步,马路不清洁,黄包车汽车的车轮上都是灰沙,未有洗扫,这样会损坏了机器。"这虽是一件小事,而总裁听到后就马上记下来了。

最后,要谈到的,我们大家都是一家人,对于目前的工业合作社事业,要切切实实去推进,迅速的去谋发展,增加生产,支持抗战。希望参加工合工作的诸位先生,要爱护事业,能爱护事业乃能爱护工厂之发展,即是忠心爱国之基本。这是兄弟一点意见的贡献。

录自《川康工合》1940年第1卷第3期,大成故纸堆数据库。

---

① 刘广沛(1894—1962),广东阳春人,新中国成立前曾任清远县税务局局长。
② 即冯玉祥(1882—1948),祖籍安徽巢县,生于直隶青县(今河北沧县),时任国民政府军事委员会副委员长。

文牍

为英日天津谈判问题致英国朝野名流电函

(1940年8月2日、3日)

（电）

英国贵族院李顿勋爵鉴：

接通复电，及悉阁下主持正义之法度，华侨不胜雀跃，感激万分！阁下敦促贵国政府，追随美侨之后，鄙人尤祷祝阁下之战功！

南侨筹赈总会主席陈嘉庚　八月二日

（函）

艾登、丘吉尔、都夫谷巴、阿德里、格林伍德、阿芝末辛克莱、鲁意乔治、鲁麦格、禧道尔顿、辛威尔、法例催、汉特林、急尼、干尼地、巴法里脱、华尔德薛德林、薛西尔、里士多咸尔、李顿爵士，用英文缮写，航空投寄。

敬启者：吾等曾代表南洋之八百万华侨，在七月廿九日致电各位先生。关于天津纠纷之英日备忘录者，在周日内，蒋介石将军曾经发表长篇之声明书，表示对英国远东政策之信任，同时并谓对于天津纠纷之和平解决，英国应在不阻碍中国及九国公约条文下订立协约。假如英日二国所订立条件有影响中国，而未取得中国同意者，将不发生效力。彼更谓英国可以和日本侵略国联成一起，乃为不可想象之事。同时彼更告诉全世界，谓中国政府，只要具有充足军事储备，及其他军事设备，有可能继续抵抗日本。吾等华侨完全同意蒋介石将军之意见，对先生等有极大之信任心，先生等对于英国之远东政策如是关心，经常注意英国不变更其有可能影响英国之专业及远东权利之政策。吾等更欲言者，美国经通知日本停止其一九一〇年签订之美日商约及航约，此种举动乃足为全世界效法。盖以其对侵略国所表现者，不特为片面之文字，而是实际上之行动也。吾人及世界均觉甚为幸运，盖以在此次事件中，英国与中国之利益可谓相同。中国在今日，虽然似乎为其本身向侵略者抗战，惟是究其实，乃代表英国及全世界，予侵略者以打击也。对侵略者之行动之打击，不徒在文字上，抑且须注意实力方面，除非如是，则吾等一切将永无和平、无公理、无平等、无自由，在以强权即是公理原则之下，短期间内，将行见有惊人之事情发生也。是否，吾等极欲对诸君为中国权益及和平而完成之伟绩道谢，并望仍然继续此种精神，直至预期中之成功实现为止。

南侨筹赈大会主席陈嘉庚八月三日　星洲

录自《厦大通讯》第 2 卷第 7、8 期合刊，1940 年 8 月 30 日出版。

峨嵋寄书报告西北行观感

(1940年8月5日)

【星加坡五日专访】南侨筹赈总会主席陈嘉庚，自本年三月间返国，先后遍历各战区，慰劳前方战士。近陈氏于慰劳团任务完成之后，乘在峨嵋山小住之暇，特飞函星华筹赈会诸委员暨怡和轩诸会友，报告西北行观感。该函为陈氏亲笔信，长三千余字，分十节叙述。观此函可知南洋华侨领袖对国内抗战期中各方面之意见。兹因篇幅关系，特为摘录要点于次：

筹赈会诸委员及怡和轩全体会友惠鉴：

庚自别后，寄上手缄一书，想早收到。忆五月五日离重庆到成都，曾在成都国际电台播音一次，因预告较早，想有听知矣。六月二十七日晚复在成都播音一次，此次因该台只先一天预告，恐多未能注意。庚又不久住成都，所以匆匆耳。西北之行，业已告止。现因暑气太盛，不便走往西南各省，故避到峨嵋山间，待一月后，当继续工作，以尽我应负之使命。兹将往西北经过及其他所知大概列报，复杂无序，诸希原谅！

（一）我国现分×大战区，西北×战区，西南×战区（名略）。西北×位长官，庚均往会见。傅副长官[①]适往重庆，故在兰州遇会，来往两次，报告日兵精神衰退甚详。其他诸长官亦报告日兵士气退化，大不如前，现所靠者飞机大炮之特长而已。

（二）我由成都至甘肃兰州，再往青海，与第三慰劳团相会；又由兰州坐汽车往西安，与第一团相会，然后分途。我则往陕北中部县谒黄帝陵，县长先准备香案、果品，献酒拍照。然后往延安会见毛泽东、朱德及其他诸君，在延安计八九天，与毛君等谈话七八次，开欢迎送会四五次，观其所有言论及演说，亦极诚恳拥护中央及蒋公，虽稍有摩擦，系属下级人员，决能谅解，不致发生

[①] 即傅作义（1895—1974），山西临猗人，时任第八战区副司令长官。

严重影响。据其表示：自抗战后已实行三民主义，如私人营业，私人土地，各享自由，民生乐业，进步安定，以及促进教育，均略有可观。官民平等待遇，克苦耐劳，男女有序，无乞丐汉奸，亦为众所共睹，至外间传说，多未尽然。

（三）我住延安，国内要人颇为注意，然国共摩擦，我在星早已闻及，故延安之行，亦早决定。盖我代表南侨职责，对于重要长官，及各党领袖如不亲行会见，接触谈话，但闻外言，或一党一派之词，他日回到南洋，何能据实报告。然我亦自知言轻，无关得失，无如诸领袖，多热烈欢迎我，招待我，故我更不敢放弃机会。况我自身无党派，全南洋侨胞，对抗战之努力，亦只有喜欢祖国精诚团结，一致对外，抗战到底，如此可云居第三者地位，表示我之千万分诚恳，劝告勉励，以尽我之职责，及代表海外全体之公意耳。

（四）（略）

（五）我在洛阳三天，则坐汽车来湖北老河口，途中经过博望坡，即孔明初出茅庐第一功之处。又经南阳，在卧龙岗午饭并拍照，在老河口亦三天，本拟坐汽车来汉中，适有一架三人位军用机从成都运□□来到，于是乘机到汉中，越宿再由原机至成都。适第一慰劳团先一天亦到，该团所配路线任务已毕，在此结束，各人自由回南洋，而同意往游峨嵋山者十二人，在山上经三夜即往嘉定回重庆，然后拟乘机往香港或仰光回马来亚。而我则暂留山上，待盛暑后往西南各省，以完成此来之任务也。

（六）我所见过各位长官，大都爱国热诚，精忠奉公，恳挚可嘉，仪容焕发，令人敬仰。至对我隆情招待，到场欢迎，我甚不安。我甫到重庆，立即辞谢应酬，越日并在报端刊登启事，到西北各省亦然，故每在何处起程，未尝电告起程，然消息之灵通，另有一方负责者。至各长官每在欢迎会中对我揭发汪精卫提案，首发其奸，大有无限之兴奋，可见汪□孤立失败之一斑矣。

（七）□□□将军所管之军校学生，多至二万余人，特别以阅兵礼欢迎，并备马匹十余，为我同他骑阅。是日参加者万余人，步队、马队、大炮队、坦克车、机关枪队，应有尽有，各队由司令台经过，约一点钟左右，再集列开演讲会。

（八）我在山西初到之晚，阎司令长官在宴会中言，现有极可怕而危险之事，就是旱灾，若再加五天不雨，则山西、河南、陕西交界等处，当有二三千万人粮食发生问题云云。然隔夜便有小雨，及我离开是晚，宿□□则雨多降，从此一路到汉中，计十余天，每天到处便有喜雨之庆，盖望雨已久，如四川亦然。我所到成都及峨嵋，一二天亦降大雨。我国以农立国，如在飞机上所见各省农场之广大，无论平原与山上，都有耕植，每岁之丰歉，关系至为重大；而犹以抗战期间更形重要。盖重工业，我国既缺之，轻工业及手工业以近年之进步，差足自给。若农事不劣，则抗战之力量，军火之资源，已绰有余裕。矿产方面及煤炭，比抗战前确已增加许多。出产铁亦有加增。其他虽未知详细，闻亦均积极设法矣。

（九）经过各省，对于民众生活，地方治安，卫生教育诸问题，以治安言：比抗战前好的多，如土匪、会匪多已消灭，有者亦极少数，不如前之巨害。至民间生活，因物价高贵，虽有一部分受过困苦，然大部分农民收入则更厚。如此则大众生活颇过得去。卫生方面，现下诚谈不到。教育方面，据教育部计划五年全国普及事，若四川则拟缩短为三年，究竟能成事实否？未敢预料。至于各省能否依照教部所订，如期实现，似须经过有一番极大努力，方克有成。五年未能达到，即再过二三年，亦算大有进步。至于民气，自"七七"以来，当然日见旺盛，盖领导者既不似以前旧官僚，其他可以想见。以我国之大，民族之众，抗战确已握最后胜利基础。时间迟早，或势之必经。欲求近功，则速不达。如月月进步，其宏伟成效，当能与时俱增。

（十）庚自离重庆后，行踪无定，迄今两月，未接星方公私信息，不知未有寄来，或有寄而转交不到。至翻阅报纸，亦不能天天见，有迟至数天始阅到。欧战演变之速，出人意外，法国之败，庚认为三项大错误：1. 不履行一九一八年之国际条约。2. 靠马奇诺阵线可以高枕无忧。3. 背弃苏联与捷克是也。以法国之强，不数月而一败涂地，愈足证明我国抗战力量之伟大也。

陈嘉庚
在峨嵋山寓所寄

录自《大公报》（香港）1940年8月14日第5版，中国近代文献数据总库。

为改革闽政致电陈仪

（1940年10—11月）

（电文一）（1940年10月19日）

陈主席勋鉴：

庚回闽以来，已历延建邵福泉各郡，一路所见，工商学报各界闽人及一般民众，诉述米物腾贵，民生惨苦，原因固多，而政府统制运输，多方舞弊，延阻货运，因之粮食缺乏，饿死自杀者不可胜数。庚详查深察，事实昭彰，非响壁虚造。为减轻民众痛苦，似应先将统制撤消，任民众自由运输，货物流畅，民食可增，物价亦可望回减，谨电恳切请命。如蒙赐覆，本月内安溪，下月初漳州。

陈嘉庚效（十九日）

（电文二）（1940年11月3日）

陈主席勋鉴：

苛电敬悉。庚在泉永上两函，计均收到。由永抵漳，经过各处，民众惨痛，不满统制运输，处处皆然。由闽北至此，一路所亲见闻，确可代表全闽，万无错误。泉米每斤二元，漳柴每担四元六角，皆因运输迟滞所致，比较商民自由运输，何啻差迟十倍，此为庚所亲见者。漳运输公司前月获利十余万元，公费私利亦可得数十万元，运输诚有巨利可取，而自杀饿死者却亦难以数计，此亦为庚历十余省所未闻。抗战后，政府发公债三十多万万元，各省免第二次认买公债之苦，华侨外汇资力实占大半。庚不久回南洋，侨胞闽人居多，如斯惨象，庚将如何报告？违良心则不可，据实言则影响外汇，所以再三代闽人请命，亦冀免资异党利用，万乞鉴纳愚诚，急切撤消运输统制，则物价立可降低，民众便庆更生矣！撤销后如不见效，庚愿负咎。

陈嘉庚江（三日）

（电文三）（1940年11月5日）

陈主席勋鉴：

　　货物奇贵缘于统制运输，而舟车不及之地缺乏挑夫，弊害尤著。主事者挞詈剥削，视挑夫如奴役，又如泥守办公时间，不能迟早随意赶运，货物起卸动辄迁延。守候之日多，挑运之日少，戋戋之获，不足资生，安得不逃避？且征发登记，民情未习，名入公门，即惧有无穷后患，匿而不报，亦自难免。总之，统制运输弊端千万，枝节改善，必无是处，惟有断然根本撤消，恢复商运，方期有济。庚此行十余省，未闻有此现象，更自审平生阅历暨回省后考察，所见决无些微错误，如有欺罔，甘当罪责！弱者饿死自杀，已为事所恒闻，悍者挺而走险，恐亦势所必至，千祈俯纳舆情，迅予撤消，闽民幸甚，抗建幸甚。

陈嘉庚（五日石码）

（电文四）（1940年11月6日）

陈主席勋鉴：

　　支电敬悉。庚自到南平，便闻统制运输之害，然犹未遽信。迨自闽北经福泉而漳，沿途所知乃各界各方各处之报告及庚亲见者。即军政界亦有是言，非轻听一面之词便贸然请命。至云政令出自中央，庚历十余省，但闻政府广设驿站，系助商运之不足，绝未如本省统制之苛，禁绝数十万挑贩。设中央有此违忽民情之政令，地方官长亦应力白不可，料无强施之理。千万俯纳鄙言，不胜感盼。

陈嘉庚（六日漳州）

　　录自沈仲仁《陈嘉庚救国言论集》，华美图书公司1941年6月版，第63—66页。

致电陈仪

(1940年11月9日)

永安陈主席勋鉴：

密。麻①电敬悉。弟准真日②赴永③承教。

陈嘉庚　佳　印

录自厦门市政协文史资料委员会、厦门市档案局编《陈嘉庚与福建抗战》，鹭江出版社1993年9月版，第22页。

---

① "麻"即6日。
② "真日"即11日。
③ "永"指福建省永安。

致电蒋介石指陈仪闽政弊端

(1940年11—12月)

　　（电文一）1940年11月17日

蒋委员长钧鉴：

　　闽省苛征田赋，由原额每年六百余万元，突增至四千余万元，名为改征实物，仍可以银代米。而各县米价不一，最低比原额增三倍，最高至十六七倍，平均在七八倍，已自十月实行。闽当局谓为中央所规定。惟查邻省江苏，绝未有此，果出中央令，闽何独异？但似宜并定增加之限定，以免酷吏任意苛征。闽省年来，苛杂百出，又复统制运输，遍及挑夫，组设贸易公司，与民争利，致物价暴腾，米珠薪桂，穷饿自杀，不可胜计。今田赋增率陡重，民命何堪。省议会力争无效，议员两人，被借他故系狱，已数星期，闽人噤不敢声。议会直同虚设，凡此情状，皆为庚此行十余省所未见。窃谓赋率应重行裁汰，以重民生，议员宜有法律保障，以尊民权。庚拟廿二日在桂林，月底在滇会同军派人员，视察滇缅公路。上述闽民惨苦乃两个月来亲历三十余县之事实，尚祈鉴核。谕闽当局切实改善，并赐覆示。不胜感念。

陈嘉庚叩筱

　　录自"华侨陈嘉庚指陈闽政弊端致电渝府主席及蒋介石原电各文"，《华侨月刊》（厦门）1941年第2期，第37页。

　　（电文二）1940年11月19日

蒋委员长钧鉴：

　　筱电呈报闽省苛征田赋，民不堪命各节，计荷垂察。闽主席继任徐学禹[①]把持闽政，举凡省营贸易运输，银行企业各公司，暨财建两厅，悉归掌握，

---

① 徐学禹（1903—1984），浙江绍兴人，时任福建省建设厅厅长。

一身十二职，炙手可热。其人擅逢迎，如朱家骅[①]先生，即受其蒙蔽，而时加呵护。前在沪电话管理局任内，曾以舞弊败露，受停职处分两年，期尚未满，竟混入闽府，献聚敛之术，而独闽主席之宠信，吸脂收全闽膏血，以向省外投机牟利。沪港两地，设有和济商行，囤积货物至千余万元。在闽以贸易公司，夺取重要产品，以运输公司抑减商家货运，更以银行操纵金融企业粉饰建设，利归一己，害遍民间。贸易公司更借军米为名，贱买贵卖，每担买入运费三十元，卖出六七十元。闽局黑暗如此，遂酿成物价高涨，米粮恐慌。福泉米价，每斤□元，穷饿致死，比比皆是。水警局发表，只福州万寿桥投江自杀者，已八百多人。庚入闽甫两日，各界即纷来诉苦，初犹未敢遽信，复从闽北遍历闽中南西三十余县，众口一声，怨声载道，犹以统制运输，为害最烈。盖挑运数斤，即加统制，二日运程，动逾两月，商运难通，百物自贵。庚回国在求各省佳像，鼓舞侨捐，其他十四行省，绝无闽之惨。南侨闽人居多，饰报则乖良心，实言必召反感。故对闽主席函电忠告，当面陈词，察其能度，似难转移，恐或反羞成怒，造谣诬惑。又省银行客户存款及发出钞票，已达七千万元，偌大数目，中央如不根本清查，窃恐积久难问。曩者中央派员视察闽政，仅至省垣而已，听取日报，敷衍塞责，闽人至今，引为遗憾。总而言之，闽人水深火热，亟宜革除。庆父不去，鲁难未已，凡我闽人，均有同感，谨电请南。尚祈鉴核。

陈嘉庚叩效

录自"华侨陈嘉庚指陈闽政弊端致电渝府主席及蒋介石原电各文"，《华侨月刊》（厦门）1941年第2期，第38页。

（电文三）1940年11月23日

蒋委员长钧鉴：

筱效两电计呈，查赣桂两省，只统制港烟沙油两物，绝无其他，且两省当

[①] 朱家骅（1893—1963），浙江湖州人，时任国民党中央组织部部长。

局，事先会将统制得失，提出省参会研究，咸认吾国政制人事，未臻完善，办理各种统制，难得好果，恐反害民，故极审慎，绝未如闽之不问是非得失，一意孤行。两省田赋，亦未曾收分文，比之闽政良窳，人民苦乐，不啻天壤。抗战后中央发公债五万万元，闽向民间谋求多月，仅得四百万元，嗣后中央续发数次共三十余万万元，绝未向闽民加销，乃缘华侨对抗战汇入巨款，隐有关系。南洋闽侨居半，桑梓糜烂，能不痛心，万乞迅速派公正干员，彻底清查，改善闽局。闽人幸甚，抗建幸甚。

陈嘉庚叩漾

录自"华侨陈嘉庚指陈闽政弊端致电渝府主席及蒋介石原电各文"，《华侨月刊》（厦门）1941年第2期，第39页。

（电文四）1940年11月30日

在赣州、泰和计呈两急电，报告闽民被苛政，致饥饿、疾病、自杀、死亡诸惨状，乞求援救，想均收到。余复经数省详细查询，田赋均未增加分文，运输亦无统制，贸易归商民经营，省府绝无兼办，军米亦无分派，邻省如此，而闽民独遭不聊生之酷政。余在闽五十余天，历卅县，耳闻目睹确有实据，出于万不得已为闽民请命，绝非无病呻吟。万祈大仁大义，格外鉴纳，无任盼祷。余廿七日在贵阳，卅日在昆明。

录自《南侨回忆录》第282页。

（电文五）1940年12月3日
蒋委员长钧鉴：

庚明日皆均派三员沿滇缅路视察，以回南净，敬当辞别，赣桂途坎，连上筱去漾三电，计邀垂见。闽民受暴政酷虐，怨声载道，庚万不获已，始为请命，绝非无病呻吟。此次重到昆明，再经赣桂黔滇四省，详询各省财建厅长，咸言统制事不易办有损无益，多未举行，田赋亦时与参议员研究，拟略稍加，尚未实施。窃意不论何省之统制，似皆不宜经行。盖好人缺乏，舞弊难免。抗战后方民意更须重视，异党乘机利用，亦当预防。兹将出国，敬戏愚诚不胜依企。

陈嘉庚叩江

录自"华侨陈嘉庚指陈闽政弊端致电渝府主席及蒋介石原电各文"，《华侨月刊》（厦门）1941年第2期，第40页。

致电国民政府林主席

（1940年11月23日）

重庆国民政府林主席钧鉴：

效电定荷垂察。闽省以政治作贸易，故统制运输垄断商业，借军米供应，贱买贵卖，月利数百万；更利用省银行及存户资金，积货物千余万元，讵以港沪所营和济商行投机失败，乃肆行聚敛，冀以取偿于闽，由是百物腾贵，米粮尤甚。穷饿至死，难以数计，怨声载道，惨不忍闻，为庚此行十余行省所未尝见。蔑视三民主义，摧残抗战民力，陈仪、徐学禹居心实不堪问，万乞商同蒋公，迅派公正干员入闽彻查，定可水落石出，以解闽民倒悬。庚归国在求各省优良政象向南侨宣传，冀增外汇，不意闽政如此苛虐，闽民于此惨苦，使庚饰词说善，则违背良心，据实际陈情则影响外汇。抗战后中央发公债五万万元，闽省向民间诛求数月，仅四百万元，嗣后，中央续发数次共三十余万万元，绝未重向闽民派销，乃缘华侨对抗战汇入之款隐有关系，桑梓糜烂，华侨安忍坐视。谨电恳核施，以苏闽困。

陈嘉庚叩　漾

录自厦门市政协文史资料委员会、厦门市档案局编《陈嘉庚与福建抗战》，鹭江出版社1993年9月版，第30页。

为闽民请命加给食盐陈嘉庚与财政部来往电

(1940年12月3日)

重庆财政部孔部长勋鉴：

闽为产盐区，自计口授盐，民食反缺，查每口月十二两，盐店更私屯抬价，得盐愈艰，贫民厨无兼味，专赖盐菜佐餐，计口授盐，腌盐菜者并无加给，庚回国目睹苦状，情不能忍，谨电请求饬闽盐局在原额之外，酌量加给腌菜之盐，并严禁盐店舞弊，以维民食是幸。

陈嘉庚江（十二月三日在昆明）

附：财政部复电

陈参政员嘉庚台鉴：

江电诵悉，已电饬闽局将咸菜盐量能否酌加及加给办法应如何规定，妥迅议复，并将私屯抬价之盐店澈查严惩，特此奉复。

财部渝盐□

录自新加坡《南洋商报（号外）》1941年1月7日。

视察滇缅路结果致蒋介石电

(1940年12月15日)

蒋委员长钧鉴：

支庚两电均经奉悉。庚一行业于文日抵缅，关于滇缅路视察结果，谨陈如次：公路工程，近已多处改善，殊堪满意。惟一部分路面狭窄，转弯未顺，坡度过高之处，鄙见仍宜改进。近有载重五吨卡车比前加大，路面狭处，失事颇多，须加宽至一等标准九公尺为度。功果桥、惠通桥经各于上下流添造便桥摆渡，敌机来炸，亦不虞运输有阻。政府禁令在紧急时期，自上午九时至下午三时，不许车辆通行，原属安全策划，惟实际上在此六小时内，将来往车辆停塞于两桥前后，如遇轰炸，牺牲更巨。桥之两旁危崖数千尺，如白日行车，其危险性殊大，得失比较，似以照常开放为宜。又此路交通重要，沿途未设电话，情报难通，非常时期，相需益急，故电话亦应赶设。至于运输管理方面，松懈如前，毫无改进，车辆失于保养，开运仅一年余，业已近半损坏，经常停修，现用只有半数，运量自难增加。鄙意拟委华侨侯西反、庄明理①二君暂住该路，协同兴革，借收臂助。侯庄二君对此略有经验，可尽义务。西南运输处陈代主任体诚②在缅晤谈，欣然同意，如蒙钧座核可，请另电饬各主管机关遵照办理，并予侯庄二君以事权上之便利。所有上陈各节，运输统制局刘组长传书、交通部赵工程师履祺③此次偕行，所见一致，回渝复命必较周详，谨祈钧座夺施行为便。

陈嘉庚叩　删
廿九年十二月十五日仰光

原件藏于云南省档案馆；录自《民国档案史料》1988年第2期第51页。

---

① 庄明理（1909—1991），福建泉州人，南洋爱国侨领，时任旅渝华侨青年联合会主任委员。

② 陈体诚（1893—1942），福建闽侯（今属福州）人，公路工程学家，时任西南运输处代主任。

③ 刘传书，未详；赵履祺（生卒年未详），1938年奉交通部派遣前往滇缅公路督工。

有关侨工居留证事函

(1941年1月6日)

迳启者：接助字第一一三六号台函，嘱代办侨工所执南洋居留证□期手续等由□□，查当地法律规定，凡请办居留证手续者，须本人亲到移民厅，查对像片，他人不能代理，是以无法照办。且回国侨工所执居留证大多已过法定期限，此事惟有待将来再行设想办法耳。相应函复，即希查照为荷。

此致
西南运输处华侨机工互助社

陈嘉庚　启
三十年元月六日

录自陈嘉庚纪念馆、云南省档案馆、厦门市华侨历史学会编《南侨机工档案史料选编：云南省档案馆馆藏部分》，中国华侨出版社2009年8月版，第267页。

南侨筹赈总会召集第一次会员大会通启

(1941年1月24日)

会期：三月廿九日起一连三日　　地点：新加坡

通启者：本总会依据组织大纲第七章（任期）第二二条、第八章（会议）第二三条所规定，应即召集会员大会，选举第二届本总会之常务委员，正副主席、财政员、查账员等，俾以继续主持本总会之会务，发挥我华侨赞助抗战建国之能力，更使我华侨拥护国家民族生存独立之精神，光大发扬，永持弗替。查前次南侨代表大会，乃开于廿七年双十节。以时计之，此会宜于去年十月召集，其时适因本主席回国慰劳，任务未毕，身在途次，无法赶回，此应特行声明者。今兹召集，开会地点仍定在新加坡，时间为本年三月廿九日（星期六）、三十日（星期日）、卅一日（星期一），一连三日，谨将应行注意各事项，详列后端，尚祈各属会（包括筹赈会慈善会救灾会后援会等）按定路程，推派代表，准时来新加坡出席大会，是所切盼。

此致

××××××会

主席陈嘉庚

三十年一月廿四日

附告：

（一）附函夹寄本总会组织大纲一份，现任委员姓名表一份，以备参阅，委员姓名，如有错漏，请于本年二月底以前，函知补正，逾期无效。

（二）各属会出席代表，选派几位，请开其姓名履历，限二月底寄到，其有因故不能选派者，亦请依期函知。

（三）各属会提案，请于三月十日以前寄到。

（四）各属会劝募捐款之报告，请分两部，一自抗战后至廿七年九月本总会成立前，作一统计，一自廿七年十月本总会成立后，至廿九年十二月，作一统计，凡义捐公债、药品、寒衣、卡车，或航空捐、难童保育捐等，均可分类列入。

（五）本期开会目的，除选举常务委员，及正副主席、财政、查账各员外，尤在检讨过去，策励未来，故各属会对于今后吾侨筹赈，有何整个计划，各该地劝募工作，应如何推进，均请拟成方案，提出大会，共同商议。

录自陈嘉庚《南侨回忆录》，新加坡南洋印刷社1946年3月三版，第306—307页。

为改善闽政促进闽人团结召集南洋闽侨大会通启

(1941年1月31日)

庚于去年春间，以南洋筹赈总会主席地位，代表全南洋侨胞回国慰劳，并考察抗战三年来各省军政社会之进步情形，求有良好印象，回洋宣传，以增加侨汇，利助抗建为目的，所经滇、黔、川、陕、甘、青、晋、豫、鄂、湘、桂、粤、赣、浙等十四省，大都无大疵，不料最后到达福建本省，入境不及三天，远近各地代表，以及报界记者，厦集二校师生，即纷纷来告，谓吾闽近两年来，苛政百出，民不聊生，殊难言状，甚至政治变作营业，资敌脱逃外汇。庚闻言初未遽信，乃周历闽北、闽中、闽南、闽西三十县，阅时五十余日，耳闻目见，多有实据，遂于途中，辄发函电告陈仪主席，请将统制运输一项，先行撤销，以平物价。旋到永安，面陈民间惨状，讵陈氏言词闪烁，绝无接受诚意。闽省苛政，原非一端，统制既难撤销，其他复何可议。迨出省后，复与赣、桂、滇、黔四省将有关各问题（如田赋等）细加比对，觉其所有政象，均甚可观，绝无如闽省之黑暗，既不获已，始迭电林主席、蒋委员长，请求根本改善闽政。沿途并向各地同乡会，报告入闽观感，以促省外闽人，注意闽事。比循滇缅公路而归，中间复经缅甸、马来亚各埠之所有各地同乡会，亦莫不关切乡情，谛听讲述，且要求发动全南洋各属闽侨同乡会，推派代表来新嘉坡举行联系会议，研究改善桑梓大计，并谋内外团结。

兹者，庚已南回逾月，爰徇众意，发此通启，征求南洋英、荷、法、美、暹各属省同乡会（如福建会馆）或县同乡会（如某县会馆），即派代表前来参加（办法附列于后）。回忆民廿七年双十节南侨总会成立之初，来星闽侨诸代表，倡议创设闽侨同乡联合会于新加坡，假座怡和轩俱乐部开会，其时庚以：一、福建省内外无紧要事情可办。二、南侨总会甫告成立，由整个团结言之，不宜遽设规模较大之同乡机关，以引招帮派畛域之误会，故未赞同。今则桑梓糜烂，闽侨不能坐观，而南侨总会成立已二年余，情形不同，毫无抵触，召集此会，时乎不再，凡我同乡，其各奋起。

附列开会办法：

一、开会时间，定本年四月一日、二日、三日计三天，地点新加坡。

二、凡南洋英、荷、法、美、暹各属之福建省县同乡会（会名不拘），均可参加。但一县之中，如采用别名之同乡团体，如永春之桃源俱乐部①福清之玉融别墅等，须同地未有永春会馆、福清会馆，方得参加，否则恕不接受。

三、凡一埠之中，如为省同乡会，可派代表四人至六人，县同乡会，可派二人至四人，同在一埠省县均有同乡会者，均可举派。

四、各埠省县同乡会，倘有特殊情形，要求加派代表人数，可来函商取同意。

五、报名参加者，可将其会名、住址、推派代表几人，详写函内。限至迟三月十日以前寄到"新加坡武吉巴梳街四十三号福建会馆办事处"转。

六、如有提案，限三月十五日以前寄到。

七、提案内容，以有关于改善闽政，及发展福建教育，利助抗战建国，联络海内外同乡，造成伟大团结为准则。

此致
南洋各属福建同乡团体公鉴

陈嘉庚
中华民国三十年三月三十一日

录自新加坡《南洋商报》1941年1月31日。

---

① 福建泉州永春古称"桃源"，隋开皇九年（589年）析南安县西北乡置桃林场（治所在今石鼓镇桃场村），属南安县。后唐长兴四年（933年），闽王延钧称帝，升桃林场为桃源县，属泉州。后晋天福三年（938年，闽通文三年），改桃源县为永春县，沿用至今。旅居海外各地的永春侨亲，常组织桃源俱乐部，联谊乡情。

关于在闽粤创设师范学校提案
（参政会二届会议提案）

(1941年2月1日)

南侨总会主席陈嘉庚氏，视察祖国归来，鉴于海外侨校众多，祖国向无培育侨教人才之专校，闽省教师告缺，更已形成供不应求之严重现象，为根本补救计，除已向教育部建议，在闽粤两省，创设国立师范学校外，并以参政员资格，于第二届首次参政会议中，将是项建议，加以补充，作为提案。陈氏此一建议，既适于抗战建设期中之客观需求，亦为改进侨教之久远善计，故极得政府当轴及全国教育界之赞许。该案寄到重庆时，当即依照提案规例，先经参政员二十名加以赞同，然后提交讨论。顷晓获悉，陈氏之上述提案，已于第五日之参政会议中获得通过，并决议请政府迅速施行。记者昨访陈氏，承示提案译文，兹为照录于次，以告关心侨教者。

陈参政员向第二届国民参政会建议政府，在闽粤两省创设国立华侨师范学校，并在闽省分区加设普通师范学校案。

理由：

（甲）南洋华侨达一千一百万人，分布英、荷、美、法各属及泰国等处，以人口论，可当我祖国一行省。民国以来，教育勃兴，学校林立，其中如英属马来亚华侨二百三十万人，高小学校一千零所，学生十余万人，以南洋未有师范男校之设，故教师多来自国内，尤以闽粤两省为众。惟比年以来，征聘教师，已感困难，一旦祖国抗战胜利，侨胞热情奋发，侨校加设必多，又当地英校，近亦兼办中文科，聘用华人教师，自亦不少。查闽粤两省，向无侨教人才之培育，闽省自身，现日大起"教师荒"，将来海外教师，如以祖国复兴，故乡安定，相率归去，则各地侨校师资，必更形成供不应求之象。为未雨绸缪计，应请政府特在闽粤两省创设国立华侨师范学校，培植有志侨教青年，以为华侨教育之用。

办法：

一、闽省可在闽南漳泉两属，至少各设一校，定本年秋季开办。

二、粤省地点及校数应如何规划，可与该省教育厅酌定之。

三、校舍暂用各地公共房屋，如祠宇神庙之类，不必新建。

四、专收贫苦学生有志侨教者，国内外同时兼收，其待遇与国内一般师范学校同。

理由：

（乙）查闽省自民国廿五年禁设私立师范学校统归省办而后，至今全省仅有普通师范学校一所，设于永安，学生八百名，每年毕业只一百余名，杯水车薪，何能应付全省各高小学校之需求？该省大起教师荒，是固势所必至。况教育部普及全国教育之五年计划，现正厉行推进，各县乡保小学数量激增，需才益亟，应请政府在闽省分区加设普通师范学校，以宏造就。

办法：

一、在原有永安普通师范一所而外，全省应分区加设。闽南人口繁密，校数尤应加多。

二、招收学生，亦以贫苦青年为最适合。

提案人陈嘉庚
中华民国三十年二月一日

录自新加坡《南洋商报》1941年3月14日。

主张团结息争通电[①]

（1941年2月5日）

国民参政会转中央政府钧鉴：

全国军政长官全国同胞公鉴：

去岁春间，庚以南侨总会主席名义，代表海外一千一百万华侨，率领慰劳团回国慰劳，并考察战时军政现象、民间情形以及经济生产事业。语其大旨，不外两端：一则借睹祖国抗战实情如何，最后胜利有无把握；一则搜寻各种进步实证，携回宣传，鼓舞侨胞，加强捐汇。自春至冬，阅时九月，西北高原，东南濒海，足迹所经，凡十五省，而耳目所及，士兵则艰难苦战，不顾死生，民众则踊跃效劳，不惜血汗，爱国精神，真足使人感奋。惟政治不及军事，贪官尚据要津，啧啧人言，亦无可讳。所幸领袖贤明，举国拥戴，强敌虽然未退，胜利确有可期。比及南归，据实报告，寸心亦无爱憎，片语绝不扬抑。海外华侨捐资救国，纯为热情所驱，不以有党而增，亦不以无党而减。推倒满清，翊赞民国，救济灾难，捐输教育，数十年如一日，千万人同此心。当地法令，共产党既不许潜藏，国民党又未能活动，百千人中有党籍者，一二而已，多数华侨，咸能明识大体，发扬正义，不分党派，爱护国家。抗战之初，获闻国共两党统一对外，莫不踊跃欢呼。不意中途磨擦，谣诼繁兴，遂至热望冰消，义捐停缴，或曰疾首蹙额，骇汗相告。庚总侨团，义难坐视，乃于回国期中，分谒渝延两党领袖，垂涕而道，苦劝息争，用以顾全大局。蒋委员长表示优容，毛泽东先生托述拥戴，庚闻之良慰，且亦以此引告国人，期勿相惊伯有。乃南归未逾一月，危机又遍国中。值此敌焰犹张，国仇未雪，如复自为鹬蚌，势必利落渔人，民族之祸，伊于胡底。华侨无党无派立场，无利害私见，睹兹异象，

[①] 1941年1月6日，国民党制造皖南事变，公然围剿奉命北上抗日的新四军军部所属部队，严重破坏民族抗战大业，举国震惊。陈嘉庚心忧国家前途，投诉发表此公开信，表达止内争，团结抗战之民愿。

弥切杞忧。庚久处炎荒，罕闻政治，人间名利，视若漠然，党派异同，更无所问。兹逢第二届参政会开幕，猥以愚拙，谬厕一员，爰举所怀，以告同感。尚祈一致主张，息止内争，加强团结，抗建前途，实利赖之，天海非遥，愿闻明教。

陈嘉庚叩歌（三十年二月五日新加坡发）

录自新加坡《南洋商报》1941年2月5日。

对团结问题提出意见

(1941年2月6日)

据南侨筹赈总会传出消息，槟城三十五侨团及星洲华侨店员界，于日前分别联函南侨总会主席陈嘉庚氏，提出关于新四军事件之意见多项，昨总会主席已予答复，原函如下：

槟城卅五侨团星洲华侨店员列位先生台鉴：

前日报载槟城卅五侨团来函，今晨接到，该函关于新四军事件，对本总会提出三点：一、委派专员回国调查真相，请政府慎重处理；二、电呈蒋委座，转达侨情，期保障叶挺①安全；三、关于党派团结部分，交参政会公开审议。昨又接星洲华侨店员联名来函，要求本总会通过国民政府，吁请恢复新四军，释放叶（挺）、赵（凌波）②率部继续抗敌。以上槟星两埠侨胞，对此次中央政府解决新四军事件，关怀甚切，情见乎词，而爱国热诚，尤堪钦佩。顾自此不幸事件发生后，消息传来，于今多日，马来亚各埠侨界，发表意见，纷纷不一，通电中央各有理由。本总会迄未备置一词者，乃以抗战时代，军机大事，中央政府及蒋委员长自有通盘计划，而军纪问题，当亦能公平处理。侨胞远居海外，真相莫明，惟有信赖中央，较为得体，若贸然提出主张，无论函电如何纷驰，代表如何委派，非惟徒乱当局之耳目，无裨实际，且恐侨胞方面，入主出奴，反生派别，积成恶感，更觉无谓。本总会主席，南归未久，对新四军移防事件，固略知梗概，唯不愿遽尔布露，为顾全抗战大局计，深感此次江南多数部队解决后，河北之第十八集团军，与已在江北之新四军，确守去秋双方同意之界线，不至扩大，仍然团结一致，枪口对外，庶免煮豆燃萁，而使渔人得利，则抗战

---

① 叶挺（1896—1946），广东归善（今惠阳）人，北伐名将，时任新四军军长。
② 赵凌波（1908—1943），四川泸县人。早年参加川军，与红军作战时被俘加入红军，参加鄂豫皖、鄂豫陕边区的反"围剿"和红二十五军长征。后任新四军司令部参谋处处长、第一纵队副司令员，皖南事变中被俘叛变投敌。1943年被击毙。

必胜，建国必成，民族前途，无穷幸福。我南洋华侨，自抗战军兴，同心同德，无党派之分，无意气之执，无权利之争，无荣誉之企，专以输财救国为责任，以拥护中央政府服从蒋委员长为职志，较之国内一部分人党同伐异，浇风相煽，大相径庭，亦望勿被不良风气所传染，保持本来面目，以达最后胜利之目的，幸甚！诸君关怀，用此回复。

南洋华侨筹赈祖国难民总会主席陈嘉庚
三十年二月六日

录自新加坡《南洋商报》1941年2月6日。

陈嘉庚启事[①]

(1941年2月19日)

庚此次回国将复南归之际，原拟到星而后再游南洋各属，或其他等处，行期久暂，固未一定，要非数月可了，乃竟迟迟未行者：（一）为南侨总会，照章两年一次，重选职员，以本人回国已逾期限，今则不得不赶办清楚；（二）为本坡福建会馆应选第七届职员，时间已逼，亦须办妥；（三）为因去年代理南侨总会、星华筹赈会、福建会馆之三机关主席，均已交卸，仍由庚接理，一时难遽摆脱。兹者，庚将长期往游外地，社会职务，不能再行负担，唯待上言各种手续办妥，立即交卸。此后并谢绝一切，以让贤路，俾息仔肩。凡有手续未清者，限于本年三月内理会清楚，为荷。此启。

中华民国三十年二月一十九日

录自新加坡《南洋商报》1941年2月19日。

[①] 陈嘉庚领导南侨总会，团结南洋华侨筹赈救亡，率领慰劳团回国慰劳考察，力劝国共息争，枪口对外，并揭露贪官劣政，博得国内外广大同胞的同情和支持，也引起了国民党顽固势力的恐慌和厌恶。国民党当局为了扼杀华侨爱国民主力量，破坏陈嘉庚在侨界的威信和影响，不惜通过外交途径策动英殖民政府驱逐《南洋商报》主笔胡愈之、南侨总会秘书李铁民等五人出境。这一图谋遭到英殖民当局拒绝后，吴铁城等在国民政府驻新总领事馆多次集会，意图阻止陈嘉庚当选为南侨总会第二届委员会主席，并派国民党海外部常委兼菲律宾代表王泉笙往吧城，劝服南总副主席庄西言出任南总主席职务。

关于南侨大会出席代表问题[1]

(1941年2月24日)

迳复者：接准二月廿一日大函，以出席南侨总会会员大会代表，经于二月八日开会选定王德义[2]等六君，嗣接总会函以除正副主席为总会之执委而外，其他人员且以勿予参加为宜，但因代表既经选定，未便变更，特函询除此次所选代表会员出席大会外，总会执委须否同时出席等由，祇悉。查总会定章执委当然须出席，且亦已函请矣。至执委而外，要来出席者，庚亦无成见，但届时由大会解决，料或多表欢迎也。准函则由相应函达，即希察照为荷。

此致

马六甲筹赈会主席曾

主席陈嘉庚

三十年二月二十四日

附：甲华赈会原函

迳启者：接读一月廿四日来示关于选派代表出席全南洋会员大会事，属会当即于二月八日召开甲属各筹赈分会暨特别区代表联席会议，当场由主席宣布南侨总会执委既须出席大会不在被选之列，其余得自由选派。结果，由到会委员投票选举王德义、周聊昌[3]、张星如、颜华闻、赖介民、邓少典六君为甲区代表在案。王君等决出席大会，嗣接二月十二日来函内开"除正副主席为总会

---

[1] 南侨总会拟定于1941年3月召开第一次会员大会，并发出赈字第59号通函，告知各属筹赈会有关代表选送及会议日程等事宜。此为马六甲筹赈会就出席代表问题致函总会询问及总会回复函。

[2] 王德义（生卒年不详），祖籍福建晋江，马六甲植槐堂王氏宗亲副族长，1911年参与创办中华书报社，支持孙中山的革命活动。曾任南侨总会马六甲区代表，日寇入侵马六甲时，举家（11口人）蒙难。

[3] 周卿昌（生卒年不详），福建人，马六甲侨商，时任南侨总会马六甲区代表。

之执委而外,其他人员自勿予以参加为宜",此处属会因有上述情形,未便变更,故特再函奉询,如上列诸被举代表出席大会,对于总会执委亦须同时出席否,请即赐复,以便遵循。

此致
南侨总会主席陈主席嘉庚先生

主席曾江水①
三十年〈二月〉廿一日

录自新加坡《南洋商报》1941年2月25日。

----

① 曾江水(1870—1941),祖籍福建同安,生于马六甲,华侨富商,时任马六甲华侨筹赈会主席。

南侨大会代表事与蔡普如往来公函

(1941年2月28日)

　　此次南侨筹赈总会，召集第一次全南洋会员大会（前次为各属筹赈会代表大会，目的在产生总会，开会期间在总会未成立以前，故不能称为第一次会员大会），乃依章程召集，各地筹赈会，系总会会员，自宜选派代表出席大会，如其本身无特殊缘由，竟不派代表赴会，实为重大错误。盖当年召集各属代表组织总会，原出于中央行政院之电令，总会本质，虽属民众团体，然就其任务及历史上之意义言之，亦中央行政院精神上所统属之机关，不奉行政机关之号召者，亦即无殊藐视中央行政院之政令也，此其一；又各地方筹赈会既加入为会员，自有应尽之义务，除非脱离组织，自成一独立机构，不然，一地方之筹赈会，其所代表数万或数十万之华侨意志，因不赴会，而无由表达，其所应推行之爱国筹赈策略，因不赴会，而无由接受，无形中已将此区域内数万或数十万之爱国侨胞，移置于华侨大团结范围之外，此当非该区侨众之所甘也，此其二。昨有雪兰莪之总会执委蔡普如君，致函总会云，将依期出席大会，总会复函中，曾略陈此义，爰将来往两函，录志如下：

蔡普如来函

南侨筹赈总会陈主席嘉庚先生钧鉴：

　　敬复者，接一月二十四日来函，命参加总会所召集之第一次全南洋会员大会，事属筹赈大计，普如自当依期出席，敬聆教益。专此，即请

　　公安

南洋总会执行委员蔡普如谨启
三十年二月廿七日

总会复函

　　迳复者，接阅二月廿七日大函，谓南侨大会开会当依期出席等情，敬悉执事关怀赈务，至为佩慰。本总会于二十七年组织之初，乃奉中央行政院电令而

行。今以首届职员任期已届,照章应召集会员大会重行选举,复据第二十三条文每二年亦应召集会员大会一次,故此次之召集会员大会,在会务、在法规上均为必要之举。各地筹赈会为本总会会员,依法自应选派代表出席。矧以在此抗战胜利接近期间,为加强团结,拥护中央更宜热烈参加,若不如是,无异自置于团结之外,亦即蔑视中央,而非我爱国侨胞之本愿,而亦执事所不乐闻也。风雨同舟,深期互励,率此以复,并希察照是荷。

  此致
蔡委员普如

南侨筹赈总会主席陈嘉庚
三十年二月二十八日

录自新加坡《南洋商报》1941年3月1日。

关于福建食盐问题答张绣文先生函①

(1941年3月12日)

陈嘉庚复张绣文②函

绣文先生有道：

接阅二月廿六日惠书，并财部一月廿九日代电，附闽盐区推行战时食盐配销纲要③各件，等情敬悉，闽省民间食盐缺乏问题，非仅庚所见为然，顷据荷属蒙嘉锡［望加锡］□州全郡会馆，转报其前任副主席陈桂花④所称，彼于去年十月间，返抵福建福清原籍时，所见情形，亦属十分严重，当地民众购盐，每次每人只许购买四两，卖盐机关，拥挤不堪，守候争购，废时失事，一般民众，因为食盐减少，遂多疾病等语。谨将陈桂花所陈全文，另抄备考，鄙意政府所订法令，当然完善，要在下属奉行如何，苟官邪不清，虽有良法，亦终无济。执事荣调财部盐务总局，德泽所施，可及全国，民瘼所在，深盼力争拯拔。至于闽省弊政，固非止一端，如省营贸易运输企业各公司之殃民祸国，以及苛征重赋蔑视教育之各种显著事实，前在昆明晤教，多已详陈左右，兹不复赘。战争时期，民众负担加重，官邪难尽肃清，此固恒情习见，亦为各省所有，顾

---

① 1937年福建取消食盐包商制，抗战期间实施统制销售，在各地设立公卖店，推行计口授盐，民间苦于盐子店居奇，官售盐不敷日用。陈嘉庚曾因此致电财政部长孔祥熙，要求改善分配办法，孔复电照办。1941年1月29日，财政部复函称转由闽省依据"战时食盐配销纲要"执行"毋使供不应求"；1940年年底，陈嘉庚在昆明也曾向时任川康盐务局长的张绣文反映福建缺盐情状，张表示愿极力向中央主管机关反映，设法改善，1941年2月26日，已升任财政部盐务总局总务科长的张绣文致电陈嘉庚，回应此事。此函即3月12日陈嘉庚回复上述两电函的电文。

② 张绣文（生卒年不详），河北盐山人，时任财政部盐务总局专门委员兼总务处处长。

③ 1937—1941年，国民政府加强对食盐销售的统制，实行官销，形成相对完整的战时食盐销售制度。

④ 陈桂花（生卒年不详），祖籍福建福清，曾任荷属望加锡福州会馆副主席。

无如闽之惨酷，甚至灭绝人性耳。庚明知言轻，反对无效，第良心难泯，近在南洋召开各属闽侨大会，再向中央请愿，纵未能根本有济，亦求千余万众之闽人，痛苦略减而已。多承执事关垂，用敢详举以告，尚希对闽民苦盐，更施匡济，无任感激。专复。并颂公祺。

弟陈嘉庚谨启
三十年三月十二日

附（一）：陈桂花原件全文

桂花去年十月间返抵福建福清原籍，对于民众缺乏食盐问题，认为情形严重，每次每人只许购买四两，无不叫苦连天。卖盐机关，拥挤不堪，守候争购，废时失事。过去农民每届腌萝葡［萝卜］（俗称菜头），制豆酱季候，每家所需食盐，多者二百余斤，少者亦百余斤，现在所购分量，供给平常调味尚感不敷，遑论腌制？一般民众因为食盐减少，遂多疾病，福清如此，其他盐区恐莫不然。查福建地势濒海，而海口附近，地方辽阔，更为天然盐场，满清末，民国初亦曾开晒，盐质优良，产量丰富。际此抗战时期，沿海产盐区域多被敌人侵占，惠安之山腰，莆田之前沁，硕果仅存，供不应求，善后之法，急宜恢复海口盐场，不但允许人民晒盐，且应鼓励人民晒盐，以期增进食盐之生产，同时政府向盐民收买食盐时，宜斟酌盐民生活程度，公平发给价格，毋太压抑，使盐民裹足不前。至政府卖与民众之食盐分量，最好准民众自由购买，宁可盐价稍为提高，而供给务须充足，最低限度，亦应将每人每次四两限额，酌予增加。若到腌萝葡制豆酱季候，另准农民多购若干，以资应用，盖以农民缺鱼缺肉尚可，缺盐绝对不可也。现在沦陷区盐场，固然无法利用，而在我掌握之海口盐场，亦竟自行废弃，使民间大闹盐荒，殊属失策。海口盐场一日恢复，盐量激增，税收既裕，民困亦苏，国计民生，两蒙其利，否则民族健康，大受影响，社会秩序，更属堪虑。桂花目击时艰，难安缄默，用特据情察核，迅予转呈主管机关饬属克日恢复福建福清海口盐场，抗战前途，实深利赖。

附（二）：财部代电

国民参政会秘书处请速转陈参政员嘉庚台鉴：

本部前由昆明西南运输处译转渝盐（乙）（一九五零）（一二，一八）复电，计承□及关于闽省咸菜盐量能否酌加并严惩私囤抬价一案，经本部电饬福建盐务管理局分别函复遵办呈夺，兹据该局（十二）月卅日电复称，"战时重要物资概应由政府统制，食盐为民生日需，平时本有管理，职局为安定销市合理供应，经参酌各省成案，妥订计口配销纲要，于五月九日买□□销六六二号代电总局并转钧部核备在案，各地菜季用盐约分：一、产菜较多地方，由农商民集中腌制，用盐系查明产量核实配发；二、民间家制咸菜，用盐零星普遍则系按口每月加配四两，以两月为度。以上办法业经试办者计有福清、莆田、仙游暨漳州、泉州、龙岩等属职区，两年欠产，正常民食，尚能合理供应，并仍酌济湘赣后方，实乃管制之效。至子店领售盐项，在本机关监制及地方政府协同监督之下，如有抬价私囤，则从严惩，除遵电澈查洽办，并随时将配销办法，更求缜密外，谨电陈氏察核"等情到部。查本部前准盐务总局转据福建盐务管理局为安定闽区销市并防止囤积、操纵起见，经拟定"闽区推行战时食盐配销纲要"转请核施前来，经核尚属可行，当经核准备案在案。兹据腌咸菜用盐加给办法及取缔抬价私囤各情，复核尚无不合，除饬一面晓谕各食户，一面核实执行，毋使供不应求外，相应随电抄奉上项食盐配销纲要，附送请参考，统希查照为荷。

财政部□渝盐（乙）印
中华民国三十年一月廿九日

附（三）：张绣文函

嘉庚先生台鉴：

自达雅教，时切驰思，遥维动定胜常，为颂无量。查关于闽省食盐，供需失平一案，业经函准本部秘书处函复，以本部前复台端上年十二月江日由昆明来电，已由部分别电饬闽局遵办，并经电复台端查照在案。至闽省预征钱粮，办理未得其人一节，并已由部饬交主管司注意，嘱转达等由，谨此奉闻，敬希明察。弟现调充盐务总局总务科长，寓重庆新街口局内，尚乞时赐教言，以匡不逮为幸。专此并颂台绥。

弟张绣文顿　二月二十六日

录自新加坡《南洋商报》1941年3月13日。

筹办南洋华侨师范学校缘起[①]

(1941年3月21日)

南洋学生人数与今后师资之问题

根据最近估计：全南洋华侨学校除香港外，总数不下三千所，在籍学生不下二十七万四千人，在职教师不下一万一千人。就教师言，十九来自祖国，尤以闽粤两省为最多，其中受专业训练者不及半，能视教育为专业者不及十之一，而每年退休、死亡、改业、淘汰等因需要补充者，不下五百人，增校、增生、回国等因需要补充者，又不下五百人（详细统计说明另列附后）。抗战期间，祖国战区教育机关，或停办，或内迁，教育界中人，南渡者颇众，一时有供过于求之象。然不逾三年，各地增校，各校增生，改业者改业，回国者回国，取消执照者取消执照，遂复供不应求如故。回观祖国，正实施新县制，推行国民基础教育，现有教师，犹虞不足，闽粤二省，缺乏更甚，何能有余，可以旁溢于外？逆料抗战胜利，失地收复以后，建国大业，需才愈殷，南洋华校教师必见相率赋归，而造成南洋华侨教育史上之空前师资恐慌。本人鉴念及此，故倡议从速筹办一规模完备之南洋华侨师范学校。

---

① 1940年3月21日，国民政府教育部颁布《国民教育实施纲领》规定：国民教育分义务教育及民众补习教育两部分，应在国民学校及乡镇中心学校同时实施，并应优先充实义务教育部分。国民教育的普及以5年为期（1940年8月—1945年7月），分三期进行，计划到1945年7月儿童入学率须达到90％以上，失学民众入学率须达到60％以上。《纲领》还对学校设施、经费筹集、师资训练、校舍设备、入学、考核等有关事宜作了详细的规定。1940年4月1日，国民参政会也通过《实施国民教育五年计划大纲草案》加以推进，但9月11日国民政府行政院以"军需孔亟，民力维艰"等由明令暂缓实施国民教育，《纲领》及《草案》均成一纸空文。远在南洋的陈嘉庚则依据教育部"五年内全国教育计划"要求，积极筹办南洋华侨师范学校，以期解决南洋侨校师资短缺问题。（参见顾明远主编《世界教育大事典》，江苏教育出版社2000年9月版，第551页。）

师范学校必需设立与其设立之地点

报载国民参政会本届会议，通过设置国立华侨师范学校，此诚华侨教育之福音。惟教育部何时使其实现，不得而知，他日实现，规模大小，亦不得而知。即使实现甚早，校规甚大，而仅此而已，毕业生无多，捧撮土以塞孟津，仍不济事。故无国立华侨师范学校之设置，南洋固不可无华侨自办之师范学校，即有国立华侨师范学校之设置，南洋亦不可无华侨自办之师范学校以辅之。

全南洋华侨人口，除香港外，马来亚约占四分之一，全马来亚华侨人口，新加坡约占四分之一，全南洋华侨学校，马来亚约占四分之一，全马来亚华侨学校，新加坡约占四分之一，全南洋华校学生，马来亚约占二分之一，全马来亚华校学生，新加坡约占四分之一（参阅附表四及九）。全南洋之交通、经济，马来亚为中心，全马来亚之交通、经济，新加坡为中心，故南洋不办华侨师范学校则已，欲办华侨师范学校，其地点必以马来亚之新加坡为最适宜。

开办费及基金最低限度应筹之数额

南洋华侨师范学校既须筹办，则规模不可不大，内容不可不善，教师必求有学识经验，课程必求合于环境实际，设备必求充足，训练必求严格，而学生尽量招收，以贫寒优秀，有志终身服务教育者为标准，故其自费必力减，而校费必特增。本人依此预算，开办费及基金，最低限度应筹足叻币五十万元至一百万元，新加坡李光前先生深表同意，首捐五万元，又献校地校舍一所，估价亦值五万元，合十万元，其余尚待募集。现经鸠工修葺校舍，赶于本年六月底完成，以便秋季开学。

一国兴衰胥视国民教育制度之转移

夫教师应受专业训练，早在百余年前，欧洲之人已深知而创办之，英国美国之人鼓吹尤力，及今世界各国师范学校，蒸蒸日上，成绩极佳。盖一国兴衰，胥视国民教育为转移，而国民教育程度之提高，则胥系于教师之培养也。历史上，国家赖良好教师以保存，民族赖良好教师以复兴，不乏先例。普法战争，德国战胜法国，归功于小学教师；日俄战争，日本战胜俄国，亦归功于小学教师。蒋委员长去年通电勖勉全国校长，有言曰："试就抗战二年余之经过而言，凡前线能见危授命，临难毋苟免，以造成特殊之战绩者，后方担任各种实际工作之沉着刻苦，负起职责，而又有助于抗战者，观其平生，罔不得力于在学时代，亲沐良师感化陶冶之所致。"近更有人提倡良师救国运动，则教师所负使命之重大，及其专业训练之不容忽视，可以想见矣。吾国师范教育，始于清季，追维往昔，成功者少，失败者多，有心人每为浩叹。抗战后，政府为求改进起见，特再订定方案，全国各省依地方交通、人口经济、文化等情形，划分若干规范区，积极办理师范学校，及简易师范学校或简易师范科，将来效果，必有可观，而免蹈前覆辙，独福建最为落后。南洋如马来亚、荷属东印度、菲律宾、缅甸等地，其本土人或外人，亦皆各有若干师范学校之设置，独吾侨最为落后。长是以往，教育上根本问题无法解决，不特吾侨文化前途不堪设想，即商业前途亦且不堪设想。本人为此惧，本人为此不敢坐视而若无所睹，爰言其一得，以待众擎。本人深知吾侨无一不热心于教育，无一不善为青年子弟计，无一甘落人后，而不肯为吾侨争地位，为吾国争光荣。有力者慷慨解囊，数百万元，犹可立致，况尚不及其半乎？愿共襄成之。幸甚。

（编者按：本文中有附表一种，所举材料，都甚精确，以占篇幅太长，承陈先生告，尚要另印专文，故从略。）

录自新加坡《南洋商报》1941年3月21日。

揭发闽省银行滥发钞票致南洋商报函

(1941年3月21日)

本报昨日接得南侨总会主席陈嘉庚先生来函,就本坡两报仍发表之福建省银行代电,有所申明,兹将原函照录如下:

迳启者:三月廿一日新加坡某两报代福建省银行发表寄快邮代电,略称"陈嘉庚先生因某种关系,到处分发传单,谤毁闽政,妄称本行发行钞票七千余万元"等情,指庚为"凭空捏造"。按庚对该银行每有指述,皆谓其发行钞票三千余万元,又客户存款三千余万元,合计七千余万元,即上蒋委员长勋电,虽电报语词力避烦冗,亦明言"省银行客户存款及发出钞票已达七千万元"绝未含混。庚痛心吾闽苛政,所揭发者非仅只此一端,悉有根据,今恶声回报,惟此而已,可知其他,更不堪问。即以是而言,证据亦甚确凿。按系去年十一月十二日,庚在永安集美、厦大两校校友百余人,假座福建银行开欢迎会,主席丘汉平①,原为集美学生,亦即现任省银行总经理。在未开会前,与谈省银行事,承告省银行发出一角及五角两种纸币,计二千二百万元,又一元纸币一千二百五十万元,合计为三千五百余万元,而客户存款亦三千余万元,综合之为七千余万元云。由是言之,庚所知者,原即得诸该行总经理,今所告诸者当亦即该行总经理,一口两说,抑何奇耶?是否由庚凭空捏造,毋庸何费矣。庚是次系以南侨筹赈总会主席地位回国考察,查总会组织大纲第十四条,主席职权丙项"对外代表本会"明文规定,责任分明,代表全侨归国考察,凡有所见,必布于公,职责固所当然,人格尤宜尊重,安能窃名尸位,缄口结舌,以辜负海外全体华侨付托之重哉。千余万故乡同胞,惨沦水火,苟竟熟视无睹,且从而助桀为虐,是诚别有居心,复何责焉?至该代电所称,庚因某种关系,并加

---

① 丘汉平(1903—1990),祖籍福建海澄(今厦门海沧),生于缅甸,时任福建省政府委员兼省银行总经理。

以阻碍抗建，破坏团结，削弱侨胞信任政府，种种恶名，原乃肉食者之惯技，更属不值与辩。素仰贵报拥护正义，言论公直，敬致此函，希为刊载，以告国内外。是所感荷。

　　此致
南洋商报主笔先生

陈嘉庚启
三十年三月廿一日

录自新加坡《南洋商报》1941年3月22日。

与朱家骅来往电

(1941年3月26日)

答朱家骅先生书①

重庆中央党部朱家骅先生勋鉴：

前电敬悉，在渝蒙厚待，感并公私。曩者，国民外交协会，约讲西北考察观感，庚凭良心，作实言，乃有人厚诬庚被中共包围，一再控词欺蒙蒋公，并电庚所到东西南各省，且复来洋布置，与庚为难，诬毁兼至。近更变本加厉，竟图利用外交，陷害无辜，冀以摇撼赈会，事虽未达，恶意仍存。侨胞效力抗战，原无党派，今则大大不同。又如滇缅路运输，积弊甚深，闽省酷吏，害民至惨，为自有世界历史所无，事与抗战前途有关，明知多言招尤，其奈良知难遏，蒿目时艰，痛心何限，故辞。叨承锦注，谨复并谢。

弟陈嘉庚有
三十年三月二十六日

附：朱家骅先生致陈嘉庚先生电文

译转陈嘉庚先生：

客岁台从莅都，备聆清论，别后频注于想。比者传闻先生于国事颇露消极，谅系敌伪挑拨离间之宣传，而非事实也。中央以先生为侨胞领袖，对国家社会贡献尤多，故以先生意见为极重视，而家骅于先生之言论风采尤致钦佩，苟有卓见尚希赐教，自当转呈总裁，翘首天末，毋任驰企。

弟朱家骅　迥秘

录自新加坡《南洋商报》1941年4月3日。

---

① 陈嘉庚因国民党的恶意诋毁，决意请辞南侨总会主席职，1941年3月26日，时任国民党中央党务委员会主任委员朱家骅来电慰留，陈嘉庚即复此信表示辞任之决意。

为创办南洋华侨师范学校致各帮侨领书①

(1941年3月28日)

迳启者：庚此次回国，考察抗战情况，教育事业亦在注视之中。闽粤二省华侨最多，尤所萦系。据中央教育部颁布命令，由民国廿九年起，五年内全国普及教育，每保一百户，须设一国民学校，每三保须设一中心小学（即高小学校）。依此推算，对于师资问题，定须先期积极准备。庚所历各省，虽无精确调查，但都在推进之中，则尚可信。唯闽省对师范学校，不但不扩充，且将前时私立学校，概行禁止，致弄出现下教员荒之气象，更遑论前途之普及。广东省当局，虽在积极进行，然因沦陷区多，无法充分兼顾，实势使然。总之，闽粤二省，在省内所办师范学校，不足供给本省之需要，既如上述，而南洋方面，我侨胞人口，不亚于国内一省，侨务委员会既未筹备及此，将来需用教师之多，势必复向闽粤省内觅聘，物稀则贵，非仅教育经费须额外激增，且尚恐有顾此失彼之虞。

庚自考察后，曾派代表请教部速在闽粤创设华侨师范学校，又向国民参政会提案，请政府施行。虽蒙接纳通过，惟官场办事，向来迂缓，且往往不尽如人意。如云南保山之华侨中学②，为教部直辖，学生四百余人，庚由滇缅路经该处南归，有许多侨生前来报告，开课三个月，上课只有一个月，且有非用国语教授者，该生等失望之极，欲归不得，哀悔难言。庚所提议，虽参政会通过在案，但能否成

---

① 陈嘉庚于1941年3月28日写信致南洋各地各帮侨领，倡议创办南洋华侨师范学校，力主不分省界，集中全侨力量，共襄盛举，尽快解决师资紧缺难题。随后向李光前劝募校舍一座、修理费五万元，又向陈贵贱、李俊承、陈延谦、陈六使各募捐二万元，自捐一万元，共募得二十一万元，准备秋季开始招生。教育部电令校长教员须由其委派被忽视，便又来电阻止开办。

② 全面抗战爆发后，泰国、新加坡、马来亚等东南亚各地的华侨青少年，回国学习，为适应其求学需求，1938年国民政府在云南省保山市筹办国立华侨中学，1940年5月建成开学，命名为国立第一华侨中学（侨一中）。1942年5月4日，侨一中校园遭到日机轰炸，15名学生当场罹难，为确保学生的安全，学校搬到贵阳清镇县五里桥乡（今观山湖区百花湖乡）三堡村，1944年9月迁往四川江津与侨二中合并，1946年迁到海南海口，即现在的海南华侨中学。

为事实，尚不敢知。纵教部果决采行，然校址之适当与否，与〔以〕及规模之大小，精神与设备，人事及管理等问题，是否不至如保山之使人失望，亦尚不敢知。因此，庚乃倡议在南洋另办一师范学校，假使国内能积极进行，办理妥善，规模相当可观，学生各省以千数，将来足以敷足海外侨胞之需要者。而南洋所办之师范学校，成立而后，他日毕业生亦足供应本地时，则国内毕业生，当可免尽数出洋，留供省内之需，是则更为幸事矣。况国立师校，以过去情形言之，亦难望如许发展，近年中央为提高党权，凡学校校长、教务、训育各员，概须以党员充任，无如全国有党籍者，百未有一，人才不敷分配，势必降格任用，苟如用非其人，则成效更难期矣。南洋师范学校，不得不积极实行赶办，此诚最大缘由也。

师范学校乃专门教育，教员要聘有相当学识与经验〈者〉，学科要分门训练，图书仪器化学要充分设备，学生要招收贫寒而有才之子弟，应加以优待。由此种种，故其规模必大，经费必巨，而筹款必多，方足以措置裕如。

国内对教育方面，既多使人失望，海外侨胞关怀教育，当然不忍坐视，凡可设法补救者，应当披发缨冠以赴之，故在新加坡创立大规模完备之专门师范学校一事，似不容缓举矣。

南洋侨胞一千一百万人，每年须用教师当数千人，国内教师既如是枯竭，海外学校，尤正在蓬勃滋长，若不及早设法，一旦急用，必无所措。抗战以来，文化界出洋众多，故一时有供过于求之象，近年教师被政府注消名籍者二百余人，各机关需用知识分子，又多从教界觅聘而去，由是已感教师难觅，反成供不应求矣。

南洋师范学校创办后[①]，毕业生虽未能回国服务，然可免如前之向国内争聘，况侨生受祖国文化，比较国内尤为关要，在国内之国民，虽终身不学，到老还是中国人，若侨生失学，则难免外化，且并其父兄遗业，亦同遭损失；现在本坡侨胞，最殷富者当有数十人，在南洋教师之恐慌，若不负责领导，见义勇为，将来南侨文化，必缺乏领导之人物，若能慷慨牺牲，作大规模之计划，则侨胞青年，多受熏陶，家乡政治，亦必并知关切，以我侨胞众多，资财宏厚，平时对抗战后方，已多助力，然对抗战输财外，其第二重要莫过于培养后生，灌输祖国文化。

---

① 南洋师范学校创办于1941年，1947年改为南侨女子中学。

南洋吾侨教师，在学科上素称最缺乏者，即为"数理化、文史及英文"各种，马来亚英文八、九号①位失业待职之侨生虽多，然国语不晓，教法不知，故不合格。现下拟办之师范学校，当将上言各类，更加注意，以应各校之需。而办学首要者为校舍，在此战争期间，物料昂贵，建筑非易，当地政府，对卫生甚形关切，故欲觅一适当大规模校舍，可容学生千名，更非易事。恰有李君光前，在金炎律置一巨屋，初时置本五万余元，今愿捐为校舍，再增捐大银五万元，作修理及开办等费，合计认捐一十万元有奇，经召匠赶修，按本夏季可以竣工，秋初便可开课矣。

师范学校，在国内优待学生向例，学、膳、宿、书籍、制服均由校中供给，盖所收概属贫生，俾毕业可达其担任教师之目的。在南洋对于优待事，庚按学、宿、书籍由校供给，伙食、制服学生自备，每班校费全年按叻币三千元，首期按招十五班，全年须费四万五千元，此十五班生额，共六百名，马来亚拟招三百五十名，荷属按一百五十名，缅甸、婆罗洲合按一百名，不分省界，但规定贫寒子弟有才乏升学能力者为合格，且须该埠社团负责证明。至分地考试各手续，可赶于本年六月内办竣，俾好预聘教师，筹备一切也。

上言拟办此"南洋华侨师范学校"，本拟待南侨总会开会时提出议案，乃有昧良之流，自家既不出席，且向当地政府企图破坏，其意谓南侨大会只限筹赈而已，本坡当局，已接受其要求，虽未正式表示，顾庚则以为此校之成否，本坡数十位资力宏厚之侨胞，自可解决，然后推进全坡及全南洋各属，不分省界，共襄盛举，当一样可以成功。

近者，庚经向福帮多位热心家接洽，多承同意，且认捐巨款，兹特致函各帮殷实领袖，请求鼎力赞助，以底〔抵〕于成。

先生热心教育，夙所钦慕，倘蒙慨诺，然后再逐渐推行各属。务祈集中全侨力量，共成盛举，谨此奉闻，伫盼明教。顺颂德祺。

陈嘉庚谨启
三十年三月廿八日

录自新加坡《南洋商报》1941年3月31日。

---

① 马来亚英文中学采用四二制，即初中四年高中二年，八、九号相当于初中三、四年级。

南侨总会会员大会宣言

(1941年3月31日)

中华民国三十年三月二十九日,南洋各属华侨筹赈祖国难民总会举行会员大会于英属马来亚新加坡,出席代表四十六单位,百五十八人[①],会议三日,提案三十七件,六十五条目,整理讨论,成立重要决议案十宗。兹经完满结束,谨郑重报告,并掬诚献言:

大会召集之时,狂敌正图掀起南太平洋风浪,危机四伏,一触即发,同人怀于国民天职之大,侨胞付托之重,冒险阻,排烦难,依时集议,盖念祖国抗战已历四十四月,最后胜利,功余一篑,而国际情势,又转至最佳阶段,必须号召全南洋侨胞努力,最后大力助我政府,不敢推诿回避,稍懈稍息也。

大会同人检讨总会组织以来,一切工作,显有长足进步,各属赈款,且皆超出原定数额,于以证明总会方针之正确,及其存在之必要。审此事实,基此认识,同人今后务必更各尽所知,各尽所能,以巩固总会,发展总会。

一年来,欧陆各国,或战而败,或不战而屈,或数日而有左衽之悲,或数月而有黍离之叹[②],波云谲诡,不可究穷。反观祖国,言军力,敌则愈战愈衰,我则愈战愈盛;言财力,敌则愈战愈减,我则愈战愈增;而民心之固,敌不如我也;民食之足,敌亦不如我也;天时地利,敌举无一能如我也。扬正义之旗,鸣公理之鼓,撄暴力而抗无道,不骄,不馁,不妥协,重之以持久,最后胜利之终必属我,最后失败之终必属敌,固其所矣!本此观察,抱引信念,大会同人更深佩我最高领袖之贤明,更深感我中央政府主持大计之适当,用首决议重申前届代表大会旨意,通电拥护政府,拥护领袖领导抗战到底,并向林主席及蒋委员长致敬。

---

① 李志业、黄银英主编《华侨与侨务史料选编》(1)第574页所录为"47个单位,161人"。

② 指对国家残破,今不如昔的哀叹。

总会成立不久，汪兆铭竟妄发和平妥协主张，继之以公然叛国降敌，又继之以组织南京伪政府，身受国父知遇，位居国民党副总裁，丧心病狂，乃至于此！罪浮秦桧，奸甚刘豫，为革命留一污点，为民族留一耻辱。总会陈主席嘉庚首警告而揭发之，于是全国上下，一致共弃。大会同人，鉴于国贼稽诛，妖言未息，大义所在，不与两立，用决议通电声讨，并请政府严令全国官民不得与此贼及其伪组织信使往还，违者以通敌论罪。

总会主席嘉庚，公忠谋国，一生如一日，其在教育上贡献，古之所无，其以人民地位协助政府抗战，今所仅见，而识足以辨奸，才足以服众，德望足以为群伦钦式，徒因守正不阿，刚毅率直，每当有事之时，辄召无根之谤。大会同人最近闻陈主席忽萌退志，骇异之余，深悉其苦衷，而考虑之余，又深以为不可，值此抗战期间，南洋华侨不能无筹赈总会之组织，则不能无陈主席之领导，同人深信南洋绝大多数同胞需要陈主席，爱戴陈主席，国民绝多数同胞亦需要陈主席，爱戴陈主席，用决议致电政府表示同人公意，并慰留陈主席。

中国自"七七"发动全面全民之神圣抗战，恃自力更生，自强不息，艰苦奋斗，百折不挠，已获得精神胜利，而奠定最后胜利之基础。此其间由于国际友邦明识世界和平为不可分割，明识唇之利害，即齿之利害，明识中国抗战之目的，不特在求自身之生存与独立，且欲维护东亚以至世界之安全与秩序，故多寄以热切之同情，予以有力之援助。而同情尤切，援助尤力者厥为英国美国及苏联。今南太平洋情势，骤趋严重，远东海盗，更燃其凶炬，厉其毒刀，伸其魔掌，视南洋群岛为其囊中物矣。所谓"征服中国，以为征服世界准备"。已由理想而发为口号，已由口号而企图加以实现矣。由于侵华战争之无法结束，由于英国之增强马来亚防务，由于美国之增强太平洋防务，彼之自召覆亡，固无待蓍龟，然英国美国当能更明识中国在东亚之地位，在世界之地位，从而同情益益切，援助益益力，东亚无幸，苏联断难独幸，故苏联大体上亦必与英美同其态度，齐其步伐。大会同人顾念及此，又忆国民参政会蒋议长本届会议休会词"加强英美苏联各友邦联系"之训示，用决议分电英美苏联，表示感谢其过去对中国抗战之同情及援助，并希望今后更热切同情中国，更有力援助中国。

大会决议案内容其主要之尤主要者，具如上述，此外愿更略举三义，告我全南洋侨胞：

其一、祖国抗战以来，海外全侨捐款及其他款汇归者，据查不下三十万万元，南洋约占三分之二，其于祖国战时经济，补助至大，何可妄自菲薄，使吾侨之款而果无大补于祖国战时经济也，则吾侨欲捐则捐，不捐亦已，欲汇则汇，不汇亦已；吾侨之款既如此其大有助于祖国战时经济也，则祖国需财正殷，多多益善，又何可妄自满足。故大会同人深望各属会扩大推行常月捐，更努力鼓励节约助赈，使吾侨有钱无一不出，有力无一不尽，而宏报国家报民族之效。

其二、吾侨身家寄托何地乎？曰：南洋，吾侨业产寄托何地乎？曰：南洋，敌人今日窥视何地乎？曰：南洋。知敌人觊觎南洋，则知吾侨在南洋之身家岌岌可危，吾侨在南洋之业产摇摇难恃；知吾侨在南洋之身家可危，业产难恃，则知南洋非保卫不可。然欲保卫南洋，必先保卫祖国，祖国情势好转，则南洋情势随之好转，祖国抗战胜利，则南洋不保卫而自保卫，此义南洋各属居留政府无不深悉，我侨胞亦宜深悉。故大会同人望我侨胞但须注全神于祖国，集全力于祖国，不必分虑。

其三、吾侨守法崇理之精神，素为各属居留政府所嘉许，近更惕励戒慎，发挥无遗，此真可欣可慰之事。前届代表大会，曾不厌倦，举此相勉，今复重新提出，以冀吾侨百尺竿头，更进一步。抗战后之中国，已非复旧中国之姿态，而成为进步之新中国；抗战后之中国国民，亦非复旧国民之姿态，而成为进步之新国民。新中国以及新国民，应如汤之盘铭，所谓"苟日新，日日新，又日新"，以自见于世界，而后生命乃充实，前程乃远大。

同人薄德鲜能，所知止此，贡献止此，愿我政府时加指导，愿我侨胞时加督促，俾克完成任务，而免陨越。蒋委员长有言："在参政会之内，只有国民的立场，没有党派的立场"，同人在大会之内，亦只有国民的立场，无党派之立场。谨□本此立场，大声呼吁：请求各党各派以及最大多数之无党无派，亲爱精诚，加紧团结，国家民族，实利赖之！

中华民国三十年三月卅一日

录自新加坡《南洋商报》1941年3月31日。

关于滇缅公路改铺柏油事与中央来往电

(1941年3月)

滇缅公路,近有改铺柏油之讯,事果能成,则该路运输力量,自必比前更进。兹悉关于本项事件,中央交通部及参谋总长何应钦①,均有电达南侨筹赈总会陈嘉庚主席,爰探寻其来往电文分志如下:

一、张部长卅电

请转华侨银行李光前、陈延谦两兄转陈嘉庚先生勋鉴:

滇缅公路为国际唯一路线,若能增加运量于抗战前途裨益实多,久拟改铺柏油路面,苦无充裕力量,是以未能及时实现。此次吾公道经该路,备承关注,不识能否向侨胞呼吁,捐助柏油一万公吨,则该路立时可成高级公路,汽油汽车消耗,每年所省不知几千万元,如有希望,当再公电奉托,如何,敬候电复。

弟张嘉璈②卅

陈主席复豪电

重庆交通部张部长勋鉴:

华侨银行转来卅电,敬悉。滇缅公路,握国际交通,战时军运之枢纽,庚自来重视,军运机关,关防散漫,管理无方,车辆易坏,运量减少,庚本人及所派代表,累次建议改善,迄无成效。此次从闽复循原路,经滇南归,不辞万里远程,偕同部派人员,沿途视察,亦即为此。曾上蒋委员长电,推荐华侨两人,义务协助该路主管机关改善事宜,并建议安设各站电话,以利紧急情报传达,亦尚未复。尊意路面改铺柏油,甚善。捐购尚易,所难在英府限制外汇,如我外部能商得英京例外特许,庚当效劳捐献。

陈嘉庚豪(四日)

---

① 何应钦(1890—1987),贵州兴义人,时任陆海空军总司令部参谋长。
② 张嘉璈(1889—1979),江苏宝山(今属上海)人,时任交通部部长。

二、张部长寒电

请转华侨银行李光前、陈延谦先生请转陈嘉庚先生：

豪电敬悉，特许外汇一节，已与英大使商谈，英大使询及荷属及马来亚方面有无柏油可购，如能购到柏油运华，自较简单，尚祈赐复为盼。

弟张嘉璈寒

陈主席复巧电

重庆交通部张部长勋鉴：

寒电敬悉。柏油南洋无出产。

陈嘉庚巧

三、陈主席致王外长文电

重庆外交部王部长分转呈蒋委员长钧鉴，

何总参谋长、白副总参谋长、张交通部长勋鉴：

美租借案已通过，助英将来亦能助我，军用物资，必由滇缅路。该路运输管理，自来腐败，全路司机、修机，皆为华侨，通车甫数月，庚闻悉其情，立派刘代表①前往，沿路视察，即向昆明西南运输总处，提供改善意见，庚亦屡电军委会报告，此为前年之事。去秋庚由昆至下关，沿途所见，如保养车辆问题，人事管理问题，腐败如昔。回昆面陈当局，承告一个月后决照改善。年底，庚复同钧派人员沿路视察，仍毫无改革，一抵仰光，立发电建议各节，未蒙示复。该路通车仅年半，卡车三千架已损其二，比较南洋所用，相差甚远，全因办理失常，不能诿卸于无柏油路关系，此为稍有识者所知。若使美国人之专家一见，恐难免发生有爱莫能助之感。现非雨季，每月运输不上六千吨，而汽油已占大部分。查存积缅甸军用物资六万余吨，年余不能运尽，在其他途中，当复不少。张部长电令南侨供给全路柏油，此固无难办到，但须请准英政府特许外汇方可。该路为抗战军运枢机，友邦观感所系，急宜根本改善人事管理及车辆保养两端，方克有济，临电惶悚，不尽欲言。

陈嘉庚叩文（三十年三月十二日）

---

① 即刘牡丹。

四、张部长文电

请转华侨银行请转陈嘉庚先生：

尊电敬悉。热忱毅力，感佩万分。滇缅路柏油，如蒙捐得叻币，汇款手续，当由本部设法，务恳鼎力援助，抗战运输前途，受惠实多，仍盼电复，以便接洽进行。

弟张嘉璈文

陈主席复覃电

重庆交通部张部长勋鉴：

文电敬悉。马来亚义捐，已存坡币三百余万元，中央如可请英政府特许外汇，另由行政院电南侨筹赈总会转购柏油，此间便可向英美采办。

陈嘉庚叩覃

五、张部长元电

译转华侨银行转陈嘉庚先生：

前电计达。滇缅路需水柏油六千吨，热柏油四千吨，两共一万吨，约需美金六十五万元，运至国境畹町，需运费罗比①一百零四万元，敬以电陈。

弟张嘉璈元

陈主席复电

重庆交通部张部长勋鉴：

元电悉。覃电计达，报载滇缅路聘美人监督，弟不知是监运政或路政，乞详示。该路运政不善，自滇缅至桂林，沿途皆然，机关繁冗，各立门户，不特靡费，且相敌视。司机无统一牌照，作奸犯科，无从追究，车运损失特甚，倘能集中力量，统一运政，收效必大。

弟陈嘉庚叩篠

六、张部长敬电

请转陈嘉庚先生：

篠电及大函均奉悉。极承指示，至为感荷。滇缅路工，虽经竭力维护，究以根基太薄，未能遽达彻底改善地步，现正注意预防雨季，在峻坡横行之处铺

---

① 即印度卢比。

设弹石片，行车最多处加铺柏油，或可翻修，已分别赶进。承允慨助柏油，先在已捐到款内划拨，拟提出行政院核办，容再续闻。运输管理，亟应集中，尤佩卓见。最近委座派俞部长、美代表贝克①及弟三人组织委员会，筹划调整，期免过去纷歧，知注并先奉闻，仍盼随时赐教。

弟张嘉璈敬

七、何部长敬电

请转陈嘉庚先生勋鉴：

接奉文电并奉委座交下电同前由，均奉悉。尽筹报国，钦仰弥殷。关于滇缅路运输管理不良各节，前经派后方勤务部俞部长飞鹏前往实地视察，计划改善，嗣后决定由俞部长及交通部张部长嘉璈，并聘请美国贝克先生组织滇缅路运输工程监理委员会，切实整顿，以副雅望。至柏油外汇一节，亦已转知交通部设法办理，此项柏油，若集成数，即请交由交通部接收，特电复请察照为荷。

何应钦寅敬

录自新加坡《南洋商报》1941年4月3日。

---

① 贝克（John. E. Baker，生卒年不详），曾任中国铁道部顾问，时任滇缅公路运输工程监理委员会（滇监会）代理主委。

南洋各属闽侨代表大会宣言

(1941年4月4日)

为谋桑梓及同侨福利，从而增强祖国抗战力量，并促建国大业之早日完成，南洋各属福建同乡会特于民国三十年四月一日举行代表大会于英属马来亚新加坡，参加团体百十五单位，出席代表三百一十三人。大会立场鲜明，宗旨纯正，于改善政治外无他求，于保卫地方外无他望。集议伊始，首电林主席、蒋委员长致敬，又电全国将士同胞致慰劳，盖拥护政府，拥护领袖，拥护国策，固同人公意所在，永矢弗谖者也。大会召集人为南洋华侨筹赈总会陈主席嘉庚，陈氏考察闽政，深入民间，摘奸发伏，严正不阿，一切主张，均为同人所接受，兹当休会之日，谨为决议及建议各案，分别报告，更披沥悃诚，发此宣言。

陈仪主闽十大罪状

陈仪主闽，政令苛暴，民不聊生，举其大者，一曰滥发纸币，私营企业；二曰操纵运输，垄断贸易；三曰勒派军粮，重加田赋；四曰狡行检查，没收民物；五曰借名公沽，制造饥馑；六曰强迫兵役，虐待壮丁；七曰逮捕参议，箝制舆论；八曰滥用私人，排除异己；九曰视民如仇，遍设罗网；十曰摧残教育，削低文化，凡此诸端，无一不足祸国殃民，而陈仪兼之。去年陈嘉庚氏回国考察，目击心伤，一再恳切忠告，吁请改善，而言者谆谆，听者藐藐。闽民怨声载道，陈仪更充耳不闻。长是以往，如水益深，如火益热，吾闽将无噍类矣。不待敌之亡我，吾闽将自亡矣。其影响所及，又岂徒吾闽一省已耶！大会同人鉴于陈仪之鱼肉民众，诿责中央，祸闽祸国，义难缄默，用决议呈请国民政府罢免陈仪省主席本兼各职。

徐学禹氏助纣为虐

陈仪祸闽祸国，固责有攸归，而身兼十二职之徐学禹，助纣为虐，吮膏吸髓，亦罪不容诛。徐前在上海电政局任内，曾因舞弊受停职处分二年，为期未满，陈仪遽加擢用，倚为腹心，弁髦法纪，莫此为甚。于是以一负罪之身，竟尔扶摇直上，省委而外，如省银行、运输公司、贸易公司、企业公司均任董事长，即财建两厅亦受支配，大权在握，炙手可热。大会同人鉴于徐学禹实为祸闽刽子手，不容其再盘据要津，用决议呈请国民政府惩撤徐学禹。

电请释放二参议员

国家设立议会，原所以罗致贤才，采纳民意，培养民权，建立民主，居政府地位者理宜爱惜保护，不遗余力。乃陈仪刚愎自用，一意孤行，不能附己者，必加迫害，如王参议员梅忠、丁参议员德义，反对操纵运输，重加田赋，竟为陈仪逮捕，迄犹系狱。假令王、丁有罪，亦应依法向司法机关控诉，何得越权背法，倒行逆施，至于此极？大会同人为保障民权，维护民主计，用决议电请国民政府令饬闽省当局释放王、丁二参议员。

废除陈仪所施政令

陈仪政令苛暴略如上述。欲谋根本改善，一方面固宜去陈仪，另一方尤须废陈仪所施之政令。去陈仪而不废陈仪所施之政令，则犹言之所谓"斩草不除根"，仍不能解闽民之倒悬。大会同人为正本清源计，用决议呈请国民政府令饬闽省当局废除一切妨害民生之机关制度以及苛捐杂税。

请增设师范及中学

吾闽年来对私立师范学校，借口办理不善，概行禁设，而统归省办，乃省办者，仅普通师范一所，学生八百名。近虽增设简易师范九所，然以普通师范每年毕业者，不过百余人，何能供应全省高小学校之需求？视邻省江西有普通师范八校，实望尘莫及，而高级中学公私立合计，全闽亦不过十余所，且分配不均，闽南泉永一带有志青年，无路更求深造，此讵非抗战胜利后建国人才之一大障碍？大会同人为普及教育，提高文化计，用决议呈请国民政府令饬闽省当局增设普通师范学校及高级中学校。

成立南洋闽侨总会

抗战以还，精诚团结乃举国一致之要求。我五百万闽侨散处海外各地，向未有统一组织，倘不早为之图，何能集中意志，集中力量，以协助政府？又何能沟通声气，联络感情，以谋桑梓及同人之福利？大会同人懔国父以家乡观念恢复民族主义之遗教，用决议成立南洋闽侨总会于南洋中心之英属马来亚新加坡。

创办南洋华侨师范

根据最近估计，全南洋华侨学校除省港外，总数不下三千所，在籍学生不下二十七万四千人，在职教师不下一万一千人。就教师言，十九来自祖国，尤以闽粤二省为特多，其中曾受专业训练者不及半，能以教育为专业者不及十一，而每年退休、死亡、改业、淘汰等因需要补充者，不下五百人，增校、增生、回国等因需要补充者，又不下五百人。抗战期间，祖国战区教育机关或停办，或内迁，教育界中人南渡者颇众，一时有供过于求之象，然不逾三年，各地增校，各校增生，改业者改业，回国者回国，取消执照者取消执照，遂复供不应求如故。反观祖国，正实施新县制，推行国民基础教育，现有教师犹虞不足，闽粤二省缺乏更甚，何能有余可以旁溢于外？逆料抗战胜利，失地收复以后，建国大业，需才愈殷，南洋校教师必且相率赋归，而造成南洋华侨教育史上之空前师资恐慌。大会同人为吾教育前途计，用决议全力协助南洋华侨筹赈总会陈主席嘉庚创办南洋华侨学校。

根据民权实行罢免

国父三民主义，对外为民族主义，对内为民生主义，而其所以行之之道，则为民权主义。所谓民权主义，即人民有选举权，有罢免权，有创制权，有复决权。所谓罢免权，即人民有权罢免溺职及违法之官吏。蒋委员长云："要使中国国民都能够享受充分的民权，先要由国民一体来解决民生需要和民族解放的问题。"又云："人民一切的生活需要，都要得到均等普遍的满足，不受任何的限制，不感到任何的缺憾。"民国二十七年四月，中国国民党临时全国代表大会宣言云："抗战之胜负，不仅取决于兵力，尤取决于民力，民力之发展，与民权之增进，互为因果。"读上各语，则知同人之所以要求改善闽政罢免陈、徐，无一非根据于民权，无一非着重于民生，无一非谋民力之发展，以争取抗战最后胜利，以解决民族解放之问题。诬同人为反对政府，破坏抗战者，斯真反对政府，破坏抗战；诬同人为违背国父三民主义，违背领袖训斥者，斯真国父与领袖之叛徒，而不容于三民主义。抑有言者，吾人欲奉行三民主义，必须口诵之，心维之，足行之，口是心非，而知行相反者，不肖耳，何有于忠？何有于义？吾人欲拥护领袖，必须以心口为领袖之心口，以耳目为领袖之耳目，以手足为领袖之手足。合四万万七千万同胞之心口以思领袖之所曾思，言领袖之所曾言，宣传而发扬之，则领袖之主张始得完全实现；合四万万七千万同胞之耳目以听领袖之所欲听，察领袖之所欲察，提供而报告之，则领袖之德威始得无远弗届；合四万万七千万同胞之手足以事领袖之所欲事，行领袖之所欲行，谨慎而勉力之，则领袖之功业始得毫发无憾。本此认识，依此方针，同人深望我闽侨能紧随国内外同胞之后，善体领袖之意志，凛遵领袖之指挥，求达领袖之目的。我闽侨爱国好义输财出力，协助政府抗战，素不后人，望更秉此精神，贯彻终始。国家得救，即闽省得救，民族解放即闽省解放，愿与吾闽诸姑姊妹伯叔弟兄共勉之。

中华民国三十年四月四日

录自新加坡《南洋商报（星期刊）》1941年4月6日。

致电林森蒋介石陈述华侨两大会经过[①]

（1941年4月6日）

重庆国民参政会请分送林主席蒋委员长冯副委员长钧鉴：
何总长白副总长及各院部长官勋鉴：

　　南侨筹赈总会会员大会及南洋各属闽侨代表大会，近日均在新加坡开会，到英、荷、泰、菲、越团体百余单位，代表四百余人，会议一星期。一致拥护领袖，拥护抗战国策，声讨汪逆，加强筹赈工作，又设立南洋闽侨总会，呼吁改善闽政，团结闽人。庚以公意谬膺赈总、闽总两会正主席，两大会呈电中央八通，均托总领馆代发，不悉有无达览。侨胞拥护抗战，一秉至诚，出钱出力，以无党无派为最巨。苟以党派为号召，则无异摒弃无党无派者于圈外，岂非自截手足以求强身？自吴铁城来南洋，利用宣慰名义，暗植党羽，鼓煽分裂，驻星总领事高凌百更仰承鼻息，变本加厉，阴谋操纵报馆学校社团各机关，以遂其破坏团结毒计。长此以往，恐将造成上海第二之纷乱惨况，当地英政府已深表不满。吴君在星时对记者诬毁鄙人无所不至，以念其为委座专使，恐伤尊严，隐忍不较。高君以为懦弱可欺，益肆狂悖，竟在此次赈总大会中大放厥词，斥骂无党无派者为倒行逆施，为破坏抗战。庚认吴、高等辈荒谬绝伦，无可再恕，始揭吴贪渎误国，高拥汪亲德各实据。至于陈仪、徐学禹苛政祸闽各端，经大会电请撤惩，务祈采纳。临电不尽欲言。

参政员陈嘉庚叩虞

录自新加坡《南洋商报》1941年4月7日。

[①] 陈嘉庚于1941年4月6日致电重庆国民参政会，请分送林森、蒋介石、冯玉祥、何应钦、白崇禧等，陈述南侨大会经过，斥责吴铁城、高凌百祸侨阴谋。

关于义捐汇额增加事致各属筹赈会函

(1941年4月7日)

迳启者：查自二十八年九月欧战发生，当地政府统制金融，限定外汇，吾侨民信汇款，及马来亚婆罗洲两属侨胞义捐，均受限制，义捐汇额，每月五十万元（坡币）。吾侨遵从法令，逐月照数汇出，未或稍逾，迄今年余，因之积存未汇捐款，达三百余万元。当限令初颁，本席已设法求加。去年春间回国，于重庆首次见王外长①时，又即面请以外交方式，向英国政府婉商放宽。旋复特约宋子文先生晤谈，承允协助交涉。其后在成都谒蒋委员长，详陈侨汇与抗战关系，委座极表关切，立命秘书发电，嘱香港宋子文先生进行办理。六月至西安，委座又电询积存未汇义捐，计有若干数目，当复以约数二百余万元，迨年杪南回，查悉存在银行已达三百万元，乃于本年元月二十二日详电委座，请令英伦郭大使②，商请英国政府准新加坡汇出坡币四百万元，并放宽侨胞信汇。委座于二月四日复电，谓侨汇每月二百五十元，英允保持，而请汇义捐一节，已饬外交部，向英政府继续交涉云云。

上述种种，即为本总会对英国政府求宽侨汇限额之经过情形。兹接新加坡中国银行通知，关于义捐部分，英国政府已准许自本四月份起，每月加汇二十五万元，合前额共为七十五万元。此事请求，已有成果，闻讯之余，曷胜欣幸！英国政府敦睦友邦情谊，援助抗战精神，尤至可感。相应详陈始末，并印附电文三件，随函送达，以备参考，即希查照是荷。

此致

各属华侨筹赈会

南洋华侨筹赈祖国难民总会主席陈嘉庚
三十年四月七日

---

① 即时任外交部长王世杰。
② 即郭泰祺（1889—1952），湖北广济（今武穴）人，民国时期外交家，时任驻英国大使。

附：上蒋委员长电

蒋委员长钧鉴：

廿九年九月欧战发生，英属政府统制外汇，限定马来亚华侨义捐，每月出口坡币五十万元，求加未效，庚在蓉面陈，已蒙电令宋子文先生商办。兹查积存捐款除一部分转购卡车，送西南运输处外，现尚有坡币三百万元，值法币二千余万，请电令英伦郭大使，商请英国政府，特许从新加坡汇出坡币四百万元，并放宽侨胞家信私汇限额。中、英共同战线，不啻唇齿相依，钧座提出要求，必然有效。谨电盼复。

陈嘉庚叩养（元月廿二日）

蒋委员长复电

陈嘉庚先生鉴：

元月廿二日电悉。先生瘁力侨捐，愈久愈奋，至佩忠诚。除侨汇英方既允每月汇额保持二百五十元外，请汇积款一节，已饬外交部向英方继续交涉矣。

中正豪川侍六（三十年二月四日）

致财政部长电

重庆财政部孔部长勋鉴：

英政府准由本月起，马来亚义捐，逐月汇坡币七十五万元。

陈嘉庚虞（四月七日）

录自新加坡《南洋商报》1941年4月8日。

为筹办南洋华侨师校事宜会议通知

(1941年4月14日)

迳启者：兹为筹办南洋华侨师范学校事，谨订本月十七日（星期四）下午四时，假座本坡中华总商会开会，俾以组织董事会，积极进行，以应秋季七月开学，事关吾侨教育，夙仰执事热诚，敢祈依时玉临，不胜欣幸。

此致
某某先生

陈嘉庚谨启
三十年四月十四日

议　程

（一）推举临时主席。
（二）陈嘉庚报告倡办南洋华侨师范学校经过情形及已认募捐款之概况。
（三）组织董事会。
（四）议定专收男女贫生之优待办法。
（五）议定进行本坡及外埠扩大捐筹办法。
（六）向当地政府注册。
（七）临时动议。

招收学生须知

南洋华侨师范学校招收学生须知
一、学生须立定志愿终身服务教育，不得中途改变初衷。
二、确系家境贫寒，其父兄无产业生息以供家费者。
三、其父兄对家庭生活费之供给，非从经营商业以获利润者。
四、不得无故中途退学。

五、上言二、三、四三项，须当地有注册之社团为之保证。

六、学生上课后，不论久暂，如查出有上列二、三、四各项情形之一，与条文意义有违背时，则保证人每月须赔偿本校学宿书等费叻银一十元。

七、外埠之学生，虽经考试手续，但到校后，如认为程度及年龄与原考不符，而不便收容者，本校有权拒绝之。

八、膳费（每月按叻银六元至七元）及制服、纸笔，由学生自理，学宿费、书籍、体育等，均由学校免费供给。

九、考试地方，马来亚按分新加坡、马六甲、雪兰莪、彭亨、怡保、吉礁、槟城各埠，荷印按万隆、吧城、泗水、棉兰、巨港、坤甸各埠，此外缅甸属则在仰光，婆罗洲属则在沙捞越，其他应办手续，则由招生筹备处办理。

十、招生按十班至十五班，每班四十人。

录自新加坡《南洋商报》1941年4月15日。

为南师募经费[①]

(1941年4月20日)

南洋闽侨总会昨发通函三件：一、（学字第二号）请各属闽侨团体介绍委托各该属适合学校或团体代为办理南师招生及考试事宜；二、（改字第二号）请将各该属出席大会代表认募刊物及总会经费每人最少一百元，尽于五月杪以前缴清；三、（改字第三号）关于南师经费请各属闽侨团体继续进行筹募。又通告一件，刊布已认捐定期刊物及总会经费芳名，并志于左：

通函一（学字第二号）

迳启者：查南洋华侨师范学校，于本月十七日在新加坡中华总商会举行发起人会议，决议组织筹备委员会负责一切进行事宜，并定六月初间委托各地学校或社团代招新生，办理考试，以便及期开学。凡此种种皆应先期登报通告，惟不知贵属应委托何学校或何团体代为办理为最适合，敢希介绍，早日函复，以利进行是盼。

此致

某某团体

南洋闽侨总会主席陈嘉庚

三十年四月二十日

通函二（改字第二号）

迳启者：案查本月三日各同乡会代表大会第二次会议，曾决议全体通过星洲福建会馆代表提议之请出席代表负责劝募刊物及总会经费，每人最少一百元一案，当经出席代表在场踊跃捐认，已达到四万七千六百元以上，成绩圆满，

---

① 为解决华侨子弟就学问题，陈嘉庚发起创办南洋师范学校，自捐一万元并得到诸多同侨的支持，共募得二十一万元，预备当年秋季开始招生。

至堪嘉慰。又于第五次会议时，决议通过巨港福建侨团代表临时动议所提议之各属认募总会及定期刊物经费，尽于五月杪以前缴清一案等各记录在案，相应录案，函请贵团体代表查照，倘当日未在场认捐者，请于本年五月十五日以前来函报告认捐数目，以便汇集入帐，定期公布表扬存信。已认捐者统希在本年五月底之前缴清，以完结捐款手续。现总会业已设处开始办公，刊物亦向当地政府请求注册，一俟批准后即可付印出版，借以沟通桑梓消息，交换各同乡各团体之救乡意见，并逐月报道本月工作实情，庶遒人徇铎，远近震醒，暮鼓晨钟，百僚警戒，从此家乡昏政，或可逐渐消除，他时吏治澄清，皆赖倾囊义举，幸祈遵照议案办理襄翊盛事，以完成救乡伟大工作是荷。（下略）

通函三（改字第三号）

迳启者：案查各属同乡代表大会第三次会议录第三条筹办南洋华侨师范学校案，决议全体通过条第四条关于师范学校经费之筹措，应否由出席代表当场承认案，决议通过，由在场各代表分别认募款额，俾得早日创办，至捐款人士不以福建乡侨为限，在场各代表踊跃认捐，及认募共十四万元左右。又于第五次会议时，决议通过星洲福建会馆代表临时所提议之各属认代捐募南洋师范学校基金，应尽于七月杪前缴清一案等案各记录在卷，相应录案函达查照。

查筹办南洋华侨师范学校，为挽救华侨教育前途危机之彻底办法，本人于事前业将所见陆续发表，谅邀洞鉴，荷蒙各出席代表同情通过，力予翊助，捐认巨款，造福侨胞子弟实非浅鲜。刻学校委员会筹备处，业于本月成立，推举各负责人办公，并决定于本年秋季招生。用特函请贵团体代表，继续进行筹款工作，当日未代认捐者，请于六月底以前报告应认代募捐款数目，以便预算，已认捐者，统希遵照议案，于本年七月底劝募缴清。事关侨胞教育，务祈努力进行，借以提高侨教，为国家乐育英才，发扬抗建时期之伟大工作，实纫公谊，此致！

主席陈嘉庚
三十年四月十九日

录自新加坡《南洋商报》1941年4月21日。

通电全国请裁撤公沽局

(1941年4月22日)

闽省因统制米粮，酿成"人造饥馑"，福州黑市每担米四百余元，情形极惨，香港福州会馆，本月六日电陈嘉庚先生，请筹救策，陈氏恻然心伤，除复电告以病在统制，须转求国府林主席外。兹闻陈氏复发电国内，主张裁撤公沽局，废除米粮统制，严令取缔囤积居奇，听商民自由买卖，则米价当有平复之希望。兹觅原电，录志如下：

日前接香港福州会馆鱼日来电称，福州米价，每担黑市涨逾四百元，且无处购买，公沽价同虚设，饿莩载道，惨甚，恳筹救策祈复等情。庚去年回国，对闽省厉行统制，民生惨酷，屡经揭布，公沽局法度纵如何完善，然统制风声一扬，民间存米，匿而减报，保甲调查，则中饱舞弊，亦复何济于事。例如有一乡区存米十万担，如作六个月分售，每月应可卖出一万六千余担，假使多数减报，十匿其四，则该乡区全额报存，只六万担，照数按月分摊，每月仅有一万担而已。由是此行彼效，产米不足之区，米粮自更匮乏，公沽局又将奈何？盖以公务员及各寄售商，居奇舞弊，无所不为，故米贵原因，可谓受统制之害，徒法不行，庸人自扰，究将奚尤。

查闽省当局，曾先于省垣试行公沽，认为有效，便即推行各处，而不知省垣试办，万目睽睽，当然舞弊者少，他处情形，则大不同。或谓战时统制，政在必行，无可置议。须知凡事当切究利害，若统制有利，即平时固亦可行；如统制害民，在战时更为不可。当局但见眼前片面之利，而不见背后民间全部之惨。去冬，庚将出国回洋，在昆明电蒋委员长告别，并论及此，谓不论何省，对于米粮统制政策，似皆不宜轻行。诚以吾国今日法制人事，皆未完备，好官难得，舞弊莫防，结果徒使民间糜烂也。庚以闽省统制运输，统制米粮，害民至惨。公务员及土豪劣绅朋比为奸，触目惊心，悲痛无限，故略举所知，以告当局，当局如能深察民隐，虚心接纳，则害民政策，惟有毅然撤消，对公沽局制度，尤应废之惟速，听人民自由买卖，如恐奸商垄断，良民深藏，尽可严令不许囤积居奇，违者科以重罚，或并由政府另设机关，辅助买卖，而商民亦听其自由经营，则其收效，当大而速。

抗战建国，任重道远，培养民力，诚为急务，深望各省当局，以闽省为殷鉴，勿再蹈其覆辙，幸甚。

陈嘉庚养

录自新加坡《南洋商报》1941年4月23日。

复槟城商业俱乐部函

(1941年4月25日)

接本月廿一日贵部来函，承示以遵循国父遗教，贯彻民主精神，极为纫佩。自汪派汉奸出卖民族之后，国内贪官污吏乘机窃发，效颦法西斯高压政策，钳制舆论，残害民生，后至强敌压境，则又望风先溃。此次福州突告被占，殆为暴政之所造成，国患日深，覆已堪虑。荷蒙勉勖与黑暗逆流相搏斗，敢不竭绵力与诸君共济时艰，尚希继续奋斗，力求筹务之发展是荷。

此致
槟城商业俱乐部

主席陈嘉庚　四月廿五日

录自沈仲仁《陈嘉庚救国言论集》，华美图书公司1941年6月版，第61页。

乞迅派大军收复福州致林蒋[①]

(1941年4月25日)

国民政府请分送林主席、蒋委员长钧鉴：

月初托星领馆及香港转呈数电，迄未赐覆，不解如何，敬希电示。福州不战而弃，侨胞悲痛莫名，乞迅派大军及忠良将领，负责恢复，以保闽疆。陈仪职兼政军，害民酷惨，且因统制运输，米物腾贵，下属舞弊，民怨沸腾，现闽地已成战区，苟陈仪、徐学禹仍不去，而望军民合作以击强寇，事必无济。闽人爱国，未敢后人，懔领袖政治重于军事之训，作亡羊而后补牢之呼，诚非得已，伏乞钧裁。

南侨闽侨两总会主席陈嘉庚叩径（四月二十五日）

录自新加坡《南洋商报》1941年4月26日。

[①] 1941年4月21日，日军数千人侵入福州，驻军不战而逃，陈嘉庚于25日致电林森和蒋介石，请派兵收复福州。

致电林森蒋介石反对蒋鼎文代陈仪[①]

(1941年4月26日)

军事委员会蒋委员长钧鉴：

报传蒋鼎文[②]将代陈仪主闽政，如果事实，则是以暴易暴。庚去年七月卅日在昆明函报三个不良政治势力，贻累钧座抗建之伟大功德，蒋鼎文亦其中之一。该函知已达览，除恶务尽，窃料必无明知而故用之理，设不幸已成事实，万祈改派贤良，闽民幸甚。

陈嘉庚叩宥（四月廿六日）

国民政府林主席钧鉴：

报载中央将派蒋鼎文代陈仪，果尔，则无异以虎易狼，闽民更无噍类。蒋在西安，政声丑恶，前在闽亦然。庚曾函呈蒋委员长知情，料无明知其恶而故用之理。岂非如此，便不足以保持统治吾闽之权势，事实确否，钧座必知，务祈力拒，改派贤良，吾闽幸甚。

陈嘉庚叩宥（四月廿六日）

录自新加坡《南洋商报（星期刊）》1941年4月27日。

[①] 福州沦陷后，中外舆论哗然，蒋介石始将陈仪调回重庆，报传将派蒋鼎文接替。陈嘉庚闻讯后，于26日致电林森和蒋介石，明确表达反对意见。后国民政府改派刘建绪接任福建省主席。

[②] 蒋鼎文（1895—1974），浙江诸暨人，时任第十战区司令长官、军事委员会委员长西安办公厅主任。

为福建米荒事与林森主席来往函电

(1941年4月15、22、29日)

闽省粮食自陈仪遍设公沽局后，福州米价飞涨至四百元一担，且无处可购，自杀与饿死甚多，国府林主席悯故乡饥馑，曾函请陈嘉庚先生设法筹款赈济，陈氏以福州饥馑系陈仪造成，特函请林主席速饬改善闽政，方是彻底办法。兹将林主席来函及附件暨陈氏覆函，披露如下：

一、林主席来函

嘉庚参政员先生勋鉴：

闽垣米荒，各方迭有报告，政府痌瘝在抱，正谋有效之救济。业由赈济委员会先拨十万元，办理收容，另筹五十万元，派员向赣境采购食粮，运往平粜。惟是杯水车薪，仍有赖于鼎力之济助。素稔先生胞与为怀，对此事自必分外关切，倘荷在海外登高呼吁，早集巨资，派员驰闽平粜振恤，则不仅闽民之幸，抑抗战中一急要之图也。此案往来文电抄附参阅，统希察照，只颂勋绥。计抄附许委员长[①]折呈一件，四行联合办事总处秘书处致行政院原函，及抄电共四件，又复许委员长折呈笺函一件。

　　　　　　　　　　　　　　　　　　　　林森启
　　　　　　　　　　　　　　　　　　　　四月十五日

二、附件抄复振济委员会许委员长函

俊仁委员长吾兄勋鉴：

闽侯米荒，亟待救济。前据许局长静芝[②]面陈贵会办理情形，已悉一一。兹又接诵来折，知正一面设法收容，一面向赣省购米平粜。具征痌瘝在抱，因

---

① 即许世英。
② 许静芝（1895—？），浙江嘉兴人，时任国民政府文书局局长。

应攸宜，仰企贤劳，良深佩慰。专此布复，顺颂勋绥。

　　　　　　　　　　　　　　　　　　　　　　　　　林森启

　　三、抄原折呈

　　谨查关于闽侯米荒救济一案，蒙派许局长静芝来会，转示钧谕，遵即拨发十万元，电请陈委员培焜自永安立即驰往福州办理救济，设法收容。并分电福建省政府转饬省赈济会及本会第九救济区驻闽办事处，派员会同办理。本日行政院会议，经世英提出报告，另遵钧座谕示，呈请院长以紧急命令拨发五十万元，聘秦望山、何公敢、杨绰庵①、郑在莪为本会委员，派秦、何两委员办理米荒平粜救济事宜，杨、郑两委员协同办理采运米粮事务，并电请赣省府准予采购食米或杂粮，一面电请福建省政府转饬福建省赈济会及本会第九救济区驻闽办事处调派人员协助办理。又中央委员丁超五现方在闽，并经本会电请就近视导，以利进行。除由许局长先行面陈并呈报及分行外，理合将遵办情形，恭折呈请钧鉴，谨呈主席林。

　　　　　　　　　　　　　　　　　　代理振济委员会委员长职务许世英

　　四、抄原函

　　据闽分处迭电陈报福州市米价变动剧烈，人心恐慌各等情到处，相应抄同原电三件，函达查照，转陈核办为荷。此致行政院秘书处，附抄电三件。

　　　　　　　　　　　　　　　　　　　　　　　　四行联合办事总处秘书处

　　五、抄原电

四联总处联秘：

　　本市粮食，本感不足，自实行计口授粮，公沽局迄未按期供应，一月之中，有仅发数天者，来源既缺，私米乘机活跃。三月初，暗盘米价在一百四五十元间，逐步上涨至（0310）②已达二百元，复自（0321）之二百四十元，一跃而为（0322）之三百元。日来涨势仍剧，并极紊乱，私米之中，复有暗盘四百元，一石尚难购到，人心渐渐不安。昨各机关团体在商会开会讨论，闻已拟有办法，

---

　　① 杨绰庵（1895—1955），祖籍河南，生于福建，时任江西省政府委员兼战时贸易部总经理。

　　② 指日期，即3月10日，下同。

电请省府核示施行云。地方秩序如常，谨电陈报。

闽分处（0326）

六、抄原电

四联总处联秘（0326）：

电谅达钧察，本市食米，自各界议定协助政府购粮办法后，复由一百军陈军长①电请省府迅予施行，昨日起人民得向公沽局领证，至邻近各县，采购自用粮食。米价已行回落，跌势亦烈，惟仍凌乱，闻自二百八十元至二百三十元不等，人心渐安。谨电陈报。

闽分处（0328）

七、抄原电

四联总处联秘：

查本市米价，日前一度回落，业经电陈在案。惟省府准许人民自由采购食米办法，限制綦严，凡已购米一次者，即不得继续采办，而郊县及乡村亦多禁运出境，且因榕市米价之高，尤存居奇之心，故来源仍缺，市价复形飞涨。现在每石一百六十市斤又达四百元之谱，人心重起恐慌。昨邮政总局解款万余元至福新街分局，中途被劫，旋即将匪徒缉获，时在白昼，地属闹市，竟有劫案发生，殊属骇人听闻，而米价之高涨，当为最大之原因也。谨电陈报。

闽分处（0401）

八、陈主席覆函

子超主席②钧鉴：

肃启者，接奉本月十五日钧函，暨抄附折呈函电五件，回环捧诵，弥觉爱护乡民，德意殷厚，至深感激。承谕以政府捐五十万元及赈济会十万元之款，饬交闽省救济，具见中枢诸公关切民瘼，同堪敬佩。嘱咐闽侨响应捐助等因，庚谊属梓桑，敢不遵循钧命，但迩有种种情形，碍难办达，恭述如下：

（一）英、荷各属自欧战发生后，实行限制外汇，逐日所筹赈款，在马来亚方面，每月原限五十万元，近加二十五万元，合为七十五万元之叻币，以汇交

---

① 陈祺（1897—1971），浙江诸暨人，时任第一〇〇军军长。
② 即国民政府主席林森。

行政院。除此之外，不拘多少，概难汇出，至荷属月捐近，亦只专汇贵阳中国红十字会，其他限制綦严，绝少通融办理，与英属同。

（二）倘捐资救济尚有门径可寻，而办理之时，成绩亦甚优异，鄙见此亦仅一时治标之救济而已。倘所捐不多，付托失人，恐难免画饼充饥，无裨事实也。

（三）福州米贵惨况，庚自去冬视察后，在赣桂途中，经两电钧座呼吁。窃谓闽政如不改善，其悲惨将遍及全省，非只福州一隅。盖统制运输，为断绝物资交通，米价受其直接影响，遍设公沽局，则禁贩米粟，公务员得以任意舞弊，制成饥馑，倘不将运输公司公沽局迅速撤除，纵如何捐资赈济，不但非根本办法，且足鼓励贪污。（附抄呈本月二十二日请撤销公沽局代电）

（四）福州据外国通讯报告，于二十一日已不战失陷，敌人正在恶毒屠杀，何时始能克复，当难预知。然陈仪及其多数盘据要津之恶势力不去，八闽人造之饥馑，恐将似疫病流染四方，将来到处饥饿，将比福州为更甚，为渊驱鱼，其陷我闽人于不爱国之罪名，要亦意中之事。庚半年间曾函电交驰，呼吁中枢，请其改善闽政，至今迄无改善之表示。时至今日，闽省似已酿成内溃之趋势，有爱国之人民，无止饥之粮食，有抗战之将士，乏激勉之壶浆，此则深可慨叹者。

以上禀陈种切，概根据事实而言，遥望乡关，忧心如捣，虽欲肃秉良规，裨益桑梓，奈位微言轻，刍荛无补。叠奉前因，谨缕陈奉覆，敬希鉴核，并叩钧安。

陈嘉庚拜启

卅年四月二十九日（附呈敬日快邮代电抄稿一件）

录自新加坡《南洋商报》1941年4月30日。

与国民政府就派员考察闽政往来电文

(1941年4月20日、5月7日)

自陈嘉庚氏提出改善闽省政治呼声后,海内外各地关怀桑梓之闽侨,莫不深表同情,良以福建在陈仪操纵下,苛捐什赋,弊端百出,闽民受害,诸般惨象,俱见事实。闽侨大会在星举行时,提出改善闽政,惩撤祸国殃民之陈仪,尤为全体会众一致之热切要求。我中央政府当轴,曾有派员入闽查察之议,并称受派者有行政院监察院及闽籍参政员共五人。陈氏闻讯之后,当即致电国府林主席,叩询所派何人。顷悉,政府昨已复电,谓受派入闽考察者,计有教育部政务次长顾毓琇,监察院委员梅公任,闽籍参政员萨孟武、王世颖、胡兆祥①等云。兹将陈氏去电及国民政府复电原文分志如下:

陈嘉庚氏去电

译转林主席钧鉴:

南侨闽侨两大会开后,呈电计达钧览。前闻行政院监察院各派一人,又派闽籍参政员三人,共计五人查察闽政确否?所派何人?何日往闽?乞电示。

陈嘉庚叩(哿)

国民政府复电

陈嘉庚先生勋鉴:

哿电已奉主席阅悉。查行政院已派教育部政务次长顾毓琇,会同监察院委

---

① 顾毓琇(1902—2002),江苏无锡人,科学家、教育家,时任教育部次长;梅公任(1892—1968),辽宁辽阳人,时任监察院委员;萨孟武(1897—1984),福州人,时任国民政府参政员;胡兆祥(1901—1975),福建永定人,时任国民政府参政员。王世颖(1901—1952),又名新甫,福州人。早年毕业于复旦大学,著有《合作商店实施法》《农村经济及合作》《合作主义通论》等。(参见张天禄主编《福州名人志》,海潮摄影艺术出版社2007年1月,第16页。)

员梅公任，闽籍参政员派萨孟武、王世颖、胡兆祥，前往闽省考察，定宥日乘机出发，特达。

国民政府文官处

录自新加坡《南洋商报》1941年5月8日。

揭露破坏南师阴谋启事

(1941年5月16日)

陈嘉庚先生倡办之南洋华侨师范学校，初闻捐款已达数十万元，现在鸠工庀材，加紧建校工程，而招生手续以及注册聘教诸事，亦在积极进行中，乃外间竟有流言蜚语，企图破坏。陈氏为此，特于今日在本报刊登启事，引证事实，揭露真相。启事原文如下：

庚去年代表侨胞，回国考察，鉴于闽粤二省，师资缺乏，而在学师范学生又寥寥无几，断定此后教师荒之现象，必难幸免。粤固有然，闽尤特甚，恐将不减于民国初期，鄙人创办集美师范时之情状，故恳请中央教育部注意补救外，南归后即倡办南洋师范学校。适李君光前有巨宅一座，愿献为校舍，并同陈贵贱①、李俊承、陈延谦、陈六使②、曾江水、杨溢璘③诸先生，认捐巨款，于是邀集各帮侨领，组织筹备会。乃有一小部份人，别有居心，力图破坏，运动帮派，在某某两报，发表消息，已有筹委多人辞职，意在发动丑闻。然迄今经月，联名来辞者，不外五人，而与上述认捐，均无关系。该部份人，又向李君光前等，多方游说，并诬毁新任校长与厦大学生，谓如何不能合作，且复印发□函件，以图拆散校长教员间之联系，用心之毒，可以想见。然彼等不思其阴险奸恶，虽已层出不穷，而结果竟无一着不失败。凡此情形，路人皆见，岂尚全无悔祸之心。回忆南侨总会将成立时，彼等出尽九牛二虎之力，以图破坏，华侨回国慰劳团之组织，自征求以迄全团在星出发，数月之间，无时不图破坏，甚至勾结贪污，给以巨款，飞渝阻扰，亦不能伤其毫末。然以上种种，如出于替敌寇汪贼汉奸而努力，原其本分，尚有可言。至若此次创办南侨师范学校，纯

---

① 陈贵贱（生卒年不详），福建厦门人，时任新加坡福建会馆董事。
② 陈六使（1897—1972），福建集美人，南洋著名企业家、慈善家、爱国侨领，南洋大学倡建者。
③ 杨溢璘（1896—1950），广东梅县人，新加坡华侨企业家，时任国民政府侨务委员。

属教育事业，不涉其他意义，乃亦奸顽如此，然不知其亦已失败乎？盖师校之成否，在乎金钱，苟能破坏金钱，则其目的可达。顾此岂彼辈所能，不观近日霹雳侨胞乎？在闽侨大会场中，原认捐助基金一万元，今竟增至五万元之多矣。可知公道自在人心，破坏者虽如何尽力，亦终无济。庚原觉无揭露之必要，惟念或有少数意志薄弱之人，与或存帮派观念者，难免被其愚弄，故特发此声明。

中华民国三十年五月十六日

录自新加坡《南洋商报》1941年5月16日。

电贺大公报荣获美大学奖章

(1941年5月21日)

张季鸾①先生：

电传贵报受美国米苏里[密苏里]大学荣誉奖章②，先生在庆祝会中述立言职志，荣彰国族，无任欣贺。

南侨总会主席陈嘉庚二十一日

录自新加坡《南洋商报》1941年5月21日。

---

① 张季鸾（1888—1941），祖籍陕西榆林，生于山东邹平，中国新闻家、政论家，时任《大公报》总编辑。

② "密苏里荣誉奖章"，全称"密苏里新闻事业杰出贡献荣誉奖章"。自1930年设立后，每年颁发一次，旨在奖励持续做出卓越贡献和杰出成就的新闻机构及从业者，被认为是新闻行业最具声望的奖项之一。在东方，大公报获奖之前，只有《朝日新闻》《日本广知报》和《印度时报》曾获此殊荣。

为同安教育事致福建参议会书

(1941年5月29日)

陈嘉庚先生年前回国视察，道经福建，对全省教育现状，倍加关怀。陈氏于返抵同安故里，日观全县教育，日形衰退，甚至中等学校，竟无一家。爰乘逗留之便，与当地县长商设中学一所，以应现境之需求，借为发展同安教育之一助，全校经费，由彼本人负担，筹设计创，亦俱就绪。乃当招生之际，陈仪竟令收归省办，事遂中止（记者按，陈氏最近在同安计划独资筹设中学一事，其本人向未公开提及，仅于前日在同乡会职员就职礼中略为述及耳）。迨及日昨本报载有福建参议会开会消息一则，内有议员对设立中学一事，表示关怀。惟据省府之意，既归省办，则经费宜由省库拨给，甚至依据原定计划，本年尚拟就地向民间摊派巨款四十万元之谱，以供办校及津贴实务之需。陈氏认为陈仪不愿一人斥资，反欲万民伤财，当此民穷财竭之时，复加此四十万元之横征，斯非剥削民众乎？为此，特于昨日致书福建省参议会，请求细查深察，予以无情揭发，□免无辜闽民于水深火热之中，加重痛苦，原文如下：

福建省临时参议会郑正议长林副议长[①]暨位参议会公鉴：

敬启者，闻报载三月十八日贵会第三次会议，议员询问第九条："……同安县政府，本年尚就地派款四十万元，充作公务员生活津贴，及办理县立中学之事，未稔是否报省核准，及是否可以准其征收，……"一条，具见诸先生关心民疾，爱护桑梓，至为纫佩。查同安全县，自抗战后，中等学校，概已运移别处，县内无一中学。庚去年回同安故里时，曾偕集美学校职员陈延庭[②]君及本

[①] 郑祖荫（1872—1944），福建闽侯（今属福州）人，时任福建省临时参议会议长；林希谦（1895—1966），福建闽县（今属福州）人，时任福建省临时参议会副议长。
[②] 陈延庭（1888—1983），福建同安人，曾任集美学校教育推广部主任。

县县长，往莲花山参观叶定胜①住宅，觉得十分宽敞（该宅已被县政府没收），如作中学校舍，甚为合用。乃一面函请教育厅核准备案，一面令陈君以集美学校名义筹办分校，着于春季招生开学，所有经费，由庚个人负担。迨庚南返后，俟接集美学校校董陈村牧来函，谓该分校校具已办妥，教师亦已聘定，正欲招生开学，突奉省政府来函，着令收归省办云云。此中玄妙，莫由测知，只得听之。庚按以一小规模之初中，不费一文公币，而各事已备，反斥逐之，必欲收归县立，此已费解。既收县立，经费宜由省库拨给，乃又回头向民间摊派巨款，不愿一人斥资，乃欲万众伤财，为政之道，岂其然哉。且所派巨款，虽明言四十万元，但其中浮额勒派被中饱者，又不知凡几。当此民穷财尽，复加以层层剥削，何异于火上浇油。于此益知贪污妙术，层出不穷，有似水银泻地，无孔不入也。

贵会为民喉舌，尚祈细查深察，予以无情揭发，闽民幸甚，专此奉闻，伫候惠覆，谨颂公麒。

陈嘉庚谨启
三十年五月廿九日

录自新加坡《南洋商报》1941年5月30日

---

① 叶定胜（生卒年不详），福建同安人，民国同安"土皇帝"叶定国堂弟，为恶乡里，曾任国民革命军新编第一军独立一团团长。其所建住宅又称"安字厝"，1940年10月，陈嘉庚在此设立"集美中学同安分校"，新中国成立后由县人民政府接办为"同安初级中学"，1952年改称"同安第一中学"，即为现同安一中前身。

痛斥福州群奸公开信[①]

(1941年5月31日)

福州王世昌暨联名二十人[②]等鉴：

本日接来五月十七日两函，所言回省拯救本省同胞，及鼓励华侨筹赈投资发展等云。按函中签名盖章二十多人，我仅识一人而已，然无论识与不识，凡甘作敌寇顺民，俯首服役者，概当认为卖国贼，与我不共戴天。前年北平沦陷，江贼朝宗[③]等来电，其用意与你等同，我即复电，斥其楚囚相对，沐猴而冠，为万世子孙罪恶！兹录原电于后，以示尔等。

廿七年十一月驳斥江朝宗诸逆电文摘录："（上略）我中华民族抵抗侵略，精诚团结，忍东北之旧痛，奠西南之新基，故抗战愈久，民心愈奋，国力愈强，军容且愈壮，复兴大业，已为全世界所共许。我领袖蒋公庐山宣言，全国拥护，仁者成，哀者胜，天道终有必申之理，匹夫更无不报之仇，最后胜利，绝无疑问。海外华侨翊赞革命，爱护祖国，是非早辨，奸诡何施。尔等沐猴而冠，已非炎黄后裔，楚囚相对，遑问国家安危，倘有良知，迷途速返，已身免万代臭名，为儿孙保留余地，请思鄙言，善自抉择！"

今日尔等复师其故智，可见利令智昏，同恶相济。闽省酷吏，害民诚惨，然此乃属我内部之事，经我揭发，料我中央政府自有改革可期；独不思闽民惨苦，仅为暂时，而失地收回，民族复兴，则为子孙万世永久之幸福，岂可恶鸟毁屋，卖国求荣，为小而失大耶？日寇为世界大战之祸首，淫杀我同胞，蹂躏我疆土，凡有血气，誓不两立。侵华四年，泥足深陷，天理人事，终必失败无疑，

[①] 1941年5月31日，陈嘉庚接福州王世昌等二十人联名写来的信，劝"回省拯救本省同胞，及鼓励华侨赈济、投资、发展实业"等，即发表公开信，痛斥群奸，且无另函寄发，以示不与汉奸往来之志。

[②] 具体人员不详。

[③] 江朝宗（1861—1943），安徽旌德人，北洋军阀政客，汉奸。

尔等如执迷不悟，岂特万世臭名，难以湔洗；国贼之诛，必在眼前也！

陈嘉庚
三十年五月卅一日

录自新加坡《南洋商报》1941年6月1日。

复新加坡三十一侨团联名函重申改善政治主张

(1941年6月7日)

此间华侨体育会、闽庐俱乐部、卓氏公会等三十一团体，于日前联合致函闽侨总会主席陈嘉庚氏，提出关于改善闽政及扩大团结，加强抗建力量之诸项建议，热诚乡国，情见乎词。原函已载六日本报早版，兹悉陈氏对所提各节，已予一一答复，原文探录如左：

迳复者，接阅贵团体等本月五日联函，具悉一是，过承盛奖，愧弗克当。所提各节，敬答如下：

一、福建乃福建人之福建。当时庚为此言，乃鉴于吾闽政权，悉操陈仪、徐学禹一群人之手，鱼肉闽人，尤酷于一般殖民地。其所施愚民政策，如摧残教育文化诸端，且早蓄意于抗战以前。比年以来，为欲虐割民众，更雇大批上海青红帮，布置网罗，使千万人噤口慑伏于彼辈淫威之下。同为黄帝子孙，同为中华国民，吾闽何辜，遭此荼毒。故庚发为是言，望我福建人奋发有为，争取自治，盖本省人治理本省乡井庐墓，同在于斯，公论是非，有所警惕，纵有贪污不省之流，亦不致悍然不顾，如是凶狠也。害取其轻，诚为鉴于陈徐之祸闽，而作是想，绝无封建思想、帮派观念。苟中央毅然罢斥恶吏，改派好官，而为舆论所悦服，公意所信赖，则不论何省人，想吾闽人均欢迎之唯恐其不至也。

二、职业团体参加总会组织。本人对此，原无成见，倘于同乡代表大会前，有人提案，再经大会通过，当无问题。今则大会已过，组织法例，详载会章，常务会议，无权变越。对此问题，应待将来有可能情势，然后再议。抑有言者，本总会虽告成立，而于改善闽政之要求，盱衡现实，效力可至何等，吾人不可不知。向陈仪求取改善，无异与虎谋皮，向中央呼吁陈情，则已五员入闽调查，须待其归渝复命，然后再看下文。总而言之，大会决议，民意申张，虽极切实有力，要当视陈仪去与不去而定，苟其盘据不去，恐一切皆成具文，如中央愿解闽人倒悬,则陈仪势所必去。

三、闽政改革与民主宪政运动之联系。闽政有无改善希望,已如上述,兹请单言民主宪政运动。庚虽备位参政,然以政治原理,浩瀚精深,夙乏讲求,关于宪政问题,原不敢妄参末议,顾自国民参政会成立至今,国内诸大政治家,及当代名流,如张一麐、徐博霖、沈钧儒、左舜生、张君劢、章伯钧、褚辅成、王造时、邹韬奋、张申府①等数十人,绞脑汁,费工夫,穷九牛二虎之力,犹无寸效,非惟无效,且多数以言招忌,不能立足,凄然去国者,日有所闻。香港一隅,由渝避居者,闻名之士,达四十余人。情形如此,而谓久居海外被人目为南洋伯者,即百发函电,宁值一愿哉!国民大会之召开,政府原于廿八年决定廿九年十月实行,国内外闻风兴奋,至时竟寂然无声,此又何故耶?可耐思矣。

四、忽视重要提案。查闽侨大会所有各处提案,近百余宗,经大会审查讨论,已多数通过成案,绝未忽视。其中如关于地方自治问题,此事殊极简单,如根本解决,则一切自成枝叶,不须多费斧斤。假定陈仪能去,中央乐予地方自治之权,则毋待海外侨胞促请,我国人亦当不落后。

五、促进民主政治坚持团结抗战。此问题关系抗建成败,四万万五千万人,同此呼声,无问国内外,然以现实言之,匪但无益,且反招尤。庚未回国前,对国内现实政治,原无接触,人言是非,亦颇不信。迨回国后经与中央及各省长官接谈,凡有所觉,在庚靡不尽情贡献,其间或承覆奖,或竟搁置,然当时所提,即覆奖部分,事后亦竟迄未实现。如以情节比较轻重,则诸君今日所举者,盖若海洋,而彼直池沼耳。池沼如是,海洋更可知。

---

① 张一麐(1867—1943),江苏吴县(今属苏州)人,著名爱国人士;徐博霖(1878—1958),广东和平人,同盟会元老,民国政治人物;沈钧儒(1875—1963),浙江嘉兴人,中国民主同盟创始人之一,民主爱国人士;左舜生(1893—1969),湖南长沙人,时任青年党中央执行委员会委员长;张君劢(1887—1969),江苏宝山(今属上海)人,近现代学者,主张实行"国家社会主义";章伯钧(1895—1969),安徽桐城人,爱国民主人士,中国农工民主党创始人;褚辅成(1873—1948),浙江嘉兴人,九三学社发起人之一;王造时(1902—1971年),江西安福人,中国近代民主运动的先驱之一,著名"七君子"之一,时任《前方日报》社长;邹韬奋(1895—1944),祖籍江西鹰潭,生于福建永安,近代中国记者和出版家;张申府(1893—1986),河北献县人,哲学家,中国共产党早期创始人之一。

团体诸君，热情乡国，至可钦佩。率覆所见，意多未尽，惟共察之。

南洋闽侨总会主席陈嘉庚
中华民国卅年六月七日

录自新加坡《南洋商报（星期刊）》1941年6月8日。

大湖之捷电贺闽抗战将士

(1941年6月18日)

【永安十八日中央社电】大湖之役①，我军奋勇杀敌，创成光荣战果。南洋侨胞闻捷，不胜雀跃。南侨总会主席陈嘉庚，特电闽省普训处处长李良荣慰贺，原电云：

（衔略）闽南子弟，初建战功，佳音传来，同侨欣忭，尚望扩大精进，组成闽军劲旅，追绳俞郑遗徽，宏建匡复懋绩。

录自《大公报》（香港）1941年6月20日第3版，中国近代文献数据总库。

---

① 即大湖战役，指1941年5月国民党第100军80师师长李良荣率部与侵华日军在福建省闽侯县大湖乡大湖村附近展开的战役，此役历时3天，以少胜多，以弱胜强，中国军队以伤亡200多人的代价歼敌300多人，是日寇入侵我国东南以来的一次最惨重的失败，极大地鼓舞了福建人民的抗日斗志。

抗战四周年致电中枢致敬

(1941年7月7日)

重庆国民政府请分送林主席、蒋委员长、冯副委员长钧鉴：

抗战四年，奠定胜利基础，粉碎敌人迷梦，民主友邦，今更诚意援助，整顿滇缅运输，加强军运，策励全国团结，蓄力反攻，胜利在前，侨情益奋。谨代表南侨，奉电致敬。

南洋华侨筹赈祖国难民总会主席陈嘉庚叩阳（七日）

录自新加坡《南洋商报》1941年7月8日。

抗战与运输：论滇缅公路

（1941年7月）

论滇缅公路（上）

（本报驻新加坡特派员　洛夫）

南侨总会主席陈嘉庚昨日发表一文，题为"抗战与运输"，就滇缅公路的现状，根据两年来人事上的接触与实际上的考察，作扼要的报告，并贡献意见数点，原文如下：

自敌□[①]侵略我国，封锁我对外交通，我政府乃积极开辟西北西南两国际路线。西北由新疆以通苏俄，西南由云南以通缅甸，然西北路程太远，运输困难，且仅苏俄一国而已。唯西南则较近英美俄及其他各国，均可由仰光入口，其便利自较西北为多。查该路自测量后，动员十五万人，七八个月间，全路开辟告竣，举世称为奇迹，然路基未实，铺石需时。迨民廿八年秋，始实行通车开运。初时当局以该路崎岖，司机人员非久著经验，不能胜任，而国内缺乏此技术熟练之人才，故函电本总会代募司机及修机三千余人，多由安南入滇，略受一两个月军事训练，然后派往该路西南各线服务。然不久之间，本总会屡接华侨司机来函报告，谓滇缅路运输管理不善，设备未周，阻碍军运，非同小可。本总会闻讯，即派出平时对车辆及运输具有经验之刘君牡丹由仰光入口，沿途视察，至昆明而返。廿九年秋冬，庚复两度亲到该路视察，计该路开运已年余，而运输管理，积弊深重，难以形容。虽屡经交涉，绝无效果。然庚仍未尝公开发表，窃念讳疾忌医，终受大祸，益以该路今经由张俞两部长[②]，并美国人重

---

① 疑为"敌寇"。
② 即张嘉璈、俞飞鹏。

新组织管理，兴利除弊，信有可期。只念全国战区辽远，交通路程悠长，比较滇缅路，当不只数倍之多。政府是否痛下决心，完全改革，抑仅滇缅路之一段，庚未获接实在消息以前，未敢悬揣。惟鉴于已往年余积弊之深，损失之重，不能缄口无言，谨将所知，胪列如下：

一　代表报告

民廿八年冬刘代表至昆明报告，（甲）停车站极乏设备。（乙）卡车停站绝无秩序。（丙）卡车绝无洗涤及保养。（丁）各站内未设经常检验卡车机件之人员。（戊）各车原有修机器具不许随带。（己）卡车在中途停坏司机惨受饥寒往往须等候两三天。（庚）司机要领数角伙食费手续烦多空耗时间延阻工作。（辛）疾病无医药。（壬）睡眠无宿舍。（癸）全路无电话。

以上缺点，等于绝无组织。虽有机关，而庞杂冗滥，安足以负抗战军运之重任？刘代表将上列各项贡献昆明当局，要求改善。庚亦函电向重庆军事委员会及昆明西南运输当局提供意见，均蒙覆电善意接受，谓将如何积极改革，以臻完善云云。

二　亲行视察

民廿九年秋八月，庚由渝往昆明，沿滇缅路至下关，所经各站，见其管理无方，情形腐败。稍可人意者，惟病院医药，及机具已随身附带，司机领款可较捷数事而已。其他重要各事成多搁置未理。庚由下关回楚雄，下午四时抵站，当车停放站内，距离旅舍约半公里，因嘱车夫准备越晨六时登程。距晚间有后到卡车三四十辆，混乱拥塞于车站内外。越晨小卡车竟不得驶出，追令人分途出觅司机回来，逐辆移出后，延至九时方得上道。可见卡车在宿站，停放无序，阻碍时间，减少军运，当非浅鲜。

三　积弊难改

庚回至昆明备告当局。满谓以前刘代表之各条贡献，及庚函电所提，既均蒙接受改善。何乃迄今多月，其中最关重要者，绝无实行，至为不解，当局唯唯。庚于是复举在重庆时，蒋委员长面询之事告之。当时蒋公问庚到渝，见何缺点。庚于所举各点外，并举有关市容者，如汽车人力车，绝无洗涤，泥涂沾满，恶秽难堪。不特机件易坏，损失不轻。而万众观瞻所系，使市民感觉转移，以为卫生清洁之事，不必注意，此于国民健康精神之影响不少。若南洋市政，当然不许如此随便。且保管清洁之法，毋须多大花费，只要工作做到而已。蒋委员长立时取纸登记，事隔十余日，重庆市人力车辆，果然洗刷一新，与前大不相同云云。昆明西南运输当局，闻庚复述之言，立即应承关于滇缅路各车站车辆保养事件，决严令一个月内改善。迨冬季重经昆明，相隔已三四阅月，由滇缅路回南洋，沿途所见，积弊仍前，竟绝无丝毫改善，官场办事如此，为之怃然。

四　捐资建设

南侨总会将派刘代表回滇考查之时，已计划代筹建设之费。嘱刘代表将此计划带往昆明，按由畹町、遮放、芒市、保山、永平、下关、楚雄至昆明，计六七站，每站建停车亭备放卡车，面积约五万万方尺，可容卡车二百余辆，每方尺建费星币四角（屋盖用洋铁铅版，地面填洋灰石每方尺二角余），其他木料工资等等按一角余，计每站星币二万五千元。此外司机寄宿舍、膳厅、阅报室等，按一万方尺，可容二百多人，每方尺建费一元，即一万元，合计每站建资星币三万五千元，斯时申算国币约十万余元，若建七站，则星币二十余万元，申算国币七八十万元，设有不敷，亦不过相差一二十万元，事亦无难进行。刘代表到昆明将此计划贡献当局，渠答待禀上官解决，过后即声响沉寂。迨庚到昆明提询该事，当局答以当时曾连滇缅路以外西南所辖各线合算，总计需费三百万元，呈财政部后，不蒙覆难，是以延搁云云。窃以重要军运，财部未知底细，而当局又将南侨总会专筹滇缅路一段建费报知，致有此误耳。

五　浪费训练

昆明设有司机训练所，学生有中学毕业，及华侨司机计二千名，连教职员二千五六百名，每月经费二十余万元。所教队伍礼节办公管理等等。华侨中一代表称，伊受训毕业已六个月尚未有职务委任，同僚毕业赋闲者一百余人，虽有薪膳而白费公帑，究非中心所愿云。足见规模过大，不切浪费，若能移一部份建设停车亭，及司机宿舍，岂不较有实益耶。

六　各立门户

滇缅路以及内地多省，运输机关每每多至六七家。如交通部西南运输处、中国运输公司、红十字会贸易公司、资源委员会等，均属政府机关，乃每站各家设有办事处、漆油站、修机厂，各立门户。沿途许多站莫不如是。力量既不集中，有无更不相助。机关庞杂，人事冗滥。如军运多司运入，货运多司运出，往来均有空车，不能联络互利，浪费之多，自不待言。若统一机关，不但逐月可节省巨费，而指挥分配更能得宜，煤油消耗之节省，益无限量矣。

七　全无法揆

运输机关既各自立门户，司机人员，亦各自给牌照，卡车在公路行驶多不遵守公规，任意左右，迟速不肯避让，甚至横锯道中，而令辙尘飞扬，拥塞后车，以快己意。由是屡生惨变，翻车损失，物品牺牲，不可胜计，而相争相殴，则尤成为习惯。迨至撞车失事，则各执其是，莫肯认错，复以无车运统一之司法机关，为之裁判曲直。所以全路司机，骄横恣睢，旁若无人，该路运输管理可谓全无法揆。

八　待遇失宜

运输虽赖车辆与油料，然司机修机人才，亦甚重要，生活待遇不良，人事调度不妥，组织设备不佳，服务人员，非惟感觉乏趣，尚且时遭意外之打击。如此虽有良好之卡车，充分之油料，亦难免降减其运量。查全线各站，缺乏司机宿舍，可供安全食宿，间或有之，亦草率简陋，污秽不洁，甚或蚊虱满床，不堪睡卧。故司机不卧车中，即就外宿，由是车运队容泛散，不能集中，起居动作，无由一致，按日计程，当然有损无益。又如司机犯规，是否情实，理宜速讯速决，乃往往拘禁暗室，任其饥寒，有延至一二十天，视同牛马，置之不闻不问，军运有无阻碍损失，全然不计，人权保障，更非所恤矣。

九　卡车短命

南洋卡车，通常可用七八年，各地类皆如是。而滇缅路卡车，只用六七个月，寿命之短，真出人意外。查滇缅路开始运输，由民廿八年夏起，迄廿九年冬止，不过一年有半，新置卡车三千辆，损失已二千辆，实际可用仅一千辆，依此平均推算，每辆只有六个月之寿命而已。南侨总会在廿九年六月间，送赠新车一百辆，标名"华侨先锋队"，年杪庚回至遮放，途中所见，其陈旧状况，有若南洋用过数年之久者。于是托人沿途查问，此项华侨先锋队之车，尚有若干辆可用，据回报只存二十三辆，其余七十七辆，或已损坏，或在停修。滇缅路车辆，如此短命，当局犹憪然罔觉，凡有质问，则诿为路恶，无可如何，万事作如是解释，万事皆可以卸责矣。

论滇缅公路（中）

十　运量减少

查滇缅路由畹町至昆明路程九百余公里（折英里六百余里），分作六车站，每站仅一百五十余公里，虽非柏油路，然每点钟卡车走十五至二十公里，确无难事。每日可行一站，已为至少。全路行六七天可以到达，往返十余天，每个月至少可运两次，每次运三吨，则每架车每月可运六吨。若一千辆可运六千吨，再加五百辆，预备停修，合计一千五百辆已足，若车辆增加便可以多运矣。乃该路自通车以来，西南运输处，每月运至昆明，不上三千多吨，而用车至三千辆之多。查积存缅甸及仰光货物六万余吨，香港、菲律滨[宾]三万余吨，合计十余万吨，若不急行改善，虽加两年之久，亦运不完。况我四万万五千万同胞，大都希望美国能多量援助，便可实行反攻，击败敌□，而不知胃口积弊，消纳不下耳。南侨总会自去年六月托运十数箱制药机器，及一部份药料，荷属某处亦于同期间内，寄运金鸡纳霜，货量均属无几，乃迄今经年，尚不知何日方能运到，以此一端，可概其余。

十一　路政颇佳

旧年冬间，庚同渝运输统制局组长刘君传书，交通部工程师赵君履祺，西南运输处李君晋侯等，复从昆明作第二次视察滇缅路之行。查世界建造公路，其路面宽度分为三种，甲种十二公尺，乙种九公尺，丙种七公尺，滇缅路系规定乙种九公尺（英尺约卅尺）。沿路考察，其路面已加阔填石，抹角转弯，亦已扩大，比前确改善甚多。唯九公尺阔之路面，尚有数段未曾开足，转弯角度，亦有多处须加改妥，填石亦未完全。凡此数端，经赵工程师一一接受，欲即赶速办理。庚认滇缅路路政，实较西北各路尤佳，对卡车畅行运输，可无妨碍。所差者不及柏油路之完美耳。

十二　不惧敌炸

庚未经滇缅路之前，屡闻人言，该路多桥高流急，当时创造甚难，如被敌机炸坏，运输必大受阻。及经过视察之后，觉其情形，绝对相反。认该路运输安如磐石，任敌机如何轰炸，不但不能阻我运量毫末，且须自受亏损。盖全路可炸之点，只有两段铁索桥——"功果桥""惠通桥"，每桥长二百五十英尺，惠通桥距离水面最高三十英尺，水流甚慢，终年如斯，功果桥则离水面甚低，更无问题。自敌机来炸后，我方经从近处续开新路，直下江边，与水面平，可用渡船驳运卡车过江，极为便利。况两桥任炸不断，稍事修理，立可通行。该两边山高，且势极峻削，敌机不能低飞掷弹，或谓恐异日敌□由泰国南进，可以侵入缅界，截断该路，此则杞人忧天，弗值顾虑矣。

论滇缅公路（下）

十三　意外牺牲

旧年秋庚由西北回重庆，便闻安南海口，被敌□占领，我国军火原料损失七万余吨，值国币万万元以上，事后咸归咎运输腐败招致，否则决不至留存许多。旋至昆明面询当局，亦承认事实，惟云抢出一万余吨运往他处。又庚到湖北老河口拜会李司令长官时，闻滇缅路遮放栈房爆炸，损失物资数千吨，炸死工人数十，政府虽严令查办，然结果以自然发火了事。庚至昆明查询当局，亦属事实。又如沿途所见车中所运装箱物资，悉任天雨下湿，多无障盖，触目伤心，不可言喻。西南运输当局管理之不善与舞弊之实情，在广州未失陷之前，南洋早已闻之熟矣。

十四　懒慢损失

西北有俗语，以讥刺不清洁之人，谓一生只洗涤三次，生时洗一次，完婚洗一次，死时洗一次，其人民卫生观念如是，若滇缅路之卡车恐终其身未曾洗过一次，较之南洋之车，天天要洗净泥秽，以保养寿命者，相去何啻天渊。又如卡车底腹附带之新胶轮，其泥土之沾积重叠，严如南洋之榴莲壳，亦如祖国之燕子巢，胶轮之形象全非，几使人辨认不出。至如重庆陪都，达官富豪之大汽车，外观明净活泼，如水如龙，亦颇整洁美观，若俯瞰其下部，则泥土披满，积厚盈寸。任其糟糕，而视为无关紧要。至若司机之忍心放肆，尤令人眦裂。庚在路中逢雨卡车冲触，致阻碍后段卡车，拥积十余辆，中有两辆停在路面斜坡之处，取五六寸三角形石块挡住车辆，以阻其自行溜进，迨前路既通，各车开行，而该两辆卡车满载汽油，着实沉重，司机乃不将轮下三角石块移去，竟即开行。庚睹此怪状，心痛无限，急大声喝止未行之后车，然彼等竟亦不顾而去。此种忍心残物，全不替国家珍惜，既不能爱物，又何能爱国。盖每个车辆，安有长久寿命。溯其致此之由，良由管理无方，赏罚失当，故敢如是也。

十五　军运重要

我国土地之广，战区之大，战线之长，绵亘数千里，运输接济，交通敏捷，为抗战中最重要之事件。自海口被敌封禁，水运不通，所有军运，如兵士、粮食、器械、炮火、医药、救护，莫不倚靠陆运，而战地变化，缓急靡常，避强攻弱，声东击西，尤为敌□惯技。如某战区告急，所需士兵及器物，若待步行肩挑，或兽运接济，则需时太久，缓不济急，关系胜负至为重大。庚至湖北老河口，原拟取道宜昌，以回重庆，不幸宜昌已失，路遂不通，据其军官言，该战役中，我方某处援兵，步行十余天始到，然战区已变，救援不及，虽有公路交通之坦便，无如卡车短少，油料缺乏，无可运用。否则决免失陷。准此而言，可概全国战区运输与抗战关系之紧要。故负责主持军运之人员，必其才干经验，出类拔萃，及公忠敬慎，劳力苦干，方能应付裕如，否则贻误之大，何可胜计。

十六　美人代管

滇缅路两年来，管理运输之腐败，既如上述。迨本年春间，英美友邦，注意援助我国，而调查结果，若非澈底改革，实觉爱莫能助。于是何总长（应钦）张部长（嘉璈）等，均来电以滇缅路重新组织，由张部长、俞部长（飞鹏）及美国人某君共组织监理机关，负责整顿。近者报载美国交通专家三人，到渝与张部长接洽后，即往滇缅路分驻该路及仰光负责办理，果成事实，则该路运输，每月可在万吨之上。不但旧积军火原料，容易运清，而新式军械，亦可源源而来，对抗战前途，实增我无限之乐观也。

十七　全国路线

滇缅路全程，由缅界至昆明九百余公里，本年又有新通车之乐西公路，由下关祥云至四川嘉定，亦近千里，两路如概归新组织之美人监办，必可措施裕如，成绩昭著，以达到友邦之援助之目的。且以满足我国民众之希望。然庚穷思尤不能已于言者，盖两路之间，论其运程，不过为我国际交通入口之首段而已，至由嘉定运至华中华北，由昆明再运至华东华南等各战区，路程之远，尚加数倍，是否仍由友邦派员共同监理，抑由张俞两部长负责主持，抑仍用原有人员，不加变动。庚以未接实在消息，深为关怀。若不澈底改革，俾由滇缅路以至东南北各战区，所有交通运输，一切改善，则前段滇缅路虽幸进步，而后段各运输路程，支干更多，距离更远，囤积罔蔽，欺骗百出，监察未敢负责，缄口可保安全，则抗战前途，恐如五十步与百步耳。倘能去恶务尽，从善如流，全国交通路线，改革妥善，则卡车数量，友邦定可源源充分供应。运输敏捷，接济无缺，不但可以反攻敌□，驱逐出境。而各省粮食亦可畅通有无，关系民生更为不少。庚以与该路人事接触多年，所知较稔，不揣冒昧，谨将经过详情，贡献何、白两总长，张、俞两部长及有关军运当局，深愿予以注意为幸。言词拙直，尤望鉴谅。

录自《华商报》1941年7月21日第105号、《华商报》1941年7月22日第106号、《华商报》1941年7月23日第107号，大成故纸堆数据库。

南侨总会发动救济英难民运动周致函马来亚各属会

(1941年8月13日)

一九三九年九月一日德国发动疯狂战争,侵占波兰,继而公然勾结意国,与日寇合流,威胁民主阵线,企图劫持分赃。英国为尊重信义,维护世界和平,即于九月三日对德宣战,由是中英两国之反侵略阵线,更形巩固,利害相关,邦谊愈切。数年以来,中英两国民族,为战时难民捐资救济,相互效劳,频见无已,道义之交,相得益彰。此间南侨总会主席陈嘉庚氏,于英德交战之时,当即首发宣告,一面痛斥德国背约毁信,一面号召海外同侨,拥护英国之战,理正词严,深为国际公正人士所謦服。顷者,总会陈主席以本年"七七",英伦人士有捐助中国难民之义举,忧思共怀,盛德可感,爰决自本年九月一日起,在英国对德宣战二周年纪念中,策动全马侨胞,热烈推行捐助"英国空袭救灾义金"以表示我侨援助友邦保卫民主反对侵略之决心。海峡殖民地总督兼马来联邦钦差大臣汤姆斯爵士获悉陈氏上函告及此事,经于昨日亲笔复函陈氏,对其建议,表示嘉许。陈氏接函后,即拟定以九月一日至七日为"援英周",捐款救济英国难民。星区则除九月三日举办大规模卖花外,并另定期开三世界游艺大会,以助捐赈之宣传。兹将总会昨日致各属会公函及通告,分录于次:

致马来亚各属会函

迳启者,本总会兹以中英两国,同立于反侵略阵线,情谊比前益亲,利害相关尤切。吾侨自祖国抗战,发动筹款赈济难民,四年以来,友邦当地政府,同情赞许,以及本年"七七"英伦人士,捐助义金之举,深可感佩。爰拟于本年九月一日起,在英国对德宣战二周年纪念期中,策动我马来亚华侨,热烈推行捐助"英国空袭救灾义金"之运动,以敦睦谊,致函总督,经承复示嘉许。

总督复函

陈嘉庚先生大鉴:

启者,顷由华民政务司转奉八日台教,备悉。贵总会为酬答英伦于"七七"

日本侵略中国四周年纪念日,募捐救济中国战区难民事,拟在本年九月一日至七日之一周间,发动马来亚华侨,捐款救济全英国受空袭灾害之难民。本人认此举,乃华侨对英国为世界自由及保卫全马来亚居民而战争之举,作热烈赞同之表现,不胜佩慰,故乐予接受。谨此奉复。

汤姆斯手启
一九四一年八月十一日

　　复承华民政务司佐顿氏嘱言,九月十五日,为伦敦受法西斯德国第一次空袭之愤痛纪念日,当地政府拟于九月十三日至十七日之五日间,另有其他集会,在全马各埠举行,故凡吾侨欲在九月期间内,推动捐款或游艺集会各项工作,切勿与上述五日内之时间相触云云。本总会除依据前由发出第四十二号通告外,相应检同该项通告,随函送达查照,即希推动在地侨胞,热烈举行,以襄盛举为荷。

　　此致

主席陈嘉庚
三十年八月十三日

录自新加坡《南洋商报》1941年8月14日。

南洋华侨筹赈祖国难民总会通告第四十二号

(1941年8月14日)

为通告事。查自一九三九年九月一日，德国发动疯狂战争，侵占波兰，英国为尊重信义，即于九月三日对德宣战，由是欧洲第二次大战之序幕揭开，世界之真正民主国家与法西斯侵略国家从此分野。本总会曾于是年九月十五日发表第廿三号通告，拥护英国对德宣战，劝告吾侨遵守当地法令，共维治安，并宜劝募援英义捐等情。该通告云"夫以英×富强，远胜德国，光明义战，举世拥护，彼背约毁信，必为天道不容……古今中外，历史不爽，最后胜利，属于英×，毫无疑问，德国若非败亡，亦必变成共产……故凡劝募义捐，救济英国伤兵……皆当竭诚努力"（注：文中之×即法字，当时法国与英联合作战，今则法已降敌，自然不能同论）。又以"马来亚为英国殖民地，英对德之战争，亦即马来亚与德国之战争，凡居马来亚之人民，均当随英国之目标，而推诚拥护英国之义战。我华人在马来亚人数最多，拥护英国，自比别种人更为关切"。自此通告发出，各地华侨均表同情，拥护英国，尤为热烈。虽其间亦有"拥汪亲德"之徒，力持异议，横加阻扰，然本总会，已洞烛其奸，置之不理。光阴弹指，转瞬两年，战祸蔓延，遍及全宇，由此一战争，许多虚伪之国家，假面揭穿，许多虚伪之人心，窘形毕露；由此一战争，愈见专制恶魔，终必覆败，民主政治，自然抬头。战争如暴风雨，拔木覆舟，固然可怕，而荡瑕涤秽，再造光明，则亦未尝不可讴歌。两年来欧陆沦陷于德之几多土地，几多人民，虽不免有禾黍离离，铜驼荆棘之感，而英国领导义战，则始终屹然不移，坚强沉毅，意志如铁，诚为吾人所宜敬佩。矧中英友谊，已比前益亲，利害共同，亦视昔更切。

本总会以是拟于本年九月一日起，在英国对德宣战二周年纪念期中，策动马来亚华侨，推行援英空袭救灾义金劝募之运动，业于昨八日致函新加坡总督略谓：中国七七抗战四周年纪念日，英国朝野捐款援助，深可感念。本总会兹拟乘此英国对德宣战二周年纪念期间，发动马来亚华侨捐款，以答盛情。该项捐款，即充入伦敦市长所倡办之英国全国遭受空袭救济义金之内。此项运动，拟自九月一日起至七日止之一周间（如因日期逼促，恐乏成绩，可听各地在九月内自行择定）。谨函奉闻，尚希察照。

本总会兹已获得总督复函嘉许，自应积极推行。查星槟两地筹赈会，且皆已踊跃发动，星会定九月三日（英对德宣战之日）举办大规模卖花运动，另定期开三世界游艺大会。槟会定九月二日三日两晚，开游艺大会，并征求妇女举办食物货品义卖。特发此通告，望我华侨，须知值此东方法西斯日寇，伸其魔爪企图南进之时，中英本已痛痒相关，利害一致。更就世界全局言之，民主国家与法西斯轴心，势不两立，中英两国，更宜互相提携，不论援华援英实为自援。所冀各地华侨筹赈会各就利便，订期普遍推行此项运动，以宏成效，是所至盼。

此布。

中华民国三十年八月十四日

录自新加坡《南洋商报》1941年8月15日。

星华筹赈会致函各帮筹备大规模援英

(1941年8月16日)

星华筹赈会，昨将第四十八次委员会议议决关于售花援英等事，函知各帮募委会，饬照推行。函称：

迳启者，本会昨开第四十八次委员会议，接受南侨筹赈总会发动华侨劝募英国空袭救灾义金通告，决议定九月三日照已往成例，举行大规模卖花，二十、廿一日两晚举行三世界联合游艺大会，并组织特别劝捐队，依照"七七"献金办法，分向富侨劝捐等，纪录各在案，相应抄录议案一份，暨卖花通告二份，函达查照。事关慈善事业，且属援英义举。关于卖花游艺劝捐各种，至祈早日准备，尤其对于劝捐应组特别队，一如"七七"献金办法，由各帮自行组队劝募，务求成绩超越，以积极工作，来表现侨胞援助友邦其热忱，加进中英亲善是荷。

此致
某帮募捐委员会

主席陈嘉庚
三十年八月十六日

附议案一份通告二份

星华筹赈会卖花办法通告

(1941年8月16日)

为通告事。本会兹依据南侨筹赈总会通告，议决于英国对德宣战二周年纪念期间，推行劝募"英国空袭救灾义金"，发动卖花游艺募捐各项工作。爰订九月三日为卖花日期，经请当地政府核准在案，卖花办法，颁告如下：

一、特别花四种（即名誉、一等、二等、三等）仍照历次纪念日卖花办法派送，凡以前曾认购者，照售派送，未买者由各帮队员劝其补买。

二、特别花及证书订八月卅一日领派完毕，本期所发证书，加盖"英国抗战二周年"七字，以资辨别，无盖此印者，即系前期旧证，概作无效。

三、认购特别花交款时，另给本会正式收据，付执为凭，各帮收款人，应来会领取收据簿，以便收款时，掣给认购人。

四、普通花售花队数，定五百队，计开广帮一百五十队，福帮一百队，潮帮五十队，琼帮客帮各四十队，本会直辖一百二十队。

五、凡经政府注册之侨团，愿参加本会直辖卖花队者，应于八月廿一日起至廿六日止报名，开具团体名称，详细地址，组织队数，函报本会，以便编配，逾时即行截止。

六、普通花及贩箱队旗，定九月一日来会领取。

七、卖花队员年龄须在十五岁以上，每队定四名，至少须有成年人一名领导。

八、各帮办事处应于八月二十七日以前，将队数及街界区域（大小坡分作四十九区域，每区域均有编定号码，应写明号码更妥），逐项开报本会，以便编配。

九、卖花队须各严守范围，届日始得出发劝售，不得提早先卖。

十、市区各分会同时举行，其办法由各会自行配定之。

中华民国三十年八月十六日

南侨总会吁请自动援助英

南侨总会以英文吁请自动捐援英空袭救灾义金书，兹译之如下：

为切合民主国家战事努力密切调整之原则，及为对抵御空战破坏作用一项努力，尽任何未尽之力量起见，本会深认为纪念英帝国九月三日对付极权侵略二周年纪念日最善之法，莫若发起全马来亚自动捐输轻减英国遭空袭灾黎苦难运动。目前空袭，虽告沉寂，但前此空袭所发生之影响，现仍待救济。正唯于此时候，救济问题，感到迫切，此等创痕，难期自告平复，有赖于海外物质援助，平复速率亦端视此而定。盖英国战事努力，必须导向于更迫切之问题，即供应机械化战争庞巨军事配备增加需求。英帝国其他部分，未尝遭空袭之较幸运人士，亟应慷慨捐输助援英空袭救灾义金。吾人出于自由意志，自动捐输，较诸迫于税征捐配，不□切合"民主政治下之自由权"乎？此次欧战之最后结局，虽从无人质疑，但吾人须知廿世纪"神经战"中，维持民气及其对战事之努力，与任何战略上胜利，具有同等决定作用。英国民气容或无限，但其刻苦□度，只能随所获海外援助数量而比例增加，为使空袭影响，不致妨碍英国对战事努力起见，吾人轻减空袭灾难之援助，亟须不断大量流入英国。

吾人吁请各界人士慷慨捐输，原希尽吾人对是项努力之责任，行见捐款渊源而来。盖吾人深信，英国爱护者，不分种族，均忠诚感惠，每一种族，将必能热烈拥护此举，作同情之响应，固不计其已多方捐输，且已尽其力量捐输也。抑只尽能力，容或不能应付不断增加之全面战争费用，而需要每一个以自由权重于生命者，竭尽其所能也。倘宁为民主主义昂立而死，而不愿在极权压迫下屈膝以生，则请诸君尽量输助，轻减英国之空袭灾难。吾人盖亦不徒以口舌支持自由平等与友爱之火炬，而以大量金钱支持之。吾人于两年间作第二次之呼吁，非只希望成绩胜于去年，实且抱具信心，期待有出人意表之惊人响应也。

南侨总会主席陈嘉庚

南侨总会致各界人士书

南侨总会昨以英文致书名流各企业家各侨领，请其捐款援英，兹译之如下：

迳启者，本会为感英人援华义捐起见，爰决定于英国对德宣战两周年纪念日，发动全马来亚援英空袭救灾义金运动，当经奉准海峡殖民地总督兼英钦差大臣汤姆斯爵士。此项运动，包括于九月三日在街上卖花卖旗，向店号及汽车主人售特别花及徽饰，自动捐输，及于九月二十日及廿一两日大世界、新世界，及快乐世界，入场券及各项门券收入等。现谨将吾人吁告书一份奉呈，附旗一号，敬希于九月十五日之前，赐邮支票到会，支票上注明救济空袭灾难基金收，并请指示尊旨。所拟定之用途，又所有捐款，收到后统交由华民政务司，以待最后汇伦敦。合并奉告。

此致
某某先生

南侨筹赈总会主席陈嘉庚启

录自新加坡《南洋商报》1941年8月17日。

致函邀各侨领参加献旗[①]

(1941年8月30日)

迳启者，本总会为增进中英两国睦谊，巩固民主阵线，并以发扬中华民族爱护和平正义之精神起见，爰以华侨民众立场，提倡援英捐款运动。新加坡华侨筹赈会遵循此旨，定九月一日至七日为援英周，其第六日（九月六日）之节目，为劳军献旗，由本总会主持此项任务。经制备V字旗各一面，决定献与马来亚陆军总司令白思华[②]将军与空军司令浮尔福将军，定于九月六日正午十二时，在陆军总司令部举行献旗典礼。由本席邀同林文庆、叶平玉[③]、曾纪辰[④]、杨溢璘、韩钊准[⑤]、杨惺华，各侨领前赴总司令部献赠。为此，函请台端同意，并祈于是日上午十一时驾临本总会办事处（怡和轩俱乐部）集齐出发，为荷。

此致

×××先生

主席陈嘉庚

卅年八月三十日

录自新加坡《南洋商报星期刊》1941年8月31日。

[①] 1941年8月30日，陈嘉庚致函新加坡侨领林文庆、曾纪辰、杨溢璘等，邀请于9月6日向驻当地英军献旗，以增进中英友谊。

[②] 阿瑟·珀西瓦尔（Arthur Ernest Pereival，1887—1966），中文译名白思华，哈特福郡人，英国陆军中将，曾任马来亚驻军总司令。

[③] 叶平玉（1901—1979），祖籍广东普宁，生于马来亚柔佛，新加坡华人社团领导人。

[④] 曾纪辰（？—1941），广州黄埔人。早年赴新马谋生，后定居新加坡，成为华侨实业家。曾任新加坡广东会馆会长，获授"太平绅士"，并有"纪辰路"以资纪念。

[⑤] 韩钊准（生卒年不详），海南人，新加坡琼帮侨领。曾任新加坡琼州会馆总理，1939年2月出席在香港举行的海外各属琼侨代表大会，随后当选新加坡琼侨救济琼崖难民会副主席。

致电英首相及伦敦市长[①]
向丘吉尔致敬同时慰问伦敦市民

(1941年9月3日)

英国首相丘吉尔先生勋鉴：

本总会为纪念英国抗战第二周年，领导马来亚华人，组织援英运动，同时响应伦敦市长之号召，举行救济英国被空袭难民之捐款。马来亚华侨，平时对执事至为崇慕，尤其对执事此次制裁侵略，打倒国际法西斯强盗之伟大领导，极愿因此机缘表致敬仰。前日执事与美国罗斯福总统，共同宣布之大西洋八项宣言[②]，吾人深切同情，吾人并期望从速推翻纳粹独裁之政权，建立大西洋八项宣言之世界新秩序，愿以不断之努力，共同奋斗，使其成功。

南洋华侨筹赈祖国难民总会主席陈嘉庚叩
（九月三日）

伦敦市长勋鉴：

旅居马来亚之我等华人，深知祖国同胞，遭受日寇空袭之苦难，因此对于贵国人民所受空袭之牺牲，亦不胜关切紧念。谨请执事代致慰问之意。我等并期望能竭其绵力，以减轻其痛苦。值此英国抗战第二周年纪念，本总会为表现实际同情，已再组织援英运动，举行救济英国被空袭难民之捐款，行将汇出相

---

① 1941年9月3日为英国对德宣战二周年纪念日，陈嘉庚以南侨总会主席名义分别致电英首相及伦敦市长，向伦敦市民表示慰问。

② 即《大西洋宪章》，又称罗斯福丘吉尔联合宣言，1941年8月13日在纽芬兰的"奥古斯塔"号军舰上由美国总统罗斯福和英国首相丘吉尔签署，涉及民族自治、领土完整、经济国际主义、社会安全、缩减军备及国际合作等八项原则，其核心原则后被纳入联合国宪章。

当款额，前往救济。

南洋华侨筹赈祖国难民总会主席陈嘉庚
（九月三日）

录自新加坡《南洋商报》1941年9月4日。

通电期勉闽省新主席

(1941年9月9日)

报载新任闽主席刘建绪[①]将军,已定本月十日就职,南洋闽侨总会主席陈嘉庚氏,为此特发贺电,并致期勉。爰将原电录志如下:
福建永安刘主席建绪勋鉴:

遥闻拜命治闽,至深忭贺。庚去年秋回国慰劳,多蒙厚待,感念不忘。忆贵署禁用香烟供客标语,印象犹新,节约始自上官,风行草偃,造福自然无量。陈仪祸闽,在于官贪吏恶税重法烦,事实所见,如政治变作商业,运输罪及肩挑,米盐民食,横加统制,贱买贵卖,利入私囊。其他壮丁田赋企业种种,祸国殃民,指不胜屈。所用县长,太半来自省外,既无乡土关系,莫不竭泽而渔,故陈仪在任,闽祸之烈,甚于洪水猛兽。尊驾莅闽,侨胞至感兴奋,闽人痛苦,必蒙矜察。谨申霓望,并盼福音。

南洋闽侨总会主席陈嘉庚佳
(九月九日)

录自新加坡《南洋商报》1941年9月9日。

附:刘建绪复电

闽侨总会主席陈嘉庚先生:

佳电敬悉,在浙晤教,开益良多。近抵闽中,犹深回溯。正拟电候,而藻贺先颁。庄诵之余,且惭且感。方今军事政治,原极纷纭,国计民生,不宜偏视。闽为东南门户,关系尤为重要,如何改善推进,当秉承中央训示,勇赴事功,而尤赖夫远近宾朋,多所匡助。台端关怀桑梓,素所钦崇,尚乞时惠箴规,

---

[①] 刘建绪(1890—1978),湖南醴陵人,时任第三战区副司令长官。

藉资匡导，肃复布臆，并颂鼎祺。

永刘建绪寒秘

录自新加坡《南洋商报》1941年9月17日。

对济案筹赈发表重要声明并公布筹赈收支项目

(1941年9月19日)

南侨总会主席陈嘉庚昨对十余年前之济案赈款发表重要声明,并将赈款收支数目全部公布如次:

自上月间,本人以南侨总会主席地位,发起援英运动,以纪念英国抗战二周年,并发动马来亚华侨各区筹赈会,劝募捐款,救济英国被空袭受难之人民。一方固为人类同情与国际正义所当为,一方亦借以报答英京市长年年对我"七七"纪念捐赈之义举。讵自此事发表之后,本坡两家华文报,即不断对本人横肆攻击,迄今月余,兴风作浪,几于无日无之。他姑不论,其中如已结束之十余年前济案赈款,亦复喋喋不休。经本人及财政主任李振殿先生,在南洋商报声明,谓该会赈款,业已明白了结,乃该两报更变本加厉。摘抄前和丰银行及现在之华侨银行与该会来往账目之一部分,故于其中拨弄玄虚,登报向本人质问,然既凭银行项目,而又不将其来往出入,全部发表,藏面缩尾,暗布疑云,存心如何,不问可知。兹再申言如下:

一、济案赈会自始至终,与[与]及公时[1]建像存款,本人虽任主席,但财政员计七人,各帮均有,更公举李振殿先生为财政主任,逐日财政员所收捐款,概于当晚点交李君,翌日存入和兴银行,赈会越年结束,尚公举四人,负责余款之保管,福帮二人,为本人及李振殿君,广帮二人,为李亮琪、刘登鼎[2]二君,凡开银行支票,需有三人签押,方生效力。

二、济案赈款前后汇交南京财政部,由和丰银行汇出十六次国币一百三十余万元,由华侨银行汇最后一次,国币六万余元,两银行均扫数汇清,至公时

---

[1] 蔡公时(1888—1928),江西九江人,国民政府济南交涉署交涉员,在"五三"惨案中被日军残酷杀害。

[2] 李亮琪(生卒年不详),祖籍广东,时任怡和轩俱乐部总务主任兼山东惨祸筹赈会总务主任;刘登鼎(1880—1945),广东梅州人,新加坡华侨企业家。

建像存款三万余元，现尚妥存银行生息，公时铜像，当时由德国造来，现寄存南益厂内。

三、已经宣布结束之十余年前赈务在当时亦辄经报纸宣布，其间不幸涉讼数年，然结束后，全坡固绝无一人，发生疑问，如果已经明白结束之十余年前济案赈款，可以无端纠缠，则比济案较后之本坡中华总商会所发起而名为豫陕甘旱灾筹赈会胡文虎①君任主席者，募捐数万元，事后亦未闻有征信簿之刊布，甚至账部［簿］单据两失，向何银行汇款，汇交国内何人，计有几次，款额若干，未悉是否亦可公布？又如"九一八"以后，星洲日报会有几次（尤其是"一·二八"淞沪会战）代收各地侨胞许多捐款，为数甚巨，每次是如何收入，如何由何家银行汇出，有无逐条来往账目，可以全盘露布，以资侨胞详细比对，至今还是茫然的事。济案赈款，虽办在先多年，却幸有事实根据，可以证明于后，请看下面账目。

四、本坡为南洋英国殖民地首府，且为世界有名商埠，各国银行林立，报纸发达，而政治清明，尤不亚于欧美文明诸国。吾侨居此，估最多数，各种事业，亦不落后，如银行一项，以数量论，吾侨竟可居第一位。而华侨银行，尤为各华人银行中之翘楚，分行几遍中外各大商埠。由此而观，□总行董事，定是明理知法之人，而且当然晓畅银行之责任，与其规律。银行对于顾客，有如唇齿相依，情义密切，其对于顾客合法之权益，与其秘密，□宜十分尊重，凡此皆于外国银行，有例可征者。今乃有以银行董事资格，责令银行当事人，将十年前已经结束之济案筹赈会，与和丰华侨两银行来往账目，全盘抄出，而又□然在报纸上公布于众，且间接引用银行名义，以为攻击人之工具，此为乎可。银行董事，虽有权可查知银行内账目，然须极端遵守秘密，不再传泄于第二人，否则违犯法律，该董事事后以告某银行当局，谓为此举原非本意，乃因某党人所主使云云。姑不论其是否本意，本人除将以下所列账目公布外，决以法律从事。

一、新嘉坡山东惨祸筹赈会对和丰银行进支总结

---

① 胡文虎（1882—1954），祖籍福建永定，缅甸仰光出生，著名华侨企业家、报业家和慈善家。

进入部分

一九二八年五月廿一日起至一九三一年六月廿二日止，计入和丰银行四百三十三条银一百三十三万九千二百六十八元七角五占。

支出部分

一九二八年五月廿一日汇财政部国币十万元叻银八万七千八百七十五元

五月廿五日汇财政部国币十万元叻银八万零七百五十元

五月廿九日汇财政部国币十万元叻银八万九千五百元

六月六日汇财政部国币廿万元叻银一十七万三千元

六月九日汇财政部国币十万元叻银八万七千一百二十五元

六月十五日汇财政部国币一万元叻银八千五百二十五元

七月四日汇财政部国币廿万元叻银一十七万元

七月十日汇财政部国币十万元叻银八万三千百七十五元

七月三十日汇财政部国币十万元叻银八万四千三百七十五元

八月十八日汇财政部国币十万元叻银八万三千八百九十五元

九月六日汇财政部国币五万元叻银四万一千元

九月廿四日汇财政部国币五万元叻银四万零七百五十元

十月三十日汇财政部国币五万元叻银四万一千零九十三元柒角五占

十一月七日汇财政部国币五万元叻银四万一千元

一九二九年四月廿二日汇财政部国币五万元叻银三万九千五百元

一九卅一年二月四日找汇叻银一百万元

共十六条国币一百三十六万元叻银一万元合申叻银一百一十六万二千二百六十八元七角五占

零支和丰银行二十一条银一万四千六百二十六元六角九占

□回银仄二十条银六万八千九百零六元九角六占

买仄部银四元二角五占

还利息银六十二元一角

公时建像支去银三万三千四百元

树胶公会寄在律师处银六万元

共六条银一十七万七千元

合计二大柱银一百三十万九千二百六十八元七角五占

二、新嘉坡山东惨祸筹赈会对华侨银行进支总结

进入部分

一九三三年承前存银七百二十九元八角一占

四月十九日去银四万二千一百六十五元

六月廿八日利息银一百七十二元二角五占

九月九日去银八十三元七角占

共四万三千一百四十五元八角二占

支出部分

九月九日支来律师费银二千八百八十二元九角

又由华侨银行汇交中国政府财部叻银四万零二百六十二元九角二占

共银四万三千一百四十五元八角二占

附注：收来四万二千一百六十五元系该案结后由律师扣费找来树胶公会之款。

三、公时建像对华侨银行进支总结

进入部分

公时建像寄存华侨银行一九三三年银三万六千七百八十三元七角八占

支出部分

支出寄存中国银行银三万元

又买德国铜像四千一百九十九元六角

又零支及公时夫人费用银二千五百二十元

共三条银三万六千七百一十九元六角

除后尚存银行六十四元一角八占

附注：此条寄存中国银行长期之款母利现已达三万五千余元，单据由李振殿先生保管。

中华民国三十年九月二十日

录自新加坡《南洋商报》1941年9月20日。

向参政会提案

(1941年10月)

（上略）接来函电，本届参政会将于本年十一月开第二次大会，庚以海外赈务缠身未克前来出席。谨拟提案四条，请依法代为征求参政员同人同意，提出大会通过，实纫公谊，专此谨颂公祺。

附提案四条

一、请行政院财政部，将民国廿六年元月起，至三十年终止，计五年全部进支决算案公布案。

二、请行政院财政部，将民国卅一年度进支预算提前公布，并于年终公布决算，以后年年依例办理案。

三、马寅初[①]博士被禁经年，全国失望，请政府恢复其自由案。

四、请求政府对于各省粮食、盐、运输三项各予统制案。

（附由）战时物资统制固多必需，然制度人事组织未臻完备，因之弊实丛生，较之听民自由其害尤烈，上述三项，有关民食交通，害民最惨。福建一省足为车鉴，应请政府撤消统制，但严令官民不得囤积居奇足矣。

录自《上海周报》1941年11月15日第4卷第21期，大成故纸堆数据库。

---

① 马寅初（1882—1982），浙江嵊县人，经济学家、人口学家。

告侨胞书

(1941年12月16日)

此次日寇掀起太平洋战事，发于宵夜，不宣而战，依然是运用法西斯强盗一贯的战略。小偷伎俩，固无补其整个战局，最后胜利，仍在有庞大结合资源丰富之民主国家。小不敌大，邪不敌正，历史昭示，确然不移！此盖吾人所坚决信赖。

查自六月廿二日，希特拉①进攻苏联，日寇即增兵伪满，盘马弯弓，时思蠢动；乃复垂涎于南洋天产之富饶，更大吹南进之号角。其所以逡巡多月，未遽出手，盖有待于莫斯科战役之决定。迨月前德国法西斯强盗，迫近苏京，日寇误认其旦夕可下，迫不及待，乃遽然发动太平洋战争，冀与德军遥相呼应；而不知南辕北辙，背道而驰，日寇南进之炮声甫鸣，而德军西撤之恶［噩］耗陡至，向空一扑，徒损气力。此时之日寇，当必自悔孟浪，噬脐莫及矣！轴心国家结合之脆弱如是，又安能并肩作战，可见其必败无疑。

吾侨平昔安居海外桃源，熙熙攘攘，匕鬯不惊，今日突遭战争，寇机轰炸，财命牺牲，影响所至，工商停业，学校停课，恐怖忧惶，损失惨重，此固一切战时国家所难免。语虽有云，兵凶器，战危事，然既无可回避，则宜奋勇以赴，镇定以处，倘或遇事惊惶，势必易受奸细所惑，庸人自扰，于己身固无益，于地方且有碍。本总会为望吾侨同心协力，坚强民主国家壁垒，扑灭法西斯强盗集团，拥护当地政府，安定社会人心，爰将当前形势，胪举各节，普告如下：

（一）日寇海军所鼠扰者：在南洋方面，不过中国海、菲律宾、婆罗洲、荷印、越南、泰国等处一部分之海面而已；至于马来亚以西至缅甸、印度、锡兰等，在印度洋范围内及澳洲诸海面，固完全操诸英国，日寇无论如何凶蛮，亦绝无其动武之地。马来亚抗战士兵，所需军人粮食，概得由美国，及加拿大、

---

① 即阿道夫·希特勒。

澳洲、印度、缅甸各地源源运来，航行安稳，视大西洋为便。

（二）海军力量，平时日寇战舰吨数较，不及英美三份之一；其在船坞赶造将完成者，又不及十份之二。相悬若此！试问日寇何以为厉？近日战事初起，虽因英国两巨舰①之壮烈牺牲，至竟不幸，惟日寇已被美国炸沉主力舰两艘，航空母舰一艘，双方对比，仍为日寇失利！檀香山已安如磐石，菲律滨、香港，当可无虞，时间稍进，太平洋之制海权，必完全握于英美两大国之掌中，马来亚更可高枕无忧矣！上所言者，乃海洋之形势也。

（三）眼前马来亚拥有守军数十万众，而澳洲、加拿大、印度各处援军，将如潮涌至。报载美国有战时军队七百万人，可供应其国外战区，马来亚果有必需，当亦可大量增援。日寇军队纵倾其全国所有，不过三百万人，侵华五年，死伤已逾百余万，而眼前牵制于我国各战场者，亦将百万；此外驻防伪满边境，当在五十万以上；其在寇国内以及高丽、台湾之留守，至少亦须十余万人，以上合计：已达二百五十六万人。则所余者，亦仅四五十万人耳！以之分配太平洋各地之战争，充其量每地亦不上十万人。来侵马来亚者，最多十万人至十五万人而已；兵源已竭，无以为继，何能持久，就现在之数量论，亦不及马来亚守军三份之一也。上所言者，乃陆军实力之对比也。

（四）现代立体战争，空军已占重要地位，英美飞机，产量之大，品质之佳，为全世界冠；且日新月异，进步无穷，绝非日寇可望其肩背。日寇机件，不能完全自制，大半购诸外国，非惟陈旧，且消耗日多，来源必绝。查其飞机数量，原不上三千架，战时编配，可在前线作战者，最多只有一千架；余当留为后备。更按前线作战飞机，每月约须损失四份之一，计其补充之数，只足供应八阅月而已！英荷及我国对日寇作战之飞机，已远比日寇为多且强；如再加美国及苏联，则日寇所谓空军，直如蜻蜓之对鹰隼耳，乌足道哉！上所言者，乃空军势力之对比也。

总之，马来亚居民，以平时未经战争，一旦事变突起，奸细造谣，社会秩序，不免一时骚动。顾事不离实，吾人盍用理智从多方面加以观察，则谣言可

---

① 即1941年12月10日在马来海战中被日军击沉的英国皇家海军"威尔士亲王"号战列舰和"反击"号战斗巡洋舰。

不攻自破，信念自油然而生。如上所举海陆空三方面情势，虽非绝对准确，要亦相差不远，则马来亚之前途如何？不难由是推知，又何必鳃鳃过虑，以□□□□哉！以空袭，我国之重庆桂林，敌机频来，次数最多，而两城民众，习惯经常，久已视若无睹；但来则避之，去则复出，工商各业，愈炸愈兴，绝未见有惶恐萧条之象。我国空军，为全面应战，留驻后方城市者殊寡，民众犹镇定若此，若马来亚则机群可以蔽空，少数寇机，又何足惧！所望吾侨安心乐事；尤其教育事业，不可中辍。盖教育所关儿童学业最巨，宝贵光阴，忍令轻弃？凡教师家长及董事，咸宜深切注意，诚恐学校一停，教师迫而改业，欲图恢复旧观，更非易易耳！

最后更欲为我侨胞告者，我国抗战四年余，侨胞义捐，未尝间断，虽以我国之单独作战，侨胞尚抱胜利决心，而源源输将，不达胜利目的不止。今则英、美、荷、澳诸友邦，已共同作战，实力陡厚，日寇败亡，久则年余，暂则数月，可书铁券，不待蓍龟。故我侨胞对祖国之赞助，尤当与救济当地战灾，同时加进，万勿稍懈，庶以完成祖国抗战之功，共达民主国家胜之域。

录自集美校董会《陈嘉庚档案》。

陈厥祥、陈嘉庚关于申请注册集友银行股份有限公司给福建省建设厅的呈

(1943年10月8日)

呈为呈请注册事：窃厥祥等现在福建永安设立集友银行股份有限公司，理合遵照公司注册暂行规则，将注册应行声叙各事项逐一填载于后，随缴注册费计国币肆百元，呈请鉴核，转呈经济部核准注册给照，实为公便。谨呈福建省政府建设厅。照收现金肆百元正十月十五日。

具呈人陈厥祥①、陈嘉庚

附件清单②

一、公司章程一份。

二、股东名簿一份（附已缴未缴股本数）。

三、董事及监察人姓名册一份。

四、发起人会议决议录一份。

五、验资证明书一纸。

叶道渊　陈村牧③　陈六使　李光前　陈济民④　陈博爱⑤　叶采真　丘泽平　陈国庆⑥　陈康民

中华民国三十二年十月七日

---

① 陈厥祥（1900—1965），祖籍福建集美，陈嘉庚次子。

② 此处附件只收录公司章程。

③ 陈村牧（1907—1996），福建金门人，时任集美学校校长。

④ 陈济民（1897—1989），又名厥福，祖籍福建集美，陈嘉庚长子。1943年出任福建永安集友银行代董事长。

⑤ 陈博爱（1907—1944），祖籍福建集美，陈嘉庚三子。厦门大学肄业，在三巴旺陈嘉庚橡胶制品厂任职，1944年于苏门答腊病逝。

⑥ 陈国庆（1912—？），祖籍福建集美，生于新加坡，陈嘉庚五子。1931—1934年在陈嘉庚公司任职，后任德康砖厂和集美胶园（在柔佛）经理，德康砖厂是当时新加坡规模第二大的砖厂。

集友银行股份有限公司章程

第一章　总则

第一条　本银行遵照现行银行法令及公司法股份有限公司之规定组织之定名为集友银行股份有限公司，呈请财政部注册经济部登记。

第二条　本银行暂设总行于福建永安，抗战胜利后移设厦门。经董事会之决议得于国内各地设立分支行及办事处或代理处，但须分别呈请财政部核准经济部备案。

第三条　本银行营业年限制自奉准给照之日起，定为三十年期，继后经股东会决议呈请财政部核准延长之并呈请经济部备案。

第四条　本银行公告方法以通函及登载与总行所在地之著名日报行之。

第二章　营业

第五条　本银行营业范围如左：

一、存款。

二、放款。

三、票据贴现。

四、国内汇兑及押汇。

五、买卖有价证券（但不得有投机性质）。

六、代筹募公债及公司债。

七、代理收付款项。

八、保管贵重物品。

九、仓库业务。

十、储蓄业务□定资本另订章程。

本银行除左列各情形外不得买卖不动产：

一、营业用不动产。

二、因清偿债务收受之不动产但应于收受后即处分之。

本银行不得收买本银行股票并以本银行股票作借款之抵押品，因清偿债务受领之本银行股票应于受领后即处分之。

第三章　股份

第六条　本银行资本总额定为国币肆百万元，分为四千股，每股一千元，全数认足得先收半数，开始营业其余定期收足之。

第七条　本银行股东以有中华民国国籍者为限。

第八条　本银行股票于呈准登记后由董事三人以上署名盖章编号填发。

第九条　本银行股东应将其印鉴填于其印鉴票上交与本银行存证，凡领取红利及与本银行以书面行使其股权时概以所存印鉴为凭，如印鉴有变更或遗失时须向本银行声明其变更或遗失之缘由，经审查无误方准改换新印鉴。

第十条　本银行股票为记名式，如以法人常记，记名者应将代表人姓名住址报明本银行记入股东簿，变更时亦同；如数人共有者，应指定一人为代表。

第十一条　股东之转让、继承、过户、换票各规则由董事会另行订之。

第十二条　股票如有遗失、毁灭，应即报明本银行将遗失股票号数注销并登载该行所在地及失事地之通行日报公告三日，自公告最后之日起，经过三个月如无纠葛发生，始得邀保证人出具证书向本银行领取新股票。

第十三条　每届股东常会前一个月内、临时会前十五日内停止股票过户。

第四章　股东会

第十四条　本银行股东会分为常会及临时会两种。

一、股东常会于每年年底总决算后两个月内由董事会召集之。

二、股东临时会遇必要时依公司法之规定召集之。

第十五条　本银行股东之表决权每一股为一权，一股东而有十一股以上者，其超过十股部分以二股为一权，但每股东之表决权及其代理他股东行使之表决权合计不得超过全体股东表决权五分之一。

第十六条　股东如因事不能出席股东会得出具委托书委托本银行其他股东为代表。

第十七条　股东会须有本行股份总额过半数之出席方得开会，以出席表决权过半数之同意方得决议，但变更章程及增减资本时，应依公司法第一百八十六条之规定行之。

第十八条　规定股东会开会由常务董事推定一人为主席。

第五章　董事监察人及职员

第十九条　本银行董事会由股东会于满五股之股东中选举董事九人组织之，监察人三人由股东会于满二股之股东中选任之。

第二十条　董事任期三年，监察人任期一年，连选得连任之。

第廿一条　董事会设董事长一人，常务董事二人，由董事会就董事中选任之，处理董事会一切日常事务。

第廿二条　董事会开会时由董事长主席，董事长缺席时由常务董事中公推一人代理之。

第廿三条　董事会以董事过半数之出席方得开会，其决议以出席董事过半数之同意行之可否，同数时取决于主席。董事会议之议事录应由到会各董事签名签章保存。本行关于董事本身议案不得有决议权，董事会议事规则另订之。

第廿四条　监察人得列席董事会议，听取报告并陈述意见，但无表决权。

第廿五条　监察人得随时调查银行财务状况，查核账册文件并请求董事报告业务情形。

第廿六条　董事及监察人之报酬由股东会定之。

第廿七条　本银行设总经理一人，秉承董事会处理本银行一切事务，设协理、襄理各一人，辅助总经理处理本行一切事务，均由董事会聘任之。

第廿八条　本银行设银行部、储蓄部，各部设主任一人，由总经理提请董事会议决聘任之，其他各职员由总经理延用后报告董事会备查。

第廿九条　本银行选任之董事长、常务董事、董事、监察人及总经理、协理、襄理、主任均应报请财政部经济部备案。

第六章　结算及盈余支配

第三十条　本银行于每年六月底决算一次，十二月底总决算一次，每届总决算，由董事会造具左列各项表册于股东常会前三十日送交监察人查核，副署提交股东会请求承认，呈送财政部经济部查核并依法公告之。

一、营业报告书。

二、资产负债表。

三、财产目录。

四、损益计算书。

五、公积金及盈余分配之决议。

第卅一条　本银行每年所得净利先提百分之十为法定公积金，百分之二十为集美学校经费，次付应缴之税款，再提股利年息一分二厘，其余按左列成数分配。

一、股东红利百分之六十。

二、董事监察人酬劳金百分之五。

三、总经理、协理及各职员酬劳金百分之二十五。

四、奖学金及社会事业补助金百分之十。

第七章　附则

第卅二条　本银行办事细则另订。

第卅三条　本章程未尽事宜悉遵现行银行法令及公司法之规定办理。

第卅四条　本章程经股东会议决，呈请财政部备案后实行，修改时亦同。

集友银行股份有限公司储蓄部章程[①]

第一条　本银行遵照储蓄银行法及本银行章程第五条第十款之规定，设立储蓄部并得依董事会名议决于分支行所在地设立分部。

第二条　本储蓄部资本定为国币二十万元，由本银行资本总额内拨充之。

第三条　储蓄存款种类如左：

---

① 此储蓄部章程为集友银行公司章程中的子章程。

一、活期储蓄存款。

二、定期储蓄存款。

甲、零存整付。

乙、整存零付。

丙、整存整付。

活期储蓄存款数额之限度遵照储蓄银行法第五条之规定办理。

第四条　储蓄部所用存款其运用范围如左：

一、购入政府公债库券及其他担保确实经财政部认可之有价证券。

二、以政府公债库券及其他担保确实经财政部认可之有价证券为质之放款。

三、以继续有确实收益之不动产为抵押之放款。

四、以其他银行定期存单或存折为质之放款。

五、存放其他银行。

六、购入其他银行承兑之票据。

七、对于农村合作社之质押放款。

八、以农产品为质之放款，但不得有囤积居奇情事。

以上各款限度遵照储蓄银行法第八条办理。

第五条　本储蓄部于每三个月结帐时，按照存款总额四分之一数额，以相当之政府公债库券及其他担保确实之资产交存中央银行特设保管库，为偿还储蓄存款之担保。

第六条　本储蓄部设主任一人，主办储蓄业务。

第七条　本储蓄部之财产不足偿还各储户债务时，本银行董事、监察人、总经理及本储蓄部主任，在卸职登记二年以内均有连带无限责任。

第八条　本储蓄部会计独立，不与本银行其他部分混合。

第九条　本储蓄部之资产负债表及财产目录，每三个月在总分部所在地公告一次并呈报财政部备案。

录自福建省档案馆、厦门市集美学校委员会编，丁志隆主编《集友银行档案选编》，海风出版社2008年12月版，第1—22页。

集友银行股份有限公司关于设东兴、柳州、泉州三办事处给财政部的呈

(1943年12月27日)

为拟设立东兴、柳州、泉州三办事处赍呈业务计划书及当地金融经济调查报告书，恳祈鉴核示遵由。

窃查属行成立瞬已三月，各业业务逐渐展开，兹为扩大服务范围，沟通侨汇并适应侨眷生产事业之需要起见，经属行董事会决议，拟于东兴与柳州、泉州三处设立办事处，除营运基金，每处各拨定国币式拾伍万元，俟开业前再行缴存各当地中央银行呈请查验外，理合遵照商业银行设立分支行处办法第四条之规定，分别造具业务计划书、当地金融经济调查报告书各三份备文赍呈鉴核，伏乞俯赐批准。谨呈财政部。

附呈业务计划书三份，当地金融经济调查报告书三份。①

集友银行股份有限公司董事长陈嘉庚、总经理陈厥祥

拟设东兴办事处业务计划书

东兴为广西防城县要镇，与越南之芒街隔江相对，太平洋战事发生后，沿海交通断绝，侨胞汇款回国汇集此地，故成为沟通越南侨汇之桥梁。本行旨在沟通侨汇，扶助侨眷生产事业，拟拨营运基金国币式拾伍万元于该地设立办事处，定名为"集友银行东兴办事处"，并遴派卓神荣为主任。兹将其略历列表如次：

姓名　卓神荣

---

① 本文录自《集友银行档案选编》，原文缺柳州、泉州金融经济调查报告书和泉州办事处业务计划书。

籍贯　福建

年龄　37岁

略历　私立集美高级商业职业学校毕业,曾任集美学校事务主任,星加坡陈嘉庚公司会计。

备注　华侨

该办事处因侨款汇入多于汇出,拟拨营运基金国币式拾伍万元并得由总行随时调拨头衬,视当地之需要调其盈虚,办理本行既定业务。谨将业务计划略陈如次:

(一)吸收侨胞汇款。旅越侨胞,大半拥有雄厚财力,太平洋战事发生后,沿海交通断绝,东兴成为侨汇出入孔道。目前由东兴汇入侨款月约五佰万以上,以每仟元收手续费国币三十元计算,月可得汇水拾伍万元。

(二)鼓励侨资内移。南洋沦陷后,华侨资金有被敌利用之虞,亟应设法吸收回国。本行因与华侨关系特密,拟界[借]以各种便利,使旅越侨胞咸愿携资回国就业以助长国内生产事业。

(三)吸收游资。方今东兴游资充溢,群趋投机事业,为害匪浅。拟于可能范围内尽量吸收,期引纳入生产之途。

东兴金融经济调查报告书

东兴为粤省防城要镇,与越南芒街隔江相对,人口约十余万人,贸易早称繁盛。抗战军兴,沿海沦陷,成为华侨出入之孔道,地位愈行重要。内地商民由越南抢运物资来后方者,皆以东兴为转运枢纽。兹将其金融经济状况调查如次。

(一)交通

由东兴至广西南宁水陆皆通,水路约需十二、三日,陆路兼水路则八、九日可达。另有一长约三十余丈之铁桥通越南芒街,凭"过界证"通行,为目前沟通越南唯一要道。

(二)商业

东兴商业以粤商所办之九八行①或经纪行最多，约百家左右，商号资力多在佰万以上。进口货物以生胶、古末（胡椒）、布匹、颜料及洋杂为大宗，月值三仟余万元。出口物以药材为多，如川芎、当归、白芷等为大宗，月值三仟余万元。

（三）银钱业

东兴银钱业仅广东省银行一家，近邮政储金汇业局亦设有办事处。目前越侨解汇回国侨款多由商人暗中私收转托粤省行及邮局转解内地，月约四仟余万元，其中汇闽省泉属占总额四分之一。

拟设立柳州办事处业务计划书

柳州居广西中部，毗连粤湘黔三省，湘桂、黔桂两铁路中心。太平洋战事发生后，沿海交通断绝，柳州、东兴成为侨汇出入孔道，每月汇解侨款达六仟万以上。本行旨在沟通侨汇，扶植华侨教育。兹为时势需要，拟拨定营运基金国币贰拾伍万元，于该地设立办事处，定名为"集友银行柳州办事处"，遴派李遂囊为主任，兹将其略历列表如次：

姓名　李遂囊

籍贯　福建南安

年龄　39岁

略历　私立厦门大学商学院毕业，历任集美高级商业职业学校校长，广西省政府会计处科长。

备注

该办事处因侨款汇入多于汇出，拟划拨基金国币贰拾伍万元办理本行既定业务。谨将营业计划略陈如次：

（一）办理侨胞汇兑。太平洋战事发生，沿海交通断绝，柳州成为侨汇出入孔道，每月解汇侨款达叁佰万左右，以每仟元收手续费二十元计算，月可收汇

---

① 九八行（店）即当时南洋华侨通行的出口代理经营模式，一般抽取一至二成佣金。

水六万元。

（二）举办教育贷款。集美学校经营向赖侨胞维持，南洋沦陷后，该校经费来源断绝，影响匪浅。本行因与该校关系特密，拟尽力之所及予以贷款，俾该校不致中途停顿。

（三）举办侨眷贷款。侨眷有正当职业者，遇生产事业周转金或其他正当用途时，拟酌贷给款项，使侨眷可维持其生计。

（四）办理侨眷储蓄。太平洋战事发生后，内汇侨资仍巨，惜一部分趋于投机事业，拟尽力吸收期纳正当之途。

（五）扶助工业放款。年来侨眷经营事业，因受原料运输及生活上涨影响，多周转不灵，陷于停顿状况，拟就力之所及予以扶助。

录自福建省档案馆、厦门市集美学校委员会编，丁志隆主编《集友银行档案选编》，海风出版社2008年12月版，第200—208页。

集友银行续招股本启事及续招股本章程

(1944年1月30日)

集美银行续招股本启事

　　本银行由侨领陈嘉庚先生创办，遵照现行银行法令及公司法股份有限公司之规定组织之，定名为集友银行股份有限公司，简称集友银行，以沟通侨汇办理侨贷为业务中心，兼营一般商业银行业务，暂设总行于福建永安，抗战胜利后移设厦门，资本总额定为国币肆佰万元，由创办人陈嘉庚先生认购半数并缴清认额股款。业经呈准财政部注册经济部登记在案。本银行总行于民国三十二年十月一日开幕，迄今数月，荷承海外侨胞社会各界多方爱戴，频加扶植，以故为期时虽暂，业务仍得顺利推进，日渐发展，不负各方所期望。兹为增厚营运资金扩大服务范围起见，除本银行旧股东有优先认购续招股本一部分外，特再公开招股以募足本银行未收资本部分之国币式佰万元为限。谨将续招股本章程附列如后，希有意投资者踊跃认购，至感幸甚。

集友银行董事会谨识
三十三年一月卅日

集友银行续招股本章程（附认股书）

　　一、本银行资本总额定为国币四百万元，分为四千股，每股一千元，除已实收二百万元外余额就本次续招股本内募足之。

二、续招股本本银行旧股东有优先参加权。

三、续招股本每认股人最多以五百股为限。

四、认股人应照本银行认股书各项填明并签名盖章，送交本银行登记。

五、认购股款应于民国三十三年二月前一次缴清，逾期未缴，该认股书即行作废。

六、本银行于股款缴清时即填给股款临时收据，俟正式股票填就，经由董事三人以上署名盖章后，即凭股款临时收据换给股票。

七、本银行股东以有中华民国国籍者为限。

八、本银行股票为记名式，如以法人堂记记名者，应将代表人姓名住址报明本银行记入股东簿，变更时亦同，如数人共有者，应指定一人为代表。

九、本银行股东之表决权，每一股为一权，一股东而有十一股以上者，其超过十股部分以二股为一权，但每股东之表决权及其代理他股东行使之表决权，合计不得超过全体股东表决权五分之一。

十、本银行设董事会，由股东会于满五股之股东中选举十三人组织之，监察人三人由股东会于满二股之股东中选任之。

十一、本银行每年所得净利先提百分之十为法定公积金，百分之二十为集美学校经费，次付应缴之税款再提股利年息一分二厘，其余按左列成数分配。

1. 股东红利百分之六十。

2. 董事、监察人酬劳金百分之五。

3. 总经理、协理及各职员酬劳金百分之二十五。

4. 奖学金及社会事业补助金百分之十。

十二、本章程未尽事宜悉遵公司法暨关系各法令办理。

录自福建省档案馆、厦门市集美学校委员会编，丁志隆主编《集友银行档案选编》，海风出版社2008年12月版，第34—38页。

集友银行总行关于报送设立登记事项、各股东已缴股款清册、董监姓名住址清册等给福建省建设厅的呈

(1944 年 3 月 13 日)

集友银行总行行呈

案奉钧厅云丑养厅建甲永第一四〇九号批开"呈件均悉，该公司之组设准予备案，仍应克速依法声请设立登记。着遵照此批。"等因奉此自应遵办。兹编具本行设立登记声叙事项清册、各股东已缴股款清册、董事及监察人姓名、籍贯、住址清册各二份，理合备文送请察核登记，转呈经济部备案，实为公便。

谨呈福建省政府建设厅厅长朱[①]。

附呈送集友银行股份有限公司设立登记声叙事项清册、各股东已缴股款清册、董事及监察人姓名、籍贯、住址清册各二份。

具呈人：

集友银行股份有限公司全体董事　陈嘉庚　陈厥祥　陈济民　叶道渊　陈村牧　陈六使　李光前　陈博爱　叶采真

全体监察人　丘汉平　陈国庆　陈康民

集友银行股份有限公司设立登记声叙事项清册

一、公司之名称。本公司定名为集友银行股份有限公司。

---

① 朱玖莹（1898—1996），湖南长沙人，书法家，时任福建省建设厅厅长。

二、所营之事业。本银行营业范围如左：

（1）存款。

（2）放款。

（3）票据贴现。

（4）国内汇兑及押汇。

（5）买卖有价证券。

（6）代募公债及公司债。

（7）代理收付款项。

（8）保管贵重物品。

（9）仓库业务。

（10）储蓄业务（拨定资本另订章程）。

三、股份之总额及每股金额。本银行资本总额定为国币四百万元，分为四千股，每股一千元。

四、本店支店及所在地。本银行暂设总行于福建永安，抗战胜利后移设厦门，经董事会之决议，得于国内各地设立分支行及办事处或代理处。

五、公司公告之方法。本银行公告方法以通函及登载于总行所在地之著名日报行之。

集友银行股份有限公司股东已缴股款清册

户名	股数	股款	已缴股款	收股存根号数	存备
陈嘉庚	一千五百股	壹百伍拾万元	柒拾伍万元	集字第一号	
陈六使	一千股	壹佰万元	伍拾万元	集字第二号	
陈济民	五百股	伍拾万元	式拾伍万元	集字第四号	
陈厥祥	五百股	伍拾万元	式拾伍万元	集字第五号	
陈博爱	式百肆拾股	式拾肆万元	壹拾式万元	集字第六号	
李光前	式百股	式拾万元	壹拾万元	集字第三号	
陈村牧	拾股	壹万元	伍仟元	集字第八号	
叶道渊	拾股	壹万元	伍仟元	集字第十号	
叶采真	拾股	壹万元	伍仟元	集字第九号	

续表

户名	股数	股款	已缴股款	收股存根号数	存备
丘汉平	拾股	壹万元	伍仟元	集字第十一号	
陈国庆	拾股	壹万元	伍仟元	集字第七号	
陈康民	拾股	壹万元	伍仟元	集字第十二号	

集友银行股份有限公司董事及监察人姓名籍贯住址清册

职别	户名	籍贯	住址
董事长	陈嘉庚	福建同安	新加坡怡和轩
常务董事兼总经理	陈厥祥	福建同安	永久 新加坡陈厥祥商务公司；临时 福建永安集友银行
常务董事	陈济民	福建同安	永久 新加坡南益树胶公司；临时 福建永安集美实业股份有限公司
董事	叶道渊	福建安溪	福建永安农林公司
董事	陈村牧	福建金门	福建安溪集美学校
董事	陈六使	福建同安	永久 新加坡益和树胶厂；临时 福建安溪集美学校
董事	李光前	福建南安	永久 新加坡南益树胶公司；临时 福建安溪集美学校
董事	陈博爱	福建同安	永久 新加坡利民公司；临时 福建安溪集美学校
董事	叶采真	福建安溪	福建安溪集美学校
监察人	丘汉平	福建晋江	福建永安福建省驿运管理处
监察人	陈国庆	福建同安	永久 新加坡集美学校树胶园；临时 重庆中国药产提炼股份有限公司
监察人	陈康民	福建同安	重庆莲花池十号中国电化厂

录自福建省档案馆、厦门市集美学校委员会编，丁志隆主编《集友银行档案选编》，海风出版社2008年12月版，第53—62页。

集友银行股份有限公司关于设立
福州办事处呈及财政部批

(1944年3月13日—4月11日)

集友银行股份有限公司关于设立福州办事处呈

呈送福州业务计划书、金融经济调查报告书，本行已计分行处详表，请鉴核示遵。

呈

窃查本行成立瞬将半载，各项业务逐渐展开，兹为便利侨胞并适应需要起见，经董事会议决，拟于福州设立办事处，除营运基金拨足国币贰拾伍万元，俟开业前缴存该地中央银行请准查验外，理合遵照商业银行设立分行处办法第四条规定，造具福州业务计划书、当地金融经济调查报告书、已设分行处详表各三份随文呈请鉴核，伏乞俯赐批准，俾使开业，实为公便。谨呈财政部部长孔。

附呈送福州业务计划书三份、福州金融经济调查报告书三份、集友银行已设分支处详表三份。

集友银行股份有限公司董事长陈嘉庚、总经理陈厥祥

拟设福州办事处业务计划书

福州居闽江下流，为闽省通商口岸之一，闽东、闽南、闽西北各县物资均以此为转运吐纳枢纽。民国三十年间曾经一度沦陷，但不久即告克复，迄今两载有余。以省政当局之锐意经营，已复旧观。商贾辐辏，市面繁荣不减昔时盛

况。本行成立于抗战建国第六年之十月，遵照政府管制金融法令，配合军事政治需要，办理业务。兹为适应地方需要，发展本行业务起见，拟拨足营运基金国币式拾伍万元于该地设立办事处，定名为"集友银行福州办事处"，遴派杨□赞为主任。兹将其略历列表如下：

姓名　　杨□赞

籍贯　　福建晋江

年龄　　34岁

略历　　上海圣约翰大学商学士，曾任福建造纸厂营业部主任，福州商业银行总稽核。

备注

该办事处除划拨营运基〈金〉式拾伍万元外，并由永安总行随时调拨头衬，视当地之需要调剂其盈虚，办理本行既定业务。谨将业务计划略陈如次：

一、鼓励侨资内移。闽省侨胞遍布海外，经营事业，成绩优异，即外邦人士亦为之称道，不置移资致富颇不乏人。惜对国内情形经济状况未甚明了，间有汇款回国，每感投资无门之苦，因之内移者不多。此次南洋各岛沦陷，侨胞财产损失不赀即是之故。本行系侨资内移，奉准设立，洞悉症结所在。拟将闽省经济资源、工商状况随时调查，分别函告各有关侨务机关及侨领，籍供投资之参考，并对于侨资之汇入手续，力求简便。汇费尽量低廉，侨胞桑植情殷，爱乡心切，投资本省实业素具热忱，深信大量侨资将因是而逐渐内移，源源不绝。

二、扶植侨办生产事业。太平洋战起，侨胞不甘受敌人奴役，携款返国经营实业者亦有人在。惜因资金有限，周转困难影响，生产减少，甚或因是陷于停顿状态。本行拟对于该项侨资经营之厂商，调查其生产品需求情况，并及其信用程度，酌予贷款，以利生产而增物资供应。

三、举办教育贷款。闽省侨胞捐款创办学校为数颇多，培育人才，促进文化厥功匪鲜。而集美学校内分小学、初中、高中、商职、农职、水产等校，校址遍设同安、安溪、南安、大田等县，规模尤大。现在该校经费除政府拨给补助费外，按月犹不敷二十余万元。虽由本行及集美实业公司按年就盈利项下拨充弥补，仍时感经费周转困难。本行因与该校关系特密，拟就力之所及酌予贷款，以利教育。

四、办理侨眷储蓄。太平洋战争发生后，内汇侨资供给家用者仍有一部分，惜侨眷一时骤得巨款，或则生活难免浪费，或则将备付家用外之余款，趋于投机事业。本行素以福利侨胞为旨，拟多方劝导，招收该项存款，以次兼及市面，一般游资使纳入正轨，免助囤积之风兼撙节其浪费，养成俭德。闲散之游资经集积后而变成有利社会之生产资金。

五、倡办票据贴现。商业票据如得贴息收现之便利，承受者将必加多其流通率，因而增速工商企业融通款项之范围亦随之而扩大。惟在我国市场习惯票据行使尚不普遍，生产事业之不发达，此亦为主因之一。本行为助长票据流通，增加票据效能，倡办贴现以便利商民。

福州金融经济调查报告书

福州为闽省通商口岸之一，东滨东海，西绕群山，形势雄伟，交通便利，以故人烟稠密，市肆栉比，商业兴盛，金融活跃，货运进出及物资之抢运抢购尚见畅达。惟福州不幸于三十年四月陷于敌手，物资损失为数甚巨。迨是年九月克复后迄今两年，有赖以省政当局之锐意经营，已复旧观。兹将福州金融经济状况分述如次：

一、交通运输。福州上游客道以闽江公司轮船为主，货运似以装配民船居多，下游由福州至闽侯县各乡及自福州至长乐、连江各线均有小大轮或民轮行驶。至于上海、温州各线，不时另有少数民船往返。

二、工业。福州手工业之漆器、雨伞、木梳等项素著盛名，行销各地，为数颇多。酌以海口封锁，外销减少，日渐衰弱，惟一般日用品素待舶来供应。今以来源缺乏之纷纷设立小规模工厂，仿制或改良各项日用品以应社会需求，其最足称述者：

（1）纺纱。里巷所过，机纺相闻，城台纺户逾万户，全市纺纱机约二万架，其出品足以媲美十支机纱。

（2）织布。城台织造所约有百余家，其出品以军装布制服为主，销路尚见畅旺。

（3）磨粉。城台计有十余家，市面消费面粉胥由取给。其出品精美，不亚机制，但以原料缺乏致未能扩展向外推销。

（4）制钉。亦战后新兴工业之一，现市面机制铁钉已经绝迹，所有建筑应用铁钉概由当地手工自制供应。

（5）机器。经营该业者计有十余家，过去大都仅能修理，近则小规模机器亦有仿制能力。有裨战时生产殊非浅鲜。

其他如制皂、制革、榨油、牙刷、针织等日用需品亦均有相当之改良与进步。又福州电气公司设有文化研究所，制造白药，惟产量不多。省营酒精厂在榕设有临时工厂，提炼酒精。商营酒精厂亦有数家。

三、农业。闽省地属丘陵，榕垣亦然。主要之食粮其出产供不应求，须临县或外省接济。至什粮如麦及番薯亦略有生产，惟产量甚少。农村合作社之组织尚未普遍，据查现有四百余社。

四、特产。如雨伞、漆器、木梳等手工艺品，素负盛名。又当地因产苜莉花①，用以熏茶，故装茶技术特精。过去年约出品三万箱，近以无法输出，茶行多告停歇或收缩卅二，年产量闻只及千箱而已。其他特产如橄榄、福橘、蔗糖、蜂蜜、丝纺、木材等品质亦佳，惟产量均不多。

五、商业。出口货以茶、纸、丝、蔗糖、木材、漆器、雨伞等为大宗，进口货为纱布匹、药材、洋碱、针织品等类。因系目前沿海物资吐纳口岸之一，湘赣商客来此购货者颇多。

六、金融。

（1）银行。有中央银行、中央信托局代理处、中国银行、交通银行、中国农业银行、福建省银行、中国实业银行、福州商业银行、浙江地方银行、上海银行通讯处及邮政储金汇业局等十一家。

（2）钱庄。福州前有钱庄五十余家，受市面不景气之影响，现仅存三家，定升和钱庄、厚錬钱庄、泰裕钱庄。

（3）其他。如第三公典局、中央储蓄会、闽侯县合作社金库，以及久大、允孚、恒生、泰成、瑞成、仁杰、恒浮、永昌、瑞东、公和、春成、久盛等十

---

① 即茉莉花。

二家典铺。

集友银行已设分支行/处详表

行处名称	地址	现任负责人姓名	履历	营运基金数额	备注
东兴办事处	广东防城①东兴镇中山路25号	卓神荣	集美高级商业职业学校毕业,曾任集美学校事务主任,新加坡陈嘉庚公司会计	国币弐拾伍万元	华侨
泉州办事处	福建泉州中山南路22号	吴再钵	集美高级商业职业学校毕业,曾任建南民信局经理	国币弐拾伍万元	华侨

财政部批文

批　渝钱戊　卅三、四、十一

批　集友银行

本年三月十三日呈一件为拟设福州办事处检同各件请鉴核由

呈件均悉,经核呈附各件尚无不合,所请设立福州办事处一节应予照准,仰即依限设立,取具基金存放处所证明书,连同开业日期详细地址呈部备查。此批

录自福建省档案馆、厦门市集美学校委员会编,丁志隆主编《集友银行档案选编》,海风出版社2008年12月版,第215—227页。

---

① 防城今属广西。

集友银行总行关于派员验资并发给证明书给福建省建设厅的呈

(1944年7月15日)

(总字第零式柒式号)

查本行资本总额定为国币肆佰万元分为四千股，每股一千元。经全数认足，先收清半数，计国币式佰万元，开始营业。除已遵照银行注册章程施行细则第三条规定，将所收资本存储永安中央银行，取具该行证明书诚奉财政部。三十二年八月二十一日渝钱行字第16501号批准注册，发给银字七一四号营业执照，并于三十二年十月十三日呈请鉴核。迅赐派员查验资金，发给查验证明书以凭声请设立登记，实为公便，谨呈福建省政府建设厅厅长朱。

集友银行股份有限公司董事长陈嘉庚

常务董事兼总经理陈厥祥

董　事　叶道渊　陈村牧　陈六使　李光前　陈博爱　叶采真

监察人　丘汉平　陈国庆　陈康民

附：福建省政府建设厅关于派视察赵文基前往集友银行验资的训令及批

(1944年8月1日)

训令

令本厅视察兼第一科第二股股长赵文基

案批集友银行股份有限公司卅三年六月廿六日永总字第二四五号暨卅三年七月十五日总字第二七二号呈以"本行资金定为四佰万元，现已全数认收足，先收半数开始营业，恳派员查验核给证明书以凭声请登记"等情。兹派该员前往验资并照规定给予证明书，除批示外，合行令仰遵照办理具据。此令。

批

具呈人：集友银行股份有限公司董事长陈嘉庚、总经理陈厥祥卅三年六月廿六日、七月十五日总字二四五号、二七二号呈二件：为呈复本行资金业已收足半数，注册登记费四百元亦经另案解缴，请派员验资给证以凭呈请登记由。呈悉。兹分别核示如下：

（一）兹派本厅视察赵文基前往验资，仍应于取得验资证明书后，依照公司登记规则第廿八、廿九条规定，备具各项书表呈凭核办。

（二）前缴登记费肆佰元，核与公司登记规则第十条乙项规定费率（四百万元以下九千元）不符，计应补缴捌仟陆佰元。

（三）应照公司登记规则第十八条规定缴纳执照印花费拾元。

以上各点除分令外，着遵照。此批。

录自福建省档案馆、厦门市集美学校委员会编，丁志隆主编《集友银行档案选编》，海风出版社2008年12月版，第67—70页。

集友银行总行关于报送各项登记书表并费款的呈及福建省建设厅批

(1944年8月19日—9月23日)

事由：遵批呈送各项登记书表并费款，请核转给照由。总字第零三零四号，卅三年八月十九日

集友银行呈

案奉钧厅云未东厅建甲永字第68668号批仰备具各项书表呈请核转登记等因奉此。兹遵照公司法第一百零九条规定，应行声请登记各事项逐一填载于后，并依照公司登记规则第二十九条规定，加具各项文件，补缴执照费款捌仟陆佰元、印花税款壹拾元，随附本行本票一纸，计金额国币捌仟陆佰元壹拾元，备文呈请鉴核，转呈经济部核准给照。谨呈福建省政府建设厅厅长朱。

附呈送（一）公司章程，（二）股东簿，（三）营业概算书，（四）呈准备案之证明文件，（五）选任董事、监察人名单，（六）检查证书，（七）登记事项表（以上一至七每种各二份），（八）补缴执照费款捌仟陆佰元，（九）执照印花税款壹拾元（以上八至九项随附本行本票一纸计国币捌仟陆佰壹拾元）。

具呈人：集友银行股份有限公司董事长陈嘉庚、董事陈厥祥、陈济民、叶道渊、陈村牧、陈六使、李光前、陈博爱、叶采真。

全体监察人：丘汉平、陈国庆、陈康民。

集友银行股份有限公司营业概算书（中华民国卅三年一月至十二月）

收入门

科目	金额	备注
手续费	四,000,000.00	各项汇款手续费，平均每仟元收伍拾元，预计年收汇款七仟二佰万元算为叁佰陆拾万元。又其他什项手续费收入年计肆拾万元，合如上数。
利息	九五0,000.00	各项放款及票据贴现年预计式佰伍拾万，按月息三分算，计玖拾万元，其他什项利息收入估为伍万元，合计如上数。

续表

科目	金额	备注
证券损益	五〇,000.00	各项证券预计面额伍拾万，按年息一分算，计如上数。
以上共计国币伍,000,000.00元		

支出门

科目	金额	备注
管理费用	一,四四〇,000.00	全行员工薪俸暨办公费、水电费、文具费等管理上之费用，预计全年如上数（每月十二万元）。
营业费用	三六〇,000.00	全行营业上一切开支如邮电、交际、广告等费，预计如上数。
特别费用	二四〇,000.00	全行各项捐税及员工医药、婚丧津贴、律师费、董监事出席费等，预计如上数。
各项摊提	一六〇,000.00	全行房地产、生财器具之折旧开办费之摊销，预计四十万元，每期各摊提百分之二十（每年一期）。
手续费	一,五〇〇,000.00	本行机构不多，汇入款多需托他行转汇，预计自柳州及永安转汇他处，预计每年转汇出陆仟万，平均每千元收廿五元，计上数。
利息	二〇〇,000.00	各项存款（包括同业往来）预计二百五十万元，按年息八厘计如上数。
以上共计国币叁佰玖拾万元		

收支相抵余剩计国币一,一〇〇,000.00元。

每年余利分配之数如左：

一、公债二〇,000.00元；

二、股息二四〇,000.00元；

三、股东红利三〇六,000.00元；

四、发起人特别利益无；

五、董监酬劳金二五,五00.00元；

六、总协理及职工奖励金一二七,五00.00元；

七、特别公积无；

八、其他：集美学校经费二二〇,000.00元，奖学金及社会事业补助费五一,000.00元,应缴税款(估计)二0,000.00元。

以上共计国币一,一00,000.00元①。

备注:按本行章程第三十一条规定,本银行每年所得净利先提百分之十为法定公积金;百分之二十为集美学校经费,次付应缴之税款。再提股利年息一分二厘,其余按左列成数分配。

一、股东红利百分之六十;

二、董事、监察人酬劳金百分之五;

三、总经协理及各职工酬劳金百分之二十五;

四、奖学金及社会事业补助金百分之十。

集友银行股份有限公司登记事项表

公司名称	集友银行股份有限公司						
所营事业	一、存款;二、放款;三、票据贴现;四、国内汇兑及押汇;五、买卖邮件证券;六、代募公债及公司债;七、代理收付款项;八、保管贵重物品;九、仓库业务;十、储蓄业务。						
资金总额及股份总数	资本总额定为国币肆百万元,分为肆仟股。						
每股金额	壹仟元						
每股已缴金额	伍佰元						
本支店所在地	总行在福建永安公正路,抗战胜利后移设厦门。现设办事处福建之泉州、广东之东兴、广西之柳州,将来视业务需要呈请增设。						
公告方法	以通函及登载于总行所在地之著名日报行之。						
董事							
姓名	住址	姓名	住址	姓名	住址		
陈嘉庚	新加坡怡和轩	陈厥祥	福建永安集友银行	陈村牧	福建安溪集美学校		
叶道渊	福建永安农林公司	陈济民	福建永安集美公司	陈六使	福建安溪集美学校		
李光前	福建安溪集美学校	叶采真	广西柳州集美公司	陈博爱	福建安溪集美学校		
丘汉平	福建永安东坡	陈国庆	重庆中国药产提炼公司	陈康民	重庆莲花池六号中国电化厂		

---

① 此处一至八项数据累加后似不为110万元,原文照录。

续表

解散事由	未订定
备考	

福建省政府建设厅批（第 88243 号）

原具呈人集友银行股份有限公司

三十三年八月十九日呈一件，呈送公司章程及登记费等，请核转登记呈件均悉。费币照收已转呈经济部核办候复，饬知此批。

中华民国三十三年九月　日
厅长朱

录自福建省档案馆、厦门市集美学校委员会编，丁志隆主编《集友银行档案选编》，海风出版社 2008 年 12 月版，第 77—85 页。

集友银行总行民国三十二年度业务报告

(1944年)

三十二年度业务报告

本年度营业时间仅三个月（自十月一日开幕至十二月底），虽为时甚暂，顾业务实况尚能按照预期计划顺利推进，达到调剂金融辅服务社会之使命。兹举其荦荦大者，约有下列数端：

一、招收存款增厚社会资金。除法令规定收支应由公库办理之机关外，其他公私社团、工商企业及富户等存款，本行多所招收十、十一两月余额均在七十万元以上，嗣因被炸，市区重新修建及年度结账关系，提款较多，截至十二月底止，余额尚有四十五万余元，列表如下：

种类	户数	余额	附注
甲种活期存款	50	388,570.44	周息8%
乙种活期存款	17	32,210.89	周息10%
定期存款	8	30,900.00	一年期周息12%
合计	75	451,681.33	

二、贷放款项扶植生产事业。增加日用必需品生产之厂商，每因资金短绌周转困难影响生产减少，从而供应不敷需求造成物资缺少、恐慌现象。本行有鉴及此，对于该项厂商调查其生产品需求情况并及其信用程度，酌予贷放，以利生产而增物资供应。兹亦将各项放款数额列表如下：

种类	放出	收回	余额
活存质押透支	359,341.81	313,899.28	45,442.53

续表

种类	放出	收回	余额
活存透支	6,650.31	5,231.36	1,418.95
定期质押放款	126,000.00		126,000.00
活期放款	650,000.00	650,000.00	
合计	1,141,992.12	969,130.64	172,861.48

三、倡办贴现增助票据流通。票据如得贴息收现之便利，承受者将必增多，流通率亦必加速，工商企业融通款项范围也随之而扩大，惟在内地市场票据行使尚不普遍，生产事业之不发达亦主因之一。本行为增助票据流通，倡办贴现，本期共计数额三十三万元。

四、沟通侨汇繁荣地方经济。本省侨胞遍布海外，每年汇款回国者为数颇巨，抵补贸易入超，繁荣地方经济厥功匪鲜。太平洋战起，侨汇一度间绝，侨眷时有断炊之虞。嗣后一部分越南侨胞渐取道广东之东兴，经柳州返抵本省，并携带侨款供给家用或投资生产事业。本行鉴于海外资金内移日多，如乏专责机关办理，不便孰甚。因于东兴柳州分设办事处筹备处，间徇侨胞之请托解汇款。本年度共收汇款计东兴二千二百九十五万六千八百三十一元，柳州四十三万八千零五十元。兹照解款地区分析统计如下表：

解汇地点	笔数	金额
泉州	307	7,012,591.00
永春	23	3,352,800.00
南安	58	156,810.00
同安	88	500,530.00
安溪	11	56,300.00
莆田、惠安	20	79,900.00
安海、洪濑	10	57,500.00
海澄	10	12,850.00
福州	12	356,700.00
长乐、福清	3	30,400.00

续表

解汇地点	笔数	金额
漳州	8	1,100,600.00
柳州		5,889,000.00
其他	3	46,000.00
合计	553	18,651,981.00

附注：尚有应解汇款 4,742,900 未计入。

至本期收益总额，因东兴、柳州细帐尚未报齐，目前仍难确定，惟照汇款及存放款数额，估计为数约及四十五万元之谱。兹将预计数字附表如下：

本期损益预算表

损失之部	金额	利益之部	金额
手续费（由柳州汇永 22,000,000　14‰）	308,000.00	手续费，东兴共收闽支侨汇 17,400,000　5‰	870,000.00[①]
手续费（由永汇泉等地方计 17,400,000　5‰）	87,000.00	手续费（东兴共收款调至柳州 6,000,000　12‰）	72,000.00
费用（总行十月至十二月共三个月）	250,000.00	手续费（汇重庆 300 万贴汇汇水）	21,000.00
费用（柳东二处三个月）	53,100.00	利息（总行放款息）	21,000.00
预计纯益	441,900.00	利息（放柳州公司 120 万利息 4‰预计 3 月）	144,000.00
		利息（存同业息抵付活存息外）	12,000.00
合计	1,140,000.00	合计	1,140,000.00

录自福建省档案馆、厦门市集美学校委员会编，丁志隆主编《集友银行档案选编》，海风出版社 2008 年 12 月版，第 304—310 页。

---

① 此处疑有误，原文照录。

一九四四年在印尼峇株

(1945年4月)

(一)

我的祖宗系福建泉州同安县集美乡，距离厦门市不上水途十公里。我始祖自宋朝末由河南省光州固始县迁来，至我为第十九世，在集美乡计五百左①家，分长房、二房。长房人最多，分渡头、后尾、塘墘、仓宅尾、向西、上听〔厅〕数房区②共三百余家。我则后尾房区之裔。回忆幼稚时，先父曾修一本族谱，依照旧例，男子如亲血脉，则画红线，曰某人之子；如螟蛉则画乌线，亦曰某人之子。该族谱不知现尚存否，须待战争胜利后，回乡查询如何，因距今已六十余年矣。

自我十四岁之年起，各处疫气大发，十余年间死亡不可胜计，集美亦属波及，复以来洋日众，亲族三十左家，男女百余人，仅存半数而已，在乡者更少矣。

回忆我曾祖名时赐，兄弟五人，俱有遗传，及至近世两人已绝后矣。又一人有孙名缨男，生有三子，住槟榔屿，久乏消息，现不知如何。又一人其子名簪益，生有二子，曰缨掌、缨匣。缨匣无后。缨掌生一子曰科额，在新加坡别世，生有多子，长曰甲国。闻甲国生有数子矣。

又一人则我之曾祖，生两子，长曰簪集，次曰簪华，又螟一子曰簪临，然两人均无后。唯我祖父簪集，娶板桥乡田墘社张氏，生三子，长曰缨节，次曰缨滇，两人均无后。三曰缨杞，则我父，娶孙厝社孙氏，生我及弟敬贤。又妾苏氏生两子，曰天乞、阿峇，久住厦门，天乞已夭，阿峇等现为〔在〕沦陷区，

---

① "左"即"左右"的简略说法。陈嘉庚写信亦常有这样的用法。大概这是当时商场司帐和文书的习用语。

② 闽南惯用语，"房区"即"房角"，指同一祧头族众聚居的角落。

不知如何。敬贤娶王氏，生一子曰共存。敬贤四十余岁便谢世矣。

我娶板桥乡浒井社张氏，生四子，曰厥福、厥祥、博爱、博济。又在新加坡娶妾吴氏，生三子，曰元凯、元济、元翼。又妾叶氏，生一子曰国庆。又周氏生一子曰国怀。

以上所录，系从曾祖兄弟亲血脉遗传而言，至于有所螟子，及螟子亲生之子，均不录之。

又自我曾祖及祖以来，所螟之子多不利家景，故余誓戒子侄，无论如何，切不可螟子也。

民三十四年四月二十七日记于爪亚峇株晦时园

（二）

十七岁，八月开始来新加坡。

三十岁，七月复来新加坡，适逢顺安事变[①]。

三十八岁，阳历十月，福建光复，被举会长。

四十一岁，欧洲七月战事发生，从此获利。

四十四岁，八月筹备集美师中校。

四十六岁，七月倡办厦门大学。

五十二岁，八月起是年大获财利。

五十八岁，八月所有营业改有限公司。

六十岁，七月起胶厂饼厂另组公司。

六十一岁，七月河水山火灾[②]，复出名办救济。

[①] 顺安是陈嘉庚父亲所经营的米店商号。陈嘉庚19岁时接理该店业务。顺安事件指陈嘉庚27岁（1900年）第三次回国时，将该店交族叔管理（父亲年老，不甚管事）。三年后，陈嘉庚南返，发现该店本利被父妾苏氏母子舞弊十余万元，加上债主加重借利，其父在海外数十年艰苦经营，到此时资本亏蚀一空，还倒欠了20多万元。陈嘉庚"是以抱恨无穷，立志不计久暂，力能作到者，决代还清，以免遗憾"。经父亲同意，亲自接理其父所营各厂、店，采取合并、收缩、加强督察管理、限制苏氏母子开支等措施，只经几个月即开始获利。这是陈嘉庚独立经营的开始，从此逐渐奠定了其在实业上的基础。

[②] 河水山，新加坡地名，亚答屋和沙厘屋（铁皮屋）居民区。

六十二岁，八月闽南水灾，复办救济①。

六十三岁，八月西南异动及购机会②。

六十五岁，七月筹组南侨总会③。

六十六岁，八月募寒衣及药料等。

六十四岁，八月，七七事变，筹募抗敌。

六十七岁，七月在渝发表中共良善政治④。

---

① 1935年福建漳、泉许多县发生水灾，泉州及其近处灾情特别严重，泉绅致电海外求助于侨胞，陈嘉庚即以福建会馆名义举办游艺会筹款。在游艺会开幕式上说："现时中央政府，国库如洗，自顾不暇，何况华中灾情亦重，安有舍彼救此之理"，而"福建省府，对闽南水灾仅出万元"，要求侨胞"自动赈济，力量较大者多出，较小者少出"，结果筹集了国币八万余元，汇交闽省当局散赈。

② "西南异动"，指1936年秋，陈济棠、李宗仁、白崇禧等组织反蒋的"西南政府"。陈嘉庚联络各界侨民开会，发电反对，认为"外侮日迫，万万不可内哄"。另致电李宗仁、白崇禧，劝诫"勿与贪吏陈济棠合污，敌人得陇望蜀，应共筹抵御，不可自生内战。"同年秋，为庆祝蒋介石五十寿辰，南京政府通过驻新加坡总领事刁作谦摊给新加坡华侨捐献飞机一架（值国币十万元）的任务。刁把主持这项工作的任务交给陈嘉庚。陈嘉庚任新加坡华侨购机寿蒋会主席，联络马来亚十二个区的侨领，广事发动，结果募得一百三十余万元。

③ "南侨总会"，即"南洋华侨筹赈祖国难民总会"的简称。该会于1938年10月10日在新加坡成立，陈嘉庚出任主席，副主席为庄西言（吧城侨领）、李清泉（菲律宾侨领）。该组织虽获得国民党行政院批准，实则是在以陈嘉庚为代表的华侨领袖的引导下，汇集了各地华侨自发的爱国救亡团体，是东南亚华侨抗日救亡的统一领导机构，标志着华侨民族意识空前高涨与空前的团结，同时也显示了陈嘉庚非凡的政治活动能力和社会组织能力。

④ 陈嘉庚于1940年带领华侨慰劳团回国期间，曾访问延安，发现共产党并不象国民党反动派宣传的那么可恶可怕，而是"所见所闻，不论政治与军事，大出我之意外。军事则与民众合作，联络一气，同甘共苦，推诚相待"。"至政治方面，其领袖及一般公务员，勤俭诚朴，公忠耐苦，以身作则，纪律严明，秩序井然，……认为别有天地，如拨云雾而见青天。"陈嘉庚回重庆后，应国民外交协会主库陈铭枢之约，于7月24日晚在留法比瑞同学会礼堂作题为《西北之观感》的演讲，介绍延安见闻。蒋介石集团原先企图拉他入国民党不成，从此则进一步对他发生恶感。

六十八岁，八月发表国〈民〉党政治腐败①。

六十九岁，八月移来玛琅市休养。

七十岁，七月正式移来峇株寄寓。

七十二岁，按七月大战告终，回到新加坡。

以上计二十次，均为生平要事。逢夏末初秋之际，故拟本年大战告终，亦可于六七月之间，俾得幸回新加坡。

民三十四年二月二十七日爪哇峇株

（三）

一、吃的东西要清淡，不宜油荤及辛辣刺激之物。每餐多吃小菜及水果。

二、吃的东西要固定而按时，使之易于消化，那么排泄也按时而轻快。

三、是各人应有一种嗜好，可借此促进人生兴趣，使身心有所寄托，而最优嗜好，莫过于屋外轻微运动。

四、多晒太阳，多吃新鲜空气。不论晴雨要走路，或乘车，养成不怕风雨的习惯。

五、每日读报，对国家社会及种开怀②

六、勿忧闷及事事乐观，及游历，看新合意书籍。

七、打消复古思想及追怀往昔诸不适情绪，即"既往不咎"。

八、养成乐善义务习惯，凡事认定一息尚存，都是可以办到的，即不幸物

---

① 陈嘉庚于回国慰劳期间，了解到陈仪统治下的福建苛政，曾多次函电求陈仪撤销运输统制、免加田赋、勿收盐税等，未被理睬；上书蒋介石为闽民请命，蒋先不予答复，后则令陈嘉庚"切勿外扬"。陈嘉庚由此知道，蒋介石是陈仪的后台，苛政出自中央，于是下决心揭露陈仪等祸闽罪状，攻击不止。蒋政府为消除陈嘉庚的影响，派海外部长吴铁城到新加坡等地，利用党羽，培植党势，反对华侨中以陈嘉庚为代表的广大无党派人士，煽起了分裂华侨的阴风。陈嘉庚针锋相对于1941年先后发表了《苛政不除闽省将永不安宁》《恶势力不去人造饥馑将流染入闽》《揭陈（济棠）、汪（精卫）、吴（铁城）、高（凌百）贪官罪恶》等演讲、文章，并大量印发传单，无情地揭露国民党挂羊头卖狗肉及其贪官污吏罪恶渊薮。尽管"蒋委员长待余极厚"，"深情厚意，余终身不忘，然此属私人情谊，至于国家大事，公私应有分界"（《南侨回忆录》），陈嘉庚自此开始与蒋介石集团分道扬镳。

② 此处似有脱字，可能是"及种种开怀"。

化，精神亦可长存不死。

君子去仁，乌［恶］乎成名。君子疾勿［没］世而名不称焉。君子居易以俟命。五十而知天命。不知命，无以为君子。①

（四）

一八四〇年，为林则徐在广东烧英商鸦片，英军则来攻各海口之始。

一八四二年，与英立南京条约，割香港与英国及赔款。

一八五六年，英法联军陷大沽，复在天津立条约，赔款及许领事裁判权。

一八五九年，英法又陷北京，又立北京条约，赔款并割地，是年俄国因调处之功，迫清朝立瑷珲条约，割黑龙江以北边区境地。

一八六〇年，俄又因调停英法事，复迫割乌苏里江以东大地。

一八八五年，法国侵占安南。

一八九五年，中日战争，割台湾及赔款。

一八九七年，德国借山东曹州教士案，占胶州湾及山东铁路权，并可开采各矿产。

一八九八年，法国占广州湾，并订两广、云南三省优先权及铁路，英占威海卫及九龙半岛。

一九〇一年，义和团之乱，八国联军入北京，除惨杀奸淫抢劫外，复赔款母利十四万万元，订三十九年逐年交还母利。

一九三一年，日本占领东三省。自日本未占领以前，在帝俄时期，列强各划定范围，俄定长城以北，英全长江流域，法两广云南，德山东，日福建。

（五）

此为民国二十五年间，上海南京路大庆里三十四号，相师韦千里命苑批断

"蒋委员长生命，其四柱、丁亥、庚戌、己巳、庚午。九岁起己酉，十九戊甲，廿九丁未，卅九丙午，四十九乙巳，五十九甲辰，六十九癸卯。庚金伤官，

---

① "君子疾没世而名不称焉"出自司马迁《伯夷列传》；"君子居易以俟命，小人行险以徼幸"。

既得九州余气，矧复双透千头，妙有火印制伤。天生康庄之体，三命通会，所载金神入火乡，贵为王侯者是也。夫以伤官佩印为用，运喜逢印，不必再见相食。早年申酉，有骏骨牵监之叹。丁未运为火力不足，龙潜于渊。迨丙午运火候功深，风云际会，功业昭然矣。乙巳运木火媲美，仍是从心所欲，措天下于泰山之安，奠国家于苞桑之固。甲辰运，伤官见官，解组归田，是为上策。"

按伤官见官，乃大败之运。韦君不敢直书，但云解组归田耳。蒋君今年五十九岁，则初行甲运也。

又其命书中，有批陈馥堂命云，运行壬申时，"伤官见官，一败涂地"①。

又批阎锡山将军命运云，六十一岁至六十五岁，声望宏远，未可限量焉。阎将军本年六十三岁，余疑后无再批，恐寿数或有意外乎？

（六）

世界上最大，圣彼得教堂，高二百三十二咨，宽三百六十四咨。

印度人相信牛是神圣，杀牛〈罪〉甚于杀人，此迷信之深，系从小孩时误传以来。

世界上最好的故事题材，是每人一生中的真实经历。此句话很有意义。如果他的故事是真实，讲出来一定能动人。

凡是惯于讲具体而又确实的话的人，不管他所受教育深浅，终是能引人兴趣力量。

林肯：如果我派一人去代买一匹马，我并不望他来报告我，那马的尾毛有若干根。

最主要是诚恳，大伟人的诚恳，并不放在口头，而是极自〈然〉流露出来。

善比喻。戒子弟吸烟云，吸烟足以防［妨］碍运动成绩。牛津、剑桥两大学，他们在比赛前，练习期间，加入比赛的选手，一概是不准吸烟。

---

① 韦千里论断原文为："此系陈馥堂先生庚造。虽为火土伤官，自设绸肆，未及三年，因亏耗不支，停业家居，株守田园。盖运行壬申时，伤官见官，一败涂地，破财丧妻，备尝困顿……"（韦千里：《韦氏命学讲义》，卷十，1934年，上海，第168页。）

一、离开地球最近的星，中间相距离有三五〇〇〇〇〇〇〇〇〇〇〇〇英里之远。

二、如果一分钟走一英里火车，要走四千八百万年①，方能达到。

三、如用一根蜘蛛丝相通达，须重五百吨。

如果我们讲的话极诚恳，确系从内心中出来，必能影响听众力量至大。

把事实讲出来，再把事实来加以辩论，劝人家去实际的做。

先把一切错误事情指明出来，然后再说出怎样可以补救错误。

一滴蜜胜过一加仑毒汁。一滴蜜可以捉到苍蝇，远胜许多毒汁。

必须对自己的题目，有着把握，就是将所有的事实，都收集起来，再加以整理。须采取多方材料，且是确切事实，自己再解决。

非洲俗例，青年要娶妻，须耐鞭子打勇气。

人类史中每件大事，都是用热诚换来的胜利（工人所言，系从他热诚心中跳出事实）。

一个人在想将来成功伟业，或成为名人，不但要克服千种的障碍，而且凡[还]要在多种的失败和挫折后获得成功。

贫穷是社会上最不幸、最残酷之一。不论在什么时候，或在什么地方，只要是可能的话，就要立刻解除穷人苦痛。此为我人责任。应防止贫苦残酷之罪恶。

有一位杀人被判无期徒刑的人，是绝聪明而善于说话的青年人。"我觉得一个人，如果一失足，跌入罪恶的渊薮里，他一定要从此为非，竟以为惟有把他人都挤到斜路上去，方可表现自己的正直。"这句话，正是现在挂羊头卖狗肉之领袖。

有时向上，有时向下。与前述两种人是不大同，但是魄力大，手腕高，能力富，奋斗精神远胜常人。他不主保守，专好进取；他不主寄人篱下，专好独当一面。开辟新世界，偶一失策，突然下落，下落度数很大，一转瞬间却又奋勇直上，上的度数也是惊人的。他是促进社会有力分子，社会的巨轮，靠他推动，越到后来经验越足，下落的度数愈少，而向上的度数越大。因为他能够把

---

① 此处数据似有误，原文照录。

失败的经验，彼此贯串起来，做他向上的工具，实力自然雄厚。你如果找这种人同他谈话，他一定〈能〉够把一生经验，很有系统的、很有兴趣的陈述出来。大家称他成功的人，真是名副其实。

（七）

乐观，勿忧闷。目前遭匿［逆］沦陷，上帝已裁判，可跟着乐观解决。晨光不久会照耀前途也。

切自节制，勿忧愁，勿脑［恼］怒，不论何事，心气和平①。

宝石虽然落在沙泥中，但是依旧是宝石。沙粒虽然被风吹到天空中，仍还是沙粒。

当论其心，心苟不正，才虽过人，亦何取哉？

赏罚不明，百事不成。赏罚若明，四方可行。

牡丹虽好，亦赖绿叶扶持。

居不幽者，志不广；形不愁者，思不远。

牺牲自己，利益社会。

锦绣山河，变为遍地血腥。

牡丹花下死，做鬼亦风流。

尔俸尔禄，民膏民脂。下民易害，上天难欺。

直心爽口，开诚布公，推开天窗，明说亮话。

学然后知不足，做然后知不足，行然后知不足，事后然后知不足。

人能经得起挫折，受得起打击，吃得起苦头，才是好汉。

美国新新监狱医生司奎亚博士，观察一百个人以上判决死刑的监犯，发明［现］他（们）在刑前几小时，完全失去了知觉，用长针刺入他们的肌肉，他们都不觉痛。

自抗战死伤至三十三年六月终计三百八十二万二千二百人。

1957 年再阅

---

① 在陈嘉庚的遗物中，有一张不规则的细长纸条上，也写着这两句话，都是手迹。

南侨总会通告第一号[①]

(1945年9月)

南洋各属不幸沦陷敌寇三年余，生命财产损失惨重，尤以马来亚、新加坡为甚。他如缅甸、菲律宾华侨较少，然地当战区，损失必更酷烈。至于荷爪侨胞，遭难虽次，但既受土人抢杀，复经敌寇劫掠物资，物资几竭泽而渔，工业没收或拆毁，略有声望侨胞，多拘禁集中营，酷虐待遇，苦不忍闻。其他侨众，虽获些少自由，然拘捕任意，朝不保夕，一入囹圄，释放无期，酷刑虐待，非死则伤。加以服务人员，狐假虎威，助桀为虐，疾病伤亡[②]，难以数计。兹幸联军胜利，领土恢复。侨胞损失虽重，然经此困苦难关，追念前昔泛散，作团结组织[③]，亲爱互助，协力同心，俾于两三年内，克复前业，效力建国，实践侨民天职。至于沦陷期间，敌寇权威之下，或迫于压力，或困于生计，不得已营业上与敌交易，不足为怪。若以此为罪，则许多人员为敌服务，政府将如何处置。惟有为虎作伥，任敌走狗，谄媚无耻，利己害人者，此辈虽盛毕[④]，然谅极少数，政府或有相当之处置。除此而外，不可居心嫉忌，吹毛求疵，造作构陷，互相排挤。当知侨胞来此，多为谋利计，虽或有积货居奇，料属少数，而大多数人损失，当加百十倍。黄台之瓜，岂堪再摘。倘有获利侨胞，对于救济援助，捐输教育，尤希格外慷慨，因富成仁。至于侨胞惨被敌寇酷刑虐杀，追取金钻，掠劫货物，应当严惩报复，及请追回，或求赔偿。各处侨领宜速组调查委员会，呈请中外政府，务期达到相当目的，此为战后侨胞首要之任务也。

[①] 南侨总会战后所发通告顺序重新编继，此为战后第一号通告，由陈嘉庚于日本投降后在东爪哇拟稿投寄吧城新报登载七天。
[②] 《南侨回忆录》文字改为"人民疾病伤亡"。
[③] 《南侨回忆录》文字改为"此后应有组织团结"。
[④] 《南侨回忆录》文字改为"此辈虽可恶"。

此布。

　　　　　　　　　　大中华民国卅四年九月　日
　　　　　　　　　　　　主席陈嘉庚

录自"陈嘉庚先生起草南侨总会通告笔迹",原主编许云樵、编修蔡史君《新马华人抗日史料1937—1945》,原出版人庄惠泉,新加坡文史出版私人有限公司1984年10月版,第754页。

南侨总会通告第二号[①]

(1945年)

自敌寇南侵至于投降，南洋各属华侨生命财物，损失惨重。各处若不妥备手续，分户调查，则不能知确实数目，既无确实数目，何以造报中外政府，严惩敌寇，责偿损失。至于办理调查之机关，如由"七七"抗战后各地组成之筹赈会慈善会等，亦甚相宜。其中如因战争解散，回复为难，则由当地侨胞之新成机构，或原有公团如商会者，负责主持，当无不可。查英属马来亚原分十二区，各区原设有筹赈会。现新加坡区经组成调查委员会，推进工作，按一个月内可以竣事，其他十一区因交通不便，未悉情形如何，是否应行变通办理，最好就地解决。兹付去新加坡区调查表格四种，凡未举行诸区，可以参考，并希从速举办，最迟尽本年内调查完毕。统报本总会，以便汇集转行呈报英政府及我祖国政府，依照公意，请求办理，为死者谋伸冤，为生者谋救济，或不至全无希望也。

此布。

录自陈嘉庚《南侨回忆录》，新加坡南洋印刷社1946年3月三版，第368—369页。

[①] 南侨总会第二号通告（战后）及后文第三、第四、第五号通告查无底本，幸陈嘉庚《南侨回忆录》均有收录，在此重复摘录，以利读者依序了解通告内容，其中二、三、四号具体日期未明，当在五号通告（1945年12月14日）前。

南侨总会通告第三号

(1945 年)

自"七七"抗战以来，南洋千万华侨，对祖国捐资助饷，不遗余力，其经过情形，余已记于《南侨回忆录》数月后可以出版，俾令后人知我南侨拥护祖国抗战之实况。其后敌人南进，造成世界大战，既据越暹，复陷英美荷各属，使我华侨无量数之生命财产，均在其淫威掌握之中，俘捕刑杀，奸淫劫夺，牛马奴隶，任所欲为，损失之大，难以数计。兹者大战告终，胜利已达。此后中外各国战史，必多记述。然各国各有立场，编述各有所重，欲求其详载我华侨之惨遇与牺牲，永为后人观感之资者，料不可得。纵吾侨另有私人记载，恐亦囿于见闻，一地之情况尚恐未周，况全南洋地域广大，网罗更为不易。本总会有鉴于是，爰拟集合此项记载，编辑成书，名曰《大战与南侨》。特在南洋各埠登报，广求爱国侨贤，将前后见闻，确属事实，堪留传记以为信史者，撰成文章，寄交本总会。征文内容：计分（甲）军事（乙）贪污（丙）刑杀（丁）奸淫（戊）奸贼（己）损失（庚）政治诸项。

录自陈嘉庚《南侨回忆录》，新加坡南洋印刷社，1946 年 3 月三版，第 374—375 页。

南侨总会通告第四号

（1945年）

自日寇七七启衅至南进为止，我侨对祖国筹赈救亡工作，余已详述于《南侨回忆录》。迨日寇南进后，南洋各属沦陷，侨胞生命财产损失惨重。大战告终，我侨遭难经过，不应无所记载。本总会爰拟集合此项文字，编成一册，名曰《大战与南侨》，特登报广求爱国侨贤，将前后见闻事实，堪留信史者，撰文惠交本总会。征文内容，分军事、刑杀、贪污、奸淫、奸贼、损失、政治七项。详述地方一切或一二项情形均可。详细说明，另印散张寄存马来亚各区筹赈会分会，苏门答腊中华商会。要者请向贵处机关索取，或来函索寄。至截止期，马来亚限至本年终，苏门答腊限至明年一月终。

此布。

录自陈嘉庚《南侨回忆录》，新加坡南洋印刷社1946年3月三版，第375页。

关于组织华侨回国卫生参观团赴各省观光视察一案给云南省参议会的函

(1945年12月1日)

敬启者，我国百年来政治不良，外强压迫，致经济破产，民生惨痛，举凡教育卫生诸项均居世界上最落后之地位。此次抗战胜利后，不平等条约取消，全国民众方在希望否极泰来，不意复生内战。然而，目前情势虽形严重，或者军民多明大义，辨是非，战祸不致延长，全国不至糜烂。敝会为抗战时全南洋千万华侨所组织，其目的专在救济祖国灾祸而设，对党派政争绝不干预。兹者抗战告终，建国方始，窃以建国莫重于卫生，卫生之道又莫重于住屋。抗战期中，多处城乡毁于敌机及炮火，公私屋宅多被破坏，战后建设，此为急务。然建设之先，应由各地政府通盘计划，不但屋宅之建筑，举凡城市之分区，街道之开辟，卫生之设备等，均应乘此机会按照近代化之方法，妥为规定，使人民遵循，不可仅任业主随意建造。敝总会谨印就《住屋与卫生》之小册，寄呈各省主席百数十本，请其分发该省内各县市政府，并请其督促各县市政府就地计划，市区及建筑之改良，并立即公布实行。现在多处战火已熄，人民已着手复建住屋，当地政府若不及早宣布"市区及建筑改良条例"，将来不易改建矣。敝总会虽居海外，然热望祖国建设之得以速成，故先将居留地之建设经验介绍于国内，以襄助政府及劝告民众，并拟于明春组织华侨回国卫生观察团赴各省观光及视察，先从各省大城市（即旧府州）起，待有成效，然后再行推广。

贵参议会关心民瘼，素著政绩，战后建设定在关注之中，敝总会所提住屋市衢之改良计划，如蒙惠予采择，付之实施，人民幸甚，国家幸甚。为此□□，即颂勋安。

此致
云南省参议会

新嘉坡南洋华侨筹赈祖国难民总会主席陈嘉庚敬启

附《住屋与卫生》小册一本

中华民国卅四年十二月一日

录自云南省档案馆藏：1083-001-00226-0118（全宗号-目录-案卷号-卷内顺序号）。

南侨总会通告第五号

(1945年12月14日)

　　本总会成立于祖国抗战发生之后，组织法与普通社会不同，因常务及诸委员多住外埠，故授主席以特权，如第十四条"主席主持一切任务及策划应兴应革事宜"，除领导各属会增加外汇金钱外，凡有裨抗战有益国家民族之事项，本主席当尽其职责，庶无负侨胞之委托。兹者，抗战告终，各处筹赈会或慈善会应当结束。然尚有未了之事，则以华侨生命财产损失惨重，调查造报，义不容辞。他如爪哇、安南，兵戈未息，迁延何时，尚不敢知。为此之故，本总会虽欲召集开会，办理结束，亦不可能。且以抗战虽终，建国方始，华侨任务，更形重大。本总会在未结束之前，略尽绵薄，责无旁贷。审时度力，实事求是，认卫生为建国首要，考察有促进效力。华侨贡献任务虽多，易收效果无逾乎是。故倡组"南洋华侨回国卫生观察团"以期襄助建设于万一。舍此以外，无其他更有把握者可以提倡。职责虽重，贡献无术。爰拟将筹赈会存款，拨作此项经费。至前汇交政府之用途，确实用于救济者不过十分之一二。盖华侨每年义捐虽达国币一万万余元，救济会长许世英言，中央每年仅限拨救济费二千万元而已。然华侨义捐之目的，多在襄助战费，故不问政府用途如何。兹者战事告终，剩余微款，似以完全充为慈善建国之费为宜。或云国共政争剧烈，内战难免，恐致交通阻梗。然兄弟阋墙，战区有限，与外寇侵略，绝对不同。我侨不宜因噎而废食。设不幸延长扩大，双方必能尊重局外民意。况华侨为襄助建设而回国，定必更加优待，决无意外之虞也。为卫生观察团事再予说明如上。

中华民国卅四年十二月十四日

　　录自陈嘉庚《南侨回忆录》，新加坡南洋印刷社1946年3月三版，第373页。

南洋华侨筹赈祖国难民总会通告第七号

(1946年1月6日)

迳启者：近接重庆前慰劳团长潘国渠①及昆明前第一批回国机工队长白清泉②二君来函云：自民卅一年缅甸失陷，滇缅路运输断绝后，华侨机工二千余人，颠沛流离，厥状至惨。越年侯西反君自渝来昆，请求当地热心家输财救济，并向中枢请求拨款赈助，设立华侨互助会，自是规模渐异，生活略可维持。不幸卅三年冬，侯君在机场罹难，乃由缅甸侨领胡春玉③君继续主持，并捐巨款补助，迄今经年，罗掘俱穷，完全失业绝无工作者五百余人，社会救济万分困难，政府拨款往往空雷无雨，且战事已终，南归心切，政府至多仅许免费运送至缅甸而已。其他如目前伙食及回至马来亚旅费，完全无着，故要求各筹赈会资助云云。计当时回国服务司机三千余人，虽由爱国热诚自动参加，然亦由各筹赈会鼓励成行。兹者，目的已达，除有职业及其他外，剩此五百余人，大都有家属在此，回归之切，应表同情，所需款项，马来亚各筹赈会义不容辞。惟新加坡筹赈存款，已移作回国卫生观察团经费，其他十一区诸筹赈，不知存款多少，请速列报本总会，待汇计数目若干，然后函商办法。我主持筹赈诸侨领前既鼓励其回国，兹虽临时筹款助其归来，亦义所当为，岂惜筹赈之余款，而任其流离失所乎？专此奉闻，即希查照。

原载《南洋商报》1946年1月7日；录自原主编许云樵、编修蔡史君《新马华人抗日史料1937—1945》，新加坡文史出版私人有限公司1984年10月版，第821页。

---

① 即潘受（1911—1999），福建南安人，书画家，曾任道南学校校长、南洋华侨回国慰劳团团长。
② 白清泉（1910—2005），福建安溪人，抗战期间曾任华侨汽车运输大队队长。
③ 胡春玉（生卒年不详），云南保山人，缅甸侨领。1943年年底与福建旅滇同乡会发起组织云南省华侨互助会，旨在救济难侨及收容失业南侨机工，出任互助会理事长。

南洋华侨筹赈祖国难民总会通告第八号[①]

(1946年2月21日)

迳启者：本总会为南洋华侨于祖国抗战期中所组织，虽出侨民建议，亦我国民政府所命令，其任务为出钱出力以救国。成立以后，黾勉从事，出力虽远逊祖国，而出钱则有过无不及。至于救国之目标，无非求领土之完整，主权之恢复，不平等条约取消，人民得自由幸福，达到总理临终之遗嘱也。

抗战时最重要之牺牲，为人命与金钱，我华侨资助祖国，不但义捐而已，其他私人汇款，亦为战时军政费所利赖之资源。然所寄血汗巨资，今日已同乌有。至于日寇南侵后，华侨人命牺牲之惨重，亦由抗战爱国而致，如各处侨领全家遭害者难以数计，较之祖国权富官吏，金钱逃存外国，家属安居内地者不可同日而语也。然华侨为救国而牺牲金钱与生命，若能达到救国之目的，固无所悔恨，今而敌寇已失败，胜利已属我，然而华侨牺牲救国之目的，是否果已达到耶，本总会为爱国天职起见，不能缄默无言，仅举所见如下。

鸦片战争，失去香港，中法战役，失去台湾，三败之辱[②]，失地八十万方公里。今日战胜收复台湾，仅数万方公里，而反失去外蒙百万方公里及旅顺大连主权，互相比较，战胜与战败如何分别？

菲律宾之预备独立，出于宗主国特别美意，然军权外交仍不轻放弃。印度之要求独立，为统治国不平等待遇，与我国各民族平等共和政治，大相悬殊。

---

① 1945年8月14日，国民党政府同苏联政府签订了《中苏友好同盟条约》，同时签订了有关大连、旅顺口和长春铁路等协定及关于外蒙问题换文等，中国承认蒙古独立、大连为"自由港"及苏联在我国东北的特权地位。陈嘉庚对此不平等条约深感震惊与悲愤，多次利用通告、讲台甚至广告等形式痛论之。(参见陈碧笙、陈毅明编《陈嘉庚年谱》，福建人民出版社1986年3月版，第178页。)

② 此处所谓三败应是1842年的中英鸦片战争、1883年12月至1885年4月的中法战争和1894年的中日甲午战争，其中鸦片战争和中日甲午战争签订了耻辱的不平等条约《南京条约》和《马关条约》，分别割让了香港与台湾。

且凡属土要求独立，系自动对母国而发，绝未有邻邦为之代庖。有之，惟野心国日本，要求朝鲜独立而已。

外蒙古土地，大过两江闽粤四省，为我国西北藩篱，与内蒙满洲有唇齿关系。旅顺大连则为满洲门户，兹者藩篱已撤，唇亡齿寒。门户为强邻占据，东省内部，何能长保安全。若以国弱乏力抵御，如不承认，虽被占夺，尚有国际机构，可以投诉，目的从未能达，久后终有收回之日。我国历史记载，祖宗土地，尺寸不得让人，反是则为国贼也。

近日出版《中国之命运》第一章云，"以国防的需要而论，上述的完整山河系统，如有一个区域，受异族占据，则全民族全国家，即失其自卫上天然屏障，河淮江汉之间，无一处可以作巩固的边防，所以台湾、澎湖、东北四省、内外蒙古、新疆西藏，无一处不是保卫民族生存要塞。这些地方的割裂，即为中国国防撤除"。今乃自相矛盾，竟因内部政争，将外蒙旅大全部甘心割弃，冒历史上所未有之大不韪。

甲午战败仅失台湾数万方公里，今日战胜竟失去外蒙旅大加至十余倍之多。呜呼！战胜乎？战败乎？凡真诚爱国者视全国当如人之一身，拔一毛而知痛，何况去其股肱哉。

今日挽救之法，只有全国民众一致声明否认，指斥其非法授受，违背三民主义，破坏五族立国，对内则实践政归民主，奋志图强，庶可取消伪约，保全国土，方有胜利可言。本总会追念华侨生命财产损失之惨重，坚持达到抗战救国之目的，特此通告声明，永不承认中苏非法之条约及外蒙之割弃。

此布。

主席陈嘉庚
中华民国卅五年二月廿一日

录自新加坡《南洋商报》1946年2月22日。

《住屋与卫生》附启

(1946年2月)

附启者：余自新加坡市政改善住屋后，对每星期公布之市民死亡率甚为注意，于今十有余年。其死亡率逐年低减之重要原因，系改进住屋之效果。此乃确切之经验，有事实可稽。至余所以注意此事，乃欲于有机会时，将此间经验贡献我祖国政府及社会。前为时机未熟，有怀莫达。

兹者，新民主政府成立，百政维新，兴利除弊，必能切实进行。凡属国民，自应共同努力。读者诸君对拙著所言若表同情，希提倡宜传，尤盼能切实施行，务□民众了解，增进人民健康。

欧美诸国医科学校林立，医生众多，平均数千人中有一医生。医学之重要目的有二；首为卫生预防疾病，次为医治诸疾病。我国医科学校寡少，医生数微不足道，数万人中尚乏一人，虽有些少中医，殊不足以应社会之需要。且民间对于曲突徙薪之卫生方法绝少注意。世未有肮脏不洁，而能健身长寿；亦未有人民孱弱而能使国家富强者。此后新政府对医科学校，兴能积极兴设，然非短促年岁可能普及收效。惟先进邦城之卫生设施多有充分效验。如殖民地中华侨最众多之新加坡市，其卫生设施即值得吾人取法效□。此南侨筹赈总会之所以印赠此书也。

查我国县市二千余，每县人数多才四五十万，少省三四万人。本总会印赠区区数十万本，分配恐难周到，祈各县县长、参议会及教育局诸君加以原谅，如数不敷，盼就地翻印，以便广为宣传，至荷至希！

录自陈嘉庚《住屋与卫生》，新加坡南侨印刷社1949年2月四版。

集友银行股份有限公司关于补正声请设立登记等给福建省建设厅的呈

(1946年5月29日)

呈为遵批补正声请设立登记点请鉴核呈经济部核准给照由

案奉钧厅致卯皓厅建甲（51579）号通知书开"案查该公司前呈请设立登记一条，经呈奉经济部（卅四）商字（55433）号指令，以所送章程尚有未合，应补正报凭核办等因，奉此除执照费部分查经汇达，由本厅呈复外，合行抄附原指令一份，着遵办凭转等因"，奉此自应遵办。查本行章程第二条业于抗战胜利后经第二次股东会议决议修正为"本银行设总行于福建厦门，经董事会之决议得于国内各地设立分支行及办事处或代理处，但须分别呈请财政部核准经济部备案。"又章程第八条兹经遵照公司法第一百十五条之规定修正为"本银行股票于呈准登记后，由董事五人以上署名，盖章编号填发。"至于本行前呈送章程末尾所列之发起人陈延庭、侯西反、陈水萍[①]等确系本行之发起人，当时均认有股份，嗣因股款未能于本行集资限期内缴到，乃经本行第一次股东临时大会决议，其已认股份由归国华侨暨厦门大学及集美校友代表之。至于本行股东陈嘉庚、陈博爱、叶道渊、邱汉平、陈康民等实非创办时发起人，其参加之股份系代表原发起人中已认未能照缴之额。兹奉前因，理合缮具章程清本、发起人姓名、籍贯、住址各乙份，连同财政部注册执照影本乙帧，随文呈请鉴核转呈经济部核准给照，实为公便。

谨呈福建省政府建设厅

附呈送章程清本乙份、发起人姓名、籍贯、住址乙份，财政部注册执照影本乙帧。

集友银行股份有限公司全体董事：陈嘉庚、陈厥祥、陈济民、叶道渊、陈村牧、陈六使、李光前、陈博爱、叶采真。

---

① 陈水萍（1888—1967），福建集美人，陈嘉庚族亲，时任集美学校委员会委员。

全体监察人：邱汉平、陈国庆、陈康民

集友银行股份有限公司发起人姓名、籍贯、住址

姓名	籍贯	住址	备注
陈六使	福建同安	新加坡益和树胶厂	
李光前	福建南安	新加坡南益树胶厂	
陈济民	福建同安	新加坡南益树胶厂	
陈厥祥	福建同安	新加坡陈厥祥商务公司	
陈国庆	福建同安	新加坡集美学校树胶园	
侯西反	福建南安	重庆中国药产提炼公司	去年飞机失事身故
叶采真	福建安溪	香港集美公司	
陈村牧	福建金门	福建同安集美乡集美学校	
陈延庭	福建同安	福建同安集美乡集美学校	
陈水萍	福建同安	福建同安集美乡集美学校	

中华民国三十五年五月二十九日

录自福建省档案馆、厦门市集美学校委员会编，丁志隆主编《集友银行档案选编》，海风出版社2008年12月版，第99—106页。

为讨论筹款助机工南回办法事

(1946年6月)

召集马来亚各区筹赈会代表会议通告 1946年6月3日
(附一) 致伍总领事①函 1946年6月8日
(附二) 再致伍总领事函 1946年6月17日

南洋华侨筹赈总会，以回国机工及眷属，约一千七百余人，渴欲南返，但祖国政府迄今未有具体办法，原订于六月十六日（民国三十五年）在吉隆坡召集马来亚各区筹赈会代表，商议资遣机工南回问题。该会主席陈嘉庚氏发出通告，订十六日上午十时为开会时间，但地点则未决定，届时每区派代表一人至二人出席大会。议程拟定十余项，其重要者为（甲）各区应否负责设法机工南返经费，（乙）机工在国内眷属南来经费问题，（丙）每人需旅费若干，（丁）应筹款项，各区如何分配，何时筹毕，（戊）各区所筹款项，是否集交一机关保管，（己）各区举代表若干人往昆明互助社协商，分批到港及沿途照料一切，（庚）为救急计，应否由某日起，每月先汇若干款项交昆明互助社，维持失业者生活费。兹录该会通告如下：

南侨总会通告

自七七事变后，我国各海口，受敌人封锁，国际运输，几于断绝，除安南一部分外，全赖滇缅一路为生机。该路长千余公里，不但高山峻岭，崎岖险恶，且工程甫毕，路基未固，国内司机素乏，新训练者亦不便服务。我政府运输机关，函电本总会，代招华侨机工回国服务，本总会乃出通告，鼓励爱国机工回国，从事救亡工作，前后踊跃参加者，三千余人。其后缅甸失守，一部份二百余人，随联军入印度。敌寇败后，除有职者外，余已陆续回来。其他大部份在

---

① 伍伯胜（生卒年不详），广东台山人，时任驻新加坡总领事。

国内诸路服务。惟据昆明华侨机工互助社①报告，自胜利后华侨机工失业日多，登记欲南返者日众。最近所报，急欲南返一千一百余人，其中完全失业者约四百人，已娶妻室者三百五十七人，生有子女者二百八十，合计一千七百余人。据本年初回国慰劳团长潘国渠自渝来函报告，屡与政府交涉，最后应承由政府免费运至缅甸。本总会以为若能如是，由缅甸回星费用，我侨当完全负责。然至今数月，政府不曾实行此事。

近日，庄明理、白仰峰②等由渝回星，详述数月来屡向政府呼吁，恳请救济及遣回事，或敷衍延缓，或借词推诿，最后仅发救济费国币一百万元。杯水车薪，无济于事。或以未闻本总会发电向最高机关如蒋委员长、军事委员会，或行政院，要求机工复员为言，然自廿九年冬本会陈嘉庚先生报告陈仪祸闽之后，中央政府即与本总会断绝消息，虽曾汇款数千万元，发去其他函电，不下数十次，一字绝不回复。迨日寇失败后，陈主席回星再试亦然，故知虽本总会要求亦无效也。至诸机工原为爱国而前往服务，亦由各处筹赈会鼓励而成行。今日战事已终，目的已达，其父母妻子，忍苦盼待七年于兹，政府已不资助南返，我侨安能卸责坐视？计每人由昆明至香港，须费叻币一百六十元，再由香港至星费一百二十，共二百八十元。如以一千一百核计，须三十万元有奇。至于家属尚未计及。

兹将各区机工登记欲南返者人数列后，另将各区各人籍贯姓名，待六月十日付交各处筹赈会及商会若干张，以备其家属亲戚取阅，并订六月十六日请各区筹赈会派代表至吉隆坡开会，讨论机工南返办法。

此布。

陈嘉庚

---

① 华侨机工互助社原附设于西南运输处运输人员训练所，1940年2月1日正式归属运输处开始办公，西南运输处处长宋子良任互助社理事长。运输处于1940年颁布了《西南运输处组设华侨机工互助社训令》及《西南运输处华侨机工互助社章程》，并于1940年12月9日颁布《华侨机工互助社正式办公训令》。

② 白仰峰（生卒年不详），字锡钦，福建安溪人。马来亚华侨，在吉隆坡谦益栈和槟城从事簿书业，曾任太平筹赈会总务，参与并资助太平华联学校的创建。

各区机工人数

新加坡三百三十三人（内粤二百二十六人，闽一百零七人），妻子一百七十六人；

柔佛九十七人（内粤六十六人，闽三十一人），妻子六十七人；

马六甲二十九人（内粤二十二人，闽七人），妻子二十六人；

森美兰三十四人（内粤二十四人，闽十人），妻子十二人；

雪兰莪一百零七人（内粤七十七人，闽三十人），妻子六十七人；

霹雳二百三十七人（内粤一百七十三人，闽六十人），妻子一百四十九人；

彭亨二十四人（内粤二十人，闽四人），妻子十六人；

吉兰丹一人；

槟城一百二十一人（内粤六十五人，闽五十六人），妻子五十二人；

吉打五十一人（内粤三十六人，闽十五人），妻子三十一人；

暹罗二十三人，妻子十二人；

苏门答腊二十九人，妻子十六人；

婆罗洲三十八人，妻子十人。

以上共计机工一千一百二十人，其妻子六百三十五人。[①]

（附载一）致伍总领事函：

伯胜总领事先生大鉴：

敬启者：本坡昨日晚报及本日早报均载贵领馆电请政府遣送机工南返事，该稿闻系贵领事馆发出云。贵领馆系政府代表，对于机工复员事既肯负责，自系最好之事，不但机工，即庚亦甚感荷。惟尊稿言："中央曾设法救济，并办理遣送事务，惟因交通工具困难，未能即时南返。"然据潘国渠及诸机工来函与近日庄明理、白仰峰等报告，并所带来渝昆诸文件，则情形甚有不同。兹将最近在渝机工十九名来函及庄明理报告转陈于下，以供参考。

自民国卅二年缅甸失陷后，机工失业颇多，由赈济会许世英拨出廿五万元，其后未有再获一文。去年秋日寇败后，国渠、明理等除口头向政府各机关交涉

---

① 文中数据似有误，原文照录。

要求外,再用公文呈送行政院、侨务委员会、海外部、外交部、交通部、公路总局、军事委员会善后救济总署等机关。十一月中旬侨委会召集上列各机关开联席会议,无结果,十二月底在海外部再开会通过议案:(一)请行政院拨专款救济;(二)呈请行政院会同公路局、交通部、后方勤务部,安插失业侨工;(三)由外交部与有关方面,洽商办理侨工回国手续;(四)函善后总署,筹办遣送工作;(五)其他有关事项,由侨委会斟酌情形与各有关机关洽商办理。

尊稿上文所云,或尚有为庚所未知者。除上文所述未实行者外,中央尚有其他实行者否?如有,请将负责机关,在何处救济,自日寇败降后,发出救济费若干次,数目若干,交何团体收去,请列明示知,不但可以安慰机工之家属,庚亦可以在吉隆坡开会时作极好之报告材料,至荷至感。尊稿又云"办理遣送,因交通困难,未能即时南返。"据客年冬潘国渠报告,向政府交涉时曾由郑介民[①]先生应承将在昆机工五百名免费运送至缅甸,然口惠而实不至。按由昆至缅仅七百英里,货车最迟七日可到,每辆车如载卅人,十余辆车作一次便完。若作一两月运去,有五辆车专运已足。就昆明一处政府之货车客车,即不下千余辆,何困难之有?

南洋各属沦陷时,逃亡祖国者,以缅侨最多,不下数千人,现几已完全回缅矣。以政府之权力,迄今多月不能遣返机工一人,其谁信之?又如政府人员以及个人免费或自费由国内到印度及南洋者,何止千人以上。其他如由政府运往广州、香港、上海、南京者,则数以万计。运返少数机工,在政府系力所能及之事,并非挟泰山而超北海,端在肯与不肯耳。

陈嘉庚卅五年六月八日

(附载二)再致伍总领事函:

敬启者:马来亚各区华侨筹赈会,为商讨华侨机工复员南返事,曾于本月十六日在吉隆坡开会。佥以前日各报所载总领事发表援助华侨机工南返办法,极为妥善,甚为感佩。用特成立决议,即依据总领事馆所提办法,请求总领事阁下专责办理,使在国内欲南返之全部华侨机工及其家属,并于两月内由中央

---

① 郑介民(1897—1959),海南文昌人,时任国防部第二厅厅长。

政府饬令下，尽数遣回。其中失业流落昆明之数百名，尤希提前遣送。在遣送之前，生活困苦或疾病者请先予以救济。此外或有少数机工，因故羁陷囹圄，情实可悯，亦请谅其当年回国服务热诚，分别予以减刑或即省释。以上决议，与日前总领事馆所示大旨，原无异致。故即席推举南侨筹赈总会主席陈嘉庚，暨各区筹赈会代表庄明理、陈可用、何炽祥、蔡伯祥等五人面达公意①，请即迅赐办理。倘在两月之后，未见端兆，为显示总领事阁下肯负责任，取信侨众，更望躬回南京，切实向我政府请求，以去就力争，务期必达遣返机工之目的而后已。兹据前由，除五代表趋前谒见外，相应备函奉达，敬烦查照，并希赐予面洽为荷。专此禀陈。

即致
中华民国驻新加坡总领事伍
马来亚各区华侨筹赈会援助华侨机工复员代表大会主席陈嘉庚
卅五年六月十七日

录自陈嘉庚《陈嘉庚言论集》，新加坡星洲南侨印刷社1949年10月再版，第79—84页。

---

① 1946年6月16日，来自槟城、太平、峇株巴辖、巴生、彭亨、新加坡六地的代表在吉隆坡召开会议，制定出督促中国政府遣送机工的办法，推选南侨机工救助小组五人小组，即新加坡陈嘉庚、槟城庄明理、巴生陈可用、彭亨何志峰（何炽祥）、峇株巴辖蔡伯祥。

新加坡华侨筹赈祖国难民总会通告第十一号

(1946年6月26日)

敬启者：本总会为回国机工复员事，经于本月十六日在吉隆坡召开马来亚各区筹赈代表会议，议决各案列左：

一、机工南返事，本总会拟在吉隆坡开会发表后三日，新加坡总领事馆即投稿各日报，对机工南返表示愿负全责办理，于是各代表开会时，全体一致议决托由总领事切实负责妥善办理。

二、代表大会推举代表五名，持函送新加坡总领事馆，并面述各议案，请切实有效办理，及用大会名义电请蒋委员长、宋行政院长速遣机工南返。

三、机工南返事，请总领事求政府于两个月内办理完竣，其中流落昆明及他处失业之数百人，提早遣送，在未遣送之前，一切生活费无着者应先救济。

四、少数机工因故尚在狱中者，请政府减刑或释放，机工有家属者，请准予随同出国。

五、在两个月满后，政府遣送机工如未见端兆，应请伍总领事躬回南京交涉，并以去就力争，以示决意负起发言之责，取信侨胞。

六、以后发出函电及办理其他会务主持者之名称，定为马来亚各区华侨筹赈会援助华侨机工复员代表大会。

此布。

民国卅五年六月廿六日

录自陈嘉庚《陈嘉庚言论集》，新加坡星洲南侨印刷社1949年10月再版，第85—86页。

促办南侨机工复员信函

(1946年8月21日)

迳启者，关于请求政府遣送华侨机工南返事件，前经马来亚各区筹赈会于六月十六日在吉隆坡开会议决，依据总领事馆拟定之援助办法，请求阁下专责办理，并定以两阅月为期。如未能达到目的，更求阁下躬身返南京，切实向政府要求，以去就力争，必达遣返机工之目的而后已。当场推派陈嘉庚、庄明理、陈可用、何炽祥、蔡伯祥五人为代表，携带书面前来面陈。所有上开各情，经庚等五人于六月十九日赴馆谒述，当蒙接纳，允予照办。

光阴荏苒，迄今期届两月，虽前后迭获召示与政府有关当局函电接洽经过，具见关切，但实际上迄未见国内机工有任何人被遣送南回情事。而且，本月五日，犹来昆明机工申诉二百余人救济费罄，将在绝粮，亟盼南返之电讯。政府何以对于办理遣送迟未成事，殊属费解。本会职责所在，谨复依据大会限期两月之决议，重行致函。请求总领事阁下，珍惜然诺，尊重公意，迅行电请政府克期遣送，如仍无确讯可知，应乞代表侨民躬赴南京，以去就力争，期达目的而后已。兹据前情相应函达，即请查照并即惠覆为荷。

此致
驻新加坡总领事　伍

马来亚各区华侨筹赈会
援助华侨机工复员代表大会
新加坡南洋华侨筹赈祖国难民总会
主席陈嘉庚
卅五年八月廿一日

附：致电蔡伯祥征求意见函

迳启者，关于请求政府遣送机工南返事件，迄今两月期届，未见实行。本会兹经重提前议，函求伍总领事切实交涉，函稿另抄奉览。尊意如何，尚盼覆知为要。

  此致
蔡伯祥先生

新加坡南洋华侨筹赈祖国难民总会主席 陈嘉庚
卅五年八月廿一日

录自《华侨华人历史研究》1988年3月第1期，第58—59页。

致电美总统等劝告停止援蒋

(1946 年 9 月 7 日)

（新加坡讯）南侨总会主席陈嘉庚先生最近因痛愤国内独裁专政，凭借外力进行内战，故特电美国杜鲁曼总统、美参众两院议长、驻华特使马歇尔及美大使司徒雷登[①]，劝告美国应立即撤退驻华军队，停止对国民党政府一切援助，以免蹈日本之企图分裂中国自取败亡的覆辙。该电由路透社合众社于九月十日在新加坡发表，惟其文略而不详，记者特往探得该电全文，兹从英文转译如下：

华盛顿白宫杜鲁曼总统、美国国会参众两议院议长、南京马歇尔特使、司徒雷登大使鉴：

中国人民一向信奉孙中山先生革命遗教，主张建立民主国家。不幸军阀内斗，加以日本乘隙而入，以借款军火助长中国分裂，卒致有世界大战之惨祸。日本此种损人利己之企图，征服世界之野心，最后仍遭失败，可见上帝有灵，报应不爽。

查蒋政府执政二十年，腐败专断，狡诈无信，远君子而亲小人，其所任用官吏，如孔宋内戚及吴铁城、陈立夫、蒋鼎文、陈仪等，贪污营私，声名狼藉，以致民生痛苦，法纪荡然，为中外所咸知，贵国人士亦了若指掌。抑蒋政府要人，就本人多次接触，深知其昏庸老朽，头脑顽固，断不足与言改革。贵国传统政策，对各国人民公允友爱，不事侵略，信誉昭然。今乃一反其道，竟多方援助贪污独裁之蒋政府，以助长中国内战，长此以往，中国将视美国为日本第二，此于中美两国人民之感情，大有损害。

本人曾亲访延安中共辖地，民主政治已见实施，与国民党辖区，有天渊之别。且中共获民众拥护，根深蒂固，不但国民党军队不能加以剿灭，即任何外

[①] 杜鲁曼即哈里·S·杜鲁门（Harry S. Truman，1884—1972），美国第 33 任总统；乔治·卡特利特·马歇尔（George Catlett Marshall，1880—1959），美国陆军五星上将；司徒雷登（John Leighton Stuart，1876—1962），生于杭州，时任美国驻华大使。

来金钱武器压迫，亦不能使其软化。鉴是之故，本人代表南洋一千万华侨，特向贵国呼吁，请顾全国际信誉，以日本为前车之鉴，勿再误信武力可灭公理，奸谋可欺上帝，务望迅速改变对华政策，撤回驻华海陆空军及一切武器，不再援助蒋政府以使中国内战得以停止，人民痛苦可以减少，则贵国将为全世界爱好和平之人民所拥护，而上帝必佑贵国矣。

南侨筹赈祖国难民总会主席陈嘉庚
一九四六年九月

录自《现代周刊》（槟榔屿）1946年复版第18期，上海图书馆。

南洋华侨筹赈祖国难民总会通告第十三号

(1946年9月25日)

本总会为南洋各属华侨筹赈会慈善会所组织，而各属之筹赈会慈善会，则为该地全体华侨抗战时所成立，由民国二十七年国庆日，各属六十余埠团体，派代表一百八十余人，来新加坡开代表大会，组织此南洋华侨最高机关（其章程第十四条乙主席对外代表本会），当时所以采用筹赈二字以为名义者，乃为适应各居留地之环境情形，而实际上工作，与精神上之号召，则不专限于筹赈。此固全南洋华侨与抗战的祖国所公认，非少数所得而可否之者。至若义捐一项，前后汇交国府不下四万万元（当时汇率），用以救济者殆不上二成，其他概支配以军政党各费，此又为全国内外所共知者。本总会工作，除一部分属于筹赈性质者外，大部分皆为政治与外交之重要工作，兹举其荦荦大者如下：

一、汪精卫主和误国，本总会发电劝告，反对、攻击，及请政府下令通缉，并发文告，普告中外，前后不下数十次。

二、广州失陷时，本坡粤帮诸侨领送来电文，请以本总会名义，致电质问军事委员会，本总会曾为照发。

三、北平汉奸江朝宗等二十一人来电，请本总会主席领导南洋华侨，赞成与敌和平，本总会覆电痛斥其卖国求荣，倚赖外力危害国家，荼毒民众。

四、白崇禧将军，介绍回教代表马天英[①]等南来，促进中马民主亲善，本总会代为介绍，并助旅费叻银五千元。

五、天津英租界被日寇威胁，要求引渡我爱国分子及交出我国存寄白银数千万元，英政府派其驻日大使对日妥协，本总会发电英京，请求众议员丘吉尔等主持正义，反对对日妥协。

六、一九三九年九月，英对德宣战，本总会立即发出通告，反对德国，拥护英政府宣战，本坡总督极致赞许，且由是更支援英属各地筹赈会之活动。

---

① 马天英（1900—1982），山东临清人，回族，抗战期间曾任中国回教南洋访问团团长。

七、滇缅路通车后，需要机工数千名回国服务，本总会负责为鼓励各属侨工，并资助其回国，及捐款购赠运输车数百辆。

八、廿九年春组织回国慰劳团，本总会主席以代表名义，亲历国内十余省，备致慰劳，而各省军政商学各界开会欢迎前后百余次。

九、陈仪祸闽，本总会函电呼吁改善，不下数十次。

十、敌寇南侵，本坡总督请民众开掘战壕及其他工作，概由本总会负责。

十一、敌败降后，本总会发出通告第一号，劝我侨胞团结亲善，谓吾侨过去数年受祸已深，黄台之瓜，不可再摘，又第二号通告，请马来亚各筹赈会，调查战时吾侨生命财产之损失，又第三号通告，组织回国卫生观察团，第四号通告，征文编辑《大战与南侨》，第八号通告，否认割弃外蒙非法条约，第十一号通告，请马来亚各区筹赈会，往吉隆坡商议机工南返办法事。

十二、本年春间，曾举行欢迎印度民族领袖尼赫鲁先生大会，前月又发电致贺印度临时政府成立。

以上所举俱为筹赈工作以外，而属于政治外交之重大事件，历兹八年，绝未有一人反对不合理者。例如新加坡中华总商会，若论名称，只限商界而已，举其实际，总商会凡有作为，为政治交际等，多至不胜枚举，又岂仅在商言商而已。盖吾侨社会实际之所需，固亦责无旁贷也。

至于南洋各属会之六十余埠团体，自南洋沦敌，尽遭破坏，其中荷属占三十五埠团体，现各地纠纷未静，马来亚虽称平治，而十二区筹赈会，尚有七区未能复员。其他菲律宾、安南、缅甸、婆罗洲诸属会，大都如是，而且消息难通，如欲召集开会，从事结束，实为眼前事实所不许。

窃念侨胞对于当时本总会组织之经过情形、法理依据，以及八年来工作之主要意义、事实表现，或因事过境迁，忘其所以，用特摘要通告，便知本总会可以代表各地筹赈会，本总会主席可以代表本总会，更绝对可以代表全南洋华侨，而本总会八年之工作范围，固不专于筹赈，是皆有法理事实以作根据也。凡我侨胞，其深察之。

此布。

主席陈嘉庚

录自新加坡《南洋商报》1946年9月26日。

道谢启事[①]

(1946 年 10 月)

余自前年代表华侨回国慰劳,辄与政界要人接触,及经历多种事件,深知彼辈虚矫成风,断非为治之本,国家难免纷乱,浩劫无可减轻,心实痛之。不图近复假借外力,加深国难,不得已乃于九月间,发电美国总统杜鲁门等,请勿火上加油,以害中国。讵马来亚少数顽固份子,借词反对,并利用报纸无理谩骂,致引起各处拥护民主维持正义之男女同胞,大动公愤。或集会散扬真理,发表拥护宣言,或联络群众签名,发出慰勉函电。近则马来亚,远则菲律宾、香港、安南、暹罗、缅甸、荷印等地,每日多至百数十件,直至近方止。侨胞热爱祖国,使余感奋,为恐作答难周,有辜盛意,兹登报广致谢忱,诸希鉴谅。

中华民国三十五年十月

录自南侨总会编《南侨正论集》,1948 年 4 月第 1 版,第 162 页。

[①] 1946 年 10 月,陈嘉庚在报纸刊登《道谢启事》,感谢各界对其通电杜鲁门要求美国勿害中国的支持。(参见陈碧笙、陈毅明编《陈嘉庚年谱》,福建人民出版社 1986 年 3 月版,第 187 页。)

谢却校友募捐复兴基金函

(1946 年 11 月 2 日)

昨天贵报载新加坡集美校友会，在同安会馆开复选会，"并订于日间组成五队向诸校友劝募复兴母校基金"。按集美校舍被敌寇炮轰炸毁损失颇重，在余未回星之前，董事长等已在国内募捐国币 2000 余万元，以为修葺经费。敌寇甫投降，立即鸠工并收拾倒塌中器材，从较易修补诸屋即行赶修。其时工料犹算廉宜，至本年 2 月即有一部分修葺完竣，可容中等学校学生 1700 余名复员回校。此后逐月经费约需叻币 9000 元，修理校舍及添置亦月按 4000 元，均为余一力供应。至现下尚未修理之校舍，其中或以全座烧毁，或为大半倒塌，加以工料奇贵，若要全部修竣，至少须叻币 20 万元。诸校友热诚关怀母校，余甚感谢，若资力雄厚之校友，肯大量牺牲帮助者，当然无任欢迎。第念此际商业不振，生活困难，余雅不欲普及烦扰，致生不便。况国内内战未息，民众惨苦，余对集美学校，只求维持现状，无意于急速修竣恢复旧观。为恐他埠校友或相仿行，谨为文投诸报端，希诸校友原谅。

原载《中南日报》1946 年 11 月 2 日；录自王增炳、陈毅明、林鹤龄《陈嘉庚教育文集》，福建教育出版社 1989 年 7 月版，第 254 页。

辞谢行总协修集美校舍

(1946年11月25日)

（民国三十五年十一月廿五日南侨日报载）陈嘉庚先生创办之集美学校校舍，抗战时被敌寇炮击，飞机猛炸，致数十座屋宇，无一完好。加以多年荒废，自然损坏不堪。去年八月敌寇投降后，即从易于修理之一部分赶修。至本年去秋，费去八千余万元。若现下工料昂贵，非数万万元莫办。计修竣诸校舍，仅可容中学生千余名而已。其他破坏较重之部分，若要修竣，须工料费二万万元。又延平楼及其他数座，倒塌更甚，几需完全重建，按费须三四万万元。陈氏昨接集美校董事长陈村牧来函云：行政院救济署厦门办事处，近决用工赈办法，补助修理受敌炸毁小学校舍；其办法，材料费学校自行筹措，工费则由行总拨发面粉补助；集美校舍应修理一部分之费二万万元，其中工资占八千五百万元，由行总补助之，其他材料费，则由本校自理。各条件经与厦门行总办事人议妥，故来函征询可否接受。据记者探悉，陈嘉庚先生已覆函辞谢。该函大意谓：

国家不幸，遭抗战之损失，战时告终后，不能奋志自立，以图强盛，反而依靠外国救济，政府如是，社会如是，华侨机工复员亦如是，甚至教育机关亦如是，其可耻可悲，可羞可痛，为何如是耶！号称胜利国五强之一，人民之众，居世界第一位，列强中谁如此卑劣？素称"礼义廉"者，果如是乎？可哀也已！

录自陈嘉庚《陈嘉庚言论集》，新加坡星洲南侨印刷社1949年10月再版，第118页。

新加坡南洋华侨筹赈祖国难民总会通告第十四号

(1946年11月26日)

为通告事。本总会系于民国廿七年秋由行政院命令南洋各属筹赈会举派代表来星开会组织，其任务在领导筹赈会支援抗战，故凡当时政府所有关于筹赈抗战各项命令，本总会当然奉行，至各属会奉行与否，系各属之自由，本总会未便干涉。有如义捐公债，不拘所募多少，均由各属会自行汇交行政院，本总会概未接收款项，亦未向何处募捐，故新嘉坡沦陷时，本总会无存款，即以此故。

查廿八年滇缅路将通车时，政府电本总会，需要机工回国服务，本总会即通告各属会征求爱国机工自动参加，当时并无附带任何复员条件，盖此为政府责任，毋须预有规定也。抗战胜利后，在国机工久未复员，历经潘国渠、庄明理诸君交涉无效。本年五月间，庄君回洋，本总会据报，乃于六月三日，发出通告，订六月十六日请马来亚各区筹赈会，推派代表，赴吉隆坡开会，商议捐资援助机工南返。讵两月后，新嘉坡总领事馆忽投函各报，谓救济机工复员事件，政府已负责办理。言外之意，不问可知。由是吉隆坡开会时，马来亚各区会，除新嘉坡、槟城、峇株巴辖、巴生有正式代表到会外，雪兰莪及霹雳两区，以依据报载总领事馆消息，该区要自行设法，使其区内机工复员，拒绝参加会议。其他各地咸多以是为词。到会诸代表，于审度当前事象之余，金谓新嘉坡总领事馆，既谓政府要负责遣送，故决议此案应完全信赖及督促政府全责办理，并派举代表五人备函送达新加坡伍总领事，请其力求政府于两月内办妥救济及设法遣送全部机工南返。否则请伍总领事亲往南京，以去就力争，务达目的，吉隆坡会议迄今五阅月，本总会除依案执行外，别无他道。

兹闻政府已托联络机关办理，运送机工到新嘉坡，上岸后并备食宿，再转原住地，沿途车费亦由该机关供给。如是处置，诚为爱国服务诸机工及其家属所愿望。机工复员之目的既达，如尚有其他要求事项，自应向原派区筹赈会商量。本会对于机工责任，于焉幸告完毕，曷胜欣慰。合将办理经过，普告侨胞，以明真相。

此布。

中华民国卅五年十一月廿六日

录自陈嘉庚《陈嘉庚言论集》，新加坡星洲南侨印刷社，1949年10月再版，第86—87页。

新加坡南洋华侨筹赈祖国难民总会通告第十五号

(1946年11月27日)

为通告事。自本年六月,新加坡总领事馆发表华侨机工救济及复员事均由我政府完全负责之后,近日华侨机工将陆续南返,余乃查询总领事馆,关于机工抵星后状况及处置,据谓香港救济联总署已托本坡福利部负责一切,迩邝领事告知福利部来函如下:

嘉庚先生大鉴:昨日余接香港联总来电,谓另一批计四百二十名机工,乘丰庆轮将于本月廿八日抵星。此批机工目的地系星洲及马来亚联邦,但每地若干名则尚未得详讯。当例凡由联总遣送之机工,其所乘轮抵岸后,在未各归其家前,一切膳宿均由福利部免费供给。此致并颂大安。

十一月廿一日
新加坡政府福利部秘书 TPF 尼密士上

查华侨机工之复员,既由我政府与救济联总合作,到新加坡则由福利部招待膳宿,再转原住地,沿途车费亦由该机关供给。如是处置,诚为爱国服务诸机工及其家属所愿望。机工复员目的已达,如尚有其他要求事项,自应向原派区之筹赈会商量,方为适合也。

此布。

中华民国卅五年十一月廿七日
主席陈嘉庚

录自陈嘉庚《陈嘉庚言论集》,新加坡星洲南侨印刷社,1949年10月再版,第87—88页。

致电美两议员赞同国际调解中国内战

(1946年12月21日)

【本报新加坡特派员二十一日发专电】东南亚华侨救济基金联合会主席陈嘉庚致电美国参议员穆莱与弗兰德，原电如下：

"阁下向贵国政府建议，邀请英苏两国共同调解目前国共两党间之争执，以终止中国之内战，并协助建立民主联合政府，本人闻之，殊觉欣慰。贵国政府倘接受该项建议，本人相信必能予中国以民主，予人民以和平，更进一步促进中美友谊，从而提高世界和平安荣之机会。反之，倘贵国政府拒绝该项建议，坚持协助争执中之一党，则其努力势必失败，且可能成为世界和平之威胁。倘欲使中国享和平之幸福与民主之自由，则除实行阁下之建议外，别无他策。国民党中亦不乏进步分子，彼等深知内战无益，但无机会表达其意志。贵国政府倘能接受阁下之建议，修正对华政策，则组织联合政府之努力必能成功，法西斯独裁不复能存在。今恳求阁下为人类计，坚持到底。"（史冀）

录自《大公报》（上海）1946年12月22日第2版，中国近代文献数据总库。另《四邑侨报》1947年第1卷第2期，大成故纸堆数据库，亦以"陈嘉庚致电美议员响应三强调解内战"为题刊载此电，因略有不同，附录于后。

附：陈嘉庚致电美议员　响应三强调解内战

南洋侨领陈嘉庚，现任南侨筹赈祖国难民总会主席，抗战时期对筹款援助祖国抗战事宜，诸多贡献，今年九月七日陈氏感于国事日非，内战扩大，特致电美总统杜鲁门，请其改变对华政策，撤退驻华军队，并于中国和平民主未有保障之前，万勿以任何物资援助中国，免使中国内战愈益扩大而至于无可收拾。该电文中，对我中央政府曾作种种之指摘，谓为贪污腐败，故一度引起中外舆论之同情或反对者颇多。日前美国参议员莫莱与佛兰德斯曾向杜鲁门总统建议，请联合英苏两国,共同调解国共冲突,制止中国的内战,组织各党各派之民主联合政府,陈氏特致电莫佛两氏,表示响应,原电内容略谓:"顷悉先生向贵政府建议,联合英苏,调解国共冲突,制止内战,组织联合民主政府。此项建议,倘如贵政府所采纳,余信中国可达民主政治,人民可获安宁,中美两大民族感情,益见增进。反之,若贵政府不从先生良策,仍执迷援助一党,将来定必失败,甚至扰乱世界和平亦未可知。余久与国共两党要人,亲身接触,深知底细,贵政府如偏助一党,终必无效,且助长中国内战之惨祸。余深信蒋主席之部下及国民党中,不乏深明大义之人,觉悟内战绝无价值,第未有机会可以反正。兹如贵政府能接纳先生建议,改变对华政策,则中国联合政府之组织,必可成功。"

组织南洋华侨回国卫生观察团通启

（1946年）

余著有《住屋与卫生》一册，赠寄国内各省当局，贡献住屋与卫生之意见，并拟组织"南洋华侨回国卫生观察团"，征求团员及书记三十二人观光祖国，到各省府县城，实地考察报告，并由总会发行月刊贡献祖国，促当局注意各点改革事宜，此为中华民族将来健康之大计，民族生存扩展之要务，兹录通启原文于下：

"迳启者：南洋千万华侨素以家乡为重，自民国光复后，热心爱国，进步甚快，逢有灾难，悉力救济，不分省界，以国族为前提。"七七"事变，同仇敌忾，热烈救亡，捐资助饷，数年如一日。惟寄人篱下，限于自由，故不得不借慈善机关救济会等名词，成立机关，以避阻挠。此不但新加坡为然，全南洋诸筹赈会，亦莫不皆然。

兹者抗战告终，各处未汇捐款，必有多少。若仍汇交国府行政院，以助政费，犹如沧海一粟，无丝毫价值可言。如请为某项救济，虽政府能实行，亦不过抵减国库极微之支出，此不待智者而后知也。余为此事再三考虑，若变通办理，存款汇归祖国，用途则择其确可有益民众者。言外汇则绝无差异，言救济则更可实施。不宁唯是，如办有成绩，将来可以继续捐输，再行推广，以期普及全国县市。至所拟办法，为组织'南洋华侨回国卫生观察团'，其简章及任务，另印付阅。盖祖国城市乡村之不合卫生久矣。影响所及，至为最大。战后建设伊始，亟应乘兹计划改革。予已印有《住屋与卫生》小册，邮寄祖国各省市当局，供其参考，并请迅速实行。

兹复拟组织此观察团回国调查视察。查新加坡筹赈会存在银行十六万余元，若将此款移作观察团经费，足可支持两年。他处如表同情，日后更可推广。借考察于观光，借调查而促进，我侨任务，唯此为宜。或云祖国方事内战，观察恐生阻碍，应暂迟一步，然此所谓因噎而废食。盖国内虽不幸而发生政争，然军民多明是非，谅不致延长糜烂，阻碍建设之进行，况我侨完全为促进卫生建设起见，绝无党派政治意味，可免过虑。兹付［附］上《住屋与卫生》一本，及观察团规则一通，希予惠览。不日拟传集开会解决此案，特此通告。"

录自陈嘉庚《南侨回忆录》，新加坡南洋印刷社 1946 年 3 月三版，第 372 页。

《大战与南侨》序[①]

(1947年1月)

　　日本自甲午中日之役，及甲辰日俄之战，俱获胜利，自以为天之骄子，神之后裔，将永为东亚各民族之领袖，且鉴于西欧有三岛之英国，属土遍全球，富强冠世界，迷信东亚亦有三岛之日本，足以媲美英国而不疑。加以甲寅世界首次大战时大发战难财，积极扩充武备，于是野心愈炽，目无世界，不顾国际条约，于民二十年发动"九一八"事变，侵吞我东四省。继而发动"七七"事变，欲吞灭我全国。我海外华侨，热烈救亡，捐汇金钱以助祖国抗战之需，数年如一日。民二十八年，汇现金国币十一万万元，义捐约十分之一，余为私人寄家用者。依世界银行通例，有基金一元，便可发出纸币四元，而其信用可称稳固，政府如以十一万万元现金，存中外银行作纸币基金，便可发出纸币四十四万万元，除十一万万元交还侨眷作家费，尚可余三十余万万元。而是年战费，据何应钦部长在参政会报告，共支出十八万万元，除此之外，尚余十余万万元，可作党政等费。审此足见华侨汇款与祖国抗战经济，有密切之关系，约居侨汇总数十分之七，余为美洲及他处所汇者。由此之故，日寇深恨我南洋侨胞，毋庸赘言矣。

　　民二十八年欧战发生，越年法英战败，日寇乘机侵入安南及联结暹罗。盖自少壮派得势，以为国富兵强，海军虽未称雄世界，而陆军则自信天下无敌，既获得我东四省后，以为吞灭我国，易如反掌，更处心积虑，欲霸占全东亚。

[①] 1946年12月，南侨总会发布第三号、第四号通告，征求日寇占领南洋期间对华侨所施暴行的材料，内容分军事、刑杀、贪污、奸淫、奸贼、损失、政治七项，随后陈嘉庚主持编辑成书《大战与南侨》，并撰写此序言。《大战与南侨》（马来亚部）由南洋华侨筹赈祖国难民总会成立编纂委员会编纂，成员有李铁民、沈兹九、林惠祥、邱继光、洪丝丝、胡愈之、高云览、张楚琨、陈仲达、杨骚、蔡高岗，1947年元旦在新加坡刊行，初共刊印六千册。

加以南洋土地肥沃，物产丰富，交通便利，早已垂涎三尺，大有寝食难忘之概。对于南洋水陆地势之调查，鱼贩间谍之侦探，屡为当地政府破获，或自尽，或入狱，或被逐出境，无年不有。自占据安南后，更积极筹备南进，加以德国派技师至彼邦改良制造战具，似虎添翼。及民三十年六月德国进攻苏联，怂恿日寇逞凶，日寇虽表同情，惟尚犹豫，以观德苏之胜负。及冬令已交，严寒日增，德军虽迫近莫斯科，军士多不能耐战，急欲撤退，第恐命令一下，日寇南进必致中止，不敢与英美为敌，由是对莫斯科之攻势强维持，而天天恳迫日寇急速下手。乃愚蠢之日寇不知被卖，竟于是年十二月八日夜，不宣而战，攻击英美。炮声响后，德国立即下令撤退攻苏之兵，消息传出后，稍有见识者，多知日寇已自掘坟墓矣。

民三十年十二月八日早四点钟，余在怡和轩俱乐部三楼卧房，忽闻轰炸声三响，初疑为雷声，起至窗口探头一看，又发一响，火花散布空中，同时警笛亦大鸣，乃知为敌人已来投弹，向英国开战，于是心中无限欣慰。盖我大中华民国对敌抗战不孤，最后胜利决可属我也。余下楼避于近处草场旷地，各处路灯仍光明未息。天明后，余外出视察，见街中多处被炸，屋宇倒塌不少，市政局方召集工人清除。自敌近卫内阁辞职，换以陆相武人东条继任，余已知南洋战事难免，第敌人惯用行险侥幸，不宣而战，乘人不备而下手攻击故技，故不知何日发生耳。

自东条擢任内阁首相后，英国政府亦料南洋战事难以避免，惟极力设法警惕日寇当局，冀其悬崖勒马。邱吉尔首相曾在播音台发表美日钢铁产量之比较，谓美国每年出产钢铁九千万吨，而日本只出产七百万吨。英当局又派遣两只主力舰"威尔斯太子号"及"击退号"[①]，来新加坡镇守。到埠时泊于军港，故意任中西日报宣传，任人参观，盖"威尔斯太子号"在欧洲及大西洋，与德国名舰多年炮战，屡获战功，名闻世界，故特派来镇守新加坡，其重要可以想见矣。

---

① 1941年12月9日，日本不宣而战袭击美英在太平洋远东地区的海空基地，宣布对英美开战，美英立即作出反应对日宣战，太平洋战争正式爆发。1941年12月10日，日机击沉英国远东舰队的主力舰"威尔斯太子号"和"击退号"，前者排水量为3万5千吨，配有以雷达导控的防空火炮，此前英人称其为"不会沉没的无畏战舰"和"坚不可破的堡垒"；后者排水量则为3万2千吨。（参见凤凰网"太平洋战争大事记"。）

十二月十二日晚，英京广播电台忽发出至不幸之消息，谓两主力舰"威尔斯太子号"与"击退号"，同时在关旦海面被日机炸沉。余闻此凶报，终夜不能成寐，盖敌人已在马来亚登陆，敌机又如此厉害，新加坡恐难保守。越日华侨银行要人来告，英财政司来银行取去英公债八百万余元，云必要时将予烧毁，给回一张收据，又云逐日所存纸币若干，须要报告，必要时亦将烧毁，不留资敌，并劝余早离新加坡为宜。余答时间尚早，不便遽行。两主力舰之沉没，关系此次大战虽至大，然塞翁失马，安知非福。其时美英方积极增建战艇，由是则转而增建航空母舰，以争取最后胜利也。

两主力舰沉没后，敌人舰船自由行动，马来亚埠市要区，迭报失守，影响新加坡，当然难免。重庆我政府要人，告驻华英大使，以防守新加坡如需要华侨帮忙，情愿电令华侨动员努力，故英大使电知坡督，坡督回电接受，于是蒋委员长电令驻坡总领事，转达党部、社团、报馆三机关动员效力。然该电秘不发表，由坡督委公安局长来告余，劝余负责动员华侨帮忙，余力辞不敢当，后不得已勉强接受三项任务：（一）组全市义务警察，维持治安，及担任防空等工作；（二）组宣传队，向各处宣传；（三）设劳工服务团，政府每日需要若干工人，代为雇用，工资由政府供给。十二月二十八日，总督召集华侨各界领袖及政府要人，到总督署开会。总督致词云："当地战争危急，民众当与政府合作，此为各处通例，如维持治安、救护、防空及宣传等等，均需民众合作者。且鉴于前日槟城被炸，警察不力，致发生抢劫，敌未来已先乱，可引为前车之鉴。本坡民众更多，且更复杂，然华侨实占大半。前昨贵国蒋委员长也来电，令华侨共同努力，兹经蒙侨领陈嘉庚先生许可，愿领导华侨帮助政府，今日故请诸侨领到此集合，报告此意，以后凡华侨合作事项，本总督委托陈嘉庚先生领导一切，凡各社团、报界、侨生，均需服从"云云。余答词言："顷闻总督所言，余甚感谢！余前昨力辞不敢接受者，以华侨素无经验，对战争种种帮助之事，恐办不到，及昨闻总督决要余负责领导，余乃与贵公安局长约定三项任务，即以组各街义务警察及宣传队，并代政府雇劳动工人为限。至蒋委员长来电，余本早阅报纸方知，其所委托党部、报馆、社团三机关，然此三机关与余个人多无关系，盖余非党人，亦无报馆①，至社团当以总商会为首负责。然今日中英已成共同战线，贵总督既欲委余领导华侨，余若办得到者，当竭诚奉行耳。"总督复起立致谢。

十二月卅日，余以坡督委任，召集阖坡华侨，各界代表，假中华总商会为会场，到者甚多，座位皆满，余起报告数日与当局接洽经过各情况，并言"今日召集会议，便是要讨论华侨协力机关之名义，其次则讨论承办三项工作，及如何进行诸工作。此三项若能办得完满，我华侨在责任上可以无愧。至于其它，既非约定，亦恐非我侨可能办到，故无提起必要耳。"讨论结果，总机构名称定为"新加坡华侨抗敌动员总会"，义务警察组织名称为"保卫团"，代雇工人机关称"劳工服务团"。以上讨论毕，有一人名耶鲁者，闽南人，前以共产党案被英政府拘禁，甫放出，彼提出一议案曰"武装民众"，余则加之阻止，谓今日主要议案，只关于上言所接受三任务而已，其他非应讨论之问题。然甫放出之政治犯多到会，彼等与此外青年多赞成耶鲁②君提出之案，余复解释言武装民众，我华侨素无此经验，若从兹训练义勇军，须数月方能毕事，实属缓不济急。且政府如需要军队，从英澳美调来，月余便到，如个人要参加游击队，则政府已成立机关，可以报名，本会只可负责介绍，故无须加入此议案云云。然与耶鲁君表同情者颇多，而诸放出政治犯，昨天总督署开会，亦被邀参加，散会时，总督又均与握别，故其赞成武装更烈。彼等敌忾同仇，诚属可嘉，而年少寡经验，不计防守此岛屿殖民地，非我侨武力帮助可能有效，而参加有损无益之工作也。

十二月卅一日复假总商会推举各股主任及委员。办事处决假晋江会馆，"义务警察"每条街举一家或两家华侨行店负责，就该街征雇，短街一站，长街二站或三站，每站三人，日夜轮流站岗，每人月津贴十五元，由该街捐给。至各站长由本会雇委，每人月薪四十至五十元，办事所附设于坡中各区警局内。至"劳工服务团"，每日政府各处需用工人若干，即代雇用，平均每日二千人至三

---

① 陈嘉庚曾于1923年在新加坡创办《南洋商报》，1932年移交林庆年、李光前、叶玉堆、颜世芳、侯西反、李玉荣承办。
② 即黄望青（1913—？），福建同安人，原名耶鲁，新加坡华人企业家，时任《光华日报》电讯编辑。

千人，工资逐日由筹赈会先垫发，政府须迟十天方核算一次来还，计被侵欠三万余元。民众武装部，以共产党人为正主任，国民党人为副主任，亦附设办事处于晋江会馆。所有工作，余只限定介绍游击队员与政府而已，其他概辞绝也。

敌寇南侵后，我国政府派几位军事代表驻新加坡，主任为郑介民先生，时常来报告海陆空军战况，及后方将源源运来许多生力军，及种种武器飞机，然逐次所言，大都失实。是亦莫怪，盖彼系闻自英军一面情报，而传于我也。新年元月间，郑君告余伊奉我政府令，将移驻爪哇吧城，托余代电南侨总会副主席庄西言君，代备一楼，一汽车，余即照办。至月尾，将乘飞机往吧城，招余同行，余辞不便即行。其时新加坡岛后柔佛多失守，新加坡虽临危险，然非三数天可失陷，故余不欲徒为一身安全而遽去也。

元月卅日上午，叶玉堆君来告，本埠英人妇孺大部分或全数已经撤退，许多警察强牵私人汽车往运，少顷另有人来告，昨夜在港许多印度工人，下船不知住何处。又有人来言，昨夜军港雇华工二百人，将器物不论贵重与否，一概搬投海中，又甚多兵士乘夜自丹戎巴葛①码头下船他去，而老巴刹②十余门高射炮，昨夜不知撤往何处。又陈振传君来电话，告渠要辞分配船位委员，谓英人不照约履行，盖前十余天政府召组一委员会，凡客船要出口，西洋人及中印等人购票，须由委员会公开分配也。余为上言种种消息，约叶玉堆、陈振传等数人往见总督，告以上言各事，使坡中人心甚为动摇，总督虽逐一解释，然多不实言。最后叶君问总督云，闻重庆蒋委员长来电，谓必要时领事馆官吏及所派委员，须设法使之安全回国，实否。总督答有之。又问对诸侨领有并提否，答无之。叶君云，彼不认我等为华人。

元月卅一日，柔佛通新加坡桥已自动炸坏，终夜大炮声隆隆不息，闻系军港自开大炮轰毁柔佛埠诸巨屋。二月一日军港界内约有十余个贮油池，放火焚烧，浓烟满空。上午民众武装部之人要来支四百元，余问作何费用，答政府发

---

① 丹戎巴葛早年靠海，是早期航运发达时期，货物运送到市区的必经之路，19世纪中叶曾是豆蔻种植园，马六甲迁来的土生华人社群曾聚居于此。现为新加坡兼具历史传统与现代气息的繁荣社区。

② "巴刹"在马来语中是"市场"的意思，老巴刹最初是菜市场，建于1894年，是东南亚现存最大的维多利亚时期的铸铁建筑。

给他一千支枪，令往前线，此一千人每人须交现款四角，作起身费，余方知给枪之事，由是余乃决意离新加坡，盖表明不赞成华侨武装助英政府之事。以此等乌合之众抗敌，当无效力，而英兵至少尚有五七万人，何须派此绝未训练之华人往前线。不但此一千人将就死地，敌人入境必因此多杀许多华侨。英政府此举，实可痛心。据来取款之人林江石①言，预定将发三千支枪与华侨，后不知尚有多少人，再往牺牲。余自前日与公安局长约定必要时，对抗敌会诸侨领二十余人，须给介绍证书，俾得避往荷印，越日上午经将介绍书领出，即分发于诸人，并告以自由行动，勿沦陷此地，为敌利用也。

二月二日，余即准备一切，对南侨筹赈总会及星华筹赈会抗敌会诸办事人，每人发给四个月薪水。闽侨总会及南师学校各存款，则由中国银行汇存集美学校，至星华筹赈会存款十余万元，恐抗敌会或有需要，不便汇出，将印章支票等，是夜托友转交财政李振殿君。三日早，余与陈贵贱、刘玉水、陈永义②四人坐陈贵贱小火船离开新加坡。余带坡币二千元，匆匆起程，家人未曾告知，盖原拟待更紧急时然后离开，不意英政府发枪与华侨，余是以刻不能缓。至避荷印之原因，窃度祖国不可住，他处人地两疏，而荷印又近故也。

二月四日午间到苏门答腊之淡美那岸，其县长以余等入口手续与常例不合，谓须待伊电询宁岳埠府尹，方可再进，故暂寓侨领处。该埠虽小，而诸侨胞甚热诚招待，并派员坐原小火船往宁岳，告知诸侨，即分电往棉兰、巨港、吧城等处。延至八日县长始来告可往宁岳，而宁岳侨领也以电船来迎。九日到宁岳，寓于中华学校，十一日往见府尹，据云伊接巨港军部来电，请余及刘玉水两人往，并给一张通行证。十二日余与刘君坐汽车启程，十三日晚宿于双溪那礼福东胶厂，其经理为庄君丕斗。十四日复启程，及晚到巨港边界名马老白，寓福东行内。十五日为旧历元旦，再启程，午后至飞机场，距离巨港埠百余公里，守机场警察云，日本军已入巨港，何可往。余下车往询侨领，答昨夜路车辆从巨港逃出，失否则不知。余不得已，乃回车，晚后仍寓马老白，自念我往巨港将转往爪哇吧城，兹敌人进兵既如此迅速，则吧城亦不获往，当沦陷在苏门答

---

① 林江石（？—1942），原名黄伯遂，广东增城人，华侨抗日英烈。
② 陈永义（生卒年不详），祖籍福建集美，陈六使次子，新马地区侨商。

腊，应往双溪那礼丕斗君处为宜。

十六日起程至占卑界直务市，时已中午，各商店均闭户。直务距占卑埠二百公里，而占卑米厂、胶厂及重要机关已破坏或放火，军政公务员概逃走，多有暂来直务，甚至商民之汽车货车，亦被取烧毁，大有风声鹤唳之概。沿途遇荷官逃走者不少。按巨港距占卑七百公里，敌人入巨港系一部分落伞队，为占领油池并油矿，荷兵万余人不能抵抗而溃散，此系事实，至占卑埠非重要军区，敌人原不注意，延至三星期后敌兵始到。世界最坏之军心及公务人员，想无如荷人之不负责者。余至午夜始到双溪那礼，越日闻吧东有船可往爪哇，二十日到吧东，寓于甲必丹吴顺通君处，甚蒙厚待。二十一日晚在吧东下船，赴爪哇，二十五日晚至芝涝汁，二十六日登岸，二十七日晚到万隆城。越日早起程，午后到吧城，郑介民已离爪哇两日矣。

三月一日有人来告，敌人昨夜已在爪哇海口数处登陆，且距吧城不远。余乃同庄西言君及其家属，避匿于百里外陈泽海君①之树胶园内。四日敌军已占领吧城，自登陆以来如入无人之境，荷军只望风逃走，绝无抵抗。十日庄君被吧城敌军召去，并大捕华侨拘禁集中营。余甚不安，因树胶园离吧城不远，又恐陈泽海君不安，至五月初乃寄函托园中书记，提往泗水告知集美校友郭应麟②、黄奇策，请来导余往避东爪哇。十五日郭君及校友廖天赐君来，余甚喜慰，即同往梭罗城③租屋而居。郭君夫人亦校友，亦移来，厦大学生黄君丹季④，原住玛琅城⑤，亦屡来作伴。八月间再同郭君等移往玛琅城居住。十月闻宪兵部知余消息，派探侦查，余乃同郭君避往数百公里外一小市区苏君浩然处。苏君夫妇亦校友，招待甚殷，十日后闻侦察消息松弛，即返玛琅市，而刘君玉水已另住峇株区矣。民卅二年五月，为敌宪兵队长藏娇在余住所对面，不得已迁往玛琅区，另租屋而居。至敌人投降后，复移住玛琅市。十月二日至吧城，

---

① 陈泽海（生卒年不详），印尼华侨，在东爪哇省展玉地区开办橡胶园。
② 郭应麟（1898—1961），祖籍福建龙海，生于印尼东爪哇文都鲁苏，艺术家，时任新加坡南洋美术专科学校美术教员。
③ 印尼中爪哇古老城市，因一首《美丽的梭罗河》而闻名于世。
④ 黄丹季（1900—1995），福建安溪人，战乱中以誓死舍业保护陈嘉庚而闻名。
⑤ 印度尼西亚东爪哇商业城市。

六日到新加坡。避爪三年余，所有一切费用，概由黄君丹季供应也。

敌人自入新加坡后，知余已往苏门答腊，及占领苏门答腊后，即调查余所经过诸要区，及将到未到等处，然无实在踪迹可寻，于是乃拘捕巨港福东经理，强他沿余经过之地追究。至马老白并拘该埠福东经理同行，至占卑又拘庄君丕斗，共同来到吧东埠。及至查阅荷轮船公司出口部，注明某月某日余已买棹出口，方乃释放所拘等人。至余之爪哇，敌人初未详知，及数月后似可确知者。在吧城汉奸陈某，往泗水玛琅，欲组奉公会（马来称华侨协会），与其同志数人谈话中，陈某言日本经调查余既不在中国，亦不在印度、澳洲及苏门答腊等处，故必避在爪哇无疑。中间有玛琅一泉州人吴某者，即对陈某云，吾辈可研究别人，若某某人请勿提起为要。敌人又一次特派人往梭罗市检查余之登记证，其他尚有多次检查风闻，又一次为最危险关头，系吧城一重要党人，被拘禁集中营已数月，自营中致书吧城敌总监名丰岛云，伊知余避住东爪哇，若拘泗水某某等或可水落石出也。于是丰岛乃召该党人至吧城，与其翻译某三人共同对质，讨论余在何处事，后丰岛将此事托韩君办理。日寇投降后，吧城华侨追究为敌服务之汉奸，而韩某也不能免，于是韩某乃当众指出此事之经过，并表明其非是。可见若辈存心之毒。余之不愿归避祖国者，良由是也。

日寇投降后，余在爪哇闻多处华侨有互相嫉视者，故以南侨总会主席名义，发出通告第一号云："南洋各属不幸沦陷敌寇三年余，生命财产损失惨重，尤以马来亚新加坡为甚，他如缅甸、菲律宾华侨较少，然地当战区，损失必更酷烈，至于爪哇侨胞遭难虽次，但既受土人抢杀，复被敌寇劫掠，物资几至竭泽而渔，工厂没收或拆毁，略有声望侨胞，多遭拘禁集中营，酷虐待遇，苦不忍闻。其他侨众虽获些少自由，然拘禁任意，朝不保夕，一入囹圄，释放无期，酷刑虐待，非死则伤，加以公务人员狐假虎威，助桀为虐，疾病伤亡，难以数计。兹幸联军胜利，领土恢复，侨胞损失虽重，然经此困苦难关，追念前者泛散，此后应有团结组织，亲爱互助，协力同心，俾于两三年内克复前业，效力建国，实践侨民天职。至于沦陷期间，敌寇权威之下，或迫于压力，或困于生计，不得已在营业上与敌交易，不足为怪。若以为罪，则许多人员为敌服务，政府将如何处置。惟有为虎作伥，任敌走狗，谄媚无耻，利己害人者，此辈虽可恶，然谅极少数，政府必有相当之处置。除此之外，不可居心嫉妒，吹毛求疵，造作构陷，互相排挤。当知侨胞来此，多为谋利计，虽或有积货居奇，料属少数，而大多数人损失，当加百十倍，黄台之瓜，岂堪再摘。倘有获利侨胞，对于救济援助，捐输教育，尤希格外慷慨，因富成仁。至于侨胞惨被敌寇酷刑虐杀，追取金钻，掠劫财物，应当严惩报复，及请追回，或求赔偿，各处侨领，宜速组调查委员会，呈请中外政府，务期达到目的，此为战后侨胞首要之任务也。此布。"

兹者南侨筹赈总会拟编辑《大战与南侨》一书，由余发出总会通告第三号，征稿件，文云："自'七七'抗战以来，南洋千万华侨，对国捐资助饷，不遗余力，其经过情形，余已记于《南侨回忆录》，数月后（时民卅四年底）可以出版，俾令后人知我南侨拥护祖国抗战之实况。其后敌人南进，造成世界大战，既据越疆，复陷英美荷各属，使我华侨无量数之性命财产，均在淫威掌握之中，俘捕刑杀，奸淫劫夺，牛马奴隶，任所欲为，损失之大，难以数计。兹者大战告终，胜利已达，此后各外国战史，必多记述，然各国各有立场，编述各有所重，欲求其详载我华侨之惨遇与牺牲，永为后人观感之资者，料不可得。纵吾侨另有私人记载，恐亦囿于见闻，一地之情况尚恐未周，况全南洋地域广大，网罗更为不易。本总会有鉴于是，爰拟集合此项记载，编辑成书，名曰《大战与南侨》，特在南洋各埠登报，广求爱国侨贤，将前后见闻，确属事实，堪留传记以为信史者，撰成文章，寄交本总会。征文内容计分：（甲）军事，（乙）贪污，（丙）刑杀，（丁）奸淫，（戊）奸贼，（己）损失，（庚）政治诸项。"时因荷印安南纷乱未定，菲律宾、缅甸、婆罗洲、暹罗交通不便，故先刊印"马来亚之部"。全书约三十余万言。日后，若荷印等处政局平定，交通恢复，拟再进行如马来亚征稿编纂之办法也。

录自南洋华侨筹赈祖国难民总会编印《大战与南侨（马来亚之部）》，新加坡新南洋出版社1947年1月版。

荷兰商人华侨巨港冲突事前并未通知
陈嘉庚氏致电印度尼西亚领袖

(1947年1月14日)

【本报新加坡特派员十四日发专电】陈嘉庚致电印度尼西亚共和国领袖称：荷兰军与印度尼西亚军最近在巨港发生冲突，荷兰利用枪炮飞机毁灭市区，印度尼西亚暴徒乘机纵火打劫。据悉华侨死伤千人，此种不幸一部分由于荷军之炮击，但大部分为印度尼西亚所害，彼等以华侨协助荷军为借口。军警及军队必未明了局势，而致酿成如此屠杀。遇难者亲友与其他各地关怀此辈华侨安全之华人，对此悲剧均极哀痛。局势已极严重，愿阁下以眼光远大之政策巩固中国印度尼西亚民族之友谊，阻止印度尼西亚暴徒，不再发生此种暴行，并保护华侨之生命财产。（史冀）

录自《大公报》（香港）1947年1月16日第3版，中国近代文献数据总库。

通电国内同胞支持学生要求驱逐美军的爱国运动[①]

(1947年1月)

新加坡华侨争取祖国和平民主联合会[②]主席陈嘉庚致电国内同胞。电文如下:

驻华美军破坏中国主权,延长内战和危害世界和平,北平一女生被强奸,复被诽谤为妓女,这是令人不能容忍的,而且是对中国的一种侮辱。平津沪各地的要求驱逐美军的学生运动,是维护国家的尊严和保卫人权。虽然我们曾向杜鲁门总统要求撤退美军,但暴行却有增无已。所有中国同胞必须支持目前的学生运动。美国是一个民主国家,为了国际的友谊,应该注意,并撤退军队。拒绝撤退,就是拒绝我们的友谊,就需要采取严厉步骤来维持我们的主权,来促使他们的觉醒。

录自《陈嘉庚先生诞辰一百一十周年纪念》(画册)第141幅。

[①] 1946年12月24日晚,北平发生驻华美军强奸北京大学女学生的事件发生后,由中共领导的北平学委,发动和组织了一场声势浩大的抗议美军暴行运动。1946年12月30日,北京大学、清华大学等校学生5000余人举行抗议美军暴行大游行,全国各地学生响应北平学生的反美爱国斗争,从1946年12月底到1947年1月初,天津、上海、南京、台北等几十个大中城市的50万名学生相继举行示威活动,形成一个席卷全国的反对驻华美军暴行的大规模群众运动。该电文即是在此背景下通过香港、南京、延安、重庆和天津各华文报纸转全中国同胞,请求支持学生的爱国运动。

[②] 新加坡华侨争取祖国和平民主联合会成立于1946年10月下旬,曾发动要求美军撤退中国的运动,并曾动员十万人签名上书杜鲁门总统。

为荷兰惨杀华侨并夺船劫货封锁贸易事

(1947年2月14日)

巨港为苏门答腊南部物产最盛之出口商埠。日寇败降后，荷兰与印尼分区管理。新旧物产丰富，商业繁盛，多属华侨经商。不意竟遭荷兰忌嫉，于新年一月初，借词对印尼军事行动，专向华侨市区炮击、轰炸、扫射、焚烧，惨绝人道，连续五日，致引起印尼暴徒乘机劫杀，死伤华侨千余人，烧毁店屋数百座，损失物资千余万元，而荷兰及印尼人双方死伤只数人而已，别无其他损失。由此而观，可知此种惨案完全为荷兰军有计划之行动所造成。其居心恶毒，路人皆见矣。近乃复变本加厉，颁布其荷印进出口法令，封锁进出口货物，虽由印尼政府辖境运出，亦在中途拘押没收。这种政策，直是完全以华侨为对象。查爪哇与苏门答腊进出口贸易，大半为华侨所经营，关系重大，毋待絮述。故前日新加坡中华总商会开侨团大会，组织保侨会，公举李光前君为代表与荷兰交涉。荷兰欺我海外孤儿，四无援应，置诸不理。

一月廿九日，诸侨团函请本总会召开侨民大会公议对付办法。本月三日保侨会诸委员复联袂辱临，请本总会主席出面主持。本总会念保侨护商，义难坐视，复以我国政府鞭长莫及，若不团结自救，任人鱼肉，后患奚堪设想。用是勉徇公意，起而负责。

兹订本月十六日（星期日）下午三点钟，假中华总商会召集新嘉坡侨民大会，共议进行。事关马来亚与荷印四百万华侨生机命脉，幸勿漠视。侨团代表，社会贤达，希均依时玉临。此布。

附议程如下

一、此次大会，特为荷兰惨杀华侨，劫夺船货，讨论对付案。

二、仍托保侨会，限日再与荷兰交涉，如无效，则推行以下本日通过之各案。

三、交涉既无效，本大会将用何项方法以资对付案。

四、应否通电国内外请赐声援案。

五、本大会对外名义是否用本总会，抑别议别名称案。

六、大会职员如何推举案。

七、大会可否授全权与会中实际负责职员案。

八、如何募捐款项以应进行等需要案。

中华民国卅六年二月十四日
南侨总会主席陈嘉庚

（附载）新嘉坡侨民大会开会情形

（民国三十六年二月十七日南侨日报载）昨日下午，天气阴沉，凄雨霏霏，我"海国孤儿"满腔热血，敌忾同仇，齐赴中华总商会，参加侨民大会，为被难同胞伸冤，为货物船只被扣留者声援，为华侨今后生存而奋斗。这中间，已由集体力量，结成坚强之国民外交，以挽救华侨经济之危机，提高华侨地位。昨日之侨民大会，为一转折点。

是日出席者共百余人，包括各帮商业团体，各社团代表。

大会开始，先请南侨总会主席陈嘉庚氏致开会词。陈主席首先说明南侨总会召集此侨民大会，系应各社团及保侨会之要求，因群情愤激，义无容辞，故勉力而为。次述荷兰弱而无能，竟不自量，违背大西洋宪章，统治印尼，摧残我侨生命财产之种种暴行。最后强调如发动抵制，可使荷兰每月损失五六百万元叻币，我侨必可获得最后胜利。全体代表，频频报以热烈掌声。

演说者有周献瑞等多人。

嗣因时间关系，即进行讨论提案。关于抗议荷兰暴行，决议仍由保侨会进行交涉，限一星期，荷方如无完满答覆，即实行经济制裁，有如以前对付日本。关于对荷交涉对外名称，是否仍用南侨总会名义，抑另定名称案，全体赞同仍用南侨总会名义，得因经费来源不同，决议：在南侨总会之下，设立对荷交涉委员会，推各有关社团为委员。对于支持抵制运动之经费，亦经妥议具体办法。会议至下午五时一刻，在融洽空气中闭会。兹将大会演词及决议案志之如下：

主席陈嘉庚演词云：

自日寇南进，我华侨在荷印人命财产，损失惨重。及日寇败后，印尼政府独立，印荷双方战争。有意及无意波及众侨之战祸，不可胜计。近乃变本加厉，如巨港之惨案，完全为荷兰所造成。近月来复在海面捕船劫货，枪毙船员，并颁布法令，封锁出入口货物，竟以华侨为唯一对象。前日报载印尼政府，宣布美国派一艘九千吨轮船到井里汶运出树胶及白糖，至其入口何物，虽无宣布，当然是其所需要之供应品。试问荷兰对此，敢否过问？

东印度为印尼领土，昔被荷兰占作殖民地，吸尽土人脂膏，养尊处优，日寇入境，论其守土有责，理宜悉力抵抗，以卫民众。凡享权利者，应负此义务，况其拥有完整之海陆空军数十万人，实力雄厚，竟乃闻风奔逃，争先恐后，此为余亲闻亲见者。日寇登陆，兵不血刃，不数日间，荷兰全部文武官员屈膝投降。其卑怯懦弱，贪生怕死有如是者。

此次世界大战，乃法西斯帝国主义与民主阵线二者之战争。故大西洋宪章，规定战后各地殖民地应得解放，而东亚各民族，应有独立自治权。今日荷兰既怯弱无能，丧失领土，论事论理，皆无统治殖民地之资格。而印尼政府之独立，乃为恢复失地之光荣，适符大西洋宪章民族独立之规定。乃荷兰野心不死，妄借其自订之殖民地法律，硬指印尼辖内某种货物，系其旧存，故在海面横行，肆意劫夺没收。今举一例，试问如台湾前被日本占领，今为我国收复，所有日人货物，权属伊谁？日本人得借口抢回否耶？物资附于领土，有如毛之附皮，皮既不存，毛将焉附？况东印度自日寇入据，物资转卖民众，几番易手，现在货主，多非当年直接承买之人。

查荷兰人口，不上五百万人，而印尼则多至六千左右万人，与日本相差无几，较之朝鲜及安南民族各多大半。若比菲律宾及暹罗、缅甸，则各多四分之三。现东南亚各民族，纷纷独立。履行大西洋宪章，亦即此次民主主义胜利之目的。

蕞尔小国如荷兰，竟敢当风狂走，重起殖民地野心，鱼肉印尼，欺侮华侨，视同奴隶，何不自量乃尔！查在其势力范围内，如婆罗洲及他处，莫不极力剥削，垄断独占，如树胶一物，每百斤还价不上叻币十五元，比较新加坡价，廉宜过半。由此可见其剥削之凶，其他各物可以想见。

荷兰夺船劫货，谓苏岛出产之苎麻葛丝，系荷人独有之产业。然如树胶一项，则各色人都有。本坡新业公司被劫之树胶，乃竟于劫取搬运时重印其唛头，冒认为荷兰之出产。此外如爪哇所出产之树胶，亦各色人都有。余前年避难爪哇，匿居陈泽海君树胶园内时，陈君已拥有千余英亩树胶园。至茶园糖厂，华侨亦所在多有，并非为荷人所有之业。

假定如荷兰所言，苎麻葛丝为其园内出产，然自他弃守苏岛之后，已属印尼经营，所有货品，新旧都有。至在爪哇之树胶及糖茶，既为各色人出产，何从分别谁家之物？就现下存货估计，苎麻葛丝约二万粒，每粒值八十元（出口费除外）计值叻币一百六十万元。

爪哇之树胶，在地用途甚广。如鞋类、幔裤、脚车轮、马车轮等，除幔裤须配料制造外，其他概系生用，故消耗特多。按所存不外一万余吨，若荷兰有权以半价强买，每吨廉宜叻银四百元，虽作一万吨算，计四百万元也。

至于茶糖均在内地，由印尼政府管辖。若华侨不能经营出口，彼除一部份可售与美国外，其余印尼留以自用，荷兰虽为此垂涎亦不能染指。准此推算，荷兰封锁华侨之上言两项贸易，任其独占利权，亦不过可得五六百万而已。

现下荷兰用走我国轮船四艘，客货每月至少可收叻币二三百万元；用走南洋之轮船十余艘，每月亦可收二三百万元，共万〔计〕五六百万元。其他由欧美来之巨轮，尚未计及。我侨若能一致对付，荷兰所得不足偿其一月之损失，不患彼不屈服也。

大会决议案：一、此次大会，系特为荷兰惨杀华侨，劫船夺货，讨论对付方法。二、全体通过再由保侨会于一星期内继续交涉，逾期不能解决，则推行以下通过之各案。三、全体通过保侨会交涉无效，应即实行对荷兰经济绝交。四、全体通过应行通电国内外，请赐声援。五、全体通过对外用南侨总会名义，对内用南侨总会对荷交涉委员会名义。六、对荷兰交涉委员会职员由海星协进社、米业运输工友会、沿海部工人联合总会、海员联合会、机动船业联合总会、摩多〔托〕舢舨联合社、轮船落起货工友会、驳业工友联合会、职工联合总会、巨港华侨筹赈会、星华保侨会、总商会、福和客栈商务会、海员公会、码头工友会、土炭工友会、出入口商公会，暨被夺船货人之代表一人，连同福、广、潮、客、琼、三江，各代表二人组织之。七、大会应授权与会中实际负责之职员。八、所有进行用款，巨港方面担任十分之三，被劫夺船货主人方面担任十分之三，其余十分之四由大会筹捐补足之。

录自陈嘉庚《陈嘉庚言论集》，新加坡星洲南侨印刷社 1949 年 10 月再版，第 89—95 页。

向泛亚洲会议提案订结亚洲公约促进亚洲文化[①]

(1947年4月20日)

在印举行之亚洲民族联盟大会（或称泛亚洲会议）[②]，前曾邀请本校校主出席，校主因事不克离星，当即去函大会筹备处辞谢，同时并书面向大会提出三项重要提案，以资研讨，兹录提案原文如下：

建立亚洲民族联谊协会案

[理由] 因国籍、政制、语文、宗教信仰、风俗习惯之不同，亚洲各民族向来缺少接近与联络之机会，亚洲民族联谊大会虽足以表示东方各国人民之初步联合，且为增进亚洲人民之相互睦谊并经常互换消息及意见，实有建立常设机关之必要，而本大会则为建立此种常设机关之唯一适当机会。

[说明] 由亚洲民族联谊大会通过本案，并推选筹备委员会，筹备建立"亚洲民族联谊协会"。该会应成为泛亚洲各国人民自由结合之民间团体，以各国文化学术团体及各民族社会知名人物为会员。总会所在地址由筹备委员会决定，但在亚洲各国可分别建立分会，该协会应规定每两年或三年召开大会一次，在亚洲各国轮流举行。

向亚洲各国政府建议订结亚洲公约并建立亚洲区域安全机构案

[理由] 亚洲国家包含全世界过半数之人口，除过去之日本外，均以爱好和

[①] 1947年初泛亚洲会议筹备处发函邀请陈嘉庚与会，陈嘉庚对此邀请表示辞谢，以书面形式提出三项提案。（参见陈碧笙、陈毅明编《陈嘉庚年谱》，福建人民出版社1986年3月版，第192页。）

[②] 亚洲民族联盟大会（或称泛亚洲会议）第一届"泛亚洲会议"于1947年3—4月在印度新德里召开，包括中国在内的二十余个亚洲国家应印度临时政府的邀请派代表出席。英国私下邀请西藏地方政府派遣代表团出席，并施加压力迫使主办方同意，妄图分裂中国西藏领土，中国政府代表经合理抗争挫败此图谋。

平，反对侵略为国策。故亚洲国家订结公约，共同保障亚洲各国安全，抗御一切外来侵略，实于世界一般的和平与安全大有裨益。按照联合国宪章第五十二条：联合国鼓励依区域办法或由区域机关求地方争端之和平解决。查目前美洲各国有泛美同盟①之组织，最近莫斯科会议②复建议成立四强公约③以保证欧洲安全，因此订结亚洲各国公约，建立亚洲区域安全机构，实为亚洲国家应有之责任，本大会应首先提议，以促其成。

［说明］由亚洲民族联谊大会通过本案，以大会名义，向所有亚洲国家建议，召开泛亚会议，谈判订结亚洲安全公约，此公约内应包含以下各项主要原则：（一）亚洲各国互不侵犯，并于遭受侵犯时，实行军事的经济的相互援助；（二）种族平等；（三）在联合国内，亚洲各国联合行动，以促成全世界裁军及永久和平之实现；（四）反对外国干涉内政。

促进亚洲各族文化交流并共同努力提高亚洲人民文化水准案

［理由］亚洲各国均有悠久的高度的民族文化，为促进亚洲民族团结合作，需要实行文化交流，并采取共同办法，以提高一般的文化水准。

［说明］由本大会向亚洲各国文化学术机构建议：（一）设立泛亚洲文化出版机关；（二）交流书报出版物；（三）交换教授、讲师及互换留学生；（四）其

---

① 泛美同盟是美国操纵的控制拉美国家的组织。1890 年 4 月，美国与拉美 17 国在华盛顿举行第一次美洲国际会议，会后建立美洲共和国国际联盟及其常设机构美洲共和国商务局。1910 年在布宜诺斯艾利斯举行第四次会议，美洲共和国国际联盟改名为美洲共和国联盟，美洲共和国商务局改名为泛美联盟。此后召开了一系列美国控制的美洲国家会议，该组织最初目的是抵御欧洲的殖民侵略，最后却成为美国向拉美进行政治干涉和经济渗透活动的捷径。

② 莫斯科会议，指"二战"期间及战后初期，美、英、苏三国为了共同抗击法西斯和解决迫切的国际问题，在莫斯科举行的三次外长会议，分别讨论了开辟第二战场、反法西斯盟国改善关系和战略与政策的协调、战后欧洲和远东管理等重大问题。随着彼此之间无法消除的矛盾激化与利益冲突，三国之间战时的合作关系便为相互抗衡所取代。

③ 四强公约又称《谅解和合作协定》，是 1933 年 7 月 15 日英、法、德、意为解决相互间的意见分歧和建立反苏统一阵线在开罗签订的协定。该公约确定了德国在军备方面的"平等权利"，是对保证各国人民和平与安全事业的一个打击，实际上是对法西斯侵略者推行绥靖政策的开端，因没能消除缔约国之间的矛盾，终未获批准。

他提高一般文化工作。

录自《集美校友》第 80 期，1947 年 4 月 20 日出版。

电参政会响应学生运动

(1947 年 5 月 28 日)

（民国二十六年①五月廿九日南侨日报载）最近国内学生运动日形扩大，情形至为热烈，南侨总会主席陈嘉庚，昨特致电国民参政会吁请响应学生正义主张。原电如次：

南京国民参政会，并转全国同胞公鉴：

国民党当局，假宪政之名，行独裁之实，任用贪污，滥发纸币，加以发动内战，更使民不聊生。京沪平津各地青年学子，迫于义愤，呼吁和平，竟遭惨杀，甚至以军法镇压学潮，封闭报馆，侨情愤激，特向钧会及各界同胞吁请响应全国学生正义主张，认为惟有恢复言论自由，切实保障人权，方足以平民愤，以挽危机，临电不胜迫切待命。

南侨总会主席陈嘉庚叩

另讯：星洲华侨各界促进祖国和平民主联合会（简称民联会）②，特于昨日（廿八日）假座怡和轩开执行委员会，讨论国内学生运动，由陈嘉庚主席，结果议决：于本月三十一日（星期六）下午三时，假座维多利亚纪念堂（即大钟楼会堂）召开星洲华侨各界代表大会，讨论国内学生运动。届时陈嘉庚将亲临主持大会。华侨各社团及各界之欲参加者，可于本日（廿九日）下午一时起至三十日下午六时止，向该会办事人领取入场证。领证地点为怡和轩、南侨日报社及密驼律一四九号新民主文化服务社三处。

录自陈嘉庚《陈嘉庚言论集》，星洲南侨印刷社，1949 年 10 月再版，第 104 页。

---

① 此处应为民国三十六年。
② 星洲各界促进祖国和平民主联合会是 1947 年 5 月成立于新加坡的协会，系新加坡华侨的民主爱国团体，主席陈嘉庚。1949 年 9 月，该会历史使命完成而结束。（参见蔡鸿源、徐友春《民国会社党派大辞典》，黄山书社 2012 年 8 月版，第 347 页。）

新加坡华侨各界代表大会决议及宣言[①]

(1947年5月31日)

新加坡华侨各界代表大会决议

会议全体一致通过三宗议案：

（一）通电慰问全国各大学学生，该电由大公报转达，电文称：大公报转全国大学学生公鉴：此次学生正义运动，遭受残酷压迫，无任同情，敬祝成功。新加坡华侨各界代表大会主席陈嘉庚。世。

（二）致电南京国民参政会及全国同胞。

（三）发出大会宣言，上列第二、第三二案推选胡愈之、洪丝丝、汪金丁三位为起草委员，授权负责起草，经主席同意，然后发出。

新加坡华侨各界代表大会宣言

（新加坡华侨各界代表大会）大会发表之响应祖国学生运动对国事宣言，指出要达到真正和平民主，首先必须通过以下各项道路，首先必须具备以下十项先决条件，那就是：

[①] 为声援祖国学生反饥饿、反内战之爱国运动，新加坡华侨各界促进祖国和平民主联合会（简称民联会），特于1947年5月31日下午三时，在大钟楼会堂召开新加坡华侨各界代表大会。工农商学及文化界团体174个单位代表700余人到会，民联会主席陈嘉庚致词，诸代表演讲，痛斥蒋介石及四大家族祸国殃民，勉励侨胞发扬光荣传统，为祖国学生正义运动作有力之后盾。

一、立即停止征兵征粮，取消一切扩大内战的政策。

二、释放政治犯及被捕青年学生。

三、切实保障人民自由权利，准许言论出版开会结社示威游行请愿的自由。

四、取消特务制度，废除戒严法令。

五、肃清贪污。

六、没收权贵财产与官僚资本，用以救济贫苦人民。

七、改善公教人员及劳工待遇，增加教育经费。

八、停止滥发纸币。

九、要求美国立即撤退驻华军队，停止借外债打内战。

十、保障各党派平等合法地位。

录自浙江图书馆《民国风云》数据库"民国政府档案"之"新加坡华侨各界声援学生反饥饿反内战爱国运动"（1947年6月12日）。

南洋华侨筹赈祖国难民总会通告第十五号

(1947年6月9日)

自我国抗战以迄南洋各属沦陷，华侨为爱国故，牺牲生命财产，不可胜计。然果能博取最后胜利，永固国基，而贻子孙无穷之福，则薄海讴歌忭舞之不暇，尚何足惜。

日寇挟强大兵力，志在鲸吞我国，蚕食全球，于是激起我英美苏友邦公愤，组成联军，而终告覆败，此盖联军共御之力也。

战争胜败之义，暂言之，即领土及人民财物三项之得失。人民财物附在领土，虽遭一时之牺牲，仍可逐渐恢复生产。唯领土则有限定，领土失，不但居民为奴，财物为夺，而他省份子孙，亦乏移殖发展之余地。故古今中外战争之后，一方为领土扩大，一方为领土削减。扩大者，主权膨胀，削减者，或至于沦亡，无有例外焉。

此次我国战后，收复台湾土地三万余方公里，割弃外蒙一百五六十万方公里，对抵之后，土地损失，相差五十倍之多。我国领土不过一千万方公里，竟损失百分之十五。其他旅顺大连之形同割弃，及与美国所订若干丧权条约，尚不在此。此种战后牺牲，不但我国历史所未有，亦古今各国所绝无，而国人称曰胜利，岂不误哉？

以我联军胜利国言，苏美英之扩大领土及主权，几遍及全球，独我国反无限损失，表面上同为胜利，而实际上则为失败。今以失败为胜利，以耻辱为光荣，崇名黜实，欺人欺己，贻患将来，可胜言乎？

国父孙先生推倒满清，建立中华民国，主权属民，为世界各国所公认。今不幸权操独裁者，与苏美妄立非法条约不知取消，领土主权，无志回收，国家前途，尚何堪设想！

惟有痛定思痛，追究事实，万众一心，卧薪尝胆，以候政治实行民主化，凡非法条约，一律取消，届时方有胜利可言，而免愧对我后代子孙。

战后世界，民生困苦，饿殍载道，疾病死亡之数，我国不但首屈一指，即合各国统计，恐亦不及我国之多。论者往往归罪于抗战太久，及国家太贫，实则二者关系非大。若政治修明，内战不生，虽富庶不及他国，亦断不至惨酷如此。兹分析其因，约有三点：

一、官僚资本，除先进逃存欧美外，国内所积不动产及货物，数量之巨，不可胜计。

二、自政协失败，内战发生，城市乡村，感知纸币日贱，终成废纸，稍有资力者，莫不贮积货物，黄金及外国钞票，以大众之力，储蓄之多，更难计算。

三、水路交通阻滞，运费奇昂，统制居奇，种种阻挠，有无不能相通，出口不能便利。

以上事实，凡稍留心国事者，类能知之，至现政府所辖省份，民众不过三万万人，而饥寒无告者约十分之一二。上举三因，如得其一，以为救济，则饥者尽饱，寒者尽衣，准此而言，我国民今日之悲惨实乃人为，而非天生也。

古语云：不患寡而患不均。今日富者愈富，贫者愈贫，迫我国民转死满壑者，皆贪官污吏。

若一旦独裁政府崩溃，政治实行民主，贪官污吏财产，概予没收，移救饥饿濒死之民众，已绰有余裕。至于商民积存货物，以及交通运输，自能立随政治而改善。诚如斯，则我地大物博人众之国，五年十年后，必一纵而为东亚之模范矣。

卅六年六月九日

录自陈嘉庚《陈嘉庚言论集》，新加坡星洲南侨印刷社 1949 年 10 月再版，第 96—98 页。

通电慰问全国各大学学生[①]

（1947年6月）

大公报转全国各大学学生公鉴：

　　此次学生正义运动，遭受残酷压迫，无任同情，敬祝成功。

　　　　　　　　　　　新加坡华侨各界代表大会主席陈嘉庚　世

原载香港《华商报》1947年6月5日第一版；录自《厦大校史资料》（第二辑）（1937—1949），第357页。

[①] 该电由《大公报》转达。

新岁献辞

(1948年1月1日)

今岁为民国纪元三十七年,实为我国历史上巨大变革之年,或亦竟为中华民族大革命胜利成功之年。

我中华民族立国数千年。今日我国幅员之广亘,人口之众庶,国际地位之重要,国际关系之复杂,实为旷古以来所稀有。然而独夫专政,卖国丧权,一党独裁,营私舞弊,贪污横行,上下争利,凭借外力,残杀同胞,狼虎当道,饿殍盈野,内战惨祸普遍深入,实亦开史所未有之先例。

予于九年前,代表南侨,返国慰劳抗战军民,亲见独裁政府,贪污专横,残民以逞;而中共局处西北,生聚教训,发愤图强,固知分裂无可避免,变革已成定局。兹值岁序更新,时局动荡,独裁命运将终,民主胜利在望,故复不避重复,就过去之回忆,当前之瞻望,一抒所见,以就正于海内外先进之士。

民国建立以来,军阀角逐,互争雄长,此仆彼起,内哄不息。掌握政权最久者,厥为袁世凯与蒋介石二氏。倘以袁蒋两相比较,袁为帝制野心,不惜勾结帝国主义,承认二十一条约,滥借外债,广植羽党,穷兵黩武,祸国殃民;蒋为巩固独裁,不惜割弃外蒙领土、旅大主权,与苏联签订卖国条约,复与美国订结丧权辱国之商约及航空条约,将全国国防秘密、交通主权、工商优惠、经济命脉,拱手奉送外人,使中国成为菲律宾第二。此其存心与袁氏如出一辙。然袁氏所承认二十一条从未实现,而蒋氏手中所断送之领土主权,不可数计,所借外债数额,尤十百倍于袁氏。不宁唯是,蒋氏认贼作父,卖国固权,罪恶昭彰,较之石敬瑭、秦桧、吴三桂、汪精卫,犹有过之。日寇败降两年以来,余揭发蒋氏窃国罪状,向中外人士声讨,已历多次。盖自作孽,不可逭,自古已有明训,断未有卖国贼而能长治久安者。余为国家民族前途计,亦为公理正义计,故不能苟安缄默也。

蒋氏以下,蟠踞党政要津,朋比为奸者,如宋子文、孔祥熙、陈立夫、吴铁城、王世杰、陈仪、孙科、于右任、戴季陶、张群①辈，非贪污即无能。贪污必致乱政，无能惟有尸位。陈仪为祸闽罪魁，而复令继续祸台，张群治川多年，毫无建树，而令其掌握中枢。至其他诸人，声名狼藉，更无论矣。

再就蒋军将领论之，何应钦、陈诚、顾祝同、刘峙、蒋鼎文、胡宗南、张治中、汤恩伯、朱绍良、杜聿明②均属蒋氏嫡系。何、胡在八年抗战中，未尝亲临前线。顾祝同胆小如鼠，畏敌如虎。刘峙则一饭桶而已。蒋鼎文、汤恩伯以数十万大军守洛阳，竟令未及十万之敌军，长驱直入，如鹰逐雀。及未两月，湘桂俱告陷落，国土数万里，沦陷敌手。至于陈诚，自诩为国民党内之战略家，若据军事专家杨杰③将军之批评，则仅能胜任一营长。杜聿明初到东北，民众欢迎，盛况不减于台湾人民当初之欢迎国军。曾几何时，腐败贪污，劣迹著闻，将骄卒怠，终至失败而去。蒋军干城如此，余子碌碌，更不足道。

蒋嫡系以外之将领，如阎锡山、傅作义、张发奎、薛岳、李宗仁、白崇禧、余汉谋、罗卓英④等，或则迷恋禄位，或则迫于淫威，大率与蒋貌合神离，互相猜忌，尽人皆知。近顷蒋介石军事挫败，嫡系部队多被消灭，故不得不将华北军权，付诸傅作义，将华中军权，付诸白崇禧，以期集中兵力，挽回颓势。

---

① 孙科（1891—1973），广东香山（今中山）人，孙中山长子，时任立法院院长；于右任（1879—1964），陕西三原人，时任国民政府监察院院长；戴季陶（1891—1949），祖籍浙江吴兴（今浙江湖州），生于四川广汉，时任国史馆馆长；张群（1889—1990），四川华阳人，国民党元老之一，时任行政院院长。

② 陈诚（1898—1965），浙江青田人，时任参谋总长兼国民政府主席东北行辕主任；顾祝同（1893—1987），江苏涟水人，时任国民党陆军总司令；刘峙（1892—1971），江西吉安人，时任徐州"剿共"总司令；胡宗南（1896—1962），浙江镇海人，时任西安绥靖公署主任；张治中（1890—1969），安徽巢县（今巢湖）人，时任国民党西北行营主任兼新疆省主席；汤恩伯（1900—1954），浙江武义人，时因孟良崮战役失败被撤职（第一兵团司令官）；朱绍良（1891—1963），祖籍江苏武进，生于福州，时任福州绥靖公署主任；杜聿明（1904—1981），陕西米脂人，时任徐州"剿总"副总司令兼第二兵团司令官。

③ 杨杰（1889—1949），白族，云南大理人，民国时期著名军学泰斗，爱国将领和民主斗士，时任民革中央执行委员。

④ 张发奎（1896—1980），广东始兴县人，时任总统府战略顾问委员会委员；薛岳（1896—1965），广东乐昌人，时任南京政府参军长；余汉谋（1896—1981），广东高要（今肇庆）人，时任衢州绥靖公署主任；罗卓英（1896—1961），广东大埔人，时任东北行辕副主任。

傅作义本为晋阎旧部。阎曾语余：蒋介石如政治办得好，共产党自然无用处；政治办得不好，虽无共产党，亦必有别党起而反对。此为由衷之言。今日蒋政府好坏，阎非不知，徒为地盘金钱军火接济，故不得不与蒋同流合污耳。广西李白，对蒋历史关系，颇与阎傅相同。李宗仁曾坦白告余谓：蒋委员长做事甚偏。夫偏则不正，不正则无是非。古语云，无是非之心非人也。白崇禧则称，彼与共产党无恶感，如共区政治修明，彼甚表同情。至于中共用兵，有神出鬼没之奇，彼尤极口称扬。今日解放区政治较诸蒋区优劣如何，白氏知之甚审。乃竟贪恋副总参谋长与国防部长之虚位，至不惜助桀为虐。其或蹈晦待时，投机取巧乎？则欲冀其临危受命，以挽救蒋军在华中之颓势，必不可得也。此外如张发奎、薛岳，早已削除兵柄，徒然备位素餐。罗卓英主粤无能，贿赂公行，今欲责令挽回东北危局，于事何补。由是观之，蒋介石"剿共戡乱"，转成为被剿被戡之势。军事崩溃，可计日而待矣。

次就经济而论。国币准率仅最近一年中，跌落一二十倍。国家岁出，八十巴仙以上，作内战军费，以至工商凋敝，农村破产，竭泽而渔，民不堪命，尽人皆知，无待词费。民国以来，海外华侨汇款，年达叻币二三亿元，先后合计近百亿元，核算美金为四十亿元。自政府发行法币，换取民间白银，不下美金十亿元，今此五十亿元之现金已无复余存，而泛滥全国者，则为万元十万元之大钞。据魏德迈①调查，我国人存款美国，总数达十五亿美元，存在南美洲及欧洲者尚不计在内。此多四大家族及蒋府官僚剥削所积累之私产，其他人民所有者，则为数甚微。至今国家经济濒于破产，华侨损失与年俱增，孰令致之，固已洞若观火矣。

共产主义之最终目的，在于将财富资产，收归政府统辖，然后公允分配，使民众咸享康强乐利之生活，而免社会发生"朱门酒肉臭，路有冻死骨"之畸形现象。然兹事体大，非咄嗟可期。苏联立国三十载，亦尚未达到共产主义之最后目标。至若我国，自属言之过早。就余所知，中共虽提倡共产主义，然在解放区所力行者，则为改良政治，铲除贪污，平均地权，复兴农村，振兴工业，整顿交通，安定民生，普及教育，凡此与孙中山先生所主张之三民主义，并无

---

① 阿尔伯特·科蒂·魏德迈（Albert Coady Wedemeyer，1897—1989），德裔，美国内布拉斯加州奥哈马出生，时任美国总统特使，赴中国考察。

二致。至于真正之共产主义，则据中共人士称，或当期之于数十年之后耳。反之，蒋介石名为奉行三民主义，实则挂羊头，卖狗肉，独裁专制，残民以逞，有甚于暴君，则非孙中山先生之叛徒而何？

抑民主与独裁原如薰莸不同器，水火不相容。曩岁国内举行政治协商，以期国共合作，成立联合政府，余即断定其为与虎谋皮，断难获得成功。盖秉政者或倾向于民主，或倾向于独裁，均系出自本性，断难率尔变更。如独裁与民主可以合作，则将成为"独民政府"；贪污与廉洁可以共事，则必产生"贪廉政府"而后可。试问天下安有所谓"独民"或"贪廉"之政府乎？至于美国过去名为调停国共，实则别有用心，不过欲假调人名义，暗中助长独裁内战，以遂其趁火打劫之愿望已耳。最近美国国会议员声明，美国宁愿有一贪污无能之中国亲美政府，而不愿有一廉洁清明之中国反美政府，此语将美国之对华野心，暴露无遗。当马歇尔所谓调停失败之际，中共诸君亦明知调解无益，第在表面上不得不虚与委蛇。余则在当时早已断言独裁民主无法合作，一切惟有决定于战场也。

今者国内局势几已大定，东北、华北人民已获解放，华中、华南到处民变纷起。中共解放军大举南下，所向披靡。独裁终至灭亡，民主终必胜利，已不待蓍蔡而后知。近闻尚有人主张调停国共战争，实行两党合作，则不啻痴人之说梦也。

抑自民国以降，内忧外患，纷至沓来，吾国所受创伤不可谓不巨，吾民所遭惨祸不可谓不重。值兹时局剧变，胜利在望，自应集全民之力量，毕革命之事功。一切惟有根本解决，以为一劳永逸之计。至若姑息苟安，养痈遗患，民主革命，功亏一篑，则再历三十六年，恐亦无宁息之日。一旦革命军事胜利，民主政府成立，尤应首先宣布取消各项非法条约及借款，没收四大家族及贪官污吏财产，以救济饥饿流离之民众。我国地大物博民众，内外恶势力铲除以后，复兴建国，突飞猛进，转危为安，转弱为强，转贫为富，指顾间事。民国三十七年其或为出黑暗进入光明之转变年，亦为我中华民族大革命胜利成功之年乎。回首故国，企余望之。

卅七年一月一日

录自陈嘉庚《陈嘉庚言论集》，新加坡星洲南侨印刷社1949年10月再版，第13—18页。

抗议白思华报告书（致英国陆军部备忘录）

（1948年3月12日）

（民国三七年三月十三日南侨日报载）自马来亚前英军总司令白思华中将关于马来亚战役之报告书发表以后，本报社论首先加以批评，认为对华人部分殊欠公允。其后中华总商会亦决定组织小组会，加以研究批评。昨日侨生领袖前华人义勇军队长叶平玉亦投函本报，表示意见。南侨总会主席陈嘉庚氏在战时曾领导华侨，协助英政府，从事各项抗日工作，对于白思华报告书，犹极感不满，特搜集各项事实，于本日向英国陆军部提出备忘录，用航邮径寄伦敦。该备忘录原稿，发表于下：

为白思华报告书内关于华人事上英国陆军部备忘录

一九四一年十二月八日，日军进攻马来亚后，鄙人曾受新加坡总督汤玛士①之命，领导华侨，协助英政府，从事抗战工作。至十二月廿八日，复奉总督命组织星洲华侨抗敌动员总会，由欧人领导，直至新加坡沦陷前，始停止工作。光复以后，鄙人缄口不提此事。惟读英国陆军部发表之白思华报告书，对于战争中华人援英抗日之若干事迹，竟加以抹煞，且对当地华人作极不公允，甚至错误之批评，显然欲借此推诿战之责任。为此，鄙人代表当地华人，不得不提出下列各项事实，以对该报告书，作重要补充和纠正，并对该报告书及白思华中将本人，表示不满与抗议。

事实如下：

一、一九三九年欧战爆发前，政府为预防安南、暹罗米不能运来，即鼓励当地人种稻，但不允许华人参加。政府以法令限制华人汇款国内，援助其祖国对日抗战。政府又禁止华校教师学生参加筹赈工作，禁止华人抵制日货并将华

---

① 即珊顿·托马斯。

人抗日爱国重要干部多人驱逐出境,其最著者如新加坡侯西反、槟城庄明理等。此等事实,说明在太平洋战争开始前,英政府对日采取绥靖政策,故设法制止华人抗日行动,此为后来马来亚防卫失败之一重要原因。

二、一九四一年十二月中旬,战争爆发后,鄙人奉新加坡总督汤玛士之命,动员新加坡华侨,开掘防空壕,在全市动员华人数千,于一星期内完竣。

三、一九四一年十二月廿八日,鄙人奉新加坡总督汤玛士之命,组织华侨抗敌动员会,当时华侨各党派无党派及侨生领袖,均参加工作。其中较为重要之工作为:(一)组织华侨义勇警察,以维持治安及消极防空,日夜服务者三千余人;(二)征募劳工,每日集二三千人,从无短缺,其工资先由华人方面筹垫,政府然后偿还;(三)组织宣传队,在街头及工厂宣传援英抗日。

四、一九四一年十二月十五日英军决定弃守槟城,当时在槟城英人男妇六七百人,悉数平安撤退。新加坡总督且亲自到火车站迎接慰问。但当地华人及各族人士,则被当局拒绝使用交通工具,不能撤退。对政府此种不公允之措置,华人方面曾表示不满愤慨。

五、一九四二年一月卅日英军炸断柔佛桥,在军港内施行破坏,并将市中心高射炮撤移,保护退聚后方诸军兵,可见当时英军已无意死守新加坡。政府在平时,并未给予华人以普通服兵役之机会,但至二月一日,英政府突然发给步枪一千枝,交华侨青年(即所谓"打里军")执中国旗帜,开往林厝港,防守海岸。此外又令新加坡华人义勇军三百余人苦守前线。英军于准备新加坡弃守时,始将防卫工作委诸临时草草编成之华人队伍,因此使敌人更痛恨华人。新加坡沦陷后,日军令华人分区集中,加以屠杀,新加坡、柔佛各地,华人因此遭惨杀者数万人。

六、吉隆坡未沦陷时,华人青年即组织游击队,在山林阻挠日军行进,其后扩大为马来亚人民抗日军,英勇抗敌,光复前始行复员。此为众所周知之事,兹姑从略。

七、战前政府对于华人加入义勇军,限制綦严,对欧亚籍义勇军之间,显有差别待遇。华人义勇军建立历时五十载,而华人几无一人升至连长者,由前华人义勇军队长叶平玉在本年三月二日马来西报所发表之投函,可以作证。政府对华人义勇军之政策,说明政府从未信任华人以令其负担当地之防卫责任。

查白思华报告书，对于上开各项事实，均未有所指陈，对于当时政府对华人政策措置错误所引起之责任，故意加们［以］掩蔽。反之，白思华中将认为亚洲人"趋向较有力之方面，深恐战线后方之破坏现象促使彼等协助敌人多过于我等。"所谓亚洲人者，其中当然包括华人在内。就我华人观点，认为此种见解，不仅全不正确，且系恶意之诬蔑。华人倘确系"趋向强有力之方面"，则中国能有八年之抗战，马来亚在沦陷时间，有成千成万之人民抗日军以与强敌周旋，其又将如何解释乎？

为此鄙人代表当地华人一般之意见，对白思华报告书中有关华人之各节，表示严重之抗议，并要求在其报告书中作忠实之修正与道歉，以平息华人之愤慨。否则华人为保留马来亚战争之真相，亦必作一部报告书，以纠正白思华之错误。要之，已往之失败，即未来之教训。战争虽早结束，和平尚待努力。而欲保卫国土，首先当重视人民力量。若平时加之重重桎梏，一旦有事，始释其缚，而驱之赴前线，则未有不遭惨败者。今日马来亚，政制变更，聚讼未已。甚愿殖民地当局，惩前毖后，放大眼光，与民更始，勿使覆辙相寻，噬脐莫及，则鄙人所厚望焉。

（附载）白思华之答复

（民国卅七年三月廿四日南侨日报载）白思华将军之马来亚战役报告书，对华人有诬蔑之批评，与事实不符，故南侨总会主席陈嘉庚曾列举华侨援英抗日之种种事实，予以驳斥，并郑重提出抗议。其他侨生界领袖，如林汉河爵士[①]、陈振传、叶平玉、叶玉堆等，均相继发表声明，指摘白思华报告书歪曲事实，抹煞华人抗日卫马之功绩。兹据本坡海峡时报伦敦电讯，白思华将军对华侨之抗议，曾发表书面谈话，一面承认华侨之抗议，其内容乃千真万确者，一面则推诿抗议各点，不包括在报告书之范围内。白思华称："关于华侨领袖所提出的抗议，我的唯一的批评，就是他们的争辩，毫无疑问许多地方是正确的。但这些争辩的课题，并不包括在我所撰的报告书范围内。"

白思华将军阅读本坡海峡时报刊载华人之批评，及该报社论后，以书面答

---

① 林汉河（1894—1983），祖籍福建厦门，生于新加坡，海峡殖民地知名医生，时任公共服务委员会委员。

覆该报伦敦通讯员称："诚如贵报所言，余撰述此报告书之时，欲试图将其超越纯军事报告之普通标准之上，而欲引述在英国领土内作战所得之教训，以为未来之警惕。余认为在既往吾人不幸对此事之经验甚为肤浅，吾人应乘此机会对吾人目前所得之经验，善为利用。余必须声明，吾人所得之教训，不但仅实施于马来亚，亦同时可实施于不列颠各民族联邦之内。关于报告书应分民事及军事两部之提议，余赞成此项建议，亦宜以在吾人领土内之战役为限。"

录自陈嘉庚《陈嘉庚言论集》，新加坡星洲南侨印刷社1949年10月再版，第105—109页。

《南侨正论集》弁言

(1948年4月)

　　余于民国二十九年抗战时期代表南侨总会，回国慰劳，到陪都重庆两次，计四十余天，到延安九天，其他十余省约八九个月之久。与国共领袖，文武长官，社会贤达，多所接触。余于军事政治，为门外汉，惟天下兴亡，匹夫有责，华侨爱国，出自忠诚，所经各地，调查访问，收集材料，务求详确，以期回洋报告侨众，使明了祖国真相，庶不负代表返国之职责。不意自到重庆之后，方知国共磨擦严重，几成剑拔弩张之势，由是增我意外无限之念虑。如一旦团结破坏，前途不堪设想，事出意外，自不胜其杞忧。由是对于查访军事政治而外，对于国共关系尤加以深切之注意。到延安时日虽短，探访务求其广博，调查务求其周详，盖必耳闻目睹，始能获得确切之事实也。迨由晋豫鄂等省重返陪都，适国民外交协会邀余演讲"西北之观感"，余讲到延安政治民主化诸事实，并称共产事迹，查无所见。由是引起党人大为不满，强邀余入党不遂，乃派吴铁城南来，运动布置，扩张南洋党部势力，以造成华侨分裂，到处宣传余受共产党包围。（究其实所谓"共产"，余个人于民元时已实行之矣。）及余攻击陈仪、徐学禹，并贪污大员，当局更加痛恨，与余断绝来往。至南洋党人有一部分奉迎意旨，更所难免。

　　敌寇南侵后，余避匿爪哇，阅报知中共在我沦陷区内，势力日强，国共恶感亦日增，余知日寇败后，内战决难避免。盖独裁与民主，如水与火，势不两立，不待智者而后知。及余回星，政府对苏已订卖国条约，苏联获得外蒙独立及旅大主权，心满意足，袖手旁观，不复干预我内政；而美国则野心勃勃，驻军不肯撤退，并襄助蒋政府，运输布置，以求消灭中共。并派马歇尔大将，长驻指挥，借词调解国共合作，假仁假义，欺骗世界，致助长我内战之惨祸。余以南侨总会主席地位，屡接各界侨领来函，嘱余致电国共领袖，和平息争，或组南侨和平团，回国请愿，余均答以绝无效果，未便接受，且屡在报纸上发表，以"还政于民,谋皮于虎"八字预测国内局势。迨去年秋,蒋政府发动大规模内战,妄想数月内削平共军,而美国军队,则横行无忌,辱杀奸淫,无所不至,蒋政府不但不敢过问,更立中美商约,媚外丧权,欲使中国成为菲律宾第二。余至此忍无可忍,故于九月七日,致电美国杜鲁门总统及参众两院议长,并南京美国驻华特使马歇尔,及大使司徒雷登,计五电文,并送交本坡英美通讯社发表。首段,以美为信教之国,故提及上帝因果及日本野心失败,引为殷鉴。次段,蒋政府独裁腐败,任用小人,致民生惨苦,昏庸老朽,无改善希望。三段,延安政治实行民主化,已获多数民众拥护,根深蒂固,任何外来金钱武器,不能消灭。四段,勿误信武力可灭公理,奸谋可欺上帝,遽改变对华政策,撤退驻华海空军,不再助蒋政府,俾中国内战早日停止。越后两日,英京广播电台,将各段发表广播。美国商务部长华莱士,亦公开表示反对美军驻华,主张早日撤退。列强代表在欧洲会议中,亦有人提案,美军不宜再驻中国。史太林对英国记者言,美军在华,须遽撤退。在此数日间内反对美军驻华,竟成中外人士一致之公论。

我国为自由独立国,大战告终,除战败国外,境内外国军队自应立即撤退。独美国海陆军数万,长驻经年而不去。蒋政府不但不向交涉,尚且欢迎帮助内战。美英苏要人,尚且主持正义,为我不平,我国民岂可噤若寒蝉,忍辱吞声,绝无表示乎?

再后数日,本坡美总领事馆,转来美总统杜鲁门覆电云,余发去之电,他已收到。至本坡马来亚各日报十余家,虽接通讯社消息,或译而不详,或不注意转载。及数日后民主周刊发表余之电文,而吉打市党人,假借福建会馆及商会名义,呈函吉隆坡领事,并投各报,反对余电。由是吠声吠影,各党报及准党报受美金津贴者十家左右,对余漫骂诬蔑,叫嚣不已,有类泼妇之骂街,尤以槟城及新嘉坡为甚,虽为余喂大之南洋商报,亦极尽其桀吠之能事。其时新嘉坡不但无民主日报,亦无中立言论机关,而党人计划,除其编辑记者外,且利用外人投稿,每日一篇或两篇,作长期攻击漫骂,必欲至余失去社会地位而止,其得意忘形,可以想见矣。

然鹏飞万里,岂群鸟所能识。余该电文目的,在于影响美国及我国舆论,并促起国际之注意,仅凭良心之驱策,及南侨总会主席之职责,不忍熟视无睹,成败利钝，尤在所不计。马来亚华侨报纸，纵便乱呼狂叫，对余亦无损毫发。然吉打市党人，因冒用福建会馆名义发表电文，引起同乡公愤。数百闽侨，到会质问。及各界召集开会拥护余电，反对少数党人，假冒公意，一时掀起轩然巨波。其他马来亚各埠市，党人领袖，亦步吉打党人后尘，大都偷偷摸摸，暗中运动，或托词开会，或联名发电，然未敢公开发表，提出正式反对理由。新嘉坡党人亦然。由是引起男女各界大动公愤，假中华总商会，召集侨团大会，到者二百余团体，一致通过拥护余电，并发宣言，维持正义。从此以后，新嘉坡诸日报，知众怒难犯，立即消［销］声匿迹矣。

至马来亚各处，亦多分拥护与反对两派，其斗争情形，大都与吉打市新嘉坡如出一辙。前后月余，争辩之烈，为马来亚华侨自来所未有。南洋华侨自往年吴铁城南来，分裂成有党与无党两派，大战息后，内战复起，益增加华侨党派成见。在旧社团中，党人占有相当之势力，然人数不多，同情民主者仍居大多数。及各处反对余通电发表后，各社团联合开会，拥护余电者无不占大多数，正声遍于全马，由是风波平息。兹集新嘉坡《民主周刊》，吉隆坡《民声日报》，怡保《怡保日报》，槟城《现代日报》、《中华商报》、《商业日报》等记载，编印成册，名曰《南侨正论集》，聊志当时马来亚华侨关心祖国内战之情况，或有留作永久纪念之价值耳。

录自南洋华侨筹赈祖国难民总会编纂《南侨正论集》，新加坡南侨印刷社1948年4月版，第289—292页。

南洋华侨筹赈祖国难民总会通告第十六号

(1948年5月1日)

本总会成立于抗战初期，国家正在危急存亡之秋，千万华侨为援救祖国以求抗战胜利，领土完整，不惜牺牲金钱与人力以尽侨民天职，所以成立本总会，领导吾侨救国之运动。及南洋各属沦陷，敌寇痛恨华侨之爱国工作，屠杀酷虐，抢夺洗劫，生命财产，损失惨重，然华侨为救国而牺牲，若能达到所期之目的，故无所悔恨。迨敌寇失败，胜利属我，华侨牺牲救国之目的果达到否？凡我爱国侨胞，关怀时局，恐不免于痛哭流涕。本总会原〔爰〕为申述如下：

战争之胜败，除人与金钱之得失外，尤有关于领土之增减。甲午战败，失去台湾三万余方公里，而此次战胜，反损失外蒙古百余万方公里及旅顺大连之主权，继复与美国订立商业、航空及其他各项辱国丧权条约，甚至允许美国驻军，诚为有史以来所未有。夫失土丧权，惟战败国有此义务，绝未闻战胜国之失地丧权有如此者。战败国之丧权失地，系出于敌人威胁，不得已屈服忍受之。兹次我为战胜国，绝不受任何国之威胁，何以如此狼狈牺牲？我海外华侨闻之，岂但痛哭流涕而已耶？

为因一党专制，一夫独裁，遂不惜媚外卖国以巩固地位，消灭异己，较之石敬瑭、秦桧、吴三桂、汪精卫诸贼，有过而无不及。本总会前曾发出第八号通告（及第十四号通告）[①]，不承认蒋政府之各项卖国条件，为将来取消之预告。兹者伪国大代表，所举伪总统，所立伪宪法，与前专制独裁之作伪欺诈，毫无二致。此后，再有与任何国成立任何丧权卖国条约，仍属无效。特此通告。

中华民国卅七年五月一日

主席 陈嘉庚

[①] 《华商报》所载同名通告增加此文字。

录自陈嘉庚《陈嘉庚言论集》，新加坡星洲南侨印刷社1949年10月再版，第98—99页。

电悼冯玉祥将军

(1948年9月15日)

（民国三十七年九月十五日南侨日报载）冯玉祥将军在黑海船上遇难逝世，各方多表示悼惜，顷陈嘉庚氏探悉冯夫人①尚暂居于莫斯科，特发出一电托塔斯社转交冯夫人，以表示吊唁之意。原电如下：

莫斯科塔斯社转冯玉祥夫人礼鉴：

惊闻冯将军及令爱噩耗，至深悼惜！冯将军爱国爱民，对于革命事业多所贡献。不幸遽尔云亡，实为中国人民之损失。尚望节哀顺变，共同完成冯将军之遗志。

陈嘉庚叩咸

录自陈嘉庚《陈嘉庚言论集》，新加坡星洲南侨印刷社1949年10月再版，第116页。

---

① 即李德全（1896—1972），女，蒙古族，北京通县人，曾任中央人民政府卫生部部长。

徐州大会战与全局决定性

(1948年11月1日)

日前报载：美国斯克里浦斯霍华德报纸说，蒋政府三个月至六个月将倒台，并责华盛顿白宫，不能于一年前坚决援助之错误。又希望杜威①当选执政时，局势未坏到不能挽救之程度。我国古语所谓"利令智昏"，正为此种美国人之写照。美国援蒋之必无效，余前年九月致电美总统及参众两院长，曾对彼等提出警告："任何外来金钱武器对中国之压迫，决无效果，勿误信武力可灭公理。"再后复著论"美国救蒋必败"，及"从未来世界大战形势，论美国不敢军事援蒋"。此为去年及在今半年以前之事。以彼等美国之军政大员，及有权威之名记者，时至今日，尚未了澈当前局势，而立言竟荒谬至此，岂非利令智昏耶？

至谓蒋介石三个月至六个月将倒台之说，能否实现，固未便臆断，惟回忆数月前，国防部长何应钦，在立法院秘密报告国共两方军队数目，当时余曾依据两年间双方军队之消长情形，著为"中国内战何日告终"一文，计至本年终，蒋军与共军实力之比较，即无异螳臂之当车。兹再就何部长报告后，各战场演变之经过述之。本年六、七、八三个月，据新华社报告：蒋军损失五十万人；九、十两个月，济南、锦州两大战役，及长春投降，按其损失，应在四十余万至五十万人之间，合之六、七、八三个月损失，共为一百万人左右。何部长报告时，蒋军计二百十八万人，数月来之补充兵，除军中逃走病死外，约有二十余万人，共二百四十余万人。此数之中，除留在华西华南防止民变者廿余万人以及数月来上述之损失外，剩余不过一百廿万人。而此一百二十万人中，分配在西北廿万人，在东北华北五十余万人，其可在华中分布于鲁豫鄂皖及苏北者，仅四十余万人矣。如此广大地区，尚须留防青岛、豫西、鄂省，至少应十余万

---

① 托马斯·杜威（Thomas Edmund Dewey），1902—1971，出生于密歇根州，美国政治家。

人，则其能集于徐州四郊以作会战之孤注者，只三十万人耳。共军陈毅、粟裕两将军指挥下者，约有四五十万人；刘伯承将军所部亦不下四十万人，纵抽半数以防制豫西、鄂省，参加徐州大会战者，亦可由二十万众以上。计此次鲁南、豫东、苏北、皖北四省区域，范围广大，战线数百里，两方军队几及百万人。飞机、大炮、战车、美国式机械化部队，应有尽有，诚为我国有史以来，对外对内战争规模之最大者。此为一决定性之战役，在此两个月内，胜负可能解决。尔时若犹未能决定，蒋方可再由江南倾调其新练之十万至二十万人来助战，而共方则由东北华北，可再调廿万至卅万人来参加。如此则日子延长，战争更烈，战士伤亡及人民损失之大，当亦为前此所未有。或云蒋军兵员不只上述之数，但据前月战报，其军事家切实调查，蒋军在各战场共计一百四十五万人，如除去九、十两月损失四五十万人，所剩不过一百万人左右，则更少矣。徐州大会战之后，全局胜负如何，不难由此决定矣。

卅七年十一月一日

录自陈嘉庚《陈嘉庚言论集》，新加坡星洲南侨印刷社 1949 年 10 月再版，第 41—42 页。

《住屋与卫生》第四版序言[①]

(1949年1月1日)

　　《住屋与卫生》一书,系余于民国卅三年避匿爪哇时所著。所言乃太平洋战争发生以前之事。及卅四年冬,余回新加坡,即印三千本,寄赠国内诸县。后以索寄者众,故托上海友人代印三万本。复不足,乃再印二万本以应需求。其后祖国全国内战发生,于今三年,窃度各处多未能顾及住屋与卫生,且诸县市有易手者,有主持人已更动者,恐该书未必留存,须再印赠也。

　　世界第二次大战后,欧美卫生家,对住屋建筑之改善,更为注重。以新加坡言,前屋身之内可占全屋址近三分之二,而今则不可,限定不得超过全面积半数。余前所云新加坡市内店屋住宅,每屋限长八十英尺至一百英尺,须留露天空地三分之一,以一半建小屋,后巷至少须留八九英尺,后巷十五英尺,两座相背之屋各占后巷七英尺半,是则屋址及其所占后巷全长可有八十二英尺半,如阔十八英尺,合计面积为一千四百八十五英方尺。主要屋身长四十若尺,计面积七百廿英尺;后方小屋长三十五英尺,阔九英尺,计面积三百十五英尺,共计则为一千零三十五英方尺。除骑楼下一百廿六英方尺,增位约一百六十七英方尺,屋身之内存实七百四十二英方尺,尚余七百四十三英方尺,即后巷一百卅五英方〈尺〉,小屋前露天空地三百十五英方尺,及墙位骑楼是地。总言之,每住屋不拘阔狭大小,屋身之内不得占过全址面积半数。若道路转弯处之旁角屋宇,因临边路,屋身之内可建至全址三分之二。又如店屋声明不住家及职工者,除骑楼、墙位、后巷外,屋身之内可占其余地址十分之九。此种更动,须在本书补充者也。

　　为上言两端,故略将本书改动,而作第四次之出版。拟印三十余万本,寄

[①] 《陈嘉庚文集·著述》中的《南侨回忆录》收录了《住屋与卫生》正文,但未收录该篇序言。

赠解放区各县市当局，请县长分送区乡镇，参议会分送社团，教育局分送学校及图书馆，以广宣传，俾乡村与城市居民，普遍知疾病健康以及寿命长短，与住屋卫生有□切之关系，共同注意□，致力改善。此乃建设新民主国家之要务也。

大中华民国三十八年元旦

录自陈嘉庚《住屋与卫生》，新加坡南侨印刷社 1949 年 2 月四版。

与毛泽东主席往来电文

(1949年1月、2月、4月)

（民国卅八年二月十日南侨日报载）陈嘉庚氏于本月八日致一电与中共主席毛泽东氏，主张严办订立卖国条约之战犯。在此以前，陈氏曾接到毛氏一电，邀其回国参加新政协会议。陈氏覆电自言为政治门外汉，"冒名尸位，殊非素志"云云。兹将来往电文披露于次：

毛泽东来电

嘉庚先生：

中国人民解放斗争日益接近全国胜利，召开新的协商会议，建立民主联合政府，团结全国人民及海外侨胞力量，完成中国人民的独立解放事业，亟待各民主党派及各界领袖共同商讨。先生南侨盛望，众望所归，谨请命驾北来，参加会议。肃电欢迎，并祈赐覆。

毛泽东
一月二十日

陈嘉庚覆电

毛主席钧鉴：

革命大功将告完成，曷胜兴奋！严寒后决回国敬贺。蒙电邀参加新政治协商会议，敢不如命。惟庚于政治为门外汉，国语又不通，冒名尸位，殊非素志。千祈原谅！

陈嘉庚
二月八日

陈嘉庚致电（4月8日）

剑英将军转中共毛主席钧鉴：

阔别十年，时切驰念。革命大功，瞬将完成，欣庆何似。敬祝新民主政府百事顺利，公等政躬康泰。战争罪犯中，卖国贼当为首恶。史书记载，虽有孝子贤孙，百世不能改一字。如蒋介石、宋子文、王世杰、孙科、张群等，订立卖国条约，及求美国军事援助，罪大恶极，绝对无可宽恕也。

陈嘉庚叩齐

陈嘉庚致电毛泽东（4月9日）

毛主席钧鉴：

南洋各属华侨失业日多，不景气日重，前途悲观，今后回乡者必众。日寇侵陷时，侨汇断绝，加之内战三征，苛政百出，闽民贫惨，莫可言喻。祗选择贤能闽人，训练多士，俾福建解放后迅速兴利除弊。庚万千恳切盼祷之至！

陈嘉庚叩
四月九日

录自《大公报》1949年5月10日。

与朱绍良等来往电

(1949年3月9—14日)

致闽朱绍良电
朱主席台鉴：

兰州厚待，感激难忘。闽民经陈仪虐政，及抗战内战，征拿壮丁，有去无回。日寇侵陷南洋，侨汇断绝，生计艰困，凄惨莫可言喻。近闻先生征丁征粮，更形严厉。然内战谁方胜败，尽人都知，助纣为虐，等于自杀，请以陈仪为鉴。造惠桑梓，亦可为自家善后计，敬为闽民请命，祈卓裁！

陈嘉庚叩佳
（三十八年三月九日）

致何应钦电
应钦先生台鉴：

临别前夜，辱蒙缱绻，铭感难忘。蒋介石背叛国父主义，狡诈无信，神人共愤，惨败当然。国共谁方胜败，尽人都知。四大家族有美国可逃，先生等将逃何处乎？请速接受中共条件，勿误再误，公私均利。否则遗臭堪虞！

陈嘉庚叩寒
（三十八年三月十四日）

致李宗仁电
宗仁先生台鉴：

老河口厚待，感激难忘。面示蒋介石作事甚偏，偏则无是非，损人格。先生竟与同流，良可惋惜！国共谁方胜败，尽人都知。四大家族可逃美国，先生等将逃何处乎？一误安可再误？请速接受中共条件，公私均利。否则遗臭千古，后悔无及矣！

陈嘉庚叩寒
（三十八年三月十四日）

致白崇禧电

崇禧先生台鉴：

临别前夜，辱蒙缱绻，铭感难忘，蒋介石无是非，惨败当然。先生一误安可再误？国共谁方胜败，尽人都知，四大家族有美国可逃，先生等将逃何处乎？请速接受中共条件，公私均利，否则遗臭堪虞。

陈嘉庚叩寒
（三十八年三月十四日）

附朱绍良覆电

新加坡中国领事馆，请转陈嘉庚先生：

佳电奉悉。密。睽违有日，驰念素殷，载拜佳言，钦迟曷极！吾兄爱乡情切，至希时锡周行，□匪不逮。特电布覆。

弟朱绍良

录自《大公报》1949年5月10日。

《陈嘉庚言论集》自序

(1949年5月1日)

　　余自民国成立后,对于中国前途,抱热烈希望。虽军阀内哄,战争不息,总念国家改革,必经相当时期之困苦,乃能达到幸福目的。迨民十七年,北伐成功,南京政府成立,更希望能如苏联之彻底改革,埋头苦干,兴利除弊,措国家于发展之基。乃历过多年,绝无实现,只见独裁欺诈,媚外害民,消除异己。至七七事变后,抗战多年,民生惨苦,而独裁者仍不悔悟。其时,蒋介石等尚属中年,且厉行教育党化,预作永久独占政权地步;余意设使天佑中国,降生忠诚建国人才,不知须再延迟若千年之久方能代蒋氏掌握政权,以救国救民,况今世尚未闻有此人才,故忧虑悲观,无时或已。民国廿九年代表南侨回国慰劳抗战军民。至重庆,见国共磨擦严重,似有剑拔弩张之势,如不幸破裂,抗战何能胜利。余知国民党方面,对中共仇恨之深,非轻易可以解释,但未识中共方面之意见如何,乃决亲往视察,俾略知其究竟,庶回洋时可报告侨胞。及到延安后,关于国共磨擦事,据该方表示,愿极力退让忍耐,避免分裂,以枪口一致对外为目的。时彼强此弱,余相信其所言系事实。除此项之外,余所见所闻,不论政治与军事,大出我之意外。军事则与民众合作,联络一气,同甘共苦,推诚相待,已将军队扩充至二十余师,使敌人在华北势力,仅占交通线及若干大城市而已。至政治方面,其领袖及一般公务员,勤俭诚朴,公忠耐苦,以身作则,纪律严明,秩序整然,优待学生,慎选党员,民生安定。其他兴利除弊,都积极推行。余观感之下,衷心无限兴奋,喜慰莫可言喻,认为别有天地,如拨云雾而见青天。前忧虑建国未有其人,兹始觉悟其人乃素蒙恶名之共产党人物。由是断定国民党蒋政府必败,延安共产党必胜。回到重庆时,国民外交协会邀余演讲,定讲题为"西北之观感"。余对军事一字不提,对政治方面,颇详述见闻各事实。国民党报对余讲词,俱不登载,独新华报登载甚详。国民党人由是对余大不满意,蒋介石之不满更形露骨,以何应钦名义电令江南诸省当局注意余之行动。及余入闽，查出陈仪、徐学禹祸闽惨重，电请蒋介石撤废闽省苛政，但结果被拒。余经西南各省，召集福建同乡会，图团结救乡，出国后至南洋各埠亦然。从此之后，蒋介石及其军政机关等即与余断绝来往。

民国卅一年，日寇侵陷新嘉坡，余避匿爪哇，乃著《南洋回忆录》、《我国行的问题》及《住屋与卫生》。民国卅四年十月，余回新嘉坡。在其时国人对国共会谈妥协合作事，多抱乐观，余独不以为然。盖君子与小人，断无合作成功之可能。及全面内战发生，美国政府极力帮助蒋介石，增长其内战之野心，甚至驻海陆空军我国土，余乃发电致美国杜鲁门总统及参众两院长，反对美国助纣为虐及驻军，并警告多行不义必败，请彼等以日本德国为鉴戒。因此，马来亚各处国民党人机关及报纸，对余百方攻击。或公开集会，函电交驰；或匿名谩骂，遍贴标语。惟全马诸民主派，及劳动界、妇女界、青年人等，愤恨不平，在各处亦召集大会，拥护余之通电，其他侨民表同情者亦众。荡动月余，国民党人及党报乃消声。详情载在《南侨正论集》。当时新嘉坡南侨日报尚未开办，所有各报多偏于国民党人方面，吠影吠声，势所难免。及南侨报开办，全面内战正剧，余故屡发表意见，以告侨众。现蒋政府即将倒台，全国即将解放，革命大功瞬将告成，余乃续著一书，名《民俗非论集》，以贡献我新民主政府。兹当回国观光前夕，爰将三年来发表意见汇印，名曰言论集。

大中华民国三十八年五月一日
陈嘉庚

录自陈嘉庚《陈嘉庚言论集》，新加坡星洲南侨印刷社1949年10月再版。

南洋闽侨总会快邮代电促请闽人迎接解放[①]

(1949年5月)

全闽父老公鉴：

吾闽匍匐于军阀统治三十余年，闽人疾首痛心，无法自救。今幸人民解放大军，横扫江南，前锋已入闽北，全省解放，指顾间事。庚适由海外归来，道出香港，光明在望，曷胜欢欣！惟念闽人如欲于此后新中国占一员，新政治参一语，值此黎明前夜，宜当奋发有为，不限任何方式，各就本位努力，从速策进和平，迎接解放。在闽蒋党之军政大员，尤宜放下屠刀，立功自赎，保存国家元气，减少地方损失，人民和平大道，处处予以自新。倘执迷不悟，作恶到底，身败名裂，即在目前，闽人决不宽恕。福建乃华侨之故乡，闽人有救省之责任，坐待解放，识者之羞！恳切进言，幸速奋起。

南洋闽侨总会主席陈嘉庚录

录自厦门大学南洋研究所剪报资料辑《陈嘉庚》(1940.12—1951.2) 0276号。

[①] 此文告应为陈嘉庚由新加坡经香港回国，于1949年5月28日发出。

电贺福建人民政府成立

(1949 年 8 月 31 日)

【新华社北平二日电】（乙）南洋华侨领袖陈嘉庚氏顷电贺福建人民政府成立。电称：

张鼎丞主席、方毅副主席、叶飞副主席兼司令员[①]：

吾闽山多田少，民生困苦，出洋者众，回乡者寡。日寇败后，南洋各民族为求解放，受帝国主义武力压迫，华侨在战争中财产损失重大，失业日增。省内既受抗战惨祸，又遭外汇断绝。继以内战爆发，蒋党凶残，苛政百出，凄惨情况，莫可言喻。中外闽民，盼望解放，若大旱之望雨。电传大军入闽，名城解放，目的将达，人民政府及军区成立，公等荣膺主席及军旅之寄，闽民咸庆得人。谨此驰贺，并盼全省迅速解放，救民水火，兴利除弊，无任祷切。

南洋闽侨总会主席陈嘉庚
三十八年八月三十一日

录自《新华社电讯稿》1949 年 9 月 3 日第 456 期，大成故纸堆数据库。

[①] 张鼎丞（1898—1981），福建永定人，闽西革命根据地的主要创建人之一，时任福建省政府主席；方毅（1916—1997），福建厦门人，时任福建省政府副主席；叶飞（1914—1999），祖籍福建南安，生于菲律宾奎松省，时任福建省政府副主席兼福州军区司令员。

谈新中国作官不能滥用私人勤劳工作节俭成风

(1949年10月22日)

××先生台鉴：

余回国游历，已自十年前醉心，无时或忘国。惟在国民党时代，虽日寇侵入南洋，亦不愿避归祖国。迨东北及华北解放，即决计归来。对于参加人民政协事，本完全无此想念，其原因为国籍不通，政事未谙。余六月四日到京，原拟数日后即往东北二个月，内蒙、山西一个月，华中二个月，十一月可到本省，然后回洋。然往东北必须经京津，一为瞻仰名都，二为往东北必有人介绍，方能便利参观。及到京之后，毛主席及周总理力劝参加人民政协筹备会议，余力辞，并向李济深、郭沫若、黄炎培、沈钧儒诸相知，告以不适于参加之缘故，而睹先生及林祖涵、叶剑英、董必武、陈绍禹等，又均来劝勉，京市各界且开欢迎会，而人民政协筹备会于六月十日就宣布十五日将开幕，共有二十一单位参加，只候海外一单位未到，其他二十单位皆到已久，推余为海外首席代表。毛主席及中共要人，以为非如是不能圆满，使余无法推避。每单位首席代表一人，往毛主席处会议数次，即正式开会。因国民党尚有地下工作者（即特务），故秘不发表，至十九日毕会始宣布。君子成人之美，况余亦有国民一份子职责，故余终于参加会议。

现人民政府时代，作官与前不同，既不能滥用私人，亦不能营私谋利，而待遇虽大学校长，除自身食住外，只再给零用费用约值星币六七十元，教授只四五十元。各部长待遇现虽未规定，大约不能超过校长之额，副部长不能超教授之额，其他部员则更减矣。故其家人，不论男女，除孩童外，须自生产。至于普通职员，伙食中等，一汤两菜，衣食住外，每月另给零费人民币四千余元，申星币略约五元左右。×君言伊等数人来京经年，闻京市烧鸭味美，拟往一试，迄今许久不敢往尝，恐同事疑他有私利，足见人民政府服务人员，不拘作官与非作官，均须勤劳工作，节俭耐苦。方能适合，无威仪，无虚荣，以显祖荣宗。

前日开夜会，余与毛主席共晚餐，司徒美堂①送他一支朱律烟②，他手中原有一支纸烟，甫吸三口，不甘即时丢弃，熄火贮返匣内，其节俭可知。又中委会某委员言，某部长不应兼职，某部长兼职太多，他委员或解释，或辩论，最后毛主席对发言人奖励有加。知无不言，言无不尽，言者无罪，听者足戒，此中共之所以成功也。顺颂公麒。

陈嘉庚一九四九年十月廿二日

录自《大公报》（香港）1949年12月5日第7版，中国近代文献数据总库。

---

① 司徒美堂（1868—1955），广东开平人，美洲侨领，时任中央人民政府委员、政务院华侨事务委员会委员。

② 即雪茄烟，朱律即潮州话 tsu luk，马来语 cherut 的借音词。

电闽人民政府张主席祝贺厦门解放

(1949年10月22日)

（新华社北京二十二日电）（乙）南洋华侨总会主席陈嘉庚致电福建省人民政府张鼎丞主席祝贺厦门解放。电称：

欣闻厦门解放，从此台湾门户洞开，犁庭扫穴，歼阙巨魁，当在指顾。厦门为帝国主义流毒最早之地，近年反动政治腐蚀尤深，游资操纵市场，恶霸横行乡曲，民风败坏，生机枯竭，应有干员，厉行整饬，侨汇隔断多年，今既海航重启，更力图畅达，嘉猷所施，尚希随时赐教。为幸无既。

（又讯）陈嘉庚已接到厦门大学学生自治会十八日的电报。陈为该校校长，学生会的电报系向他报告厦门解放后该校的情况。电称：厦门已经于昨日解放，学校文物无损，谨电告慰，并祝健康，为民主自由新中国而努力。

录自《新华社电讯稿》1949年10月23日第506期，大成故纸堆数据库。

南洋华侨筹赈祖国难民总会通告第十八号[①]

（1950年2月20日）

本总会章程，原定每两年召开代表大会一次，自民国廿七年十月十日成立，南洋各属华侨团体参加者，七十五单位，至民国卅年三月开第二次代表大会。数月后，南洋各属遭日寇侵占及其败后，原欲开会决议本总会存否，或改名称，然查各属会，或已解散，或乏人主持，加以地方不靖，及其他种种原因，未便召集会议。现下各属略已安定，前各筹赈会慈善会等机关，是否存在，因多年未通信息，未能一一确知。兹请各属会至迟于本年三月廿日以前来函报告：该处机关是否仍存，或经重新组织，主席为谁，如本总会订期召集会议，是否能派代表参加？届时如有半数来函表示能参加，本总会当再登报及通函，订期请派代表前来开会。如来函表示能参加者未及半数，本总会当再展期以待后机。特此通告。

录自新加坡《南侨日报》1950年2月20日。

[①] 通告发布于《南侨日报》1950年2月20日，采用的是新闻报道"主席陈嘉庚拟订期召开大会"加上"通告"原文的方式。

为扩充集美水产商船专科暨水航高级职校学额培植多数海事人才，告各中等学校同学书

(1950年4月25日)

吾闽山多田少，交通不便，未有铁路，惟借海运以通有无，尤以闽南为最。谋生出路，专赖南洋，因之在洋闽侨众多，达数百万人，与祖国往来频繁，船舶川行如织，但航权均操洋人掌握。我国公私营船舶即在国境，犹寥若晨星，况在海外各属殖民地，何从觅其踪影。

自有轮船以来百余年，世界交通，日臻发达，富强隆盛，多属沿海国度。大国船舶多至万艘数千万吨，小国所有亦在千艘百万吨以上。吾国人口，居世界第一位，沿岸领海，环抱万里，不让任何大国；乃所有船舶之数，尚不足与最少船舶之国比拟，甚至世界数十国航业注册，我国竟无资格参加，其耻辱为何如。故今后我国欲振兴航业，巩固海权，一洗久积之国耻，沿海诸省应负奋起直追之责。

然欲兴航业，必须培育多数之航业人才。返[反]观国内中等学校虽多，而航业学校则绝少。学生就习此业者，恐尚不满千人。其所以致此之由，前则误于满清政府之腐化无能，后则误于国民党政权之反动卖国。自我人民政府成立，各地解放，不及两年，一切更张，百废并举，政务清明，人争廉洁，土改之公平，财经之安定，农工之生产日增，轮辙之交通日广，实为有史所仅见。惟航运事业，因国际之邦交未尽建立，反动之余孽未尽戮除，在目前商旅裹足、海岸封锁状态之下，尚难进展。此乃帝国主义者野心妒嫉，阻挠一时，于我建国大局，不损毫末。鉴诸苏联革命，何尝不遭帝国主义者之围攻破坏，但奋斗结果，终底成功。吾人正当取法他山，策励猛晋，乘此海事技术人员尚未充分就业之际，积极教育青年，培成航海专才，以备全面解放后成为收回海权之生力军。于时我国经济力量渐臻雄厚，虽购轮船千百艘，载量亿万吨，实縻难事，驾驶员数千人犹恐不敷分配服务，万无今日因噎废食，而他日临渴掘井之理也。

闽省为我国东南门户，多山滨海，耕地少而粮储缺，风土劣而棉产无，耕

织难营，衣食不足，虽有多少矿产可资器械工业，奈无铁路运输，无法开采。故人民生活所需，无一不仰外来。惟有海岸线尚号绵长，为一般谋生之天然出路。设非教导部分民众从海洋方面发展，开阔经济来源，隐忧不堪设想。往时教育未兴，文盲十居八九，除务农外大多出洋谋生。今者帝国主义者横加压迫，禁绝入境，此路已不可通。此从教育及求学目的，若不转移方针，试问积累日久，优秀学子毕业普通中学者岁恒万数，将谋如何出路？就业困难既如前述种种，升入大学或专门学校又非人人所能办到，为诸君前途计，非早定就业之路线不可。海洋事业为世重视，各国无不皆然。其技术之重要，前途之远大，生活之安定，为各业冠。故从业海员咸愿久于其职，绝少改途。至其待遇之优厚，如船长、大、二、三副等职，皆超越大学校长、教授以上。在苏联船长薪俸常数倍于普通技术人员，盖船长之责任极为重大，待遇优越，实不为过。船舶产权，虽属船东，或所属机构，而使用及管理之权，乃在船长及高级船员掌握。船上甲板机房管事诸部门，人事配置，小船数十人，二三千吨者须百余人。万吨以上则多至二三百人，其规模相当于一工厂。除高级船员外，所有工作者概由船长任用。船长得人，则从业各员咸得其所。不但可以解决社会一部失业之问题，亦可借以维持千家之生计。至于游历各方，见闻增广，自然欣赏，有益身心，犹其余事矣。

集美高级水产航海职业学校，创办已三十年。仪器图书设备，在吾国海事学校中可谓数一数二。课室宿舍体育卫生布置之周全，亦不亚于同性质有名诸校。间因抗战多年，播迁内地，教学未曾中辍。及日寇败退，方告复员，校舍于兵燹残破之余，修复未半，又遭匪机炸毁，倒塌更甚。为此种种原因，所办成绩，尚嫌未达理想。又以经济负担繁重关系，对在学诸生仅免学宿等费，此余所深感疚心者也。今年春于水航职校之外，增设水产商船专科学校，借以深造专精的海事人才。两校均有助学金之设置，其名额占总生数百分之五十，较之反动政府时代对学生全无补助，则优厚为多矣。

自解放以后，本省公私立中学皆已复员，况有政府救济贫寒生助学金及免收学费诸例，则此后普通中学定可逐渐扩大，求学不至向隅。惟技术学校数量极少，尤以海事教育部门，全国寥寥无几。故本校今后方针，拟多招水产商船专科，及高级水产航海职校学生，高商及高初中则维持原有班数，着重质的提高。兹按本年秋季，水产商船专科学校添招驾驶科五班二百名，轮机科一班四十名，渔捞科一班四十名，高水职校添招航海科一班五十名，渔捞科一班五十名，高商职校添招二班一百名，中学添招高中一班五十名，初中一班五十名，共十三班学生五百八十名。对于适合卫生之设备，如课室、宿舍、海淡水游泳池、体育场，以及添置适合新时代之仪器图书等设备，亦在积极进行，务使学生达到实验与书本相结合之目的。专科及职校学宿费均免，政府对贫寒学生之助学金额，则再予力求扩充。其中水产商船专科学校各科系招高中毕业生，修业三年，教授须预先物色延聘，招生亦须提早进行。盖学生名额不早决定，则延聘教师人数不易配合。如待通常招考时期行之，则为期太晚，难于筹备。兹拟于最近通函各地高级中学调查本届暨前届毕业学生，及具有同等学力志愿升学水专者。如有其人，请其于六月中旬以前，将姓名、籍贯、住址、毕业或肄业学校，及拟入何科，函告本校校董会陈村牧先生汇办，以便七月初旬，择地举行考试。特此预告周知。

陈嘉庚

一九五一年四月廿五日

录自集美校委会资料室《陈嘉庚先生交存文件》9-534。

要求制裁美机挑衅　陈嘉庚致电安理会

(1950年8月30日)

【福建日报讯】美机侵入我东北领空扫射的暴行，全国人民一致愤怒抗议。南洋华侨筹赈总会主席陈嘉庚，代表南洋华侨，致电联合国安理会主席马立克及联合国秘书长赖伊，要求制裁美军暴行，并撤退侵朝美军。电文如下：
纽约成功湖联合国安全理事会主席马立克先生及秘书长赖伊先生：

美国侵略朝鲜军队之军用飞机，于8月27日五次侵入我中华人民共和国领空滥施扫射，致死我国同胞3人，伤21人，这种挑衅和暴行，引起我海外侨胞无比的愤怒，我代表南洋华侨，坚决拥护我中华人民共和国中央人民政府外交部周恩来部长提向美国政府的抗议书中的要求及提向联合国安全理事会的控诉和建议。我们要求安理会立即采取措施，制裁美国侵略朝鲜军队对我国的侵略罪行，并令美军撤出朝鲜，以利远东和平。华侨同胞将更加发扬热爱祖国的精神，与祖国人民紧密团结一起，为支持祖国的正义斗争而奋斗！

南洋华侨筹赈总会主席陈嘉庚
1950年8月30日

录自《福建日报》1950年8月30日。

寄函爪哇《生活报》报告国内情况

(1950 年 11 月 21 日)

生活报编辑先生：

自南侨报被封禁后，南洋消息完全不知，贵报可否寄出口，如可者请寄一份交下为荷。余为恢复集美及厦大，前被日寇及匪机惨炸损失，兹幸胶市好转，故集美可以克服旧观，厦大即向旧侣捐助巨资，均已开工进行。南洋无事，不作速往也。余本年八月至南京，往谒中山陵，方知中山先生遗体腐烂，乃蒋介石为换长衣马褂之致。此事国民党守秘，故乏人知情。前只耳为注药水不佳致坏，多不知其事实。余此次始闻其管陵人道明原因。孙中山卒于北京，经明医注射永久不坏尸体，已经年运至南京奉安，柩盖双层，内层系厚玻璃粘紧，外层为木可开起，俾永远为人民瞻仰遗容。乃无知蒋贼，见孙中山所衣为中山装，乃开玻璃盖为换长衣马褂，由是空气作用，不几日遗体变坏。蒋贼称为信徒，中山先生如有灵，应不留此无恶不作也。

　　顺颂

时祺

陈嘉庚
一九五〇年十一月廿一日

录自爪哇《生活报》1950 年 12 月 23 日。

为注意卫生事告集美各校员工生

(1952年6月24日)

各位教师、工友、同学：

两月前医院需要消毒临时费八百万元，我不了解用途，面询林主任。据说，要买汽油二桶渗加消毒药料，来喷射全校和乡村各处，以保卫生。我给予下面的回答：

我住洋数十年，眼见英荷殖民地政府考研卫生，成绩良好，可做模仿。若遇发生瘟疫人家，立即进行消毒，即将那屋内不值钱和久积的杂物烧毁，并洗净地面，喷射杀菌药剂。至于平安无事的人家，未闻施行消毒，更未闻全地区或全乡村普遍消毒的举动。现在本校暨集美全乡，人数数千，未见发生严重事故，为什么要大规模消毒呢？

英荷殖民地经常注意卫生，不拘季节气候，凡住户人家，每星期至少一次，须将家具移动，洗净屋内各处，或连及窗户。凡经政府登记的学校，如新嘉坡中西学校之类，每两星期要举行上项大清除一次。由当地教育行政机关，派员视察，对于厨房寝室，特别注意，违即处罚。但也未闻有发布消毒通令，和代何校消毒的事体。

本校环境卫生，远不及英荷殖民地良好，防疫办法，不在单靠一次购用油药消毒，就保安全长久，乃在于效法良好的经验，不厌不倦，有恒将事，保持清洁，这才是治本的良方。

林主任听从我言，乃变更计划，仅购一小部分药料。接着各校举行一次大扫除。员工学生总动员起来洗扫校舍，清洁环境。这是很好合理的办法。但是本校每学期大扫除次数极少，不够清洁，各处积秽日久，不但为蝇蚊蚤虱所聚集，亦即为病菌散布的场所，疾病来源，即由此出，危害卫生不浅。自那回扫除之后，到今又隔两个多月，未见继续举行。回想起来，都是我不曾亲向诸君介绍在洋所得的经验，致有"一曝十寒"的缺憾。毛主席常言"健康第一"，新中国的根基，端在人民身体的健康与长寿。要达到这目的，必须有清洁卫生的素养，才能驱逐疾病的魔鬼，战胜生命的敌人。如上所述，经常扫除保持清洁，都是不费金钱，轻而易举，人人能做的事。故问题只在于我们肯做不肯做，不在于大家能够不能够。我从来未向各位详细谈过，甚感抱歉。现在不敢再安缄默，希望你们共明此意，由各位教师负责领导同学，自行发动，以适当时经常举行大扫除，至少每月一次。这样做去，我相信所得卫生康乐的效果，必远在施药消毒之上。

陈嘉庚
一九五二年六月二十四日

录自集美校委会资料室铅印件（散页）。

劝告集岑郭[①]社亲栽培子女妥筹善后书

(1952年7月8日)

诸位社亲：

为了教育本社青年，解决失业问题和改善下一代生活计，我手订资助本乡贫苦学生办法，切望大家尽量送子女入学，并须彻底栽培成功，不要中辍。今将详情报告如下：

一、集岑郭各社人口二千余人，每年田园收入，不够应付二个月开支；海利收入，在技术未改进前，不过应付三四个月开支，至多仅可维持半年生活而已。因此，百数十年来乡民多出洋谋生，回乡的甚少。但现在出洋谋生的去路，就使帝国主义者不禁入口，也因南洋华侨人数过多走不通了。就新加坡一埠来说，本社人旅星的就有一千五百人，散在其他各埠的，也不下千人。到处人浮于事，失业日增，这就是此路不通的原因。

二、金台两岛未解放，虽然无碍我国建设的迈进，不过闽南接近前线，人民不免有多少不安情绪。首先是海道不能畅通，要靠陆运又无铁路，有此阻碍，工业也不能发达。因此关系，民生出路就很难获得解决，尤其是本社所处的场合，困难更多。目前虽有建筑校舍海堤等工作，可以维持数百家生活，但这是暂时的救济，并非根本善后计划。根本办法在哪里？那就是从教育方面着手培养我们下一代，以巩固将来的生命线。

三、过去反动政府害国病民，教育不切实际，学校毕业的青年，除做官外，没有出路。现政府就不是这样，国内解放不久，在抗美援朝期中，仍能积极兴利除弊，如土地改革、镇压反革命、清剿土匪、增产节约、三反、五反等运动，和农田、水利、交通、工业、卫生等事业，莫不迈步推行，成绩昭著。在短短两三年间，财经充实，物价安定，利息低降，没有向外借债。此后全国人民安

[①] 即集美大社、岑头、郭厝三个主要村社。

居乐业，达到富强境界，当然要靠无量数的后起青年，那怕毕业生没有出路？

四、我国地大物博人众，过去各业发展还不到十之二三，所以用人有限。苏联革命到今三十余年，进步虽速，远有不够的地方，需要人力补充。况我新造国家，今后需才众多，更可想见。本校创办四十年，所有表现，在从前反动政权统治奴化之下，譬如昨日的死去；在当前贤明政府爱护扶掖之下，譬如今日的重生。学校范围，自小学、初高中、高水、高商以至水专（秋季即改海洋学院）均设本乡，和厦门大学也仅隔一衣带水，距离福州亦不过一日路程。我们子弟求学的门径，可说是极为便利与广阔。初中毕业以后，要习何科，尽有上进前途，高级以上学校毕业，未离校以前，政府已预为安排位置。所以今后毕业的学生，可以保证不至失业。

五、在求学中间，最困难的问题，就是生活费。生活费如果有着，除天资至愚无法造就外，通常才质均得顺利到达毕业。本社儿童和青年，由小学读至大学，凡家境贫苦乏力供给入学及升学费用者，我拟自本年八月份起，按月给他们补助如下：

甲、小学生一年至三年，月给白米三十斤，四、五年四十斤；

乙、初中生月给白米六十斤；

丙、高中生暨高商、高水学生月给白米八十斤；

丁、海洋学院学生月给白米一百斤；

戊、就学本社以外之大学或同等专门学院学生，月给白米一百二十斤；

己、凡已受政府助学金补助者，不再给予补助，但所得如系较少，仍得给与相当补足数额；

庚、上述补助，每月终按厦门市贸易公司中种米零售价格核发；

辛、凡本社人家境困难，乏力供给入学及升学费用，要求补助者，请向其角内代表[①]报明父母子女姓名年龄，由该代表汇集转交本办事处陈乌亮[②]同志登

---

① 即角落代表。集美大社共有二房角、上厅角、渡头角、后尾角、向西角、岑头角、郭厝角、塘墘角、清宅尾角、内头角等十个角落。

② 陈乌亮（1919—?），福建厦门人。1940年毕业于集美高级农校园艺专业，曾任集美农校农场管理员、集美乡人民政府乡长、集美学校园林技术员、集美学校消费合作社副经理、厦门市陶行知研究会副秘书长等职。

记，发给逐月领费证据；

壬、无故请假、旷课及中途辍学者，另定撤消及扣发补助办法。

六、现在本校高、初中本社的学生不上一百人，在小学者四百余人。秋季按增加一百人，共六百余人。生活费照前项办法补助，概无问题，七八年后假定就业及无法升学者为一百人，那末其余五百余人皆有升学可能，即平均每户可得一人升学。再历三四年，他们毕业出来，都有高深的学术，为人民光荣服务，定不似现下数百人陷于失业的苦境。过去你们视学校教育无关轻重，子弟入学等于车站等车，车来就走，往往中途失学，误了终身。做子弟的因此志气薄弱，缺乏国家人民观念，皆被父兄影响的错误。这对反动政府腐败的教育，无怪其然，但对今日新民主主义的教育就不应如此看法。

七、上项所说毕业后不怕无位置①，系指本社青年向外发展而言。若就本乡来说，本年学生数可达二千人，教职员工友可达二百余人。再两三年，学生数可增至一倍，教职员工友须四五百人。此后国家教育进展日新月异，本校亦当争取同一步骤前进，学生数自然逐年增加。现郭厝山地几全部辟为校址，后美、岑头以及内头、许厝等山②，亦大部划归学校范围。将来学村建设日益增进，水陆交通跟着发展，龙王宫码头③将为商船渔船荟萃的所在。此时本乡民众的生活，亦必因而好转，不但子弟普受教育，成为有用人才，即乡民个个亦有为国家人民服务的机会。听说你们不满本校收买田地建筑校舍，至有本校不顾数十家贫农生活的议论，这都是只顾目前，不将眼光放远所致。

八、满清时代，读书只为做官，千人苦读，登科的不及一二。那时不识工业经济的重要，用不到许多人才。现在不同了，政府重视科学，发展工农业，需要人才无可限量。例如本省，并非工业区，需要人才似乎不至甚多，但单就人民银行、贸易公司两机关来说，已任用了人员一万余人，各县区分支机构尚

---

① 即职业。
② 后美（尾）、岑头、内头均为集美大社角落，许厝为大社相邻村社，现已失社。"山"在此为闽南语，田园之意。
③ 龙王宫码头，集美先民东祀天妃西祀龙君，龙王宫位处集美银江路29号，始建于唐，清代曾重建，1948年陈嘉庚弟媳王碧莲出资重修扩建，1994年海内外陈氏族人集资再修。宫内供奉龙王、开漳圣王、注生娘娘，每年农历九月十六举行祭神庆典。20世纪20年代同集公路建成后在此建设龙王宫码头，以便同厦间交通。

未普遍设立，人民政府需才的广阔，举此一例，可概其他。

九、现在是科学昌明时代，教育方法也要符合科学。天资聪明的，稍运心思，便能领会，天资迟钝的，就要加倍用功，才能赶上，至毕业时，大家程度相差不多。古语有说"学而知之，困而知之，及其知则一"，就是如此说法。故全班数十人，同时都能毕业，这和科举制度大不相同。至于毕业后分配工作，尚须学习与实验，有的认真，有的敷衍，但最根本的要以道德为依据。我在南洋见过林文庆、阮添筹①二人，同是英国留学出身，林学医科，阮学法律。阮君人极聪敏，所学过目不忘，普通法科应费四年工夫，他只要二年就能毕业，在新加坡执行律师业务。但他有才无德，身犯重罪，结果革职，在公堂褫下律师公服，入狱多年。林君天资虽逊，但做事忠实，勤于职务，所以代表华侨为议政局局员多年，能得群众信仰。切望你们相信勤能补拙，注意道德观点，不要低估子弟才质，而不予栽培。

十、封建时代，崇尚虚荣，要百子千孙，提早生殖，甚至强无子为有子，盛行螟蛉②制度。闽南以"三十六岁牵孙过桥"③为人生幸运，人家竞尚早婚，不知这是违反生理，不合卫生的陋习。现在政府规定男女要满二十岁方得结婚。苏联暨诸先进国青年不敢早婚，怕婚后人口增殖，负担加重，必待职业安定，生活有着，及女方有自给能力，才敢结婚。此后我国青年，必须仿效。虽属殷实之家，在未毕业时候，切不可婚娶，致妨碍学业，违反国家培育人才的用意，断绝自己上进的前途。这是我所厚望的。

公元一九五二年七月八日
陈嘉庚

录自《嘉庚先生助学金、敬贤先生奖学金卷》集美校委会铅印件9—10页。

---

① 阮添筹（1866—?），新加坡著名律师，与林文庆、宋鸿祥合称为新加坡"维新三杰"。少时就读莱佛士书院，1901年任《天南新报》总理。

② 《诗·小雅·小宛》："螟蛉有子，蜾蠃负之。"蜾蠃捕捉螟蛉喂它的幼虫，古人误以为蜾蠃养螟蛉为子。因以"螟蛉"或"螟蛉子"作义子的代称。

③ 闽南歇后语：三十六岁牵孙过桥——有福气。

集美解放纪念碑题词征文启

(1952年)

　　集美学校自辛亥革命次年创办，十余年间，在校学生三千人，包括中小、师范、水产、航海、商、农等部门，每年毕业数百人。侨生亦不少，分布南洋各埠，服务各侨校者所在多有。教育熏陶结果，华侨爱国观点加速提高，祖国抗日战争，资为支援，于潜移默化之功，不无贡献。校舍所在，与厦门岛仅隔衣带水，敌我对垒期中，七年炮战，破坏过半。复员后疮痍未复，又遭蒋匪轰炸，惨上加惨。解放后庚始积极修复，并扩大规模，新增建筑。追念历次战争，与集校废兴经过息息相关，值解放之昌期，葳复兴之盛事，意义深重，宜志刻铭。爰择海畔鳌头岗，建碑其上，为"集美解放纪念碑"，高近百尺，全座石砌，碑文恭刻毛主席手笔大书字体。基层底八级，象征八年抗日战争，上层三级，象征三年解放战役。其周围山腰基石，壁立五十面，拟镌雕有关工农、水产、文化、卫生建设之人物图画，及名贵纪念题词。素仰先生道德文章时望所归，寄上笺纸二幅，乞赐题文言体数十字乃至二百字以资刻石，借垂观感。如蒙赐件，祈寄交福建集美学校转为荷。此上。

　　敬礼

先生

谨启

一九五二年　月　日

原件存陈嘉庚先生故居。

建造集美纪念碑工程概况

（1952年）

兹告建造集美解放纪念碑工程及情况如下：

一、碑图系我去年往北京取来者，全座用石砌成，碑柱高六十尺，碑座上层高四尺，下层高五尺。两个座分二十六堵，均用青石浮雕，取现代化工农教海产卫生等等，与前如八仙过海、郭子仪拜寿等不同。

二、农业按四堵：

1. 禾稻：麦、豆、黍、地瓜、花生。
2. 菜类：大菜、芹菜、白菜、蒜、菜花①。
3. 果子类：荔枝、龙眼、柑、芎蕉②、桃、蔗、葡萄。
4. 衣类：棉花、麻、桑蚕③、葛。

三、工业：亦按重工业二种，轻工业二种。

四、教育：亦按四种，幼儿园、小学、中学、大学，如幼儿园姿态，有啼、有笑、弄玩具。至小学、中学学生动作各有不同，大学则有专科如工程、医学解剖。

五、体育：球类、游泳。

六、卫生：洗涤家具，清洁，不积污水。

七、渔捞：海产各物。

八、国防：海陆空军及武器。

九、我以上所述系简略言之，因身非受过新教育，不能详为说出，只言大意而已。

十、闽南有名石匠，然向来所雕琢为龙凤戏剧等，能画能雕，兹欲使其作

---

① 闽南语，即花菜。
② 闽南语，即香蕉。
③ 即蚕丝。

现代新样，其工夫虽巧，但须有图式仿造或参考乃能施工。

十一、现雇到之石匠，能画能雕，工作颇巧，先从较易者着手。

录自陈厥详《集美志》，香港侨光印务有限公司1963年12月版，第60—61页。

厦大建筑部简则

（1953 年 12 月 15 日）

陈永定[①]主任管理一切，及注意平埔石、各粗石还集美。

孙谦生副主任，视察各开石及量石运出等。

刘建寅工师，主持各工程及晟石，兼视察平埔石。

陈东民任财政，兼什物出入并逐日检记附近土木工人。

苏秉坤任记账，并助理什物出入。

王子龙管理木材各化锯角才〔材〕及运集美。

陈仁根检记土木工人，兼助理化锯木材运集美。

此后凡交过各石每月终须核算清楚入账。

公元一九五三年十二月十五日　　陈嘉庚　订

依据陈永定后人提供书信辑录。

[①] 陈永定（1925—2021），祖籍福建集美，生于马来亚，曾任华侨博物院副院长。

《陈嘉庚先生对集美侨生讲话笔录》前言

(1954年3月)

我在集美办学,系从一九一三年开始。小学首先成立,接着就开办师范、中学、水产、商业等校。到一九二一年,厦门大学创立后,屡有青年要求回国入学。我一一都为介绍。有的程度不够,就另开补习班来容纳。抗日时期,厦门沦陷,集美各校迁内地,侨生来路中断。所有校舍,也大半被毁。后虽胜利复员,但因蒋匪帮发动内战,再遭破坏。直到解放后,我自海外回国,才行修复,又增建了许多新的校舍。就学的侨生,又渐增多,复设补习班容纳。最近入学超过战前,全部学生三千余名中,有侨生七八百人。

近所增建校舍,如可容五千人集会的大礼堂,可容五百人阅览的图书馆,可容三千人观众的体育馆,以及其他校舍,或已完工,或在建筑。而原来的科学馆、医院、电灯厂等设备,也各有所扩充。此外又开辟男女两游泳池,面积三万方公尺;体育场十处,面积十五万方公尺;植物园十余亩;淡水池两口一百亩;海水池一口二百亩;诸池毗连,绕以堤道,路面宽者九公尺至三十公尺,狭者七公尺,全长十公里。又在海边鳌头小岛上建集美解放纪念碑,四围装配石刻,如工矿农牧军队画像,动植生物形态,以及乡土版图沿革等有关社会教育的浮雕。建筑材料如砖瓦石灰,均系设窑自制,木石也是就近取材,人工系招集督造,不采承包制度,故建筑费比寻常节省。凡此布置都是为远道来集学习的青年,创造优美的进修环境。

自美帝国主义者发动侵略朝鲜战争以来,南洋各属也被殖民地政府加紧束缚,摧残华侨教育。在洋学生热爱祖国,都要投向祖国怀抱;侨胞父兄亦多望其子弟受到祖国教育;以及失学青年愿意回国学习的也很有人。因此,回国侨生每年达一万人以上。如不妥为设法安置,不但无以对他们热爱祖国的父兄,而耽误青年争取进步的机会,更对人民不起。我为华侨首席代表,心知道这样情况,那得缄默无言?故建议政府,应特设学校借广容纳。于是才有华侨学生补习学校的建立。除北京广州两校外，集美侨校即其中之一个。其间酝酿时期，自一九五三年秋季开始，到了一九五四年一月，才告成立。校舍设备，除利用福建航海专科学校原有基础外，另由政府拨给六十亿元，由我负责筹划，本节约原则，继续建置。开办之初，学生虽仅两三百人，但逐期增加，一定很快达到二千人的定额。关于政府关心侨教，优待回国侨生的至意，集美华侨补习学校筹划缔造的经过，以及侨生必须端正学习态度，遵守学习纪律等等，我曾先后对集美中学及集美侨校的侨生详细阐述过。在学的侨生，大略都已体会，但其他各地侨生不曾听到与以后继续回国的，也不能获得传达。现在将这两次讲话记录印小册，分发于外地和后来的侨生，做个参考，或者对他们进修上有多少帮助。

一九五四年三月
陈嘉庚

录自《陈嘉庚先生对集美侨生讲话笔录》，集美学校校董会发行，1954年3月。

本社学生助学金补充办法通告

(1954 年 7 月 30 日)

我自去年起逐月拨给本社贫家在学子女的助学金,其用意不但希他们读书识字而已,特别注重的是要他们养成良好品格,认识做人道理,勤学俭朴,将来得以安居乐业,〈成〉为国家善良的人民。现在听说有些学生品行不端,习惯恶劣,违背校规,屡戒不悛,由甲降乙,由乙降丙,甚至由丙降丁的人数已很不少。学校教师虽已尽了教导的力量,但父兄家长一切放松,没有好好地配合督促,致学习成效毫无,日趋堕落,结果将使助学金的拨助,成为浪费。现在为整饬学习态度起见,将助学金办法补充三条如下:

一、自本年 8 月 1 日起,小学以上学生凡上学期品行列丁等者,一律停给助学金(7 月份未领者须由家长代领,该生本人不得领取)。

二、自本年 9 月 1 日起,逐月品行列丙等者,助学金仅准发给半数。

三、丁丙等学生,在秋季续学期中,一切表现应各争取自新,做到符合三好条件,逐月评定操行等第,如能提高,才好恢复其原有待遇。

以上三条希各家长对该生等应予痛切训戒,要他(她)们变好。以后并须经常注意教督,为要。

原载《嘉庚先生助学金、敬贤先生奖学金卷》集美校委会铅印件 9-164;录自王增炳、陈毅明、林鹤龄《陈嘉庚教育文集》,福建教育出版社 1989 年 7 月版,第 281 页。

致电中央华侨事务会

(1954 年 11 月 30 日)

北京华侨事务会：

接张主任函，举我为全国委员会委员。前为中央政府委任故勉受，今为派选，须先争其人同意，谨电决辞。

陈嘉庚
一九五四年十一月卅日

录自集美校委会资料室《陈嘉庚先生交存文件》9-534。

致新加坡香港基金

(1955年2月20日)

新加坡香港基金：

一、集美学校校董会如有存在，陈朱明、陈仁杰、陈天送①、陈顺言、陈水萍五人均须加入为会员，如有一人出缺，可另选一人补入。

二、在新加坡有与南益公〈司〉两李光前胶厂，在麻坡、峇株巴辖、巴双三处树胶厂，厂屋及机器，我得三分之一，活动资本由李光前支出，每月利息由公司理还。每年终核结得失，照份额均分。我在新加坡时，逐月得失给我月结册一本，自我回国后，因环境关系，未有付来。自一九五二年至五四年，三年均无利，亏本。

三、上言三处与李光前公司树胶厂及营业皆用他名字，未有与立何字据，只凭信义而已。该事李光前诸子均知之，而厥福、厥样、国庆亦知之。三处我所分得利指明为集美学校经费，我诸子未有取一文钱。

四、在新加坡有一丘树胶园四百英亩，名集美有限公司，股东借名陈文确、陈济民、陈厥祥、陈国庆，每月可产胶八十左右担，每担净利至少十元，每月八百元，申人民币六百余万元。

五、香港集友银行股本贰百万元，其中义捐股本一百七十万元，指明为集美学校基金，每月至少得利六厘即港银一万元，申人民币四千三百左右万元。

六、新加坡香港等处如有汇来款项，指定为集美学校经费，则归入校董会主持，如校董会已取消，则归集美社公业主持，然须增设集美学校校费。

---

① 陈朱明（1927—2010），福建集美人，曾任集美学校委员会委员、副主任、主任等职；陈仁杰（1924—1992），福建集美人，陈嘉庚之侄，1950年被陈嘉庚召回集美学校建筑队任记工员，1953年被委为集美学校建筑部主任，负责集美学校基建事务，曾任集美社公业基金会副理事长、厦门市侨联常委、集美镇侨联主席等职；陈天送（1913—2001），曾任集美学校委员会委员，负责管理集美学校建筑部的财务和公益支出。

七、新加坡通讯处益和公司陈文确、南益公司陈济民、南群公司陈国庆、香港集友银行陈厥祥。

陈嘉庚
一九五五年二月廿日

录自集美校委会资料室《陈嘉庚先生交存文件》9-535。

介绍集美中学

(1955年9月)

集美学校是一九一三年我在厦门创办的，当时只是一所小学，一九一八年增办了师范和中学，一九一九年至一九二二年又增办了幼稚园、水产航海、商业、农林等校。师范和中学的毕业生到南洋去当教员的，每年常有上百人。

集美中学和集美其他各校一样，自开办直至解放时为止，都是处在军阀纷争和帝国主义侵略的日子里。一九三八年日军侵占厦门，全校迁移内地，抗日战争胜利后，迁回原址，校舍已是一片残破景象，虽然经过了部分修复，也没有修复旧貌。一九四九年九月解放军来临时，因为爱护学校，没有用大炮轰击，校舍得以保全。当年十一月十一日，蒋机轰炸集美，校舍遭到严重的破坏。

一九五〇年我返抵故乡厦门，开始修复校舍，并且扩充了科学馆，增建了一座可容四千七百人的大礼堂，一座可容五百人阅览的图书馆，一座可容三千观众的体育馆，此外还开辟了两个游泳池。一九五三年起，集美中学员工工资由政府补助半数。学生的助学金则完全由政府补助。

集美中学在一九四九年只有学生二百人，现在已有学生二千二百多人。海外侨胞热爱新生的祖国，纷纷把子弟送回祖国学习，因此侨生也逐年增加。一九五一年秋季侨生只有五十多人。现在已有一千一百多人。

侨生初次离开父母兄弟归国学习，生活不大习惯，学校总尽量可能给予照顾。对于经济有困难的，学校则给予一定的补助。侨生归国时程度参差不齐，但入学后，在教师的帮助下，学习成绩都有显著的进步。初入学时不及格的，现在已经及格了；初入学时仅仅及格的，现在已提高到七八十分以上。侨生的思想进步也很快。他们还普遍参加了"劳卫制"预备级锻炼，对游泳尤其爱好。一九五四年国庆节受学校奖励的三好学生，三十五人中有侨生二十一人。总之，归国侨生在祖国政府和学校的培育下，体质都在不断地增强，知识都在不断地丰富，新的道德品质也在不断地成长起来。

原载《人民画报》1955年9月号介绍集美中学画页;录自朱立文编《陈嘉庚言论新集》,厦门大学出版社2013年4月版,第136—137页。

伟大祖国的伟大建设[①]

（1955年12月26日）

【中国新闻社北京二十六日消息】新年特稿：《伟大祖国的伟大建设》作者：陈嘉庚

一九五五年八月，我从北京出发，访问了东北、西北、西南、中南十六个省，几十个名城，行程达两万五千余公里，对于伟大祖国正在进行的伟大社会主义建设，获得深刻的印象。

我已有多年不作远地观光了。一九四九年参加中国人民政治协商会议筹备会议以后，曾访问东北、乌兰浩特和中南若干省市；一九五〇年又访问张家口、归绥（现改为呼和浩特）和包头、山西、济南、青岛、南京、芜湖、上海、杭州，自此以后，除了每年一两次到北京开会，未尝往游他省。

第一个五年计划实施两年多以来，从报纸上知道各地都在进行大规模建设，祖国面貌日新月异，使我十分向往。一九五五年七月到京参加第一届全国人民代表大会第二次会议后，即偕庄明理、张楚琨诸同志出游，实现了数年来的愿望。

为了在短期内多看一些地方，参观是有重点的，如工厂只看新型的，前所未见的，已参观过或相类似的，则不重复。新疆地大，逗留了十多天，其他地方只停两三天，至多三四天便离开了。

（一）

东北是我国的重工业基地，在我国社会主义工业化的过程中起着重大作用。我们八月初到那里去，访问了沈阳、长春、哈尔滨、佳木斯、牡丹江、吉

[①] 1955年12月26日，由张楚琨协助整理的《伟大祖国的伟大建设》一文发表，文中详细介绍了陈嘉庚访问十六个省区几十个城市的见闻和感想。

林、抚顺、鞍山、旅大,月底回北京。佳木斯及牡丹江以前没有去过,其他都是旧地重游,把现在同过去比较一下,可以清楚地看到这几年来的突飞猛进。

鞍山钢铁公司的建设成就最为显著。大型轧钢厂(生产铁轨)、无缝钢管厂和薄板厂,都是在苏联无私的援助下新建起来的,规模很大,技术水平很高。炼铁方面,一九四九年我前往参观的时候,只有二号高炉在生产,现在却有七个高炉投入生产了:三个是恢复的,四个是改建为自动化的。一九四九年,我看到二号高炉的工人达四五十人,必须忍受高温的烘烤,开出铁口,堵住渣口,一切装料工作都以人工操作。这次参观八号高炉,工人只有七个人,自动化机械化设备的操作代替了过去笨重而缓慢的劳动。

沈阳已经成为机器制造业中心,一九四九年我参观过的第一机械制造厂,改建为制造巨型车床的沈阳第一机床制造厂,它所制造的多种的苏式车床,供应着全国机器制造工厂的需要。副厂长刘敬镛告诉我,这是苏联帮助我们建设的最新车床之一,它的技术设备和苏联最新车床厂差不多。沈阳风动工具厂也是一个新式的工厂,所产凿岩机、风镐、铆钉机、风钻、风铲,依靠压缩空气的力量来发动,是采矿、开山、造船、修铁路、建桥梁、制造机器所不可缺少的。

长春的第一汽车厂具有汽车工业城的雏形。厂房建筑面积二十九万平方公尺,工人宿舍四十万平方公尺,在将近四百公顷的面积上分有工厂区、生活区和文化区。这个厂第一期年产汽车三万辆,一九五六年开始生产,生产工人将近一万多。这仅仅是开始,据说第二汽车厂的规模和产量比这个厂还大。在社会主义工业化的过程中,东北许多城市的面貌完全改观,哈尔滨便是其中之一。一九四九年我到那里访问的时候,那里只有一些规模很小的轻工业,基本上是一个消费城市。现在,新建和扩建的工厂有哈尔滨量具刃具厂、电机制造厂、电表仪器厂、涡轮厂、水泥厂等等,正向着机械工业城市发展。

东北的东北——佳木斯也在迅速变化着。这一个清末三姓都统管辖的小渔村,解放初期只有八万人,现在发展为一个拥有十几万人口的工业城市了。一九五五年基本建设投资,较一九五四年增多三倍,共有十个现代化的国营工厂,二十六个机械化半机械化的地方国营工厂。

（二）

九月，第二次从北京出发，访问了中南和西北诸名城：郑州、洛阳、西安、延安、兰州和西宁。这些城市都是我在抗战中游过的，在第一个五年计划实施中，它们的面貌焕然一新了。

洛阳和兰州都将建设为重工业城市。洛阳正在兴建许多现代化的大工厂。兰州工业建设主要为石油服务，第一期建设项目包括：炼油厂、石油机械制造厂、电站和机器厂。玉门和兰州成了姊妹城。

郑州和西安的工业建设以轻工业为主，河南小麦和烟叶的产量居全国第一位，棉花的产量居全国第三位，因此，郑州将发展纺织、面粉、卷烟、榨油四项工业；而已建成的郑州电厂和正在兴建的郑州纺织机械、郑州砂轮厂以及铁道附属工厂，则适应了郑州本身的发展及其周围的需要。位于产棉区的西安已在咸阳建设了规模宏大的纺织基地，国棉二厂、三厂、五厂都已投入生产。

为工业生产服务的城市建设，根据不同的自然条件和历史条件，大体表现为两种类型：第一种类型如郑州、洛阳，旧城市太小（郑州面积五点二平方公里，洛阳面积五平方公里），不能适应工业建设的要求，就在旧城附近另建起新城来。郑州新建的行政区，新建房屋约有四十万平方公尺到五十万平方公尺，超过旧城建筑面积数倍之多。洛阳的工业区设在旧城以西，一条长达二十多公里的主干线把工业城和旧城联接起来。第二种类型如西安、兰州，则把旧城市扩大，规划之大较郑州、洛阳有过无不及：西安市面积达五百平方公里，兰州市面积达四百五十平方公里。

至如清［青］海的西宁，省内矿藏虽富，多未开采，还未开始工业建设。青海省副省长扎喜旺徐[①]说："青海的问题是地下富，地上贫。我们的任务就是要使地下富变为地上富。"柴达木盆地的储油构造，根据地质工作人员的捷报，不是十个八个，而是成排成群，简直是个石油海，西宁在柴达木开发以后，将发展为一个新兴的工业城市。

---

① 扎喜旺徐（1913—2003），四川甘孜人，藏族，时任青海省副省长。

（三）

我参加新疆维吾尔自治区成立典礼，接着访问天山以北地方，亲眼看到毛主席民族政策的伟大胜利，同时，对于新疆辽阔富饶有了一点概念。

新疆全区面积约有一百七十万一千多平方公里，相当于十三个马来亚。在这辽阔富饶的土地上，居住着十三个民族，四百八十七万三千余人，其中维吾尔族占百分之七十七，这个民族聪明勤劳，能歌善舞，衣冠整齐，是很优秀的民族。各族人民在解放前受尽反动统治者残酷的压迫和剥削，只有在中国共产党所领导的中国人民革命取得伟大胜利之后，才得到真正的、永远的平等和自由。新疆维吾尔自治区的成立，将鼓舞新疆各族人民更好地团结起来参加祖国社会主义建设事业。

九月二十七日，我从兰州飞到乌鲁木齐，出席了举行多日的新疆省第一届人民代表大会第二次会议。那里洋溢着节日气氛：大十字路搭起彩牌楼，很多商店张灯结彩，红布标语和彩门到处可见，各族人民无限兴奋和欢乐，迎接这个具有历史意义的节日。

中共中央和中央人民政府派了董必武代表参加新疆省第一届人民代表大会第二次会议，庆贺新疆维吾尔自治区成立，内地许多省的各兄弟民族也派了代表来。九月三十日，省第一届人民代表大会第二次会议，隆重选出新疆维吾尔自治区人民委员会组成人员，会议接受了许多贺幛锦旗，全国人民代表大会常务委员会所赠送的是其中最鲜艳最大的一面。

我亲眼看到，各族人民是怎样欢欣鼓舞地高呼"毛主席万岁"，庆祝他们按照宪法的规定，在全区范围内行使他们在管理本民族事务上当家作主的权利。

中国人民政治协商会议全国委员会副主席、前新疆省人民政府主席鲍尔汉［包尔汉］①告诉我：当地民族害怕汉人，汉人害怕当地民族的时代永远成为过去的了，新疆现在成了各族友爱合作的大家庭！

六年来，新疆的工、农、牧业、文化教育、医药卫生、城市建设都有了迅

---

① 包尔汉·沙希迪（1894—1989），维吾尔族，祖籍新疆阿克苏，生于俄国喀山，中国伊斯兰教协会创始人，时任全国政协副主席。

速发展，新疆首府乌鲁木齐市建设得相当美丽，建设工程由中国人民解放军驻新疆部队承担，战士们成了熟练的建筑工人和建筑师。

中国人民解放军的战士还把天山南北许多荒滩变为良田。我到玛纳斯河流域参观了他们所垦殖的四十万亩农场和新建的石河子新城。农场棉花的高额产量吸引了我。据鉴定，平均每亩可产四百三十斤籽棉（折一百三十多斤皮棉），而关内各省丰收产量平均只有一百多斤，中国人民解放军新疆生产建设部队司令员陶峙岳[①]说，棉花丰产的自然条件是地下水分充足，地上高温干燥，新疆正具备了这个条件，新疆是祖国最有前途的植棉区之一。

我也参观了独山子油矿，这是原有中苏四项合营企业之一，苏联在一九五四年底移交给我国的。现在已经是一个现代化的石油联合企业，新疆地区汽车和拖拉机油料大部分由它供应。

驰名已久的伊宁市（旧称伊犁）距乌鲁木齐七百多公里，和苏联毗连，是一个古色古香的多民族城市。我认为这个城市各族人民友爱合作的情况，足以代表新疆新的民族关系。

（四）

从新疆飞回兰州，坐火车到宝鸡，转乘汽车，沿着宝成路，到了四川北部的广元。

四川真不愧为"天府之国"！粮食总产量三百七十五亿斤，约占全国粮食总量十分之一，生猪也约占全国生猪总数十分之一。解放以来，年年丰收，物价便宜，白米每担只有七、八元，猪肉每斤三角至三角七、八分，我们在剑阁、资中等地吃中饭，三菜一汤，五个人吃得又饱又好，一共花不到两块钱。广元县长说：川北人民生活素不及他县，解放前大多没有棉被，有草荐御寒，解放后农村展开互助合作运动，农民生活不断提高，家家有棉被了。

四川拥有充足的劳动力，人口六千七百多万，市镇星罗棋布，大城市之外有无数小镇。在川中走了一二千公里，发现不论县城或区镇，行人十分拥挤，

[①] 陶峙岳（1892—1988），湖南宁乡人，时任新疆军区副司令员兼新疆生产建设兵团司令员。

总是热闹的,熙熙攘攘的,最初疑为赶集或迎神赛会,查问了才知道日日如此,其繁荣的普遍性为全国所罕见。

四川两大城市——成都和重庆,变化极大。虽属归〔旧〕地重游,但已不复辨认其原来面貌,成都全市翻修的路面总长,五年中达九十七公里,人民南路有北京林荫大道那么宽。新修的厂房、学校、住宅到处可见。在这次旅行中,古色古香的旧城市改变最大的,要算是成都了。重庆已发展成为一座现代的工业城市,长江和嘉陵江两岸工厂林立,市政建设很有成绩。

我从重庆坐飞机到昆明,然后沿公路到贵阳,这也是重游的旧地。云南地处边疆,为了国防需要和发展少数民族的经济文化,开辟了许多新公路。昆明由于工业建设尚未展开,市面变化较小。贵州过去被称为"地无三里平,人无三分银"的穷省,现在已经逐渐富裕起来了。周林①省长告诉我:"贵州农业生产年年增产,原因是:一九五二年各族人民完成土地改革后,开展了互助合作运动。现在农业生产合作社达三万一千多个,占全省农户百分之三十强。这些农业社,有百分九十增产百分之二十,有百分之十减产或不增产,主要受了自然灾害的缘故。虽然如此,社员仍愿留社,否则受灾更大。不论区乡百姓都看到农业社的好处,少数民族同样积极要求合作化。毛主席关于农业合作化问题的指示是完全正确的,贵州省人民委员会和全省干部都相信这个指示在全省必将胜利实现!"我在贵州境内旅行中所见,人民生活有显著提高,农民穿的衣服鲜有从前那么破烂了。

此外,长江大桥、武汉钢铁基地和广东的轻工业建设,都给我深刻的印象,因篇幅关系,不能细述。

我的总观感是,毛主席领导全国人民做我们的前人从来没有做过的极其光荣伟大的事业,已经取得重大成就,事实证明,只有社会主义才能使国家富强,使人民幸福。社会主义是完全适合中国国情的。

原载仰光《新仰光报》1955年12月26—27日;录自厦门大学南洋研究所剪报资料合辑,编号0706第11—13页。

---

① 周林(1912—1997),贵州仁怀人,时任贵州省委第一书记兼省长。

为大连海运学院办理不善致函上海市政府查询原上海航海学院情况

(1956年1月9日)

我去年八月视察东北，至大连海运学院，访问前福建航海专科学校诸教师，兹将经过情形略述如下：

[附注] 集美水产航海学校是我于一九二〇年创办，抗日战争中移入内地，解放后增办水产商船专科学校。一九五二年秋，承高教部同意，将厦门大学航海专修科学生五十名与集美水专学生一百三十余名共一百八十余名合并改组为福建航海专科学校，校址设在集美。与高教部议定五年内校舍校具由我负责，经费及添置图书仪器由部负担。至一九五三年秋，高教部与交通部来电，要将东北航海学院、上海航海学院、福建航海专科学校，合并为大连海运学院，校址设于大连。福建航专乃于是年十一月迁往大连，实行合并。

（一）我往东北海运学院视察时，值院长外出，由副院长招待，参加座谈者数十人。我问三年来学生教职员若干名？答云学生五百六十人，教职员二百人。逐月经费及每年添置仪器若干？答云经费每月十二万元，仪器设备每年四十万元。校舍建筑若干平方公尺，造价若干？答云校舍面积二万平方公尺，教职住宅一万平方公尺，共三万平方公尺，造价六百万元。学生生活费若干？答云每月伙食共十六元，零用四元，其余问答恕不一一。

（二）其校舍构造简陋，每平方公尺造价估计尚不值四十元，据称竟达二百元之巨。且重要部分如科学馆、图书馆、体育馆、礼堂等均无一有。就经费言，试以每月经费推算于学生人数，每生月占二百一十元，亦为闻所未闻。当时福建航专未合并，有学生一百八十余名，教职员六十人，每月经费仅需万元左右，平均每生月不上六十元，且有实习船一艘，月费千元左右，而该院乃并无一船的设备。

（三）我于视察后，九月初回京，函告全国人民代表常委会及周总理，以该校种种浪费，请予查究。随即前往西北、西南视察，前月归来，接人代会来函转交通部反映函件，除承认失察外，并谓教职员四百五十人是一九五三年三校合并时多余人员长期未待处理所致，这与该院副院长所称的二百人，竟相差至二百五十人，足见前些所言之非实。至谓三校合并后多余人员长期未处理云云，查福建航专归并时，前往大连者，计学生一百七十余人，教员二十四人，其他多余人员均已就集美或省立安插工作，并无一人随同前往。故所谓三校多余人员，实系东北与上海二院所遗留，与福建航专不能混为一谈。

（四）据交通部函件，该学院学生平均数为五百七十二名，教职员工四百五十人。若除去福建航专学生一百七十余名，教职员二十四名外，所余上海、东北二院学生四百名，教职员四百二十六名，是则员工名额比学生更多，显属太不合理。

（五）当一九五三年三航校合并时，其目的在于：（1）节省分设数校的浪费，（2）集中教学可以精简人才，收充分的效率。但以今日所得的结果，较之未合并以前乃适得其反。试就前面所举的第二点言之，以当时每月每生所摊校费不及六十元为浪费，则今日每生所摊校费高达二百一十元，难道不是浪费么？就前面所举的第四点言之，以当时每一教师教三、四学生为不精简，则今日每一教师教一学生难道更见精简么？凡此作风皆不免带有过去官僚主义的残余色彩。

现在全国航海专业，只此一校，应该一切措施适合精简节约的标准化。不意其浪费情形严重至此，则其成绩亦属有限。交通部来函以人员过剩由并校员数之多余，仅据下级报告未加深察。福建航专合并时并无□员已如前述，未知上海航务学院并校时实际学生人数及教职员人数各若干。因特函述经过情形如此，请查明见复，以便覆实予以批判，俾能革除种种弊端。我将于一月中旬赴京，复函请寄上海延安东路廿一号集友银行代转为荷。

此致

敬礼

一九五六年一月九日

录自集美校委会资料室《陈嘉庚先生交存文件》9-536。

电国务院商业部请查纠水产学校毕业生所学非所用

(1956 年 4 月 5 日)

北京商业部：

兹闻政府要慎查纠正学非所用，浪费人才损失之弊。我知上海等渔船多有水校毕业生在船中服务有年，因乏亲友提拔，尚同水手拖挽网索工作，希详查为荷。

原件为电文草稿，现藏集美校委会；录自王增炳、陈毅明、林鹤龄《陈嘉庚教育文集》，福建教育出版社1989年7月版，第282页。

告华侨学生书

(1956年9月7日)

归国侨生诸同学：

本学期你们归国就学集美的人数很多，因为初次回到国内，对于国内情况或未详悉。不得不给你们谈了，以期坚定你们学习态度和趋向：

一、从来南洋各属华侨约千余万人，以闽粤籍居多，粤籍约占六成，闽籍四成。但若以有携眷的华侨论，则闽人较粤人为多。因为闽省山多田少，又乏铁路交通，人民生活困难，故在洋成家或全家赴洋者甚众。本省人民1300余万，分作8区，闽南占其二，人口500余万。故往台湾及南洋者，多属闽南人。解放前他们以厦门为出入口，月以万数。自蒋军占台，骚扰海面，闽侨出入多改道广州、汕头。因此，回国升学的闽侨生，延长旅程，所费较重。

二、侨生回国的原因约有三种：（一）世界第二次大战后，南洋各属殖民地或半殖民地都要脱离帝国主义的桎梏而独立，并排斥外人营业国内，由是华侨难免波及；（二）侨生在洋求学费重，教师质差，设备简陋，中学而外无上进的门径，祖国政治良好，重视教育，学用费廉，毕业后即有出路；（三）父兄鉴于客地谋生困难，思归念切，必须先遣子弟升学祖国，为将来还乡的准备。

三、在洋家属及回国侨生对于他们升学，多以北京为理想。以为：（一）大城市热闹繁荣，可广眼界；（二）可见到毛主席和诸伟人，获得鼓励；（三）学校设备完美，教师高明，毕业后易得好位置。但其实未必尽然。因为京师人多，学生众多，不能尽量容纳侨生。地方虽见热闹，对于初到的人，固然可以增广闻见，但见惯了，也变作寻常。并且只爱热闹好玩，不顾其他，尤以学业有碍；伟大人物每年可与一般群众见面者，不过在于几个大节日，且在人山人海中，老远地瞻仰，一瞥即逝，不会感到如何亲切，倒不如从言论思想方面间接接触，可得更多的鼓励。至于学校师资设备等项，教育部自会统筹兼顾，平衡发展，断不至偏重京师，而忽视京外，毕业生分配工作也不至有所偏差。不过中等学

文牍

校是男女分开，对你们青年人来说，非如男女同学的便利。

四、厌故喜新人情之常，一般思想多争趋城市，厌弃乡村，而对于气候、饮食起居、设备等项，和求学有密切关系的要点，则多忽略，未加细察，至于贸然前往后悔无及。我们闽南，气候和南洋相差不多，暑天最热华氏寒暑表93°—94°，然有海风为之调剂，入夜不热。冬季最冷43°，寒暑相差不过50°。若江北各省则寒暑相差常在100°，甚至有达120°。江南各省寒暑相差亦有近百度的。就这一点言，闽南气候于侨生较为适合。

五、哲学家言，有心公益，当由近及远。华侨不忘故乡，即由此义。闽侨各县多有侨乡，其中楼屋林立，虽属私人所有，但政府借此获得外汇利益，工匠借此获得工料价值，国家社会均受其利。侨生生长海外，过去但问祖国故乡的名称，心已向往，现在回到国内升学，亲见祖国故乡的面貌，爱国爱乡之心，当必更加兴奋，自然会把爱乡的心推广到爱国。

六、过去我建筑校舍，常常遇到教员提出体育场不够使用的问题。我们照教育部规定，每一中学生应占运动场面积几方尺？他不能答。前日交通部派两代表来商航海校舍，水产学校某教员也有体育场不够应付的话，我作同样的反问，他也不能答。我乃告以新加坡教育司，其规定小学生每人36英方尺，中学生46英方尺，集美各校平均每生有80余英方尺，应不会发生问题。但交通部代表说航海学校体育场一定要比中等学校多些，然而究竟每生需占若干面积他也不能肯定。我说到这一点，是要你们明了此间关于体育设备的情况。

七、本校自1950年以来，六七年间蒋机虽常来扰，对厦大、集美两校未投过炸弹。依我个人推测，或有二因：（一）孤守台湾的反动派，对南洋华侨的物力财力必须争取。厦集两校新旧校舍多是华侨捐建，所以他们避免滥炸，以引起华侨恶感。（二）两校近处高射炮林立，射程极高，命中的范围广阔，故如高飞下弹，则为盲目放矢，如冒险俯冲，则必先被击中。所以每次警报，多不见机影。你们可以无须惊惶走避防空沟，只要疏散离开校舍已足。今后鹰厦路通车，金门定可解放，到那时他们将更加害怕损失，愈不敢轻于尝试。

此祝

进步！

陈嘉庚

原载集美校委会资料室《陈嘉庚先生交存文件》9-536；录自王增炳、陈毅明、林鹤龄《陈嘉庚教育文集》，福建教育出版社1989年7月版，第282—284页。

倡办华侨博物院缘起[①]

(1956年9月20日)

　　博物馆是文化教育机构的一种，与图书馆学校等同样重要，而施教的范围更为广阔。学校为学生而设，图书馆为知识分子而设，博物馆的对象则不限于学生或知识分子，一般市民，无论男女老幼，文野雅俗，一入其门都可由直观获得必需的常识。这是因为它是用形象来表现内容，不假文字间接传达，所以一般人民参观了博物馆，见所未见，眼界大大开展；学校师生参观了博物馆，可由实物而与书本相印证；专门学者参观了博物馆，可接触书本以外新发现的事物，有助于更深入的研究。

　　博物馆的效用这样宏大，故社会主义国家非常重视。苏联十月革命后，添设很多的博物馆，资本主义国家如英美法日等国，以及各国殖民地设立博物馆的也不少。我国在解放前只有极少数小型博物馆，华侨在国外常见博物馆，回到国内却不多见，对祖国难免发生相形见绌之感。解放后人民政府发展社会主义的文化建设，新设了很多博物馆，这是很可喜慰的事。我认为祖国社会主义建设是人民应尽的责任。我是华侨，很希望侨胞们也来尽一部分责任。因此我建议由华侨设立一所大规模的博物馆。馆址可设在华侨故乡出入国的港口，既可给国内人民公共应用，又可给归国华侨观览。两者均受其益。现在厦门是华侨出入国的要港，厦门大学附设有人类博物馆，拟招其加入。

　　至于名称，我拟为华侨博物院。因为它是华侨设立的，故应以华侨为名，不冠以厦门地名，以区别于地方设立的性质。因为：（一）华侨热爱祖国文物，不限于一地；（二）是配合教学研究的机构，原是全国性的；（三）它负有介绍南洋的责任，必须陈列很多南洋文物，以供国内人民了解南洋情况，故其内容不但是全国性，而且是世界性的；（四）华侨是全国各地都有，不限于厦门一

[①] 此为陈嘉庚为倡办华侨博物院而撰写、印发的通告。

隅；这些都是命名采取全国性的理由。至于不称馆而称院，则是因为它组织较大，是合几个博物馆而构成的。故以博物院为总称，以区别内部的分馆。

华侨博物院内部机构，暂拟为四馆。第一是人类博物馆，陈列古代历史文物和现代民族标本等。第二是自然博物馆，陈列动物植物矿物地质生理卫生等标本。第三是华侨和南洋博物馆，陈列南洋各国历史地理经济政治以及华侨情况等文物、模型、图表。第四是工农业博物馆，陈列祖国革命及新建设的实物模型图表等。其他博物馆得依需要及条件许可，以次增设。

我国政府宣布发展博物馆事业，是为科学研究和为广大人民群众服务。华侨博物院的效用，可分析为几方面：第一是日日开放，给一般人民参观，有利于社会教育；第二是协助厦门大学教学研究，并供其他学校和学术机关的参考；第三是配合南洋研究所的南洋研究工作，有助于对华侨情况的了解；第四是供给回国华侨参观，并协助华侨文教事业的进展；第五是协助学者从事其他科学研究。

建设华侨博物院的步骤：首先由厦门市人民委员会指拨厦港蜂巢山附近一大片空地面积九十七市亩；其次先建第一座楼屋面积三千平方公尺，材料外部用白石红砖，内部钢骨水泥，按一九五七年春季前后可能完成。

现在此事已得各方有关部门的同意，并已筹得部分华侨捐款。第一座馆舍已于本年九月初设立建筑部兴工建筑。侨胞们：这是我们效力祖国建设的绝好机会。无论你们已回到国内，或还在海外，应该各尽各人的力量，负起责任来帮助祖国做好这一建设，或把珍奇的陈列品以及有关公私纪念的文物捐献出来，以丰富本博物院的内容，无任欢迎之至。如荷惠下，请交厦门集友银行代收转。

陈嘉庚启
一九五六年九月廿日

辑录自陈永定后人提供的通告单行张。

致中国人民政治协商会议全国委员会函

(1956年9月24日)

中国人民政治协商会议全国委员会:①

  中华全国归国华侨联合会成立大会定于十月五日在京开幕。

  参加这次成立大会的有各地侨联会负责人、先进工作者、高级知识分子、科学文教界人士、工商界和国外各地华侨回国观光团共一千余人,他们的原侨居地包括东南亚、中近东、欧、美、澳、新等几十个国家。通过这次会议,对协助政府贯彻侨务政策及扩大国外华侨爱国大团结,将发生良好的影响。

  我会热烈希望钧会主席或副主席届时光临指导,并针对这些情况,在开幕礼上向大会讲话,给与会者以鼓励和教育。

  此致

敬礼

中华全国归国华侨联合会筹备委员会主任陈嘉庚
一九五六年九月廿四月

开会请柬另发

中央档案馆藏。

---

① 此处后附有编号"谊全联(56)第70号"

故乡（集美学村）之建设

(1956—1957年间)

一、集美至高崎海堤，闻年底可通车，我前函告向政府建议铁路线，须由角尾至杏林社①，渡海筑堤至本处龙王宫码头，不但路程可缩短十多公里，造费尤省，且可获海滩作良田好港3万亩，对本社人民之生活大有实益也。

二、文确叔住宅②，其海边石堤基址太浅，故多崩坏，现经从苍宅尾③海边，站上听泼头④全线，筑坚固海堤。堤岸内造公路阔30尺，从幼儿园前经东海边至延平楼小学⑤，再由小学前筑长堤内外两道路，各阔三四十尺，可达龙王宫码头。

三、本社民屋被日寇炮击，又被蒋帮惨炸，破损倒塌计200余家，俱赤贫如洗，小部分尚依他乡亲戚，大部分租借，全家一小房，或草率遮盖度夜，已历多年，凄苦情况可想可知。

特于去年新订办法如下：

甲　屋身破损尚可修理，生活略得维持者，我给一切材料，大小工由他自理，计有六七十家。

乙　屋身破坏可以修理而赤贫者，则工料一切代办，亦数十家，现尚有多

---

① 角尾即角美镇，漳州重点侨乡，位于漳州东部，古属漳州府龙溪县，为龙溪、海澄和同安交界地，今为漳州市龙海区，与厦门集美区灌口镇交界；杏林原为古村落，与集美隔海湾相望，1955年10月至1956年12月建成的集杏海堤连接两地。

② 即文确楼，位于集美浔江路，1937年由陈文确、陈六使兄弟回乡兴建，2013年整修后辟为"陈文确、陈六使陈列馆"。

③ 即清宅尾。

④ 听泼头，集美海边地名。

⑤ 延平楼位于鳌园路，建成于1922年，原为集美小学校舍，该楼因毗邻民族英雄郑成功军事要塞"延平故垒"而命名。集美小学由陈嘉庚于1913年创办，现为厦门市规模最大的小学之一。

家未办到。

丙　全屋塌成平地约100家左右。兹拟全部改建新式住宅，如新加坡住宅一样，大半已开工，按秋后可以完竣，然均为平屋未有层楼者。

四、本社内外共有道路3英里长，狭者10余英尺，宽者三四十英尺至近百英尺，中间多数铺砖石，阔8英尺至12英尺。前妈祖宫旧址小岛①，已扩大范围，建纪念碑②，用青石浮雕近千种，俱有社会教育意义，并可为本社风景区。上厅③海边除3000余英尺作道路，尚有十余亩空地，经已填为实地。若连渡头海边空地七八亩，合计20余亩，可作本社大球场及公众游玩场地。

五、数年来我对以上之经营，均为故乡设想。西哲有言："凡有实心公益者，必先由近而及远。"

录自陈厥祥《集美志》，香港侨光印务有限公司1963年12月版，第61页。

---

① 集美大社天妃宫又称妈祖宫、鳌头宫，位于集美大社东部滨海小岛上，始建年代无考，清代以前宫侧设有渡口，俗称"浔尾渡口"，抗战期间毁于日军炮火。1950年陈嘉庚回乡重建集美校舍时，将天妃宫所在小岛扩建为公园，工程于1951年9月动工，历时十年始成，命名为"鳌园"。园中矗立花岗岩所建集美解放纪念碑，碑高28米，碑身正面镌刻着的"集美解放纪念碑"为毛泽东题写。1961年8月陈嘉庚逝世后也安葬于园中。1988年鳌园被国务院列为第三批全国重点文物保护单位。

② 即鳌园中央所立的集美解放纪念碑。

③ 集美社十大角头之一。

为节约米粮提高人民健康，请政府贯彻执行九二米方案及推行熟谷米案

(1957年7月)

全国人民代表大会提案（提案第112号，财政贸易类）

案由：为节约米粮，提高人民健康，请政府贯彻执行九二米方案及推行熟谷米案。

提案人：陈嘉庚

理由：自人民政府成立后，即提倡食用九二米，惟老幼病者乃可食大白米，政府此项明智之举，有裨于人民健康及节约粮食，关系国计民生至为重大。我对政府此举感到无限欢庆。不意未及一年，各地都不执行，仍普遍食大白米矣。我自五十年前在新加坡，就见报上登载多位名医生证明吃大白米不利健康的消息，但新加坡食米者都是亚洲人，殖民政府毫无注意，仅医院乃少用白米而用熟谷米。从1952年起，我多次呈请毛主席、周总理并在政协会议提案建议政府贯彻执行九二米方案。周总理曾有一次于我及章乃器①先生面前表示赞同，并嘱章乃器先生务切执行，事经数月仍寂寂无闻，我乃复呈函总理。嗣来京开会，章乃器在会场告我：谓此回拟细心调查，米麦都不使那么洁白，故须迟些，果不数月就下令实行九二及九五米，一时雷厉风行，然徒有命令，各负责监督之机关，未及一年，复为松弛，莫说九五米，即九二米亦甚少见。我数次呈函和提案都建议设机关监督，方能持久有效，无如尚未付实行。两年来我以言之无效不复提起。兹以政府一再号召增产节约，粮食为民之本，我复不能已于言，按每百斤谷碾大白米约得65斤，九二米可得69斤，若熟谷米则可得71斤，如能实行九二米及熟谷米，可比大白米增益十分之一，增产节约，莫过于此。而熟谷米每百斤尚可多得六、七角，其营养丰富，犹非大白米能比。每人每日如

---

① 章乃器（1897—1977），浙江青田人，经济学家，救国会七君子之一，时任粮食部部长。

吃大白米一斤，吃熟谷米至多 14 两已足。

办法：实行九二米及熟谷米方案，多年来之经验证明，非设监督机关，决难收效，必须宣传与监督并行，监督机关之职责，在于监督粮食加工厂认真执行，非监督人民购买者。

关于制熟谷米之法，我前在新加坡曾设厂经营，有些经验，当时谷从外地运来，均是干谷，须浸入水池二日乃能湿透米心，然后用炊器炊至蒸汽升直，米心即熟透，而后再用日光晒干，收入厂房仓库，历久不坏，入碾米厂碾白，但熟谷米因炊时谷壳米皮气质侵入米身，故碾白时，米身仍带有水黄色。熟谷米入碾机，米皮碾去不多，约可成九五米。煮熟时有些水渍味，系炊谷前在水池所致，浸水虽仅两日，且逐日换水，但水渍味亦免不了。若我国制熟谷米，宜在生谷甫收获时，米身尚湿，及时炊熟晒干，节省工费，气味又佳。事关节约粮食及提高人民身体健康，希望政府试行推广。

中央档案馆藏。

致中央华侨事务会函

(1957年9月11日)

中央华侨事务会先生：

来电以侨属子女补习班，应招考不取等学生补习初中一及高中一并先修班三种，不宜办初中一及高中一两种补习班，因如办此两种须各办三年之长期。所言诚是，我初亦是此意，而本年拟托华侨补校兼代理，故招生稿由杨新容①、陈村牧等校长所拟。以为本年有程度较高不幸落取应当有分别，新年亦当往考，如不往考须继续补习二年。按等辈不过数班而已，方较合学生的心意云云。我之迁就亦为侨属子女补习校，今年集美少可试办而已，此后年年必须扩大，万不能免。若他处草草创办因陋就简，设备既乏，教师多用高中考落取者，今年虽可形式过面，来年新生又多，定必更加困难。我意新年必须从根本解决，基本建设必要完备，至少应准备如闽省需可容二三千人，此非政府之力万万不能办到。新年如要实行，今年冬必须征求政府同意，最迟新元开工乃能应付。

若集美现下之一千名校舍，系渐假数校权用而已，新秋就当交还，至现招之侨属子女补习生，如初中一高中一按至多三几班而已，如须再补习二年，集美校舍可以收容。

新年如政府肯支出基建费，则当然只办三种足矣。

此致

敬礼

陈嘉庚

一九五七年九月十一日

中央档案馆藏。

---

① 杨新容（1908—1982），福建龙海人，印尼归侨，时任集美华侨补习学校党委书记兼校长。

致中央华侨事务委员会：为侨属子女特设补习学校的需要

(1957年9月16日)

一、一九五七年全国高小毕业生较五六年更多，而国家规定考取初中的生数则较寡。故初中考生落选者多，而闽省侨属子女落选至七八千人，问题确实严重。他们年龄都在童年，与国内学生处境绝不相同。国内学生不得升学，由于经济来源在国内，尚可追随父兄学习生产工作，若侨属子女由于父兄远在海外，其家庭在乡村既非农业，在城市又非商贩，所赖以维持生活者只靠侨汇。其子女不得升学，即难得学习生产的出路，小学生情况如此，初高中毕业生年龄虽较大一些，其情况亦大略相同。这大多数不得升学和就业的侨属子女，若置之度外任其荒废流浪，其海外父兄难免愤恨不满，且为华侨有钱在国内，而其子女竟无学校教育，视港澳子女的待遇偏差厚薄，归咎政府及归侨负责机关，影响所及恐怕非一城一国的华侨而已。

二、一九五七年毕业生升学如是。以后各年由于初中以下力求教育的普及，初中以上力求质量的提高，其势必致毕业人数定有增多，考取标准逐年严格，两相衡度不能升学的人数亦必年多一年。今年多处归侨为爱护侨属子女起见，勉强草创学校，经费全视学费收入，教师多用高中毕业落选者，设备不周，因陋就简，只为一时权宜计，定难收实效，必致影响教学质量，而学生应考也不能与他校的考生并驾齐驱，得到相当录取率。结果必致各方面归咎于学校办理不善，及政府放松所致，尤使海外学生父兄失去信仰，远忧内顾而有怨言。新年考选后设不尽如上述，而落取者亦必大半，当然仍留补习，俾免失学以望来年。而新生落取者又蜂拥而来，将如何对付之，此问题吾人不可不预为考虑也。

三、今日侨属子女补习学校的应设，比较华侨补习学校尤为紧要，海外学生归国升学，都有高小毕业年龄大些，又能出于自愿者，我政府亦极表欢迎，不拘何省学校随其志向，若程度尚差则为设法使之满意，如或待遇及其他不适合者，彼则畏缩不归而已，无何重大影响问题。

至于国内侨属子女补习学校的设立，为此后考取升学的困难，年年增加为铁定事实。高小毕业生以年龄计，在未成人数年内定不可失学，虽资质所限未能顺序进取，若有钱子女决不任其失学。初高中生年龄虽大些亦然。全国学生之多由解放后起，今明年初在高小的毕业，今年闽省侨属子女毕业生落取虽多，再后定有加无减。以集美学校言免说学生激增，就逐班毕业前者每班不过七八成，现下确有十成足，中小学校皆如是，甚少有中途退学者。

四、以本年经验新年如招生二三千名绝无问题。兹按作二千名每名基本设备费五百元共一百万元，包括地皮、校舍、仪器、图书、医院、校具、水火、娱乐场、游泳池、师生员工宿舍、教师住家、道路等一切，此款应由政府负责，而学生每年每生约费二百元以上，二千名的外汇四五十万元。现我国产品运销海外，争取外汇未及半数价值，则四五十万元的侨汇，可抵人民币一百万元的基建费，而校舍等不但长久可用，尚可逐年增收外汇，造就青年团结华侨，其利益更无限量矣。

五、闽省侨属子女补习学校的必设已如上述，学费由学生支理亦所该然。至学校一切基本设备不容简陋，而必力求完备，需用金钱与工作职责，只有三部门，即政府、华侨事务委员会、全国归国华侨联合会。而这三部门经济权及侨汇利益均在政府，若侨委会、侨联会两部门虽可向华侨募捐，然效果甚微无济事实，唯提倡与工作则责无旁贷。未悉诸位同志以为何如，至校址不必集美，如泉州、厦门均可，福州则不可，不但距侨乡远气候亦差。

六、侨属子女在未成年前既不可失学，吾人为国为家对中外侨民的责任当不怕些困难，度须效力应当勇为。今日侨属子女的失学，为无相当设备的校舍，如有相当等设备，而学费须由学生自担，学生有贫富不同，除赤贫完全无力外，凡中次等家学费能稍轻，彼的子女可免失学。为此之故校费若可力求节省，而设备与教学无差，每班收足五十名，每月经费多者三百五十元，少者三百元，则贫侨子女或免多失学，学膳费按分三种：

甲、每学期学宿费四十八元，电火什费四元，膳费每月十元至十二元。

乙、每学期学宿费四十二元，电火什费四元，膳费每月九元。

丙、每学期学宿费三十六元，电火什费四元，膳费每月七元半。

此为每生每月学宿费平均七元，每班五十名三百五十元。

七、

甲、每学期学宿费四十八元，电火什费四元，膳费每月十元至十二元。

乙、每学期学宿费三十六元，电火什费四元，膳费每月八元半。

丙、每学期学宿费二十四元，电火什费四元，膳费每月七元。

此为每生每月平均学宿费六元，每班五十名三百元。

从膳费丰啬与学费同规定，殷裕之家当不忍月省学费而使其子女粗食，且列同贫寒等，若贫寒家庭粗食勿贯，且白米一律，每生按二十五斤三元，柴一元，尚有菜资三元，为大宗合膳当较零售廉的多，虽乏鱼肉于卫生更有益无损。如丙种每月学膳费仅十一元，较能办到免致其子女失学。若招生当然有限定，丙等生不得超过三分之一，每期招生仍委托县侨联负责，或并代收学宿费。

八、校费节省问题，兹从集美学校经过公共机关用费，医院、科学馆、图书馆、修整处委员会、水火、体育、党委等，每班平均每月一百五十左右元，如学生增多分摊可以减少。侨属校等完全新设修整可免，其他比较各校亦可以摊减，每班公共费每月至多六十元至七十元，此条可以决定，故每班每月可按三百五十元已足。

其次集美各校来年有中等教员五百人，按至少有一百左右人担任功课较松者，如每星期兼教数点钟，亦非疲劳可以增收多少，而侨属校可以少用若干名支全年薪水的教员，即每班每月可减省数十元，故每班经费三百元已足。

此致

敬礼

中央华侨事务委员会列位先生均鉴　陈嘉庚

一九五七年九月十六日

中央档案馆藏。

按：1957年9月16日，陈嘉庚曾就此问题致函中央华侨事务委员会列位先生，阐明为侨属子女设补习学校之必要，同名文章刊发于《厦门日报》1957年10月8日，因文字略有不同，故附录于后。

附：为侨属子女特设补习学校的需要（《厦门日报》1957年10月8日）

本年全国高小毕业生较去年更多，而教育部平均考取初中学生则较寡，本省侨属学生落伍多至六七千人，年龄多童稚，处境与国内学生不同，国内农、工家落伍学生，有父兄可以领导工作，侨属学生父兄多住海外，没有正当学校补习处，前程至为可虑。又如初中毕业生考高中落伍者，总不下二千人，年龄虽加三几岁[①]，其情况亦与小学生同样。国内人民生活资源从地方产出，侨属家庭则由海外汇来，此尤不同之点。今日侨属子女若无设备相当学校为之培养补习，彼定不满，谓有资财可以供用，而祖国政府竟置其子女度外，影响所及，绝非周总理所愿闻者。

本年考取毕业生情况如是，再后逐年毕业生有增无减，而考取数目平均比较上年定必有减无增，落伍学生亦必依次增加，对内对外侨务问题，窃非小可，负责机关不可不力求弥补办法，若仅管使维持治标补习，徒学名誉，及临期赴考，不能与他生并驾，难免师生有所借口，不但治标无裨，而学生父兄难免不满。若幸能得度过，亦非治本办法，最低限度当如华侨补习学校设备较为稳妥，然基本建设须由政府负责乃能办到也。

侨属子女高小学生每年落伍至少七八千名，而可备费补习者未必有半数，兹我预估每年二千名，可自备补习校费、基本设备费每名五百元，计一百万元，包括全校地皮、校舍、校具、科学馆、图书馆、体育馆、游泳池、娱乐场、医院教职工宿舍、水火道路、教员住家等等，此款应由政府负责，然每年一次支出此一百万元，可以长久住用，如五年可收容一万名住校补习生，即每年可收外汇二百五十万元。

学生补习费，每学期学宿费四十八元及杂费四元，共五十二元，膳费七、八元至九元十元、十二元，由学生选择。每生每年约费二百五十元，此款应由海外汇来，二千名为五十万元的外汇。现我国物品运销海外，争取外汇未及半数价值，五十万元外汇可当国币一百万元，政府支出基建费一百万元，一年就可收回，而受益之大，对造就青年感激华侨，于国家亦获无穷之利也。

---

① 闽南语，即三两岁之意。

文牍

致中央华侨事务会函

(1957年10月14日)

中央华侨事务会先生：

十月二日来函已悉，兹复如下：

一、侨属落取中等学生由侨联会介绍虽有一千名，结果实能交费只有七百五十名，经费独立免缺，教员充分有余，校舍更无问题，高一文化学校仅三班。算甚少数，虽三年免需公费勿介。

二、归国华侨视财款定较海外更大，要望其捐基建正规学校，无异画饼充饥，况中等正规学校毋须我侨委侨联倡办，教育部自有相当负责，海外华侨有热爱其家乡，创设可有其人较为事实者。

三、侨属子女毕业落取与国内人不同，若失学影响海外华侨甚大，先生早经考虑，故力向教部要求给本省三十三万元，对我说不欲交教厅，拟自行分配维持各侨属学生本届毕业落取者。我甚怀于两点，如何分配得均，如何沾滴效益。我乃自动商您等同意，以实事求是为目的，今日三十三万元已散尽，成绩如何我免复提。

四、周总理不欲经济浪费教育，将多移于其他生产部门，兹试讲侨属子女每年毕业落取七八千甚至上万人，若使之失学流浪，能否影响海外华侨不满至如何程度乎。若曰不能，或可能任华侨如何不满于祖国绝无关系，则吾人毋须考虑矣。若曰能，须当评其轻重，计其损益，如我前函五年计划，其利益之大较之国内何项投资生产有过而无不及，周总理明镜高悬，对华侨和国内定有分别也。

此致

敬礼

陈嘉庚

一九五七年十月十四日

中央档案馆藏。

为侨属子女特设补习学校的重要

(1957年10月)

中国解放以后，教育发展迅速，学生质量不断提高，因而国外华侨子弟，回国升学者日多，这是自然的，而且是好的。在国家方面根据培养人材计划，以及华侨学生德、智、体三育的条件，按照标准录取，以遂其升学志愿。且对于成绩较差未被录取的一部分学生，协助彼等补习，准备来年再行投考，这也是爱侨的明智措施。

以上情况，乃就从国外回来的华侨学生而言，至于远在国内的侨属子弟，在小学或初中毕业后，未能录取升学者，数亦不少。一九五七年全国高小毕业生较一九五六年更多，而国家规定考取初中的学生名额则有限度。因此初中考生落选者多，如闽侨属子女落选者就有七八千人。现在如此，以后工人、农民生活改善，子女都有入学要求，情况当更紧张，因初中以下教育力求普及，高中以上力求质量提高，两相衡度，将来不能升学人数，亦必年多一年。由此可见，问题颇为严重。余意侨属子女与一般国内学生处境不同。国内学生，经济来源在国内，升学不成，尚可追随父兄学习生产工作，在城市的职工学商，在农村的学农业畜牧。而侨属子女，父兄远在海外，家在乡村者既非从事农业，家在城市者亦少经营工商业，唯赖侨汇维持生活。虽可逐步参加劳动生产，但就业也非一朝一夕所能解决，对于彼等就不能置之不顾，因此补习学校广事招收彼等入学，俾使勿□学业，实有必要。不久以前，政府命令公布，鼓励华侨在家乡办学，乃帮助解决侨属子弟升学，补习之良好办法，意义深长，侨胞均应注意。

目前侨属子女补习学校经费，全视学费收入维持。事属草创，设备不周，只为一时权宜之计，如长以因陋就简，必致影响教学之质量，从而学生升学投考的录取率，自亦不如设备良好之学校，此必非彼等海外父兄之始愿也。故眼前侨属子女补习学校，专视学费维持，决非根本办法。必须有相当基金，从事基本建设，扩充设备，提高教学效率以造就质量较高的学生。倘国外华侨能发扬其热心教育之优良传统，积极在家乡兴办或资助侨属子女补习学校，不特使侨属子女有补习之机会，亦能使彼等提高学业，增加来年升学投考的录取希望，其裨益实无可限量。

本年以来，我对于侨属子女补习学校一事就有考虑注意，当时因招收新生日期未到，不知落取者究有多少。爰于本月中发出招生简章，托本省各县市侨联会负责介绍来报，现已略知者，数近千名。

福建各地侨属子女对补习进修的要求甚为迫切，侨属子女补习学校之刚设与扩充亦至需要，事关侨属子女升学问题，故特为文论述。

原载印尼《大公商报》1957年10月1日、仰光《人民报》1957年10月8日；录自厦大南洋研究院剪报资料合辑本（编号：No.0706）第30页。

致叶飞请废乡村私厕电文

(1958年1月4日)

闽南最害乡村厕所林立,请严令乡政合作,废私厕,立公厕,正实际的除害。①

录自集美校委会资料室《陈嘉庚先生交存文件》9-538,原电文草稿上有"乡村多乏财难效,必须政府补助,否则泛言无效"字样。

---

① 1958年2月12日,中共中央、国务院发出《关于除四害讲卫生的指示》,要求在10年或更短一些的时间内完成消灭苍蝇、蚊子、老鼠、麻雀的任务。随后麻雀代之以臭虫,最终被蟑螂取代,"四害"被定为苍蝇、蚊子、老鼠、蟑螂。陈嘉庚一直关注乡村卫生环境问题,1958年1月4日就亲拟电文给时任福建省委书记叶飞,建议废除乡村私厕。

遗　嘱[①]

（1958年6月28日）

一九五八年六月下旬，陈校主病危不能起床执笔，此份遗嘱是他在六月二十八日上午九时半由他亲口述，张其华执笔，整理后再读给校主听，经他再三反复修改而定。

在场见证人：

陈联辉[②]（签名）

张其华[③]（签名）

陈国怀[④]（签名）

叶祖彬[⑤]（签名）

学校部分：

一、收入：今年存款开支至八月底止，大约尚余卅万元，此款按作九月至十二月的开支。一九五九年一月起银行存款壹佰壹拾陆万元，全年利息约拾万元，沪厦集友银行盈利捐款二年（一九五八——一九五九年）约四万元，香港集友银行捐款约五万元。以上合计壹佰陆拾五万元。（从一九五八年九月至一九五九年十二月）。

二、支出：道南楼约二十万元，侨□壹拾万元，海通楼壹拾五万元，水泥球六万元，福南前大运动场四万元，潮力水电厂壹拾五万元，鳌亭三万五千元，右亭逢亭五万元，西边亭壹万五千元，外池岸四个亭四万元，校门及石路壹拾万元，添置科学仪器及图书三万元，其他三万元。以上合计壹佰万元。收支相

---

① 1958年6月间，陈嘉庚病势转危，口授遗嘱，由秘书张其华整理。
② 陈嘉庚之孙，其父为陈嘉庚第八子陈国怀。
③ 张其华（1926—2024），福建惠安人，时任陈嘉庚秘书兼集美学校委员会副主任。
④ 陈嘉庚第八子。
⑤ 叶祖彬（1901—1975），福建同安人，时任集美学校总务兼陈嘉庚私人秘书。

抵约余六十五万元,作为基金。

家庭部分:

集美方面:一、仁杰、仁根二人,不论有无工作均按现时所支津贴费给付,其母亲如逝世,各补助丧葬费贰佰元。二、国怀家庭人口计算,每人每月给五元,今后如有亲子孙回来,亦照此例给付,但如有支领学校工资应扣抵。三、我的旧楼前石路南面的厝地(已插石为界)要建"归来堂",面积比大祠堂小些,请护法司设计,大约厅阔1.6丈左右,要有拜堂及龛,两廊及前厅两边护厝各二厅四房上下,中间一面作厕所浴室,一面作厨房,建筑费不超过三万元,建成后把原置纪念碑我的坐像移置于此。

新加坡方面:

一、厥福、厥祥、国庆三人,我和南益有限公司合股的三个厂,逐月由国庆支领,并分送家费叻币贰千至贰千五百元,此款由三厂得利扣抵,如再有盈余须寄交集美学校委员会收用。二、我儿子亲生的男孙,克承、思中、思唐、恩邦、必胜、联辉、联安等七人,如有需要费用,由国庆主张酌付,如再亲生男孙,可列入七名以下。联辉男孙可专读汉文、英文,不必进学校,每月另贴学用费卅元,直支至自己不再学习时为止。三、我的爱人二人逝世①,丧葬费每人最多不得超过贰千元。四、博济家属费由厥祥负责,或与国庆商量。但最好回国居住,其生活费用按国怀家属办法处理。

其他部分:

一、每年津贴叶祖彬、陈天送、陈坑生三人的生活补助费可照数支付。计叶祖彬贰佰元,陈天送壹佰元,陈坑生壹佰五十元。

二、华侨博物院陈永定的工资每月八十元,另每年津贴壹佰元,不论华侨博物院今后如何变动,应保留其工作,他的估屋(江苏会馆)如作别用,应拨附近的工寮给予住用。

三、我捐献华侨博物院六万元(已付三万多元,余款可按月给付,供作经

---

① 即张宝果、吴惜娘二位夫人。张宝果(1876—1917),集美浔井人,陈嘉庚夫人。慈善为怀,乐善好施,慷慨济贫助困。20岁南渡新加坡,治家教子,克勤克俭。生有四子三女,长子厥福,次子厥祥,三子博爱,四子博济;长女爱礼,次女来好,三女爱英。逝于新加坡。吴惜娘(生卒年不详),新加坡华裔。

常费，每月不超过壹仟元）。

四、庄明理先生捐献华侨博物院五佰元款已收清。

五、华侨博物院的捐款人姓名及数目，可用青石一块，长约六尺，阔二尺刊刻纪念。

六、集美镇子女入学原领校主补助金，今后须详细调查，确系贫苦才给予补助。

七、集美所建校舍，尚剩二千五百名的学生位，若省或市要用，基建费应照还。水产航海每名要六百元，其他五百元，包括校具在内，这部分收入，可充建设集美公园、医院、卫生、美观、道路、小学及其他的基金。

八、纪念碑必须保持清洁卫生，需修补的要修补，如油漆灰水等。

录自集美校委会资料室《陈嘉庚先生交存文件》。

鹰厦铁路已通车，其终点站厦门临海有三处码头（嵩屿、厦门、集美），请政府及早计划分别筹建案

(1958年7月)

全国人民代表大会代表提案（第111号，工业交通类，工字36号，1958年7月5日收到）

案由：鹰厦铁路已通车，其终点站厦门临海有三处码头（嵩屿、厦门、集美），请政府及早计划分别筹建案。

提案人：陈嘉庚

理由：鹰厦铁路之终点站厦门，临海有大小三处码头，最大者为嵩屿，二三万吨巨轮可泊；次为厦门码头，一万吨以下轮船可泊；三为集美，数千吨轮船可泊。此三处相距约十余公里，厦门四面环海，为闽南晋江、龙溪二专区出入口岸，晋江专区人口四百余万，龙溪专区人口近二百万。晋江专区各县地狭人稠，粮食不能自给，解放前多由海外及他省运来，解放后则由龙溪及闽西等处运来，除供厦门市自用外，多由集美码头转运晋江专区各县。鹰厦铁路通车多月，终点站仅至厦门市郊，嵩屿及厦门码头均未接轨设站，即集美虽有经过，亦无设站，因此鹰厦铁路仅有大陆腹地而无海口，殊感遗憾。

办法：嵩屿码头工程较大，然关系中外交通，尤其关系半个中国与东南亚的贸易，极为密切，应及早筹备，乃有告竣之日。厦门港码头系眼前渔业和运输的需要，该处应划作渔港区，使厦门及附近各县渔船汇集，渔产亦可由铁路运销华中华西各地。

集美码头设站费款甚少，由铁路运销晋江专区货物，可从集美转运，否则，运至厦门市郊，再用汽车运回集美，多了三十公里路程，来往及其他损失，实不可胜计。

中央档案馆藏。

为集美学校跃进措施启事

(1958年8月2日)

在社会主义建设总路线的光辉照耀下，全国文化教育事业都突飞猛进，集美学校也应鼓足干劲，力争上游实现大跃进，我采取如下实事求是的跃进措施。

一、社会主义教育，应德智体并重，师生健康要充分注意。集校篮球场原有三十四个，多数为土场，现拟扩充至五十个，一律以水泥铺底，又在福南大会堂[①]前建一新式标准体育运动场，座位可容观众二万人左右；足球场原有四个，海水游泳池原有三个，拟再增淡水游泳池二个及羽毛球场等。

二、补充足够图书仪器及一切教学实习设备。

以上两项费用拟四十万元左右。

三、聘请质量优良的教师，积极提高教学质量。

陈嘉庚

一九五八年八月二日

录自《厦门日报》1958年8月3日第2版。

---

① 福南大会堂（今福南堂影剧院）位于集美嘉庚路12号，是陈嘉庚为丰富集美学校师生的文化生活而亲自主持修建的电影放映场所，是集美学村的主要配套设施。1953年兴建，1954年10月落成，建筑面积3490 m²，共有4000简易座位。2000年该堂一度成为危房，2002年集美学校委员会斥资重建，2003年10月落成。重建的福南堂建筑面积8026 m²，座位1002个，成为集美学村文化活动公共场所。

祝贺新加坡人民行动党[①]竞选胜利——致李光耀函[②]

(1959年7月9日)

新加坡怡和轩俱乐部陈六使先生转人民行动党李光耀并诸同志：

闻这次新加坡独立选举，贵党几为全坡人民拥护者，这为各处选举所罕有而光荣也。且甫就职宣布政策，公务员要勤俭廉洁以身作则，对社会务善去恶，贫苦人民设法改良生活，有立即实行者，有须俟将来者，我闻讯之下欣庆无任。诸君素志怀抱，今日政权在握，目的可达，足以实施有为，公私幸福必能达到也，我自来未有入何党，惟善恶必分而已。昔年往延安见其政治对民众措施，如现贵党一样爱民如赤，这不外务善去恶二字而已。稍常识者多能了解，无所谓眼光与何党派，而知其终必能成功胜利也。敬祝贵党成功，新加坡国万岁！

陈
七月九日

[①] 人民行动党（People's Action Party）是新加坡的政党，1954年成立，领导人李光耀，自1959年新加坡第一届选举获胜组织政府至1990年一直担任新加坡总理。1963至1965年间，新加坡属于马来西亚的一部分，人民行动党则作为一个马来西亚政党存在。1965年8月9日新加坡脱离马来西亚联邦独立。

[②] 此函为写在旧信封反面的一份草稿，未标示年月，另有一类似信函写于"集美学校用笺"上，虽标明日期，但无受函对象，文词也略有不同，笺上书为"昔游延安，见革命政府，知其必兴，只在务善去恶，是为常识所易晓，何关眼光之锐利，今仍以务善去恶庆贺贵党成功"等语。

关于更改作息时间致集美校委会电

(1960年5月)

现日长,各校学生早晚加学习时间,夜早睡。

录自王增炳、陈毅明、林鹤龄《陈嘉庚教育言论集》,福建教育出版社1989年7月版,第301页。

华侨爱国精神永存[①]

(1960年6月)

一、多年以来国内华侨号称爱国，华侨亦以爱国自许。以我所知，在辛亥革命前华侨爱国的很少。辛亥以后多数华侨剪去发辫，这形式也未足为爱国的表现。爱国的表现，贵有实质，不在于形式的虚文。及第一次世界大战结束，南洋各属凡有华侨的地方，都举办了学校，教育子弟，有如雨后春笋，或如闽粤二省多捐资在家乡兴学，以救当时政治腐败教育不振的阙失。我意华侨所可称爱国者实自此始。

一九四〇年我率南洋华侨慰劳团回国慰劳，到重庆时，问宋子文、孙科，抗战以来向外国借款数字。宋说无款可借，惟苏联协助军火二亿美元，美国以货易货二次共四千五百万美元；孙说，重要地方如天津、上海、汉口、广州，均告沦陷，收入毫无，只靠华侨汇款，仅一九三九年国内侨汇收入，包括华侨捐献，共达十一亿元。我赴参政会欢迎会时，见何应钦布告，说明一九三九年全部军费开支十八亿元。因□十一亿元的侨汇，如按世界银行基金一元可发纸币四元的公例，存入银行，即相当于增多国库四十四亿元的运用。似此一点，最足证明华侨爱国的现实，惜当时外间却少知情，甚或至于熟视无睹者。

二、近十余年来，南洋各属限制华侨汇款，侨汇逐渐减少，侨办学校每因经济困难，多由政府补助或予接办，公社化以后生产激进，积累增多，发展人民教育视为公社头等任务，全民办学不需依靠侨资。其在国外，侨办学校亦为居留地政府所统一管理，不易发展。那末今后华侨要表现爱国应走向那些路线呢？过去华侨在东南亚各地推销日用品多向欧美日本采办，同时收购当地土产运销外埠，但对国内甚少推销国货，亦无收购工业原料，似乎这一空白点恰好

[①] 该文原题为《中外华侨永存爱国世界博物观》，陈嘉庚对这篇文章极为重视，经长时间酝酿，于北京治病期间口述，由秘书叶祖彬笔录整理成文后，亲自仔细修改。

给华侨开展国际贸易事业以报效国家的机会。然而功效不见，贡献几微，察其所由，实因祖国工业不发达，无大宗商品出口可资易货，并非华侨爱国素心有所改变。

三、中华人民共和国成立后，进行社会主义革命和社会主义建设，工农业年年跃进，财政收入岁岁激增，一九五〇年岁入六十五亿元；一九五二年达到一百七十六亿元；一九五七年三百十亿元；一九五八年四百二十亿元，人民公社初成立积累至一百亿元；一九五九年岁入五百四十亿元，积累在七百亿元，连同公社公积金，近一千亿元。国防行政及其他各费约一百亿元，文教经费约六十亿元，所有盈余全部投资于扩大再生产。由是估计至一九六五年以后，岁入可达二千亿元以上。以地大物博、人口众多、气候调和的我国，到那时财富充裕、物产丰饶，可以变尽一穷二白的面貌，跃居世界首位。

四、目前国际形势有利于和平，人民民主主义国家亲如兄弟，文化交流，经济互助，同向建设事业迈进，联成一气，宛然一个大家庭。虽然亚洲、非洲和拉丁美洲尚有帝国主义、殖民主义压迫和剥削的国家六七十国，人口六七亿，但是它〔他〕们在和平声浪激动里和社会主义建设教育之下，觉悟性、斗争性渐渐增强起来，在不久的将来，定可摆脱帝国主义的羁绊，取得民族独立，使自己的国家加入和平阵营。

和平阵营范围日益扩大，帝国主义前途日趋没落，那末国际市场形势必大大改观。生产如我国，对外贸易的优势，必将首屈一指。此时华侨散布各国，人数将更加发达，踪迹所至将不限于东南亚一隅，对推销国货、交换物资所起的作用，也将百倍于现在。

五、在和平世界里，同制度和不同制度的国家经济壁垒互相制约，各不侵犯，一般侨汇更不容易取得。但出口物资既多，不能不倚靠侨商代为推销。因此代销国货，正是华侨责无旁贷的任务。其所得佣金，数必可观。若以半数在国内按照汇率划拨，存入国家银行，则今后侨资内流尽可为此方式所代替，无须倚赖正式侨汇。侨款投资于公益事业，过去多数为侨办学校。今后教育经费一定由政府统筹分配或下放于人民公社分别负责，侨办学校自亦不能例外。准是而论则办学校侨资尽可移作其他适当用途，就中较有永久性而有助于教育的，以创立华侨博物院为较有重大的意义。

六、博物院与博物馆规模大小各别,性质亦有不同,通常博物馆所收的文物多有地方性。譬如中国博物馆以陈列中国文物为原则,莫斯科市有博物馆百余所,所陈列的都是苏联物品。至于华侨博物院则是国际性的机构,不受地区制限,与国内博物馆亦无抵触。世界各国凡华侨涉足所及,其物产风景,民俗风尚,社会文献等有关材料均得兼收并蓄,以供众览。外以明了侨情,内以开通民智,不但为国内一般人民所需要,即对国外华侨亦有周□参考的价值。

一九五九年十二月全国侨联在上海开会,我建议华侨要表现永存爱国精神,如无其他建设则可先在北京、上海、广州三处筹设华侨博物院,并组委员会进行筹备。我认为国内外、各省市均有华侨,华侨博物院得以随地设立。如广东、福建二省华侨最多,将来博物院可发展至数十处。侨胞多的地方自动筹资设立,当属轻而易举。北京是首善地区,为爱国归侨集中所在,应当开先引导,我拟首先认捐××元以资提倡,将来开始集款时,现交十五万元,余分五年每年分交××元。现在拟在全国侨联会内设立委员会,首先向政府申请拨地备作院址。院舍建筑最高四层,缘参观者有时集体数百人,同时连续进出,所以场面必须广阔,不宜设立电梯。募集捐款由委员会负责进行,款存银行,建筑工程于世界和平实现之日开始。先期交款者,在未建筑以前,存款利息仍归捐款人所有。此为基本建设进行大略,希望海内外爱国侨胞共同发动,大力支持,促成盛举,是所至盼。

录自集美校委会资料室《陈嘉庚先生交存文件》9-540。

陈氏店规[①]

半个世纪前，爱国华侨领袖陈嘉庚先生，曾为他设在南洋各地以及上海、汉口、天津等城市的各家商店订了一个统一的店规，其间有这样一段文字：

"谦恭和气，客达争趋；恶词厉色，人视畏途。货物不合，听人换取，我无损失，大必喜欢。招待乡人，要诚实，招待妇女，要温和。动作迟慢，事事输人，商场战中，必为败兵。"

此真可谓"生财"之"规"，经商者均希望生意兴隆，财源茂盛。陈嘉庚先生的"店规"揭示了生财之秘诀不外两条：一曰诚实；二曰谦恭。这对于当前商场中所见的商品搭配、擅自提价、动辄气冲牛斗与顾客争吵、以衣帽取人等常见病、多发病不能不说是一贴对症下药的"单方"。（晓晨）

录自晓晨《陈嘉庚与店规》，《厦门日报》1985年11月11日第2版。

---

① 店规拟定时间待考。

遗教二十则①

一、我居星数十年，未尝犯过英政府一次罪。

二、儿孙自有儿孙福，不为儿孙作马牛。

三、宁人负我，毋我负人。

四、怨宜解，不宜结。

五、居安思危，安分自守。

六、饮水思源，不可忘本。

七、家庭之间，夫妇和好，互谅互爱，治家之道，仁慈孝义，克勤克俭。

八、服务社会是吾人应尽之天职。

九、不取不义之财。

一〇、仁义莫交财。

一一、能辨是非，作事有恒。

一二、服务社会，老而弥坚。

一三、吾人应安分守法，以培后盛。

一四、己所不欲，勿施于人。

一五、不可见利忘义。

一六、世间冥冥中确有因果，不可不信。

一七、凡作社会公益，应由近及远，不必骛远好高。

一八、凡作事须合情合理，如不合情理，应勿为之。

一九、我毕生以诚信勤俭办教育公益，为社会服务。

二〇、明辨是非善恶，众人须知之，应如何笃行之。

---

① 文字由陈嘉庚口述，他人笔录而成，写作年代待考。

陈嘉庚次子陈厥祥按：列举上述之先父遗教，系二三十年来，关于家族、社会之处世经验与为人之道，特将其重要者志之，以示我子侄孙辈，并期望集美青年乡亲，知所警惕互相劝勉焉。

录自陈厥祥《集美志》，香港侨光印务有限公司1963年12月版，第117—118页。

临终遗嘱① (有关教育部分)

(1961年)

"集美学校要继续办下去。"

新加坡"三处〈树胶厂〉我所分得利,指明为集美学校经费"。

"香港集友银行股本二百万元……指明为集美学校基金。"

"新加坡、香港等处如有汇来款项,指定为集美学校经费,则归入校董会主持。如校董会已取消,则归集美社公业主持,然须增设集美学校校费。"

……

"集美委员会现存银行定期三百四十万元"(收回欠款并扣除应付款后),"实存三百六十万元"。

"从今年起,我按五年,每年开支三十万元,作为有益学校及乡社建设。"

"如我不在世,所存款项如何开支,应由委员会决定。"

学校经费"收支相抵约余六十五万元作为基金"。

新加坡方面,扣除家费,"如再有盈余,须寄交集美学校委员会收用"。

"我捐献华侨博物院六万元(已付三万元),余款可按月给付,供作经常费(每月不超过一千元)。"

"华侨博物院的捐款人姓名及数目,可用青石一块,长约六尺,阔二尺,刊刻纪念。"

"集美镇子女入学原领校主补助金,今后须详细调查,确系贫苦,方给予补助。"

"集美所建校舍,尚剩二千五百名的学生位,若省或市要用,基建费应照还……这部分收入,可先〈作为〉建设集美公园、医院、卫生、美观、道路、小学及其他的基金。"

---

① 根据集美学校委员会存档稿整理。

"纪念碑必须保持清洁卫生，需修补的要修补，如油漆、〈刷〉灰水等。"

"我按家费如下：

甲、我亲血脉子孙，如回家无职业，男子老幼每人每月供给生活费二十元，如有职业不得支取。乙、女子中幼每人每月供给生活费十五元，如有职业或出嫁，不得支取……己、每人如逢结婚或丧事，各给费用二百元。……"

"今后如有亲子孙回来，亦照此例给付，但如有支领学校工资，应扣抵。"

录自王增炳、陈毅明、林鹤龄《陈嘉庚教育文集》，福建教育出版社1989年7月版，第301－302页。

附录一

全国政协副主席全国侨联主席陈嘉庚先生逝世
周恩来、朱德等四十三人组成治丧委员会

(1961年8月12日)

新华社北京12日电：中国人民政治协商会议全国委员会副主席、中华人民共和国全国人民代表大会常务委员会委员、中华人民共和国华侨事务委员会委员、中华全国归国华侨联合会主席陈嘉庚先生，因久病医治罔效，于1961年8月12日零时十五分在北京逝世。

陈嘉庚先生是福建省厦门市人，享年八十八岁。

陈嘉庚先生逝世时，其子国怀等侍奉在侧。

陈嘉庚先生逝世前，周恩来总理，沈钧儒、彭真、李维汉、何香凝①副委员长、中华人民共和国华侨事务委员会主任廖承志、中国人民政治协商会议全国委员会秘书长徐冰②等，曾前往陈先生住宅探视。

陈嘉庚先生治丧委员会已在8月12日晨成立。治丧委员会将在日内举行公祭。

陈嘉庚治丧委员会名单如下（按姓氏笔划为序）：

方方　王汉杰　王亚南　王雨亭　王源兴　尤扬祖　叶飞　叶振汉　朱德　包尔汉　李维汉　李任仁　李文陵　庄希泉　庄明理　周恩来　陈毅　陈叔通　陈伯达　陈其尤　陈丕显　陈其瑗　陈绍宽　沈钧儒　何香凝　金仲华　柯庆施　胡愈之　徐冰　陶铸　连贯　张鼎丞　张苏　张楚琨　梁灵光　彭真

---

① 彭真（1902—1997），山西曲沃人，时任全国人大常委会副委员长；李维汉（1896—1984），湖南长沙人，时任全国人大常委会副委员长；何香凝（1878—1972），女，祖籍广东南海，廖仲恺夫人，时任全国人大常委会副委员长。

② 廖承志（1908—1983），祖籍广东惠阳，廖仲恺之子，时任全国华侨事务委员会主任；徐冰（1903—1972），河北邢台人，时任全国政协秘书长。

黄炎培　黄长水　黄钦书　杨秀峰　廖承志　蔡廷锴　蚁美厚①

录自《福建日报》1961年8月13日第1版。

---

① 方方（1904—1971），广东普宁人，时任全国华侨事务委员会副主任；王汉杰（1917—2008），福建石狮人，时任福建省华侨事务委员会主任；王亚南（1901—1969），湖北黄冈人，经济学家，时任厦门大学校长；王雨亭（1892—1967），福建泉州人，菲律宾归侨，时任全国侨联秘书长；王源兴（1910—1974），福建龙岩人，爱国侨领，时任全国侨联副主席；尤扬祖（1892—1982），福建永春人，归国华侨，时任全国侨联副主席；叶振汉（1920—1984），福建安溪人，时任集美中学校长；李任仁（1887—1968），广西临桂人，时任广西壮族自治区副主席；李文陵（1916—1970），福建泉州人，时任厦门市市长；庄希泉（1888—1988），祖籍福建安溪，爱国侨领，时任全国华侨事务委员会副主任；陈叔通（1876—1966），浙江杭州人，爱国民主人士，时任全国人大常委会副委员长；陈其尤（1892—1970），广东海丰人，时任致公党中央主席；陈丕显（1916—1995），福建上杭人，时任华东局书记处书记；陈其瑗（1887—1968），广东广州人，时任北京市侨联主席；陈绍宽（1889—1969），福建闽县（今福州）人，时任国防委员会委员、民革中央副主席；金仲华（1907—1968），浙江桐乡人，时任上海市副市长；柯庆施（1902—1965），安徽歙县人，时任华东局第一书记；胡愈之（1896—1986），浙江上虞人，时任民盟中央副主席；陶铸（1908—1969），湖南祁阳人，时任中南局第一书记；连贯（1906—1991），广东梅州人，时任中共中央对外联络部副部长；张苏（1901—1988），河北张家口人，时任全国人大常委会副秘书长；张楚琨（1912—2000），福建泉州人，新加坡归侨，时任厦门市副市长；梁灵光（1916—2006），福建永春人，时任福建省副省长；黄长水（1904—1980），福建惠安人，时任全国华侨事务委员会副主任；黄钦书（1893—1966），福建南安人，印尼归侨，时任上海市侨联主席；杨秀峰（1897—1983），河北迁安人，法学家，时任教育部部长；蔡廷锴（1892—1968），广东罗定人，时任民革中央副主席；蚁美厚（1909—1994），广东澄海人，爱国侨领，时任全国侨联副主席。

附录二

中华全国归国华侨联合会关于接受陈嘉庚主席的爱国遗嘱号召华侨为解放台湾而斗争的决议[①]

（1961年8月14日）

各级侨联：

中华全国归国华侨联合会沉痛宣告：本会主席陈嘉庚先生因久病医治罔效，于一九六一年八月十二日在北京逝世。这是我们的一个损失，广大归侨、侨眷、归国华侨学生同声哀悼！

陈主席临终前，向其家属和亲友口授遗嘱，对祖国社会主义建设事业和解放我国领土台湾的正义斗争表示殷切的关怀。遗嘱说"最紧要的是国家前途。中国有两派，旧的一派是国民党，这一派很坏；新的是共产党，它领导全国人民，建设社会主义。人有一次死，早死晚死不要紧，最要紧的是国家。国民党过去做尽坏事，他们逃台湾去了，那些人一生自私自利，假公行私，这一派还在捣乱，不知多花国家多少钱。我们应尽早解放台湾，台湾必须归中国。"

本会常务委员会第十六次会议宣读了陈主席的遗嘱，与会委员为陈主席的爱国精神所感动，一致认为，陈主席的遗嘱，表达了他一生的爱国精神，也代表了广大华侨的深切愿望。特通过此决议，完全接受陈嘉庚主席的遗嘱，保证在党和政府领导下，努力促其实现。

会议认为，陈嘉庚先生是华侨的领袖人物，是一个爱国爱乡、热心公益教育事业的爱国老人。陈嘉庚先生一生对维护国家民族利益，反对帝国主义的侵略，反对国民党的反动统治，真诚拥护中国共产党和毛主席的领导，拥护社会主义革命和社会主义建设事业等方面，表现了坚忍不拔的精神，给广大华侨树立了良好的榜样。我们一定要继续发扬热爱社会主义祖国的精神，学习陈嘉庚

[①] 陈嘉庚于1961年8月12日在北京逝世。各界人士沉痛悼念这位爱国爱乡、一生诚毅的华侨领袖，中华全国归国华侨联合会特作出此决议，号召全体华侨在嘉庚精神的引领下为中华民族的统一与振兴而砥砺奋进。（参见陈碧笙、陈毅明编《陈嘉庚年谱》，福建人民出版社1986年3月版，第254页。）

先生为爱国事业而奋斗不懈的榜样，在中国共产党和毛主席的领导下，扩大华侨爱国大团结，为建设伟大的社会主义祖国，为支持解放台湾的正义事业作出积极贡献。

中华全国归国华侨联合会
一九六一年八月十四日

录自《陈嘉庚先生纪念册》，中华全国归国华侨联合会1961年，第8页。

附录三

人物注释

以下相关人物注释，依姓名拼音字母为序，重复不赘。主要参照徐友春《民国人物大辞典》（河北人民出版社1991年5月）、周南京主编《华侨华人百科全书·人物卷》（中国华侨出版社2001年2月）、李盛平主编《中国近现代人名大辞典》（中国国际广播出版社1989年4月）、《辞海》（第七版，上海辞书出版社2020年9月）等辞书资信整理。

白清泉（1910—2005），福建安溪人。早年在厦门接受教育，后入汽车公司学习修车、驾驶等技术。1932年赴新加坡谋生，1939年参加南侨机工服务团，任首批回国机工总领队，后入中央辎重兵学校，1941年毕业，后任华侨汽车运输大队队长、汽车保养厂厂长及运输人员训练班主任，被南侨机工誉为"机工导师"。1943年参与筹组"云南省华侨互助会"，任常务理事，创办《华侨机工通讯》，资助兴办侨光学校，开展机工救济和帮助机工复员南返活动。二战后返回新加坡创办酱油厂，终成"酱油大王"。曾任大华食品工业私人有限公司董事长、台湾"行政院侨务委员会"顾问、新加坡食品厂商联合会会长、安溪会馆副主席等。著有《推销经验谈》。

陈丙丁（1888—1950），福建安溪人，爱国侨领。12岁下南洋，先在爪哇西垅当店员，转雅加达营商，后与叔父开设顺美成公司，经营胡椒、咖啡等土特产致富。曾任椰城中华会馆董事长、福建椰城会馆会长，发动华侨投资建设嵩（屿）漳（州）铁路，支持国内民主革命。抗战时期，配合南侨总会在印尼开展筹赈募捐。战后寓居厦门，与叶渊等成立安溪建设协会，筹资修复安同公路，恢复营运；主持恢复厦门民生布厂，自任董事长。先后任福建省长公署顾问、中央侨务委员会顾问，荣获爱国徽章、全国赈务委员会金质奖章等。中华人民共和国成立后，曾任厦门侨联印尼分会筹委会主任。

陈村牧（1907—1996），字子欣，福建金门人，教育家。毕业于集美中学，由学校资助入厦门大学预科。1931年厦大文学院史学系毕业，任厦大附中、集美中学教员，1934年任集美中学校长。1936年应聘任马来亚麻坡中华中学校长，就任途经新加坡时，被陈嘉庚劝留在华侨中学襄助校政。1937年5月履任集美学校校董、校长，主持集美学校内迁及分校创设事务。抗战胜利后，学校回迁集美，悉心校务。中华人民共和国成立后，曾任福建省政协常委、集美校友总会理事长，为侨乡教育事业作出巨大贡献。

陈吉海（1917—1944），广东惠州人，印尼华侨抗日烈士。棉兰读完小学后，入上海暨南大学附中学习，返回棉兰后，在敦本学校和养中学校当教员，并成立蜜蜂童子军团，自任团长。1942年5月，与陈吉满等人秘密创立苏岛华侨抗敌协会（简称"华抗"，后改名苏岛人民反法西斯同盟，简称"反盟"），任主席。1943年"九二〇事件"爆发，日军在苏门答腊全境进行大检举、大逮捕，因叛徒王桐杰出卖被日军逮捕，宁死不屈，拘押于武吉丁宜监狱。1944年3月23日被害于狱中。

陈敬贤（1889—1936），福建集美人，陈嘉庚的胞弟、创业和办学的助手。1904年到新加坡随胞兄学商，任谦益米厂经理，1912年在新加坡加入新华国民党。1916年秋返乡代表胞兄筹建集美师范、集美中学、集美女中等。1919年再赴新加坡接理陈嘉庚公司。曾任新加坡南洋华侨中学董事会财政和道南学校总理。1922年2月因积劳成疾回乡养病，组织集美学村委员会，带病参与集美、厦大两校校务，多次赴日学习藤田灵斋调和静坐养生法，并积极推广。1927年辞去一切校务，定居杭州弥陀寺。1937年1月，集美学校将其生前督建的大礼堂改署为"敬贤堂"，立碑纪念。

陈厥祥（1900—1965），陈嘉庚次子。早年就读集美中学，后在陈嘉庚橡胶制品公司任职。1943年参与创办集友银行，任常务董事兼总经理，该行由陈嘉庚倡办、陈六使、李光前等东南亚华侨集资在战时福建省政府所在地永安创办，开创"以行养校"的盛举。1945年移居香港，1947年遵父命在香港注册成立集友银行，任经理。1948年集友银行改名为集友商业银行总行，股东大部分为海外华侨、厦门大学及集美学校校友。1963年12月主持编辑《集美志》。

陈六使（1897—1972），福建集美人，南洋企业家、慈善家。幼时就读集美学校，后随兄南渡，1923年与兄先后创办联和树胶公司、益和树胶公司。日本占领新加坡时期避难印尼，抗战胜利后恢复营业，并投资银行与保险业。曾任新加坡华侨银行董事、香港集友银行董事主席，与连瀛洲等创办华联银行，成为东南亚著名华人企业家与银行家。曾任新加坡华人树胶公会主席、南侨总会新加坡区代表、新加坡中华总商会会长、新加坡福建会馆主席、新加坡中华橡胶工会主席、新加坡同安会馆主席、怡和轩俱乐部主席等职。持续捐助厦门大学基金和集美学校基金，1953年倡建新加坡南洋大学，为中华文化教育事业作出巨大贡献。

陈三多（1871—1954），字祝萱，福建泉州人，菲律宾侨领。1886年赴菲律宾，嗣承父业，经营合兴号、合隆号布店并投资经营土产业。1895年发起组织义和局布商会，与德国布商抗衡，迫使德商倒闭；1905年协助善举公所拒绝菲美当局没收华侨义山；1921年参与领导抗击簿记法案。曾任善举公所主席、《新闻日报》总理、马尼拉中华商会主席、华侨教育会会长等职。爱国爱乡，1925年参与发起南洋闽侨救乡会，任总干事，1938年任南侨总会常委，踊跃捐输。1942年1月被日本宪兵逮捕，翌年获释。抗战胜利后返乡定居。

陈水萍（1888—1967），福建集美人，陈嘉庚族亲。少年时入读乡塾，1918年南渡新加坡，先在陈嘉庚开设的谦益公司习商，翌年被派往马来亚马六甲公司任职，后升任经理。1936年受陈嘉庚之命回乡担任集美学校财务管理。集美学校内迁安溪、永安等地时，作为集美学校校务联席会议成员，参与集美学校各项事务工作。中华人民共和国成立后，任集美学校校董会和集美学校委员会常委并兼会计主任、集美社公业基金会出纳。1963年协助陈厥祥编撰《集美志》。

陈文确（1886—1966），福建集美人，新加坡华侨企业家。集美学校肄业后赴新加坡，任职于谦益橡胶公司。后与六弟陈六使合创益和树胶公司，并投资金融保险与银行业，发展为企业集团。1948年加盟亚洲人寿保险有限公司，任董事主席。关心华侨教育事业，资助南侨水产航海学校、南侨师范学校。1953年支持创办南洋大学，任执委会主席，1956年任中华女子中学董事长。热爱乡梓，1936年同安会馆下设筹建家乡医院委员会，任主席，促成创建同安同民医院和灌口、马巷两分院，并长期给予资助。1945年日本投降后，出任新加坡同安会馆主席，持续捐助厦门大学基金和集美学校基金。

陈延谦（1881—1943），字益吾，福建同安人。1899年随父到新加坡，

1909年与友人合创裕源公司，经营橡胶业。曾任同盟会新加坡分会会长，捐资支持讨袁战争。1919年与林文庆、林义顺等合创华侨银行，任董事经理。1921年在家乡创立同美汽车路公司，1922年返新加坡创立信诚公司。1930年发起成立新加坡同安会馆，任首届主席。1932年华侨银行、华商银行、和丰银行合并为华侨银行，任总经理。曾任国民政府财政部顾问、吾庐俱乐部总理、新加坡道南等多所华文学校董事长、新加坡中华总商会董事、厦门大学董事、中国劝募公债委员、南侨总会常委等职。著有《止园集》。

陈延庭（1888—1983），原名庆，字延庭，福建同安人。1903年入泉州府中学堂，毕业后考入福建高等师范学堂，修理化科，1910年毕业后在厦门竞存小学、厦门中学堂任教。1916年曾与陈昌候等创办泉州私立中学，1918年转入集美学校任理化教员兼集美科学馆的规划和筹建工作，1921年任厦门大学总务主任。1926年至1935年任集美学校教育推广部主任，1951年至1955年任厦门大学建筑部主任。曾倡设厦门语言研究会，著有《厦门语系研究》《认识台湾》《厦门大学建筑史》等。

陈永定（1925—2021），祖籍福建集美，生于马来亚。年少回乡就读于集美小学、中学，后入集美财经学校，毕业后入职泉州集友银行。1950年陈嘉庚请其回厦门，任厦门大学建筑部主任，1956年起负责华侨博物院事务，先后参与厦门大学扩建及华侨博物院筹建管理工作，成为陈嘉庚晚年重要工作助手。1959年受聘华侨博物院行政委员会秘书，主持院务工作，直至1990年退休，为陈嘉庚社会教育思想实践的实现做出重要贡献，被聘为华侨博物院终身名誉院长。

陈振传（1908—2005），祖籍福建同安禾山（今厦门禾山），新加坡出生，银行家。中学毕业后入职华商银行，1933年任华侨银行地产部经理，后任华侨银行总裁、东方实业有限公司董事长。曾任新加坡市政委员、工部局议员、战时民防部委员会委员。日本占领新加坡时，避难澳洲。1943年在孟买筹办重新设立华侨银行总行，二战后返新续任华侨银行总裁。1966年任华侨银行集团董事长。曾任大东方人寿保险有限公司、华侨保险有限公司、海峡商行有限公司、马来亚酿酒有限公司及华纳兄弟汽车有限公司董事长，新加坡产业公会主席、中华总商会副会长和立法会副主席。

戴愧生（1892—1979），福建南安人。早年就读于厦门同文书院，后南渡菲律宾经商。1911年加入中国同盟会，回乡创办崇诗学校，与许卓然创办厦门《应声报》，该报遭查封后返菲。1916年回国参与领导福建讨袁护国起义，失败后再次赴菲。后任菲律宾北伐后援会主任，发动华侨筹款支援北伐。1931年回国，先后任国民政府侨委会常委、监察委员、甘宁青三省监察使，后奉命往南洋劝募救国公债。1941年任国民党中央执委会海外部副部长。抗战胜利后，主持海外部南洋办事处，创办《中兴报》。1948年任国民政府行政院侨委会委员长，1949年奉派菲律宾筹募公债，留居菲律宾。1967年移居台北。

邓萃英（1885—1972），字芝园，福建福州人。全闽师范学堂毕业后入日本东京高等师范学校，加入同盟会，任东京同盟会福建支部长。1911年回国，任福州师范学校校长。后赴美国哥伦比亚大学师范学院深造。曾任北京高等师范学校教授、校长，河南省中山大学校长，参与创建厦门大学并任首任校长。曾任教育部参事、次长及河南省教育厅厅长等职。1949年赴台湾，曾任国民党中央评议委员等职。

官光厚（1875—1936），字宗戴，福建安溪人，爱国侨领。1904年南渡马来亚，先当锡矿工，续当垦植园工，从事蔬菜种植及运输业，后经营橡胶园。参加中国同盟会，捐巨款支持革命、支持护法运动，章太炎曾手书"见义勇为"一匾相赠。热心教育事业，1927年带头捐资在家乡创办安溪县第一所侨办中学——崇德中学，后又捐资创办崇阿小学。

郭应麟（1898—1961），祖籍福建龙海，生于印尼东爪哇，艺术家。6岁时回家乡就读私塾，后随宗叔郭美丞到集美师范学校学习，转南京国立暨南学校师范科。毕业后赴马尼拉中西学校任教。1927年（一说1928年）赴法国巴黎国立高等美术专科学校留学，为中国留法艺术学会初创成员。1933年回国，任集美学校美术馆主任兼厦门美术专门学校西洋画教师。1937年举家避难南洋，任新加坡南洋美术专科学校教员。1942年协助陈嘉庚避难东爪哇。1956年作为印尼华侨美术协会代表团副团长回国访问，在京举行"印度尼西亚华侨美工团作品展览会"。主要画作有《鸡蛋》《花》等。

侯西反（1883—1944），福建南安人，华侨社会活动家。20岁移居新加坡，与友人合资创办振美树胶公司，因胶业不景气而歇业。受陈嘉庚委派负责树胶品制造公司业务收束工作，兼新加坡《南洋商报》总经理，后任亚洲保险公司副经理。抗战初期成为陈嘉庚在南侨总会的得力助手，因抵制日货遭奸商诬告，1939年12月被英殖民当局驱逐出境。回国后在昆明组织华侨互助会，救济华侨机工，创办侨光学校，培养归国华侨子弟。曾任新加坡同济医院经理、新加坡福建会馆执委会主任、中华总商会董事、国民政府侨委会名誉顾问、赈济委员会委员。1944年因飞机失事遇难。

胡兆祥（1901—1975），原名陶皆，福建永定人。早年就读广东大埔中学，后入上海政法大学。曾任福建东山县和华安县县长，卸任后赴南洋，任马来亚槟城虎标永安堂经理。20世纪30年代回国接任汕头、福州虎标永安堂经理。曾任福建省商会联合会主席、胡文虎捐建福建省300所小学建筑委员会副主任、国民参政会参政员、永定侨育中学校董会副董事长、福建省政府顾问。1938年4月以福建南洋经济考察团成员身份赴新马等地向海外华侨劝募抗日公债。1949年侨居南洋。

黄丹季（1900—1995），福建安溪人。早年就读于集美学校，1924年入厦门大学，1927年参加北伐军。大革命失败后，遭国民党当局通缉，1928年南渡新加坡。1930年辗转到印尼玛琅从事华文教育，倡办玛琅中学，曾任该校董事长。后弃文从商，开办银行及工厂。是印尼中华总会理事，玛琅和泗水中华总会领导人，发起组织华侨生活促进社并任主席。日军南侵时，与集美校友郭应麟、林翠锦等人誓死舍业保护在玛琅避难的陈嘉庚。

黄长水（1904—1980），福建惠安人。早年就读于厦门同文书院，1913年随父赴菲律宾，1922年回国，就读于南京暨南学堂和上海暨南大学。1928年返菲律宾助父经商。曾任怡朗华侨商会理事、华商中学董事。日军南侵时，加入华侨抗日大同盟。抗战胜利后，赴港主持泉昌有限公司，曾任旅港福建同乡会主席、香港华侨工商俱乐部主任、民盟港九支部副主任委员。1949年出席中国人民政治协商会议第一届全体会议。1950年组织港澳工商界东北观光团回内地参观，后返回福建。历任福建省政府委员、福建省政协副主席、广州市副市长、民建中央常委、中国侨联副主席、全国工商联副主席、中侨委副主任等职。

黄钦书（1893—1966），祖籍福建南安，生于印尼。1908年南京暨南学校肄业，1911年赴三宝垄任日兴行营业主任，后任经理。1920年返厦门协助其父黄奕住创办公用事业，在上海创办中南银行。1935年任上海中南银行董事。1945年黄奕住过世后，任上海中南银行董事长兼总经理、厦门自来水公司董事长、聚德堂有限公司董事长。1950年定居上海，先后任中南银行董事长、益中电瓷公司董事长、公私合营银行董事会副董事长。1959年捐助上海侨联创办上海市机械工业学校。曾任中国侨联常委、上海侨联主席等。

黄望青（1913—2003），原名耶鲁，祖籍福建同安，华人企业家。1935年厦门大学毕业赴仰光，后转新加坡，任职于邵氏影业公司，奉派任沙捞越美里市大光戏院经理，旋辞职返新加坡华侨中学任教。因加入马共参加抗日活动，被吊销教师执照，转槟城任《光华日报》编辑。抗战时期先后遭英殖民当局和日本占领军逮捕，被软禁。战后定居新加坡，任集诚有限公司董事经理、集南银业有限公司及新城实业有限公司董事主席、中华总商会财政主任、南洋大学理事会执委等。曾任新加坡驻日本和韩国大使、新加坡广播局主席。退休后应聘为厦门大学客座教授。著有《黄望青经济论文集》《工商业现代化诸问题》等。

柯进来（1892—1990），福建安溪人。早年在泉州、莆田等地习商，1916年移居新加坡，后创设"协隆记"号，专营五金、建材。1935年参与创立五金公会，任首届会长。日据新加坡时期，避居山芭。抗战胜利后重整旧业，1947年改协隆记为有限公司，扩大业务，经营欧美各国五金器材、建材及轮船设备，成为新加坡著名五金业巨商。曾任新加坡中华总商会董事，新加坡福建会馆执委，中华女子中学、华侨中学和南洋女子中学董事，新加坡安溪会馆主席，南洋大学建设科主任，南洋柯氏公会永久名誉会长等。关心家乡教育事业，1930年独资创办进来小学，1956年回乡筹办进来中学。

李登辉（1872—1947），字腾飞，祖籍福建同安，出生于爪哇岛，近代教育家。少年时赴新加坡读书，后赴美留学，1899年毕业于美国耶鲁大学。1905年回国，1906年任复旦公学总教习，1913年任复旦公学校长，1917年复旦公学改制为私立复旦大学，仍任校长，在任长达23年。抗战期间，复旦大学内迁，乃集留沪师生于租界内复课，声明决不与敌伪同流合污，坚持到抗战胜利。提倡全面发展的教育思想，主张学术独立、思想自由、民主治校，并以"牺牲、服务、团结"为复旦精神。编著有《文化英文读本》《李氏英语修辞作文合编》

《中国当前的要害问题》等。

　　李光前（1893—1967），原名玉昆，福建南安人，陈嘉庚女婿，华人实业家、教育家和慈善家。1903年赴新加坡，1908年回国，先后就读于南京暨南学堂、北京清华学堂预科、唐山路矿专门学校。辛亥革命后，返新加坡，先在陈嘉庚谦益公司任职，1928年自创南益树胶公司，兼营菠萝种植园、罐头厂、饼干厂等，并投资银行、保险及房地产业，成为当地著名企业家。曾任华侨银行董事会主席、新加坡中华总商会会长。参与创办新加坡南洋大学，为新加坡大学（今新加坡国立大学）首任校长，并在南安创建国光中学。全民族抗战时期，支持南侨总会工作。1952年设立李氏基金会，资助教育与慈善公益事业。

　　李俊承（1888—1966），生于福建永春，新加坡华人企业家。17岁随父到马来亚森美兰，后迁新加坡，先后创办太兴及太安实业有限公司，经营橡胶园、饼干厂等。1925年回国皈依佛教，获赐法号慧觉，返新加坡后致力于弘扬佛教，曾任新加坡佛教总会主席。1931年起先后任同德书报社副社长、和丰银行总理、华侨银行董事长、怡和轩俱乐部主席。全民族抗战时期，任新加坡筹赈会副会长、南侨总会执委，捐款救国，成绩显著。曾任新加坡中华总商会会长、福建会馆产业信托人、永春会馆会长等职。

　　李清泉（1888—1940），原名回全，福建晋江人，爱国侨领。早年就读于厦门同文学院、香港圣约瑟西文书院。18岁返菲律宾继承父业，主持成美木厂，不久创办福泉木厂及李清泉父子公司，有"木材大王"之誉。1919年任马尼拉中华商会会长，发起创办《华侨商报》，1920年与黄奕住等创办中兴银行。发起闽侨救乡大会，倡办《新闽日报》，提倡实业救乡。1931年组建菲律宾华侨救国联合会，领导华侨筹饷救国，并发起航空救国运动，独资捐献战斗机一架，首创华侨捐机救国活动。曾任菲律宾华侨国难后援会主席、华侨抗敌委员会主席，倡建南侨总会并出任副主席。

　　李铁民（1898—1956），字原周，福建永春人。1915年赴新加坡，加入中华革命党。1919年再赴新加坡鼎新学校任教，1921年加入国民党。1926年任《消闲钟》主编，后任新加坡山东惨案筹赈会文牍主任、《叻报》总编、《南洋商报》督印人等职。1938年任南侨总会秘书，1940年参加南洋华侨回国慰劳团，陪同陈嘉庚慰劳考察行程。日本占领新加坡时避难于印尼苏门答腊岛，一度被捕。1946年与胡愈之等发起成立中国民主同盟马来亚支部，兼任《南侨日报》督印人。1949年出席中国人民政治协商会议。中华人民共和国成立后，先后任华侨事务委员会副主任委员、全国侨联副主席。

李文陵（1916—1970），福建泉州人。早年入泉州开元慈儿院，后到新加坡谋生，成为华侨救国联合会、工人救国会和星洲总工会的骨干。1937年参加南洋中华民族解放先锋队，1939年被英殖民当局逮捕入狱，驱逐出境。后经中共香港和上海党组织护送到新四军苏中根据地，参加新四军，加入中国共产党。曾任泰东区委书记、苏中泰县立发区委书记。在战斗中被捕，经党组织营救出狱，调任江苏兴化县委社会部长、公安局长。1949年7月随军入闽，后任厦门市华侨事务局局长、市委统战部部长、市长等职。

李五香（1903—1967），福建南安人，新马著名华侨工商业家，南安国专学村奠基人。12岁到马来亚投亲，从马六甲华侨小学毕业后，先在陈嘉庚开办的谦益栈当职员，后转李光前创办的南益橡胶有限公司，先后任马来亚槟城南益橡胶厂经理、泰国南泰橡胶厂总巡、马来亚南益橡胶厂各埠分行总巡等职。曾任槟城南安公会名誉会长，槟城书报社、钟灵中学、福建女校财政员，槟城筹赈会财政主任。1950年回国，在家乡创办国专医院，建设国专学村。历任南安县侨联主席、南安县政协副主席、中国侨联委员、全国工商联委员等。

李振殿（1874—1965），字廷芳，福建海沧人。1893年赴马来亚沙捞越诗巫从商，后迁居古晋，创立长城商行，经营土产及橡胶出口贸易。1912年转新加坡创设长城栈。早年加入同盟会，蝉联新加坡同德书报社五届社长，创办《民国日报》。曾任新加坡南洋女中董事长、新加坡中华总商会董事、新加坡福建会馆代主席、国民政府侨务委员会委员、新加坡山东惨案筹赈会财政、星华筹赈会财政、南侨总会财务主任等职。1942年被日军逮捕，其子兆麟、兆昌均在抗日战争中牺牲。抗战胜利后捐巨资重建新加坡同济医院。

林汉河（1894—1983），祖籍福建厦门，生于新加坡，早年就读于莱佛士学院、爱德华七世医学院。1913年入爱丁堡大学皇家医学院，1918年毕业。1920年返新开设思明药房行医。先后任新加坡市政局委员、教育局委员、立法会议员等，曾受封太平局绅。日本占领新加坡时，遭逮捕入狱，日本投降后获释。抗战胜利后曾任公共服务委员会委员，1949年促成爱德华七世医学院与莱佛士学院合并为马来亚大学。

林江石（1916—1942），原名黄伯遂，广东增城人，华侨抗日英烈。少年时随母到霹雳州布先埠，益智小学毕业后到锡矿做工。1937年参加马来亚共产党，曾任马共霹雳州地委委员、中央委员，领导抗日救亡运动和工运。1939年任雪兰莪地委书记，1940年任新加坡市委书记。1941年遭英殖民当局逮捕入狱，后获释。同年12月陈嘉庚倡立新加坡华侨抗敌动员总会，林江石当选民众武装部主任，创建星洲华侨义勇军，任司令员，领导抗日斗争。后因叛徒出卖被捕，虽一度越狱，不幸又被叛徒出卖再次被捕。1942年7月18日于四排埔监狱被害。

林师万（1886—1953），广东大埔人，华侨富商。1899年随父移居沙捞越古晋，从事金匠业。1901年移居新加坡，与叔父合营成丰银店，后又合资创办林成丰万记银铺，改营金饰致富。曾任新加坡华侨筹赈会客帮分会主任、华人参事局参事、保良局委员、中正中学董事长、南洋女子中学副董事长、《中兴日报》董事长、新加坡中华总商会理事、新加坡华人金银业公会会长、新加坡广东会馆副会长、广东省政府顾问、抗战时期中国第四战区司令部参议、国民政府侨务委员会委员等职。在家乡创办石云中学并任董事长。1945年3月遭日军逮捕，后获释。

林文庆（1869—1957），字梦琴，祖籍福建海澄（今海沧），新加坡出生，教育家、社会活动家、企业家。早年就读新加坡福建会馆附设书院、莱佛士学院，1887年入爱丁堡大学医学院，毕业后返回新加坡挂牌行医。1896年与陈齐贤合作引种巴西橡胶获得成功，并致力于新加坡华侨社会和华文教育的改革，为新加坡橡胶业、银行保险业的开拓者之一。同盟会会员，曾任新加坡立法会议华人议员、内务部顾问、中华总商会副会长，南京临时政府内务部卫生司司长。1921—1937年任厦门大学校长。著有《从内部发生的中国危机》《新的中国》等。

林希谦（1895—1966），字志坚，福建闽县（今属福州）人。早年入日本早稻田大学习经济学，1922年回国，先后任私立福建政法大学、厦门大学、国立武汉中山大学、国立劳动大学、私立大夏大学、私立福建协和大学等校教授。全面抗战爆发后，参加福建省抗敌后援会，任第三战区司令长官部顾问、福建协和大学总务长、福建省临时参议会副议长及代议长、福建省立师范专科学校校长等职。战后参与筹组福建省民盟，后脱离民盟，辞职闲居。1956年11月返厦门大学任历史系教授。

林义顺（1879—1936），字发初，祖籍广东澄海，生于新加坡，民主革命活动家和爱国侨领。1905年孙中山到新加坡组织同盟会南洋总机关时任交际员，后参与创办机关报《中兴日报》，与陈楚楠等先后到马来半岛各埠及仰光等地创建同盟会分会，参与发动黄冈起义。1911年创办林义顺公司，随后创办通美、通益公司，开辟云南园、锦山园，以经营橡胶及黄梨致富。曾任新加坡中华总商会会长、怡和轩俱乐部主席、同济医院主席等职。1917年受聘为孙中山大元帅府参议，1919年与陈延谦等合资创办华侨银行，后任董事会主席。1927年任南京国民政府华侨事务委员会委员。

刘登鼎（1880—1945），广东梅州人，华侨企业家。青年时赴新加坡习商，后任陈四翁黄梨厂制罐主任，曾获陈嘉庚悉心指导。1918年起先后创办大新、大利、大成黄梨厂，1920年创办俗称"星马第一家"的东方眼镜公司。1923年又创办民强胶鞋厂，后其产业拓展到橡胶种植、锡矿、皮革及白铁手工业等行业。曾任新加坡客属茶阳会馆总理，1923年参与发起成立新加坡客属总会，后任南洋客属总会会长。1942年新加坡沦陷后，拒绝与日方合作，隐居柔佛。1945年日本投降前夕，惨遭杀害。

刘牡丹（1902—1983），福建南安人，陈嘉庚战前四大助手之一。1917年赴新加坡谋生，后经营建筑、采矿业。抗战时期，任星洲华侨抗敌动员总会劳工服务部副主任、南侨总会总务主任、南侨总会特派回国机工征募处主任。1939年受陈嘉庚委派，回国视察滇缅公路运输状况和沿途华侨机工生活境遇，提出《南侨总会关于改进滇缅公路设备及机工待遇的建议书》。日本占领新加坡时，协助陈嘉庚等人撤离，遭日军逮捕，获释后避难苏门答腊岛。抗战胜利后与友人创办新业公司，经营航运和进出口贸易，与胡愈之等组织印度尼西亚友谊协会。曾任新加坡机动船业联合总会主席、建筑商公会和矿商公会总务等。

刘玉水（1893—1972），福建惠安人。集美中学第一组毕业生，1912年赴新加坡，先在布店当店员，后被陈嘉庚看中，成为陈嘉庚公司职员，嗣被派往泰国谦益橡胶公司任经理。20世纪20年代初到马来亚创办启成公司、大成橡胶贸易公司，经营橡胶业兼营房地产。曾任槟城阅报社、马来亚橡胶公会、槟城惠安公会主要负责人和《光华日报》社董事主席、槟城筹赈会主席、南侨总会常委。太平洋战争爆发后，任星洲华侨抗敌动员总会总务部副主任。日本占领新加坡时，随陈嘉庚避难爪哇玛琅。抗战胜利后重整企业，倾力支持创办南洋大学，1963年任南洋大学董事长。

潘受（1911—1999），原名国渠，福建南安人，书画家。泉州培元中学毕业，1930年赴新加坡，任《叻报》编辑，先后在华侨中学、道南学校及马来亚麻坡中华中学执教，曾任道南学校校长。抗战时期，避难新加坡，任南侨总会主任秘书。1940年任南侨回国慰劳团总团长兼第一分团团长，回国慰劳考察。1953年参与筹办南洋大学，任南大执委会委员，后任南大秘书长。1960年退休后从事文化艺术研究及创作。1998年任泉州黎明大学荣誉校长。著有《海外庐诗》《云南园诗集》等。作品曾获法国国家艺术与文学勋章、新加坡卓越功绩勋章、亚细安文化奖。

秦望山（1896—1970），福建泉州人。早年毕业于福州中学，加入闽南靖国军、中华革命党，参加反袁斗争和护法运动。1921年在上海与许卓然等组织福建自治促进会，任福建民军第五路军指挥。1925年返厦加入中国国民党，任国民党福建临时省党部执委、厦门市党部临时执委会常委。抗战时期，任国民参政会参政员，两次往南洋募捐。菲律宾沦陷后，留任菲律宾抗日血干团总顾问。战后回国任国民政府中央监察委员、福建华侨建设公司董事长，参与筹办福建水利建设公司。1949年因劝说李良荣及李汉冲起义被国民党追捕，避居香港。1957年回国定居，任民革福建省委常委、福建省政协常委。

丘汉平（1903—1990），字知行，祖籍福建海澄（今厦门），生于缅甸。少时回国求学，就读于暨南大学商科、吴淞中国公学商学院、东吴大学法学院。1928年赴美留学，翌年获华盛顿大学法学博士学位。1930年回国，后任暨南大学、东吴大学、中国公学、交通大学教授，曾在沪任律师。创办华侨、侨光、华海等中学。1939年赴永安，先后任福建省银行总经理、福建省财政厅厅长、交通部直辖驿运管理处处长，创办福建大学兼任校长。1947年辞职，返沪重操律师业。1949年去台湾，曾任东吴补习学校（东吴大学）校长、铭传商专董事长等职。著有《法律通论》等。

王汉杰（1917—2008），福建石狮人。1933年移居菲律宾，全民族抗战爆发后，积极参加抵制日货运动，是华侨店员救亡会的创始人。1939年随菲律宾华侨各劳工团体联合会回国慰劳团回国，参加新四军，加入中国共产党。皖南事变突围后，再赴菲律宾，任华侨店员救亡会秘书长、菲律宾华侨抗日支队队长及总队长、菲律宾人民抗日军南路远征军参谋长、华侨抗日游击支队同志会主席等职。1947年赴闽粤赣边区，任边纵闽南支队副政委、边纵司令部参谋处主任。中华人民共和国成立后，任福建省外办主任、省委统战部部长兼省侨办主任、省侨联主席、中国侨联副主席等职。1995年离休。

王泉笙（1886—1956），字逢源，福建惠安人。早年就读福州法政讲习所，加入同盟会。二次革命失败后，赴菲律宾协助党务，从事华文教育工作。1921年发起创办马尼拉普智学校兼办普智阅书报社，1924年任国民党吕宋支部及驻菲总支部执委会常委。1935年回国出席国民党五大，任中央常委。后在菲劝募救国公债及航空救国捐，创办中正中学，任南侨总会常委。1942年回国，后任立法委员、国民党台湾省党部主任委员。战后返菲督导中正中学复校兼办师范专科。曾任《公理报》社长、国民党驻菲总支部评议员、华侨福利会常委等职。

王雨亭（1892—1967），福建泉州人。早年赴马来亚，加入同盟会。1919年任菲律宾《平民日报》经理，1922年回国任晋江县民团团长。1924年赴新加坡参与创立南洋影片公司，代理国产影片，后被驱逐回国，任南洋影片公司驻沪代表，投资明星影片公司、大中华影片公司。1932年返菲与庄希泉合办中华影片公司，首放苏联电影。1938年加入中国共产党，奉派经营仰光国泰电影院。1946年在香港加入民盟，任南方总支部工商委员，从事海外统战工作。曾陪同陈嘉庚参加新政协筹备会。中华人民共和国成立后，任中侨委司长、中国侨联秘书长、全国政协委员等职。著有《东北印象记》《日本问题研究》。

王源兴（1910—1974），字潮澜，福建龙岩人，爱国侨领。1926年南渡新加坡，得陈嘉庚赏识任橡胶厂账房。1932年合资开设恒丰公司，任经理。全民族抗战爆发后，任巨港华侨筹赈会副主席、南侨总会执行委员。战后任巨港华侨总会主席，参与创办新加坡《南侨日报》。1947年在新加坡创办恒丰有限公司，1950年在雅加达与友人合创南星影业公司。曾资助新华社新加坡分社、香港《华商报》及印尼《民主日报》《生活报》。1951年回国定居，历任广州市侨务局局长、广东省侨委会副主任、中侨委委员、中国侨联副主席、北京市侨联主席、北京市政协副主席等职。

颜世芳（1887—1956），福建同安人。1905年赴新加坡谋生，初任商行职员，不久创办和成公司。热心公益事业，1925年参与发起组织新加坡同安会馆，1932年起出任华侨银行董事，长达24年，同时任新加坡同济医院董事、财政及主席，中华女子中学董事长、爪哇商务公局财政等。1937年任同安会馆第四届主席，厦门沦陷时，会馆组织救济家乡难民委员会，任主席，发动捐款救济家乡难民。抗战胜利后，协助恢复同安会馆，任多届监察主席。

杨新容（1908—1982），福建龙海人。早年参加中国共产党，1927年入漳州工农运动讲学所，1928年起先后在厦门、上海等地中小学任教，并组织领导学生运动。1934年南渡印尼，任雅加达新华学校校长。全民族抗战时期积极从事抗日宣传活动。1945年参与创办《生活报》，任董事。1951年任雅加达华侨促进会（"中华侨团总会"前身）主席，同年8月被印尼当局逮捕并驱逐出境。1953年回国，任厦门集美华侨补习学校党委书记兼校长，1964年被选为全国政协委员（华侨界代表）。1976年后，曾任厦门市侨联副主席。

杨溢璘（1896—1950），广东梅县人，华侨企业家，社团领导人。16岁移居马来亚，从事土木建筑工程业。1926年迁新加坡，创办"和合溢"（即合和公司）、德隆矿业有限公司和龙发火锯有限公司，承建多项大型政府工程，奠定了在建筑业的地位。曾任新加坡广东会馆董事、华人参事局委员、建筑商公会会长、南洋客属总会副会长、南洋华侨中学主席、南洋女子中学董事等。抗战时期，任国民政府侨务委员会委员、广东省政府参议。1948年当选新加坡中华总商会会长。

叶道渊（1891—1969），字贻哲，福建安溪人。北京农业大学毕业，后赴德国留学，获林学博士学位。回国后，任北京农业大学教授，1925年应集美学校董事会之邀，任集美高级农林学校校长。嗣后历任国立中央大学、浙江大学、广西大学林学系教授、广西及江西省政府农林顾问，曾主持江西省政府公路植树委员会工作。1942年，任福建省政府农林顾问兼农林公司总经理、华侨航业公司董事长。1945年当选国民参政会参政员，主张国共和谈。1949年经香港转赴新加坡。

叶平玉（1901—1979），祖籍广东普宁，生于马来亚柔佛，新加坡华人社团领导人。新加坡美以美教会英华学校毕业，后留校任教。1920年获奖学金入香港大学文学院教育系，毕业后回新加坡，任教于英华中小学。曾任华侨银行秘书、市议会议员。二战后在南益橡胶与黄梨公司任职，后转任四海通银行、崇侨银行分行经理，获封太平局绅。1949年任马来亚大学理事兼财务委员会主席，后获该校名誉法学博士。

叶渊（1889—1952），名采真，福建安溪人，教育家。北京大学经济系毕业，1920年受聘任集美学校校长，后任校董会主席，主持学校工作长达14年，是集美学校的奠基者，陈嘉庚赞为"洞悉教育底细"的好校长。1923年倡议并缮具请愿书，向南北军政当局申请划集美为"永久和平学村"，经孙中山大元帅大本营批准，内政部电令给予特别保护，"集美学村"由此得名。1934年因受人诬陷卷入许卓然被刺案而辞职，转广西任省财政专员、省经济委员会监察处主管、省税务局局长、集美实业公司柳州分公司负责人。1938年任香港集友银行董事长。中华人民共和国成立后，任集友银行上海分行经理。

叶振汉（1920—1984），福建安溪人。1936年集美高级师范学校毕业，后考入广西大学，1941年毕业回闽，赴内迁安溪、大田的集美中学和集美商业学校任教，主编《安溪新报》。1943年赴广西，任集友银行办事处主任。1947年加入中国共产党，先后任闽浙赣边区区委、闽中地委和厦门工委负责人。后到香港、越南堤岸等地执教，曾任堤岸公立福建中学校长，1949年8月被法殖民当局驱逐出境。中华人民共和国成立后，任归国华侨回闽工作队队长，先后任福建师范学校、集美中学和集美航海专科学校校长。曾任福建航海学会副理事长、集美校友总会理事长。著有《中国社会史纲》（古代史部分）。

叶祖彬（1901—1975），福建同安人，陈嘉庚私人秘书。1920年起先后入读集美中学、厦大预科、上海政法大学、大夏大学，毕业后任集美国民小学教员。1941年任福建省政府秘书处秘书，受聘任集美学校第二届董事会咨询委员。1949年12月调任集美学校委员会委员兼建筑部主任，后任集美学校总务主任兼陈嘉庚私人秘书，此后长期追随陈嘉庚身边，贴身陪护，直至陈嘉庚逝世。曾任集美民革支部支委，协助整理陈嘉庚所著《新中国观感集》《1955年考察报告》，记录并整理定稿陈嘉庚的遗嘱。

蚁美厚（1909—1994），原名美扬，广东澄海人，爱国归侨。1925年赴泰国曼谷，随叔父蚁光炎习商，后任光兴利船务公司财政、经理。1937年参加旅泰华侨各界抗日联合总会，协助叔父（时任泰国中华总商会主席，1939年遭日寇暗杀）开展抗日救亡运动。曾任泰国中华总商会常委、泰华报德善堂董事。抗战胜利后任泰国华侨各界建国救乡联合总会会长、报德善堂副董事长。1949年回国参加中国人民政治协商会议。中华人民共和国成立后，历任华南企业股份有限公司副董事长、广东省侨联主席、广东省政协副主席、广东华侨投资公司副董事长、中国侨联副主席等职。

尤扬祖（1892—1982），名逢春，福建永春人，印尼爱国侨领。1914年南下新加坡，1922年移居印尼经商，1924年发起创办万鸦佬中华学校。九一八事变后，主持万鸦佬华侨筹赈会。1941年携眷回上海，1943年参与创办福建华侨兴业公司，1946年重返万鸦佬，与亲友合作成立协丰永乐公司、亚细亚实业公司，经营椰油等加工厂及进出口贸易。曾任望加锡中华商会主席、华侨中学董事长。1952年任印尼华侨回国观光团副团长，1953年举家回国定居。先后创办达理中学、永春华侨中学、侨新酒厂、猛虎山华侨垦植场和永春医院等。历任中侨委委员，福建省副省长、福建省政协副主席、中国侨联副主席等。

张楚琨（1912—2000），福建泉州人。早年侨居新加坡，后入上海中国公学大学部，毕业后在上海泉漳中学和泉州培英女子中学任教。1937年再赴新加坡任《南洋商报》主编，参与组织中华民族解放先锋队南洋总队，1940年任南洋华侨回国慰劳团秘书。日本占领新加坡时，流亡苏门答腊，抗战胜利后返新协助陈嘉庚创办《南侨日报》，任总经理，曾任民盟新加坡分部主任委员。1949年出席中国人民政治协商会议。中华人民共和国成立后，历任政务院情报总署专员、厦门市副市长、中国新闻社副社长、中国华侨历史学会会长、全国政协常委、民盟中央常委等。著有《滇缅公路考察记》《南北战场印象记》，主编《回忆陈嘉庚》。

张其华（1926—2024），又名李映华，福建惠安人。早年就读于集美中学、集美水产航海学校，在校期间加入中国共产党。毕业后从事地下党工作，曾任安溪县工委书记。1950年开始任陈嘉庚秘书兼集美学校委员会副主任，先后任中共厦门市委统战部部长、厦门市政协副主席、厦门市副市长、厦门经济特区管委会副主任以及香港集友银行常务董事、香港华闽有限公司副董事长、香港兴厦公司董事长、香港厦门联谊总会驻会副理事长、福建省政协委员等职。

曾江水（1870—1941），字右甘，祖籍福建厦门，生于马六甲，华侨富商，陈嘉庚亲家。19世纪末，在马六甲开设"承龙发"号，经营橡胶业，引种橡胶成功后成为马六甲首富，多次蝉联马六甲中华商会会长。热心捐助公益和华文教育事业，1912年创办培风中小学校，1919年捐助仰光华侨中学购地办学，20世纪30年代初捐巨款支持厦门大学继续办学，还曾捐助新加坡华侨中学、马六甲中华中学及厦门中山医院等。抗战时期，带头购买战时公债，参加筹赈中国伤兵、难民活动。

郑贞文（1891—1969），字幼坡，福建长乐人，化学家，在统一化学名词方面做了奠基性工作。晚清秀才，全闽师范学堂毕业，赴日本东京高等学校留学，加入中国同盟会，后考入日本东北帝国大学，学习理论化学。回国后任厦门大学教务长，后在上海商务印书馆编译所工作。曾任南京国民政府编译馆专任编审、福建省教育厅厅长，1944年辞职还乡。中华人民共和国成立后，任福建省政协委员、省文史馆馆员。著有《无机化学命名草案》《有机化学命名草案》《中国化学史》《电子与量子》等。

周斌（1913—1945），浙江温州人，华侨抗日英烈。温州三育中学毕业后，以半工半读形式入南京三育大学学习文科。1937年赴苏门答腊岛，任棉兰火水山中学校长、教务主任，与赵洪品等创办大地书店，传播进步思想。1938年回国，由廖承志介绍入延安抗大，加入中国共产党。学成后奉派再度下南洋，从事国际抗日统一战线工作。日本侵略东南亚时，负责领导苏岛华侨抗敌协会火水山支部和苏岛人民反法西斯同盟青年工作部。1943年"九二〇事件"中，避难乡村，1944年4月遭日军逮捕，拘押在棉兰市第一刑务所，宁死不屈。1945年3月7日被杀害。

周献瑞（1887—1964），祖籍福建南安，厦门出生，新加坡华侨树胶公会创办人之一。1905年南渡新加坡，加入同盟会，为中华革命党议员。1921年加入中国国民党，曾任星洲阅书报社副总理、同德书报社监督、国民革命军总司令部咨议、国民政府侨委会委员、中华总商会董事和新加坡福建会馆常委等职。抗战时期，任新加坡华侨筹赈祖国难民委员会委员、南侨总会常委兼查账员和宣传主任、南安会馆主席、同济医院副主席。1940年收购新加坡孙中山住所晚晴园，获国民政府颁赐"见义勇为"匾额。战后续任新加坡南安会馆主席，发起创立马来亚南安总会，任主席。

庄明理（1909—1991），福建泉州人。早年赴槟城、苏门答腊经商。1928年任民礼华侨筹赈济南惨案救济会副团长，后被荷兰殖民当局驱逐出境。1930年再赴槟城，曾任槟城华侨筹赈东北伤兵难民委员会募捐委员、槟城华侨筹赈执委会总务主任、槟城汽车司机公会主席，组织500多名华侨机工回国抗战。1940年被英殖民当局驱逐出境，回国后任旅渝华侨青年联合会主任委员、闽台建设协进会总干事。1946年加入民盟，赴槟城组建民盟分部，创办机关报《商业日报》。1949年陪同陈嘉庚参加新政协筹备会。中华人民共和国成立后，任中侨委副主任、中国侨联副主席、华侨大学副董事长等职。1991年加入中国共产党。

庄希泉（1888—1988），福建安溪人。爱国侨领、企业家。早年就读于厦门东亚书院，1911年赴南洋组织募饷队，后与陈楚楠在新加坡创办中华国货公司。1921年因反对海峡殖民地学校注册条例被驱逐回国。1925年加入国民党，因组织厦门国民外交后援会声援五卅运动，被日本驻厦门领事馆非法关押，获释后流亡菲律宾。1931年与王雨亭创办《前驱日报》，后赴香港主持闽台抗日救亡同志会。抗战胜利后任新加坡捷通行经理、南洋女中董事长。1949年受中共委托专程赴新邀请陈嘉庚参加中国人民政治协商会议。曾任中侨委副主任、中国侨联主席、全国政协副主席等职。1982年加入中国共产党。

庄西言（1885—1965），福建南靖人。华侨富商、社团领袖。1905年到雅加达谋生，后加入同盟会。1910年与友人合资创办三美公司，后独资创办全美有限公司，主营棉布进口。曾任当地励志社干事、棉布商会会长、福建会馆主席、中华商会主席、中华会馆副会长等职。1938年任雅加达华侨捐助祖国慈善委员会主席，与陈嘉庚、李清泉共同发起组织南侨总会，当选副主席，曾任国民参政会参政员。1940年任南洋华侨回国慰劳团副团长，随陈嘉庚回国慰劳。日军占领印尼后被拘禁，直到日本投降后获释，继续经商。曾任雅加达中华商会联合会副主席。

图书在版编目（CIP）数据

陈嘉庚文集. 文牍/许金顶，陈毅明主编；谢慧英，陈永升副主编. —福州：福建教育出版社，2024.10
ISBN 978-7-5334-9163-5

Ⅰ.①陈… Ⅱ.①许… ②陈… ③谢… ④陈… Ⅲ.①中国文学－当代文学－作品综合集 Ⅳ.①I217.2

中国国家版本馆 CIP 数据核字（2024）第 100545 号

策划统筹：许肞甦　孙汉生　江金辉
责任编辑：陈楷根　林云鹏　陈　倩
装帧设计：季凯闻

Chen Jiageng Wenji · Wendu

陈嘉庚文集·文牍

主　编：许金顶　陈毅明
副主编：谢慧英　陈永升

出版发行	福建教育出版社
	（福州市梦山路 27 号　邮编：350025　网址：www.fep.com.cn
	编辑部电话：0591-83726908
	发行部电话：0591-83721876　87115073　010-62024258）
出 版 人	江金辉
印　　刷	福州万达印刷有限公司
	（福州市闽侯县荆溪镇徐家村 166-1 号厂房第三层　邮编：350101）
开　　本	710 毫米×1000 毫米　1/16
印　　张	43.5
字　　数	686 千字
插　　页	2
版　　次	2024 年 10 月第 1 版　2024 年 10 月第 1 次印刷
书　　号	ISBN 978-7-5334-9163-5
定　　价	168.00 元

如发现本书印装质量问题，请向本社出版科（电话：0591-83726019）调换。